证券法苑

第三十一卷
（2021年3月）

黄红元 总编
蔡建春
卢文道 主编

Zheng Quan Fa Yuan

法律出版社
LAW PRESS · CHINA
北京

图书在版编目(CIP)数据

证券法苑. 第三十一卷 / 蔡建春, 卢文道主编. --
北京 : 法律出版社, 2021
ISBN 978-7-5197-5841-7

Ⅰ. ①证… Ⅱ. ①蔡… ②卢… Ⅲ. ①证券法—中国
—文集 Ⅳ. ①D922.287.4-53

中国版本图书馆 CIP 数据核字(2021)第 163216 号

证券法苑(第三十一卷)
ZHENGQUAN FAYUAN
(DI-SANSHIYI JUAN)

蔡建春　卢文道 主编

责任编辑 彭　雨
装帧设计 贾丹丹

出版发行 法律出版社
编辑统筹 法律考试·职业教育出版分社
责任校对 周合芝
责任印制 胡晓雅
经　　销 新华书店

开本 710 毫米×1000 毫米　1/16
印张 34.75　　**字数** 531 千
版本 2021 年 9 月第 1 版
印次 2021 年 9 月第 1 次印刷
印刷 中煤(北京)印务有限公司

地址:北京市丰台区莲花池西里 7 号(100073)
网址:www.lawpress.com.cn
投稿邮箱:info@lawpress.com.cn
举报盗版邮箱:jbwq@lawpress.com.cn

销售电话:010-83938349
客服电话:010-83938350
咨询电话:010-63939796

书号:ISBN 978-7-5197-5841-7　　**定价**:105.00 元

证券法苑 第三十一卷
（2021年3月）

主办单位：上海证券交易所

卷首语

中国证监会、国家发展和改革委员会于2020年4月24日发布并实施了《关于推进基础设施领域不动产投资信托基金(REITs)试点相关工作的通知》,宣告了中国公募REITs的诞生。国家发改委于2020年7月31日发布了《关于做好基础设施领域不动产投资信托基金(REITs)试点项目申报工作的通知》,8月6日证监会发布《公开募集基础设施证券投资基金指引(试行)》。2021年1月,沪深两所也发布了主要的配套业务规则。由此,我国公募REITs的基本制度规范已经初步建立。2021年《国民经济和社会发展第十四个五年规划和2035年远景目标纲要》明确提出"推动基础设施领域不动产投资信托基金(REITs)健康发展,有效盘活存量资产,形成存量资产和新增投资的良性循环",标志着基础设施REITs已成为提升投资效率、促进投资合理增长的重要手段。为了深入探讨公募REITs的运行逻辑、法律框架和配套制度安排,助力深化金融供给侧结构性改革,强化资本市场服务实体经济能力,《证券法苑》就公募REITs开展了专题征稿,组织各界对REITs市场进行深入研讨。本卷《证券法苑》集中收录公募REITS相关优秀论文13篇,分为5个栏目。此外,还就"债券市场法制""证券诉讼制度"两个受到市场关注的主题分别设置了栏目;最后,本卷继续设置"金融司法案例评注"专栏,推动对金融司法典型案例和司法政策的深入分析和研究。

"REITs 法制专稿"收录了两篇研究公募 REITs 基础法律制度的文章。《基础设施 REITs 的法律解构与风险规制》一文认为现行公募 REITs"公募基金 + 资产支持证券"法律结构可能因逐层结构嵌套和多层委托代理而破坏投资者、管理人和原始权益人在类 REITs 中的激励约束机制,面临经济政策、金融监管和商业逻辑如何在各主体权责中重新平衡的挑战,未来应以"集约高效"取代"破除障碍"导向推进 REITs 法律结构改革。《境外市场 REITs 实践经验及与我国基础设施 REITs 试点制度研究》一文则建议由基金管理人与发起人就 REITs 治理协商确定相关的制度安排并在申报材料中予以明确,同时,在试点框架内外借鉴境外经验,完善具体规则。

"REITs 信息披露与投资者保护"收录了 3 篇文章。《我国基础设施 REITs 信息披露制度研究》一文梳理了美国 REITs 和资产支持证券信息披露制度,分析了我国香港地区上市 REITs 案例的信息披露文件,建议我国突出基础资产信息披露的重点,促进各义务人之间的协同披露,并确定信息披露的责任。《公募 REITs 权益信息披露规则的法理逻辑及制度构建》一文则提出,应结合 REITs 持有人表决规则尝试放松信息披露要求,给予 REITs 投资交易以充分的灵活区间,促进市场流动性,并需要关注法律责任条款的位阶效力及投票权限制规则的合法性问题。《整体性治理视域下的基础设施领域不动产投资信托基金投资者保护》一文以整体性治理理论为视角,认为应当改进信息披露规则、加强基金管理人责任、协调"软法"与"硬法"、以实质主义适用强制性规范,以完善多机构、多层次的投资者保护制度。

"REITs 治理机制"收录了关于公募 REITS 控制权与治理结构的 3 篇文章。《公募 REITs 控制权集中度的法理基础、规范逻辑和制度建议》一文建议结合试点实践情况,考虑适当放宽权益变动和要约收购的门槛。《投资者保护视野下的公募 REITs"控制权集中"初探》一文认为从 REITs 的内部机制构建和外部制度供给两方面可以促使"控制权集中"的正负面机能在既有框架之内向一种良性趋向迈进。《信托视角下基础设施 REITs 治理机制的完善》一文则认为为了保护投资者利益,应适用信托法律规范构建特殊目的信托的 SPV 架构,引入独立董事制度,明确外部管理机构是信托受托人,对基金持有人负有信义义务,并在重要决策中发挥持有人大会的作用。

"REITs 产品架构"收录了 2 篇文章。《我国公募 REITs 产品架构的法律问题研究》一文结合日本和美国公募 REITs 相关法律制度和实际数据,认为可以拓展公募 REITs 基础资产范围,引进公司型基金进行试点,扩大公募基金的投资范围和进一步优化公募 REITs 的税收政策。《中国公募 REITs 的组织形式选择》一文对国内现有的两种 REITs 试点产品进行了分析和总结,提出主要应依托信托基金形式进行立法。同时,亦可探索公司型 REITs 税收优惠问题的解决方案,寻求以特殊公司形式组建公募 REITs 的可能。

"REITs 税收与会计"则兼顾法律与会计,收录了 3 篇文章。《论公募 REITs 所得税重复征税成因及其消除的制度设想》一文认为为了消除公募 REITs 所得税重复征税的问题,应确立公募 REITs 所得税中的禁止双重征税原则,明确实质受益人的纳税义务人与受托人的代缴义务人地位,及时制定合理的附条件税收优惠政策。《REITs 税收激励机制:课税原则与税收优惠》一文提出应合理设定 REITs 税收优惠的市场准入条件,坚持信托导管原理,依税种确立 REITs 营业机构的税收优惠措施,并建立强制分红制度,对 REITs 投资者的收益予以免税。《公募 REITs 合并报表相关会计处理:控制的判断及权益与负债的区分》一文则建议探索将融资部分作为少数股东权益处理的可行性和针对底层资产为经营权资产的公募 REITs 项目售后回租的可行性,并建议企业会计准则增强对新业务、新产品的包容性,增加弹性化指引

"债券市场法制"收录了 3 篇文章。《国际视野下中国企业债券违约的若干法律问题研究》一文重点考察了中国 2020 年债券违约法律框架的变化,提出应完善立法,统一市场。《论〈民法典〉颁行对企业资产证券化之影响》一文认为,《民法典》关于债权转让的债务人抗辩权规则和转让通知规则遗留了企业资产证券化的法律风险,应收账款转让登记和证券化特殊目的载体制度留白有待金融专门立法予以增补。《股票与债券市场虚假陈述损失计算逻辑的比较分析》则关注了债券与股票的相异性,因此,虚假陈述中的因果关系、损失认定等方面的规则皆应有所不同。

“证券诉讼制度”持续关注了新《证券法》带来的证券诉讼变革,收录了2篇境内文章和2篇译文。《激励约束视角下的特别代表人诉讼制度》一文指出需要改善投服中心内部的评价考核机制、引入胜诉酬金的方式增加激励。同时,通过发挥机构投资者作用、加强信息披露、提高律师担保成本的方式,加强对投服中心和律师的约束。《中国式证券集团诉讼退出制检视与重构》一文结合域外经验与我国实践,检视我国集团诉讼退出制相关规范,提出应肯定二次退出权的适用可能,确定公告期限、退出声明接收方式与法院审查标准,完善集团诉讼通知程序以及建立投保机构信息公示义务的责任机制。译文《集团诉讼移植为何行之惟艰:对韩国证券集团诉讼的实证分析》实证研究了为何证券相关的集团诉讼在韩国很少被提起,反而以证券损害赔偿诉讼替之。译文《合并异议诉讼的转变趋势》研究了美国特拉华州就合并异议诉讼相关法律进行了修改带来的变化及市场的回应,对特拉华州在平衡高管和股东权利上所遭遇的困境进行了审思。

“金融司法案例评注”以案说理,收录了2篇文章。一篇从时和基金申请认可和执行我国香港特别行政区法院民事判决案出发讨论了涉“维好协议”之香港特别行政区法院判决在内地申请认可和执行的认定标准,提出认可和执行该类判决的审查标准限于程序事项,上海金融法院对案件的审查范围并不包含案涉“维好协议”在内地的法律性质及效力认定等实体法问题,还需从严把握审查认定执行香港法院判决是否违反内地社会公共利益。另一篇则从杜某兴等诉上海星珏投资管理有限公司案出发,认为囿于我国尚无股东知情权穿越的相关制度,有限合伙人只能基于代位的路径,行使原属于合伙企业的权利。当股东是公司时,我国目前的法律规定则阻却了公司的股东提起上述股东知情权诉讼。

编 者

2021年3月

证券法苑　第三十一卷(2021)

Securities Law Review Serial No. 31 (2021)

【REITs 法制专稿】

《证券法苑》(2021)
第三十一卷,第 1 ~56 页

基础设施 REITs 的法律解构与风险规制

洪艳蓉*

摘要:基础设施 REITs 采用“公募基金 + 资产支持证券”的法律结构运作。这种以“破除障碍”为导向的设计,可能面临经济政策、金融监管和商业逻辑如何在各主体权责中重新平衡的挑战。未来应以“集约高效”导向取代“破除障碍”导向,推进 REITs 法律结构改革和专门立法。应围绕公募基金管理人的中心地位,完备其管理基础设施项目的职责内容与手段保障,构建法律监督之外的市场化约束机制;在法律制度层面上,回归 REITs 的金融工具本质并紧扣基础设施对象属性,探索专门立法之路。

关键词:基础设施 REITs　法律结构　管理人职责　投资者保护　风险规制

自 2020 年 4 月 24 日,国家发展改革委和中国证监会联合发布《关于推进基础设施领域不动产投资信托基金(REITs)试点相关工作的通知》(以下简称 40 号文)以来,基础设施 REITs(real estate

* 法学博士,北京大学法学院副教授,博士生导师。

investment)成为各界热议的话题,配套规则陆续推出。2021 年 4 月 23 日,沪深交易所分别受理 2 单项目申请,[1] 正式敲响启动钟声。

作为固定资产投资重要组成部分的基础设施投资,既是资金密集型行业,更有建设周期长、投资收益回流慢的特点。改革开放以来,我国经济社会快速发展,基础设施建设始终面临着筹资来源有限和投资金额不足的严峻挑战,拓展并丰富市场化的融资渠道,补齐基础设施投资短板,成为缓解基础设施建设与经济社会发展之间供需矛盾的改革方向。取法商业地产类 REITs 法律结构,嵌套于公募基金的基础设施 REITs,被认为是引入资本市场资金投资基础设施的有益尝试,更被寄以"有效盘活存量资产,形成存量资产和新增投资的良性循环"[2] 的厚望。

作为新生事物,基础设施 REITs 以最小制度改革成本,联接多项法律架构优势而建立市场化资金与基础设施之间的投融资联系,满足了各界对早日落地金融创新,实现预期经济目标期待。然而,基础设施 REITs 的复杂嵌套结构和多层"委托代理"[3] 关系,能否在公募基金管

---

[1] 包括上海证券交易所受理的浙商证券沪杭甬高速封闭式基础设施证券投资基金(以下简称沪杭甬高速 REITIs)、国金铁建重庆渝遂高速公路封闭式基础设施证券投资基金(以下简称渝遂高速 REITs)的申请,相关项目材料详见上海证券交易所"基础设施 REITs 专栏",网址为 http://www.sse.com.cn/reits/home/;深圳证券交易所受理的中航首钢生物质封闭式基础设施证券投资基金(以下简称首钢生物质 REITs)、博时招商蛇口产业园封闭式基础设施证券投资基金(以下简称招商产业园 REITs)的申请,相关项目材料详见深圳证券交易所"公募 REITs 信息平台",网址为 http://reits.szse.cn/。2021 年 5 月 14 日,沪深交易所审议通过了除"渝遂高速 REITs"之外的三单项目,2021 年 5 月 17 日证监会对上述首批申请的三单项目准予注册,同日获得注册的还有 4 月 28 日分别在沪深交易所申请的第二批共计 6 单的基础设施 REITs,参见证监会官网,网址为 http://www.csrc.gov.cn/pub/zjhpublic/index.htm?channel=3300/3307。本文谈及上述项目相关内容,如无特别说明,都指项目申报材料内容(草案),而非产品正式法律文件。

[2] 参见 2021 年 3 月 11 日发布的《国民经济和社会发展第十四个五年规划和 2035 年远景目标纲要》第四篇第十四章第二节"拓展投资空间"内容。

[3] 文中提及的"委托代理"关系,如无特别说明,更多的是经济学上的描述,指的是所有权与管理者(经营者)二者分离的结构。法律语境下,尽管同样强调了这种分离结构,但需要嵌入具体法律规则才能明确二者之间实质的法律关系并据以分配权责。例如,公司法下公司股东(会)与公司董事(会)之间的关系,信托法下信托管理人与信托委托人(自益信托中的受益人)之间的受托关系,民商事代理下代理人与被代理人的委托代理关系等。

理人的管理运营下,调和基础设施原始权益人与公众投资者的利益,实现法律结构设计对经济目标的有效回应,关系到这项金融创新的生命力及金融、经济的稳定发展。也因此,需要跨过基础设施 REITs 预设目标的正当性,深入基础设施 REITs 法律结构的内部,细致分析当事人的权责及其平衡度,洞察结构缝隙与运作中的风险隐患,提出改进建议并进一步完备配套法制,以促进基础设施 REITs 真正发挥功用并保护公众投资者的合法权益。本文的宗旨即在于此。

一、基础设施 REITs 的中国特色与法律框架

(一)中国特色的基础设施 REITs

中国语境下的基础设施 REITs,一般指依法向投资者公开募集资金,由管理人用于投资基础设施项目并进行运营管理,将公募基金间接持有的基础设施所有权或经济权利产生的租金、使用费等收益的大部分分配给投资者的标准化金融产品。从海外实践来看,承载这一投融资过程的金融工具类型可以是基金,公司股票、合伙份额或法律认可的其他合法形式,我国采用了公募基金的载体形式。

从海外市场来看,REITs 自 20 世纪 60 年代创设以来,目前已是社会公众资金参与投资不动产,分享经济增长的资本市场主要金融工具之一,2000 年之后更被用于基础设施投资并取得不俗成绩。[4] 值得注意的是,在其发源地美国,REITs 主要是一个税收概念,[5] 不是证券法、公司法或信托法等领域的传统法律概念,也不在美国共同基金(mutual fund)的范畴之列,[6] 而其他后发优势国家和地区,特别是亚

〔4〕 2007 年,美国国家税务总局(Internal Revenue Service)在亨特联合服务公司的私人回复函中,将得克萨斯州的 1 处电力资产认定为符合 REITs 法规的"不动产",开启了基础设施 REITs 的先河。参见何鹏飞、郑雪晴、赵雨:《美国基础设施 REITs 发展、问题及启示》,载深圳证券交易所综合研究所(金融创新试验室)研究报告系列《沉思:REITs 专题》2020 年第 1 期。

〔5〕 只要符合税收法则设定的条件和标准,即可享有相应的税收优惠或减免。

〔6〕 参见张雅婷、张鑫:《REITs 的法律形式、发行上市与监管机制(上)——以美国、英国、德国、日本及新加坡为例》,载微信公众号"环球律师事务所"2019 年 7 月 22 日。

洲的日本、新加坡和我国香港地区,更多地从金融工具视角对 REITs 进行规范与监管,并予以适当的税收优惠,基础设施虽然也在 REITs 的投资运用之列,但大多没有制定专门的规则。

与海外多有 REITs 相关法律规则而缺失基础设施 REITs 专门立法的实践相比,我国采用了在没有 REITs 立法的背景下专门出台具体规则,规范基础设施 REITs 的做法,也因此在诸多方面呈现出中国特色。从历史发展来看,证监会主导下的企业资产证券化,经历了早期依托于证券公司的客户资产管理规则到分离后,独立成为一类以资产支持专项计划为载体的金融产品,并适用《证券公司及基金管理公司子公司资产证券化业务管理规定》(以下简称《证券化管理规定》)等证券化配套规则的过程。在操作流程上,是反向而非正向〔7〕的证券化结构,更类似于海外的 REITs 操作。近年来,不少商业地产〔8〕取道"企业资产证券化"途径成功融资,但因该法律框架下的资产支持证券(以下简称 ABS)属于私募发行而不具有海外市场这类产品公募及高流通性特征,因而被称为类 REITs。换言之,在国外被作为两类金融产品分别进行监管的资产证券化与 REITs,在中国语境下则演化为套用企业资产证券化制度框架的类 REITs 操作。

为实现拓展基础设施融资途径补短板的经济政策目标,这次基础设施 REITs 的制度设计,借鉴商业地产类 REITs 的操作经验,将私募发行的 ABS 嫁接于公募基金(公募基金成为基础设施 ABS 的唯一投资者),从而解决引入公开市场资金、提高流动性及便利基础设施项目退出等问题,形成"公募基金 + 资产支持证券"的法律结构,并由相关部委及自律组织发布配套规则,形成专门而系统的制度框架[参见本部

〔7〕 信贷资产证券化,由发起人向特殊目的载体(SPV)转移基础资产,再由 SPV 发行资产支持证券(ABS)给投资者,并用基础资产产生的现金流偿付 ABS 权益,是国际上常规的证券化操作,通常被称为"正向"证券化结构;企业资产证券化,由管理人发起设立专项资产计划向投资者募集资金,用于向原始权益人购买基础资产,并用基础资产产生的现金流偿付投资者持有的 ABS 权益,其流程与正向的证券化操作相反,因此被称为"反向"证券化结构。有学者分别将上述两种融资交易称为"融资人信托"(正向)与"投资人信托"(反向)。参见楼建波、刘燕:《论信托型资产证券化的基本法律逻辑》,载《北京大学学报》(哲学社会科学版)2006 年第 4 期。

〔8〕 其中包括一些收费公路、供水供电、污水处理、仓储物流等基础设施。

分(二)(三)内容]。

根据40号文及2020年8月6日证监会发布的《公开募集基础设施证券投资基金指引(试行)》([2020]54号,以下简称54号文)的规定,中国版基础设施REITs具有以下特点:

第一,投资对象要求上,以基础设施为主要目标,聚焦重点领域与重点领域,[9]排除住宅和商业地产;首选优质项目,要求基础设施项目权属清晰,已成熟运营且其原始权益人(含基础设施运营企业)资信良好,最近3年无重大违法违规行为。

第二,投资权属上,要求公募基金通过ABS和项目公司等载体(统称特殊目的载体)取得基础设施项目完全所有权或经营权利,是典型的权益型结构,而未沿用类REITs中常见的抵押型结构或混合型结构,以保障投资者对基础设施项目排他性的所有者权益。

第三,投资比例上,要求80%以上的公募基金资产投资于基础设施ABS,并持有其全部份额,进而持有基础设施项目公司的全部股权,其余基金资产则应依法投资于利率债、AAA级信用债或货币市场工具,以保障REITs符合其基础设施投资的设置并降低副业投资风险。

第四,分红比例上,要求公募基金采取封闭运作,管理人应将合并后基金年度可供分配金额的90%以上以现金形式分配给投资者,且在其收益分配符合分配条件的情况下每年不得少于1次,以保障投资者实现参与投资基础设施,分享经济增长收益的预期。

第五,管理运营上,要求基金管理人主动运营管理基础设施项目,以获取基础设施项目升值、收费等稳定现金流为主要目的,尽管可以委托第三方机构进行运营管理,但不因此减免管理人应负的责任;这种内部/外部管理方式可选的方式,不但超越了REITs发展早期管理人消极被动的角色,而且便于根据基础设施项目及管理团队等因素因地制宜,提高经营管理效率与效益。

---

[9] 区域上优先支持京津冀、长江经济带、雄安新区、粤港澳大湾区、海南、长江三角洲等重点区域,支持国家级新区、有条件的国家级经济技术开发区开展试点;行业上优先基础设施补短板行业,包括仓储物流、收费公路等交通设施,水电气热等市政工程,城镇污水垃圾处理、固废危废处理等污染治理项目。鼓励信息网络等新型基础设施,以及国家战略性新兴产业集群、高科技产业园区、特色产业园区等开展试点。

(二)部际协同下的基础设施 REITs 制度框架

为明晰有别于其他金融产品的基础设施 RETIs 的定义及其运作模式,更为了明确复杂的 RETIs 投融资结构下多元参与机构的权利义务,以提升产品信息透明度,减少利益冲突并规制关联交易,充分发挥基础设施 RETIs 的积极功能,我国采用了先立法后实践,以系统规范的法律制度框架指导业务开展的试点模式。并且,因开展 RETIs 涉及经济社会诸多部门的参与、协调与互动等,在立法上总体呈现“自上而下、上下联动、部际协同、多管齐下”的特点,是一种政府主导、法制驱动型的金融创新活动。

截至 2021 年 4 月 30 日,用于指导基础设施 RETIs 的法律制度,除了《民法典》《证券法》《证券投资基金法》《公开募集证券投资基金运作管理办法》《证券公司及基金管理公司子公司资产证券化业务管理规定》及配套规则等相关规范外,新颁布的直接与 RETIs 相关的制度主要如表 1 所示:

表 1　公开募集基础设施 REITs 主要法律制度(截至 2021 年 4 月 30 日)

发文时间	发文单位	规范名称
2020 年 4 月 24 日	中国证券监督管理委员会、发展和改革委员会	关于推进基础设施领域不动产投资信托基金(REITs)试点相关工作的通知
2020 年 7 月 31 日	发展和改革委员会办公厅	国家发展改革委办公厅关于做好基础设施领域不动产投资信托基金(REITs)试点项目申报工作的通知
2020 年 8 月 6 日	中国证券监督管理委员会	公开募集基础设施证券投资基金指引(试行)
2021 年 1 月 13 日	发展和改革委员会办公厅	关于建立全国基础设施领域不动产投资信托基金(REITs)试点项目库的通知
2021 年 1 月 29 日	中国证券业协会	公开募集基础设施证券投资基金网下投资者管理细则
2021 年 2 月 8 日	中国证券投资基金业协会	公开募集基础设施证券投资基金尽职调查工作指引(试行)

续表

发文时间	发文单位	规范名称
2021 年 2 月 8 日	中国证券投资基金业协会	公开募集基础设施证券投资基金运营操作指引(试行)
2021 年 2 月 25 日	中国证券投资基金业协会	关于开展公募基础设施证券投资基金的基金经理注册登记的通知
2021 年 1 月 29 日	上海证券交易所	公开募集基础设施证券投资基金(REITs)业务办法(试行)
2021 年 1 月 29 日	上海证券交易所	公开募集基础设施证券投资基金(REITs)规则适用指引第 1 号——审核关注事项(试行)
2021 年 1 月 29 日	上海证券交易所	公开募集基础设施证券投资基金(REITs)规则适用指引第 2 号——发售业务(试行)
2021 年 2 月 5 日	上海证券交易所	关于公开募集基础设施证券投资基金上市及交易相关收费事宜的通知
2021 年 4 月 30 日	上海证券交易所	公开募集基础设施证券投资基金(REITs)业务指南第 1 号——发售上市业务办理
2021 年 4 月 30 日	上海证券交易所	投资者风险揭示书必备条款指南第 4 号——公开募集基础设施证券投资基金(REITs)
2021 年 1 月 29 日	深圳证券交易所	关于发布公开募集基础设施证券投资基金配套业务规则的通知
2021 年 1 月 29 日	深圳证券交易所	公开募集基础设施证券投资基金业务办法(试行)
2021 年 1 月 29 日	深圳证券交易所	公开募集基础设施证券投资基金业务指引第 1 号——审核关注事项(试行)
2021 年 1 月 29 日	深圳证券交易所	公开募集基础设施证券投资基金业务指引第 2 号——发售业务(试行)
2021 年 4 月 30 日	深圳证券交易所	公开募集基础设施证券投资基金业务指南第 1 号——发售上市业务办理
2021 年 4 月 30 日	深圳证券交易所	公开募集基础设施证券投资基金业务指南第 2 号——网下发行电子平台用户手册

续表

发文时间	发文单位	规范名称
2021年2月5日	中国证券登记结算有限责任公司	公开募集基础设施证券投资基金登记结算业务实施细则(试行)
2021年2月5日	中国证券登记结算有限责任公司、上海证券交易所	公开募集基础设施证券投资基金登记结算业务指引(试行)
2021年2月5日	中国证券登记结算有限责任公司、深圳证券交易所	公开募集基础设施证券投资基金登记结算业务指引(试行)

除了表1由国家部委、证券交易所与中国证券投资基金业协会等行业自律组织发布的指导规范外,因RETIs旨在盘活基础设施领域的存量资产,建立稳增长补短板的投资新机制,助力提升基础设施管理水平与运营效率并形成良性循环,因而深受地方政府重视与欢迎。许多地方第一时间发布相关通知,启动试点项目申报工作并着手建立项目储备库,积极响应,有些地方还专门出台了支持举措或奖励措施。例如,2020年9月28日,北京市发改委等6部门印发《关于支持北京市基础设施领域不动产投资信托基金(RETIs)产业发展若干举措》的通知(京发改〔2020〕1465号),[10]2021年2月26日,成都市发改委等5部门印发《关于促进成都市基础设施领域不动产投资信托基金(RETIs)发展的十条措施》的通知(成发改投资〔2021〕24号)[11]。

当然,从上述法律框架中不难发现,有关公募基础设施REITs的税收政策并未一起出台。从海外实践的经验来看,税收方面的制度安排是

〔10〕 例如,该通知第9条规定:“加大财税政策支持力度,本市企业成功发行基础设施REITs产品后一次性给予不超过300万元的补贴,对运营期分红按照政策规定享受企业所得税优惠,对列入《公共基础设施项目企业所得税优惠目录》内的项目可按照国家有关规定享受企业所得税减免优惠。”

〔11〕 例如,该通知第2条规定:“对成功发行基础设施REITs的原始权益人,可按其融资规模的0.5%申请一次性激励补助,单户补助最高不超过500万元。对基础设施REITs的专项计划管理人,可按其实现融资规模的0.05%申请一次性补助,单户补助最高不超过50万元。”

影响基础设施 RETIs 成功推进、繁荣发展的重要因素，商业地产类 RETIs 也曾为避免担负重税或被重复征税而构造了复杂的融资结构并主要采用了抵质押型的 REITIs 结构。这一领域处理规范的付之阙如，可能成为制约 REITs 金融工具助力基础设施投资发展的软肋，需要结合实践探索可行的立法之路。

二、基础设施 REITs 的法律结构与制度创新

（一）基础设施 REITs 三层嵌套的法律结构

根据40 号文、54 号文等上述基础设施 REITs 的制度规范，并借鉴之前商业资产类 REITs 的成熟操作，基础设施 REITs 的法律结构可以描绘如图 1 所示：

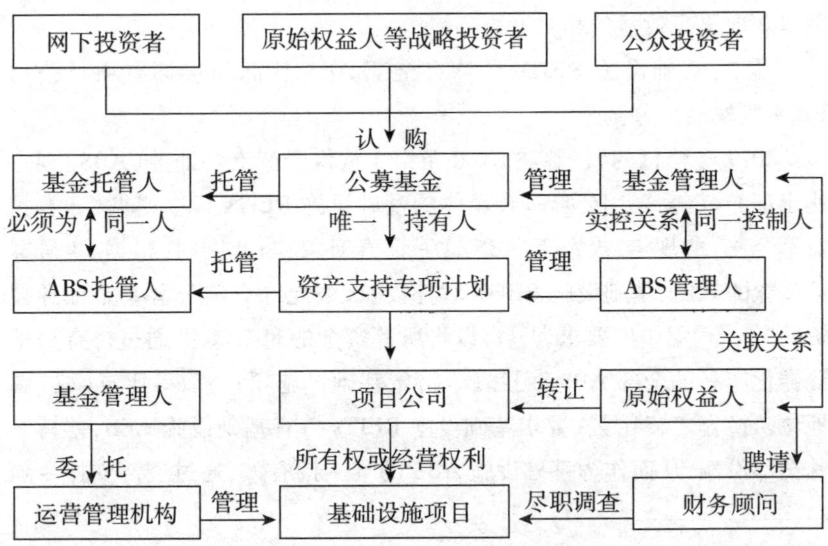

图 1　公募基础设施 REITs 的法律结构

（二）基础设施 REITs 的制度创新分析

作为复合了公募基金、企业资产证券化与类 REITs 等多项法律制度优势的新金融产品，基础设施 REITs 的法律结构呈现明显的创新性，申言之：

其一，基础设施 REITs 是投融资有别的封闭式公募基金。

基础设施 REITs 不仅采用公募基金的载体形式，而且限于封闭式基金的运作方式。根据《证券投资基金法》第 45 条第 2 款的规定，封闭式基金是指基金份额总额在基金合同期限内固定不变，基金份额持有人不得申请赎回的基金。如此，基础设施 REITs 既解决了类 REITs 模式下私募发行的 ABS 流动性不强的问题，打开了向市场公开募集资金并通过二级市场交易提升流动性的途径，又缓解了公募基金管理人应对投资者赎回的压力，提供了基础设施项目投资市场化退出的渠道，还可以充分利用封闭式基金的扩募机制以及 54 号文第 28 条第 2 款允许基金直接或间接对外借入款项的规定[12]，筹集更多资本市场资金用于收购适格的基础设施项目，扩大资产管理规模并提升经营效益，一举多得。如此，通过构造多元的资本市场融资渠道并阻断基金赎回压力，54 号文实际上为基金管理人创造了并购优质基础设施项目，专心致志于项目运营管理以获取更高效益的相对宽松环境。

其二，基础设施 REITs 是持有全部 ABS 从而间接拥有项目公司 100% 股权的公募基金。

2019 年修订的《证券法》第 2 条第 3 款将资产支持证券（ABS）列入法定证券范畴，采用公募基金载体的基础设施 REITs 得以遵循《证券投资基金法》的规定，投资于 ABS 这一证券对象；与此同时，根据 54 号文第 2 款的规定，基础设施 REITs 对外投资，被允许突破公募基金证券投资的“双十”集中度要求，[13]可以将所募资金的 80% 以上通过持有一单证券化产品的全部 ABS 而投资于特定基础设施项目，取得所有（权）者地位。换言之，54 号文要求基础设施 REITs 持有基础设施 ABS，并持有其全部份额，从而作为基础设施 ABS 的唯一持有人，通过资产支持专项

---

〔12〕 第 28 条第 2 款规定：“基础设施基金直接或间接对外借入款项，应当遵循基金份额持有人利益优先原则，不得依赖外部增信，借款用途限于基础设施项目日常运营、维修改造、项目收购等，且基金总资产不得超过基金净资产的 140%。……”

〔13〕 《公开募集证券投资基金运作管理办法》第 32 条第 1 ~ 2 项规定：“基金管理人运用基金财产进行证券投资，不得有：（一）一只基金持有一家公司发行的证券，其市值超过基金资产净值的 10%；（二）同一基金管理人管理的全部基金持有一家公司发行的证券，超过该证券的 10%。”

计划持有项目公司的全部股权,实现取得基础设施项目完全所有权或经营权利(对于特许经营项目)的目标。在这一结构中,资产支持专项计划(ABS)成为连接公募基金投资与项目公司股权的渠道,是资产证券化架构嵌套于公募基金,独具中国特色的制度安排。显然,如此设计在帮助公募基金实现间接持有基础设施项目权益的同时,也形成了基础设施 RETIs 三层法律架构嵌套(公募基金—资产支持专项计划—项目公司)及多方"委托代理"(公募基金管理人—ABS 管理人—基础设施项目运营管理机构)的外观,给各方权责转承互动带来新挑战。

其三,存在公募基金管理人又是基础设施项目运营管理者的角色兼任。

传统的公募基金,管理人的职责限于进行证券投资与管理,充分发挥其作为资管产品(公募基金)受托人而承担的"受人之托,代人理财"的诚实信用、审慎勤勉义务,是典型的金融中介与常见的金融服务。同理,传统的基础设施项目,通常由原始权益人(或其关联机构)或第三方机构进行运营管理,属于产业管理和实业运作的范畴,区别于金融业务活动。但在基础设施 RETIs 中,公募基金管理人兼任基础设施项目运营管理人(管理内部化),被要求应当按照法律法规规定和基金合同约定主动履行基础设施项目运营管理职责,尽管部分职责[14]可以通过设立子公司或者委托外部管理机构进行(管理外部化可选),但其法律责任不因委托而免除。[15]

如此,公募基金管理人的业务范围,涵摄了尽职调查与基金发售(及扩募)、基金上市与交易、基金投资与管理、基金与基础设施项目信息披露、基础设施项目运营管理、基础设施项目并购与处置等,在证券业务上

〔14〕 根据 54 号文第 38 条的规定,这些职责主要指:"……(四)为基础设施项目购买足够的财产保险和公众责任保险;(五)制定及落实基础设施项目运营策略;(六)签署并执行基础设施项目项目运营的相关协议;(七)收取基础设施项目租赁、运营等产生的收益,追收欠缴款项等;(八)执行日常运营服务,如安保、消防、通讯及紧急事故管理等;(九)实施基础设施项目维修、改造等……"

〔15〕 参见 54 号文第 38 ~ 39 条。

可能对标保荐、承销、并购、资产管理、资产证券化等多项业务条线,[16]同时还承担着对基础设施项目这一实业进行运营管理的职责。无论在哪个领域,公募基金管理人都是法定的第一责任主体。如此安排,旨在集中三层法律嵌套结构中公募基金与基础设施项目的管理权限,从业务监管和投资者保护的视角出发,高效便捷地明确法律责任的最终主体,助力公募基金管理人减少运作项目的沟通成本并提升整体管理效率。但值得注意的是,三套法律架构依托于现有制度规则且已各自形成一套自洽的运作流程,而基金合同需要根据基础设施项目的具体情形进行安排,实务运作能否如基础设施 RETIs 法律框架构设想的那样无缝衔接并有序联动,有待时间检验。

其四,存在托管人兼任基金托管人与 ABS 托管人的角色合一。

晚近以来,为制约拥有决策与管理运营权的管理人滥用自由裁量权及侵吞受托财产,通常引入托管人角色,用于履行安全保管资产,按照合同约定执行管理人划款指令,及时办理清算交割事宜,以及核查资管产品净值等职责,同时依法监督管理人的投资运作行为。这一最早在国内公募基金领域运用的托管人制度,也在其他大资管产品及企业资产证券化业务中得到广泛运用,其功能独立(functional independent)于管理人,被誉为投资者的“保护神”,客观上能够起到制约和监督管理人的作用。[17] 基础设施 REITs 保留了公募基金架构层面用于制约基金管理人的托管人制度和资产证券化(资产支持专项计划)架构层面用于制约 ABS 管理人的托管人制度,并且将二者的职责汇聚于一身,由同一托管人担任。尽管两个法律架构之下的托管人职责不尽相同,但同一托管人身兼两职不仅未减少对应的托管职责,反而可以有效消除 REITs 复杂架

〔16〕 54 号文第 46 条第 1 款规定:“证券交易所应当比照公开发行证券要求建立基础设施资产支持证券挂牌及基金上市审查制度,制定基础设施基金份额发售、上市、交易、收购、信息披露、退市等具体业务规则,强化对相关参与主体的自律管理。”上海证券交易所发布的《公开募集基础设施证券投资基金(REITs)业务办法(试行)》第 64 条也规定,除另有规定外,涉及基础设施基金的收购及份额权益变动的,参照《上市公司收购管理办法》及交易所关于上市公司收购及股份权益变动的有关规则进行适用。深圳证券交易所也有类似规定。

〔17〕 参见洪艳蓉:《论基金托管人的治理功能与独立责任》,载《中国法学》2019 年第 6 期。

构下的沟通成本,减少监督制约管理人的制度真空,明确托管责任,激励托管人及时回应管理人的行为并履行监督之责,不失为高明的制度创新。

其五,存在基础设施项目原始权益人作为战略投资者的角色转换。

在信贷资产证券化中,监管者强制原始权益人应持有其发起的每一单资产证券化中最低档次 ABS 的 5%(且持有期限不低于最低档次证券的存续期限)〔18〕,作为风险自留以制约原始权益人可能的道德风险,其法律原理和业务操作规则移植自美国 2007 年次贷危机之后根据 2010 年《多德—弗兰克华尔街改革和消费者保护法》(Dodd - Frank Wall Street Reform and Consumer Protection Act)对证券化发起人(原始权益人)与投资者"利益共享,风险共担"的风险自留改革。〔19〕 而在企业资产证券化中,证监会规定专项计划可以通过内外部信用增级方式提升 ABS 信用等级并要求管理人在计划说明书中说明原始权益人风险自留的相关情况,未做强制要求。但上海证券交易所在其 2018 年 6 月 8 日发布实施的《基础设施类资产支持证券挂牌条件确认指南》中效法信贷资产证券化的做法,要求原始权益人做同样的风险自留,并且规定除非根据生效判决或裁定,不得将该风险自留的 ABS 进行转让或以任何形式变相转让。〔20〕

基础设施 REITs 中,尽管中间层嵌套的是基础设施类 ABS,但证监会未采用在该层面要求原始权益人风险自留的做法(未适用基础设施类资产证券化的这一规定),而是转变监管思路,回应基础设施项目权益型 REITs 及三层法律架构嵌套的特点,要求已出售基础设施项目所有权的原始权益人转变为公募基金的投资者参与战略配售,规定原始权益人或其同一控制下的关联方(如无特别说明,以下简称原始权益人)购买的公募基金份额不得低于该次发售数量的 20%,且持有期自基金上市之日起不少于 60 个月,购买超过 20% 的部分不少于 36 个月,且在持有期间不得质押。〔21〕 监管者使用的是基金份额转售锁定期的方式绑定原始

〔18〕 中国人民银行等于 2012 年 5 月 17 日发布实施的《关于进一步扩大信贷资产证券化试点有关事项的通知》第 3 条。

〔19〕 参见王鑫:《美欧经验下中国资产证券化风险自留规则的完善》,载《法学评论》2017 年第 5 期。

〔20〕 参见该指南第 19 条。

〔21〕 参见 54 号文第 18 条。

权益人与投资者利益的一致性,制约其信息不对称下隐含的道德风险。当然,原始权益人不可能无限制参与配售公募基金份额,[22]否则既丧失了原始权益人出售基础设施项目进行融资的意义,也可能会导致投资人少于1000人而不符合投资分散度要求而被认为募集失败。[23]

三、风险配置视角下基础设施REITs的各方权责剖析

基础设施REITs的上述创新,联接了多项既有法律制度的某些优势,又在此基础上对旧有规则做了不违背上位法的最大限度的突破,是罕见的复合型法律构造和高度联动金融与实业的产品创新。如此安排,尽管可能造成这一金融产品三层法律架构嵌套的复杂外观和多层"委托代理"关系,但无疑是通过充分剪裁与联接不同法律制度优势,从而突破单一法律框架难以跨越的制度障碍的高效方法。就实践效果而言,从证监会和发改委于2020年4月24日发布40号文到2021年4月23日沪深交易所正式受理基础设施REITs项目材料,在一周年时间内快速完成系列规则起草及产品落地就可见一斑。[24]

从风险配置的角度来看,基础设施REITs中作为主要法律关系主体的投资者、原始权益人和基金管理人,其原本在类REITs(一般企业资产证券化)中经过实践淬炼得到平衡的权责关系,在上述全新的法律架构中需要重新配置并寻求新平衡。这一再平衡的过程往往能够真实折射法律结构对个体权益的影响并最终决定市场参与各方的积极性及产品创新的勃兴度,更进一步地引发人们对法律结构与功能实现之间适配性的思考与调整,是推动制度改革与完善的基础性力量来源。

(一)基础设施REITs中投资者的权益保障问题

众所周知,投资者是资本市场的源头活水,维持他们的投资信心并

---

〔22〕 除了原始权益人外,公募基金还可能有其他战略配售者,以及网下投资者和场内、场外的公众投资者。54号文第19条也规定,扣除向战略投资者配售部分后,基础设施基金份额向网下投资者发售比例不得低于本次公开发售数量的70%。

〔23〕 参见54号文第24条第2项。

〔24〕 参见中国REITs论坛:《公募REITs的365天,我们一起走过》,载微信公众号"REITs Forum"2021年4月30日。

保护其合法权益,是资本市场做大做强的必由之路。在制度机理上,"一个强大的证券市场依赖法定的和市场的制度所组成的复杂网络来确保少数股东:(1)获得公司商业价值的充分信息,和(2)确信公司经理人和股东不会诈取他们投资的大部分或全部价值"。[25] 同理,公募基金投资者(下文除非另有说明,不包括作为战略投资者的原始权益人)以追求投资安全性、流动性和收益性为递进性目标,这一新兴市场同样需要通过 REITs 法律制度和基金合同等安排,为投资者获得充分决策信息及有效维权提供保障,才能吸引其前来。

1. 投资者权益的基金属性与保护法源

投资者的权益维护基于其持有的证券属性、请求权基础及相应的法律保障。中国语境下,基础设施 REITs 利用了公募基金的法律组织形式,投资者获得的是封闭式公募基金的法律身份。尽管基础设施 REITs 通过投资 ABS 持有项目公司股权而间接取得基础设施项目完全所有权/经营权利,感觉像股权性投资,同时须将符合条件的收益高比例分配,又像债权性投资,但基金投资者不是基础设施项目的直接股东,也并非其债权人,而是以信托财产运作成效作为收益偿付来源的信托受益权(基金)人,其收益分配及权利行使需要按照基金的信托财产属性及法律规则进行。换言之,基础设施 REITs 份额的法律属性为基金,是与股票、债券并列的一类金融产品,首先并主要遵循《证券投资基金法》等相关规定。尽管《证券法》第 2 条第 2 款规定"政府债券、证券投资基金份额的上市交易,适用本法;其他法律、行政法规另有规定的,适用其规定",为基金投资者提供了证券法上的保护法源,同时,54 号文和沪深交易所等基础设施 REITs 规则也强调了要参照公开发行证券要求进行相应的监管,但基金管理人是《信托法》下担负受托职责的受托人,契约性基金(信托)的发售及其信息披露等不同于公司组织形式下股票、债券的上市交易规则,证券法上用于保护投资者的责令回购股票、控股股东/实际控制人、证券市场中介等在证券虚假信息陈述方面的过错推定及连

---

[25] Bernard S. Black, *The Legal and Institutional Preconditions for Strong Securities Markets*, UCLA Law Review, Vol. 48, Issue 4, 2001, p. 783.

带赔偿责任[26]等规则，如要适用于公募基金，可能需要进行必要的转换并探索符合逻辑的法律路径。总之，在上位法区分股票、债券及基金等金融产品并分类监管的情况下，基础设施REITIs这一新产品的诸多投资者保护问题的解决，可能需要更多地倚重54号文，特别是基金合同的具体约定。

2. 投资者的信息获取

就信息获取而言，54号文将基金管理人作为第一和主要的信息披露义务人，其披露的内容包括基础设施REITs三层法律架构，涵摄公募基金、基础设施ABS及基础设施项目运营管理三方面，投资者需要理解这一复杂结构及其联动关系下所包含的丰富内容，可能为此付出更多的信息处理成本。基础设施项目的价值及其可能产生的现金流构成了基础设施REITs的价值来源，尽管基金管理人被要求应当聘请评估机构对基础设施项目资产每年进行1次评估，但监管者同时要求基金管理人在信息披露文件的显著位置特别声明“相关评估结果不代表基础设施项目资产的真实市场价值，也不代表基础设施项目资产能够按照评估结果进行转让”；此外，在披露涉及与基础设施REITs这一产品特征的相关信息时，管理人可以不披露“每周基金资产净值和基金份额净值，定期报告基金净值增长率及相关比较信息”等。[27] 由此，投资者在评价基金价值时，需要综合更多的因素全面地进行分析判断，其专业性和成熟度要求可能远高于以二级市场股票、债券为投资对象的传统公募基金对公众投资者的标准。除了基金管理人依法对外统一、公开地履行信息披露义务外，基金投资者能否像股东那样享有向公司的查询权，以便了解具体信息，维护自身合法权益呢？笔者认为，基于公募基金架构的信托法基础，依据《信托法》的规定，投资者作为信托受益人，有权了解信托财产的管

[26] 《证券投资基金法》第106条规定：“律师事务所、会计师事务所接受基金管理人、基金托管人的委托，为有关基金业务活动出具法律意见书、审计报告、内部控制评价报告等文件，应当勤勉尽责，对所依据的文件资料内容的真实性、准确性、完整性进行核查和验证。其制作、出具的文件有虚假记载、误导性陈述或者重大遗漏，给他人财产造成损失的，应当与委托人承担连带赔偿责任。”但其对投资者的保护力度弱于《证券法》的相关规定。

[27] 参见54号文第36条第3～4款。

理运用、处分及收支情况，并有权要求受托人（基金管理人）作出说明；同时其也有权查阅、抄录或者复制与信托财产有关的信托账目以及处理信托事务的其他文件。[28] 这种权利在基金管理人未及时充分履行信息时，给了基金投资者另一种获取信息的法定保障，特别是当基金投资者进行维权诉讼/仲裁时，在没有类似股票的推定受托管理人过错且实行举证责任倒置约束的情况下，要求基金管理人提供必要的信息材料，是投资者证明基金管理人是否审慎勤勉履行受托职责，从而可以有效维权的前提基础。

3."用手投票"与"用脚投票"的权利行使机制

就权利行使机制而言，法律通常为投资者提供了"用手投票"与"用脚投票"的安排，前者主要指基金投资者通过参与基金持有人大会行使表决权而主张权益，后者主要指投资者通过二级市场交易退出基金进行变现而维权。尽管《证券投资基金法》第 47 条、[29] 第 84 条[30] 及第 86 条[31] 以及 54 号文第 32 条[32] 等条文规定了应召开债券持有人大会进行决议的事项及出席会议人数、表决机制等方面的具体要求，但客观上公募基金份额持有人大会召开的复杂要求、漫长周期以及相对于原始权益人 20% 以上的战略配售比例[33]，其他投资者没有决定权优势且缺乏类似股票的对中小投资者表决情况单独计票的制度安排，决定了"用手

[28] 参见《信托法》第 49 条第 1 款及第 20 条。

[29] 该条规定："基金份额持有人大会由全体基金份额持有人组成，行使下列职权：（一）决定基金扩募或者延长基金合同期限；（二）决定修改基金合同的重要内容或者提前终止基金合同；（三）决定更换基金管理人、基金托管人；（四）决定调整基金管理人、基金托管人的报酬标准；（五）基金合同约定的其他职权。"

[30] 该条规定："召开基金份额持有人大会，召集人应当至少提前三十日公告基金份额持有人大会的召开时间、会议形式、审议事项、议事程序和表决方式等事项。基金份额持有人大会不得就未经公告的事项进行表决。"

[31] 该条第 1 款规定："基金份额持有人大会应当有代表二分之一以上基金份额的持有人参加，方可召开。"

[32] 该条主要针对基础设施项目的独有事项，规定了应经参加大会的基金份额持有人所持表决权 1/2 或 2/3 表决通过的情形及回避要求。

[33] 从已有的 4 单申报项目来看，原始权益人参与战略配售的比例远高于 20% 的法定最低要求，其中沪杭甬高速 REITIs 的为 56.843%；渝遂高速 REITs 的其中一位原始权人参与配售 51%，另一位原始权益人参与配售 10%；首钢生物质 REITs 的为 40%；招商产业园 REITs 的为 25% ~35%。

投票”并非投资者常规和主要的权益保护手段，可能因此更多地转向在二级市场交易基金进行风险转嫁和流动性变现。但应引起注意的是，基础设施 REITs 采用封闭式基金的运作模式，投资者无法回售基金而使基金管理人承压；而在二级市场寻求交易，可能存在这一新兴市场投资人气不旺、投资价值认识同质化、投资者分散度不充分而造成流动性不足且难以具有吸引力的价格进行交易的状况。也因此，沪深交易所为基础设施 REITs 份额提供了多元化的交易方式，允许其采用竞价、大宗、报价、询价、指定对手方和协议交易等交易所认可的交易方式，除竞价和大宗交易适用基金交易的相关规定外，其他方式参照适用债券交易的相关规定，还允许基础设施基金作为质押券按照交易所规定参与质押式协议回购、质押式三方回购等业务。〔34〕

4.“持有人利益优先”原则的理解

类 REITs 下的优先档 ABS，被设计成固定收益型证券，投资者的权益保障主要来自以下几方面：（1）采用内部信用增级的优先—次级结构，由原始权益人持有次级档 ABS，吸收一定的损失风险，为保障投资者的优先受偿提供“安全垫”；（2）引入外部信用增级，如第三方差额补足、抵质押担保以及第三方回购 ABS 或基础资产等，缓释一定的信用风险及流动性风险；（3）产品设计多为抵质押型，原始权益人未卖断基础资产，只是转让特定期间的收益进行融资，部分原始权益人的良好主体信用起到了风险补偿的作用。也因此，私募发行下的类 REITs 优先档 ABS 常常能获得 AAA 的高评级，深受投资者青睐。相比类 REITs 下优先档 ABS，基础设施 REITs 在设计上被要求产品公开募集和原始权益人卖断资产，较好地解决了 ABS 流动性、基金扩募、项目退出及类 REITs 常被诟病的倚重原始权益人主体信用，未真正实现资产“风险隔离”并实质证券化的问题，是更为市场化、开放和透明的 REITs 制度安排和进步，值得肯定。但基础设施 REITs 未进行资产支持证券分档，所有投资者都是法律地位平等的基金份额持有人，因此，无法从原始权益人或第三人那获得类似的信用增级保障，而间接拥有基础资产项目所有权的构造也使

〔34〕 参见《上海证券交易所公开募集基础设施证券投资基金（REITs）业务办法（试行）》第 32 条、第 37 条。

投资者成为风险的最终承担者(同时也是剩余价值享有者)。可以说,基础设施 REITs 是更面向公开市场,充分体现买者风险自负,复合了股权与债权特征的金融创新产品。

值得注意的是,54 号文不仅在第 3 条第 1 款〔35〕总括性地提出了基金管理人从事基础设施基金活动应当遵守“持有人利益优先”原则,而且在基础设施基金对外借款,〔36〕基金管理人主动履行基础设施项目运营管理职责,专业审慎处置资产,〔37〕以及基金清算涉及基础设施项目处置〔38〕时,再次强调了基金管理人应当遵循基金份额“持有人利益优先”的原则。54 号文总则及分则的再三强调,既彰显了监管者保护投资者的初心,也凸显了对具有更多关联交易的基础设施 REITs 运营管理活动,投资者利益优先于基金管理人的必要性,从而可以更好地限制后者的自利或其他利益输送行为。然而,基础设施项目的运营管理活动广泛,并不仅仅局限于防控基金管理人的利益冲突行为,更应要求其审慎勤勉,为基金份额持有人的最大利益行事,过度强调前者,可能无法全面指导基金管理人履行职责。

一方面,如上所述,投资者持有的是基金份额,穿透来看是项目公司 100% 股权的所有者,如果基础设施基金项目借入款项,相比于这一债权,基础设施项目所产生的收益应首先偿付借款本息而非优先偿付给投资者;另一方面,基础设施基金虽然被要求进行分红,但分红的前提是合并后基金年度存在“可供分配金额”。根据 54 号文第 31 条第 2 款规定,〔39〕基金

〔35〕 该款规定:“基金管理人、基金托管人从事基础设施基金活动应当……遵守持有人利益优先的基本原则,有效防范利益冲突,实现专业化管理和托管。”

〔36〕 第 28 条第 2 款规定:“基础设施基金直接或间接对外借入款项,应当遵循基金份额持有人利益优先原则,不得依赖外部增信,借款用途限于基础设施项目日常运营、维修改造、项目收购等,且基金总资产不得超过基金净资产的 140%。……”

〔37〕 第 38 条有关基金管理人的职责第 15 项规定:“按照基金合同约定和持有人利益优先的原则,专业审慎处置资产。”

〔38〕 第 45 条第 2 款规定:“基金清算涉及基础设施项目处置的,基金管理人应当遵循基金份额持有人利益优先的原则,按照法律法规规定进行资产处置,并尽快完成剩余财产的分配。……”

〔39〕 该款规定:“基础设施基金存续期间发生的与基金有关的下列费用可以从基金财产中列支:(一)基金管理费、托管费;(二)为基金提供专业服务的会计师事务所、律师事务所等收取的服务费用;(三)由基金财产承担的其他费用。”

收入先要扣除基金管理费、托管费及各项服务费用等,才能算出净利润;之后根据第30条第2款的规定,[40]净利润也并非完全都可分配给投资者,还要留足未来基础设施项目经营所需现金流、储备一定的偿债资金以及考虑收购新基础设施项目的资金需求等。从实践来看,一些项目设置了不低的基金管理人管理费,有的还细分为固定管理费及浮动管理费,后者的激励比例多达年度基金可供分配金额超出一定金额部分的10%~20%,[41]也是一笔不小的扣减金额。如此,无论从权益属性,还是扣减顺序与比例来看,可能都不宜片面地理解"持有人利益优先"这一原则,而应对基础设施REITs的可分红及分红金额有更理性的认识。

(二)基础设施REITs中原始权益人的去留问题

传统基础设施项目的运作,通常由原始权益人担纲全程角色,集建设—持有—运营至到期于一身,即使是采用政府和社会资本合作(PPP)方式的基础设施,也往往由社会资本一方承担上述主要角色,鲜有分解其中环节并分配给各专业机构进行管理的操作。而资产证券化的创新优势在于其结构性,正如美国著名经济学家弗兰克·法布齐和弗兰克·莫迪格利亚尼指出的那样,"资产证券化的金融创新浪潮,其真正意义并不在于发行证券本身,而在于这种金融工具彻底改变了传统的金融中介方式,在借款人与贷款人之间,架起了更有效的融资渠道"[42]。证券化融资带来的分解融资环节并分工给相应专业机构承担的变化,无疑促进了金融市场深化并提高了项目运营效率与专业化程度,是利好原始权益人与投资者的金融创新。

基础设施REITs传承了证券化的这一结构化创新属性,对原始权益人的角色担当及功能再造进行了比类REITs更进一步的设计。在类REITs下,原始权益人出于日后继续持有基础资产的愿景,大多采用抵押型操作模式,即使是少有的转让所有权的操作,原始权益人也往往设

[40] 该款规定:"可供分配金额是在净利润基础上进行合理调整后的金额,相关计算调整项目至少包括基础设施项目资产的公允价值变动损益、折旧与摊销,同时应当综合考虑项目公司持续发展、偿债能力和经营现金流等因素,具体由中国证券投资基金业协会另行规定。"

[41] 参见首钢生物质REITs《招募说明书(草案)》,第295~296页。

[42] 汪利娜:《抵押贷款证券化在美国的兴起与发展》,载《财贸经济》2000年第6期。

置一定的优先回购权并为此支付一笔不菲的费用。为避免类 REITs 上述操作模式下未出表的弊端，以及实现盘活存量资产、降低地方政府负债率，释放项目资本金用于新投资等经济政策目标，基础设施 REITs 要求原始权益人转让基础设施设施项目所有权或经营权利，由此改变既有基础设施项目运营管理的权责利关系。在这种新操作下，原始权益人看似远离了原来的基础设施项目，但结合 54 号文等规则内容及实践中的项目内容，实则不然。换言之，原始权益人正在以某种更新的方式更全面深入地参与到基础设施项目中，其原有的主导地位似乎并未因此受到动摇。具体而言：

1. 原始权益人从所有者到投资者的转变

根据 54 号文的规定，原始权益人将基础设施项目所有权或经营权利转让（通过转让项目公司股权的方式）给基金管理人所代表的基础设施 REITs 之后，应以战略投资者的身份参与认购至少 20% 的基金份额，且至少锁定 60 个月并不得进行质押融资。法律只规定了最低战略配售比例，但未设置认购上限。不过，因基础设施 REITs 为公募基金，需要确保持有基金的投资者人数不少于 100 人；同时从经济效益及其可行性上看，原始权益人也不可能花费巨额成本成就全额投资者的身份转换（从资产端到权益端的会计报表项目转换）。

基于卖断的设计，基础设施所有权或经济权利从原始权益人处转移至基础设施 REITs，原始权益人不再负担基础设施项目维护与运营的相关义务，摆脱了抵质押型的类 REITIs 之下，根据资产证券化规则，[43] 作为特定原始权益人的身份，以及基于这一身份应当在专项计划存续期间为基础资产产生预期现金流提供必要保障的义务。[44] 换言之，对基础设施项目的维护、运营与管理转由基金管理人承担，原始权益人获得了基础设施项目转让对价，全身而退。

当然，基于基础设施项目之前处于原始权益人控制之下，原始权益人在对外转让之时及之后，一方面，需要及时向基金管理人及时移交基

〔43〕 参见《证券公司及基金管理公司子公司资产证券化业务管理规定》第 11 条。

〔44〕 例如，对高速公路的维修与运营，对产业园区的管理与物业服务，对市政工程的供应水电气热等先履行义务，如此才有可能保障基础设施项目发挥功能，第三人使用后进行付费而产生相应的现金流。

础设施项目及相关印章证照、账册合同、账户管理权限等,并确保基础设施项目真实、合法,向基金管理人等机构提供的文件资料真实、准确、完整,不存在虚假记载、误导性陈述或重大遗漏;另一方面,应配合基金管理人、基金托管人以及其他为基础设施基金提供服务的专业机构履行职责,不得继续侵占、损害基础设施项目。[45] 同时,54 号文第 43 条第 2 款取法《证券法》第 24 条第 2 款关于责令回购的规定,要求"主要原始权益人及其控股股东、实际控制人应当承诺,提供的文件资料存在隐瞒重要事实或者编造重大虚假内容等重大违法违规行为的,应当购回全部基金份额或基础设施项目权益",形成对原始权益人等主体的制约,不过采用的是上述主体的单方承诺方式,而非《证券法》规定的监管部门的行政强制举措,约束效果及其救济可能更薄弱。

尽管原始权益人卖断了基础设施项目,但并不意味着没有路径再对基础设施项目产生影响,除了下文提到的作为运营管理机构之外,更直接有效的是如上所述的成为基础设施 REITs 的投资者。不过,原始权益人除了 20% 的法定战略配售比例外,却可自主决定涉入基础设施项目的程度,如果原始权益人有意进行项目并表,标准上也只需投资 51% 基金份额即可达臻目标,从最早向沪深交易所申报的项目来看,沪杭甬高速 REITIs 中原始权人的战略配售比例为 56.843%,渝遂高速 REITs 的一位原始权人的战略配售比例为 51%,正是如此的设计。这一操作的显著益处在于不必付出全部成本却可能控制基础设施项目,也即原始权益人获得了使用适当杠杆率撬动基础设施项目控制权的机会,从而在未必改变原有控制格局的基础上大大节约了资金投入,无疑是利好于那些想对基础设施项目进行证券化融资,却又希望继续保留控制权的原始权益人。

2. 原始权益人从内部管理机构到外部管理机构的转变

从 REITs 运作的制度规范及实践操作看,既有采用由 REITs 内部的管理部门或管理公司自行进行基础设施项目运营管理的内部模式(如美

[45] 参见 54 号文第 43 条第 1 款。

国[46]),也有由基金管理人自行或委托第三方机构进行运营管理的外部模式(如中国香港地区、新加坡、日本、英国、[47]欧盟)。总体而言,内部模式有助于降低运营成本,调动管理人的积极性,促使其更好地主动履行管理职责;外部模式有助于基金管理人充分发挥/借用专业机构的成熟经验和管理技能,采取更稳健的 REITs 经营策略。[48] 根据 54 号文,我国基础设施 REITs 吸收内外部管理模式的优势,强调了基金管理人主动运营管理基础设施项目的主导作用,但又允许其委托外部管理机构负责部分运营管理职责,[49]可归入外部管理模式。由此,开创了专长于二级证券市场投资,作为金融持牌机构的公募基金管理人涉足实业领域,主导基础设施项目资产组合及运营管理事务的先例,这无疑对基金管理人应具备的管理能力及人、财、物等配套条件提出了要求与挑战。

从实践来看,类 REITs 之下通常聘请原始权益人继续担任基础资产的管理机构,以回应原始权益人维护客户关系需求,取得平顺资产日常管理并借助其管理经验/资质,提高运营效率等方面的效果。如上所述,基金管理人尽管被要求担纲主动运营管理基础设施项目的义务,但作为持牌金融机构的背景往往使之难以短期内齐备真正有效运营管理基础设施项目的条件,虽然可采用招聘相应管理团队或收购相应业务公司的方法,但从目前项目申报的情况看,更高效的方式仍是继续聘用原始权益人(或其具体负责运营管理的子公司)担任基础设施项目的运营管理机构。由此,原始权益人从对自持基础设施项目进行管理的内部管理机构,转变为卖断基础设施项目之后,受聘于基金管理人的外

---

[46] 20 世纪 90 年代之后,市场可以自由选择外部或内部管理模式,内部管理模式目前已成为美国的主流。

[47] 由于外部模式中 REITs 与外部管理人之间天然的利益冲突缺陷,目前越来越多地倾向讨论采用内部模式。

[48] 参见北京大学光华管理学院:《中国公募 REITs 管理模式研究》,载北京大学光华管理学院网站,https://www. gsm. pku. edu. cn/thought_leadership/info/1072/1290. htm,2021 年 4 月 30 日访问;中信建投证券课题组:《基础设施 REITs 发展的国际经验及借鉴》,载《证券市场导报》2021 年第 1 期;王娴:《不动产投资信托(RETIs)监管成本与制度完善——基于欧美制度比较的视角》,载《金融监管研究》2021 年第 2 期。

[49] 54 号文第 38 条第 4 ~9 项,具体内容详见前注[48],基金管理人应当承担的责任不因委托而免除。

部管理机构。

法律视野下,原始权益人作为外部管理机构与基金管理人之间是商事委托代理关系,在基金管理人的授权范围内进行代理事项,并将具体运营管理结果归于基金管理人承受。同时,由于立法不允许基金管理人全部外包基础设施项目运营管理职责,运作上基金管理人仍需与外部管理机构进行沟通及合作,并从外部管理机构那获取相应的基础设施项目运营管理信息以履行信息披露职责。总之,二者合作的融洽程度及基金管理人对外部管理机构行为激励约束的有效性,是决定基础设施项目运营管理效果的关键。实践中,部分申报项目设置了对外部管理机构的绩效考核要求替代单一的固定管理费率,以起到制约外部管理机构可能利用信息不对称滋生道德风险的问题,也能激励其提高工作效率,更好地履行职责。

需要注意的是,如果原始权益人与基金管理人之间存在关联关系,特别是中国语境下的基础设施领域,由于地方政府是基础设施项目的主要提供者,同时又存在国有资本入股金融机构的常规操作,很容易形成原始权益人与基金管理人有同一控制人或二者之间存在控制等关联关系的情形。[50] 对于二者之间存在关联关系的,54 号文第 10 条规定在基础设施 REITs 设立阶段,基金管理人应当聘请第三方财务顾问独立开展尽职调查,并出具财务顾问报告,以减少关联交易对交易公平合理性的影响,维护投资者的信心。然而,如果基金管理人聘请与之存在关联关系的原始权益人(或其控股子公司)担任外部管理机构,那么势必在基

〔50〕 例如,沪杭甬高速 REITs 中,基金管理人浙商证券资产管理有限公司就是原始权益人,也是作为外部管理机构的浙江沪杭甬高速公路股份有限公司的控股下属公司;首钢生物质 REITs 中,基金管理人中航基金管理有限公司的主要股东之一北京首钢基金有限公司(出资 45%),与原始权益人首钢环境产业有限公司,同为首钢集团有限公司的全资子公司,而外部管理机构北京首钢生态科技有限公司则是原始权益人的全资子公司。招商产业园 REITs 中,基金管理人博时基金管理有限公司与原始权益人招商局蛇口工业区控股股份有限公司均为招商局集团同一控制下的关联方,而外部管理机构深圳市招商创业有限公司则是原始权益人的全资子公司。值得注意的是,该项目聘请招商证券作为财务顾问,其不仅是基金管理人博时基金管理有限公司的控股股东(49%),也是招商局集团同一控制下的关联方,由此项目进行申报时收到了深圳证券交易所的问询,之后基金管理人通过补充聘请中信证券股份有限公司担任第三方财务顾问,最终获得深交所认可并审议通过。

础设施项目运营管理阶段延续这种关联关系的影响，而 54 号文对此并未作出类似的制度回应。如果基金管理人与聘请的外部管理机构存在关联关系，那么，一方面，在基础设施项目运营管理的沟通及合作上可能更为便利高效，但未必利于监督外部管理机构，预设的外部管理模式潜藏着演化成内部人控制的风险，对投资者权益保护构成一定威胁；另一方面，卖断基础设施资产的原始权益人从运营管理义务中脱离出来，转而作为专业运营管理服务商受聘于基金管理人并收取管理费，按照专业化分工及市场化竞争的预期应能够带来更低廉的服务费用和更优质的专业服务，但在存有关联关系且基础设施服务具有一定地方性和项目局限性的情况下，可能隐含着管理费用等利益内部消化而非外部分流的弊端，外部管理机构可能按更高的标准收取管理费用或设置更容易达到的激励条件侵蚀基础设施 REITs 的资金支出，而缺乏监督情况下的运营管理可能仍停留在未市场化阶段的水平，由此增大运营管理费用并影响基础设施 REITs 的未来收益，损害投资者合法权益。

3. 原始权益人作为基础设施 REITs 的交易对手方

卖断基础设施项目的原始权益人既以战略投资者身份继续留在基础设施项目中，还可能以形式多样的交易对手方身份与基础设施 REITs 发生联系，充分利用其与基础设施项目的密切关系，最大化卖断资产利益，更进一步利用基础设施 REITs 这一金融工具的功能，实现所持基础设施项目资产上市及相关基础设施项目的有效整合，取得更优的经济和社会效益。具言之：

其一，原始权益人可以按照招募说明书及基金合同的约定，优先无偿受让卖断的基础设施项目，换言之，基础设施 REITs 可能成为原始权益人拿出基础资产项目一定年限的经营权益进行现金流折现（资产评估的收益法）[51]之后卖断融资的有效工具。也因此，投资者需要注意的是，尽管 54 号文规定基金管理人代表投资者取得基础设施项目的所有权/经营权利，但对涉及特许经营权的项目而言，未必是永久的产权（受

〔51〕 参见戴德梁行、中联基金：《关于基础设施 REITs 投资价值判断的几个关键问题》，载微信公众号“REITs Forum”，2021 年 5 月 7 日。

土地使用权期限等制约)或特许经营权,[52]如果基金合同约定的期限已到,或在剩余特许经营期限届满后,基金管理人未能获得新特许经营权(或者已超过特许经营权最长期限,无法再就基础资产项目进行收费),也没有购入新基础设施项目,那么将触发基金清算,终止基金运作,相应的基础设施项目可能按约定由原始权益人或相关的主管部门无偿收回,[53]这一点不同于商业 REITs 投资,后者拥有商业基础资产的最终所有权并可分享该资产随时间增长的价值。也因此,基础设施 REITs 投资者获得的可能只是基础设施项目未来一定年限内的经营现金流扣除相应成本费用之后的可供分配金额,这在很大程度上限制了基础设施 REITs 收益的上行空间。

其二,基础设施 REITs 进行基础设施项目购入或出售时,原始权益人可能作为新基础设施项目的提供者或既有项目的购买方与基金管理人进行交易。根据 54 号文第 32 条的规定,上述内容属于关涉投资者利益的重大事项,需要召开基金份额持有人大会进行表决,且基于交易金额是否占基金净资产 50%(含)以上而分别适用 1/2 或 2/3 通过的表决机制。需要注意的是,基础设施 REITs 存续期间进行的项目购入或出售,其操作流程应等同于基金首次募集时的操作,[54]确保信息透明及交

---

[52] 按照 2015 年 6 月 1 日起施行的《基础设施及公用事业特许经营管理办法》第 6 条的规定,基础设施及公用事业特许经营期限最长不超过 30 年。而根据 40 号文及 54 号文的规定,首选具备成熟的经营模式及市场化运营能力,原则上要求运营 3 年以上,已产生持续、稳定现金流,投资回报良好的项目。也因此,第一批申报的项目都具备了如上条件,更突出是高速公路项目,都已运营 10 多年。

[53] 例如,首钢生物质 REITs 在招募说明书(草案)对投资者作了"基础设施项目的服务期和/或收费期届满后,首钢集团有限公司或其指定关联方有权优先无偿受让项目公司股权/基础设施项目,且无须召开基金份额持有人大会审议"的风险揭示。沪杭甬高速 REITIs 在招募说明书(草案)第 26 章"基金的终止与清算"中载明,"杭徽高速公路(浙江段)收费期限期满后,将按国家有关规定无偿向交通主管部门办理收费公路移交手续(含项目用地移交)"(第 321 页)。

[54] 例如,根据 54 号文第 12 条第 2 款的规定,基金运作过程中发生购入或出售基础设施项目等情形时,同样要进行资产评估,并且评估基准日距离签署购入或出售协议等情形发生日不得超过 6 个月,同于首次发售的时间期限。第 33 条第 2 款规定:"基础设施基金存续期间拟购入基础设施项目的标准和要求、战略配售安排、尽职调查要求、信息披露等应当与基础设施基金首次发售要求一致,中国证监会认定的情形除外。"

易价格公平合理,获得正当性。当然,如果原始权益人是向基金再次出售新基础设施项目或购回原来的项目,那么其就与这一表决事项存在关联关系,按照防控利益冲突的要求,原始权益人应当予以回避,其所持份额不计入有表决权的基金份额总数。54 号文第 2 款对此作了专门规定,确有必要,需要在实践中予以严格执行,以保护原始权益人(作为战略投资者)以外的其他投资者的合法权益。

(三)基础设施 REITs 中基金管理人的行权问题

在基础设施 REITs 中,基金管理人身兼基金管理人和 ABS 管理人两职,全程主导基础设施基金募集发售、信息披露、投资管理、扩募、交易与清算,以及基础设施项目尽职调查、资产购入、运营管理、资产出售处置等多个环节和多项事务,其管理权限和职责范围结合了公募基金这一资管业务,也涵盖了基础设施项目上市融资、并购重组等投行业务,还包含着基础设施运营及资产处置等存续期管理这一实业经营内容,业界形象地称为"资管业务投行化"或"投行业务资管化",基金管理人也由此被视为另类资产管理人和运营机构,其基金经理需要进行专门的注册登记。[55] 因此,基金管理人如何在基础设施基金"募投管退"环节,特别是基础设施项目存续期的运营管理中充分行权,将直接影响项目运营成效并关系投资者权益的最大化。

如上所述,我国基础设施 REITs 为破除现有法律障碍而快速实践,采用了三层法律架构叠加及多次"委托代理"关系转承的设计,尽管 54 号文用"结果导向"的表述和监管者、从业者等对"穿透原则"[56]运用的强调,确立了基金管理人的主导地位和控制权,但其纷繁复杂的权责在实践中如何实现,却需要代入所依据的具体法律规则并嵌入现实的法律架构,遵循相应的法律逻辑并符合相关规范要求加以明晰的,如此才能

---

〔55〕 中国证券投资基金业协会因此要求基础设施 REITs 的基金经理不仅要具有一般的基金从业资格,还需通过 REITs 类基金经理法律知识考试,具备 5 年以上基础设施项目运营或基础设施项目投资管理经验且最近 1 年从事上述有关工作等条件。参见中基协 2021 年 2 月 25 日发布的《关于开展公募基础设施证券投资基金的基金经理注册登记的通知》。

〔56〕 例如,《上海证券交易所投资者风险揭示书必备条款指南第 4 号——公开募集基础设施证券投资基金(RETIs)》前言规定:"基金通过基础设施资产支持证券持有基础设施项目公司全部股权,穿透取得基础设施项目完全所有权或经营权利……"

避免基金管理人自由裁量权过度并减少法律架构、当事人权益分配的不确定性,增强基础设施 REITs 的市场吸引力。具体而言:

1. 基金管理人的信息获取来源与披露责任

无论是基金管理人履行信息披露制度,对基础设施项目进行有效运营管理,还是市场投资者对基础设施 REITs 进行价值评判并做出投资决策,都需要建立在充分获取基础设施 REITs 具有重大性意义信息的基础上。事实上,由于基础设施 REITs 采用多层法律架构且存在多个“委托代理”关系,同时基金管理人又兼任基础设施项目运营管理人,由此形成基础设施 REITs 信息来源广泛且嵌入于各层法律结构对应环节及相关主体的格局。

从提供信息的主体来看,根据基金管理人在其中的法律地位,可分为两类:一类是基金管理人本身是该类事项的行为人,可以直接获得全面完整的信息内容。例如,基金管理人自己进行的对基础设施项目及原始权益人、托管人、ABS 管理人、外部管理机构等的尽职调查,主动履行基础设施项目运营管理事项,以及从事新购入、出售或处置基础设施项目等活动而同步获得第一手信息。另一类是基金管理人本身并非行为人,而是基于其法律身份获得的信息、原始权益人依法依约提供的信息,以及通过委托第三方机构提供相关服务获得的信息。例如,基金管理人作为中间层资产证券化法律结构下 ABS 的唯一持有人,由 ABS 管理人定向提供的资产证券化项目的信息;原始权益人移交的有关基础设施项目印章证照、账册合同等文件资料;基金管理人聘请的评估机构出具的评估报告、聘请的第三方财务顾问出具的财务顾问报告,聘请的外部管理机构提供的运营管理报告、聘请的托管人提供的托管报告,以及聘请的律师事务所、会计师事务所提供的法律意见书、审计报告等。

根据 54 号文及《公开募集证券投资基金信息披露管理办法》等的规定,基金管理人是主要信息披露义务人,无论信息来源如何,投资者面对的信息披露责任人首先和主要的是基金管理人。对于上述第一类信息来源,基金管理人应确保信息的真实、准确、完整,如出现虚假记载、误导性陈述或者重大遗漏,给投资者财产造成损失的,应当向投资者承担连带责任,自不待言,但《证券投资基金法》未像《证券法》那样采用过错推定责任,可能对投资者证明基金管理人存在过错构成一定的挑战。对于第二类信息来源,尽管 54 号文规定了原始权益人、外部管理机构的信息提供要求及对基金管理人履行信息披露义务的配合,但只是概括性或笼统性的规定,其与基金管理人在信息传递方面的分工与权责更多地倚重资产转让合同、运营管理合同等文件的约定,而且也没有规定这些主体就虚假陈述行为导致的损失向投资者赔偿的民事责任。除法律意见书、审计报告及资产评估报告等需要依法对外独立公布的报告之外,许多主体的报告将被整合进基金管理人的信息披露文件中,并最终由基金管理人对这些内容的真实、准确和完整性负责,现行基础设施 REITs 及公募基金等法律制度存在对这些主体信息披露民事法律责任的缺失。一旦出现问题,只能由基金管理人向这些主体追责,投资者无法越过公募基金及 ABS 等法律架构直接对原始权益人等上述主体追究虚假信息披露责任,可能在某种程度上影响投资者的维权,特别是在基金管理人不勤勉尽责、存在重大过失或者与这些主体存在共同故意的情况下,更为突出。

2. 资产支持专项计划的通道化与基础管理人的指令行权

2018 年 4 月 27 日《关于规范金融机构资产管理业务的指导意见》发布实施以后,金融监管者加强了对通道型资产管理的监管,强调金融回归主业,服务于实体经济,管理人应切实履行管理职责,不得为其他金融机构的资管产品开展提供规避投资范围、杠杆约束等监管要求的"通道"服务〔57〕而形成风险。注意到证监会曾在《资产证券化监管问答(二)》〔58〕作了同样的强调,要求证券公司、基金管理公司子公司开展资产证券化业务时应建立健全内控机制,切实履行管理人职责,依规独立进行尽职调查和存续期管理。尽管基础设施 REITs 制定有专门规则,未必等同于一般资管产品并适用资管新规内容,且上述监管问答也已被废止,但在资产管理、资产证券化等金融业务中,强调管理人合法合规经营,归位尽责,压实金融中介责任仍具有实践积极意义。

考察 54 号文及首批申报的基础设施 REITs 项目资料,不难发现中

〔57〕 参见《关于规范金融机构资产管理业务的指导意见》第 22 条。2019 年 11 月 8 日最高人民法院发布的《全国法院民商事审判工作会议纪要》第 93 条规定:"当事人在信托文件中约定,委托人自主决定信托设立、信托财产运用对象、信托财产管理运用处分方式等事宜,自行承担信托资产的风险管理责任和相应风险损失,受托人仅提供必要的事务协助或者服务,不承担主动管理职责的,应当认定为通道业务。"

〔58〕 2018 年 12 月 24 日发布,2020 年 10 月 30 日被废止。

间层的资产证券化专项计划被设计用于将项目公司(持有基础设施项目权益)股权转换成 ABS,以便公募基金进行合法合规的证券投资,由此形成我国基础设施 REITs 独有的三层法律架构嵌套。虽然 54 号文中对 ABS 管理人的规定不多,但并未抹杀其应起的作用和应尽的义务,包括但不限于:(1)基金管理人与 ABS 管理人协商确定 ABS 设立发行等相关事宜(第 7 条);(2)分别或联合开展尽职调查并依法承担相应的责任(第 10 条第 1 款);(3)ABS 管理人向基金管理人披露资产证券化专项计划相关情况及涉及的重大变化,以使后者能够编制信息披露材料,进行基金注册并履行信息披露义务(第 14 条、第 35 条等);(4)发行 ABS 并向中国证券投资基金业协会注册,申请将 ABS 在证券交易所挂牌以便基金可以进行投资,等等。ABS 管理人进行基础设施项目资产证券化操作,需要遵守《证券公司及基金管理公司子公司资产证券化业务管理规定》,同时沪深交易所都发布有《基础设施类资产支持证券挂牌条件确认指南》及《基础设施类资产支持证券信息披露指南》,也是要遵守的行业自律规范。证监会及其派出机构也会对 ABS 管理人从事基础设施基金活动进行定期或不定期检查(第 47 条)。

然而,从基础设施 REITs 的法律结构设计初衷和首批申请项目的操作实践来看,基础设施资产支持专项计划客观上起到联接公募基金与项目公司(基础设施项目),将项目公司股权转换成公募基金可投资的 ABS 的通道作用,具体而言:

(1)从角色人选来看,根据 54 号文第 25 条第 1 款的规定,基金管理人应与 ABS 管理人存在实际控制关系或受同一控制人控制,以便降低沟通成本,便利协调合作。根据现有管理规定,可以申请公募基金管理资格的,除传统的基金管理公司外,还有证券公司及其资产管理子公司、保险资产管理公司、私募证券基金管理机构等,而证券化的管理人则包括证券公司、基金管理公司子公司等。从首批申报项目来看,大多是证券公司、基金公司或资管公司之间的组合,符合第 25 条第 1 款的规定。但值得注意的是,沪杭甬高速 REITs 中基金管理人和 ABS 管理人同为一家公司——浙商证券资产管理有限公司,二者身份合一是否为符合第 25 条第 1 款规定更高标准的专门“关联”设计呢?从申报材料来看,招募说明书只简单地在“重要提示部分”(第 2 页)表明“本基金管理人(同时为资产支持证券管理人)浙江浙商证券资产管理有限公司为主要原始权益人浙江沪杭甬高速公路股份有限公司的控股下属公司”,在其他部分及法律意见书中未再予以揭示并分析其合法合规性,而上海证券交易所及证监会都未对此提出问询或异议,并最终予以审核通过及注册,似乎认可了这种设计的合规性?由此可能开启了未来以同一主体兼任基金管理人和 ABS 管理人,更为便捷高效但也更虚化资产证券化环节的基础设施 REITs 法律架构。笔者认为,尽管 54 号文有构造资产支持证券以突破现行法律障碍的旨意,但行文中要求二者具有关联关系并各自担负相应的责任并非最终鼓励二者身份合一,遵循既有资产证券化规则的要求也未因此而省略。从基金法监管规定及商事法律原理来看,尽管《证券投资基金法》第 73 条第 2 款〔59〕允许运用基金购买基金管理人发行的证券,将之视为重大关联交易进行管理,54 号文第 25 条第 1 款沿用了这一规定,但如果基金管理人与 ABS 管理人为同一主体,那么,他们之间所进行的购入基础设施项目的交易不仅仅只是重大关联交易,还可能构成民法上的双方代理,引发法律权责上一系列有待处理的问题。根据《民法典》第 168 条第 2 款的规定,双方代理需要被代理的双方同意或者追认,是否应适用比 54 号文第 32 条第 2 款(2/3 表决通过)更高的基金份额持有人大会同意标准?更进一步地,《信托法》第 43 条第 3 款规定,“受托人可以是受益人,但不得是同一信托的唯一受益人”,注意到实践中多有将企业资产证券化下的投资者与 ABS 管理人类比信托关系的做法并一直致力于推进这种法律关系的实现,如果 ABS 的唯一投资者(基金管理人)也是 ABS 管理人,是否就属于上述情形,从而动摇这种管理关系的内在基础并影响受托财产的安全与独立性?更进一步地,可能发生权利行使的冲突或不可能。例如,根据资产证券化相关合同约定,由 ABS 投资者(基金管理人)审批决定解聘 ABS 管理人事项,就会出现自己解聘自己,如何成就的问题;以及在基础设施项目账册管理、基础设施项目运营及监督、基础设施项目现金流监督等方面,都会出现行

〔59〕 该款规定:“运用基金财产买卖基金管理人、基金托管人及其控股股东、实际控制人或者与其有其他重大利害关系的公司发行的证券或承销期内承销的证券,或者从事其他重大关联交易的,应当遵循基金份额持有人利益优先的原则,防范利益冲突,符合国务院证券监督管理机构的规定,并履行信息披露义务。”

为人与监督人合一等情形,使得基金治理关系混沌化。

(2)基础设施项目的主动管理职责分配与基金管理人的依指令行权。在继续保留资产证券化结构并未明确排除适用资产证券化相关规则的情况下,显然,ABS 管理人应是积极管理者并主导基础设施项目的有序运作,如果去掉公募基金这一最上层的架构,至少在类 REITs 下 ABS 管理人是担纲基础设施项目的主要角色。但在基础设施 REITs 之下,尽管基础设施项目的运营管理依然如故,但相关权责分配被进行了解构。根据 54 号文第 38 条、第 39 条的规定,基金管理人主动履职基础设施项目管理职责:一方面,既被要求自己管理基础设施项目产生的现金流、管理印章及基础设施项目档案、聘请专业机构进行评估与审计等,也被允许设立专门子公司或委托外部管理机构进行基础设施项目部分运营管理职责的履行,并根据《运营管理服务协议》的约定对前者进行监督管理。原本在类 REITs 下由 ABS 管理人承担的职责通过 54 号文及基金合同的约定转由基金管理人承担,ABS 管理人的相关职责不仅大为削减,也已不具有实质性内容。另一方面,基金管理人作为 ABS 唯一投资者,根据资产证券化文件的相关约定指令 ABS 管理人进行必要行事,后者在某种程度上已不具有管理基础设施项目的积极功能。然而,从招募说明书的内容来看,在基金治理的章节部分,往往又详列着 ABS 管理人应履行的具体权责,内容似乎延续自类 REITs 下的内容,并未因公募基础设施 REITs 的架构而做相应调整。由此,在 54 号文规定二者依法应承担的责任不免除(如第 10 条)的情况下,可能因二者权责交叉重叠,以及联动关系的模糊而潜藏风险,而法律意见书对资产证券化文件及基金管理人与 ABS 管理人履职分工及由此对基金治理有效性影响分析的缺失,可能进一步加剧这种状况,令基金治理在内部关系上难以为外部投资者所明晰,也会在客观上对基金托管人如何有效监督二者履职造成不小的困扰。

3. 基金管理人的主动管理与外部管理机构的辅助运营

与专注于二级市场股票、债券等标准化证券产品投资的传统证券投资基金不同,采取公募基金形式的基础设施 REITs 尽管投资的是经过法律结构转换的 ABS,却被要求承担基础设施存续期的主动运营管理义务(实业运营义务),其履行这一职责的成效如何,成为投资者评判基础设施 REITs 回报的主要考虑因素。

为敦促基金管理人有效履行主动运营管理基础设施项目职责,54 号文作了专门设计:一方面,要求基金管理人(或其同一控制下的关联方)应配置相应的制度、人员并具有相关经验;[60] 另一方面,要求在基础设施项目实际运营中,基金管理人应真正参与管理,不能将所有主动管理事项全部委托给外部管理机构,这些事项包括项目交割、印章管理、现金流管理、审慎处置资产、项目公司财务管理等。[61] 即使进行了外包,基金管理人也需要对外部管理机构进行考核监督,其依法应承担的责任不得因委托而免除,同时外部管理机构也不得再将委托运营管理基础设施的主要职责转委托给其他机构。[62] 如此设计,从组织体(内部设置/外聘机构)、义务履行(亲自管理/外包服务)和责任(委托不减轻责任/绩效考核)三个方面设置了有力的抓手,有利于基金管理人真正落实运营管理,压实中介责任,为投资者利益服务。

然而,看似逻辑严丝合缝、制度环环相扣的安排,可能因为现实因素受到冲击,难以充分发挥预期效果。基金管理人从传统型管理人向实业运营型管理人转变,往往需要一个过程与周期积累,实践中,54 号文要求的基础设施相关制度和流程可以复制构建,专业研究人员可以通过高薪招聘或挖角团队满足,相关经营也可以借助关联方的历史积累,应都不是实质性的施行障碍,真正带来挑战的是对基础设施项目的实际运营管理,构成了区分不同基金管理人能力与基础设施 REITs 收益的要点。从首批申报项目的资料来看,基金管理人无一例外聘请了原始权益人或其下属子公司提供基础设施项目运营管理服务,特别是像高速公路收费、产业园区出租这种涉及使用者(承租人)付费且人员分散,变动不居的项目,更需要借助原始权益人的收费管理系统进行维持,以及借助原

〔60〕 54 号文第 5 条第 1 款第 5 项规定,基金管理人应具备健全有效的基础设施基金投资管理、项目运营、内部控制与风险管理制度和流程。第 2 款规定,拟任基金管理人或其同一控制下的关联方应当具有不动产研究经验,配备充足的专业研究人员;具有同类产品或业务投资管理或运营专业经验,且同类产品或业务不存在重大未决风险事项。

〔61〕 参见 54 号文第 38 ~ 39 条。

〔62〕 参见 54 号文第 39 ~ 40 条。

始权益的设施/人员/机制等对基础设施进维修改造及日常运营服务。外包服务无疑可以减轻基金管理人的事务性管理义务,而将主要精力放在基础设施项目运营管理统筹和整体规划上。也因此,基础设施 REITs 市场发展初级阶段的一个主要特点,是功能上被定位为辅助运营的外部管理机构,实质上承担着基础设施项目主要的运营管理工作,而功能上被定位为主动运营管理者的基金管理人则隐身其后,实质上主要负责外部服务机构的监督考核并最终担负项目运营管理的法律责任。

在这种职责履行及责任承担的现实结构下,可能需要注意以下几个方面的问题。其一,基础设施项目现金流的管理机制按照 54 号文的规定由基金管理人建立并进行管理,但实践中可能基础设施项目日常产生的现金流由外部管理机构进行逐一收取并按约定频率划转到基础设施项目监管账户。如果上述制度设计并非闭环的现金流归集机制或时点紧密相接的现金流划转安排,那么,这种基础设施项目所产生的现金流与外部管理机构自有资金、管理的其他项目资金发生混淆,以及被外部管理机构挪用的风险仍是存在的。也因此,对于这种由第三方进行资金归集产生的风险敞口,需要基金管理人提高监督频率与力度,在发现风险预警或发生风险时及时采取改进措施,以充分保障基础设施项目现金流的安全。其二,可能需要防范基金管理人被“俘获”(capture)而使基础设施项目管理处于“次优”的状况。有研究表明,基础设施项目资产如果由原始权益人控制的管理人管理,难免会出现俘获问题,导致利益冲突更为突出。[63] 从申报的项目来看,存在典型的原始权益人(也是外部管理机构)对基金管理人的控制关系,或者基金管理人与所聘请的外部管理机构都受原始权益人同一控制的关联关系。[64] 在这种高度关联的情况下,一旦基金管理人被俘获,那么最直接的可能是高定基础设施项目管理费或者调低外部管理机构绩效考核标准,特别是因基础设施项目管理绩效缺乏可比标准且无法测算最优成效,可能在高定管理费用的同时调低绩效考核标准,隐含着基金管理人滥用决策权而多使用基金财

---

〔63〕 See Cheng - Ho Hsieh & C. F. Sirmans, *REITs as Captive - Financing Affiliates: Impact on Financial Performance*, Journal of Real Estate Research, 1991, Vol. 6, No. 2, pp. 179 - 189.

〔64〕 参见前注〔50〕对首批申报项目中各方关联关系的介绍。

产通过管理费等方式向外部管理机构输送利益的风险。换言之,如何激励基金管理人有效督促存在关联关系甚至控制关系的外部管理机构积极履职,是个真正的难题,值得注意。

4. 基础设施 REITs 运营重大事项与基金管理人的权责

基础设施 REITs 的投资回报,既取决于基础资产项目资产本身的价值,也取决于基金管理人有效运营基础设施项目以使之产生尽可能多的现金流,还取决于基金管理人如何运用资金杠杆及购入/出售(处置)基础设施项目以形成较优的资产组合,提高基金资金的投资效益等。也因此,需要在基础设施 REITs 运营中赋予基金管理人充分的运营管理权,但上述诸多事项又关涉基金投资者的重大利益,为防范基金管理人的"内部人控制"及相应的道德风险、利益冲突,《证券投资基金法》及 54 号文对基金管理人可以行使的权限做了限缩,即明确规定应该召开基金份额持有人大会进行决议的事项,[65] 同时也允许《基金合同》根据当事人意思自治,对需要提请基金份额持有人大会的事项进行更多约定。这些法定和约定范围之外的事项,则属于基金管理人可以自由裁量,进行决定的事项。

基于召开基金份额持有人大会的高门槛条件及形成最终决议的漫长周期,无论是《证券投资基金法》还是 54 号文都采用了尽量少规定需要提交基金份额持有人大会决议事项的做法,以在维护投资者最终决定权的基础上提高决策效率,助力基金取得更好的效益。同时注意到基础设施 REITs 中存在较传统证券投资基金更常见和更复杂的关联关系,因此法律制度在规定决议表决机制上,着重强调了关联关系回避表决的内容,[66] 这对于减少利益冲突,阻断利益输送无疑很有必要。值得注意的是,超过基金净资产 20% 以上的基础设施项目的购入或出售,都属于基金份额持有人大会决议的事项,如购入的是原始权益人或基金管理人持有/占有权益的基础设施项目,则构成关联交易,需要适用"超过基金净

〔65〕 这主要体现在《证券投资基金法》第 48 条及 54 号文第 32 条。

〔66〕 除了《证券投资基金法》第 73 条第 2 款对重大关联交易要求遵循基金份额持有人利益优先的原则,防范利益冲突并履行信息披露的要求外,54 号文第 32 条第 2 款规定:"基金份额持有人与表决事项存在关联关系的,应当回避表决,其所持份额不计入有表决权的基金份额总数。"

资产5%以上的关联交易”都要提交基金份额持有人大会决议的规定。其中可能隐含的对投资者不利的因素是，基础设施项目的购入主要依赖基金管理人选择并提出议案，尽管所购入的项目可能与原始权益人、基金管理人都不存在关联关系，但基金管理人掌握收购方案进入表决议程的入口，如再叠加原始权益人与基金管理人之间存在关联或控制关系，那么可能发生原始权益人借助基金管理人之手提议购入符合自身规划远景或近期目标的基础设施项目，并利用自身作为战略投资者的大比例投票权（甚至是占控股地位的投票权）通过该议案，从而绑架基金完成基础设施项目的整合，实现自身预期目标，而如此投资组合的结果未必最有利于投资者权益，这是值得注意的。

对于基金管理人可以自由裁量，无须提交基金份额持有人大会决议的事项，对比上述法律法规保留的事项，事实上包含基金设施项目日常管理的诸多重大事项都是交由基金管理人进行自主安排的。除了上文提及的对外聘管理机构的绩效监督外，这其中应引起注意的，包括但不限于如下事项：

（1）基金对外借款（含事先借款的保留）。根据54号文第28条〔67〕的规定，基金设施项目本应干净地卖断给公募基金而不应附带债务一并转让，但在符合条件的情况下允许保留不超过基金净资产40%的借款。如此安排，可能是基础设施项目确有需要进行融资（或者需要保留债务以避免后续再构造债务，从而起到资本弱化的效果），无须偿还旧贷款再安排新贷款，徒增成本，但客观上是显著提高了原始权益人卖断基础设施项目回收的资金额，减轻了其负债比率（确认收益并终止债务），或许也是基础设施REITs预设的经济政策目标之一。而对于购入项目之后新增的对外借款，可能也有和保留原先借款一样的原因，但客观上允许基金对外举债，可能为基金管理人“低效”运营项目提供了一个使用外部资金弥补资金不足或周转不灵的渠道，也可能由此增加基金的运作成

〔67〕 该条规定：基础设施基金成立前，基础设施项目已存在对外借款的，应当在基础设施基金成立后以募集资金予以偿还，满足本条第二款规定且不存在他项权利设定的对外借款除外。基础设施基金直接或间接对外借入款项，应当遵循基金份额持有人利益优先原则，不得依赖外部增信，借款用途限于基础设施项目日常运营、维修改造、项目收购等，且基金总资产不得超过基金净资产的140%……

本。注意到,第 28 条第 2 款在允许基金对外借款时,强调了基金管理人遵循基金份额持有人利益优先的原则,考虑到基金管理人持有金融牌照及其长期的金融执业背景,强调其中可能潜藏的利益冲突并要求基金管理人以投资者的利益优先理所当然,但对外借款是否只有这一方面的利益冲突?如果原始权益人与基金管理人有关联,对外借款是向原始权益人申请的,那么是否同样适用?而如果对外借款是向其他与基金管理人无关联的金融机构申请的,那么强调投资者利益优先是否妥当,更合适的指导原则应是“投资者利益最大化”?

(2)基金收益分配。基础设施 REITs 的显著特征是基金管理人应将合并后基金年度可供分配金额的 90% 以上以现金形式分配给投资者,且在其收益分配符合分配条件的情况下每年不得少于 1 次,这是 54 号文界定基础设施 REITs 的条件之一。然而,如上所述,并非基础设施项目所产生的现金流都能息数分配给投资者,通常需要将基础设施项目产生的现金流(净利润)进行合并,调整为息税折旧及摊销前利润(EBITDA),并在此基础上综合考虑项目公司持续发展、项目公司(对外借款及其他债务)偿债能力、维护日常运营所需的经营现金流等因素,才能最终确定可供分配金额,投资者也才有获得分红的基础及机会。在上述确定可供分配金额的过程中,基金管理人无疑具有主导地位并享有巨大的裁量空间。如何进行制约,可能会是一个难题与挑战。当然,如果长期不分红必然会导致投资者厌弃公募基金,但如上所述基金采用封闭式运作方式,投资者的不满无法直接传导给基金管理人,对其造成的经营管理压力总体有限,而基金托管人主要监督基金管理人是否合法合规运作,对基金管理人的不分红或低效率运作,似乎无能为力。

四、基础设施 REITs 热潮下的新挑战与冷思考

(一)经济政策目标与法律结构的功能实现问题

我国需要在新经济社会环境形势下拓展基础设施融资渠道,有效盘活存量资产,形成存量资产和新增投资的良性循环,以补短板更好地服务于经济社会发展,基础设施 REITs 被视为实现这一具有正当性经济政

策目标的金融工具而快速地得到制度构建并高效落地项目践行。

根据功能结构主义的观点,一定的结构有助于实现特定功能;反之,特定功能也可以借助不同的结构实现。只有深入理解金融创新带来的功能改善和潜在风险,并在投资者保护上平衡发展与监管的关系,才能摆正应对新金融工具的态度。[68] 考察基础设施 REITs 的法律结构,通过"公募基金 + 资产支持证券"三层法律架构的联结,可以实现将公开市场资金引流至基础设施项目,帮助原始权益人盘活存量基础设施资产并获得新增资金用于投资新基础设施项目的效果;对资本市场而言,可以因此增加新金融投资品种,公众投资者获得参与并分享基础设施项目收益的机会,金融中介也得以开展新业务,拓展收入来源。目前的融资结构设计,以最小制度变动成本成就短期内快速推出基础设施 REITs 的愿景,是一种以"破除障碍"为导向,构造可行法律结构实现预期经济功能的法律实践过程。然而,这种看似多方共赢的结构设计—功能实现,却面临着经济目标正当性与法律结构复杂化之间的紧张关系:

从法律逻辑来看,经济目标的正当性无法证成复杂法律结构的合理性以及金融产品的零风险,过于繁复的法律架构可能降低金融创新的透明度,增加产品运作的不确定因素及潜藏的风险节点。2007 年美国次贷危机之后,主流成熟市场所在国家纷纷反思过于复杂的证券化融资结构可能带来的金融风险,因而倡导简洁、透明且具有可比性的资产证券化产品。这一共识经由巴塞尔委员会(Basel)和国际证券业协会组织(IOSCO)联手,最终演化成一项最佳实践标准[69]用于指导证券化操作,并已在主要资产证券化国家得到推广。过于强调实现经济政策目标的优先性,实质上是置后了法律结构的简明直观,以及建立于这一基础之上的市场参与主体的权责明晰和救济的及时有效。这种带着明显阶段性特征的基础设施 REITs 试点,更多体现了监管者优选考虑推出服务实体经济新产品并开辟新融资市场的迫切需求,它不应成为指导未来我

---

〔68〕 参见洪艳蓉:《双层 SPV 资产证券化的法律逻辑与风险规制》,载《法学评论》2019 年第 2 期。

〔69〕 See BCBS & IOSCO, *Criteria for Identifying Simple, Transparent and Comparable Securitisations*, 23 July 2015, https://www.bis.org/bcbs/publ/d332.htm, 2021 年 4 月 20 日访问。

国基础设施 REITs 规范发展的常规模式。

从权责配置来看,类 REITs 中各守其责的原始权益人、投资者与基金管理人,在基础设施 REITs 复杂的法律嵌套结构和基金管理人多种角色兼任的框架下,因相应的激励约束机制被打破而需要重新进行平衡。基础设施 REITs 这种建立在权益型项目基础之上的融资结构,不同于之前锚定原始权益人主体信用,可以通过对原始权益人、项目抵质押品以及第三方增信机构行使追索权而维权的抵质押型类 REITs,需要综合考察基础设施项目本身的价值(及可能产生的现金流)、基金管理人的运营管理绩效,以及运用资金杠杆购入/出售基础设施项目的投资组合等因素进行综合评判,在项目运作上始终面临着经济政策、金融监管和商业逻辑三方面的交战,必然会给各方重新适应规则并深入部署风险防控举措带来空前压力。更进一步地,法律层面只涉及"公募基金—资产支持专项计划—项目公司"三层构造,实践中沿袭类 REITs 的操作经验,可能是"公募基金—资产支持专项计划—特殊目的载体(SPV)—项目公司"[70]甚至更多层的法律架构,以及在此基础上进行的以实现资本弱化为目标的 SPV 负债构造和以负债下沉到项目公司为目标的反向吸收合并 SPV 等一系列复杂的资产重组操作。综观基础设施 REITs 的整体法律构建,尽管从外观及最终效果上看可能实现了预期经济目标,但项目信息流传递上的多个层次与众多节点,权益流上的基金管理人多层间接持有状态,现金流上的多方收取及并非完全闭环的归集机制,广泛存在的关联关系/交易及基金管理人在穿透原则下贯穿上下的主动运营管理,转变成战略投资者的原始权益人深度参与基础设施项目运营管理等,都需要有能够兼顾各方的利益平衡安排和行之有效的权利救济机制。市场参与各方为此付出的巨大合法合规成本,为减少基金税负、提高资金运用效率而进行的复杂重组操作成本,以及在复杂法律架构下担负的权益等不确定性成本,也应是推进基础设施 REITs 应予以重视和考虑的。建立集约高效、清晰透明的基础设施 REITs 法律结构,不应长期成为以"破除障碍"为导向的产品设计的牺牲品。

---

〔70〕 参见"首钢生物质 REITs"和"招商产业园 REITs"招募说明书(草案)对基金整体架构的介绍。

从制度供给来看,短期内监管部门和自律组织推出了基础设施REITs的操作规则,同时分别适用各层法律结构的对应规则,并允许在基金管理人主导下通过与各个市场参与方签署相应商事合同完备整体运作。由此,形成了54号文等专门规则调整基础设施REITs特殊事项,《证券投资基金法》及资产证券化规则调整作为基础设施REITs架构基础的公募基金与资产证券化法律关系,基金合同、资产运营管理合同等商事合同文件调整基础设施REITs个案具体事项的法源结构。如此分散式、碎片化,多层级的法律制度框架,虽然充分利用了现有法律制度及发挥当事人意思自治,可标榜为“最小制度变动成本”,但无疑需要市场各方按照自己的理解进行整合和检索适用,客观上缺乏可比性和透明度,很难与公募基金的高标准化和强可比性相提并论,并不具有法律适用上的合理性和效益性,对市场各方而言都将因此承担不菲的制度成本。更进一步地,不难发现54号文的规定整体较为粗疏,往往是挑出基础设施REITs的特别事项予以概括性规定,并使用“持有人利益优先”“防范利益冲突”等大原则进行指导,整体上更重在实现发行而非更利于后续运营管理及监督制衡;对嵌入其中的公募基金,特别是资产证券化结构(资产支持证券)的规定,则更为简单,缺乏对有着全套完备规则的资产证券化如何与公募基金有机嵌套并有序适用的专门规定;商事合同层面则更侧重契合54号文的合规要求,在关于嵌套内容的约定上,许多直接搬用类REITs下内容并笼统写入基金管理人等市场各方的权责目录下,总体上个案有针对性的权利行使和利益保障安排内容并不明显,特别是针对基础设施REITs下的多次“委托代理”结构及基金管理人、原始权益人可能涉及的关联关系、关联交易如何进行相应制衡,较缺乏有针对性的制度安排,期待倚重商事合同完成法律制度未竟的内容,看来还有待时日。

(二)基础设施REITs基金管理人的激励约束问题

有权力必有制衡,有权利必有救济,是法律的基本理念与共识,在分析基础设施REITs中居于中心主导地位的基金管理人时更需要予以秉持。基金管理人是身份关系最复杂和职责最丰富的另类资产管理人,兼任“公募基金管理人 + ABS唯一投资者 + 项目公司财务管理者 + 基础设施项目主导运营者”等多重身份,业务范围横跨公募基金“募投管退”

和基础设施项目运营管理,行权路径从公募基金穿透到资产支持专项计划达至项目公司,还可能与原始权益人存在密切的关联关系。在基础设施 REITs 的整体运作中,既是投资者倚重的唯一行权者,又是基础设施运营管理的统筹者,有效激励其充分发挥才智与责任心,审慎勤勉地最大化运营管理绩效,同时有效约束其滥用自由裁量权,制约有损基金财产的利益冲突与关联交易,应是基础设施 REITs 实践落地并得以稳健发展的核心议题。

从激励角度来看,就经济性激励而言,激励基金管理人可能需要基金财产拿出足够的真金白银作为管理费酬劳,构建基金管理人与基金利益共享的成长机制,对于收益相对有限的基础设施 REITs 而言,比例如何是个富有挑战性的问题。而声誉资本激励上,在基础设施 REITs 透明度不够且可比性标准还未建立的情况下,首单或拓展新业务带来的声誉效应如何有效反映基金管理人的真实业务水平,可能还需要时间的积累与验证。更要注意的是,在基金管理人是原始权益人的控股子公司或与原始权益人属同一控制关系下,其行为的独立性和激励的有效性可能会受到挑战,难以保证这种关联关系下基金管理人完全不会屈从或服从于原始权益人/集团的整体利益或规划目标,从而破坏利于基础设施 REITs 投资者的激励机制发挥作用。

从约束角度来看,问题可能比激励机制更突出。约束按照来源,可以分为内部约束与外部约束。就前者而言,主要指基金管理人内部的约束安排。54 号文着重强调了基金管理人从事基础设施 REITs 所应具备的资产管理经验、人员、部门、内部控制、风险管理制度与流程等方面的要求。[71] 从首批申报的项目看,基金管理人都予以了高度重视并做了较充足的安排,包括启用公司高层担任基础设施 REITs 部门领导职务,设有关联交易控制委员会、运营管理委员会并设置了利益冲突的缓释措施等,可谓为拔得基础设施 REITs 头筹而投入不菲。但这种公司内部的约束机制运作效果如何有待时间检验,更多的是对法律合规要求的遵从,投资者难以揭开其"暗箱操作"面纱。即使后续要追究基金管理人的责任,也需要举证说明其在这一方面存在过错,如果证监会到时未对

---

〔71〕 参见 54 号文第 5 条。

基金管理人作出相应处罚,投资者举证证明基金管理人存在履职上的过错,可能难度很高。

就外部约束而言,可以有多种安排,但是否真正发挥作用,需要具体分析。除了监管部门的监督之外,市场化的约束机制主要体现在如下几个方面,但可能约束效果未必如预期:

1. 来自投资者的约束。有学者研究指出,在团队生产中,应当将监督权赋予剩余分配权所有者,〔72〕投资者正是基础设施 REITs 的剩余分配权所有者。根据资本市场监督机制安排,投资者可以利用“用手投票”和“用脚投票”发挥监督作用。但如上所述,基金份额持有人大会表决事项的有限性、召集的高难度,以及受限于所持份额比例(特别是相对于持有 20% 甚至更高比例的作为战略投资者的原始权益人)难以产生有效的监督作用,〔73〕投资者更多地只能转向“用脚投票”的监督方式。然而,基础设施 REITs 采用封闭式基金运作方式,基金管理人不负有赎回基金的义务,投资者难以通过“用脚投票”对基金管理人直接产生压力,反而可能因基金管理人的运营管理不佳,市场看淡基金前景而面临基金缺乏流动性困境,投资者只能被动持有,更难谈监督制约作用。

2. 来自托管人的约束。按照 54 号文的规定,基金管理人与 ABS 托管人二者身份合一,职责连动,并且要求托管人符合专业胜任要求,特别是应具有基础设施领域资产管理产品托管经验,并为开展基础设施基金托管业务配备充足的专业人员。基金托管人一直以来被视为保障受托资金安全、制衡基金管理人滥权,从而保护投资者合法权益的法定机制而被寄予厚望。但从制度实践来看,这一“投资者保护神”作用可能有

〔72〕 See Armen A. Alchian & Harold Demsetz, *Production*, *Information Costs*, *and Economic Organization*, American Economic Review, 1972, Vol. 62, No. 5, pp. 777 – 795.

〔73〕 基础设施 REITs 设有网下投资者,根据 54 号文第 17 条的规定,主要指证券公司、基金管理公司、信托公司、财务公司、保险公司、合格境外机构投资者、商业银行及其理财子公司、符合规定的私募基金管理人以及其他中国证监会认可的专业机构投资者。全国社会保障基金、基本养老保险基金、年金基金等可根据有关规定参与基础设施基金网下询价。同时,第 19 条第 1 款规定,扣除向战略投资者配售部分后,基础设施基金份额向网下投资者发售比例不得低于本次公开发售数量的 70%。或可借助其较高的认购比例、专业投资能力及勤勉尽责程度起到一定的“用手投票”的监督作用。

所高估。其一，托管人的主要职责是安全保管基金财产和根据基金托管人的投资指令，及时办理清算、交割事宜等，[74]以及 54 号文第 44 条规定的专门针对基础设施 REITs 的一些特殊事项，[75]其在履职时主要履行形式审查义务，而非穿透到具体的合同权利义务中进行实质审查。要求采用固定收费且比例不高的托管人[76]面对几万亿元乃至几十万亿元[77]规模的受托资产进行充分监督，即使配备再多人员和高效的计算机设备等，恐也难以做到万无一失。而且，根据《托管合同》约定，基金资金一旦划拨出监管账户，脱离托管人的控制，也就不再属于其监督的范围。更何况实践中托管人通过《托管合同》限缩或减少自身托管职责的情况也很常见。其二，托管人根据《证券投资基金法》第 37 条规定有义务监督基金管理人的投资活动，54 号文第 44 条也强化了这一方面的要求，但这一源自法律授权的监督职责，主要防控基金管理人运营管理活动偏离合法合规主线，而非用于监督基金管理人的履职绩效。况且在功能设计上，基金托管人与基金管理人是相互独立且彼此制衡的，其并非与基金管理人是运营管理基金的共同行为人，无法通过向基金托管人主张连带赔偿责任而使投资者得到救济。[78]

3. 来自 ABS 管理人的约束。ABS 管理人是否有权、有激励监督基金管理人是个问题。在基础设施 REITs 结构中，基金管理人是 ABS 管理人发行的 ABS 的唯一投资者，ABS 管理人的主要职责是依法依约应

---

〔74〕 参见《证券投资基金法》第 36 条。

〔75〕 54 号文第 44 条规定："基金托管人应当依照法律法规规定、基金合同和托管协议约定履行下列职责：(一)安全保管基础设施基金财产、权属证书及相关文件；(二)监督基础设施基金资金账户、基础设施项目运营收支账户等重要资金账户及资金流向，确保符合法律法规规定和基金合同约定，保证基金资产在监督账户内封闭运行；(三)监督、复核基金管理人按照法律法规规定和基金合同约定进行投资运作、收益分配、信息披露等；(四)监督基金管理人为基础设施项目购买足够的保险；(五)监督基础设施项目公司借入款项安排，确保符合法律法规规定及约定用途；(六)法律法规及中国证监会规定的其他职责。"

〔76〕 首批申报项目托管人的年费率为每年合并报表层面基金净资产的 0.015% ~0.05% 不等。

〔77〕 首批申报项目都选了招商银行作为托管人，根据招商银行披露的 2020 年年报，其资产托管规模为 16.05 万亿元。

〔78〕 参见洪艳蓉：《论基金托管人的治理功能与独立责任》，载《中国法学》2019 年第 6 期。

向其披露相关信息并勤勉尽责地履职以保护投资者的合法权益,而不是监督投资者(基金管理人)。54 号文在第 10 条规定,尽管二者可以联合开展尽职调查,必要时还可聘请财务顾问开展尽职调查,但他们依法应当承担的责任不因此而免除,规定的是他们与外聘财务顾问之间的责任归属,而不是 ABS 管理人对基金管理人的监督问题。尽管可以约定 ABS 管理人发现基金管理人(作为投资者)发出的指令存在违法违规时可以拒绝执行,但因缺乏相应的问责可能难以奏效,而 54 号文规定基金管理人应与 ABS 管理人存在实际控制关系或受同一控制人控制(第 25 条)可能加剧监督困难度,甚至在沪杭甬高速 REITs 的结构设计中,二者为同一主体,更谈不上监督的可能性。

4. 来自其他服务机构的约束。根据 54 号文的要求,在原始权益人与基金管理人存在关联关系的情况下,需要聘请第三方财务顾问独立开展尽职调查,而在基金设立及持续运营管理中,需要至少每年一次聘请评估机构出具评估报告;除此之外,还有律师事务所、会计师事务所等常规资本市场服务。但显然,上述机构的服务要么是一次性的发行服务要求,要么是每年一次的服务提供,针对的主要是基础设施 REITs 及基金管理人过往事项的考察,无论是频率、时效或服务重点上,都不足以起到作为一个日常监督者的作用。

(三)基础设施 REITs 的商业逻辑与可持续性问题

无论基础设施 REITs 是缘起于为基础设施拓展新融资渠道的经济政策目标,还是建构于监管者主导制定的法律制度框架之下,运行于资本市场的基础设施 REITs,同样要遵循最基本的商业逻辑,只有做到收益与风险的均衡匹配,才能获得市场参与各方的信任与青睐。也因此,摆正经济政策、金融监管和商业逻辑三方面的关系,成为决定基础设施 REITs 发展具有可持续性的关键问题。

1. 从经济政策目标来看,REITs 被预设成为地方政府(作为基础设施原始权人)盘活存量资产,上市基础设施项目的金融平台,同时获得新增资金用于新基础设施投资以建立良好循环。但一般而言,基础设施从立项到完工再到走上运营正轨,乃至开始产生收益,不仅投资大、环节多,还具有周期长和回收慢等诸多特点。如何激励约束原始权益人打破现有自始至终持有并运营基础设施项目的利益格局,防范道德风险及其他不利益行为,促成资本市场资金与基础设施项目的有效对接,会是首先面临的问题。

其一,原始权益人是否有充分动力提供优质的基础设施项目,抑或潜藏着卖出次优基础设施项目的道德风险?40 号文和 54 号文都强调了聚焦优质项目,原则上应运行 3 年以上,具有成熟的经营模式及市场化运营能力,已产生持续、稳定的现金流等。[79] 实践中,如果原始权益人将已运行过半,每年需要大量摊销及未来需要大额大修费用,且面临新路开工建设潜在竞争及因施工将大幅影响收费的高速公路作为推荐项目,尽管可能从现金流预测等指标看都合规,但可否算是优质项目呢?在相关信息披露并不完全充分且缺乏前期经验,快速通过项目申报并采用注册制的情况下,谁来为这一经济合理性及相关风险把关,可能无法仅仅最终归咎于"买者风险自负"。

其二,即使原始权益人没有滥用信息不对称,提供优质项目进行申报,那么是否愿意完全放弃控制权,抑或只是转换控制的方式,甚至获得了传统模式下更好的控制权溢价,[80] 成为最大的赢家呢?注意到,原始权益人如果提供优质项目,意味着将已产生收益的前期成果(确定性)拱手卖断给市场,再重新开始新一轮基础设施建设(短期内未必收获成效,存在诸多不确定性),同时还涉及已就绪的运营管理公司及诸多相关人员就业调整等诸多现实问题。根据 54 号文的规定,原始权益人卖断基础设施项目之后,需要以战略投资者身份认购 20% 的基金份额,作为一种风险共担方式。但事实上,从首批申报项目的情况来看,诸多原始权益人超额认购基金份额,许多超过了 51% 的比例。[81] 如此安排,既能按照会计准则仍将该项资产合并进报表,不减损原始权益人的靓丽业绩,又能基于控制权优势,在分散投资者组成的基金份额持有人大会上占据主导地位,乐享"控制权"溢价。换言之,原始权益人不仅将基础设施卖断给 REITs,摆脱了项目风险的自我承担,还能以远低于全额的资

[79] 参见 40 号文第 3 条及 54 号文第 8 条。

[80] 控制权溢价,通常指买方为取得股票控制权而愿意支付高于市场价格的对价,从而是股票溢价。文中借用来指原始权益人用同样的市场价格取得了基金的控制权,事实上是反向地使自己的购买行为得到溢价。

[81] 是否为自有资金或者举债进行,不得而知。如果是采用杠杆性资金(如银行低息贷款),那么,原始权益人的收益将更大。

金投入取得基金/项目控制权,并表继续享受益处并主导基金的发展方向,更通过受聘为外部管理机构,安置原来工作人员并增加收入来源,可谓全方位深度参与基础设施 REITs,其收益最丰,公开市场资金因此成为原始权益人推动基础设施项目证券化的配套资金,是其基础设施项目“外部运营”资金加杠杆的工具。

其三,基础设施 REITs 能否真正起到促进新基础设施建设的作用?众所周知,基础设施(归属于固定资产投资项目)建设需要大规模资金,并要求地方政府配套资本金,为缓解地方政府财政压力,近年来已将部分基础设施项目资本金比例调低至 20%,基础设施项目的建设资金大部分使用银行贷款等债务资金。如此,尽管原始权益人卖断基础设施项目回笼了资金,但因原来投入不多,主要回收资金需用于偿付借款,所能获得的可自由支配的资金相对有限。同时,法律规定要求原始权益人认购 20% 的基金份额,如此这笔资金是否还有剩余?是否足够撬动新的基础设施项目,不得而知。同时,如新开工同类的基础设施,会否带来同业竞争而导致两个项目的未来收益都受影响?

2. 从金额监管目标来看,在联合发改委共同创新金融产品服务于基础设施建设的大目标下,证监会方面的监管动因,一方面,是拓展证券公司等金融中介的业务范围,增加收入来源,压实中介责任;另一方面,是为投资者提供参与基础设施建设并分享成长收益的新金融产品。当基础设施 REITs 推出之际,业内曾就是原始权益人还是证券公司能够占据上风而有过激烈的争论,也即“产业金融化”还是“金融产业化”?但从首批申报的项目来看,可能结论会比较呈现一边倒向前者的趋势,尽管未来不排除大金融控股集团发力而向实业进军的走向。原始权益人不但手握基础设施项目,设有项目运营管理机构并积累了丰富的经验,而且还通过金融投资入股证券公司等金融中介,成为他们的母公司或控股股东等,直接将金融中介纳入地方政府经济发展版图。相比之下,证券公司等金融中介虽然具备基金运作能力,却可能缺乏连接基础设施项目并提供运营管理服务的能力,总体上还是体现了资本市场对实体经营的服务功能。此外,基础设施项目和基金产品背后隐含的两个“公共性”的协调问题应引起足够的注意。所谓基础设施,通常指为社会生产和生活提供基础性、大众性服务的工程和设施,是社会赖以生存和发展的基本条件。[82] 由于关系经济发展和民生福祉，特别是对交通运输、市政等公共基础设施，一般采用特许经营方式并实行政府指导价或限价，在保本基础上使之略有盈利，有着保障使用者福祉的公共目标。而金融监管者则有着保护投资者合法权益，以维护其对资本市场信心的监管目标，即投资者权益保护是证券监管的公共目标。当基础设施项目卖断给基础设施 REITs 进行市场化运营管理，使用基础设施的付费却未必同样进行了市场化定价（调价），如此将带来资本市场投资者对基金收益稳步增长预期与基础设施使用保本微利运作之间的紧张关系，甚至引发二者之间的激烈冲突，从而影响基金估值与价格。

3. 从商业逻辑来看，除了上述因为基础设施收费未同步市场化带来的对基金发展潜力的损害之外，挑战基础设施 REITs 商业逻辑的还可能来自如下几方面：

其一，关于项目增值问题。基础设施 REITs 虽然买入基础设施项目并通过项目公司间接持有其完全所有权或经营权利，但属于特许经营的项目存在 30 年的最长有效期，在届满之后将被无偿收回；而在工业用地上建成的产业园，不仅面临合规挑战，也有土地使用权到期的问题，如到期后需再缴交土地使用出让金，或许金额不菲，且存在或需购入新基础设施项目以满足基建持续运作的需求。也因此，基础设施 REITs 不同于海外商业地产可以在土地私有的基础上持有物业随时间增值而使提升基金价值，国内的基础设施 REITs，特别是特许经营权类项目，更像是剩余期限的基础设施项目使用费收入的提前证券化变现，或者说是地方政府出让一定期限的基础设施收益进行的融资（按一定投资回报率进行测算并确定项目公司最低股权交易价格），其法律性质上虽是权益型的，但可获得收入上却更贴近固定收益。

其二，关于项目估值的合理性与可行性问题。目前申报的基础设施项目主要按业务正常运营，外部环境基本保持不变的情景假设进行未来现金流收入估值，对于产业园、工业园、仓储物流园的出租率及租金水平大多设置了较高的标准，而对类似“新冠”肺炎疫情、经济周期、同业竞

---

〔82〕 参见《国家统计局的“固定资产投资”指标解释》，载 http://www.stats.gov.cn/tjsj/zbjs/201912/t20191202_1713051.html，2021 年 4 月 30 日访问。

争及其他可能影响收益的重大不利因素的考虑似乎不够充分,个别项目存在租约在近两三年来大比例集中到期的问题,以及有的项目原始权益人本身就是基础设施项目的主要承租人,或者少数主体承租了基础设施项目的大部分,存在现金流来源集中度风险。上述这些因素,不仅考验着基金管理人能否在租约到期前找到批量客户续租(同时存在其他地段类似项目的优势竞争)的能力,也考验着一旦原始权益人或大客户不再续租或出现拖延租金支付等违约行为时,基金管理人能否及时采取有效措施止损并迅速延续新的租约等。

其三,关于基金(基础设施项目)扩募问题。54 号文第 28 条借鉴海外经验,允许基金直接或间接对外借款,其用途限于基础设施项目日常运营、维修改造、项目收购等,且负债率不得超过基金净资产的 40%,其中用于项目收购的借款不得超过基金净资产的 20%。允许基金管理人使用杠杆资金购入新项目,有助于通过资产组合拓展项目收益来源并提升基金资金的使用效益,但注意到目前基础设施 REITs 只有借款这一对外债务融资方式,且只有 20% 的杠杆比例,考虑到一次性买断新基础设施项目资金总额不菲,如果借款比例受限,每年收取的基础设施项目收益金额不高且要考虑运用成本及基金大分红等需要,而卖掉现有基础设施用处置资金支付也不尽现实和高效,基金管理人如果要购入新基础设施项目,可能只能选择先进行基金扩募,再用扩募的资金进行收购的程序。而这些事项可能都将需要提交基金份额持有人大会决议并经历漫长的流程,同时也难保证一定获得顺利通过,因此,大大增加了购入新项目的难度与不确定性,对基础设施 REITs 希望同时倚重基金管理人发挥专业能力购入有利项目,实现资产组合提升基金回报的预期,可能需要打点折扣。

五、基础设施 REITs 风险规制的法律逻辑与路径选择

(一)起点:基础设施项目投资及参与主体关系的理性认识

我国基础设施 REITs 从无到有,短期内集中出台制度规则并落地项目实践,开启了这一服务于基础设施项目融资的新兴市场,初现金融服

务实体经济,助力经济发展的功效,值得肯定。但面对这一金融创新产品和新兴市场,只有锚定制度设计的原初功能并理性认识市场参与主体之间的关系,建立均衡的激励约束机制,才能延续基础设施 REITs 市场的开门红,发展一个健康持续的市场。

1. 充分认识基础设施 REITs 的经济功能与公共政策目标

我国采用"公募基金 + 资产支持证券"的法律架构,奠定了基础设施 REITs 主要参与主体原始权益人、基金管理人和投资者之间的基本法律关系,是将公开市场资金引流至基础设施项目建设的证券化过程,其法律结构看似资管产品投资基础设施项目,实质是基础设施项目借助公募基金平台实现上市融资,无论从项目设立及存续期管理,还是金融监管及自律管理等方面的制度来看,都遵循了这一思路。也因此,不宜只运用公募基金的资管思路分析基础设施 REITs,而应契合其融资本质认识市场参与主体的关系并构建相应的法律机制。换言之,公募基金载体不应只是我国基础设施 REITs 的唯一法律组织形式,未来可在法律框架下探索包括公司、合伙等多样化的载体形式,创新将公开市场资金对接基础设施项目的有效途径。

REITs 沟通基础设施项目与资本市场资金运用了资产证券化的原理与路径。〔83〕 从基本原理和海外经验来看,资产证券化作为一项金融工具,具有风险转移、流动性转换、信用创造和权益增加等多项效果,〔84〕自 1970 年在美国创立以来在主要资本市场得到了风靡运用,被认为是促进了实体经济与金融资本的有效融合,加速了金融脱媒和混业经营的到来,威力无穷。基础设施建设与供给攸关企业生产经营和居民生活福祉,更是一国经济和社会发展的重要保障和竞争力所在,有效引入具有成本优势、规模优势和时间优势的公开市场资金助力我国基础设施建设,建立长效的基建投融资机制,是符合全民利益的公共政策目标。也因此,将具有强大金融创新功能的资产证券化技术运用于基础设施项目融资,具有正当性,应当受到鼓励并在法律允许的范围内出台优惠的税

---

〔83〕 尽管海外市场 REITs 是区别于资产证券化的产品,但中国语境下采用了资产证券化的操作,参见本文一(一)部分的分析。不过,就最广泛意义而言,也符合资产(收益)的证券份额化内涵。

〔84〕 参见洪艳蓉:《资产证券化法律问题研究》,北京大学出版社 2004 年版,第 15 页。

收政策[85]及其他优惠举措予以支持。

但与此同时，也应做好如下两方面的防范工作：(1)避免不符合要求的项目被包装成合格基础设施项目进行 REITs 操作。40 号文及 54 号文强调了基础设施 REITs 的高准入门槛，在试点阶段有必要严格执行（而不是监管竞争放松管制），将成熟的基础设施项目与公开市场资金对接，两相获益，以免将基础设施开工建设及运营中的风险过度传导到资本市场，损害未来这一市场的发展。(2)避免基础设施 REITs 这一蕴含资产证券化技术的金融工具被扩张使用于房地产（特别是住宅）等受到宏观调控或目前不鼓励发展的领域，扰乱经济秩序和金融秩序。近年来，国家暂停或放缓了房地产相关项目或应收账款的 ABS 及消费信贷方面的 ABS，即为对资产证券化融资功能及运用的一个反思。基础设施 REITs 采用了资产证券化技术，也具有高效的融资功能，应避免一些房地产项目巧立名目包装成符合要求的基础设施项目而过度融资，对于住房租赁 REITs，也可能需要区分是符合公共政策目标的廉住房、人才房等还是一般商业性租赁而采取不同应对，才能真正发挥 REITs 实现公共政策目标的功能而非相反。

2. 充分认识基础设施 REITs 中的角力与产品权益定位

基础设施 REITs 由国家发改委和证监会联合推出，在创新金融工具支持国家重大战略设施，引流公开市场资金盘活基础设施项目并建立长效投融资机制这一终极目标上，双方高度协调，步调一致，共同高效完成了从制度构建、项目推荐到产品设立等一系列市场需要漫长周期才能完成的过程，体现了政府主导、政策驱动对启动新兴市场的积极作用，值得肯定。

但在监管联合创新的框架下，分行业/条线等设置的监管者并非完全没有部门利益诉求或利益立场，细探基础设施 REITs 中各方权责构

[85] 税收政策也是影响 REITs 的主要因素，甚至因此影响了 REITs 的组织形式和内部架构。我国目前基础设施 REITs 多在内部构造了股债财务结构，即为减少税费的考虑，但仍在资产转让、交易和处置等环节受到税收困扰，未来有必要在税收中性基础上针对传递给投资者的收益部分出台优惠税收举措，但要防止被具有主动管理职能的基金管理人等所滥用。限于篇幅，本文（包括在立法建议方面）不过多讨论税收政策问题。

造,其实隐含着两方面的角力,由此也决定了产品权益定位,需要予以充分认识。其一,是地方政府(通过地方发改委和各个持有基础设施项目的原始权益人)的基础设施项目上市融资逻辑与证监会发展证券业务,做大做强证券市场及保护投资者逻辑之间的角力。综观上述分析,可以看到地方政府在基础设施 REITs 推进中占据主导地位,掌控主要环节进程,体现为:(1)通过内部决议和行使批准权/同意权等,影响基础设施项目涉及的国有土地使用权转让、国有资产转让(含国有公司股权、项目公司股权等)、特许经营权等的转让有效性及转让最低价格(审批权);(2)作为行业主管部门,决定基础设施服务收费标准(定价权);(3)作为原始权益人,持有基础设施项目并执行对外转让行为(所有权);(4)全资所有外部管理机构,可以提供基础设施运营管理服务(运营权);(5)作为战略投资者,高额认购基金份额,可以施加重要影响(控制权);(6)作为投资方,全资所有或控股基金管理人(管理权);(7)作为基础设施项目的主要承租人或使用方,其续约及履约行为严重影响基金收益(收益影响力)等。相比之下,作为角力一端的证监会对基础设施 REITs 的影响和控制力则要薄弱许多。除了事先设置的基础设施项目条件之外,交易所的项目材料审查和证监会注册制的施行贯彻的并非实质审查,对基金管理人、ABS 管理人及基金托管人等大都是按既有规范进行管理并要求履行相应权责,无法影响其价值取向和履职绩效,除非存在违法违规,否则难以问责;而公募基金的载体形式,投资者可以是普通公众,即使是机构投资者(有些还是原始权益人的关联机构),也是分散而各有诉求,恐难以形成合力对抗原始权益人。其二,是基础设施付费使用者的平价服务诉求与公募基金投资者高预期投资回报之间的角力,上文第四(三)部分已有分析,此处不赘。可见,将基础设施项目通过 REITs 方式上市融资是地方政府实现供给基础设施服务功能的重要一环,基础设施 REITs 不仅没有削弱地方政府在“卖断”基础设施项目后的影响,反而可能因此强化了地方政府的控制力,帮助其开拓了通过资本市场加杠杆方式发展基础设施建设的路径,从而可以充分利用“控制权溢价”成就布局和整合基础设施项目的目标。

也因此,这种服务于地方政府基础设施项目融资需求的产品设计,在产品权益上也就不同于一般权益型基金,投资者需要树立对基础设施

REITs 收益与风险的正确认识,避免对标海外商业地产 REITs 或不同类型的基础设施 REITs 高估收益。如上所述,资产证券化技术改变的是拓宽基础设施的融资渠道,但没有改变基础设施产生收益的基础。我国常有以香港房委会卖断公屋附属商业组成的香港领展 REITs 取得的良好业绩为例,宣传基础设施 REITs 前景,但须知领展的成功既有香港特殊的商业金融环境及管理人对公共物业的商业化改造,还有管理人在法律修改后收购内地优质物业获益等因素的综合作用,并非单纯倚重基础设施收费,而公共资产的商业化也带来租金上涨挤走小商户,引发公租房居民生活成本提高及资产公共服务功能弱化等争议。[86] 国内也常有以美国基础设施 REITs 发展为例来展示产品的良好预期。但注意到美国 2012 年以来启动的基础设施 REITs 主要集中于有垄断优势或行业优势的基础设施,而不是我国目前主流的传统收费公路和市政公共设施。有研究指出"美国基础设施 REITs 能取得丰厚回报背后的主要根本原因在于以数据中心、工业地产和传统基础设施(多数为无线通信基础设施)为底层资产背后的行业正处于加速发展时期……不但给这些基础设施 REITs 带来了稳定分红,同时还享受到了资产的增值收益",[87] 未必具有可比性。在地方政府仍对基础设施保有诸多影响力,基础设施项目使用收费未市场化、土地使用权有期及存在特许经营期限届满无偿收回等因素的作用下,尽管基础设施 REITs 的法律属性是权益型的,但收益回报可能更偏向固定收益,且在上涨空间有限的收益下还需承担基于所有者身份的项目风险等。当然,在货币超发而普遍缺乏足够"优质"资产的情况下,为受托资金寻找大宗、长期且有底层资产担保收益的投资对象,基础设施 REITs 应是合适的选择,这也就不难解释市场初期的热烈超募现象了。

---

〔86〕 参见郑雪晴、赵雨:《基于公共资产发行 REITs 的经验与挑战分析:以领展 REITs 为例》,载深圳证券交易所综合研究所(金融创新试验室)研究报告系列《沉思:REITs 专题》2020 年第 1 期。

〔87〕 黎云云:《基础设施 REITs 系列:海外参考美国篇》,2021 年 3 月 30 日,第 10 页,万和证券专题研究报告,载 https://pdf.dfcfw.com/pdf/H3_AP202103301478368167_1.pdf?1617207826000.pdf。

3. 充分重视原始权益人的影响并构建对基金管理人的激励约束机制

从我国基础设施 REITs 的设计及实践情况分析,原始权益人在其中的影响自始至终存在,而且可能因超额认购基金份额成为掌握控制权的战略投资者,以及因被聘任为外部管理机构而放大影响力。在基金份额持有人大会层面,除了对表决事项涉及关联的应予回避表决外,并没有对原始权益人作为战略投资者的其他监督或制衡措施;而作为外部管理机构,原始权益人要接受基金管理人的绩效考核及相应的监督,但在缺乏可比较基准以及原始权益人与基金管理人存在关联甚至控制关系的情况下,相应的监督可能也未必充分。

在原始权益人的影响力不小而制衡未与之相称的情况下,可能的改进方式是强调作为基础设施 REITs 核心主体的基金管理人的激励约束机制。只有一个以投资者利益保护为宗旨的勤勉尽责的受托管理人,才有可能对抗在基础设施 REITs 运作中可能发生的违法违规,侵害基金财产从而损害投资者合法权益的行为。54 号文第 3 条只规定了基金管理人"遵守持有人利益优先的基本原则"可能是不周全和不充分的。

从激励机制上来看,海外较为常见的是采用固定管理费和浮动管理费(绩效管理费)的设置,并适当递延后者的支付,以减少基金管理人的短期行为,更好地致力于基金的长期发展。激励标准高低及如何设置,更多地属于市场行为,法律不应过度干预,但可以取法海外行之有效的成熟机制,通过开放更多符合资质的基金管理人参与业务竞争,积累市场数据并予以公开化,增加透明度、可比性和市场竞争,促进基金管理人提升管理水平,提供质好价优的服务。

从约束机制上来看,应兼顾两方面的约束。一方面,基金管理人作为受托管理人,遵循《证券投资基金法》和《信托法》规定,对投资者承担信义义务(忠实义务和勤勉义务),并秉承《信托法》第 25 条第 1 款规定的"为受益人的最大利益处理信托事务"原则,如此才能指导其在基础设施 REITs 运作中围绕投资者利益行事,不屈从于原始权益人或其他参与方的不合法合理诉求。另一方面,尽管信义义务已包含有忠实义务的内容,但针对基础设施 REITs 不同于其他金融产品更普遍存在的关联关系/关联交易,应更注意这种利益冲突的防控,强调"遵守持有人利益优先的基本原则"。54 号文在第 3 条等多处已提及这一原则,值得肯定。但这种持有人利益优先主要针对的是关联关系处理,逻辑和位次上应从属于"为受益人的最大利益处理信托事务"原则,不宜用它进行替代或涵盖基金管理人的行为指导原则。此外,考虑到原始权益人与基金管理人之间的关联关系以及基金托管人功能的有限性,对于存在控制关系或其他密切关联关系,以及原始权益人作为战略投资者认购基金份额比例超过 1/3(足以一票否决基金份额持有人大会决议)的,可以考虑在基金层面设置外部监察人,监督基金管理人及其基金运作的合法合规性,更好地保护基金投资者的合法权益。

(二)近期:商事合同和自律管理层面激励约束机制的完善

短期内,在发改委和证监会的部门规范性文件搭建完毕基础设施 REITs 的基本法律框架,以及借助《证券投资基金法》和资产证券化法律规则确定市场参与各方主要权利义务的基础上,可以借助自律管理及在商事合同层面完备目前框架体系的不完善之处,借助市场力量和实践积累建立能够发挥实效的激励约束机制。

在自律管理层面,可以伴随项目实践,总结梳理基金管理人进行主动运营管理的行为要点和注意事项,作为行为指南或项目材料审核要点予以公布,规范基金管理人更好地履职;针对作为外部管理机构的原始权益人,可以建立同类基础设施项目数据库,构建运营管理指标及收费基准并予以公布,增加行业透明度及可比性;针对基础设施 REITs 这类特殊产品的投资者,一方面,可以深化投资者相关权益保护的公益性宣传教育,提升其对产品的理性认识;另一方面,可以伴随实践总结投资者在基金运作中可能受损或需要维权的情形,出台投资者保护示范条款,供各方签署基金合同时订入其中,以更全面地保护投资者合法权益。

在《基金合同》等商事合同层面,应充分发挥基金管理人作为基础设施 REITs 主导者的作用及拟定主要合同文本的现实,首先,基金管理人可以在合同中承诺遵守《证券投资基金法》《信托法》《证券法》等相关法律制度规定,将为投资者利益最大化服务作为行为准则,以便通过自我约束,提升投资者的信任感,助力市场长期发展。其次,针对我国现有法制下基础设施 REITs 的三层复杂法律架构,改变直接照搬类 REITs 下发挥积极作用的 ABS 管理人职责内容的做法,根据 ABS 管理人在基础设施 REITs 所起的上传下达作用,撰写其与基金管理人的职责分工条款及衔接机制。再次,针对个案之下情况迥异的原始权益人与基金管理人及其项目的关联/控制关系,详细规定总体的关联交易审查、决议及披露机制,并针对可能具体化的类型阐述相应的利益冲突防控举措及披露安排,以通过制衡及透明度提升更好地管理风险。最后,结合基础设施 REITs 复杂的投融资结构以及本身属于权益型但又带有固定收益特点的属性,细化投资者的知情权、表决权和监督权等相关规则,提供给投资者简便快捷的沟通机制并丰富投资者可能的维权途径。

(三)远期:法律制度层面基础设施 REITs 的专项立法规划

从亚洲诸多国家/地区的经验来看,制定专门法律是"一揽子"解决(基础设施)REITs 发展中面临的法律、税收、会计、监管等方面问题[88]的高效方式,我国也可以进行借鉴。换言之,应从试行阶段我国以"破除法律障碍"为导向的分散式立法,走向常规阶段的以"集约高效"为导向的专门性立法。

在法律路径上,可以《证券投资基金法》《信托法》《公司法》《证券法》《民法典》等法律制度为上位法,由国务院基于引流公开市场资金助力基础设施建设的公共政策目标及保护资本市场投资者合法权益的金融安全目的考虑,在行政规章层面制定《基础设施 REITs 管理监督条例》。考虑到基础设施 REITs 具有的公共性目标和独特的投融资安排,无法靠到任何传统的公募基金或普通公司的一般法律规则中,专门立法可以考虑只遵从公募基金(及证券法)或公司法的一般性规则(如反欺诈或公司治理及法律责任)而无须适用其具体分则。有关基础设施 REITs 的行为准则,特别是税收优惠等举措或有别于传统做法的行为(例如,基金管理人从事主动运营管理基础设施职责、基金对外借款以及收购新项目等)可以系统地在《基础设施 REITs 管理监督条例》中规定,以更好地指导实践并提高法律适用效益,促进市场规范发展。

在基础设施 REITs 的组织载体及法律结构上。从海外经验来看,联通基础设施项目与公开市场的渠道多种多样,我国现阶段为以最小制度

〔88〕 有关基础设施市场化之后的收费定价调整问题,属于相关部委的职权且因行业各有不同,不宜在专门立法中规定,可以由有权部门改革推进。

成本破除法律障碍而采用公募基金结构并作了三层嵌套,实际上带给了市场参与方沉重的成本负担,也不符合简洁、透明和可比性的证券化国际趋势。未来,应允许采用更丰富的基础设施 REITs 组织载体形式,特别是在《公司法》修改的时代契机下,或有可能允许增加一类适用于 REITs 操作的公司类型。而在法律结构上,遵循透明化和简洁化的要求,应尽量减少基础设施 REITs 的内部层级及嵌套,允许基金直接或间接通过项目公司持有基础设施项目,去除为突破法律障碍而嵌入但实践中功能已通道化的资产支持专项计划及 ABS 管理人的设置,构建高效的法律结构。

在内容上,除了税收优惠政策外,结合上文指出的问题及不完善之处,可以在《基础设施 REITs 管理监督条例》这一专门立法中予以有针性的规定,包括但不限于:(1)基于原始权益人的重大影响力及作为高比例持有基金份额的战略投资者身份,应要求其承担诚信义务,不得损害其他基金份额持有人的合法权益,否则要承担相应的损害赔偿责任;(2)要求基金管理人作为受托管理者及主动运营管理基础设施项目的责任人,应遵守"为投资者利益最大化服务"的原则,而不能只局限于"持有人利益优先"这一利益冲突的处理原则;(3)在原始权益人与基金管理人之间存在控制或其他密切关联关系,以及原始权益人作为战略投资者认购基金份额比例超过 1/3 的,可以要求在基金层面设立外部监察人,行使必要的监督权;(4)考虑到基础设施 REITs 面向公众发行,有可能存在少数基金份额持有人,可以借鉴保护中小股东的做法,在基金份额持有人大会就特别事项设置少数基金份额持有人单独计票表决机制;(5)考虑到基金管理人履职的丰富性及相对内部化,投资者除了法定的信息披露之外,难以充分了解,可以考虑在投资者与基金管理人的权益纠纷中,针对基金管理人履行信义义务的情况实行举证责任倒置,减少投资者维权的难度和成本;(6)考虑到基础设施 REITs 多方参与的复杂投融资结构,在原始权益人绝对比例持有基金份额且基础设施项目剩余权益不足 10% 时,可以考虑授予原始权益人回购剩余基金份额,加速清盘的权利(义务),以节约成本提高项目运作效益。

(编辑:吴紫君)

《证券法苑》(2021)
第三十一卷,第57~72页

境外市场REITs实践经验及与我国基础设施REITs试点制度研究*

金永军**

摘要:基础设施REITs能有效盘活国有经济存量资产,有助于我国传统经济从债务推动模式向权益经济模式转变,为我国创新驱动、科技自强为特征的新发展理念提供支撑。本文通过对美国、新加坡、澳大利亚等主要REITs市场的研究,总结REITs市场的制度特征及实践经验,同时结合REITs的信托法理以及公司型与契约型REITs的不同点,分析我国基础设施REITs的试点制度,并在业务实践和规则建设上,对REITs市场的高质量发展提出相关建议。

关键词:基础设施　REITs　试点制度　境外市场

引　言

经过几十年的高速发展,我国经济正以坚持创新驱动、科技自强为新旧动能转换和经济结构调整

---

* 本文仅代表作者个人观点,与所任职机构无关。

** 上海证券交易所员工。

的战略举措。在这样的新发展理念下,我国传统的金融体系需要进行结构性调整,需要建立一套以直接融资为重要支撑的新金融体系,完善金融支持创新和科技发展的新政策,发挥资本市场对于推动创新、科技、资本和实体经济高水平循环的枢纽作用。2019 年在上海证券交易所推出的科创板并试点注册制,2020 年在深圳证券交易所试点的创业板注册制存量增量改革,为我国经济(主要是民营经济或者非国有经济)发展注入了新的血液和活力,有效发挥了资本市场支持我国新经济发展模式。

但是,我国依然处在新旧动能转换和经济结构调整的过渡阶段,还离不开传统经济尤其是国有经济的推进和支撑。我国传统经济的一个重要特征是债务推动型发展,即政府及其控制下的国有企业,以政府信用或者以土地、房地产和基础设施为抵押品与信贷资金之间进行循环,形成信用扩张,进而推动经济增长。实践证明,债务推动型发展的模式已难以为继,近几年的集中体现就是国家主导的城投公司转型和地方政府债券发行,以及国有企业(含中央企业)的"降杠杆、降两金"政策的实施,本质是压降债务规模和提升债务融资的透明度。因此,我国亟须找到一条适合传统经济(尤其是国有企业)从债务发展模式向权益经济转变的道路。

根据现行的证券发行上市制度,我国国有企业上市资源已非常有限,资本市场注册制的改革红利对国有经济的影响有限。然而,我国70%以上的存量资产仍掌控在国有企业。如何盘活国有企业的存量资产并形成权益资金,是当前迫在眉睫不得不解决的问题。REITs 作为企业成熟资产上市的工具,在境外市场发展多年,业务较为成熟,能为我国传统经济和存量经济带来新的发展模式,进一步支撑和哺育我国创新驱动、科技推动的新经济发展模式。

2020 年 4 月,国家发改委和中国证监会联合发布了基础设施 REITs 试点通知,标志着我国前后研究达 20 多年的 REITs 业务拉开序幕。8 月,中国证监会发布了基础设施 REITs 指引,近期沪深交易所等也发布了配套制度。本文结合主要国家的 REITs 的制度特征和实践经验,研究我国当前 REITs 制度的特殊性安排,以及需要进一步讨论的问题,并提出后续的发展建议。

一、境外市场 REITs 的制度特征及实践经验

根据《欧洲公共房地产协会全球 REITs 调查(2020)》统计,全球已有 42 个国家和地区推出了 REITs 业务,市场规模 2 万多亿美元。市场规模较大和制度较成熟主要有美国、日本、澳大利亚、英国、新加坡、加拿大和中国香港地区等市场。这些市场的 REITs 业务主要从房地产领域起步,并逐步扩展到基础设施领域。通过对这些市场的 REITs 业务研究,得出以下共同的特征和规律:

(一)各国 REITs 的内在特征起源于美国市场且大同小异

REITs 起源于美国 19 世纪末期的商事信托,之后美国为促进地产融资和有效利用中小投资者资金,沿袭商事信托避税原则,借助税收驱动,设计了一套适合美国房地产发展需要的 REITs 架构,主要包括投资者结构、投资对象、收入来源和利润分配等 REITs 区别于股票、债券、资产证券化和共同基金等金融产品的四大内在特征,也是判断 REITs 是否享有税收中性或税收优惠的最重要依据。其他国家在推出 REITs 时,也都沿袭了美国的 REITs 架构。

在投资者结构上,要求发行 REITs 投资者充分分散,大股东持股比例要有限制。美国要求至少有 100 个股东,且前 5 大股权占比不得超过 50%,日本要求至少 25% 的份额由 500 个以上的股东持有,英国要求单一股东的持股比例不得超过 10%;在投资对象上,要求 REITs 资金主要投资在不动产的资产。美国、新加坡、英国和德国等要求不动产资产的投资比例在 75% 以上,日本要求至少 70% 以上投资不动产资产;在收入来源上,要求主要来自不动产的租金和增值收入。美国、英国和德国等要求至少 75% 以上的收入来自不动产相关的收入如租金等,新加坡这一比例要求为 90%;在利润分配上,要求可分配额的 90% 以上用于向投资者分配。绝大部分国家都保持这一比例。

(二)REITs 基本相同的内在特征体现为两种不同的外在载体

REITs 的内在特征的外在表现可以是公司股票、信托份额、投资基金或投资计划,以股票作为外在表现形式的,可归为公司型 REITs,其

他表现形式的，则可归为契约型 REITs。根据《欧洲公共房地产协会全球 REITs 调查（2020）》统计的 42 个国家和地区中，采取契约型 REITs 的有 17 个（如加拿大、新加坡、印度、巴西、泰国、中国香港地区，其中亚洲国家和地区占据主导地位），采取公司型的有 19 个（如美国、德国、日本、英国、法国，其中欧洲国家占据主导地位），剩余 6 个（如新西兰、卢森堡、南非）既有公司型 REITs，也有契约型 REITs。

公司型 REITs 与契约型 REITs 有很多的不同点，集中体现为：一是所适用的法律依据不同。公司型 REITs 适用公司法，具有独立的法律主体，在保证 REITs 内在特征的基础上，采取股东大会—董事会—监事会—经理层的治理机制管理运营 REITs 资产，实现资产的保值增值。而契约型 REITs 适用信托法，不具有独立的法律主体，在保证 REITs 内在特征的基础上，通过持有人份额大会—受托人（trustee）—管理人（manager，如有）—物业管理人（property manager，如有[1]）的治理机制[2]管理运营 REITs 资产，实现资产的保值增值；二是委托代理的模式不同。[3] 公司型 REITs 下的股东大会选举产生董事会，董事会任命经理层，实行“一公司一董事会一经理层”比较直接的委托代理模式，但是在契约型 REITs 下，REITs 的受托人、管理人和物业管理人，理论上，都可同时运作多只 REITs 产品并履行对每只 REITs 产品保持善意的公平即可。因此，相比于公司型 REITs，契约型 REITs 委托代理模式相对间接，委托代理成本也更高。

（三）契约型较公司型 REITs 的治理机制更为复杂

公司型 REITs 按照公司法的要求，股东大会、董事会、经理层、监事会之间的委托代理关系以及责权利的划分相对明确，争议较少。契约型 REITs 适用信托法，首先是相关国家和地区对信托法下的治理机制会有不同的认知和实践；其次是依据信托法制定的投资基金或者投资

---

〔1〕 物业管理人一般是发起人的子公司或者发起人控股的管理人设立的公司。

〔2〕 契约型 REITs 的份额持有人大会—受托人—管理人—物业管理人之间的博弈，以及公司型 REITs 的股东大会—董事会—经理层之间的博弈，在境外市场都统称的“corporate governance”，本文为行文方便，也借鉴统称为 REITs 治理机制。

〔3〕 委托人把 REITs 资产应当信托给受托人，管理人应当是委托物业管理人负责物业的日常管理。本文为行文方便，均都表述为委托。

计划的法律法规时,相关国家和地区又会根据投资基金或者计划的特点,对信托法下的治理机制作不同的调整;最后是根据信托法和投资基金或者计划的规定制定 REITs 规则时,也会结合 REITs 的特点,对投资基金或计划下的治理机制作出不同的调整。因此,从治理机制的法律逻辑来看,契约型较公司型 REITs 的更为复杂。

在 REITs 治理的实践中,契约型也较公司型 REITs 复杂。具体表现在:一是除受托人、份额持有人和发起人都在规则和实践中是确定的之外,是否设置管理人和物业管理人,不同的国家和地区有不同的做法。比如,新加坡和中国香港地区在规则上未作明确要求,但在实践中都作了设置,印度则在规则和实践中都作了设置,而澳大利亚则不设置管理人的角色。二是上述当事人所扮演的角色总体清晰,受托人作为普通法下〔4〕的 REITs 资产的所有人,代表份额持有人利益持有 REITs 资产并行使有关重要的决策事项,以及履行对管理人监督的职权;管理人可会同受托人形成共同受托人(如新加坡和泰国),主要履行 REITs 资产主动运营管理职能并监督物业管理人;物业管理人则受托于管理人负责 REITs 资产日常运营管理职责;份额持有人为衡平法下实际受益人,对受托人和管理人进行监督;发起人或作为主要份额持有人(具体见下文分析)或作为管理人和物业管理人的股东,参与 REITs 治理。但是,不同的国家和地区对每个角色所赋的职权有不同的做法。比如,在份额持有人的职权上,新加坡和中国香港地区 REITs 的份额持有人会议职权相对小,受托人尤其是管理人的权限比较大,印度则完全相反,持有人会议职权相对大,其他角色权限相对小;比如,在受托人相对于管理人的职权分配上,泰国赋予的受托人权限最大,印度次之,新加坡和中国香港地区最小。澳大利亚由于规则上没有明确管理人的角

〔4〕 大陆法系和英美法系在信托财产所有权上有不同的制度安排。在英美法系下,适用双重所有权制度,受托人具有普通法下的所有权(legal title),以及受益人具有衡平法下的所有权(equitable title),进而形成受益人与受托人的制衡关系。在大陆法系下,适用绝对所有权制度,为避免出现"一物两权"的问题,受托人和受益人对信托财产是否拥有所有权,在法律上大多作模糊处理。这种模糊处理,本质上存在借鉴英美法系双重所有权的思路,通过区分受托人的名义权属和受益人的实际利益,以形成受益人对受托人之间的制衡关系。为便于说明,本文就信托财产的所有权安排问题,主要以普通法和衡平法的相关表述进行说明。

色,因此,受托人的职权也相对大,但是澳大利亚也会因项目不同而作调整,如合订类 REITs,受托人的部分职责会由合订方承担。

(四)发起人主导 REITs 治理基本是境外市场共同做法

公司型 REITs 下,负责 REITs 资产运营管理的公司就是 REITs 的发起人(包括原始权益人,下同)或其子公司。因此,REITs 上市就是发起人或其子公司上市,而且发起人通常会认购一定比例的 REITs 份额,成为公司的大股东,因此,公司型 REITs 下,发起人在治理机制中具有主导地位。契约型 REITs 下,境外市场考虑到发起人不仅是资产运营管理的专业机构,而且很可能是 REITs 成立前的委托人,往往通过同时使用以下三种方式将发起人设计成为契约型 REITs 治理机制的主导方:一是发起人通过认购一定比例的 REITs 份额成为重要的份额持有人,并可能让份额持有人大会具有比较大的管理运营 REITs 资产的决策权,印度是其中的典型代表;二是发起人专门设立或控股 REITs 管理人,以共同受托或类共同受托的名义参与 REITs 治理体系;三是发起人或其控股的 REITs 管理人专门设立或控股 REITs 物业管理人,或者发起人直接作为物业管理人。通过上述制度设计,境外市场 REITs 发起人基本都主导了 REITs 治理。这有利于提升发起人出售优质资产,发挥其专业管理优势增厚 REITs 资产收益。结合下文分析,境外市场在具体实践中,REITs 管理人和物业管理人基本都采取了"一对一"模式,促进契约型 REITs 的治理机制逐步向公司型 REITs 靠拢。澳大利亚的合订 REITs 本质上就是契约型和公司型 REITs 的综合体。

(五)同业竞争、关联交易和资本结构等问题是契约型 REITs 治理的重要内容

一是同业竞争问题。为防止契约型 REITs 的管理人和物业管理人因同时运作多只同类型的 REITs 而带来的同业竞争问题,境外国家或地区的市场基本都实行一只 REITs 由一家管理人和一家物业管理人运行。管理人和物业管理人可以是集团下设的独立子公司。我国香港地区的 REITs 规则明确管理人原则上只负责一只 REITs 的运作(管理海外物业的,明确仅负责一只 REITs);新加坡等部分采取契约型 REITs 国家即使在规则上未明确一个管理人负责一个 REITs,但实践中都实行一对一的模式;印度虽未在规则上明确规定实行一对一的管理模式,但要求 REITs 管理人 1/2 以上的董事（若为公司）或管理委员会成员（若为有限合伙企业）是独立的，未担任其他 REITs 管理人的董事或委员会成员；而物业管理人都比照管理人的做法，实行一对一模式。[5] 二是关联交易问题。契约型 REITs 因为参与角色多而引发的关联主体多，包括受托人、管理人、重大持有人和可能的物业管理人等的关联法人和关联自然人，以及由关联主体多引发的关联交易多且复杂。因此，境外市场对关联交易在发行端和持续监管端都作了较为严格、翔实的规定，包括关联主体、关联交易类型、审议交易决策程序、披露和报告程序以及责任主体等，以防范利益冲突。三是杠杆限制的问题。由于契约型 REITs 的委托代理成本高于公司型，因此，实行契约型 REITs 的国家和地区一般都规定资产负债率，且上限相对低。比如，新加坡为 50%，印度为 49%（其中基础设施 REITs 可达到 70%），泰国为 35%（如果是投资级 REITs 可达到 60%），马来西亚为 50%。公司型 REITs 资产负债率基本不作限制或者上限比例比较高，如欧洲绝大部分国家、美国和日本都没有设置杠杆率。四是剩余控制权问题。在法律法规上，未在份额持有人大会、受托人和管理人之间进行分配的其他职权，属于剩余控制权。剩余控制权的归属问题，在不同的国家有不同的做法。有些国家将大部分剩余控制权归属持有人大会所有，如印度，有些国家和地区如新加坡、中国香港地区则归属管理人所有，但总体上归属管理人所有居多。

（六）REITs 上市交易和持续期监管制度基本遵从股票市场

一是关于 REITs 上市。绝大部分境外市场 REITs 发行后都要强制上市。根据美国房地产信托协会（NAREIT）的统计，全球超过 70% 的 REITs 市值为上市交易的 REITs。新加坡、中国香港地区、英国和法国等均强制 REITs 上市交易。其中，公司型 REITs 的上市行为基本比照股票制度执行，而契约型 REITs 基本比照投资基金或计划执行。强制上市的国家和地区，上市条件总体要服从发行条件或者发行前要沟通

[5] 中国香港地区的 REITs 在规则上没有明确物业管理人的说法，管理人可以将部分的运营管理职责转委托到第三方进行运营管理。实践中，基本都通过物业管理机构进行管理。本文为便于解释，称为物业管理人。

明确是否符合上市要求,如中国香港地区。不强制上市的国家和地区,往往都有上市条件的要求。比如,美国 REITs 在纽约证券交易所上市,〔6〕除满足发行条件之外,还需满足股票上市条件,其中,少于 3 年运作历史,股东权益须超过 6000 万美元,满 3 年的,需达到公司有关收入或市值指标的要求等,不再满足上市条件或市值在 30 个交易日持续低于 15000 万美元的,将实行退市。二是关于 REITs 交易。境外绝大部分的交易所都以股票交易为主,并采用适用于股票的竞价交易机制。因此,公司型和契约型 REITs 也基本都采用股票的竞价交易机制。比如,美国、新加坡、日本和中国香港地区等市场的 REITs 申报方式、交易时间、撮合原则、交易效率(T +0 交易)、行情展示、熔断机制、暂停和恢复交易、大宗交易等参照股票交易执行。三是关于存续期的行为监管。存续期内,REITs 涉及信息披露、关联交易、同业竞争、权益变动、扩募、资产收购等方面的行为,除符合发行方面的有关规定之外,在持续期内,基本都遵循股票的相关规定。比如,REITs 在纽约证券交易所上市的,除了上市和退市等方面有差异性规定之外,其他基本都比照股票的规定执行。新加坡和中国香港地区在权益变动和要约收购方面,也都按照规范股票的《证券及期货法》《收购守则》(新加坡),以及《证券及期货条例》《公司收购、合并及股份回购守则》(中国香港地区)等相关规定执行,没有针对 REITs 作出差异化的安排。〔7〕

〔6〕 美国 REITs 可私募发行也可公募发行,公募发行也可不上市交易。公募发行且上市交易的,上市交易场所可在纽约证券交易所和纳斯达克交易所等进行选择,但纽约证券交易所占据主导地位。

〔7〕 新加坡《收购守则》主要规范公众公司普通股收购行为,包括权益变动和要约收购等相关事项。比如,若任何人独立收购或连同其一致行动人收购公司 30% 或以上有表决权股份权益,或若该投资人独立持有或连同一致行动人持有本公司 30% ~50%(含首尾)有表决权股份,于 6 个月期间增购占比超过公司 1% 的有表决权的股份,则必须就余下有表决权股份提出收购要约,中国香港《公司收购、合并及股份回购守则》在权益变动和要约收购方面,在新加坡规定的基础上,作了更加明确的规定。比如,“任何持有一家公司不少于 30%,但不多于 50% 投票权的人,取得额外的投票权,结果令所持该公司的投票权占比(以截止及包括取得上述投票权当日之前的 12 个月期间所持投票权的最低占比计算)增加超过 2%,必须要发出要约收购”。

二、我国 REITs 试点制度的特殊性安排及分析

从国家发改委、中国证监会以及沪深交易所等发布的制度规则来看，我国 REITs 的规则体系试点特征较为明显，相关制度在充分借鉴境外成熟市场契约性 REITs 制度特征和实践经验的同时，也充分考虑了我国当前的现实国情。

（一）试点领域的特殊性安排

与绝大部分境外市场从房地产起步不同，我国 REITs 试点从基础设施领域开始起步，这符合我国当前宏观政策和管理的需要。一是严格执行“房住不炒”的政策，避免因政策敏感性对 REITs 试点产生影响，为常态化推进 REITs 创造良好的政策氛围。二是基础设施领域是我国存量资产最大的领域，可 REITs 的资产占比高。据不完全统计，1995～2019 年，我国基础设施投资近 150 万亿元，其中铁路、公路和机场、煤电气热等优质企业占比很高。三是为地方经济和国有企业发展提供权益资金，补充新基建资本金，提升基建投资对我国经济的有效拉动作用。四是切实推进地方国有企业的混合所有制改革，加强社会投资者对国企改革的监督作用。

（二）REITs 内在特征的相关安排

我国 REITs 规则同样保持了 REITs 的内在特征。在投资者结构上，规则虽没有比照境外市场通过约束前几大股东的持股比例等，实现投资者充分分散的目的，但是规则要求扣除战略配售比例之外，网下投资者发售比例不得低于 70%，且剩余部分可以通过网上发行、场外发售等形式向公众投资者发行，确保更多的投资者参与 REITs 认购，此外，基金管理人和发起人可以在招募说明书和基金合同中约定大额持有人的认购条件及比例限制，但该限制不得对持续期监管的权益变动和要约收购造成实质障碍；在投资对象上，规则已经明确要求 80% 以上的基金资产投资到基础设施资产支持证券份额，并通过特殊目的载体获得基础设施项目全部所有权或经营权；在收入来源上，虽然规则对来自基础设施租金和增值收入的比例作出了规定，同时明确剩余的

20%基金资产只能投资于利率债、AAA级信用债或货币市场工具。这说明,投资者的收入的大部分将来源于因运营基础设施而产生的收入;在利润分配上,要求将90%以上合并后基金年度可分配金额以现金的形式分配给投资者。

(三)法律载体的特殊性安排

根据境外市场的实践经验,以及我国现有的证券法律制度,REITs的法律载体可以是股票、公募基金、信托份额和公募的资产支持证券等多种形式。若采取股票形式,现行的股票发行上市的法律制度体系包括《证券法》和《公司法》不支持持有基础设施的项目公司直接上市;若采取公募基金形式,《证券投资基金法》明确规定基金财产不可投资非上市公司的股权;若采取公募资产支持证券形式,证券法明确需要国务院出台专门的条例将证券化产品予以公募化;若采取信托份额形式,信托份额不属《证券法》明确的证券品种且《信托法》等有关法律基本明确信托份额属于私募产品。因此,与境外成熟国家采取一层法律载体不同,我国按照《信托法》和《证券投资基金法》等方面的规定,采取了公募基金+资产支持证券(Asset Backed Securitis,ABS)(=REITs)的两层契约性REITs架构,这是我国当前法律体系下最可行的模式和最现实的路径。

(四)两层架构压缩的特殊性安排

为缓解两层架构的法律载体所带来的管理成本增加和业务复杂性,规则上作了以下5个安排:一是明确公募基金必须投资持有一只或多只全部的ABS份额,并取得基础设施项目的完全所有权或经营权利。二是要求基金管理人与资产支持证券计划管理人应当存在实际控制关系或者受同一控制人控制。若聘请财务顾问,财务顾问应当是具有保荐资格的证券公司。结合资产支持证券有关的管理规定,上述安排实则明确了REITs的两种承销模式,即由保荐业务资格的证券公司(可承担财务顾问角色)和其控制或受同一控制人控制的基金公司组成的模式,以及由基金公司和其控制或受同一控制人控制的基金子公司,外加作为财务顾问的证券公司组成的模式。从操作成本和专业度上,前一种模式可能成为主流模式。三是基金托管人和资产支持证券托管人应当为同一人。四是鼓励基金管理人和资产支持证券计划管理人聘请的会计师事务所、律师事务所、评估机构等证券服务机构为同一人。五是明确要求基金管理人和计划管理人协同推进相关工作，包括尽调的协同等。

（五）强化基金管理人职权的治理安排

REITs 的法律适用上，我国与境外市场保持一致，依据信托法及其投资基金或投资计划相关的法律，即《信托法》和《证券投资基金法》等相关法律。但是，我国《证券投资基金法》因主要适用于投资于股票、债券等证券产品的传统公募基金，基金管理人的职权相对集中。表现在：一是实行共同受托[8]的托管人只负责基金财产的保管以及对基金管理人投资运作的监督管理。二是份额持有人大会仅负责基金扩募、延长和修改基金合同、调整基金管理人和托管人及其报酬标准等，且召集程序复杂、召集成本高。根据不完全统计，所有公募基金中，召开基金份额持有人会议的次数不足 1%。三是作为基金持有人大会的补充——日常机构，具有召集程序简单、议事规则灵活，以及具有类似于基金持有人大会的职权等优势，但是截至目前，我国公募基金基本没有日常机构的设置先例。四是由于托管人的职责受限、份额持有人大会及其常日常机构职责不能有效履行，公募基金的剩余控制权基本由基金管理人掌控。由于我国 REITs 治理的整体架构依据《证券投资基金法》制定，如果严格比照传统公募基金的实践做法，REITs 作为一种不同于传统公募基金的金融产品，相关当事人是否按照信托法的基本原理即最大化受益人的利益进行运转，有待商榷和拷问。

（六）发起人与基金管理人之间的制衡安排

为弥补基金管理人对基础设施管理能力和经验缺乏的问题，REITs 规则作了以下安排：一是要求发起人至少认购战略配售基金份额的 20% 且锁定 60 个月，多于 20% 的份额锁定 36 个月；二是明确基金管理人可聘请外部管理机构负责基础设施的部分运营工作。在实践中，考虑到基础设施管理运营的垄断性以及发起人谋求控制权等诉求，基金管理人聘请的外部管理机构主要应为发起人。换言之，发起人通过份

---

[8] 根据《证券投资基金法》第 3 条的规定，实行基金管理人和基金托管人为委托人（基金份额持有人）履行受托职责，全国人民代表大会常委会法制工作委员会对该条释义中明确为共同受托模式。

额持有人和外部运营管理机构两个角色参与到传统公募基金的治理架构。在保持《证券投资基金法》管理人、托管人和份额持有人大会及其日常机构职权及其分配不变的前提下,在新增基础设施管理运营方面的职权上,基金托管人新增的5项职权仍属基金财产保管和监督职能,份额持有人大会主要新增基金净资产20%以上的项目买卖、扩募、5%以上的关联交易、法定情形之外的外部管理机构解聘、基金投资目标和投资策略重大调整等5项职权,基金管理人新增16项职权,其中6项可委托外部管理机构负责,并在法定的情形下,可以直接解聘外部管理机构。从上述新增职权的分配来看,份额持有人大会虽然参与了REITs重大的运营管理方面的决策,但基金管理人新增了更多的职能。整体上,基金管理人的职权不仅没有明显削弱,而且看似进一步强化。

(七)同业竞争、关联交易和资本结构等方面的灵活性安排

一是关于同业竞争。我国REITs的试点规则并未限制基金管理人和外部管理机构可同时运作多只同类型的REITs。考虑到大部分基础设施自然垄断和相对唯一的属性,以及当前没有相关的监管实践,规则上并没有对REITs同业竞争问题作出系统规定,仅要求基金管理人对基础设施项目的同业竞争问题做尽职调查。二是关于关联交易。试点规则对关联交易的尽调、基金管理人与原始权益人存在关联关系要聘请第三方财务顾问、关联交易在招募说明书和定期报告等的披露要求、5%以上的关联交易要经份额持有人大会同意、基金管理人董事会至少每半年要审查关联交易等重要内容作了明确规定。但是,规则并未对关联主体范围、关联交易类型、审议交易决策程序、披露和报告程序以及责任主体等内容作出相关规定,以体现REITs试点的特性,增强项目实践的灵活性。三是关于杠杆限制。为保证试点期间谨慎使用杠杆,比照境外大部分实行契约型REITs市场限制杠杆率的做法,沿用传统公募基金"基金总资产不得超过基金净资产的140%"的限制规定,我国将REITs杠杆率限制在28.6%,且首次发行必须解除杠杆,以剥离原始权益人对项目公司或基础设施资产的外部增信,同时对28.6%的杠杆率一分为二,其中14.3%可作为基础设施的项目收购,另14.3%可作为日常运营、维修改造等用途。四是关于剩余控制权。规则上并没有明确5%以下的关联交易、20%以下的项目购入或出售、融资杠杆决策等剩余控制权的归属问题，但是，从传统公募基金的经验来看，剩余控制权一般是归属基金管理人。如果比照公募基金做法，则进一步强化了基金管理人的职权。

（八）上市交易和持续期监管制度的特殊性安排

REITs 上市交易，以及信息披露、限售减持、资产买卖、扩募、资产收购及权益变动等持续期的行为监管上，我国 REITs 试点规则借鉴境外市场的做法，总体上遵循了股票市场或者基金市场的制度设计，同时也考虑到基础设施资产而带来 REITs 债券属性强等因素，以及为后续 REITs 业务实践预留空间和试点转常规积累经验，制度上也作了很多留白处理、差异性或适应性的安排。一是关于 REITs 上市的差异性安排。试点规则未对 REITs 发行后必须上市作出明确的规定，但由于当前缺乏对未上市 REITs 的管理规定，因此，试点阶段的 REITs 应当上市。REITs 上市没有额外的要求，只要符合发行条件和信息披露要求的，经交易所审核同意后即可上市。二是关于 REITs 交易的适应性安排。REITS 的交易除比照境外市场做法，沿用股票竞价交易机制之外，还采取了适合低流动性证券交易的交易机制，包括询价交易、协商交易和做市交易，同时，上市首日涨跌幅限制比例为 30%，非上市首日涨跌幅限制比例为 10%，力图通过交易的多样性和灵活性安排满足投资者不同的交易需求，提高市场的活跃度。三是关于持续期行为监管的安排。在 REITs 收购上，考虑到基础设施 REITs 的债券属性，在借鉴新加坡和中国相关有关规定的基础上，作了以下规定，即投资者持有 REITs 的份额达到 15% 时，实施 5% 步长的信息爬坡披露机制，要约收购门槛为 50%，与我国股票对应的 5%、1% 和 30% 的规定存在较大差异；在 REITs 扩募上，按照传统公募基金的规定，实行事后备案，但涉及资产新购的扩募，则属原注册事项实质的变更，需要重新提交注册申请，这与股票的增发和重大资产重组也有较大的差别。除了上述适应性安排之外，更多的是做了灵活性或者留白处理。比如，REITs 权益变动和收购的程序、间接收购、一致行动人认定、证券服务机构履责、要约豁免等内容明确参照《股票上市规则》《上市公司收购管理办法》等有关规定执行，确不适用的事项，当事人可以说明理由，免除履行相关程序或者义务；再如，资产新购或出售的，现行规则主要明确了资产新购、出售的基本安排,但资产新购和出售的条件、程序、基金管理人发生变更的资产新购(类似于股票中的借壳行为)标准、要求及程序等都未作明确规定。此外,限售份额的减持、融资融券和规范运作等方面也未作明确规定。

三、REITs 试点制度有待讨论的问题及建议

(一)REITs 试点制度有待讨论的问题

我国 REITs 试点根据《信托法》《证券投资基金法》等有关法律法规,在确保 REITs 四大内在特征的基础上,采取了公募基金 + ABS(= REITs)的两层架构,并从基础设施领域开始试点。从上述分析看出,我国 REITs 试点制度总体上符合 REITs 发展规律和演变趋势,也与大部分实行契约型 REITs 国家和地区的规定和做法基本保持一致。但也出现以下两个有待进一步讨论的问题:

一是以底层资产管理能力及经验都比较欠缺的基金管理人主导 REITs 的治理机制,与 REITs 需运营底层资产增厚投资收益的要求存在错配,也与当前基础设施 REITs 发起人谋求基础设施控制权等诉求产生冲突,同时与国外以发起人为主导的治理机制产生很大的反差。

二是如权益变动和要约收购等方面的灵活性制度安排或者如同业竞争等方面的制度留白,给试点预留了更多空间的同时,也给 REITs 最终上市增加了不确定性。

(二)关于业务实践的建议

在现行的《证券投资基金法》以及 REITs 试点制度的框架内,基金管理人在 REITs 治理结构中的主导地位,短期内不可能改变。为进一步平衡发起人与基金管理人的利益,缓解基金管理人角色的失配程度,发挥发起人专业管理的积极性,提高 REITs 的投资收益,建议根据《证券投资基金法》等法律法规和试点制度的规定,由基金管理人与发起人就 REITs 治理协商确定相关的制度安排,并在申报材料中予以明确。一是探讨在份额持有人大会下设日常机构的可行性,形成类似股东大会下的董事会,并考虑在基金合同中约定将剩余控制权等有关职权上收到日常机构,由日常机构对基金管理人的管理运营形成制衡和支持;

二是运用份额持有人大会"基金合同约定的其他权力"的条款,在基金合同中约定相关剩余控制权上收到份额持有人大会,并将剩余控制权在基金合同中明确授权至日常机构、基金管理人或者项目公司董事会;三是比照当前的公募基金的做法,建立相对独立的 REITs 管理运营决策委员会,发起人作为专业的运营管理机构,应当在上述的日常机构、经营决策委员会和项目公司董事会有充分的建议权或者表决权;四是在项目公司的经理职权由外部管理机构行使,但保留董事会或执行董事决策方面的安排。

同时,对于同业竞争、关联交易、资产新购或出售、收购和权益变动、投资者认购的条件及比例、限售份额减持、扩募等在制度上做灵活性安排或者未明确规定的,建议在项目申报等相关材料中,按照现行的试点制度,参照股票的有关规定,如《上市公司收购管理办法》《上市公司证券发行管理办法》《上市公司重大资产重组管理办法》《股票上市规则》等,作出明确的安排。

在项目审核的过程中,建议对由发起人与基金管理人在申报等材料中作出上述明确安排的,在审核上要充分考虑到现行制度对基金管理人职责高度集中的现实,以及基金管理人对底层资产管理能力和经验缺乏的实际,从发挥发起人专业管理的积极性和主动性,从而提升底层资产综合收益的角度,平衡好基金管理人和发起人之间的利益格局。

(三)关于制度规则调整完善的建议

在《证券投资基金法》等有关规定下,通过项目操作实践,能适度平衡发起人与基金管理人利益格局,但是也对 REITs 项目的审核能力和要求提出了挑战,增加了 REITs 项目发行上市的不确定性。建议随着 REITs 试点的逐步推进,以及审核和监管经验的逐步积累,建议进一步完善以下制度:

在现行的试点框架内,一是明确同业竞争的相关规定。在基金管理人方面,建议参照中国香港地区等市场的做法,根据基金管理人的能力评估其管理多只 REITs 的可行性,原则上只允许一个基金管理人管理一只同类型的 REITs 或者只管理一只基金。如果设置经营管理决策委员会的,应当有一定比例的外部独立委员构成;在物业管理人方面,也要求一个 REITs 匹配一个独立的法人进行管理,该法人的董事会应当有一定比例的独立董事构成。二是完善关联交易的相关规定,包括明确关联交易的主体范围、关联交易类型、披露和报告程序、关联交易的计算方法、责任主体等。三是比照《上市公司收购管理办法》等有关规定,出台 REITs 权益变动和要约收购等方面的业务指引。四是比照《上市公司重大资产重组管理办法》等有关规定,出台 REITs 资产新购、出售等方面的指引,明确 20% 以内和 20% 以上的资产新购条件、出售要求、程序、发起人和基金管理人的职责分配,以及相关中介机构履责等。五是比照《上市公司证券发行管理办法》,出台 REITs 扩募有关业务指引。六是研究 T+0 交易的可行性。总体来看,REITs 具有资产锚定效应,[9] 虽有权益属性,但债券属性可能更强。结合我国债券和境外 REITs T+0 的实践经验,探讨 REITs 实行 T+0 交易的可行性。七是研究探讨为发起人或其子公司发放投资投资顾问牌照的可行性,推出 REITs 投资顾问制度。其他如 REITs 融资融券、减持等方面也可考虑进一步作出翔实的规定。

在试点框架之外,一是建议研究出台资产支持证券公募发行有关规定。根据新《证券法》的要求,资产支持证券的发行、交易由国务院依照《证券法》的原则规定。因此,需尽快推动国务院出台相关的条例,推出资产支持证券公募发行。在此基础上,按照信托法的有关原理,结合境外市场的立法和实践经验,进一步简化 REITs 结构。二是建议修改《证券投资基金法》及其相关的规定,包括但不限于:允许公募基金直接持有非上市公司股权,进一步简化 REITs 架构,将以投资股票与债券等证券品种的公募基金与以投资底层资产的 REITs 作适当区分,允许为原始权益人发放基金管理的牌照,并将现行的公募基金托管人职责适当向受托人角色转变,比照公开发行证券有关做法,完善公募基金的审核注册规定,以及扩募、资产新购或出售等方面的审核注册规定。三是研究修改《证券法》等有关规定,可将 REITs 纳入证券法的监管框架,推出类似美国的公司型 REITs,或者类似澳大利亚公司型和契约型相结合的 REITs 产品。

(编辑:张媛)

---

[9] 参见蔡建春、刘俏等:《中国 REITs 市场建设》,中信出版集团 2020 年版,第 6 页。

【REITs 信息披露与投资者保护】

《证券法苑》(2021)
第三十一卷,第 73 ~94 页

我国基础设施 REITs 信息披露制度研究

汪世虎* 马瑞乾**

摘要:基础设施领域不动产投资信托基金(REITs)作为公募基金,从交易结构上分析信息披露制度的重点应在解决多重委托代理关系产生的法律风险和提高基础资产透明度上,以实现保护投资者利益的目标。本文通过梳理美国 REITs 和资产支持证券信息披露制度,分析在我国香港地区上市的 REITs 案例的信息披露文件,总结其实践中的优点和不足。最后,从基础资产披露质量、各信息披露义务人协同履职和信息披露法律责任的追究 3 个角度,就建立专业的 REITs 信息披露制度提出建议。

关键词:REITs　信息披露　公募基金　资产支持证券

2020 年 4 月,证监会、国家发改委联合发布《关于推进基础设施领域不动产投资信托基金(REITs)试点相关工作的通知》(以下简称《通知》),并于 8

* 西南政法大学民商法学院教授。

** 西南政法大学民商法学院博士研究生。

月公布了《公开募集基础设施证券投资基金指引(试行)》(以下简称《指引》),在9月27日中国REITs论坛年会上,上海证券交易所表示将全力推进REITs落地。REITs作为在美国金融市场中列在股票、债券之后的第三大投资产品,将正式在我国以大公募形式推出,它具有流动性较高、收益相对稳定、安全性较强等特点,不仅能有效盘活存量资产,填补当前金融产品空白,个人投资者也将获得投资大型基建项目、分享国家经济发展红利的机会。

REITs在我国作为一个新的证券品种,项目实行还处于试点阶段,根据要求需要在现有法律法规框架下,以个案方式稳妥推进试点,其中对于监管部门制定规则的重中之重就是保护投资者的合法权益,在新《证券法》下,信息披露制度则是核心。《指引》中明确了公募REITs中基金管理人的相关信息披露要求,但对于其他主体如何履行信息披露义务,公募基金与资产支持证券如何协同操作实现信息披露目标,以及对违反《证券法》《证券投资基金法》规定的信息披露行为产生的法律责任如何追责,都没有进一步明确。本文结合我国公募REITs的交易模式和现行法律法规,分析实施该项目可能存在的法律障碍和风险,对美国、我国香港地区关于信息披露的法律法规进行比较研究,并结合我国香港地区已发行的典型基础设施REITs案例的信息披露情况,就如何在证券法改革背景下,构建我国公募REITs的信息披露机制提出具体建议。

一、现行REITs信息披露机制分析

(一)REITs信息披露制度的实现目标

新《证券法》将信息披露单列一章,对该部分内容进行了充分地补充、完善,整合了证券信息披露规则体系,目的就是以公开为手段,通过信息公开披露制度解决因天然的信息不对称损害投资者利益的行为。我国即将推出的REITs是一种具有特殊的复杂交易结构的证券品种,其相应的信息披露目标也有更高的要求。

1. 降低"多重代理关系"产生的法律风险

首先,确定 REITs 的交易结构。根据《指引》第 2 条的规定,我国的公募 REITs 是采用"公募基金 + 资产支持证券"的产品结构,这不同于美国一般以公司型架构为主,以及衍生出的伞形等结构,[1]它是一种四层结构。自上而下,投资者认购公募基金份额,基金投资资产支持证券,通过特殊目的项目公司(SPV)取得基础资产的所有权,以运营基础资产的收益再向上传递实现投资目标。公募 REITs 的架构图如图 1 所示:

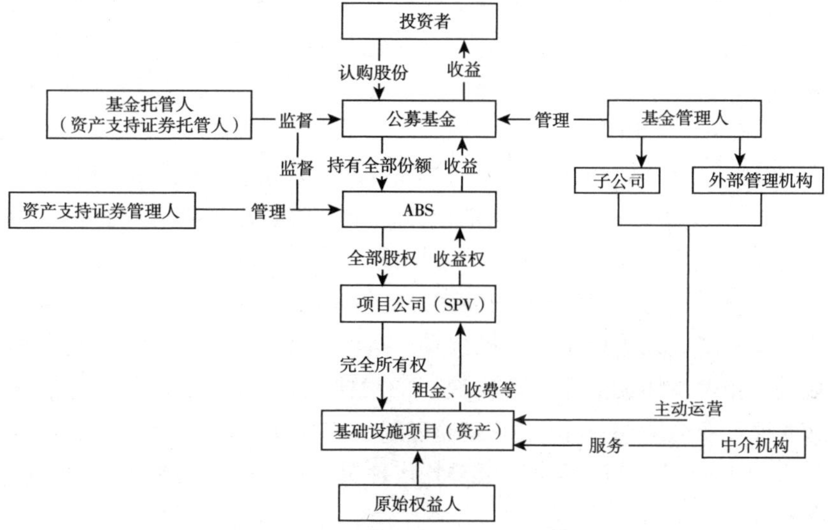

图 1　我国公募 REITs 交易结构

其次,主体之间法律关系分析。从交易结构中我们可以看到我国的公募 REITs 涉及多方主体,包括投资者、基金管理人、基金托管人(与资产支持证券托管人同一人)、基金管理人专门子公司、外部管理机构、资产支持证券管理人、原始权益人和中介机构等。投资者与基金管理人之间的权利义务关系通过基金合同确认,实质上是一种信托法律关系,投资者是委托人,基金管理人是受托人,其承担着直接管理基金

〔1〕 参见孟明毅:《不动产信托投资基金的美国经验借鉴》,载《金融研究》2020 年第 1 期。

和运营基础资产的重要职责,以实现投资目的。我国《证券投资基金法》确定了基金管理人和基金托管人为共同受托人,所以,投资者和基金托管人之间也是信托法律关系,基金托管人主要承担监督职责,监督各类资产全流程情况以及基金管理人的运营情况以维护投资者利益。由于基金管理人需要实际主动运营基础设施项目,其往往会委托专门子公司和外部管理机构承担,进行专业化管理,形成委托代理关系。在资产支持计划中,资产支持证券管理人与该计划投资者即公募基金之间属于委托代理合同关系,管理人是代理人,公募基金是被代理人,[2] 但是放入整个 REITs 项目中公众投资者是最终受益人,资产支持证券管理人相对投资者仍然是受托人,再次形成信托法律关系,因此,在《指引》中对资产支持证券管理人与基金管理人提出了很多共同要求,共同承担一部分管理职责。

最后,法律风险的分析。由于交易链条的拉长,存在多重委托代理关系,直接产生的法律风险就是主体之间的利益冲突会损害投资者的利益。主要体现在管理人很可能利用与投资者之间的信息不对称违反信义义务,没有坚持持有人利益优先的基本原则。此外,管理人还需要聘请专业基础设施项目运营机构,财务、评估、法律等中介机构,这些都会增加相关主体无法完全忠实履职的法律风险。因此,强制信息披露制度很重要的一部分作用,就是通过制度监督管理人等主体行为,形成制约,增强约束力,降低每一层委托代理关系产生的利益冲突损害投资者利益的风险。

2. 提高 REITs 的基础资产质量信息透明度

RIETs 是以获得基础设施项目的租金、收费等稳定现金流为主要目的,主要涉及公共事业基础设施、交通能源、产业园区、仓储物流和数据中心五大类,特高压、智慧能源、智慧城市、信息网络等新基建也在持续推进。[3] REITs 项目要求基础资产具备完全合规性,实现资产的实质性转让,达到破产隔离的目的。因为原始权益人往往为了融资尽可

〔2〕 参见沈朝晖:《企业资产证券化法律结构的脆弱性》,载《清华法学》2017 年第 6 期。

〔3〕 参见蔡建春:《加快推进公募 REITs 试点平稳落地》,载上海证券交易所网,http://www.sse.com.cn/aboutus/mediacenter/hotandd/c/c_20200928_5227068.shtml,2020 年 10 月 10 日访问。

能降低成本，同时实现低价回购资产或者高价出售资产，这无疑都会造成投资者利益的损失，所以基础设施的质量尤为关键，从现金流、投资回报、增长潜力以及债权债务等情况都要符合优质性的要求，事关能否完成项目的最后投资目标。在信息披露过程中，REITs 区别于投资基金，其注重在对基础资产、项目质量的信息披露，尽最大可能提高资产质量的信息透明度，而投资基金重在基金合同、投资者权利义务等条款的披露。[4]

（二）我国目前 REITs 信息披露相关制度梳理

1. 新《证券法》的规定

法律对与 REITs 相关的信息披露制度主要规定于《证券法》，《证券投资基金法》涉及内容较少。新《证券法》关于信息披露在原有规定的基础上，增加了很多新的内容，对发行人和信息披露义务人提出了更加明确规定，除强制披露义务外，肯定了自愿披露规则，增加投资者对证券投资价值和投资决策的判断能力，使彼此之间互信力提高。同时进一步扩大了信息披露的范围，对“重大事件”以法律的形式作出明确解释，这是对既往损害投资者利益事件的总结。该部分法律是对证券信息披露的一般性规定，因此 REITs 项目也必须遵守法律规定。

2. 其他信息披露文件的规定

直接规定 REITs 信息披露制度的文件是《指引》，其中涉及具体信息披露规则的条款并不多，只是从信息披露主体角度，要求基金管理人、基金托管人、原始权益人、外部机构等履行信息披露义务，因此，目前并没有针对 REITs 的专业信息披露指导规则，仍然需要适用公募基金和资产支持证券的信息披露规定。

《公开募集证券投资基金信息披露管理办法》（以下简称《管理办法》）主要规范公募基金信息披露义务人的行为，该《管理办法》对一般披露事项、募集信息事项、运作信息事项、临时信息事项都作了详细地规范性阐述，而且针对如何实施信息披露、违反信息披露义务承担的法律责任以及与《证券投资基金法》的衔接都作了规定，同时，《指引》共有 51 条，其中有 26 条是对基金管理人的要求，所以，对于基金管理人

---

〔4〕 参见闫云松：《从境外 REITs 看境内模式》，载《中国金融》2016 年第 11 期。

部分已经形成了比较完整的体系。但是在 REITs 中，基金管理人需要设立子公司或者聘请外部机构直接经营管理基础资产，那么，子公司或者外部机构也应当履行信息披露义务，目前该部分规定不足。

针对资产支持证券部分的信息披露，目前由《证券公司及基金管理公司子公司资产证券化业务信息披露指引》（以下简称《信息披露指引》）和《上海证券交易所资产支持证券临时报告信息披露指引》（以下简称《临时报告指引》）规定。在《信息披露指引》中，首先确定了披露主体，包括管理人、托管人、原始权益人和其他服务机构等；其次，在发行环节主要通过计划说明书、法律意见书、信用评级报告等进行信息披露；最后，在证券存续期间主要通过专项计划收益分析报告、年度资产管理报告、托管报告、资信评级报告等进行信息披露，同时对影响投资价值或价格的“重大事件”作出了说明。《临时报告指引》规定了除定期报告外其他信息披露规则，主要包括重大事件信息、循环购买信息、持有人会议信息等，是对《信息披露指引》的有效补充。

在 REITs 中基金管理人处于主导地位，而专项计划管理人应该怎样履行信息披露义务并没有明确的说明，同时，由于最上层是公募形式，对原始权益人和中介机构应该提出更高的要求，因此不能仅用现行单独资产支持证券的披露规则对其要求。REITs 是一个整体项目，信息披露作为证券发行、交易的核心制度更应该体系化，不应该出现规则思路不清晰、标准不统一的问题，增加适用法律规则成本。

二、美国 REITs 信息披露内容分析

（一）美国 REITs 信息披露制度

美国从 1960 年首次针对 REITs 立法至今，已经发展成为全球体系最成熟、规模最庞大的 REITs 市场。截至 2019 年年末，美国公开发行上市的 REITs 产品共 219 只，股票总市值达到 13,000 多亿美元。[5] 从 2000 年到 2016 年近 16 年里，权益型年化复合回报率为 12%，抵押

---

〔5〕 See *Reit Data*, https://www.reit.com/, visited Oct. 19, 2020.

型年化复合回报率为 9%，表现出了高额的平均回报。[6] 近 60 年来，大量的法律、法案、规则为 REITs 发展提供制度保障，因此，非常值得我们借鉴学习。

1. 信息披露法律制度框架

美国 REITs 是一种投资基金，属于共同基金，从交易结构上看，大多数属于公司型，即依法成立投资股份有限公司，进而发行各类证券进行资金募集。对于公开交易的 REITs 的证券将在美国证券交易委员会（SEC）登记注册并提交报告，再进入纽约或纳斯达克等交易所上市交易，投资者可以像购买任何其他股票一样，直接买卖公开交易的 REITs 股票，[7] 因此，与其他公开发行证券一样，投资者保护将成为监管层面的重点，也是制定信息披露规则的重要目标。

目前，规制 REITs 的法律主要包括 1933 年美国《证券法》《证券交易法》《投资公司法》《房地产投资信托法案》《REITS 现代化法案》和《房地产投资信托改良法案》。REITs 除了要适用所有上市公司的法规之外，还必须遵守美国《证券法》的表格 S－11 和美国证券交易委员会行业指南 5 的披露要求，在某些情况下，还适用《证券交易法》第 14（h）条，[8] 这属于对 REITs 信息披露制度的特殊要求。

2. 表格 S－11 对 REITs 信息披露的要求

表格 S－11 是向美国证券交易委员会提交的文件用于登记 REITs，其规定了 REITs 业务是为了投资而收购、持有和管理房地产的类共同基金，通过汇集众多投资者的资本，以便对房地产进行投资。该表格的目的是向公司的利益相关人披露重要信息，并禁止在发行、交易过程中出现任何欺诈行为。[9] 在招股说明书中要求披露的内容共 30 项，涵盖了具体填报细节、交易定价、REITs 计划包括如何使用收益、选

---

〔6〕 参见《中国公募 REITS 发展白皮书》。

〔7〕 See *Investor Bulletin: Publicly Traded REITs*, https://www.sec.gov/oiea/investor-alerts-bulletins/ib_reits.html, Visited Oct. 19, 2020.

〔8〕 See *Frequently Asked Questions about Real Estate Investment Trusts*, https://www.mofo.com/, accessed Oct. 19, 2020.

〔9〕 See Laws & Regulations, SEC Form S-11, By JAMES CHEN, https://www.investopedia.com/terms/s/sec-form-s-11.asp, visited Oct. 19, 2020.

定披露财务数据、收入和利润趋势、运营数据、融资情况以及条例 S－K 规定的其他数据等。其中有四部分内容作出了细致规定:

第一,关于一般事项的披露。S－1 表格是美国新证券的初始登记表,也称为 1933 年证券法,因此,对于 REITs 的一般事项的披露首先要符合 S－1 表格的要求。

第二,关于项目整体经营情况的披露。要求保证投资者能够充分理解项目能够上市的主要原因,以及未来投资发展的具体方向,同时必须对已经存在或是潜在的风险因素、收益与费用比率、现金分配情况、资产净值、经调整的运营资金和净运营收入等关键数据做明确披露。[10]

第三,关于基础资产情况的披露。这部分一方面来自对投资计划的披露,包括房地产具体的位置、经营和融资方法、存在的按揭情况、计划投资各类不动产项目金额或百分比、不动产上的各类用益物权和担保物权情况以及继续投资各类金融产品情况。另一方面来自对资产的直接披露,包括发行人需要全面披露其自身或者子公司已经持有、拟收购或是准备出租的所有重要不动产的位置、一般或重要信息,这其中的重要资产,指的是账面价值为发行人总资产的 10% 或以上的任何财产,或至少为发行人上一财政年度总收入的 10% 的总收入的任何财产;如果基础资产属于改建的物业类建筑,需要披露其改建后的经营数据,如出租率、租户人数、租约等主要条款,甚至还要涵盖各项本金、利息和摊销等基础财务数据。[11]

第四,关于对信息披露义务人的要求。无论是发行人还是其他义务人,都必须对其自身与项目的任何关联关系作出说明,对于各项活动计划,需要说明其对该项活动的影响力以及在过去 3 年内从事相关活动的程度,包括发行证券、借款、贷款、投资、回购等细节情况,都要向投资者披露。[12]

---

〔10〕 SEC. S－11. Part I. Information Required in Prospectus. Item 3.

〔11〕 SEC. S－11. Part I. Information Required in Prospectus. Item13,14.

〔12〕 SEC. S－11. Part I. Information Required in Prospectus. Item12.

3. S－K 条例和美国证券交易委员会行业指南 5 对 REITs 信息披露的要求

S－K 条例是针对上市公司设定的，要求其对申报材料作季度、年度等各类报告，属于信息披露制度的一部分。条例规定了关于对财务报表的披露要求，其目标是全面审查这些报告，并就如何进行优化提出建议，以便公司和股东及时准确地披露这些信息。在 REITs 披露中关于交易价格的确定、证券持有人情况、资金分配计划、款项的使用情况、部分财务数据披露都由 S－K 条例进行规定。S－K 条例是本身非常成熟，对各个项目规定都尽可能详细，对商业、法律程序和风险因素的描述长达 30 年没有重大修改，[13] 保证了整个信息披露体系的完整性、稳定性。

美国证券交易委员会行业指南 5 也对部分信息披露内容进行补充。包括内部管理风险因素的披露。例如，管理层对于房地产的经营经验是否充足、发行获得的收益未投资进入计划行业产生的不确定性等。外部潜在风险的披露。例如，房地产项目涉及的与物业有关的风险，包括行业竞争因素、生态环境因素、租金价格影响因素、各类法律限制因素等。

4. 对美国 REITs 信息披露体系评价

通过对美国 REITs 整个信息披露体系的观察可以看出：首先，确认了公开交易 REITs 与普通股票、债券、基金等证券在保护投资者利益这一原则上并无不同，将其纳入《证券法》《证券交易法》规定的信息披露体系，需要严格履行已经具有成熟运行经验的披露义务。美国证券基本信息披露规则规定得十分详细，从多方面、多层次，尽最大努力向投资者展示公司的全貌，降低潜在投资风险。其次，针对 REITs 项目的盈利模式，是以房地产所获经营收益为目标，在特别规定部分加强对房地产本身的披露，同时要注意这一披露不是基础性的披露，由于房地产属于不动产，如果要完全反映其金融属性难度大于其他金融产品，因此披露要求涉及非常多的关键财务、经营类数据，而不是简单地依靠第三方评估。最后，明确了信息披露义务人的责任归属，对于房地产投资信托

---

〔13〕 SEC. Regulation S－K. Summary.

基金的受托人、财务顾问、保荐人及其任何附属机构的负责人对所有交易,皆应该分别说明并全面披露所有重要条款、因素及情况,独立受托人有义务在报告中对此类交易的公平性进行审查和评论。[14] 该披露体系十分完整,对于我国REITs专业信息披露制度的制定具有重要借鉴意义。

(二)美国资产支持证券信息披露制度

我国REITs项目与美国存在差异,主要是交易模式中需要依靠资产支持证券产品,在该模式中所经营的各类基础资产会产生相应的法律风险,[15]因此在资产支持证券部分的信息披露同样也应该借鉴美国成熟的制度体系。在美国REITs的登记和信息披露与资产支持证券有明显的不同,表格S-11不得用于资产支持证券的发行。[16] 美国资产支持证券除了要满足一般信息披露规则外,还有专门的信息披露监管规则,即于2014年11月正式生效的《资产支持证券注册、信息披露和报告规则》(以下简称AB条例Ⅱ),在修订过程中美国证券交易委员会整合了大量的与ABS有关的信息披露案例,并征询了多方意见才最终完成。[17] 在AB条例Ⅱ中信息披露的主要内容包括基础资产披露、招股说明书披露、交易主体自我披露、欺诈声明披露、静态池披露、信用评级披露等,[18]其信息披露的方式实行差异化披露,从产品类型上分为机构型和非机构型,募集形式也分为公募和私募,[19] 鉴于我国REITs中资产支持证券的形式,本部分主要介绍与各类资产和主体相关的特殊披露制度。

1. 关于各类资产的信息披露制度

美国ABS基础资产采取标准化披露模式,适用所有资产类型,目

〔14〕 Statement of Policy Regarding Real Estate Investment Trusts. VI. D. 1. f.

〔15〕 参见钟腾、王文湛、易洁菲:《中国类REITs产品投资属性研究——基于三个典型案例的分析》,载《金融论坛》2020年第3期。

〔16〕 17 C. F. R. 229. 1101.

〔17〕 John Arnholz & Edward E. Gainor, For the Process of Adopting Regulation AB, see Offerings of Asset – Backed Securities, pp. 5 – 33, 2005.

〔18〕 SEC. Asset – Backed Securities Disclosure and Registration. D. VIII. A. 3.

〔19〕 参见潘紫宸、杨勤宇:《美国资产支持证券信息披露制度研究》,载《中国债券》2016年第1期。

的使投资者能够全面了解项目情况作出投资决策，所以，披露的关键就是稳定可靠的数据。标准化数据披露能够增强对资产池描述的完整性，避免单一数据不稳定造成对项目风险预估不足。同时，AB 条例Ⅱ也同样注重信息披露的成本问题，因为传递模式的资产支持证券信息披露成本明显高于一般证券，这样会抑制再证券化，因此，也要降低不重要数据的披露。

首先，披露的数据来源多样化。不仅依靠资产的原始权益人、发行人、委托人等信息披露义务人的主动披露，还可以通过第三方数据提供商、央行等权威金融组织、监管机构多渠道丰富资产数据。其次，确定信息披露的方式。标准化披露模式并不是要求所有资产披露完全相同的数据，仍然要根据资产类别选择合适的信息组合。同时，要求数据为机器可读模式，将数据下载到软件中，提高分析数据效率，解决因为数据过多造成投资者阅读负担的问题，加强金融与科技的融合，减少对资产评级机构的依赖。再次，所需披露的资产数据应当包括有关资产信贷质量的债务人信息、涉及每项资产的抵押权情况、特定资产现金流情况，如各类支付期限、预期支付金额、财务指标数据，以及每种资产在即存期间的表现情况等。最后，注意持续性信息披露。信息披露是一个过程，在提交招股说明书之后，如果情况发生变化仍然需要更新信息，同时提醒投资者信息的变化，避免误导投资者。针对不同资产的类型，披露义务人应该对常规信息变化的时间节点有预估，并对此作出说明。[20]

关于静态池资产信息披露主要是应对存在循环购买情况对整个资产池的影响。目前，我国资产支持证券的并没有针对静态池的专门披露规定，主要原因是在交易结构部分对静态池和动态池的研究不够深入，发行的产品数量不足，还没能为研究提供有效的数据支撑，在该部分的信息披露制度还需要进一步完善。

2. 关于交易主体的信息披露制度

美国资产支持证券根据实际情况对各主体进行分层次披露，其方式是围绕全面披露项目本身来要求主体履行披露义务，不是为了披露而披露，同时也强化了主体对项目应该履行的责任。

---

〔20〕 SEC, Asset - Backed Securities Disclosure and Registration, D. Ⅲ.

(1)对资产支持证券发起人的要求

在条例中对发起人的定义是通过直接或间接向发行实体出售或转让资产,并承担组织和发起资产支持证券交易的人,[21] 这部分在我国REITs中类似于原始权益人的角色。除了常规披露,发起人还需要披露其对该证券的投资倾向变化,包括自身固定权益金额的变动,以及描述在各项交易中产生的权益变化,如购买、出售或以其他方式取得或处置证券,对处置过程中决策的原因、产生的各项风险、自身收益的影响都要作出说明。

(2)对各类服务机构的要求

服务机构主要指负责管理、集合资产或向资产支持证券持有人分配资产的人员,主要承担管理职能,不承担托管人职责,这部分职能在我国REITs中由资产支持证券管理人承担。服务机构的工作职责来自于服务协议,因此,对其应当披露的标准就是协议中的机构受到的约束内容。要求服务机构作出信息披露的目的是帮助投资者评估服务机构的能力,同时也是加强对其工作的监督。[22] 条例中对服务机构履行职务行为时产生的费用有一项特殊要求,机构需要就产生的费用与行业通常标准之间的差值的原因进行披露,目的是降低成本,减少企业负担。

(3)对受托人的要求

受托人最重要的职责就是保护证券持有人的利益。受托人除了应该履行属于信托法律关系中信息披露义务外,在委托协议中会要求其帮助投资者强制执行回购协议,但是受托人没有强制执行权,所以这些规定是无效的,那么,很有可能产生虚假陈述和欺诈的风险,因此,应该加强对受托人信息披露要求。

三、我国香港地区REITs信息披露内容分析

从2005年11月第一只房地产投资信托基金在我国香港市场上市

---

[21] 17 C. F. R. 229. 1101(1).

[22] SEC, Asset – Backed Securities Disclosure and Registration, D. IV. 2. c.

开始，截至 2020 年 10 月，共有 12 只（其中 1 只停牌）上市成功，总市值达到 2000 亿港元，平均收益率为 6.41%，[23] 在我国香港证券市场占据重要位置。虽然在规模上或是发展经验上与美国比较都有一定差距，但是我国香港地区 REITs 的法律结构规定为信托形式，采取外部管理模式，分开处理资产，[24] 这部分与我国 REITs 的交易模式有很多相似之处，同时，很多在我国香港地区上市的 REITs 产品的基础资产来自内地，其运营管理经验非常值得我们借鉴，尤其是与市场风险有关的信息披露制度研究。

我国香港证券及期货事务监察委员会（以下简称香港证监会）自 2003 年 8 月公布《房地产投资信托基金守则》（以下简称《守则》）初版以来共经过 4 次修订，至 2014 年 8 月公布第 5 版，因此，本部分选择在 2019 年 12 月上市的“招商局商业房地产投资信托基金”（以下简称招商局商业房托）的信息披露文件为分析对象，进一步理解 REITs 的信息披露的特点，在此基础上总结我国香港地区 REITs 法律制度的优势和不足。

（一）招商局商业房托上市前信息披露

在上市前由房托管理人“招商局置地资管有限公司”制作文件并披露，共 4 次包括 7 个文件，其中最后形成的文件是全球发售书，相当于招股说明书。在该文件中共披露 34 项和 8 个附录文件，排除程序性和总结性的 6 项内容共 28 项实质披露内容，[25] 内容上也与《守则》的第 4 章到第 12 章的要求对应，完全按照《关于证监会认可的房地产投

---

〔23〕 参见香港交易所/市场数据/房地产投资信托基金，载 https://www.hkex.com.hk/Market-Data/Securities-Prices/Real-Estate-Investment-Trusts? sc_lang=zh-HK，2020 年 10 月 20 日访问。

〔24〕 我国香港地区《房地产投资信托基金守则》规定：一般规则 GP1“房地产投资信托基金的资产必须以信托形式持有，及必须与受托人、管理公司、相关实体、其他集体投资计划及任何其他实体的资产分开处理”。

〔25〕 招商局商业房地产投资信托基金（根据我国香港法例第 571 章证券及期货条例第 104 条获认可之香港集体投资计划）全球发售，2019 年 11 月 28 日。

资信托基金的海外投资的应用指引》关于信息披露的要求逐项披露。[26] 现将该计划书披露内容总结为四类进行分析。

1. 基础资产披露

该房托资产由5栋物业组成,详细描述了地理位置、租户情况、内生增长及未来收购情况,同时在风险部分披露了关于物业的评价,包括地理位置对未来经营的影响、使用用途的变化、未来物业商标和字号使用权情况、物业的土地使用权情况、与其他物业的竞争、建筑及装修标准的变化、建筑物质量检测情况、物业估值、周围环境及配套设施、物业保险情况等。

2. 参与主体披露

房托基金上市发行中的参与主体范围很广,其中房托管理人是核心。该项目的房托管理人、物业运营管理人和物业管理人都隶属于招商蛇口,房托管理人负责组织协调工作,也承担着最重要的信息披露责任。受托人由德意志信托有限公司担任,受到信托契约的约束。同时还有非常多的中介服务机构参与其中,包括上市代理人、联席全球协调人、联席账簿管理人及联席牵头经办人、财务顾问、核数师、会计师、法律顾问、物业估值师、建筑测量师、市场顾问,都应该在其职责范围内进行信息披露。涉及关联人交易的各种交易类别、豁免条件、各类审查意见,都是信息披露的重点。

3. 投资及运营计划披露

为了实现基金单位持有人获得稳定分派、长期可持续的分派增长及提升招商商业房托基金物业的价值的目标,投资和运营计划是对各个责任主体的约束,主要包括:资产管理计划涉及物业组合、升级、装修以促进租金增长;投资收购计划涉及通过收购扩充物业数量;资本及风险管理计划涉及借贷情况、资本负债比率、收益率等;财务情况和经营业绩的详细分析;各类成本费用的重点披露,对额外成本部分涉及管理人费用、收

〔26〕 我国香港地区《关于证监会认可的房地产投资信托基金的海外投资的应用指引》第20条规定:“加强披露风险及特定的海外事宜,管理公司须持续以适时、准备及清晰的方式,将任何可能与计划有关或对计划来说最重要的资料或事项通知现实持有人及有意投资者。该守则已订明一般原则及(除其他事项外)适用于销售文件、通函、公告及估值报告的披露规定”。

购和出售费用等;资金预期使用和收益预期情况;企业内部治理框架。

4. 关键文件披露

关键文件,主要指内容复杂、专业性强、对公司有重大影响的文件,主要包括信托契约涉及受托人的工作职责,具体描述如何与管理人共同工作、如何对投资者负责;重要的买卖契约、融资协议、优先权选择契约、每基金单位分派承诺、商标及字号使用许可协议等;最后一部分就是中介服务机构出具的会计师报告、估值报告、建筑测量报告、法律报告等。

从全球发售书可以看出,我国香港地区房托基金信息披露比较注重效率,突出重点披露事项,整个文件简单明了,降低披露人的负担。在明确的信托法律关系下,交易结构简单,各主体责任清晰,同时对资产要求较高,项目虽然规模不大,但基本属于优质资产,已经具备良好的盈利模式和收益预期,信息披露主要分析资产的风险,为投资者提供全面信息,以便做出最后决策。同时,也看出香港证监会对房托基金发展还呈现保守态度。虽然披露项目范围基本满足要求,但对关键数据深度分析不足,并没有对既往成功或是失败案例做总结,与股票、公司债券等成熟的证券产品比较信息披露质量还有很大差距。

(二)招商局商业房托上市后的持续信息披露

自上市以来,截至 2020 年 10 月 26 日,招商局商业房托共披露文件 29 份,每月平均 3 ~ 5 份,包括月报表、中期报告(半年度报告)、年度报告、重大信息澄清公告、董事买卖股份通告、董事会召开公告、环境和社会管治报告等。

房托管理人负责组织上市后的持续信息披露,总体上比较平稳,披露事项中出现较大波动的地方并不多,这也和项目本身具有关系,是以经营物业为主要收入来源,在投资经营策略没有方向性变动、市场环境没有发生重大事件的前提下,收益率会保持比较平稳状态,信息披露达到常态化。

四、我国 REITs 信息披露机制的建议

从美国 REITs 的发展实践来看,房地产投资信托基金透明程度较

高,本质上意味着与其他金融产品相比信息不对称程度较低,通过增加信息披露不仅有利于资本进入该领域进行投资,同时更有利于保护投资者利益和促进基础资产的有效运营,[27]因此提高信息披露质量,建立我国 REITs 专业信息披露机制依然是努力的目标。

(一)多方面提高基础资产披露质量

信息披露制度的局限性在于投资者能否理解披露的内容信息,而不是是否释放了足够的信息给予到个人投资者,甚至还有机构投资者在投资结构性金融产品方面的专业知识还不够,[28]这样可能导致信息披露没有发挥应有作用。基础资产来源涉及多个行业,很多行业需要具备一定专业知识才能充分理解披露的内容,而信息披露不能过分要求投资者的理解能力,同时也不能过度提高信息披露义务人成本,降低效率,因此应该突出基础资产信息披露重点。

1. 不动产权利负担的全面披露

目前我国公募 REITs 产品架构通过《指引》确认,属于权益型基金,其中在资产支持证券部分,很重要的一步就是设立 SPV,该项目公司的设立就是实现破产隔离的关键步骤。标的资产的风险从原始权益人转移到 SPV,达成交易,这所有都是在真实交易的基础上进行的,原始权益人资产转让后会使流动资金增加,债务转移。[29]因此,信息披露的重点就是确认交易的真实性,对资产转移过程中的重要文件必须予以披露,并且相关责任人员要以法律形式予以确认。由于基础资产已经具有运营经历,在不动产上不可能不存在用益物权或是担保物权情况,因此对存在的债权债务问题必须厘清,确定义务人和责任人,保证不动产上权利负担的全面披露。

各个披露义务人应该对不动产所有既往的与其银行、企业、个人存

---

〔27〕 See Elizabeth Devos, Erik Devos, Seow Eng Ong & Andrew C. Spieler, *Information Asymmetry and REIT Capital Market Access*, Journal of Real Estate Finance & Economics, Vol. 59, 2019.

〔28〕 See Lee, Chae Jin, *Investor Protection in Asset - Backed Securities in the Era of the Capital Market and Financial Investment Business Act - Concerning Disclosure in the Offering Process*, Legal Papers, Album 30th, 2009.

〔29〕 See Jacob Bonavita, *Asset Securitisation in Germany: Risk Transferor Legal Transformation?*, European Business Organization Law Review, Vol. 17, 2016.

在抵押、贷款等情况进行全面核查，对不动产登记情况、往来合同情况、各类票据，只要涉及影响所有权完全转移都应该积极披露。同时，原始权益人或是其他利益相关人员持有不动产项目或是其子公司股权，都应对权利完全转让作出说明，负责审核人员出具无保留文件。

2. 利用数字手段提高披露效率

采用标准化数据方式进行关键数据信息披露。美国已经通过标准化数据方式，建立资产综合评价数据库，作出资产评估报告，供投资者查询。[30] 数据库的建立需要数据基础，现阶段实现还有一定难度，但是完全可以设定涉及基础资产应当披露的标准数据表格，包括基础资产的通用数据披露项和选择数据披露项，也可以根据行业的特点做适当调整。标准化数据表格可以直观反映目前基础资产的现状，同时在最低程度上避免信息披露义务人故意掩盖核心数据，制造优质资产的假象。证券交易所可以利用自身信息来源优势，建立数据填报系统，由发行人负责填报，根据填报结果，通过一定的数据处理模型，与既有案例进行比对分析，得到初步评估结果，提高信息披露效率，也降低对无效信息的披露成本。

进步增强对财务数据披露的重视程度。价格是各类有价值信息最集中的体现，对资产评估的价格数据必须认真对待。随着科技的发展，激励着金融创新，但同时也使信息披露不容易聚焦，变得复杂化，而披露作为一种监管策略很重要的一步就是降低投资工具的复杂性，披露财务数据就是通过最简单的方法揭示最重要的问题。[31]

确定信息披露风险保留的最低标准事项。风险保留的意味着该信息可能产生的风险过低，属于不重要信息或是常识类信息，不予披露，并不影响投资者最后的决策。欧盟地区对风险保留设定了具体的比率是5%，该比率是通过信贷机构通过信息相关性测算出来，并且针对资

〔30〕 See Maggie Guidotti, *Seeking "the SEC's Full Protection": A Critique of the New Frontier in Municipal Securities Enforcement*, The University of Chicago Law Review, Vol. 82, No. 4, 2015.

〔31〕 See Ronald J. Gilson and Reinier Kraakman, *Market Efficiency after The Financial Crisis: It's Still A Matter of Information Costs*, Virginia Law Review, Vol. 100, 2014.

产项目自身透明度不同,可以调整比率大小。[32] 目前我国该项目处于初始阶段,信贷机构评价体系并不完善,对标准化信息处理的能力不足,因此很难直接确定披露保留比率,但是为了降低信息披露成本,提高对重点信息披露质量,确定低风险信息豁免披露具有重要意义,但义务人对豁免事项仍然要承担保证责任。

3. 建立基础设施动态披露制度

按照现行的披露要求,关于基础设施的全面披露和评估主要体现在发行上市前的招股说明书或是投资计划中,但是不动产的运营是动态的,任何一笔涉及不动产的投资行为都有可能对整体评估结果产生重大影响,而投资者甚至管理人又很难用固定标准去预测重大影响,因此有必要建立动态披露和评估制度。在《临时报告指引》和《管理办法》中对重大事件信息披露和循环购买信息披露作出了说明,但这种披露依然是单一的、孤立的披露,它不是通过数据测算评估后的整体披露,因此,管理人应该首先保证做到动态全面披露,重点项目作整体评估。同时,可以要求在上市前和持续信息披露中以附录的形式设置基础设施专章披露,突出对基础设施披露的重视程度。

从目前管理人持续披露情况来看,细节披露供给不足,对收益、亏损、经营等情况基本没有深度分析,没有为现有投资者继续增加投资和潜在投资者加入该投资项目提供足够的信息。[33] REITs 项目很重要的一个特点是收益率稳定,信息透明度较高,因此,为了进一步促进融资效率,对于不动产经营稳定的部分和变化的部分应该加强持续披露的内容。

(二)促进各义务人之间的协同披露

降低委托代理关系产生的法律风险的目标是促进各主体之间的行为动机的一致性,尽力避免因信息不对称导致的负面影响的出现,[34]

---

〔32〕 See Orkun Akseli, *Securitisation, The Financial Crisis and The Need for Effective Risk Retention*, European Business Organization Law Review, Vol. 14, 2013.

〔33〕 See Wolf - georg Ringe and Alexander Hellgardt, *The International Dimension of Issuer Liability—Liability and Choice of Law from A Transatlantic Perspective*, Oxford Journal of Legal Studies, Vol. 31, 2011.

〔34〕 Ibid.

同时明确各信息披露义务人权利义务关系，避免重复工作又找不到责任主体，降低信息披露效率。我国的 REITs 交易链中主体众多，事实上是增加了保障项目顺利完成的义务人，各主体之间可以形成约束，相互监督，弥补不足。现阶段，在各项制度还不健全的情况下，应该对各主体提出更高的要求，积极履行信息披露义务。

1. 对管理人要求

《指引》中已经确认了整个项目是由基金管理人负责组织协调，因此，基金管理人应该承担信息披露的主要责任。根据法律规定，[35]公募基金管理人由基金管理公司担任，而且公募基金已经运行多年，其完全有能力承担管理基金责任、履行信息披露义务，同时应该对其他各主体的信息披露报告都逐一核实并签字确认。唯一增加的部分是，基金管理人需要主动经营基础设施项目，而直接管理职责往往会委托给专业机构，那么管理专业机构并对运营管理信息进行披露由基金管理人承担。

针对资产支持证券管理人，根据规定由证券公司、基金管理公司子公司担任，[36]所以和基金管理人由不同机构分别担任。在《指引》中有很多规定对基金管理人和资产支持证券管理人提出了相同的要求，因此，两者在对投资者承担信义义务程度上和在信息披露质量上应当达到同一标准，但在具体分工上还应该突出自身的职责重点。资产支持证券管理人负责对资产支持证券和特殊目的公司的管理工作，资产支持证券需要取得特殊目的公司全部股权，特殊目的公司需要取得基础设施项目的全部所有权，同时来自基础设施的全部收益需要层层向上传递，因此，管理人的披露义务的重点就是保证该部分能够完全按照项目计划实施，他需要对该部分信息披露做单独说明。基金管理人和资产支持证券管理人应该共同履行对其他主体的监管职责，对其他主体的信息披露工作应该共同开展尽职调查。资产支持证券管理人不仅要

---

〔35〕《证券投资基金法》第 12 条规定："基金管理人由依法设立的公司或者合伙企业担任。公开募集基金的基金管理人，由基金管理公司或者经国务院证券监督管理机构按照规定核准的其他机构担任。"

〔36〕《证券公司及基金管理公司子公司资产证券化业务管理规定》第 6 条第 2 款规定："管理人是指为资产支持证券持有人之利益，对专项计划进行管理及履行其他法定及约定职责的证券公司、基金管理公司子公司。"

遵守《信息披露指引》和《临时报告指引》的规定,同时还要遵守《管理办法》的部分规定,尊重基金管理人的主导地位,避免重复性信息披露,共同对投资者负责。

2. 对托管人要求

我国 RIETs 项目的基金托管人和资产支持证券托管人属于同一人,那么该托管人应该同时依照《管理办法》《信息披露指引》《临时报告指引》进行信息披露。托管人是与管理人平行的与投资者具有直接信托法律关系的主体,但从目前托管人履职情况看,没有完全发挥监督各主体、各项目的作用,一方面由于管理人地位的强势,另一方面也是在制度上对托管人履职行为要求不够严格和具体。根据《基金管理办法》,托管人由商业银行担任,托管人报酬对商业银行吸引力较小,这很可能导致托管人不能勤勉履职,其信息披露质量很难达到要求。为了提高托管人信息披露能力,可以借鉴股票和公司债券发行、交易中保荐机构履行监督职责时应该承担的信息披露责任,促使其对投资者更加负责,因为托管人确实是保障公众投资利益的最后屏障。还要注意到应该充分发挥商业银行的财务数据处理能力和深度挖掘能力,在信息披露部分出具更有说服力的分析报告,充分保障投资者利益。

3. 对中介机构要求

REITs 项目的中介机构履职与其他公开发行的股票、债券等中介机构相比并没有过多的区别,因此完全可以用成熟证券产品的披露标准来要求该项目的中介机构。在 REITs 项目中应该更加重视信用评级机构的评级报告。特殊目的公司只有在具备足够信用的前提下,通过结构性增信,例如增加担保、购买信用保险等措施,评级机构才会给予高级评级,因此信用评级报告在信息披露中应在占据重要位置。信用评级机构如何取得投资者信任事关评级报告的公信力的问题,证监会应该加强对评级机构的管理,评级机构也应该披露具体的标准和细节,这样的披露可能会使评级方法暴露在仔细的审查之下,有效完善评级制度。[37]

---

〔37〕 See Lawrence J. White, *Markets The Credit Rating Agencies*, The Journal of Economic Perspectives, Vol. 24, 2010.

4. 对原始权益人要求

《指引》中规定了原始权益人的最低配售比例不低于 20%,[38] 其原因是将原始权益人自身利益与 REITs 项目进行绑定,倒逼其履行应尽义务。如果因为原始权益人没有将资产完全转移或是故意隐瞒关键信息虚假披露,其自身利益和普通投资者一样也将受到严重损失。从短期看,原始权益人一定是受益者,不仅可以重新获得现金流,同时盘活不动产,从公募基金部分获得可观的收益,从长期看,能否运营好基础设施回馈投资者,很重要的基础就是资产是否优质,因此原始权益人的信息披露重点还是围绕资产展开。权益人在一定程度上夸大资产优点是不可避免的,因此,首先应该要求原始权益人做到全面披露,为其设定标准披露项目、关键数据披露项目,同时原始权益人也应该积极配合管理人制定经营投资计划。管理人要积极监督原始权益人信息披露行为,及时给予指导或批评意见,完成整体披露目标。

(三) REITs 信息披露的法律责任

法律责任条款是信息披露制度中的重要部分,核心目的是约束融资者行为,保护投资者利益,确保信息披露真实、准确、完整。目前,我国证券法律体系关于违反信息披露义务的责任规定日趋完善,尤其是在新《证券法》信息披露一章增加了新内容,在法律责任一章加大了处罚力度,为证券执法和自律管理提供了重要的法律依据。针对 REITs 项目信息披露的法律责任确认难度在于,其是一个组合的证券品种,如何具体适用现行的法律法规,同时又充分考虑 REITs 信息披露的特点是关注的焦点。

在公募基金信息披露部分,《管理办法》第七章已经对法律责任作出具体规定,以证监会作为监管主体的行政处罚为主,同时可以对违法违规行为施加相应的行政监管措施,包括一般警示、财产罚、资格罚等。

---

〔38〕《指引》第 18 条第 1 款规定:“基础设施项目原始权益人或其同一控制下的关联方参与基础设施基金份额战略配售的比例合计不得低于本次基金份额发售数量的 20%,其中基金份额发售总量的 20% 持有期自上市之日起不少于 60 个月,超过 20% 部分持有期自上市之日起不少于 36 个月,基金份额持有期间不允许质押。原始权益人或其同一控制下的关联方拟卖出战略配售取得的基础设施基金份额的,应当按照相关规定履行信息披露义务。”

这依旧沿袭了证券法修改前,以行政责任引领的法律责任体系,面临着处罚力度不足,行政、民事法律责任配置不平衡的问题。新《证券法》修改后对信息披露义务人的法律责任增加多处规定,不仅加大了行政处罚强度,同时对于义务人因虚假陈述、违规信息披露追究民事责任作出了详细规定,〔39〕在第六章对投资者保护部分条款也应当适用到REITs项目信息披露中。违法主体承担民事责任是证券法律责任体系的重要一环,对通过司法手段保障项目顺利实施具有重要意义。同时,为了降低监管主体追究义务人责任的适用法律成本,应该保证整个REITs信息披露法律责任适用同一标准。

第一,《证券法》第193条和197条,《证券投资基金法》第131条规定了涉及信息披露的法律责任,各主体根据应当履行的披露义务,对违反义务行为逐项与上述规定进行对照,找到处罚的法律依据,同时证监会对各主体法律责任有其他明确规定的文件也一并适用;第二,确定各主体之间的责任关系,哪些主体承担主要责任,哪些主体承担次要责任,根据职责、专业性、对投资者影响程度等确定责任的分配标准;第三,要求各主体在信息披露过程中根据法律关系承担信义义务,主要是承担对投资者的信义义务;第四,证监会、证券交易所及其他行业协会,应当根据REITs项目特点进一步夯实监管责任。

信息披露的强制性规定,不仅有利于促进公开发行证券的规范化和保护公众投资者利益,对于作为新的证券品种的REITs项目的顺利上市具有重要的积极作用,同时,也应该制定相应激励机制鼓励各方主体出于自身利益考虑加强自愿披露,完善整个信息披露体系。

(编辑:吴琼)

〔39〕《证券法》第85条规定:"信息披露义务人未按照规定披露信息,或者公告的证券发行文件、定期报告、临时报告及其他信息披露资料存在虚假记载、误导性陈述或者重大遗漏,致使投资者在证券交易中遭受损失的,信息披露义务人应当承担赔偿责任;发行人的控股股东、实际控制人、董事、监事、高级管理人员和其他直接责任人员以及保荐人、承销的证券公司及其直接责任人员,应当与发行人承担连带赔偿责任,但是能够证明自己没有过错的除外。"

《证券法苑》(2021)
第三十一卷,第95~112页

公募REITs权益信息披露规则的法理逻辑及制度构建*

徐承志**　王长辉***

摘要:公募REITs参照上市公司收购中权益信息披露规则构建基金份额权益信息披露制度,可防范投资者突袭大额买入基金份额获取控制权对于REITs治理及其持有的基础设施项目运营产生不利影响。制度构建方面,应结合REITs持有人表决规则尝试放松信息披露要求,给予REITs投资交易以充分的灵活区间,促进市场流动性。违反规则的责任适用方面,需要关注法律责任条款的位阶效力及投票权限制规则的合法性问题。

关键词:权益信息披露　控制权　初始披露起点　表决权排除

2020年4月,中国证监会、国家发展改革委《关于推进基础设施领域不动产投资信托基金(REITs)试点相关工作的通知》拉开中国公募REITs序幕。根据证监会统一部署,上海证券交易所于2021年1

---

* 本文仅代表作者个人观点,与所任职机构无关。

** 上海财经大学法学院博士研究生,研究方向为民商法学。

*** 上海证券交易所员工。

月制定《公开募集基础设施证券投资基金(REITs)业务办法(试行)》(以下简称《REITs 业务办法》),对 REITs 份额发售、上市、交易、收购、信息披露、退市和自律管理等全流程和关键节点进行规范。

其中,《REITs 业务办法》明确规定,REITs 份额变动的当事人拥有基金份额达到 10% 时以及后续增减 5% 份额时应进行信息披露。本文将分析 REITs 领域是否有必要建立这一制度,并结合 REITs 业务逻辑探讨信息披露安排及法律责任条款相关问题。

一、规则内容安排

《REITs 业务办法》第四章第三节"基础设施基金的收购及份额权益变动"之第 55 条规定,在证券交易所交易的 REITs,其份额权益信息披露起点为 10%,此后每增减 5% 作为披露频度;份额披露也配套"慢走规则",在首次达到 10% 份额披露前不得买入,其后增减 5% 份额披露前及披露后 3 日内不得买入。此外,第四章第三节也规定未作规定的其他事项,当事人应当参照中国证监会《上市公司收购管理办法》、交易所《股票上市规则》以及其他关于上市公司收购及股份权益变动的规定履行相应的程序或者义务。

法律责任方面,《REITs 业务办法》第 55 条第 3 款规定,违规买入 REITs 份额的,在买入后的 36 个月内对超过规定比例部分的基金份额不行使表决权;第 59 条也规定交易所针对违规行为可采取警示、监管约谈、限期改正等自律监管措施。可见,REITs 收购及份额变动适用"信息披露 + 慢走停顿"规则,业务当事人应当履行相应的程序或者义务。[1]

---

〔1〕 参见上海证券交易所:《关于〈上海证券交易所公开募集基础设施证券投资基金(REITs)业务办法(试行)〉的起草说明》,载 http://www.sse.com.cn/disclosure/announce ment/general/c/c_20200904_5212365.shtml,2021 年 3 月 23 日访问。

二、规则定位:规范目的考量

(一)权益信息披露规则的规范目的

REITs 份额权益信息披露参照了上市公司收购中的大额持股信息披露制度。大额持股信息披露制度又被称为"持股预警披露"(early warning disclosure system),是指投资者及其一致行动人拥有权益的股份达到一个上市公司已发行股份的法定比例或达到此比例后,股份发生法定的增减变化时,必须依法披露。[2] 这一制度已经为全球大多数国家和地区所采用的,如美国《1934 年证券交易法》第 13(d)条、日本《金融商品交易法》第 27 条之 23、韩国《资本市场法》第 147 条等;[3] 也符合《二十国集团/经合组织公司治理原则》确认的保障投资者获知关于企业所有权结构、自身权利和其他所有者权利的信息的原则。[4]

根据我国《证券法》《上市公司收购管理办法》,投资者持有或者通过协议、其他安排与他人共同持有上市公司已发行的有表决权股份达到5%,即触发收购预警线,需进行信息披露。同时,持股信息披露还伴随着交易暂停,在期限内不得再行买卖股票,期限过后恢复交易。[5]

关于这一制度的起源、历史演进及国内引进和适用情况,已有众多学者进行了深入研究,本文不再赘述。本文重点关注这一制度的规范目的,分析 REITs 领域是否存在类似需要规范的情形。

就上市公司大额持股信息披露的规范目的,全国人民代表大会常务委员会法制工作委员会(以下简称人大法工委)《证券法释义》指出有三重目标:一是使监管部门了解信息,及时发现违法违规买卖股份行为;二是便于目标公司更新股东信息,及时作出应对;三是确保证券市

---

[2] 参见范健、王建文:《证券法》,法律出版社 2020 年版,第 181 页。

[3] 参见周友苏主编:《证券法新论》,法律出版社 2020 年版,第 280 页。

[4] See *G20/OECD Principles of Corporate Governance* (2015), https://www.oecd-ilibrary.org/governance/g20-oecd-principles-of-corporate-governance-2015_9789264236882-en, visited Mar. 23, 2021.

[5] 参见叶林:《证券法》,中国人民大学出版社 2013 年版,第 257 页。

场的信息公开,防止操纵证券市场,保护中小股东的利益。[6] 证监会法律部《〈证券法〉修订要义》指出,该制度可以起到以下作用:一是让目标公司股东注意到公司控制权发生变化的可能性,重新估计持有的股份价值的基础上做出投资者决策;二是可以确定收购人持有的股份是否触发强制要约收购义务;三是可以避免突发性收购对公司股东和管理层产生的负面影响,保护公司的稳定和持续经营发展;四是防范内幕交易和操纵市场,保护中小投资者的合法权益。[7]

人大法工委和证监会法律部编辑的书籍一定程度反映立法目的,成为理解立法意图的重要文件。两书都提到了确保持股信息公开,利于投资者基于充分的信息做出投资决策;也便于目标公司了解情况,避免突发式收购的负面影响。这一理解也符合国际上对于该项制度的规范目的界定。欧盟《透明度指令》(Transparency Direction)中明确表示,获得具有表决权的股东,自然人或法人实体,应将主要持股的收购或其他变化通知发行人,以便后者可以使公众了解情况,保持信息透明度。[8] 这种透明度可以防止蒙面突袭买入带来的危险,防止侵犯投资者利用公开信息公平交易证券的权利,也防止公司控制权突然变更给公司的持续发展和持续盈利能力带来的重大不确定性。[9]

(二)传统证券投资基金无须份额权益信息披露

在传统证券投资基金领域,大额持有基金份额不会对于基金控制权以及基金份额公平交易产生影响,无须特别披露。虽然《证券投资基金法》规定基金持有人有权通过召开持有人大会更换管理人和托管人,但由于基金份额持有人数量多、地处分散、持有基金数量不一的特

〔6〕 参见王瑞贺主编:《中华人民共和国证券法释义》,法律出版社2020年版,第114页。

〔7〕 参见程合红主编:《〈证券法〉修订要义》,人民出版社2020年版,第126页。

〔8〕 Directive 2004/109/EC of the European Parliament and of the Coucil of 15 December 2004 on the harmonisation of transparency requirements in relation to information about issuers whose securities are admitted to trading on a regulated market and amending Directive 2001/34/EC, https://eur - lex. europa. eu/legal - content/EN/TXT/? uri = uriserv:OJ. L_. 2004. 390. 01. 0038. 01. ENG, Visited Mar. 23, 2021.

〔9〕 参见《证券期货法律适用意见第1号——〈首次公开发行股票并上市管理办法〉第十二条"实际控制人没有发生变更"的理解和适用》(证监法律字〔2007〕15号,2007年11月25日起施行),载 http://www. csrc. gov. cn/pub/shenzhen/xxfw/tzzsyd/ssgs/scgkfx/scxx/201410/t20141008_261327. htm,2021年3月23日访问。

点,参与基金治理的积极性存在差异,[10] 基金份额持有人大会召集的难度大、成本高。[11] 在大多数情况下,理性的寻求自我利益的基金投资者不会为实现集体利益采取行动,而是基于“理性冷漠”和“搭便车”心理,[12] 用脚投票进行选择是否购买或卖出相应基金,不会尝试基于持有基金份额而控制基金影响基金的投资运作。

此外,传统证券投资基金单位价值有赖于配置的基础证券价值,大额份额买入并不会影响基金单位净值价格。不会出现因为大额交易造成的证券投资基金份额价格波动,不影响其他投资者利益,在交易公平方面无须进行具体大额投资者的基金份额权益信息披露。

(三) REITs 份额权益信息披露的现实意义

1. 基础设施项目运营稳定的需要

REITs 份额权益信息披露的根源在于份额信息向市场公开,有利于防范潜在的突袭买入而影响 REITs 及对应基础设施项目的运营稳定。证监会《公开募集基础设施证券投资基金指引(试行)》(以下简称《REITs 指引》)规定,REITs 拥有基础设施项目完全的控制权和处置权。REITs 份额持有人会议可以表决调整投资策略、更换基础设施项目的外聘外部管理人,甚至更换基金管理人。因此,投资人收购足够比例的 REITs 份额之后,可以通过持有人大会间接参与 REITs 管理,对于基础设施项目运营产生影响。因此,持有更多的 REITs 份额就意味着对于基础设施项目更大的控制力。在仓储物流、数据中心等行业,基础设施项目的布局对企业的业务运营和发展战略具有较大影响。投资人可通过 REITs 份额的买入进而控制基础设施项目,影响竞争对手的业务安排。在基础设施项目通过 REITs 上市之后,可能基于项目的争夺而发起 REITs 份额的争夺。REITs 份额权益信息披露对于 REITs 及其对应基础设施项目的控制权博弈和商业公平具有重要意义。

---

〔10〕 参见李飞主编:《中华人民共和国证券投资基金法释义》,法律出版社 2013 年版,第 173 页。

〔11〕 参见黄炜、王林主编:《新基金法学习辅导读本》,中国财政经济出版社 2013 年版,第 177 页。

〔12〕 参见钟湄莹:《我国公募基金持有人决策行为分析》,载《中国集体经济》2015 年第 4 期。

此外,REITs 收益主要是来源于基础设施项目的运营及增值收入。如果基础设施项目运营主体变更,会对底层现金流产生影响。许多基础设施项目关系国计民生,其运营的稳定至关重要。国家发改委《关于做好基础设施领域不动产投资信托基金(REITs)试点项目申报工作的通知》明确规定,要促进基础设施项目持续健康平稳运营,保障公共利益。可见,从业务平稳起步以及公众利益考虑,确有必要防止 REITs 份额突袭式收购对于 REITs 治理以及对应基础设施项目运营产生的不利影响。

当然,与上市公司收购促进控制权流转带来的激励效应类似,REITs 控制权的变化也有利于推动 REITs 管理人对于基金和基础设施项目的尽职履责和投资管理。作为权益信息披露规则鼻祖的《威廉姆斯法》“极度小心”地避免监管规则向有利于管理层或者从事收购的出价人倾斜。〔13〕 同理,REITs 份额信息披露不应维护实控人对 REITs 的长期控制,而要促进收购方的信息公开,确保份额收购的透明度,以遵循信息披露制度之中立性立场。〔14〕

2. REITs 份额公平交易的需要

REITs 份额价格依赖于所投资基础设施项目的商业价值和运营情况,其投资标的较为集中,非标准化资产价格随着市场环境而处于变化之中。REITs 份额大额买卖信息包蕴含着对于基金及其对应基础设施项目价值的判断,应予以公开确保市场交易的公平性,使其他投资者决定是否参与以及以怎样合理的价格参与交易。

同时也应注意到,REITs 有着明确的基础资产,其经营活动和股利发放受到严格的制度约束,这些刚性的要求明确其价值取决于未来股利对应现金流的折现,减小了价格的不确定性和信息不对称程度,不利

〔13〕 参见[美]路易斯·罗斯、[美]乔尔·赛里格曼:《美国证券监管法基础》,张路等译,法律出版社 2008 年版,第 445 页。

〔14〕 参见[美]莱瑞·D. 索德奎斯特:《美国证券法解读》,胡轩之、张云辉译,法律出版社 2004 年版,第 226 页。

于进行炒作从而形成泡沫。[15] 以5年为投资周期，亚洲市场上，日本、中国香港地区 REITs 的波动率低于股票市场的波动率，新加坡 REITs 的波动率与股票市场接近。[16] 因此，REITs 价格受大额份额交易的影响更小，交易公平性及价格稳定性是份额权益信息披露的一个考虑，但不是制度安排需要解决的主要问题。

三、规则审视：REITs 份额信息披露的成本问题

信息披露需要付出相应的成本。直接的后果是披露信息过多造成的信息干扰不利于投资者对于关键信息的筛选；另外，到达一定比例要求进行信息披露和交易暂停也约束了二级市场交易的灵活度；再者，份额信息的披露会引发市场关注，抬升价格，增加收购方的收购成本，不利于收购市场的活跃。

（一）信息干扰

信息披露规则过严可能造成市场上触发权益信息披露的情形过多出现，将本不具有重大影响的权益信息进行披露，淹没了更大比例持股比例的披露信息，冲淡了投资者的关注度，影响到权益信息披露制度的效果。

正如我国香港金融发展局在改革信息披露规则的咨询文件所言，规定投资者根据确定的持仓水平披露权益，原意是要提高市场透明度，但碍于权益披露的复杂性，对投资大众来说有关披露实际上未必能达到规定原意。[17]

（二）约束交易

持仓信息披露会导致经过艰苦调研、精心设计的投资计划与策略

〔15〕 参见《中国公募 REITs 发展研究——投资者的视角》，北京大学光华管理学院“光华思想力”新金融研究系列报告之六，载 https://www.gsm.pku.edu.cn/12626262.pdf，2021年3月23日访问。

〔16〕 同前注〔15〕。

〔17〕 *Disclosure of Interests Regime in Hong Kong* (*Summary*), FSDC Paper No. 12, https://www.fsdc.org.hk/sites/default/files/DOI%20Summary%28E%26C%29-7%20Jan%202015%28final%20ver%29_0.pdf, visited Mar, 23, 2021.

公之于众,被他人“搭便车”。[18] 机构投资者倾向于运用各种方式来规避披露。[19] 权益信息披露的起始比例可能会成为众多投资者设定投资阈值,不少投资者都决定投资限于规则所订的披露界限以下。[20]

根据彭博数据库统计,新加坡 REITs 近 3 年仅实际控制人持仓超过 20%,其余投资人投资占比均不高,每只 REITs 基本只有 3 ~ 4 个投资者持仓超过 5%。市场中多数投资者为了避免报告义务都保持在初始信息披露界限(5%)以内进行投资交易。欧盟市场上,许多机构投资者也选择将它们的权益持有比例控制在披露临界点之下,既是为了节约披露成本,更是为了避免可能导致的法律责任与公众诉讼风险。[21]

(三)加大收购难度

收购将效率低的管理者替换成更有效率的管理者。[22] 作为一种收购预警和监管制度,大额披露要求本身就具有反收购的效果,[23] 包括慢走规则在内的收购制度设计,实质上并不鼓励二级市场增持收购,偏重于保护现有大股东及管理层的利益,在一定程度上不利于控制权市场的有序发展及保护全体股东的权益。[24] REITs 的潜在收购方会因为大额权益信息披露及持续增持的信息披露而暴露收购目标。市场在逐渐接收到份额积累的披露信息后会愈加强化这一预期。投资者对于 REITs 份额价值会有更多期待,进而推高价格,形成全市场与收购方的价格博弈。这会提高收购方的收购成本和难度。资本市场并购的资源配置功能受到限制,这反过来又可能给中小投资者的长远利益带来

---

〔18〕 参见张子学:《完善我国大额持股披露制度的若干问题》,载徐明主编:《证券法苑》(第5卷),法律出版社2011年版。

〔19〕 参见王超:《中国持股权益披露制度:法律移植与比较研究》,载《投资者》2019年第1期。

〔20〕 Disclosure of Interests Regime in Hong Kong (Summary), FSDC Paper No. 12, https://www.fsdc.org.hk/sites/default/files/DOI%20Summary%28E%26C%29-7%20Jan%202015%28final%20ver%29_0.pdf, visited Mar. 23, 2021.

〔21〕 同前注〔18〕。

〔22〕 同前注〔13〕。

〔23〕 参见胡赟頔:《大额持股披露规则对敌意收购监管的影响研究》,载《中国证券期货》2020年第2期。

〔24〕 参见项剑、从怀挺、陈希:《股东权益变动规则重构——以控制意图和冷却期为核心》,载黄红元、卢文道主编:《证券法苑》(第20卷),法律出版社2017年版。

负面影响。

有的学者认为，预警披露义务点的确定实质上是在保护投资者与鼓励收购行为之间的权衡。[25] 这一观点似乎将促进收购与保护投资者利益放在了对立面。控制权市场的成功运作有利于资源的优化配置，管理效率同证券价格之间存在一种强烈的正相关关系。[26] 如果过于严苛的披露和慢走规则限制了收购市场的可能性，使实控人躺在控制权上"睡觉"，影响证券价值，可能到最后也是对于投资者利益的损害。愈加严格的披露规则不一定是对投资者的保护，促进收购也不是与投资者利益相对立的。不同披露界限的设定影响着信息披露制度功能的实现。[27]

四、规则构建：信息披露宽严尺度问题

权益信息披露在保障制度目标的同时限制了交易的灵活性，以及约束了并购市场的活跃度。如何平衡好制度目标和制度成本，需要关注持有人在权益比例达到多少时应当进行披露，以及达到初始披露后权益变动达到多少时应当进行权益变动披露。

2020 年 9 月，上海证券交易所就《REITs 业务办法（征求意见稿）》向市场征求意见，效仿股票权益信息披露以 5% 作为 REITs 初始披露起点，与新加坡市场的规定一致，[28] 并规定达到初始披露起点之后，以

---

〔25〕 参见王化成、陈晋平：《上市公司收购的信息披露——披露哲学、监管思路和制度缺陷》，载《管理世界》（月刊）2002 年第 11 期。

〔26〕 参见肖崇俊：《〈威廉姆斯法案〉对公司收购中立立场的的确立——基于美国国会档案袋额立法史考察》，载《华东政法大学学报》2016 年第 3 期。

〔27〕 参见周友苏主编：《证券法新论》，法律出版社 2020 年版，第 290 页。

〔28〕 公开交易的 REITs 需要遵守新加坡的《证券与期货法》（Securities and Futures Act）、新加坡金融管理局发布的《集合投资计划守则》（Code on Collective Investment Schemes）以及新加坡证券交易所的上市规则。《证券与期货法》中对重要单位信托持有者的信息披露作出了规定。重要单位信托持有者指集合投资计划或商业信托中，在各投票单位中的总投票权不少于 5% 的参与者。《证券与期货法》137U 中规定，REITs 的重要单位信托持有人应将其所有权情况以书面形式通知管理人，若所有权情况发生变化，应在 2 个工作日内以书面形式通知管理人。

5%增减作为界线进行信息披露和披露后3日内暂停交易,没有要求每1%增减披露,相对于股票权益披露要求有所放松。但征求意见稿将5%作为初始披露起点设定过严,会限制投资者的REITs份额持仓,不利于吸引机构投资者参与市场,也不利于市场交易的活跃度,2021年1月正式颁布规则中将5%的初始披露起点提升到了10%。

(一)业务试点初期应促进REITs份额投资交易

REITs份额充分的投资交易才能实现基础设施项目的流转功能;为基础设施项目作出公允的市场化定价。国内基础设施REITs目前处在试点阶段,尚未培养出丰富的投资者群体,试点初期可能会存在投资交易不足的问题。

根据统计,亚洲市场上日本REITs的流动性与股票市场流动性差距较大,我国香港地区REITs市场流动性也低于股票市场。[29] 如前所述,过严的份额信息披露要求会限制对于REITs的投资交易,应考虑提高初始份额信息披露起点,给予投资者更多的投资自由区间。

(二)放松初始披露起点潜在不利影响评估

放松初始权益信息披露的起点要求会减少收购难度,促进REITs收购,需要关注对于REITs控制权及其对应基础设施项目的运营稳定的影响。基于业务及规则分析,本文认为,原始权益人对于REITs及其对应基础设施项目具有牢固的控制权。放松REITs份额权益信息披露的初始界线要求不会产生重大不利影响。

1. 原始权益人的强势控制权

虽然我国第一批公募REITs试点项目尚未落地,但基于原始权益人的份额比例及业务逻辑分析,原始权益人在REITs治理中将保持强势控制权。

在份额比例方面,《REITs业务办法》规定,基础设施项目原始权益人或其同一控制下的关联方参与基础设施基金份额战略配售的比例合计不得低于本次基金份额发售数量的20%,其中基金份额发售总量的20%持有期限自上市之日起不少于60个月。可见,原始权益人至少持有20%以上的份额5年以上。

---

〔29〕 同前注〔15〕。

在治理结构方面,原始权益人倾向于通过委托外部管理机构对项目运营进行控制。按照《REITs 指引》第 38 条、第 39 条的规定,基金管理人可以设立专门的子公司承担基础设施项目运营管理职责,也可以委托外部管理机构负责。基于业务逻辑分析,委托外部管理机构模式会成为主流。

其一是效率方面的考虑。REITs 价值依赖于管理方对不动产资产的专业管理与合理投资决策。[30] 我国现有公募基金管理人缺乏对于基础设施物业运营管理经验,内设子公司管理的人财物要求较高,难以在短期内形成合适的、具有专业化水平的管理团队;而存量基础设施项目已经具备持续运营的团队,通过委托现有运营团队作为管理机构便捷高效。[31] 其二是原始权益人有诉求。原始权益人将基础设施项目进行 REITs 运作之后,仍然持有 20% 以上份额,希望继续对于基础设施项目保持影响力或控制力,以使基础设施项目服务于企业业务布局。可见,原始权益人有较大动机要求安排其关联团队或者有密切商业合作的团队作为外部管理机构管理基础设施项目,实现对于项目的影响或控制。

从境外经验来看,新加坡及我国香港地区 REITs 的管理机构一般由发起人独资或发起人与专业资产管理公司合资设立,与发起人具有很强的联系。香港 REITs 发起人主要为大型地产集团,通过成立全资机构作为 REITs 的外部管理者。发起者不但控制着 REITs 的管理公司,而且也是所发起 REITs 的第一大股东,对 REITs 的决策、日常管理都有着绝对的控制权。[32] 因此,境内 REITs 治理中原始权益人也将采取高比例投资份额加上安排外部管理机构参与项目运营的方式保持对于 REITs 及对应基础设施项目的控制权。

2. 挑战原始权益人控制权的份额比例需达到 16.66%

投资者如果作为并购方意欲实现对于 REITs 的并购控制或者对于

〔30〕 参见《中国公募 REITs 管理模式研究》,北京大学光华管理学院“光华思想力”新金融研究系列报告之五,载 https://www.gsm.pku.edu.cn/pdf/7890.pdf,2021 年 3 月 23 日访问。

〔31〕 同上。

〔32〕 同上。

REITs 对应基础设施项目的控制,需要积累 16.66% 以上的 REITs 份额,进而在持有人大会中形成决议更换基金管理人或基础设施项目的管理机构。

《证券投资基金法》第 86 条规定,基金份额持有人大会应当有代表 1/2 以上基金份额的持有人参加,方可召开。但也规定参加基金份额持有人大会的持有人的基金份额低于 1/2 无法召开的,可以就原定审议事项重新召集基金份额持有人大会,重新召集的基金份额持有人大会应当有代表 1/3 以上基金份额的持有人参加即可召开,避免因为参会份额不够而无法召开的局面。〔33〕 在委托外部管理机构管理 REITs 对应基础设施项目的模式下,更换外部管理机构的投票权比例为参加会议的表决权 1/2 以上,〔34〕召开会议的最低份额比例要求为 1/3(二次召集)。可见,假设仅有 1/3 的份额参加会议,大额持有人最低必须持有 16.66% 以上份额才能更换外部管理人,进而影响甚至控制 REITs 对应项目的运营。在内设子公司管理的模式下,如果需要更换项目管理的主体则可以通过转变项目管理模式来实现,改内设子公司管理模式为外聘外部公司来管理。这种改变不属于《证券投资基金法》规定的需要 2/3 参会表决权比例通过的特殊事项,也只需要过半数通过即可,最低份额比例要求仍然为 16.66% 。

可见,在 REITs 项目运营管理权博弈中,围绕项目管理机构选择和更换必须达到 16.66% 的份额才能产生实质影响。如果希望通过更换 REITs 基金管理人来影响 REITs 的治理及项目的运营,则比例更是需要达到参会比例的 2/3,则需要达到 22.22% 以上。因此,在 5% 初始信息披露起点的基础上适当放松披露起点要求,给予投资者更大的免于权益信息披露的交易灵活度区间,不会对于 REITs 治理及基础设施项目稳健运营产生不利影响。

(三)调整思路

权益变动披露并非越严越好,也并非越透明越好,而是应当平衡收

---

〔33〕 同前注〔10〕。

〔34〕《REITs 指引》第 32 条规定,基金合同约定之外需要解聘外部管理机构的,应当经参加大会的基金份额持有人所持表决权的 1/2 以上表决通过。

购中各方利益,围绕收购中最为关键的控制权变更或者潜在控制权变更可能性等,对市场影响最大的核心因素进行规范。[35] 5%的权益比例在上市公司治理和 REITs 治理中的决策影响力不同。我国公司法没有要求参与股东大会投票的最低股份比例要求,存在低比例股份数参加股东大会然后由超过半数或者 2/3 比例参会份额投票通过公司治理决议的可能。因而,一定比例持股积聚也可能对于公司治理产生较大影响力,需要尽早进行信息披露,把 5%作为法定报告义务的初始临界点,就是认为持股达到这个比例,就构成了取得控制权的嫌疑,[36] 具有一定的合理性。而在 REITs 市场中,基于现有规则安排,投资者份额比例低于 16.66%不会冲击到实控方对于 REITs 治理和基础设施项目的控制力。

在此基础上,结合 REITs 试点初期活跃投资交易需求,正式颁布的《REITs 业务办法》适当放松原征求意见稿 5%初始权益信息披露的起点至 10%,具有合理性。国际和国内市场上,以 10%作为初始披露界限在加拿大和我国香港地区已有实践。[37] 根据彭博数据库统计,新加坡 REITs 份额 5%~10%的投资者较少,超过 10%比例的极少;香港市场中领展 REITs 市场化的投资者持有占比均在 10%以下。以 10%作为份额权益披露的起点可以为绝大多数不谋求并购的投资者预留充足的交易灵活空间,投资者可以在未触及控制权的幅度内(10%)进行便利的投资与交易。同时,10%的比例离产生实质影响力的 16.66%尚有较大距离,更远低于原始权益人 20%的最低份额比例值。10%的初始披露要求加上 5%的增持披露且交易暂缓("慢走")给实控方预留了充足的应对区间和应对时间,实控方依然具有维持控制力的领先身位,也符合 REITs 试点期间保证基础设施项目稳健运营的制度目标。

---

〔35〕 同前注〔24〕。

〔36〕 参见朱锦清:《证券法学》,北京大学出版社 2019 年版,第 322 页。

〔37〕 参见李东方主编:《证券法学》,北京大学出版社 2017 年版,第 139 页。

五、制度保障:法律责任的适用问题

《REITs 业务办法》在基础设施 REITs 份额交易中引入《证券法》第五章"上市公司收购"中的权益信息披露制度,具有充分的依据和必要性。但是,审视 REITs 份额权益信息披露的法律责任安排,可能面临着保障不足的困境。

(一)无法适用《证券法》及《上市公司收购管理办法》中的行政责任

针对权益信息披露制度,《证券法》(2019 年修订)最大的改革之处是将 5% 的披露区间降为 1% ,增加了表决权排除处罚措施,且大幅提高了罚款水平。[38]《证券法》第 196 条规定可以针对违反义务的收购人 50 万元以上 500 万元以下的罚款。《上市公司管理办法》第 75 条规定证监会可以责令改正,采取监管谈话、出具警示函、责令暂停或者停止收购等监管措施。

但上述行政责任法律规则不能适用在 REITs 份额交易领域,也无法用来惩处违反 REITs 份额交易中违反份额权益信息披露规则的投资者。《证券法》第 2 条第 2 款规定,证券投资基金份额的上市交易,适用本法;其他法律、行政法规另有规定的,适用其规定。政府债券、证券投资者基金份额在证券交易所上市交易的,在交易方式、信息披露、投资者保护等方面与上市交易的股票、公司债券等证券差别不大,适用《证券法》关于证券上市交易的相关规定。[39] REITs 作为特殊的证券投资基金,其份额的上市交易适用证券上市交易部分规则,具体应指向证券法第三章"证券交易"的相关规则及对应责任体系。因而,REITs 份额上市交易的规则不直接适用证券法第五章"上市公司收购"相关规则及责任规定。此外,《REITs 业务办法》第 54 条规定,基础设施基金的收购及份额权益变动活动,参照中国证监会《上市公司收购管理办

---

〔38〕 参见黄辉、王超:《上市公司权益披露制度:实证研究与政策建议》,载郭锋主编:《证券法律评论》(2020 年卷),中国法制出版社 2020 年版。

〔39〕 参见王瑞贺主编:《中华人民共和国证券法释义》,法律出版社 2020 年版,第 9 页。

法》、交易所《股票上市规则》以及其他关于上市公司收购及股份权益变动的规定履行相应的程序或者义务。该条款也没有规定责任适用指向《上市公司收购管理办法》。因此,REITs 份额交易虽然在权益变动和收购方面借鉴了证券法第五章及《上市公司收购管理办法》的信息披露义务,但因为产品属性(证券投资基金)只限于适用《证券法》证券交易一般规定条款,在责任体系上无法承接《证券法》和《上市公司收购管理办法》中关于违反上市公司权益信息披露义务而产生的责任安排。

虽然《REITs 业务办法》规定交易所可以针对违反规则的投资者采取一般自律监管措施和纪律处分,但考虑到交易所自律监管措施主要包括谈话提醒、到期更正等方面内容,[40] 缺乏直接的罚款等行政处罚措施,其法律位阶不足,实质上的责任约束有限,可能无法对于潜在的意欲违规操作的投资者足够威慑,进而影响到规则实效。

《证券法》修订之前,大额持股披露制度的执行难如人意,重要的原因在于,当时大额持股的法律规制不健全,缺乏有力且具有针对性的惩处手段。[41] 学界也普遍提倡法律责任的补充与强化[42],提出针对投资者的违规行为,需要多重法律责任安排维护大额持股信息披露制度的严肃性与威慑性。[43] 类似问题也将是 REITs 权益信息披露的一大挑战。REITs 对应《证券投资基金法》《REITs 指引》没有权益信息披露制度的安排,因而没有相应法律责任体系的规定。《证券法》围绕着上市公司收购建立起来的权益信息披露规则体系和法律责任体系又不能直接予以适用到本产品业务中。造成的结果是,上位法找不到责任依据,其他法不能直接适用,只能依靠低位阶交易所规则的责任安排进

〔40〕 主要包括警示、谈话;要求限期改正;要求公开更正、澄清或说明;要求聘请其他机构进行核查并发表意见;要求限期参加培训或考试;要求回购基金份额或者基础设施项目权益;要求公开致歉;建议更换相关任职人员;向相关主管部门出具监管建议函等。

〔41〕 参见李振涛:《我国上市公司大额持股变动的法律责任探析》,载《法律适用》2016 年第 1 期。

〔42〕 参见伍坚:《论我国大额持股披露制度的完善》,载《法学》2018 年第 5 期。

〔43〕 参见罗财富:《上市公司投资者违规大额持股的法律规制》,载《山东行政学院学报》2019 年第 1 期。

行责任适用，其规则威慑力和处罚效果存在不足。

（二）36个月投票权限制规则的合法性疑虑

《REITs业务办法》第55条第3款规定了违反份额权益信息披露制度买入REITs份额的投票权限制，在买入后的36个月内对该超过规定比例部分的基金份额不行使表决权。这一安排借鉴了《证券法》第36条第4款股票份额信息披露法律责任方面的规定，旨在源头上约束突袭买入的投资者，使之失去利用投票权控制公司的机会，以彻底粉碎了收购人利用违规收购造成控制上市公司的既成事实的非法企图。[44]如果得以顺利实施，这一规定在REITs中也可以产生相应的效果，阻却潜在的突袭并购方。

但《REITs业务办法》这一规定的投票权限制，与《证券投资基金法》规定的份额持有人享有投票权的规定不一致。投资者如果突袭买入之后要求行使表决权，该条规定的法律依据可能不足。《REITs业务办法》似乎希望通过私法自治的路径来解决这一困境。第55条第3款规定，基金合同中应当约定，投资者及其一致行动人同意在拥有基金份额时即视为承诺遵守表决权限制的条款，强调基于"基金合同约定"，试图通过基金合同事先约定，投资者交易REITs份额就是同意这一约定而自愿受到因违反份额信息披露规则而36个月限制投票的约束。

基金合同中这一条款限制了投资者的权利，而且没有法律依据，可能涉嫌"排除法定权利"而被认定为无效。《证券投资者基金法释义》强调了基金合同需要在法律框架能约定相关事项：基金管理人、基金托管人和基金份额持有人的权利义务，应当依照本法在基金合同中约定。但应当注意是，基金合同约定的事项，不得违反国家法律的规定。如法律赋予基金份额持有人可以依法自行召集持有人大会的权利，基金合同不得予以剥夺。[45]同理，法律赋予基金份额持有人投票行使表决权的权利，基金合同是否可以通过约定予以排除。

在2019年《证券法》修改之前，法律没有明确限制违法买入股票的投票权的背景下，股票权益信息披露的法律责任落实过程中也遇到

---

〔44〕 参见郭锋等：《证券法制度精义与条文评注》，中国法制出版社2020年版，第341页。

〔45〕 同前注〔10〕，第8页。

过同类问题。有些上市公司试图通过章程“私法自治”约定来排除违法买入的股份的股东权益。这条模式在股票市场已经被验证为无效。证监会曾明确表示,上市公司章程中涉及公司控制权条款的约定需遵循法律、行政法规的规定,不得利用反收购条款限制股东权利。[46] 在成都路桥案以及康达尔案件中法院也认为公司章程对股东权利限制无效。[47] 同理,《证券投资基金法》赋予份额持有人的投票权是法定、固有权利,基金合同应当符合法律规定,应在法理规定的范围内进行约定,不能对其固有权利进行限制和剥夺。投票权不属于私法自治的范围,不能通过基金合同或者持有人会议形成决议予以限制或者剥夺。如果《REITs 业务办法》这一条款针对违规买入投资者的投票权限制被排除了,那么,整个制度的约束就更为减弱,仅凭借自律监管措施和纪律处分自律规则能否阻止投资者的违规突袭买入,需要关注。

结　语

REITs 领域参考借鉴上市公司股份权益信息披露制度构建 REITs 份额权益变动的信息披露制度,在维护 REITs 以及对应基础设施项目运营稳定方面具有充分的必要性。规则设定要充分考虑到 REITs 业务试点初期亟须吸引投资者,提升流动性的需求,在确保控制权稳定前提下放松信息披露要求,提高初始披露的份额界线,给予投资者以充分的灵活交易区间。

规则对应的法律责任方面,基于交易所业务规则构建责任体系的位阶较低,惩处手段有限,对于潜在的违规突袭并购投资者缺乏有效的

---

[46] 中国证监会新闻发言人张晓军 2016 年 8 月 26 日表示,上市公司不得利用反收购条款限制股东的合法权利。根据《证券法》《公司法》《上市公司收购管理办法》的规定,上市公司章程中涉及公司控制权条款的约定需遵循法律、行政法规的规定,不得利用反收购条款限制股东的合法权利。证监会依法监管上市公司收购及相关股份权益变动活动,发现违法违规的,将依法采取监管措施。

[47] 参见胡萍:《论超比例违规增持行为人的民事责任承担》,载《新疆财经大学学报》2020 年第 3 期。

威慑力。《REITs 业务办法》确定的违规买入份额 36 个月投票权限制规则在法律效力上也存在疑义,需要关注如何在《证券投资基金法》等法律框架内进行投票权限制安排。

(编辑:陈长青)

《证券法苑》(2021)
第三十一卷,第113~132页

整体性治理视域下的基础设施领域不动产投资信托基金投资者保护

张　彬*

摘要:基础设施领域不动产投资信托基金是我国正在大力推进的一种新的证券投资工具。该产品能够有效盘活存量资产,让投资者分享我国基础设施领域的不动产收益。但由于该类基金底层资产的特殊性导致其在运营与管理层面上存在诸多风险,并且我国现有的投资者保护机制未能充分就该类基金的特殊性构建相关的投资者保护制度。因此,有必要以整体性治理理论为视角,改进信息披露规则、加强基金管理人责任、协同"软法"与"硬法"、以实质主义适用强制性规范,以完善多机构、多层次的投资者保护制度。

关键词:不动产信托　整体性治理　投资者保护

不动产投资信托基金(real estate investment trusts,REITs),是一种专营于不动产项目的金融工具。其本质上就是一种房地产证券化产品,通过发行股份或者受益单位,汇集社会上的闲散资金,委托专门投资机构进行房地产投资经营管理,并将投

* 郑州大学法学院讲师。

资综合收益按比例分配给投资者的一种信托基金。[1] 为了深化金融供给侧结构性改革,强化资本市场服务实体经济能力,进一步创新投融资机制,有效盘活存量资产,促进基础设施高质量发展,中国证监会与国家发展改革委在2020年4月24日发布并实施了《关于推进基础设施领域不动产投资信托基金(REITs)试点相关工作的通知》(以下简称试点通知),宣告了中国公募REITs的诞生。随后,国家发展和改革委员会于2020年7月31日发布了《关于做好基础设施领域不动产投资信托基金(REITs)试点项目申报工作的通知》(以下简称申报通知)。在这两部文件中,明确规定了我国REITs项目所必须满足的各项条件。至此,我国公募REITs在法律制度上已经初步建立。

REITs作为一种新型的投资金融工具,与我国金融市场上现存的各类金融工具存有较大不同。尽管我国在2019年年底之前已经发行类REITs产品69只。[2] 但除鹏华前海万科封闭式混合投资基金之外,均非公募REITs。这就意味着,当REITs的投资者范围从私募投资者扩张到公募投资者的过程中,必将导致REITs的风险向低自我保护投资者群体的扩散。如何建立起REITs投资者保护制度,是维护REITs市场健康与繁荣发展的基础性条件。本文将尝试从REITs交易结构出发,揭示其存在的特有风险,进而论述我国目前对投资者保护制度供给的不足。最后,根据REITs的特有风险,尝试从增强投资者保护角度完善我国未来的REITs法律制度建设。

一、我国制度背景下REITs项目下投资者保护的特殊性

(一)我国REITs的制度背景与交易结构

REITs作为资产支持证券,在今年可以以公募形式进行后,将激活我国的未来广阔市场。但REITs毕竟是一种新型交易工具,对于一般

---

〔1〕 参见王者洁、郭丽华:《公共租赁住房制度法制化研究》,载《法学杂志》2011年第13期。

〔2〕 参见曾刚、陈晓:《中国版REITs为什么选择从基础设施领域破题》,载《21世纪经济报道》,2020年5月18日,第004版。

投资者而言,REITs与我国投资者所熟悉的公司股票、债券等金融工具存在明显差异,因此,在通过REITs解决基础设施融资问题的同时,若要该市场持续繁荣发展,必须能够充分的保护投资者利益。而实现这一目的,首先需要对中国版REITs的交易结构进行分析,从而能够具体的对交易各环节的风险进行提示,并有针对性的展开监管。

REITs是美国在1960年《房地产投资信托法案》颁布后,以法人形式组建,目的是让散户投资者通过投资REITSs股票,间接享受房地产投资的经济回报。[3] 美国证券市场具备充分的包容性,足以让投资者可以通过投资公司的方式从事各种投资活动。但由于考虑到税法方面的因素,通过募集大众资金投资房地产涉及大量的交易税与所得税,无法成为一种有商业价值的投资活动。为了能够刺激房地产投资,税法针对REITs进行了大量税收的减免,同时,为了避免利用REITs投资工具进行避税,又设立了大量REITs的认定标准,如分散化持有标准、收入来源标准(75%以上须来自房地产资产相关的收入)、资产结构标准(75%以上的资产须为房地产资产)以及利润分配标准(每年90%以上的应纳税收入须以红利形式分配给股东)。[4] 因此,美国REITs的兴起及学术上的探讨,主要在于REITs的定性及相关税收法律问题的研究,是一种基于节税需求的制度演进。

而我国长期以来金融市场受到高度管制,从公众募集资金的行为需要接受我国证券法的调整,否则便涉嫌非法集资。与美国自然的制度演进相比,我国金融市场上新型的金融产品一般是由政府推动。具体到REITs,我国监管者的目的便是服务于我国的金融市场改革及宏观调控政策,实现金融去杠杆,激活投资。在REITs的设立与发行上,我国是依靠政府力量的推动实现的制度移植。

REITs发行与设立的创生路径,决定了该制度存在的具体规则与域外将存在明显的差异。而我国REITs制度的宏观调控目的,意味着它在短期内只能在一定范围内存在。同时,为了避免REITs的发

---

〔3〕 参见张蕾:《我国房地产投资信托(REITs)的实践和立法初探》,载《金融法苑》2005年第2期。

〔4〕 同上注。

行带来过多不确定因素及系统性金融风险,我国的 REITs 将在相对简化的交易环境下存在。具体而言,我国 REITs 的简化体现下如下方面。

1. 投资标的简化

根据申报通知第 2 条第 4 款,我国 REITs 目前只能够投资基础设施,包括仓储物流项目、收费交通项目、废物利用、水电气热设施、大数据、通讯、智能城市等项目;并且明确排除了商业性、住宅类不动产所谓基础资产的可投资性。对投资标的的简化,是为了能够遏制非公益不动产项目的投机交易,导致我国房地产市场价格的波动。同时,允许投资的标的都是关系国计民生,并代表了未来产业发展方向的项目,具备宏观调控目的。

2. 交易模式的简化

在美国相对自由、自发的制度演进过程中,投资者与资产管理人为了能够适应 REITs 投资者的具体投资需求,不断在既存法律框架内进行制度创新。投资者可以在公司制下,通过投资公司股份为成为 REITs 的持有人;也可以通过投资收益单位的方式成为信托的受益人。不同的投资路径各有其优劣之处。而根据试点通知可以看到,我国的 REITs 在现阶段只能够以基金的方式存在。也即,由符合条件的取得公募基金管理资格的证券公司或基金管理公司,依法依规设立公开募集基础设施证券投资基金,经中国证监会注册后,公开发售基金份额募集资金,通过购买同一实际控制人所属的管理人设立发行的基础设施资产支持证券,完成对标的基础设施的收购,开展基础设施 REITs 业务。[5] 根据试点通知,可以看到我国 REITs 的发行只能采用图 1 形式:

〔5〕 参见《中国证监会、国家发展改革委关于推进基础设施领域不动产投资信托基金(REITs)试点相关工作的通知》第 4 条第 1 款。

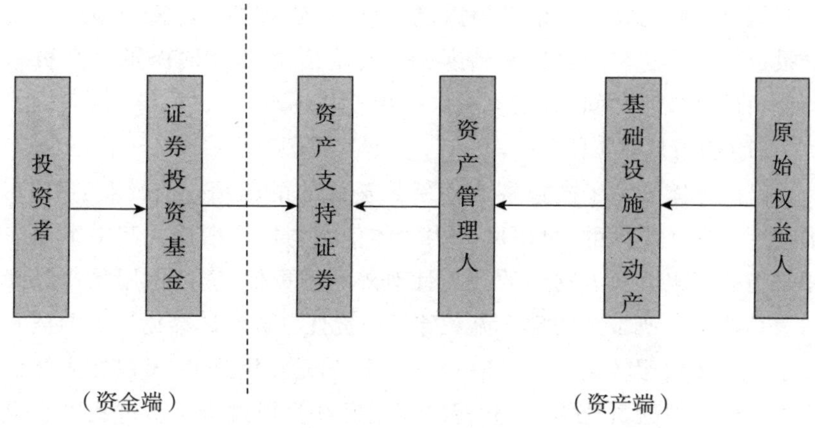

图1　我国REITs基本交易结构

从图1中可以看到,我国的REITs是一个双信托结构。可以区分为资金端与资产端。资金端是通过发行基金,作为资金募集工具向公众投资者开放。资产端是对利用合法标的物,通过真实销售由项目公司取得资产及其相对应的现金流,作为购买基金份额投资者的实际投资回报。

(二)REITs投资者保护的特殊性

REITs与其他基金类产品相比,其共性在于其发行的法律形式,差异性在于支持REITs的底层资产不同。一般的证券投资基金,是通过投资我国证券市场上的各类公司股票、债券实现盈利。而REITs投资标的是以基础设施为标的所发行的资产支持证券。法律形式上的共性,意味着无论是何种基金的投资者,总是能够受到我国《证券法》《证券投资基金法》的一般性保护。但基础资产的差异,将为投资者保护带来特殊性的问题。

1.资产支持证券信息披露的复杂性

传统的证券投资基金中,关于信息披露针对的对象是公司的投资者。公司作为投资对象,必须披露影响公司股东或债券持有人收益的重大信息。通过长期的司法实践,也梳理出了信息披露的一些重要信息点。[6] 我国证券信息披露体系参照西方发达资本市场建立了首次

〔6〕 参见汤欣、张然然:《虚假陈述民事诉讼中宜对信息披露“重大性”作细分审查》,载蒋锋、卢文道主编:《证券法苑》(第28卷),法律出版社2020年版。

公开信息披露与持续性信息披露制度,以向公众投资者充分披露公司的投资价值。这套信息披露制度适用的是公司,而 REITs 的信息披露与公司信息披露之间,就以下两点存在较大差异。

(1)信用载体不同

信息披露是为了向投资者揭示投资标的的信用,而公司与 REITs 的信用载体是不同的,可以区分为主体信用与资产信用。其中主体信用是指公司以其法人财产的独立性对外承担责任,资产信用是通过某一项具体资产所带来的现金流对外承担责任。资产证券化技术的核心在于将主体信用转化为资产信用。[7] 资产证券化技术,可以在主体信用不足以支撑融资行为时,分离出一项资产实现融资。不过我国金融市场的实践也表明,主体信用与资产信用的区别并非泾渭分明。有研究者通过对我国双层资产证券化项目的研究表明,通过企业通过主体信用对资产支持证券进行信用支持,可以实现实际上主体信用取代资产信用的效果。[8] 当然,这样的名为资产信用,实为主体信用的行为,是对资产证券化这一金融技术与法律规范的扭曲。在未来的 REITs 发展过程中,只有真正实现资产信用,才能够充分体现出 REITs 的制度目的,发挥其在我国金融市场上去杠杆的金融功能。

REITs 项目以基础设施带来的现金流作为融资基础,决定 REITs 收益率的便是该项基础设施带来现金流的可预期性。如何对资产的未来现金流进行相对精确的评估,是一个非常专业的问题。从根本上而言,这与公司信息披露所需要的"重大性"具有同样的逻辑,只是在资产支持证券的信息披露的内容与评估过程中,金融市场参与者与监管者都需要更多的经验对影响未来现金流的信息点进行梳理与总结。

(2)信息披露义务人的多元性

公司发行股票时的信息披露义务主要是由上市公司或者证券公司承担。公司信息主要是在组织体内部形成的,并受到组织内部的约束。对于资产支持证券而言,由于其收益并非依靠主体信用,而是依靠底层

〔7〕 参见楼建波、刘燕:《重思资产证券化法律原理》,载《中国金融》2018 年第 21 期。

〔8〕 参见金雪儿:《我国收益权资产证券化的合法性与偏离化》,北京大学 2017 年硕士学位论文。

资产的现金流。那么,对于该现金流的相关信息披露就会变得更为重要。

与公司的信息披露不同的是,能够影响一个底层资产的现金流水平是由多个主体决定的。以房地产信托而言,由使用人付费的模式,或者其他模式进行的现金流披露,与一个地方的经济发展水平,当地政府行为之间均有直接关系。传统的信息披露仅仅是商事主体,但在基础设施信托投资的过程中,如果真要对投资者进行保护,就需要充分的发挥政府主体在过程中的信息披露义务。这对于政府而言,本身也是一个监督。

2. REITs 交易中受托人义务的双重性

从我国 REITs 的交易结构可以看到,我国的 REITs 的发行,需要通过双重信托关系得以实现。传统的证券投资资金,由于其交易标的主要是公司股票。股票本身的投资价值,是在公司法框架内,由公司法内的"股东—董事"之间的关系框架予以解决。证券投资基金法上的受信义务,仅仅解决在基金内部"投资者—管理人"之间的权利义务。但 REITs 发行的情况下,资产信用取代了公司信用,公司法上的董事已经不复存在,只有为了发行资产支持证券而存在的管理人,替代了公司上的董事义务。在这个过程中,资产支持证券的管理人与证券投资基金的管理人,便成为对投资者承担相应受信义务的主体,加剧了传统证券投资基金管理人义务体系的复杂性与具体性。

二、REITs 项目运营中的特殊风险

REITs 是不动产信托基金,是通过对投资资产支持证券形成的一类投资基金。与一般的证券投资基金相比,其特殊性主要在于底层资产的特殊性。探讨 REITs 投资者保护的具体制度,首先需要对 REITs 的风险来源进行分析。如果没有特殊风险,对 REITs 采用一般对证券投资基金的监管方式即可;反之,则需要针对 REITs 进行特别立法与特殊监管措施以满足 REITs 投资者保护的需求。通过对 REITs 基金交易结构与我国与 REITs 基金交易链条中涉及法律、交易背景的分析,可以

梳理出,在REITs基金投资过程中,至少存在下述的风险。

(一)经营风险

公司产生现金流的方式是通过组织体的运营,采用各种积极主动的管理与经营行为,为公司产生源源不断的收益。公司通过组织体的方式,完成对资本与人力的结合,并采用多元化的经营方式减少风险。股东对公司剩余财产分配权与董事的商业判断规则,共同激励了公司经营者通过企业家精神为公司带来高额商业回报。同时,成熟的会计技术将公司在运营过程中的数据记录保存下来,并通过现代会计分析,对公司组织体可供股东分配的红利进行预测。

相比之下,REITs项目中底层资产产生现金流的模式完全不同。由于我国REITs项目主要是单一资产支持证券,产生现金流的脉络更为清晰,但根据投资组合理论,资产的单一化也意味难以通过资产包的方式缓和底层资产所带来的风险。在这种情况下,通过消极管理的基础设施带来的现金流就具有更多的脆弱性。一旦出现运营过程中的变化,便可能极大影响基础设施所带来的现金流。

另外,地方隐性债务也可能为REITs项目带来额外经营风险。在进行基础设施信托之前,地方政府通过举债进行基础设施建设的现象屡见不鲜,在《预算法》出台后,地方政府必须以法定债务的方式进行举债,便不得不通过为地方融资平台的债务提供担保的方式,将非法债务转为隐性债务。[9] 这些隐性债务在项目存续期间内,可以为基础设施提供一定现金流,支撑项目的运营。而一旦通过资产证券化的方式,将地方政府持有的基础设施转让给资产支持项目管理人,那么该隐性债务是否还会存在,是否会影响基础设施相关的现金流就会成为一个问题。

(二)基金治理风险

根据我国试点通知,可以明确我国的资产证券化不会采用公司法的形态进行资金募集。在美国由于公司本身也可以成为REITs资金的募集形式,因此,可以直接适用公司董事对股东的信义义务对公司董事在管理运营资产的过程中的行为进行合法合规性判断,对公司资产的

---

〔9〕 参见徐清飞:《地方隐性债务风险的法律防控》,载《法商研究》2019年第6期。

实际运营者进行法律层面的监督。但由于我国采用公司形式进行资金募集的可能性在短期内不复存在,我国能够对基金运营提供治理功能的组织只能是基金管理人。

尽管基金管理人也负有信托意义上的受信义务,但其毕竟不同于公司董事。并且,公司法上有大量的法律实践案例,对判断董事是否适当履行自己的信义义务提供标准。

另外,我国 REITs 基金的双重信托模式不仅在资金端带来了基金治理风险,在以单一基础设施为底层资产发行资产支持证券的资产端,同样存在着治理风险。为了发行资产支持证券,金融机构管理人通过"真实交易"获取原始权益人的资产,如道路、仓储等。在资产支持证券发行成功后,后期投资者的获利取决于资产管理人如何回收底层资产带来的现金流。此时,资产管理人应当如何履行自己的通知与管理义务,都需要不断的探索。事实上,在债券交易中也存在类似的治理风险。在公司发行债券时,债券管理人是为了债券持有人利益进行管理。但由于相关法律规则不够完善,我国多支债券违约时,债券管理人并未如立法者所预期那样充分尽到注意义务。

(三)法律风险

REITs 基金投资的成功取决于底层资产所带来的稳定现金流。而 REITs 基金投资者之所以能够获取底层资产的现金流,是因为特殊目的公司通过与原始权益人达成以底层资产为标的的交易。即使前述的经营风险与治理风险得以避免,一旦底层资产交易过程本身的合法性被法院否定,投资者利益将受到"釜底抽薪"式的打击。

此外,由于我国 REITs 基金的投资标的只能以基础设施为标的发行的资产支持证券。而基础设施大量涉及在国有使用权土地上进行的不动产开发利用。在我国不动产交易领域,涉及国有土地上的不动产争议,很容易被司法机构对合同的效力进行否定性判断。例如,在通过公私合作建设(public - private partnership, PPP)的一些基础设施交易中,法院就可能在涉及合同瑕疵的时候,对行政合同效力进行否定。[10]

〔10〕 参见贺馨宇:《论 PPP 合同中单方解除、变更权的法律属性与控制机制》,载《法律科学》2020 年第 3 期。

土地管理法上,也对于设立基础设施时的政府审批程序有着严格规定。如果在土地转让过程中存在对集体所有制土地所有人补偿不足,程序不合法的情况,便可能会被认定为违反了国家强制性规定的所有权转让。《关于审理建设工程施工合同纠纷案件适用法律问题的解释(二)》中也存在大量的强制性规定,可能会导致在建设环节中,某项基础设施项目出现问题。〔11〕

除此之外,地方政府在进行基础设施与公用事业特许经营领域,有权对具体项目进行授权。在《基础设施和公用事业特许经营管理办法》第5条明确规定了政府授权特许经营者参与基础设施建设的具体方式,包括对该基础设施期满后是否归属政府所有进行规定。同时,在该办法的正文中规定了大量强制性规范,对政府行为进行约束。根据《行政诉讼法》第12条第11项的规定,"认为行政机关不依法履行、未按照约定履行或者违法变更、解除政府特许经营协议、土地房屋征收补偿协议等协议的",可以提起行政诉讼。因此在特许经营过程中的具体环节,如果出现违反相关强行法的情况下,也会导致原已经明确的基础设施权属再次面临模糊。〔12〕

可以说,地方政府在于资产管理者进行交易时,"稍有不慎"便可以导致交易本身效力瑕疵,影响REITs基金投资者的收益。尽管在我国的"申报通知"中明确规定参与的"基础设施项目权属清晰、资产范围明确,发起人(原始权益人)依法合规拥有项目所有权、特许经营权或运营收费权,相关股东已协商一致同意转让"。但项目参与时的权属清晰,并不一定代表项目运营后,该权属不会遭遇法律争议并被法院判决交易无效的风险。

(四)利益冲突风险

我国的REITs项目采用的交易结构为证券投资基金与资产支持证券进行对接。而公募基金治理本身便存在基金管理人与基金投资者之

〔11〕 参见肖峰、严慧勇、徐宽宝:《〈关于审理建设工程施工合同纠纷案件适用法律问题的解释(二)〉解读与探索》,载《法律适用》2019年第7期。

〔12〕 参见林劲标:《特许经营权重复许可的效力认定及归责》,载《人民司法(案例)》2020年第8期。

间的利益冲突。[13] 资产证券化产品中，资金委托人和资产委托人之间潜在的利益冲突紧张关系更是令管理人能否保持应有的独立法律地位受到质疑。[14] 可以说，REITs 项目的"双信托"交易结构决定了在相关的市场参与主体之间存在双重利益冲突。这种双重利益冲突将会导致 REITs 项目投资者面临资产端与资金端管理人的道德风险。

REITs 项目中的利益冲突，不仅体现在传统金融市场参与者之间的冲突，还有由于 REITs 项目中的底层资产是我国的基础设施，而相关资产主要是地方政府参与建设并转让交易，在考虑到我国 REITs 项目的实施的确有为地方政府解决融资难题的现实考量，都会极大地加大地方政府通过 REITs 项目减轻地方债务压力的现实诉求，并与投资者的盈利诉求发生冲突。

在布坎南看来，地方政府也并非铁板一块，而是各有各的利益诉求。[15] 例如，中央政府—省级政府—市级政府时间对于金融风险，债务压力的承压能力是不同的，土地财政能够为不同层级的政府带来的收益也是不同的。因此，当他们通过交易行为开始对市场出清资产的时候，有可能在监管者之间也会出现相关的利益冲突风险。

利益冲突展开的复杂度，意味着 REITs 项目投资者保护领域的复杂性，必须采用多环节、多渠道，对于 REITs 项目形成过程中的利益冲突环节予以廓清，并对相关交易者施加强制性的法律义务，以避免为了出清资产而侵害投资者权益的行为发生。

三、整体性治理视域下的 REITs 投资者保护之不足

（一）整体性治理理论的基本框架

由于上述因素，REITs 项目的投资者保护成为一个重要的综合性

〔13〕 参见胡光志、方桂荣：《论我国投资基金关联交易监管模式的选择》，载《法学家》2008 年第 3 期。

〔14〕 参见缪因知：《资产管理内部法律关系之定性：回顾与前瞻》，载《法学家》2018 年第 3 期。

〔15〕 参见杨彪：《侵权禁令与执法替代：风险社会公共治理的新思路》，载《法制与社会发展》2017 年第 4 期。

治理问题,仅仅依靠传统的证券市场上的投资者保护机制无法充分对投资者进行保护,而需要借助整体性治理的思路。所谓的整体性治理,就是以民众需求为导向,以协调、整合和责任为机制,运用信息技术对碎片化的治理层级、治理功能、公私部门关系及信息系统等进行有机整合,不断从分散走向集中,从部分走向整体,从破碎走向整合。[16]

整体性治理理论的产生,主要是为了应对政府现代化过程中的职能分裂,导致政府对社会现象治理乏力。换言之,整体性治理理论是一套有效的解决政府失灵的理论。如果从整体性治理理论的视角去分析我国的金融市场,尤其是 REITs 市场,会发现该套理论对于如何提升我国 REITs 市场投资者保护具有非常广阔的运用价值。根据上述分析,我国基础设施市场,由于存在市场影响因素多样化,治理主体多元化的等突出现象,仅仅依靠传统的金融市场保护体制,无法充分保护投资者。

整体性治理主张市民社会与政府的合作、非行政组织与政府机构的合作、私人部门与公共部门的合作。[17] 另外尤其值得注意的一点是,整体性治理理论特别强调信息技术的运用。这一点对于 REITs 这样的金融产品尤其具有深刻的启示。尽管整体性理论治理的产生主要是应对社会危机。但其实对于一般的社会危机而言,信息技术还不具备根本性价值。一般的社会危机在发生的过程中,其各环节的内容并非都信息化了。我国的金融市场,由于是在信息化时代迅猛发展,具有后发优势,信息化水平在全世界领先。我国完全可以充分发挥信息技术的优势,促成我国 REITs 市场上的参与主体充分利用信息技术所给予人们的充分便利,来适应 REITs 产品本身所具备的信息复杂性与多样性的挑战。但同时需要注意的问题,信息化的解决方案,尽管在技术上存在可行性,但如果没有一套完善而具备惩戒性的法律体制,REITs 上的参与主体会不愿意主动的放弃在金融市场上的信息优势,反而会利用信息优势掠夺投资者利益。信息技术是一柄“双刃剑”,只有法律

---

〔16〕 参见彭辉安:《整体性治理:我国公共危机治理的新走向》,载《福建行政学院学报》2013 年第 2 期。

〔17〕 参见宋强、耿弘:《整体性治理——中国食品安全监管体制的新走向》,载《贵州社会科学》2012 年第 9 期。

指引这柄“双刃剑”的方向，才有可能让信息技术成为保护投资者的利器。

鉴于 REITs 的风险，对公募 REITs 投资者的保护应当坚持综合性、整体性原则。我国金融市场经过长期的发展，已经对金融产品投资者建立了相关的投资保护机制，也根据不同的金融产品设计了不同的金融监管主体进行监管。但本文认为，由于 REITs 已经上文中陈述过的诸多特殊性，需要通过整体性治理理论对现有的投资者保护制度与投资者保护机构进行审视，以发现其存在对 REITS 投资者保护不足的地方。

（二）具体制度视角下的投资者保护之不足

1. 公司视角下信息披露制度难以暴露 REITs 项目的风险

信息披露是证券法律规范的核心，作为 REITs 交易机构中的一个环节，充分暴露以基础设施现金流为基础所发行的资产支持证券的风险，将是保护投资者利益的第一个环节。但资产支持证券与一般公司股票之间的巨大差异，意味着现有的信息披露制度无法充分的向投资者乃至资产管理人揭示风险。公司作为一种生产经营单元，具有独立的法人地位，并通过长达几个世纪的商业实践形成了较为成熟的风险发现机制。资产负债表、现金流量表与损益表作为会计技术集大成者，为金融市场上的风险评估与判断发挥着重要的基石作用。与其同时，公司本身在募集资金过程中，也形成了一套以“重大性”为标准的信息披露的筛查机制。但上述这些制度均是在公司制度下所展开，而资产支持证券缺乏成熟的风险评估模型，会导致不特定的风险。美国 2007 年的金融危机，就是由于现有的金融市场参与者缺乏准确评估风险的模型所导致的一次的风险爆发。尽管我国为了投资安全已经减小了资产支持证券可运用的资产类型、运用模式，但依然缺乏能够经过历史考验的风险评估模型，为市场为 REITs 产品的定价发挥作用。

正是由于这些层面上的难度，我国明确规定，在 REITs 的项目建设中，必须能够对近三年的财务信息进行定性和分析。但事实上，仅仅对时间进行限制并不足以保护投资者。对于基础设施而言，地方政府能够掌握地方基础设施规划。比如，在一条河流上，如果有一座桥梁，那么可以想到通过对使用者进行调查，这条河流的现金流具有相当强的可预期性。但是,如果当地政府在这条河流上修建另外一条付费的河流,即使不考虑其他的影响,那么,对于已经依据该桥梁收费权所发行的资产支持证券而言,也有可能带来巨大的损失。这时候的信息披露就不能仅仅是按照企业的方式进行,而必须考虑到影响基础设施的现金流及可能影响因素,并且对该因素进行综合分析。由于基础设施的现金流无法充分的通过成熟的财务报表得到体现,对于一般投资者而言,将具有很大的识别难度,对于地方政府和其他的利益相关主体而言,这种资产证券化也存在更多通过博弈行为产生相关的公共治理难题,甚至是政府层面的道德风险。这些是在进行信息披露的过程中必须认真考虑的内容。

2. 受信义务的法律边界不清

尽管我国《公开募集基础设施证券投资基金指引(试行)》中也规定了基金持有人能够通过行使表决权对基金投资标的进行变更和处分。但由于基金持有人主要依靠基金管理人享有收益,如果没有负有信托义务,基金持有人很难仅仅通过自己行使表决权维护自己的权利,即典型的集体行动困境。这一点,已经在交易结构相似的债券市场上得到了再三的证明。[18]

因此,在 REITs 项目中,投资者的利益必须依靠作为受托人的 REITs 基金管理人从信义义务角度进行保护。而在 REITs 项目的双重信托关系中,“原始权益人—发行人—管理人—投资者”之间的受信义务法律关系变得极为复杂。我国目前相关主体之间的受信义务的法律规范极为欠缺。从成文法角度看,目前能够为投资者提供保护主要有:《信托法》《证券法》《证券投资基金法》。其中,《信托法》第 25 条规定:受托人应当遵守信托文件的规定,为受益人的最大利益处理信托事务。受托人管理信托财产,必须恪尽职守,履行诚实、信用、谨慎、有效管理的义务。而证券投资基金法对受托人的法律规定也是类似模糊。我国证券法作为证券市场的基本法律,更是将资产支持证券的发行与交易,都法律授权给国务院。除此之外,还存在一些位阶较低的法律规范,如《试点通知》中规定要 REITs 的试点项目要强化机构主体责任,

〔18〕 参见刘迎霜:《公司债券受托管理的信托法构造》,载《法学评论》2020 年第 3 期。

推动归位尽责。明确管理人、托管人及相关中介机构的职责边界，加强监督管理，严格落实诚实守信、勤勉尽责义务，推动相关参与主体归位尽责。

受信义务作为投资者利益保护的一道重要防线，一直都是欧美在投资法中的重中之重，并围绕该受信义务形成了大量的判例。可以说，受信义务的明确，仅仅依靠成文法是无法完成重任，而必须依靠在具体情境下的判例法，对受信义务的轮廓逐渐予以廓清。而我国目前很少有涉及投资领域的法律争议进入法院系统进行实体审理，因而在面对更为复杂的双重信托关系中，仅仅成文法中的条款，难以约束资产管理人对 REITs 投资者的利益进行充分保护。

3. 强制性规范配置不足

根据国外实践，REITs 项目如果能够被认定为投资信托，必须满足一些强制性规范。比如，分散化持有标准、收入来源标准（75% 以上须来自房地产资产相关的收入）、资产结构标准（75% 以上的资产须为房地产资产）以及利润分配标准（每年 90% 以上的应纳税收入须以红利形式分配给股东）。但是 REITs 项目的相关海外强制性规范目的并非投资者保护，而是防止投资者滥用 REITs 项目的交易模式避税。因此，REITs 项目的大量强制性规范主要具备税法上的意义。而真正具有投资者保护意义的强制性规范主要是风险留存规则。风险留存规则是为了解决资产证券化机构与投资者之间的利益冲突，而对证券化机构的强制性要求。主要内容是要求证券化机构必须保留转让、出售及转移给第三方用作资产证券化基础资产的一定比例且未被对冲的经济利益。〔19〕

我国的《公开募集基础设施证券投资基金指引（试行）》规定原始权益人或其同一控制下的关联方必须参与战略配售，比例合计不少于基金份额发售总量的 20%，其中基金份额发售总量的 20% 持有期不少于 60 个月，超过 20% 部分持有期不少于 36 个月；其他专业机构投资者可以参与战略配售，配售比例由基金管理人合理确定，持有期限不少于

---

〔19〕 参见王鑫：《美欧经验下中国资产证券化风险自留规则的完善》，载《法学评论》2017 年第 5 期。

12 个月。该指引正式引入了西方风险留存规则。但在投资者保护领域,这一风险留存规则仅仅是作为法律指引而存在,面临着法律效力不强的问题。另外,我国监管层面上,仅仅是要求原始权益人或者关联方参与配售。但实际上,参与配售并不代表一定会将风险留存在自己手上。我国金融市场能够通过证券担保、收益互换等新型交易工具,在证券所有权没有转移的情况下,将风险转移出去。

因此无论是从法律效力还是法律实效角度而言,当前的风险留存规则都很难发挥真正的避免利益冲突的机制。

(三)监管机构视角下的投资者保护之不足

在整体性治理的视角下,需要多机构多主体对同一事项进行协同式治理。上述的各项规定和制度,不仅需要成文法意义上的制度完善,还需要市场各主体协同发挥对投资者的"立体保护"。但目前,我国相关主体的投资者保护职能的发挥也依然存在诸多问题。

1. 中央监管机构

目前,我国公募 REITs 的主要监管机构是证监会。作为中央监管机构,固然在监管权威性上无可置疑。但长期以来,中央监管机构存在事后监管,监管说理性不足等问题。证监会需要进一步的研究如何与其他监管力量协调以充分发挥监管者的优势,让其他监管者也能够发挥自己的优势。

2. 自律组织

除了监管机构之外,自律组织监管也是一个重要的环节。比如,证券基金业协会就是一个重要的监管组织。证券基金业协会发布了一个投资者指南对投资者提供一定的保护。证券基金业协会可以通过自律组织执法对行业内不守规矩的市场参与者进行惩处。尽管自律组织没有公权力可以直接对违法行为进行罚款,但其通过市场监管进行的违法惩戒能够极大地对证券金融机构产生威慑,影响其在市场内的生存。不过目前来看,证券基金业协会类的自律组织,依然是通过资格限定的方式对参与市场的主体进行限制。这种限制方式,依然是一种重视门槛、轻视持续性监管的行为。当然,从政治经济学的角度考虑,这自然是由于其监管成本的约束与监管动机之匮乏带来的。

3. 法院

我国法院虽然并非金融监管的一线，但是其裁判行为客观上能够发挥监管的职能。司法系统与监管系统本身就是密不可分的，法院甚至可以通过其司法行为事实上对所有监管机构的监管行为进行釜底抽薪式打击。例如，在法院对民间借贷利率进行最高额限定的时候，便影响了金融机构在从事金融借贷交易时候的风险分配格局，引起了金融行业震动。[20]

实施 REITs 项目的重要环节是原始权益人与资产支持证券项目管理人之间就基础设施实现合法有效的"真实交易"。但是否属于合法有效，主要是由全国各个地方法院进行审判以得到确切结论。法院是否能够充分理解金融交易的特点，采用商事思维来解决 REITs 项目中的法律纠纷，在现阶段可能成为一个挑战。

4. 地方金融监管机构

地方金融监管机构是金融深化改革过程中出现的一种地方监管机构。根据 2014 年《关于界定中央和地方金融监管职责和风险处置责任的意见》中，便明确了地方金融监管机构的职责。尽管理论界对金融监管是否应当允许地方政府参与存有争议，[21] 但实践中地方金融监管机构已经实际存在并发挥着作用。地方金融办凭借其对地方金融环境的熟稔，与地方政府的密切关系，实际上是能够在地方金融监管中成为较早发现问题的一个机构。

但问题在于，地方金融办的职能定位不仅包括改善金融监管只能，还包括改善本地金融生态，促进金融发展的角色。这两种职能之间存在内在的冲突。正如有研究者发现，在地方政府融资平台迅速发展之时，不少地区金融办实际上兼具为地方政府融资的功能，通过与城商行、农商行及担保公司等当地金融机构协商，为本地融资平台提供资金保障。金融办内在的角色冲突性导致了它们往往只考虑本部门、本地

〔20〕 参见《高压限息下，保理与融资租赁业务如何做》，载腾讯网，https://new.qq.com/omn/20200825/20200825A0MF1700.html，2020 年 10 月 29 日访问。

〔21〕 参见刘骏：《地方金融监管权真的可行吗？》，载《现代经济探讨》2019 年第 1 期。

区的特殊利益,难以兼顾其他部门和其他地区,存在金融监管制度套利。〔22〕

四、整体性治理视角下我国 REITs 项目投资者保护制度的完善

根据上述分析,可以明确 REITs 项目投资者保护问题需要我国在现有的法律框架内,由不同机构、市场主体参与,综合多项法律制度彼此补充才能解决。为了能够完善我国 REITs 项目投资者保护制度,本文认为以下措施是较为适当的。

(一)建立多层次、多主体的系统性信息披露体系

现有的信息披露制度是围绕着公司为发行人所建立。而在 REITs 项目下,资产支持证券形成的链条较长,参与主体较多,需要扩张现有的信息披露义务人范围,尤其是将地方政府在参与 REITs 项目的过程中,纳入信息披露人的行列里。

从信息披露义务人的选择来看,至少有两种模式:依然由原来的证券公司或者项目公司作为信息披露义务人,同时由他们去搜集各处信息;或者直接在法律中明确将信息披露义务人分解至资产支持证券形成的各个环节中。笔者认为后者更好,因为多元义务人的情况下,如果仅仅让其他人负责别人的信息会难以落实责任。并且地方政府与商事机构之间的权利义务本来就不对等,采用契约的方式直接约定将难以约束信息披露的重要义务人,即地方政府。

(二)强化受托人责任

我国目前的 REITs 项目采用的是双信托结构。由于投资者的集体行动困境,证券投资基金管理人实际上应当承担为投资者保驾护航的责任,而不能寄希望于投资者可以通过行使基金内表决权来进行自我保护。但由于成文法难以对受托人责任进行事无巨细的规定,所以必须依靠行业内的资深专业人士,及时通过商事惯例与行业规定,对基金

〔22〕 参见尉承栋:《央地关系视角下地方金融监管权规制》,载《天津法学》2017 年第 2 期。

管理人的受托责任划定相对明确的边界。这时,便需要行业协会,自律组织等机构,充分发挥对市场的一线经验,协助监管者进行义务边界的厘定。同时,监管者而也应当充分的信任行业内组织的规则,并直接依托相关规则作为核查 REITs 项目下受托人是否适当履行责任的依据,实现夯实受托人责任过程中的公私合作监管。

(三)软法与硬法相结合

由于 REITs 项目在我国是一项新生事物,且具有强烈的中国特色,因此对于法律规范的形成,不能仅仅采用域外的法律规范,还需要结合我国具体情况积极进行探索。此时,应当充分发挥软法的作用。比如我国的基金业协会,可以与我国相关的证券公司建立协调机制,对行业内发现的影响基础资产收益率的相关因素进行整理,制定指导性合同模板,帮助市场主体将我国市场上重要的经验与规范"沉淀"下来,发挥对市场上其他主体的法律指引功能。

同时,对于我国司法系统的职能也充分结合金融争议的特点,在对具备金融功能的合同纠纷案件审理过程中,能够与地方金融办,证券市场监管者、参与主体展开充分的协调与合作,探究相关合同在金融市场上的具体意义,从而避免法院的裁判对整个金融市场上基础交易法律效力否认,从而引发系统性风险,导致投资者利益受损。

(四)以实质主义适用强制性规范

一些交易行为,从概率上看具有发生高度风险事件的可能性,因此从法经济学角度,不适当全部由执法与司法进行自由裁量,而是应当从节约司法资源角度,明确行为边界,从而为市场交易主体,市场裁判主体提供较为简单,容易防范的行为模式。这些便需要强制性规则的配置。比如风险留存规则,通过强制性规定,让不同主体之间的利益具备了同向性,从而缓和了利益冲突的水平。再如杠杆率规则,通过一定杠杆率的设置可以对高风险的交易行为进行管制,以一种父爱主义的立法逻辑,禁止相关交易者采用过高的杠杆来放大收益率水平。投资者适当性也是通过对投资者的抗风险能力进行测试,从而将一些具有风险承受能力偏弱的投资者筛除潜在的投资者范围。

但既往的法律实践告诉我们,金融交易具有极强的创新性,如果我们的强制性规范不能够具有一定的灵活性,那么,交易者总是能够创造出新型的交易模式,对现有的强制性规范进行架空。比如,在融资融券交易中,我们尽管规定了杠杆率水平,但美国的“U 规则”实践已经展示了,交易者可以通过形成不同风险类型的有限责任公司等法律形式而实现实质上的加杠杆。因此,如果在 REITs 项目投资者保护的过程中,仅仅强调投资者的风险利益留存,却忽视实质意义上的风险流动方向。市场交易主体完全可以通过相关的金融衍生品,交易合约,对法律形式意义上的金融风险通过市场进行再交易,从而将它们从原始权益人手中转移出去,导致风险留存规则的失败。

为了避免上述情况的发生,我国在完善 REITs 相关的强制性规范时,需要强调监管机构应当采用实质主义适用相关法律,避免市场参与者通过市场创新交易手段,回避强制性规定。

(编辑:赵宇)

《证券法苑》(2021)
第三十一卷,第 133 ~149 页

公募 REITs 控制权集中度的法理基础、规范逻辑和制度建议*

单于家** 汤 超***

摘要:我国基础设施领域公募 REITs 试点相关规则已陆续发布。围绕投资者持有基金份额变动应当履行的信息披露、要约收购等义务,证券交易所规则作出了规范,总体上参照了上市公司收购及股份权益变动的要求。公募 REITs 制度中引入上市公司类似安排,具备一定法理基础。但是,REITs 份额持有人的弱代理和弱介入,有别于上市公司的现实情况;且此次公募 REITs 试点在保障份额持有人利益的制度设计上已作了诸多安排。建议结合试点实践情况,考虑适当放宽权益变动和要约收购的门槛。

关键词:公募 REITs 上市公司 信息披露 要约收购

REITs(不动产投资信托基金)是境外市场专门投资不动产领域的成熟金融产品。2020 年 4 月 30

* 本文仅代表作者个人观点,与所任职机构无关。

** 上海证券交易所员工。

*** 中国证监会证券基金机构监管部员工。

日,中国证监会和国家发改委联合发布《关于推进基础设施领域不动产投资信托基金(REITs)试点相关工作的通知》(证监发〔2020〕40号),在基础设施领域开展公募 REITs 试点。2020 年 8 月 6 日,中国证监会发布《公开募集基础设施证券投资基金指引(试行)》(证监会公告〔2020〕54 号),为公募 REITs 试点提供法规依据。

本次基础设施领域 REITs 试点,允许通过公开募集方式设立基础设施证券投资基金,通过购买资产支持证券、项目公司等特殊目的载体的方式,获取底层基础设施资产完全所有权和控制权。同时,对投资者如何依据所持有的份额参与基金的日常运营管理做出了规定。〔1〕与此相衔接,在交易所发布的相关规则中,规定了投资者持有基金份额变动应当履行的信息披露、买卖限制以及要约收购等义务。〔2〕投资者在二级市场上增、减基金份额的核心监管理念和要义为,投资者应当参照上市公司股东收购及股份权益变动履行相应的程序或者义务。

在公募基金信息披露中,引入类似于上市公司股东收购和权益变动信息披露的相关安排,是本次公募 REITs 试点的一次尝试。由此,也引发我们思考这一安排背后的法理基础和规范逻辑。具体而言,公募 REITs 控制权集中度有三个基本问题。第一,投资者持有公募 REITs 的份额是否需要有所限制?第二,投资者持有公募 REITs 份额发生变动时,是否需要履行信息披露义务,履行信息披露义务的触发门槛如何确定?第三,是否需要设置类似于强制要约收购的制度安排?

事实上,信息披露和交易限制从来都不是越多越好。遵循契约自由的一般理论,证券市场应当尽可能保护交易自由。证券交易具有高度的集中性、连续性和流动性,也要求能够在安全、高效、可预期的环境和状态下进行。〔3〕公募 REITs 份额变动的信息披露和交易限制,会直

---

〔1〕中国证监会《公开募集基础设施证券投资基金指引(试行)》第 32 条规定了应当经参加大会的基金份额持有人所持表决权的 1/2 以上或 2/3 以上表决通过的具体事项。

〔2〕参见《上海证券交易所公开募集基础设施证券投资基金(REITs)业务办法(试行)》第四章第三节、《深圳证券交易所公开募集基础设施证券投资基金业务办法(试行)》第四章第三节。

〔3〕参见卢文道、陈亦聪:《题材股投机炒作的成因与监管逻辑》,载黄红元、卢文道主编:《证券法苑》(第 22 卷),法律出版社 2017 年版。

接影响 REITs 上市交易后的流动性,关系到 REITs 的市场生命力。因此,我们既要努力找到法理上的应然边界,又要考虑 REITs 试点的具体实践。

略有遗憾的是,关于公募 REITs 控制权集中度的研究,在国内基本处于空白状态,主要原因是以往的 REITs 产品都为私募,〔4〕国内尚没有真正意义上的公募 REITs,因此不涉及公开发行中控制权集中度的问题。这也导致 REITs 试点总体移植了上市公司收购和权益变动的制度安排。本文尝试从公募 REITs 控制权集中度的法理基础、规范逻辑以及试点安排等方面,作一些初步的探讨。

一、REITs 控制权集中度的境外实践

与境内公募 REITs 尚待破土而出不同,境外 REITs 已经历经数十年的发展,属于成熟、常见的金融产品。因此,观察境外市场 REITs 控制权集中度和相关制度规定,不失为一个有价值的研究视角。根据相关统计〔5〕,截至 2019 年,数据相对完整的 44 个国家或地区上市 REITs 项目合计 858 个,总市值约 2.09 万亿美元。其中,美国市值约 1.33 万亿美元,占比约为 64%。因此,我们主要考察美国以及同处亚太地区的我国香港地区、新加坡上市 REITs 的相关情况。

(一)美国市场 REITs 控制权集中度比较分散

我们按照 REITs 底层资产为综合、酒店、公寓、购物中心、社区商业中心、独立店面、工业和办公,选取美国市值排名前五的 REITs(由于物流仓储类 REITs、社区商业中心类 REITs、独立店面 REITs 仅有 8 只,因

〔4〕 根据兴业证券的研究,2014 年“中信启航”发行约 52 亿,拉开类 REITs 市场帷幕。2014 ~ 2019 年发行金额分别为 96 亿元、131 亿元、117 亿元、291 亿元、278 亿元、506 亿元,在 2019 年迎来爆发式增长。2020 年上半年发行金额约 39 亿元。截至 2020 年 6 月,类 REITs 市场共发行 77 只产品,规模达 1458 亿元。但国内类 REITs 大多借助资产支持专项计划,采用“私募 + ABS”“信托收益权 + ABS”等模式设立产品。

〔5〕 数据来源于兴业证券研究报告《基建 REITs 系列深度报告之二:境外 REITs 实践深度剖析》。

此选取市值排名前三的 REITs),共计 34 只 REITs 进行样本分析。其中,第一大股东[6]持股比例最高为 19.46%,最低为 9.58%,大部分集中于 10% ~15%;前五大股东合计持股比例最高为 50.24%,最低为 35.54%,大部分集中于 30% ~40%。

(二)我国香港地区、新加坡 REITs 控制权集中度比较集中

我国香港地区上市的 11 只 REITs 中,第一大股东持股比例最高为 56.66%,最低为 9.02%,3 只超过 50%,2 只在 30% 左右,4 只在 20% 左右;前五大股东合计持股比例最高为 86.03%,最低为 18.90%,8 只超过 50%。[7] 新加坡市值最大的前 15 只 REITs 中,第一大股东持股比例最高为 67.69%,最低为 9.82%,10 只超过 30%,低于 20% 的仅 2 家;前五大股东合计持股比例最高为 76.04%,最低为 37.59%,大部分超过 40%,仅有 3 家在 30% ~40%。此外,与美国上市 REITs 不同,我国香港地区和新加坡上市 REITs 第一大股东主要为地产公司和私募基金,地产公司的数量又略多于私募基金,而美国上市 REITs 第一大股东主要为公募基金。

(三)境外控制权集中度形成有其各自的制度背景

境外市场 REITs 控制权集中度格局的形成,并非市场内生选择的结果,而有其深刻的制度背景。其中,美国 REITs 控制权的构架,成因主要来自税法驱动。1976 年,为提振 REITs 市场,美国出台《REITs 简化修正案》,允许 REITs 在商业信托的基础上以公司的形式成立,并按照"税收中性"原则,[8]给予相应的税收优惠。同时,对符合税收优惠条件的 REITs 股权结构,设置了相应的规定。一是股东或受益人不得

---

[6] 美国 REITs 主要采用公司制模式,投资者通过认购股票成为公司股东,而公司将投资收益以股利的方式分配给投资者。新加坡和我国香港地区 REITs 均属于在集体投资计划框架下的金融产品,采用契约型结构,严格意义上投资者是基金份额的持有人,而非真正意义上的股东。为了对比方便,我们采用"持股比例"表征控制权集中度。

[7] 因披露口径差异,领展数据截至 2020 年 3 月 31 日,招商局数据截至 2019 年 12 月 10 日,其余 REITs 数据截至 2019 年 12 月 31 日。

[8] 所谓"税收中性"原则,简单而言,是指不因 REITs 这一结构本身而为投资者或者说社会增加额外税收负担,也不应该因为转换成了 REITs 结构,而造成税收流失。

少于 100 人;[9]二是在纳税年度后半年,5 个或 5 个以下的个人持有的 REITs 股份不得超过总股份的 50%。[10] 由此,税收政策塑造了美国 REITs 的基本形态,即主要采用"公司制"而非"商业信托";前五大股东持股比例不超过 50%,且总体较为分散。笔者没有找到关于享受税收优惠与 REITs 股权结构相关规定的相关立法解释,一个可能的原因,是通过股权分散化,避免 REITs 异化为一般意义上的房地产公司。采用公司制后,REITs 控制权集中度的相关问题,也就一并纳入了上市公司的规范范畴,投资者按照美国市场关于上市公司收购和权益变动的相关规则,履行信息披露等义务。

反观我国香港地区和新加坡市场,由于公司制的 REITs 仍然需要交纳公司层面的所得税,因此,REITs 基本采用契约型结构,但在投资者持有基金份额的变动规制上,总体上参照上市公司的相关规定执行。例如,我国香港地区,按照首次公开募股股权分散度的要求,规定 REITs 发行时,至少有 100 名股东,每 100 万港元的发行额由不少于 3 名股东持有,且最低公众持股量为 25%。REITs 上市后,投资者持有基金份额发生变动时,需要比照上市公司权益变动的规定,履行信息披露义务和收购义务。

二、REITs 控制权集中度的法理基础:基金持有人之间的委托代理关系

本次 REITs 试点中关于控制权集中度的规定,主要参考了上市公司收购和权益变动的制度安排。因此,研究 REITs 控制权集中度,有必要简要回顾上市公司收购和权益变动的制度功能。上市公司场景下,股东关于控制权集中度主要负有两种义务。(1)信息披露义务。充分的信息披露,一是针对收购的预警机制,通过让市场知道谁正在不断增加持股份额,保护公司其他股东和管理层;二是有助于实现"市场透

[9] 本条沿用 1960 年 REITs 法(Public Law 86 - 779 - SEPT. 14,1960)的规定。

[10] 参见美国国内税法 I. R. C. § § 856(h)(1),542(a)(2)。

明”,即披露那些在公司中持有相当股份份额的人的身份,或许是让市场正确评估公司价值的一个重要环节。[11] (2)强制要约义务。主要功能是平等对待被收购公司股东,保证同一类别的全体证券持有者获得平等待遇。[12]

我们还需要回答的问题是,为什么控制权集中度会与上述两种义务如影随形?笔者认为,控制权集中度的问题,本质上是股东之间的代理关系问题。在两权分立的现代公司制中,股东委托管理层经营公司,管理层按照股东意志经营公司。但在股东众多的情况下,股东意志如何产生,本身也成为一个十分关键的问题。现代公司治理模式下,主要采用资本多数决的方式,解决股东之间的意见分歧。由此,公司事务控制权成为公司各方利益冲突和矛盾的焦点,它“在现代社会是一种重要的经济权利,取得和行使它意味着控制者对公司资源拥有支配权”,因此,“公司控制权在公司世界中仍然是炙手可热的紧俏产品”。而公司控制权的分配和归属深受公司股权结构的影响。控制权集中度与股东或经营者对公司的控制成正相关或负相关的紧密关联:股权越是集中,单一或少数股东对公司的控制权越大;反之,股权越是分散,经营者越容易取得对公司的控制权。[13] 正是因为控制权集中度会影响不同股东意志在公司层面的实现,因此其本身就成为不同股东增加或是减少股权份额的非常重要的决策因素。事实上,控股股东与其他中小股东之间其实建立了信义关系。信义关系是指基于一定的信赖,一方将自己的特定财产交于另一方掌管,另一方则承诺为对方的最佳利益行使。[14] 由此,当研究视角转换回公募 REITs 场景时,研究控制权集中度问题的关键,也在于厘清基金持有人之间是否存在以及在多大程度上存在委托代理关系。

---

〔11〕 参见[英]保罗·戴维斯、[英]萨拉·沃辛顿:《现代公司法原理》,罗培新等译,法律出版社 2016 年版,第 962 页。

〔12〕 同上,第 1057 页。

〔13〕 参见赵旭东:《公司治理中的控股股东及其法律规制》,载《法学研究》2020 年第 4 期。

〔14〕 参见熊锦秋:《尽快从法律上明确控股股东的诚信义务》,载《上海证券报》2015 年 8 月 27 日,第 008 版。

(一)基础法律关系:信托还是委托

我国现行法律体系中对于 REITs 的规制架构较少涉及。与其具有功能相近性的房地产信托,以信托业“一法三规”为基本法律框架。在《基金法》框架下,借助资产证券化的视角架构 REITs 的产品框架,信托关系作为资产证券化之基础法律关系已无疑义,因而 REITs 的基本法律关系也应当为信托法律关系〔15〕。但也有学者指出,我国金融法律制度以移植域外法为特色,且金融业务创新与产品创设多源于金融监管规章的授权或认可,某种程度上相当于监管层来设计民商法基础关系。这就特别需要警惕对各种舶来品的法律概念——无论是“信托”、“委托”抑或“委托代理”——的抽象解读,甚至将其强加到现实中各类不同形态的资管计划上。对于当下快速发展的金融市场实践,法律分析最好以一种功能主义的立场来进行,在恪守“受人之托、代人理财”这一资管行业的核心要旨的前提下,对资管计划的法律属性以及由此产生的内部管理、外部投资等一系列关系作出实事求是、合乎常识的判断。〔16〕

就信托法律关系而言,其中的一个基本要素,是受托人对信托财产的全权管理、运用、处分的权利,委托人和受益人通常都不得介入或干预。〔17〕 有学者比较了基金持有人大会和股东大会在基础法律关系上的异同,〔18〕认为两者代表了信托制和公司制两种不同的基金组织形式,其差异也是非常显著的。突出体现在受制于信托法原理,持有人作为受益人不得过多干预基金的日常投资运作与管理,这是信托信任性与专业性的要求。因此,信托法律关系下的持有人大会虽有一定的议事和决定权,但一般仅针对信托契约存续及重大条款的改变,且持有人大会发挥作用的频次较低。此外,由于持有人大会的权限主要来自基

〔15〕 参见张盼、李冬:《房地产投资信托基金制度构建的法律问题研究》,载《金融理论与实践》2019 年第 7 期。

〔16〕 参见刘燕、楼建波:《企业并购中的资管计划——以 SPV 为中心的法律分析框架》,载《清华法学》2016 年第 6 期。

〔17〕 同上。

〔18〕 参见蔡奕:《完善公募基金份额持有人大会制度的几点思考》,载黄红元、卢文道主编:《证券法苑》(第 23 卷),法律出版社 2017 年版。

金合同,因此,其权利的范围、力度与执行力均不如来自公司法和章程授权的股东大会,更不可能拥有股东大会类似财务预决算、经营决策权、重要人事任免权等实体决策权力。

就公募 REITs 而言,其产品特性与一般的公募基金存在差异。一般意义上的公募基金,主要进行证券投资,核心目的在于获取买卖差价或者利息收入,虽然偶尔也会以股东身份介入所投资标的的重大经营事项,但总体上介入不深且采用被动管理的方式,主要通过“用脚投票”取得最佳的投资收益。就 REITs 而言,其主要收益来源于底层资产,对底层资产的高效运营,对 REITs 的收益十分关键。因此,REITs 必须更多关注底层资产的日常运营管理。相应的,基金持有人需要做出的与底层资产运营有关的决策,也较之一般的公募基金更为复杂多样。

此次公募 REITs 试点出台的相关法规,赋予基金份额持有人大会较多的涉及底层资产运营的表决权,如资产收购、重大支出等;且直接规定了重大事项应当经参加大会的基金份额持有人所持表决权的 1/2 或者 2/3 以上表决通过,基金份额持有人与表决事项存在关联关系的,还应当回避表决。[19] 这些规定表明,基金份额持有人已经在一定程度上参与到 REITs 的日常运营中,而并非像典型信托关系中委托人那样“超脱”,其内在法律逻辑,事实上也就更加类似于委托代理关系,而非纯粹的信托关系。而且,重大事项的决策程序,也遵循了“多数资本决”这一基本原则。因此,公募 REITs 份额持有人之间的关系,也在某种程度上带有了上市公司股东之间“合作经营”的关系色彩。从基础法律关系的角度,公募 REITs 制度中引入上市公司收购和权益变动的

〔19〕 中国证监会《公开募集基础设施证券投资基金指引(试行)》规定,需要经参加大会的基金份额持有人所持表决权的 1/2 通过的事项包括:金额超过基金净资产 20% 且低于基金净资产 50% 的基础设施项目购入或出售;金额低于基金净资产 50% 的基础设施基金扩募;基础设施基金成立后发生的金额超过基金净资产 5% 且低于基金净资产 20% 的关联交易;除基金合同约定解聘外部管理机构的法定情形外,基金管理人解聘外部管理机构的。需要经参加大会的基金份额持有人所持表决权的所 2/3 通过的事项包括:对基础设施基金的投资目标、投资策略等作出重大调整;金额占基金净资产 50% 及以上的基础设施项目购入或出售;金额占基金净资产 50% 及以上的扩募;基础设施基金成立后发生的金额占基金净资产 20% 及以上的关联交易。

类似安排,具备法理基础。

(二)REITs 委托代理关系的特殊性:弱代理关系

从法理上看,公募 REITs 份额持有人存在类似于上市公司股东之间的委托代理关系,那么,是否应当全盘移植上市公司收购和权益变动的相关制度安排呢? 笔者认为,要回答这个问题,除了必要的法理分析外,还需要认真探究公募 REITs 的产品特质,及其基金份额持有人在其中的角色定位。

北京大学光华管理学院对美国、英国、澳大利亚、日本、新加坡、中国香港地区等 12 个国家或地区 REITs 制度的研究认为,[20] REITs 市场建设实践中,有 4 项制度构成 REITs 制度的核心。除在 REITs 层面实施税收支持以外,另外 3 项制度均与 REITs 的日常运营直接相关。

一是基金主要收益来源要求,即 REITs 应当主要投资于成熟的不动产资产,以不动产资产产生的长期、稳定的现金流作为主要收入来源。各国家和地区 REITs 制度无一例外地对 REITs 的经营活动进行限制。美国、英国、加拿大、新加坡、德国等国家均设定了不动产资产的最低投资比例、来源于不动产资产的最低收入比例;澳大利亚、法国、中国香港地区则以审核是否主要进行“合格不动产投资”作为税收优惠的前提条件。各国和地区还往往对 REITs 进行房地产开发、短期交易、持有其他公司股票等加以适当限制,以确保 REITs 绝大部分资产持有底层成熟、优质的不动产资产。各国和地区对 REITs 作出限制主动交易的规定均是出自一个共同的理念,即提供给投资者的收益应当全部(或大部分)来自经营性房地产租金等现金流收入,而不应当来自房地产买卖差价,这与证券投资主要获取买卖价差收入或债券利息收入存在明显差别。

二是对 REITs 收入进行强制分配。12 个国家和地区均作出了有关强制分配制度的规定,美国、新加坡、英国等国家明确规定了租金等一般性收入的分红比例不得低于 90%;澳大利亚、加拿大等则对不分红的部分按最高税率进行征税,以确保 REITs 绝大部分收益向投资者

---

〔20〕 参见《中国 REITs 制度的特征与实现路径》,北京大学光华管理学院“光华思想力”新金融研究系列报告之八,2018 年 12 月。

进行分红。利润的强制分配保障了基于不动产资产产生的长期、稳定的现金流能够流入投资者手中。

三是普遍限制高杠杆运作。杠杆率限制属于普遍做法,如新加坡、中国香港地区均要求 REITs 的杠杆率不超过 45%,[21] 英国、比利时则通过规定利息覆盖比率不低于 1.25 倍限制过度高杠杆。

由此可见,REITs 运营,与一般上市公司相比,存在比较明显的差异。首先,REITs 经营范围被严格限制在成熟的不动产投资领域,几无可能向其他领域拓展[22]。其次,REITs 绝大部分收益要求分配给基金份额持有人。因此,除直接扩大 REITs 规模或借款用于收购外,很难通过留存资金用于购买新的资产拓展业务。此外,由于 REITs 投资标的属于成熟运营的不动产资产,物业管理等方面提升空间总体较为有限。总体看,REITs 收益比较稳定,很难有爆发式增长,业界普遍认为其风险收益特征介于股、债之间。

REITs 风险收益特征直接影响基金份额持有人之间可能存在的代理关系。从公司法的角度,股东权利可以划分为自益权与共益权。自益权是股东为了实现投资回报而从公司分取经济利益的权利,如股利分配请求权、剩余财产分配请求权、新股优先认购权等。共益权是股东为全体股东共同利益从而间接为自己利益行使的权利,如表决权、知情权等,以及与表决权相关的派生性权利如股东会出席权、召开股东会提议权、股东会召集和主持权、提案权等。如果将 REITs 份额持有人与公司股东相类比,由于 REITs 运营本身受到法律法规诸多限制,因此,与

---

[21] 2020 年 6 月 9 日,香港证监会发布对 REITs 守则的修订建议并公开征求意见,修改事项包括将 REITs 借款总额的限制从不得超过该计划资产总额的 45% 变为 50%。此外,新加坡财政部、税务局、金融管理局于 2020 年 4 月 16 日发布 New Measures to Help REITs Navigate Operating Challenges Posed by COVID - 19,将 REITs 的杠杆率从 45% 调整为 50%,以应对"新冠"肺炎疫情的影响。

[22] 以美国为例,经过 1976 年、1986 年、1999 年等数次税法修订,REITs 逐步具备了积极管理的能力。2001 年 6 月 4 日,美国国内税务署(IRS)颁布了一项收入条例(2001 - 29 号),重申了 REITs 可以将主动贸易和商业活动作为其典型房地产租赁业务的一部分。但是作为获得税收优惠所必须付出的代价,与普通房地产辛迪加和房地产公司相比,REITs 的积极管理能力仍然有所限制:REITs 必须透过其应税附属机构(TRS)进行积极的经营活动,如为其租房或第三方提供超常规的服务等。由于 TRS 被视同普通公司课税,故 REITs 的积极经营所得实际上仍然是双重征税的。

一般的股份公司相比,基金份额持有人对于 REITs 的日常运营的影响,也会弱于股东对上市公司的影响。

REITs 份额持有人整体影响力弱化,使 REITs 份额持有人共益权随之弱化,自益权成为更为重要的权利。由此,基金份额持有人之间的委托代理关系也在很大程度上被弱化了。因此,公募 REITs 制度中引入上市公司收购和权益变动的类似安排,虽然有其必要性,但在规范的要求和强度上,可以作出与一般的股份公司差别性的政策安排,以与 REITs 份额持有人之间的弱代理关系相匹配。

(三)要约的取舍:理论目标与适用场景的偏差

本次公募 REITs 试点,部分引入了上市公司收购中强制要约的制度安排,规定投资者及其一致行动人拥有权益的基金份额达到基础设施基金份额 50% 时,继续增持该基础设施基金份额的,应当参照《上市公司收购管理办法》以及其他有关上市公司收购及股份权益变动的有关规定,采取要约方式进行并履行相应的程序或者义务〔23〕。

上市公司收购中的强制要约安排,来源于收购中“公平对待目标公司股东”〔24〕这一基础原则。按照公司法基本原理,公司的股东构成,从来都兼具人合与资合的性质,对于有限责任公司,我国《公司法》明确规定,股东向股东以外的人转让股权,应当经其他股东过半数同意。而对于股份有限公司,则规定其股份转让应当在依法设立的证券交易场所进行。其隐含的部分意义可以理解为,由于股份有限公司股东人数众多,设置其股份转让需经多数股东同意在事实上无法实现,因而由证券交易所设置“以信息披露为核心”的股份转让条件,“替代”其他现存股东对新进股东进行的资格检视。发生上市公司收购时,由于涉及实际控制人的变化,因此,信息披露已经不足以实现“公平”原则,需要给予一般股东通过“用脚投票”重新“选择”控股股东的机会。出售股票给新控股股东的卖家们,已经在公司控制权发生变动时选择“退出”了

〔23〕 参见《上海证券交易所公开募集基础设施证券投资基金(REITs)业务办法(试行)》第 57 条、《深圳证券交易所公开募集基础设施证券投资基金业务办法(试行)》(征求意见稿)第 64 条。

〔24〕 同前注〔11〕,第 1056 页。

公司,所以要把同样的“退出”机会提供给其他股东。[25]

就 REITs 而言,与一般上市公司最大的区别,在于持有大额基金份额的投资者,是否具备类似于上市公司控股股东同样的控制力和控制意愿。从实践看,在 REITs 产品结构和运作管理中,处于治理核心地位的,是基金管理人及其委托的项目运营机构,而非 REITs 基金份额的持有人。上市公司实际控制人决定着上市公司的重大决策,而且会通过各种方式影响上市公司的日常经营;而 REITs 基金份额的持有人,通常以获得基金收益为主要目标,通常不会直接介入 REITs 底层资产的运营。因此,无论从控制力角度,还是从控制意愿角度,REITs 基金份额的大额持有者,都无法与上市公司的控股股东相提并论。进而推断出,REITs 大额持有人发生变化,通常不会直接影响 REITs 正常运作和底层资产运营。相应的,当 REITs 基金份额的大额持有者发生变动时,完全参照上市公司做法,给予其他基金份额持有者“退出”机会似无必要。因此,是否完全参照上市公司做法,在 REITs 交易中引入标准相同的强制要约,需要结合 REITs 具体的治理结构综合考虑。

三、REITs 控制权集中度的现实背景:试点安排与发展需要

要准确讨论本次 REITs 试点中的控制权集中度规制问题,应当将该问题置于试点整体制度安排的视角下去观察和讨论。正如有学者指出,不应枉顾具体法律或规则生成的社会背景,将公司治理法律制度抽象为纯粹的技术规则,认为他们可以随意地移植和转让,在给其指标赋值的过程中,只看到法律的纸面规则,而忽视了法律作用于市场的动态过程。[26]

---

〔25〕 同前注〔11〕,第 1062 页。

〔26〕 罗培新:《公司治理法律规则背后的经济与社会含义——以日本活力门收购事件为视角》,载徐明主编:《证券法苑》(第 2 卷),法律出版社 2010 年版。

(一)基金持有人充分保护下的控制权集中度安排

从本次 REITs 试点的制度安排来看,[27] 加强基金份额持有人合法权益保护和压实机构主体责任是贯穿其间的主旨安排。具体包括 4 个方面:

一是严格筛选基础资产。试点对基础资产设置了较高的准入门槛。项目权属上,要求权属清晰,不存在重大法律或经济纠纷;投资回报上,要求具有成熟的经营模式及市场化运营能力,已产生持续、稳定的收益及现金流,具有持续经营能力和较好的增长潜力;原始权益人适当性上,要求其信用稳健、内部控制制度健全,具有持续经营能力,最近 3 年无重大违法违规行为。[28]

二是深度绑定原始权益人。为了保证 REITs 底层资产的质量,本次试点还引入利益绑定机制,以避免原始权益人可能存在的欺诈等法律和道德风险。法规不仅要求原始权益人参与基础设施基金份额战略配售的比例合计不得低于基金份额发售数量的 20%,还规定基金份额发售总量的 20% 持有期自上市之日起不少于 60 个月,超过 20% 部分持有期自上市之日起不少于 36 个月,基金份额持有期间不允许质押。同时,明确规定原始权益人或其同一控制下的关联方拟卖出战略配售取得的基础设施基金份额的,应当按照相关规定履行信息披露义务。[29]

三是压实基金管理人在 REITs 日常运营中的责任。一方面,强化基金管理人专业管理能力,除成立年限、声誉、内控等一般性要求外,还强调基金管理人应当设置独立的基础设施基金投资管理部门,配备不少于 3 名具有 5 年以上基础设施项目运营或基础设施项目投资管理经验的主要负责人员,其中至少 2 名具备 5 年以上基础设施项目运营经验。[30] 同时,还要求 REITs 基金管理人与基础设施资产支持证券管理

[27] 相关规定包括:中国证监会、国家发展改革委《关于推进基础设施领域不动产投资信托基金(REITs)试点相关工作的通知》、《公开募集基础设施证券投资基金指引(试行)》、《上海证券交易所公开募集基础设施证券投资基金(REITs)业务办法(试行)》(征求意见稿)等。

[28] 参见中国证监会、国家发展改革委《关于推进基础设施领域不动产投资信托基金(REITs)试点相关工作的通知》中的基础设施 REITs 试点项目要求。

[29] 参见《公开募集基础设施证券投资基金指引(试行)》第 18 条。

[30] 参见《公开募集基础设施证券投资基金指引(试行)》第 5 条。

人存在实际控制关系或属于同一实际控制人,防止基金管理人沦为通道。另一方面,法规要求基金管理人勤勉尽职,除可以委托部分项目运营职责外,需切实“管好项目、看住钱”。

四是基金运作受到严格规范。比照境外成熟市场 REITs 的通行做法,对 REITs 的运作作了严格的规定。具体包括,将 90% 以上合并后基金年度可供分配金额以现金形式分配给投资者,在符合分配条件的情况下每年不得少于 1 次;[31] 基础设施基金直接或间接对外借入款项,应当遵循基金份额持有人利益优先原则,[32] 不得依赖外部增信,借款用途限于基础设施项目日常运营、维修改造、项目收购等,且基金总资产不得超过基金净资产的 140% [33] 等。

上述安排,最大限度地保护了 REITs 份额持有人权益,同时也对 REITs 份额持有人的构成、内部治理以及后续参与运营管理作出了相对严格的限制。这样的制度安排,使 REITs 份额持有人的收益权得到了充分的保障,但对于 REITs 份额持有人项目运营参与权和决策权相对弱化,或者说外部的制度安排在很大程度上替代了内部治理。在这样的制度框架和 REITs 治理结构下,控制权集中度的规定也可以采用相较于上市公司治理更为柔性的规范方式。

(二)公募 REITs 后续发展中控制权集中度的制度供给

公募 REITs 在我国刚刚起步,制度设计更多借鉴境外成熟市场经验和境内私募 REITs 最佳实践,缺乏公募 REITs 成熟的实践支撑。随着试点的逐步深入,REITs 基金治理的自主化程度大概率会不断提升,REITs 份额持有人对于 REITs 日常管理的介入程度也会不断加深,甚至会产生更换基金管理人和项目运营者的需求。

以我国香港地区为例,就曾发生过 REITs 要约收购的案例。2018 年 9 月 26 日,春泉产业信托发布公告称,接到太盟地产全面要约通知,太盟地产拟按照每股 4.85 港元全面要约收购春泉产业信托。该要约为香港地区 REITs 历史上首个希望通过全面要约收购更换管理人的案

---

〔31〕 参见《公开募集基础设施证券投资基金指引(试行)》第 30 条。

〔32〕 参见《公开募集基础设施证券投资基金指引(试行)》第 28 条。

〔33〕 同上。

例。太盟地产之所以希望收购春泉产业信托，与春泉产业信托上市后表现不佳有关[34]。春泉产业信托上市后表现不佳，上市4年9个月内总计派息1.177港元，以2018年9月25日收盘价3港元加上派息合计，累积4年9个月收益率仅为9.63%，远不及恒生房地产基金指数。考虑到春泉产业信托主要资产是北京CBD核心地段写字楼华贸中心，资产优质，因此太盟地产认为是管理人经营管理不力。根据计划，罢免管理人及委任春泉产业信托新管理人后，新管理人将对春泉产业信托进行战略检讨，该战略检讨将审核春泉产业信托的战略、表现，并分析春泉产业信托的战略性举措。[35] 虽然最终该项要约收购未获成功，[36]但通过收购改善 REITs 运营绩效的目标已显露无遗。

此外，我国香港地区和新加坡的经验也表明，更有弹性的 REITs 治理安排和更为主动、专业的管理，能有效提升 REITs 的经营业绩。业绩较佳的 REITs 通过收购管理不善的资产并彻底挖掘资产的收益潜力、

---

〔34〕 太盟地产提出了三项质疑：(1)基金单位价格表现持续及严重不佳。春泉产业信托的基金单位价格表现于多方面表现欠佳。自2013年其首次公开发售起至最后交易日止，春泉产业信托的基金单位价格的表现逊于恒生房地产基金指数141.6%及逊于恒生指数32.1%。在该期间，春泉产业信托的基金单位价格下降约21.3%，使春泉产业信托就基金单位价格而言为于恒生房地产基金指数成分股中表现最差的房地产投资信托基金。(2)决策及管治常规令人质疑。于2017年，管理人收购就位于英国(为管理人并无相关往绩记录或活跃投资参与的市场)的84项商业物业的决定，当中涉及与伊藤忠商事株式会社(一个关联方)的一间间接全资附属公司签订的租约，连同摊薄基金单位持有人权益的新基金单位配发，对每个基金单位于2016年至2017年的分派造成负面影响。较资产净值折让45.4%的基金单位配发，大幅摊薄基金单位持有人于春泉产业信托之投票权及经济权益。(3)缺乏清晰策略及连贯的业务计划。管理人一直未能制定连贯的战略以解决春泉产业信托长期表现不佳的问题。管理人已扩大春泉产业信托的投资范围(就地理位置及投资类别而言)，唯并无清晰表述更广的范围如何与充足营运及财务资源及能力相匹配。

〔35〕 春泉产业信托的战略性举措可能涉及(其中包括)：资产收购、资产提升、股本变动、再融资、合并、资产出售及／或终止春泉产业信托。根据房地产投资信托基金守则，新管理人有义务按基金单位持有人的最佳利益进行战略检讨及实施由战略检讨所得之推荐建议。在完成战略检讨前，要约人并无就以下有任何计划(如要约已完成)：(1)对春泉产业信托的营运作出任何重大改变(包括对任何资产进行重新调配)；或(2)对春泉产业信托的投资政策作出重大改变。

〔36〕 要约人最终在截止期限内接获致使要约人及其一致行动人士合共持有526,651,054个基金单位的有效接纳，占基金单位约41.502%，未达50%的披露目标。

精明地收购并偶尔出售物业等,能为REITs份额持有人提升回报率,创造价值。研究发现,REITs股价增长情况方面,在历史股价(复权后)年化增长率的比较上,新加坡REITs市场上的主动管理型〔37〕REITs年化增长率为12.1%,优于资产上市型REITs的7.22%;我国香港地区主动管理型REITs代表领展REITs的历史股价(复权后)年化增长率为15.88%,远超过香港市场的资产上市型REITs年化增长3.25%的表现。因此,两个市场的REITs股价走势充分体现了主动管理型REITs在价值增长上具有更高的稳定性和持续性。

境外成熟市场经验看,当REITs发展到成熟阶段时,REITs份额持有人会有更大的动力,主动选择REITs管理人并参与到REITs的经营决策中去。相应的控制权集中度规定,也可以更加接近上市公司股东权益变动的制度安排。

四、余论

公募REITs治理结构,既保留一定的传统公募基金色彩,又在很大程度上打上了上市公司治理的印记。因此,REITs控制权集中度的制度逻辑,需要兼顾这两个基本前提。同时,由于不同制度背景下,REITs本身的结构、治理、运营也不尽相同,因此控制权集中度还需要照顾REITs实践运行过程中的需要。在本次试点的制度背景下,笔者建议可以适当放宽权益变动和要约收购的门槛,在保障REITs份额持有人权益的同时,尽可能减小REITs二级市场的交易阻力,提升交易活跃度。后续,可以随着试点的深入,考虑是否需逐步回归现有安排。

本次试点在我国现有法律框架下,设计REITs产品结构,可以最大限度降低试点的制度成本,无疑是极具智慧的务实选择。随着REITs

〔37〕 依据管理人在资产首次REITs上市后的行为特征(包括上市后收购是否频繁、关联收购对手是否是基金、关联收购的交易占比等),多层委托代理结构下的REITs产品可以区分为资产上市型REITs和主动管理型REITs。

试点的推进,也有必要为 REITs 量身打造法规体系,理顺 REITs 的基础法律关系,引入更为灵活适宜的治理结构,从而为 REITs 的发展提供更为坚实的制度保障。

(编辑:陈长青)

《证券法苑》(2021)
第三十一卷,第150~167页

投资者保护视野下的公募REITs“控制权集中”初探

温建利[*]　李　权[**]

摘要:本文以“控制权集中”的概念澄清为切入,通过展开投资者行为动因的定性研究,进而探究大投资者因“控制权集中”而增进的正向监督职能与大投资者由此攫取私利的负面侵害之间的紧张关系应如何化解。适度的“控制权集中”有助于补足REITs的投资者监督供给短缺,进而及时修正REITs运作的偏离。须防范的是“控制权集中”突破权力内生弹性边界后而引发的“过度监督”和“权益侵占”。基于此,从REITs的内部机制构建和外部制度供给两方面可以促使“控制权集中”的正负面机能在既有框架之内向一种良性趋向迈进。

关键词:控制权集中　公募REITs　投资者保护机制

一、问题提出:危如朝露?再论少数对多数

公开募集基础设施证券投资基金(以下简称

* 北京市金杜律师事务所金融资本部合伙人。

** 北京市金杜律师事务所金融资本部资深律师。

REITs)试点制度的安排中,基金投资者参与基金治理履行监督职能的相关规则体系在延续《证券投资基金法》和《公开募集证券投资基金运作管理办法》的原则性规定下,对基金持有人大会的运作进行了细化规定,强调了基金持有人大会对基础设施项目购入或者出售、基金扩募、重大关联交易等事项的决策权,并对决策流程、决议比例、回避表决、信息披露等事项予以规定。

从逻辑演绎的表面来看,当基金份额集中于少数投资者并随之赋予该等投资者对基金持有人大会决议具有更强乃至垄断的影响力时,不同投资者经过相互连续博弈而最终付诸阕如的基金持有人大会集体意志,体现的则是强者一方的利益。为便于行文,本文将集中持有基金份额并足以单独对基金持有人大会决策施加重大影响的投资者简称“大投资者”。

然而,不同投资者对于基金资源的潜在索取权诉求有所差异,加之REITs 实然运行中信息不对称、显性激励不足、隐性寻租冲动、监督缺位和约束不当等负面因素的潜在滋生,使大投资者个体短视行为所追求的利益并非与 REITs 帕累托最优利益一致。在此境况下,与强者一方的大投资者相对而言的小投资者参与基金决策的权益如何在其应有边界内得到保护?

我们可以将这个抽象宏大的问题进行维度的降解,追根溯源“控制权集中”的题中之义和产生原因,以投资者的监督职能和行为驱动为切入视角,逐步推进至具体的问题,大投资者的“控制权集中”是否与小投资者利益必然对立?在什么情况下“控制权集中”会侵害小投资者利益?现有制度下如何有效可行地防范侵害发生、问责侵害之过、弥补侵害后果?本文将对前述问题进行初步的探讨。

二、概念廓清:利益博弈衍生的控制权集中

(一)何为控制:研究标的相关概念初澄清

开题起始,我们先澄清几组概念,以明确本文所讨论的“控制权集中”的内涵和外延。

目前《公开募集基础设施证券投资基金指引(试行)》规定的公募REITs顶端载体为公募基金,[1]而基金载体作为信托制度项下的一种契约,本身并无所有者,其"所有权"体现为交易的方式和结果,包括"剩余控制权"和"剩余索取权"。

何为"剩余控制权"?"控制权"系指对基金的所有可供支配和利用的资源的控制和管理的权力,"剩余控制权"则来源于契约的不完备性和未来实然状态的不确定性,是契约未明确约定的活动的相机处理权。[2] 在公募REITs中,剩余控制权归属于基金管理人,亦体现在《证券投资基金法》第49条中,即"基金份额持有人大会及其日常机构不得直接参与或者干涉基金的投资管理活动"。

何为"剩余索取权"?"剩余索取权"系指对基金收入扣除基金管理人、基金托管人等基金交易参与方的报酬支出后的剩余收入取得权,基金风险亦是该等权利的应有之义。在公募REITs中,剩余索取权归属于基金投资者,基金投资者因此也承担基金运作中的所有风险。

公募REITs中由于享有剩余控制权与剩余索取权的主体不一致,导致基金管理人可能利用对基金的剩余控制权,通过关联交易、内幕交易、互惠交易等形式转移基金利润,盲目扩大高风险资产,加剧基金投资者收益的不稳定性。[3] 由此应运而生的基金治理结构中的基金持有人大会机制,便为基金投资者提供了能够有效敦促基金管理人正当且得当行使剩余控制权的监督通路。作为投资者权益保护机制的核心盾卫之一,《证券投资基金法》《公开募集证券投资基金运

---

〔1〕《公开募集基础设施证券投资基金指引(试行)》第2条规定:"本指引所称基础设施基金,是指同时符合下列特征的基金产品:(一)80%以上基金资产投资于基础设施资产支持证券,并持有其全部份额;基金通过基础设施资产支持证券持有基础设施项目公司全部股权;(二)基金通过资产支持证券和项目公司等载体(以下统称特殊目的载体)取得基础设施项目完全所有权或经营权利;(三)基金管理人主动运营管理基础设施项目,以获取基础设施项目租金、收费等稳定现金流为主要目的;(四)采取封闭式运作,收益分配比例不低于合并后基金年度可供分配金额的90%。"

〔2〕参见"不完全契约理论",[美]科斯、哈特等:《契约经济学》,李风圣主译,经济科学出版社1999年版。

〔3〕参见"企业与产权理论",许成钢:《企业、合同与财务结构》,上海人民出版社1998年版。

作管理办法》《公开募集基础设施证券投资基金指引(试行)》均规定了基金投资者在涉及 REITs 基金运作的重大事项上的介入权利和监督职能。

随之而来的问题是,《证券投资基金法》规定“每一基金份额具有一票表决权”,〔4〕大投资者根据其所持基金份额比例在基金持有人大会享有更重的决策权,为了避免基金持有人大会可能因此沦为大投资者的提线木偶而成为大投资者谋取私利的发声工具,基金持有人大会监督齿轮的运转能否有效内嵌于 REITs 整体基金治理体系中,与其他治理环节协同运作,提升 REITs 绩效并抑制 REITs 交易参与方的道德风险,以达到相关利益主体之间的权力、责任和利益的相互制衡,则成为文首议题的基石所在。

至此,我们初步框定本文拟讨论的“控制权集中”并非基金“剩余控制权”的配置形态,而是特指基金投资者通过基金持有人大会对 REITs 运作进行监督时,在基金持有人大会表决权结构中所体现的大投资者对决策结果的“控制权”。那么这种“控制权集中”传导给 REITs 的正负作用包括哪些?“控制权集中”体现的投资者行为动因包括哪些?“控制权集中”是“达摩克利斯之剑”还是基金绩效加速器?下文我们将展开分析。

(二)投票动机:洞悉投资者的决策心理

REITs 的特殊性在于将一般公司治理蕴藏的契约性上升至顶峰,投资者行使监督职能的场所——基金持有人大会,通常呈现的表决权结构包括三种典型形态:(1)表决权高度集中,某一投资者对基金持有人大会拥有绝对控制权;(2)表决权高度分散,单一投资者均无法对基金持有人大会施予重大影响;(3)表决权部分集中,基金同时拥有若干个均能影响基金持有人大会的大投资者。

鉴于《公开募集基础设施证券投资基金指引(试行)》规定扣除向战略投资者配售部分后公募 REITs 向网下机构投资者发售比例不得低

〔4〕《证券投资基金法》第 85 条规定:基金份额持有人大会可以采取现场方式召开,也可以采取通讯等方式召开。每一基金份额具有一票表决权,基金份额持有人可以委托代理人出席基金份额持有人大会并行使表决权。

于该次公开发售数量的70%〔5〕,考虑到公募REITs对于目前我国公众投资者而言仍属于认知度有限的新鲜事物,加之首批试点项目的单体募集规模受限于项目本身估值,因此现阶段我国REITs所呈现的表决权结构很难出现高度分散的形态。当然,基金投资者表决权结构随着具体REITs产品的二级市场流通和后续不断扩募将动态调整,但均不可回避地会形成不同程度的"控制权集中"。那么,若考察这种"控制权集中"向小投资者利益边界渗透时所释放的能量,亦无可绕开大小投资者各自决策的行为动机和基金持有人大会折射的"集体行为"特征。当投资者因其持有表决权的比例不同而分化为大中小投资者时,投资者之间的同质化被打破,不同表决地位的投资者之间的行为差异,以及这种差异对他们之间关系的影响,均不同程度表征于基金持有人大会的行动逻辑中。

基金持有人大会对表决的权力配置和效力设定,在理想状态下应当遵循两大原则:(1)监督决策权应当优先倾斜向拥有信息优势并有较高决策能力的主体,包括对市场信息及时充分的洞察力和判断力,当然这一特征与投资者大小无直接必然勾稽关联;(2)监督决策权的配置应当与投资者所承担的基金运作风险相匹配,体现为《证券投资基金法》规定的"每一基金份额具有一票表决权",基金持有人所持表决权比例和其所持基金份额相当,大投资者根据其所持基金份额比例相应享有更重的决策权。

但在实然决策时,为了保证信息披露的充分,基金持有人大会召开前一般会给召集和提案预留足够的时间,在提案披露至最终表决的期间博弈中,小投资者独立决策所需花费的成本、其所持表决权对生效决议的作用、生效决议对小投资者所持基金份额利益的影响,这些要素之间的错位,催生了"搭便车"现象。〔6〕若预期最终结果与其意图必然相悖,小投资者可能表现出理性的冷漠而惰于参与决策;若预期最终结果

〔5〕《公开募集基础设施证券投资基金指引(试行)》第24条规定:"基金募集期限届满,出现下列情形之一的,基础设施基金募集失败:……(四)扣除战略配售部分后,向网下投资者发售比例低于本次公开发售数量的70%……"

〔6〕参见"搭便车"理论,聂德宗:《交易费用、经济绩效与文化》,载《学术研究》1997年第1期。

与其意图走向一致，小投资者可能萌生节省投票成本即可坐享其成的消费心理；由于监督需要付出成本，成本只能由投资者自身承担，而监督促成的生效决议对 REITs 运作效益的增进，受限于小投资者所持的较低份额比例，带给小投资者的激励作用较为微弱，可能无法支持其付出投票的成本。

在上述心理驱动下，当基金投资者的表决权高度分散时，每一投资者都惮于内部化监督成本，“监督”这公共产品无从生产，供给量将趋向短缺，进而难以达到帕累托最优条件下 REITs 所需的监督供给量。和小投资者相比，持有表决权比例的上升可以促使大投资者突破“搭便车”的消费心理，[7] 自愿承担监督成本，同时大投资者可以克服小投资者集体行动的难题，从而积极供给监督，为 REITs 的价值提升和运作优化创造有利条件。

因此，“控制权集中”并非必然导致监督供给不足，“监督”作为全体投资者均可付出成本并享有回报的公共产品，大投资者同时身兼该公共产品最大的供应者和最大的消费者双重角色。适度的“控制权集中”有助于对冲小投资者“搭便车”所导致的监督供给缺位，进而及时修正基金运作的偏离。须要防范的是“控制权集中”矫枉过正引发的“过度监督”和“权益侵占”。

（三）小结：权责利制衡下的适度集中

如前分析，当基金投资者的表决权极端分散的情况下，分散的小投资者基于对自身有限监督能力的评估及相应监督成本的考虑，各自均试图“搭便车”而趋向放弃对基金运作监督的权利与职责，由此导致的基金持有人大会虚置问题越发凸显。对于大投资者而言，其所持基金份额比例越高，实现全部基金份额退出和流通的阻力就越大，受到生效决议对其基金份额收益的影响也越大，因此，相较于小投资者，其在每份基金份额所享有的决策权对应的风险实质略高，从而大投资者应当获得基于此的“风险溢酬”，即其决策权累积到一定程度后形成控制权，从而获得对基金持有人大会决策更强影响力的边际效应。

---

〔7〕 参见“智猪博弈论”，谢识予：《经济博弈论》，复旦大学出版社 1998 年版。

因此,当大小投资者之间存在不对称的流动性分布,非流动性会降低消极决策的惰性,激发积极监督的动力,适当的"控制权集中"是避免决策权倾轧和兼顾经济效益的较优安排。然而从高度分散走向适度集中而产生的监督效能绝不是简单的份额累加,虽然大投资者积极参与监督从而提升基金持有人大会的决策效率,有助于基金管理人的投资策略得到及时的偏差修正,但由此形成的"控制权集中"同样为大投资者谋取私利创造契机。即便该等谋取私利的意图和实施并不必然造成小投资者应得利益的侵害,须要防范的是,在大投资者从"权力实际拥有"到"权力实际实施"的进程中,从"休眠"唤醒为"活跃"的控制权可能释放的"过度监督"和"权益侵占"的危险信号。

本部分简要剖析了"控制权集中"的概念、成因、利弊后,我们将在第三部分于理论层面、在第四部分于实践层面分别展开讨论,探寻如何消解"控制权集中"对小投资者可能造成的权益侵害。

三、权益保护:基金持有人大会的功能优化

(一)冲突角力:多数与少数是否必然对立

通过上文对"控制权集中"存在必要性和合理性的分析,我们将考察视角推进至更具体的探讨,在大多数情况下一项决议通常很难实现每一投资者个体利益的最大化,个别投资者的利益遭遇牺牲并不必然会被认定为对投资者权益的"侵害",亦不会因为个别投资者单次的利益减损即动摇该项决议的合法有效性。因此,"控制权集中"并不当然地被强加"侵害小投资者权益"的固化标签,我们的探讨就具化至什么情况下会出现大投资者决策侵害小投资者权益的情形。

控制权的本质是一种权力和权威,资本强权观为控制权分析框架提供了桩基,契约的不完全性则标明了问题研究的起点,受限于现实中契约的天然不完全性,任何权利/权力的边界在现实操作中都可能难以完全清晰。例如,我们难以在 REITs 初始交易文件中穷尽规划未来所有或然事件及其对应的行动方案,但我们可以约定交易参与方的权利/

权力范围和实施权利/权力的条件。

前文立足于投资者行为视角，我们深入剖析了大小投资者的决策心理，但基于主体行为视角解析涉及复杂主体特征与环境变量的协调适配关系。实然决策时，影响因素和情境变量的协调关系千变万化，当利益冲突呈现短兵相接的局面，短期意图动态更迭，策略互动瞬现即逝，每一投资者更是具有复杂多面性。对此更深的讨论暂且宕开一笔，我们试图将思路简化。

对于大投资者而言，一方面，其监督虽然创造价值，但并非多多益善，大投资者提供的监督总量存在给定约束下的最优点，逾越此界的监督则构成“过度监督”。“过度监督”会损害基金管理人的专业运作，抑制基金管理人的积极性和创造性的发挥，也与《证券投资基金法》第 49 条基金份额持有人大会及其日常机构不得直接参与或者干涉基金的投资管理活动的规范精神相悖。[8] 另一方面，大投资者对 REITs 发展的支持行为和自身基于控制权的攫取行为可能同时存在，当某项决策的形成和服从该决策的行为能够为大投资者创造的绝对收益大于其按所持 REITs 份额比例承担的基金风险时，大投资者可能倾向进行该项决策，当大投资者利用其控制地位追求自身收益最大化，以平衡其提供监督所付出的成本支出，乃至不惜牺牲小投资者的利益时，“控制权集中”使大投资者时刻一脚悬空于“权益侵占”的泥淖之上。大投资者在 REITs 中可能的“权益侵占”典型方式包括，盲目扩募高风险的新增基础设施、基于自利目的以不合理价格购入或出售基金持有的基础设施、操纵基金与投资者关联方进行不公允交易、利用自身控制地位实施持有人大会日常机构的人事控制等。

对于小投资者而言，他们面临的不利局面是，一方面无法克服“搭便车”的消费心理；另一方面又不得不忍受大投资者利用自身地位对其利益可能造成的侵占。由于《公开募集基础设施证券投资基金指引

[8] 《证券投资基金法》第 49 条规定：“基金份额持有人大会及其日常机构不得直接参与或者干涉基金的投资管理活动。”

(试行)》对于战略配售份额锁定期的规定,[9] 加之公募 REITs 二级市场流通性尚未得到检验,小投资者能否有效利用"退出机制"尚不明朗,而不明朗的"退出机制"加剧了小投资者的监督惰性。

在这样的博弈中,大投资者或有的"过度监督"和"权益侵占"阴影下,小投资者的地位和利益处于一种薛定谔式的岌岌可危,如何将这种岌岌可危转变为另一种稳健的利益制衡机制,我们于下文探讨。

(二)相容调节:如何制约多数对少数的侵害

追求控制权私利是大投资者获取控制权的重要回报,亦是其实施监督的重要激励,如前所述,大投资者追求私利不必然损害小投资者的利益,并非所有的私利追逐行为都会导致 REITs 运作利益的损害和效率的降低,但当大投资者罔顾 REITs 整体利益乃至以其他投资者利益为代价,僭越"控制权集中"权力内生的弹性边界而攫取一己之利时,其对私利的追逐将一脚踏入"权益侵占"的深渊。从短期来看,大投资者为追求控制权私利而实施侵占行为会损害其他投资者的利益。从长远来看,大投资者(甚至和基金管理人合谋)对小投资者的侵占将严重损害外部投资者的投资积极性,缩小 REITs 投资者基础,也将危害到 REITs 市场的健康发展。

那么,如何在基金持有人大会决策机制中实现多数与少数的相容,遏制大投资者的恣意,减少小投资者的无为,以达到经济效益的帕累托最优,本节将对此分别从大投资者和小投资者两方面进行分析。

从大投资者视角出发,在考虑 REITs 基金持有人大会的权力如何分配时,首要目标和原则是最大化激励基金投资价值的持续增进,同时

---

[9] 《公开募集基础设施证券投资基金指引(试行)》第 18 条规定:"基础设施项目原始权益人或其同一控制下的关联方参与基础设施基金份额战略配售的比例合计不得低于本次基金份额发售数量的 20%,其中基金份额发售总量的 20% 持有期自上市之日起不少于 60 个月,超过 20% 部分持有期自上市之日起不少于 36 个月,基金份额持有期间不允许质押。原始权益人或其同一控制下的关联方拟卖出战略配售取得的基础设施基金份额的,应当按照相关规定履行信息披露义务。基础设施项目原始权益人或其同一控制下的关联方以外的专业机构投资者可以参与基础设施基金份额战略配售,战略配售比例由基金管理人合理确定,持有基础设施基金份额期限自上市之日起不少于 12 个月。基金管理人应当与战略投资者事先签署配售协议,且应当在基金合同、招募说明书等法律文件中披露战略投资者选择标准、向战略投资者配售的基金份额总量、占本次基金份额发售比例及持有期限等。"

最小化低效率的内耗权力斗争。大投资者基于“控制权集中”获取的私利包括货币形式利益和非货币形式利益的交织存在,该等私利开辟了大小投资者在“控制权集中”权力结构下的利益冲突空间。但行为本身具有复杂性,主观动机不具有观测性,叠加嵌入所处环境后多元因素互相作用,进而导致控制权私利驱动下的大投资者对基金管理人在基金扩募、基金财产处置、关联交易等重大事项上的干预将随着基金持有人大会权力配置机制的演变呈现纷繁的局面。

从小投资者视角出发,和大投资者相比,其所持表决权分散且微小,他们“用手投票”的权利常常受到漠视或限制,随之加大了他们实施监督的成本,即便遭遇利益受损,也只能通过“用脚投票”来表达。相对于“用手投票”而言,消极被动的“用脚投票”极大削弱了投资者的监督职能,加之目前我国公募 REITs 仍在蹒跚学步的初期,事后追偿机制能够为小投资者提供的维权救济明显不足,因此,无论事前还是事后,小投资者维护自身利益的条件远不如大投资者。

拨开纷芜,我们可以借鉴公司治理结构的理论视角和研究成果,在公司不同的股权结构下,控制权私利对投资存在“防御效应”和“激励效应”,即股权集中度越高,上市公司的过度投资程度越严重,通过增强股权制衡程度、增加股权激励以及加大股权流动性可以较为有效地降低上市公司过度投资水平,通过大股东之间相互监督,缓解不当投资和利益输送。同时,作为公司治理机制重要组成部分的“投资者保护机制”通过一系列制度安排及其实施,一方面,为小股东实施权利、开展监督提供保障;另一方面,当小股东出现损失能够有效进行事后追偿提供救济,从而显著降低大股东实施侵占行为的效率,最终达到保护小股东的利益,维护外部投资者的信心。

相应投射到 REITs 治理中,遏制大投资者控制权私利攫取、促进小投资者积极表决可以通过如下方面展开:针对权力制衡失重,可以在基金持有人大会中多层级设置递进式决策比例;针对低效“用脚投票”,可以优化代理投票和发声机制刺激表决;针对流动性缺失,可以健全发展 REITs 二级流通市场;针对大投资者的不当私利意图,可以加强惩罚成本和威慑警示;针对基金持有人大会的有序召开,可以制定会议规程和投资者自律守则规范程序正义;针对已发生的违规侵占行为,可以完善追责制度和救济途径;针对效力瑕疵的基金持有人大会决议,可以鼓励小投资者提起撤销之诉或确认无效之诉。以上多措并举,内外耕耘,有助于避免基金持有人大会被大投资者把持,进而夯实投资者保护机制的桩基。

(三)小结:栖身于法律与经济的双向选择

追求自身利益最大化是大投资者作为经济人的前提,但"有利可图"随附的"有限理性"的局限却造成其行为的短视。和大投资者相比,小投资者因其地位较为缺乏保护自身利益的手段,仅依靠市场来自我调节在实际中并不足够充分,因此,REITs 的内部机制构造和外部制度供给应双向对此予以必要支持。

当然,对于小投资者的法律保护力度依赖于各国法律体系的性质与起源,考察其他国家建立的相对完善的 REITs 投资者保护机制,包括体系化的法律法规、法律规则的动态修正、执法手段的完善、严格的信息披露、独立的媒体监督等均可以为我们提供一些思路。但受限于经济起点与社会环境的差别,照搬国外成熟案例作为我们制度建设的实操方案难以获得现实妥当性,脱离具体历史推演进程的简单复制,极易最终流于一个抽象空洞的制度躯壳,面临异化为"特洛伊木马"的危险。于是,问题的最终行进至"控制权集中"约束的本土化实践路在何方?

四、本土构造:论域的中国路径

(一)内凝精气:内部机制构建

在投资者保护的框架下去理解"控制权集中"正反面,有助于我们更深刻理解大小投资者利益的分化,当这种背离偏离到一定程度时,由此释放的负面作用将产生蝴蝶振翅的深远影响。投资者保护机制所起作用即为对这种背离的修复,如何将"修复"做到有制可依、有规可守、有序可循,我们从以下方面简要分述。

1. 大会日常机构的选举

《证券投资基金法》规定,按照基金合同约定,基金持有人大会可以设立日常机构,行使职权包括召集基金份额持有人大会、提请更换基金管理人或基金托管人、监督基金管理人的投资运作及基金托管人的托管活动等。大会日常机构由基金持有人大会选举产生的人员组成,其议事规则,由基金合同约定。[10]

由于大投资者持有更高比例的基金份额而享有更重的表决权,相较小投资者,大投资者更容易使其提名的候选人获得席位,为了防止基金持有人大会日常机构席位被大投资者尽收囊中而小投资者一无所获,建议在日常机构成员的选举计票时采取累积投票制度,允许投票权的集中使用。举例而言,若大会日常机构成员 5 人,某一投资者拥有 100 票表决权,他对候选人的选举将累积获得 500 票的表决权,可以集中投一人也可以分散投几人。累积投票制便于小投资者提名候选人有机会参与大会日常机构并为小投资者群体伸张利益,防范基金持有人大会日常机构演变为大投资者谋取私利的爪牙。

2. 信息披露制度的健全

如前文举例,大投资者“权益侵占”手段之一即是操纵基金与其关联方进行不公允交易,这些交易因缺乏透明度和外部监督而较易失之公允。各国对关联交易的范围、审批程序、披露标准等均作出了严格的规定和限制,但是由于交易信息的隐蔽性和不对称性,小投资者很难清晰地获悉交易对手、交易目的、交易定价、交易标的等基本资料。在此基础上,小投资者很难判断交易的公允性,这样就导致关联交易和自我交易很容易成为大投资者侵占的重要手段。

针对于此,强化公募 REITs 信息披露制度有助于消弭大小投资者之间的信息不对称,在法律法规要求的强制性信息披露同时建议一并赋予投资者可以要求基金管理人在合理时限内进行专项信息披露的请求权,便于小投资者在了解 REITs 运作实际后有的放矢发挥监督职能。同时,

---

〔10〕《证券投资基金法》第 48 条规定:“按照基金合同约定,基金份额持有人大会可以设立日常机构,行使下列职权:(一)召集基金份额持有人大会;(二)提请更换基金管理人、基金托管人;(三)监督基金管理人的投资运作、基金托管人的托管活动;(四)提请调整基金管理人、基金托管人的报酬标准;(五)基金合同约定的其他职权。前款规定的日常机构,由基金份额持有人大会选举产生的人员组成;其议事规则,由基金合同约定。”

信息披露制度的常态化和违规信息披露问责制度的配套化，有利于敦促包括大投资者及REITs交易参与方的各主体遵循必要的诚信义务。

3. 召集权的及时启动

根据《证券投资基金法》《公开募集证券投资基金运作管理办法》《公开募集基础设施证券投资基金指引（试行）》，[11]有权召集基金份额持有人大会的主体包括基金管理人、基金托管人、代表基金份额10%以上的投资者。召集人负责组织召开基金持有人大会，征求与收集REITs持有人对重要事项的意见，履行信息披露、文件制作、档案保存等职责。在召集事由的确定上，对基金合同当事人权利、义务产生重大影响的事项，可以作为召集事项。建议在REITs会议规程中进一步具体列举召集事项，形成实操性强的指南，以便在召集事由实际发生时，便于召集人迅速判断，在实际可行的最短期限内召集基金持有人大会，拟定会议议案。尤其对于严重影响投资者利益的突发情况，召集人可在有利于持有人权益保护的情形下，合理缩短基金持有人大会的召集程序，控制投资者的监督成本并及时止损。

4. 提案权的有效配置

广义的决策分为四个环节：提议——提出资源利用和契约结构的

---

〔11〕《证券投资基金法》第19条规定："公开募集基金的基金管理人应当履行下列职责：……（九）按照规定召集基金份额持有人大会……"《证券投资基金法》第36条规定："基金托管人应当履行下列职责：……（九）按照规定召集基金份额持有人大会……"《证券投资基金法》第46条规定："基金份额持有人享有下列权利：……（四）按照规定要求召开基金份额持有人大会或者召集基金份额持有人大会……"《证券投资基金法》第83条规定："基金份额持有人大会由基金管理人召集。基金份额持有人大会设立日常机构的，由该日常机构召集；该日常机构未召集的，由基金管理人召集。基金管理人未按规定召集或者不能召集的，由基金托管人召集。代表基金份额百分之十以上的基金份额持有人就同一事项要求召开基金份额持有人大会，而基金份额持有人大会的日常机构、基金管理人、基金托管人都不召集的，代表基金份额百分之十以上的基金份额持有人有权自行召集，并报国务院证券监督管理机构备案。"

《公开募集基础设施证券投资基金指引（试行）》第29条第1款规定："基金管理人运用基金财产收购基础设施项目后从事其他重大关联交易的，除应当按照相关法律法规要求防范利益冲突、健全内部制度、履行适当程序外，还应当按照《证券投资基金法》《公开募集证券投资基金运作管理办法》和本指引要求召开基金份额持有人大会。"

建议;认可——对所需贯彻的建议做决策选择;贯彻——执行已认可的决策,监督——考核决策执行的绩效并给予执行者奖励。就“提议”环节而言,为了促使小投资者能够对 REITs 重大投资和交易行为进行有效监督,约束大投资者自利性短视行为,避免小投资者沦为“用脚投票”的“橡皮图章”,在召集基金持有人大会对固定资产投资、资产处置、多元化发展、基金扩募、重大关联交易等重大资产管理和资本配置事项进行提案时,提案人应当随附可行性研究报告,充分科学论证潜在项目/交易与本基金的发展战略相吻合,投资规模应当与本基金实际运作状况(如资产规模、资产负债水平和筹资融资能力等)相匹配,潜在项目/交易的预期回报率应不低于同期同行业平均水平,潜在项目/交易的风险管理和防范措施。可行性研究报告有助于各投资者进行合理有效的决策。

此外,基金持有人大会不得对公告和议案中未列明的事项进行决议,且每一议案应对应相对独立的事项,以便投资者逐项表决,避免议案层层嵌套造成的“捆售”和“夹带”。召集人可对议案进行增补,或在不影响提案人真实意思表示的前提下对议案进行整理,形成最终议案,并提交基金持有人大会审议。最终议案应包括议案标题、议案主要内容、议案执行程序及答复时限要求等核心板块。基金管理人应对基金投资者对议案的提问进行答复,议案涉及基金托管人、原始权益人、资产服务机构等其他相关机构的,上述机构应进行答复。

5. 决策效率和决策僵局的平衡

目前,《公开募集基础设施证券投资基金指引(试行)》对于表决比例的设置即体现了提升决策效率和防范决策僵局的平衡,指引规定了分级表决机制,根据拟决策事项的重要程度,设置了递进式的通过比例。[12] 建议具体 REITs 项目中可根据投资者表决权结构实际呈现的特点,在基金合同里约定更严格的表决比例,表决比例设置得越严格,小投资者对于最终决策的生效影响越大。

但兼顾防范决策僵局的出现,除非提前终止基金等此类与每一投资者根本利益息息相关的特别议案,可以约定应经全体投资者一致同

〔12〕 参见《公开募集基础设施证券投资基金指引(试行)》第 32 条。

意后方可通过,表决权比例的上限不宜设置得过高,对于特别重大事项,可以约定90%作为表决通过的阈值,并可通过双重比例的设置加强小投资者对决策的影响力。例如,基金合同可以约定,当某一项事项相关的决策通过时,应取得达到届时REITs全部表决权的特定比例的投资者同意,并取得出席会议的投资者所持全部表决权的特定比例的投资者同意,相关决议方可生效。同时,为了保证表决权的公正行使,若议案拟决策的基金扩募、基础设施处置、关联交易等重大事项涉及投资者重要关联方的,该等投资者应主动向召集人表明关联关系,并不得参与表决,其所持有的表决权数额不计入总表决权数额。若投资者利用或隐瞒关联关系侵害其他人合法利益的,则承担相应法律责任。

6. 表决权行使的便利化

由于大投资者和小投资者之间所持基金份额比例相差甚远,表决权倾轧使大投资者往往主导基金持有人大会的决策基调,小投资者由于监督成本过高而参与度有限。降低中小投资者参与监督的成本,鼓励其行使表决权,落至实处包括发展代理投票、电子投票、网络投票等方式。

在维护大会的程序正义方面,可以引入第三方执业律师对大会召开进行见证,基金持有人大会的见证律师应当根据REITs基金持有人大会规程对基金持有人大会的召集、召开、表决程序、出席会议人员资格和有效表决权等事项出具法律意见书,基金持有人大会的召集人应当根据REITs基金持有人大会规程在基金持有人大会表决截止日后及时披露生效决议。

在生效决议的落地执行方面,除法律法规另有规定外,基金持有人大会审议通过的决议对REITs全体投资者,包括所有出席会议、未出席会议、反对议案或者放弃投票权、无表决权的投资者,以及在相关决议通过后受让REITs份额的投资者,具有同等效力和约束力。

前述措施的强化让小投资者意识到与大投资者合谋并非唯一的出路,自身积极参与表决是维护自身利益的正道,从而整体提升投资者对于监督的参与度。

(二)外练筋骨:外部制度供给

作为REITs治理机制的重要组成部分,对基金经营的监控机制是

REITs 治理及其绩效得以提高的必要约束与重要保障，前一小节我们立足基金内部机制构造展开关于基金持有人大会决策的优化建议分析，本小节我们试图探讨依托行政、司法、市场各方之手对 REITs 治理实施影响的外在约束机制。

1. 追责和救济的并重共举

投资者对 REITs 市场的信心是维系市场焕发生机的基础和关键，而这种信心则来源于法律对其合理预期的承认和保护。过罚相当的追责机制使得大投资者在选择自利行为时面临可预期的显著惩罚成本，合理有效的赔偿制度虽然用于事后的追偿，但在事前亦可一定程度抑制大投资者利益侵占行为的冲动，速效响应的执法体系可以缩短大投资者侵占行为的隐蔽时间，有利于小投资者的利益补救。这些列举均属于法律规定和法律实施层面的保护机制，当然我们也应清醒认识到由于大投资者实际侵占的复杂性，很多时候静态规则的滞后和局促，使得应然对实然难以做出明确的界定和合理的判断。

2. 瑕疵决议的撤销和无效

借鉴《公司法》对于公司决议的无效或被撤销的规定，公司股东会或者股东大会、董事会的决议内容违反法律、行政法规的无效。股东会或者股东大会、董事会的会议召集程序、表决方式违反法律、行政法规或者公司章程，或者决议内容违反公司章程的，股东可以自决议作出之日起六十日内，请求人民法院撤销。

应用于 REITs 中，若召开基金持有人大会在程序上或决议内容上明显违反相关法律法规或基金文件约定的，基金投资者有权向有管辖权的人民法院提起基金持有人大会决议瑕疵诉讼，包括撤销之诉或确认无效之诉。表层来看，司法救济渠道的打通有助于化解小投资者与庞然大物对峙时的无能为力。更进一步，静态立法、动态执法、严密司法的交互协作，亦使投资者保护机制在既有框架之内向一种良性趋向迈进。

3. 投资者自律规则指引

意识到行政与司法体系难以保证兼顾所有罅隙，因此法律法规之外的机制应当作为有机补充，共同组成完备的投资者保护机制。典型的“场外机制”包括发起设立投资者自律组织，制定完善自律规则，示范和引导投资者市场参与行为的改进,强化"声誉"机制对大投资者不当侵占行为的制约。

在投资者自律规则指引方面,参考中国银行间市场交易商协会为建立健全银行间债券市场存续期管理相关机制,更好地发挥持有人会议机制在债券风险及违约处置中的重要作用,而制定的《银行间债券市场非金融企业债务融资工具持有人会议规程》,公募 REITs 也可以尝试制定相应的基金持有人大会规程示范文本及配套使用指引,从立法角度科学化设置最低限度的会议议程标准和投资者保护底线。在具体 REITs 产品中,基金管理人应按照公募 REITs 会议规程示范文本及配套使用指引在基金招募文件中明确约定基金持有人大会的召开情形、会议召集与决策程序、决议生效条件、决议效力范围和其他重要事项,约定内容不得低于公募 REITs 会议规程及配套使用指引的要求,并且就议案表决机制对投资人权益的影响进行风险提示。

4. 提升二级市场流动性

身处流动性好的市场之中,投资者可以根据 REITs 监督情况和基金份额的公开交易价格等因素,随时选择变现或者增持,基于此投资者的收益不仅可以来源于加强监督所获的红利收入,也可以来源于交易基金份额所得的资本利得,流动性为投资者投资 REITs 的方式提供了选择性。

有利于 REITs 份额变现的良好流通性对大小投资者的监督职能正向发挥均能提供激励,一方面,便于小投资者通过二级市场交易获取更多 REITs 份额,抑制其"搭便车"心理,激励其实施监督来获利;另一方面,大投资者支付的监督成本实际是其获得信息优势所付出的信息成本,流动性的存在使大投资者在看好 REITs 增值潜力后方便通过二级市场增持,当其预见 REITs 资产质量恶化前景堪忧时,也可以利用流动性及时止损。

(三)余论:行走在刀锋之先

大投资者天然具有监督基金管理人的积极性,亦有通过"控制权集中"谋取私利的冲动,二者之间的距离恰是我们查缺补漏的空间。多元驱动表决权行使便利以强化"发声机制",增进小投资者监督收益项以放大"激励机制",保障大会各环节程序正义以筑牢"制衡机制",畅通追责及救济渠道以改进“问责机制”,完善二级市场流通性以落实“退出机制”,加强投资者自律组织引导以激活“声誉机制”,这些努力无不肇端于投资者保护之目的。

而回归体系化视角,投资者保护是一整套保护投资者利益的法律制度和执法体系,在宏观层面静态立法的制度建设之外,微观机制的具体设计和动态运转则是促成制度目标达成的关键。当然,公募 REITs 作为我国权益型产品的新兴阵地,制度体系构建和市场蓬勃发展并非一朝一夕之事,然而,道阻且长,行则将至,行而不辍,未来可期。

(编辑:吴紫君)

《证券法苑》(2021)
第三十一卷,第 168 ~191 页

信托视角下基础设施 REITs 治理机制的完善

杨宏芹* 叶志港**

摘要:我国基础设施 REITs 采取的双层 SPV 架构增加了交易成本,也难以实现信托的风险隔离功能。基金管理人主导基金的运行并负责管理项目公司,缺乏权力制衡机制,外部管理机构的受托责任并不明晰。为保护投资者利益,完善基础设施 REITs 的治理机制,构建特殊目的信托的 SPV 架构,适用信托法律规范;完善公募基金的治理机制,引入独立董事制度,明确外部管理机构是信托受托人,对基金持有人负有信义义务,并在重要决策中发挥持有人大会的作用。

关键字:公募基金 基金管理人 信托 信义义务

2020 年 4 月 30 日,证监会、国家发展改革委联合发布了《关于推进基础设施领域不动产投资信托基金(REITs)试点相关工作的通知》(以下简称《通知》),2020 年 8 月 6 日,证监会发布《公开募集基

* 上海对外经贸大学法学院副教授。
** 上海对外经贸大学法学院民商法硕士研究生。

础设施证券投资基金指引(试行)》(以下简称《指引》)。自此,公募基础设施 REITs 在中国的试点正式启动。基础设施 REITs 采用"公募基金+资产支持证券"模式,从纵向的产品架构看,双层 SPV 架构不仅导致交易成本过高,且资产支持证券也有无法实现风险隔离的隐患。从横向的基金管理看,基金管理人享有较高的管理权限,缺乏权力制衡机制,外部管理机构的受托责任也不明晰。为完善基础设施 REITs 治理机制,保护投资者的利益,笔者以信托原理为出发点,从纵向产品架构和横向基金管理两个方面,对基础设施 REITs 治理机制存在的问题进行分析。

一、基础设施 REITs 的信托法律关系分析

REITs,是英文"real estate investment trusts"的缩写,境内试点文件将其翻译为"不动产投资信托基金",是一种以发行基金份额等收益凭证的方式,汇集投资人的资金,由专门投资机构进行不动产投资经营与管理,并将投资综合收益按比例分配给投资人的一种信托基金。

(一)基础设施 REITs 的产品结构和性质

我国目前推行的基础设施 REITs,采取以"公募基金+资产支持证券"为双"特殊目的载体"(special purpose vehicle, SPV)的核心架构。二者都由证监会监管,其中公募基金是以公开方式向社会公众投资者募集资金并以证券为投资对象的证券投资基金,此处的资产支持证券(asset-backed security, ABS)主要是指企业资产支持证券中的资产支持专项计划(以下简称专项计划),是指证券公司、基金管理公司子公司为开展资产证券化业务专门设立的一个特殊目的载体。[1]

在《通知》颁布前,基础设施 REITs 主要有几种拟采用的试点方

---

〔1〕《证券公司及基金管理公司子公司资产证券化业务管理规定》(〔2014〕49 号)第 4 条规定,证券公司、基金管理公司子公司通过设立特殊目的载体开展资产证券化业务适用本规定。前款所称特殊目的载体,是指证券公司、基金管理公司子公司为开展资产证券化业务专门设立的资产支持专项计划(以下简称专项计划)或者中国证监会认可的其他特殊目的载体。

案,其一,ABS 公募化,即 ABS 直接发行公募证券份额,但是基于《证券法》的规定,[2]企业资产证券化产品无法突破 200 人的限制进行公开发行证券,ABS 能否直接公募化还需国务院修订规则,该方案在我国尚不可行;其二,公募基金直接持有项目公司股权,但公募证券投资基金受限于《证券投资基金法》第 72 条的规定,不得直接投资未上市公司的股权;[3]其三,试点方案"公募基金 + ABS",该方案原来存在的法律障碍在于俗称的"双 10%"限制,[4]公募基金必须基于分散投资而进行的投资限制,不过《指引》第 25 条第 2 款规定基础设施基金投资基础设施 ABS 的比例不受公募基金的"双 10%"限制,公募基金可以投资 ABS 并持有其全部份额。试点方案是目前现有制度框架和监管环境下的较优选择,也是立法突破最少、从而快速推出试点的现实路径选择。因此,根据《指引》明文规定,基础设施 REITs 形成了"公募基金 + ABS + 项目公司"三层嵌套的产品架构。《指引》未提及基础设施 REITs 必须嵌入私募基金,却也未明确禁止私募基金加入交易结构,实践中可能出于项目公司存续期税务筹划、私募基金专业管理职能等因素的考量,增加私募基金作为一层架构,形成"公募基金 + 专项计划 + 私募基金 + 项目公司"四层嵌套的产品架构。

我国在基础设施 REITs 试点之前,并没有公募 REITs,只有以私募基金为载体的类 REITs,采取"ABS + 私募基金"架构。投资者认购 ABS,ABS 认购私募基金,私募基金通过股权收购及债权投资持有及控

[2] 《证券法》第 2 条规定:"……政府债券、证券投资基金份额的上市交易,适用本法……资产支持证券、资产管理产品发行、交易的管理办法,由国务院依照本法的原则规定……"第 9 条规定:"公开发行证券,必须符合法律、行政法规规定的条件,并依法报经国务院证券监督管理机构或者国务院授权的部门注册……有下列情形之一的,为公开发行:(一)向不特定对象发行证券;(二)向特定对象发行证券累计超过二百人,但依法实施员工持股计划的员工人数不计算在内……"

[3] 《证券投资基金法》第 72 条规定:"基金财产应当用于下列投资:(一)上市交易的股票、债券;(二)国务院证券监督管理机构规定的其他证券及其衍生品种。"

[4] 《公开募集证券投资基金运作管理办法》第 32 条第 1 款第 1 ~ 2 项规定:"基金管理人运用基金财产进行证券投资,不得有下列情形:(一)一只基金持有一家公司发行的证券,其市值超过基金资产净值的百分之十;(二)同一基金管理人管理的全部基金持有一家公司发行的证券,超过该证券的百分之十……"

制拥有基础资产的项目公司。[5] 而原始权益人按照向 ABS 转移其合法拥有的基础资产以获得资金,同时也是资产证券化的发起人。[6] 类 REITs 分为偏债性类 REITs 和偏股性类 REITs,目前发行的类 REITs 绝大部分为偏债性的,主要投资者是银行类金融机构,以获取固定回报为目的,原始权益人一般有到期回购安排,并附带各种增信措施,比如 ABS 产品中的"结构化"模式,即分级结构,次级产品主要由发行企业支持,优先级产品向市场进行发行,市场投资者仅获取固定的本息收入,不参与不动产的增值收益,也不承担不动产贬值的风险。因此,类 REITs 多为融资类证券化产品,债权属性明显,原始权益人仍然保留了对于资产几乎所有的收益风险及控制,真实出售存疑。基础设施 REITs 产品具备权益属性,并非保本保息,投资人没有固定回报的要求,其承受全部的产品风险。公募基金也被禁止采取分级结构,投资人实际上已经成为 REITs 产品的剩余财产权利人,相当于股票市场投资人,通过项目公司分红获得收益。

(二)REITs 治理结构中的信托关系

1. 境外权益型 REITs 的法律架构

世界上主要国家和地区的权益型 REITs,根据治理结构的不同,主要有公司型和契约型两种模式,[7] 美国和日本都主要是公司型 REITs,采用设立股份公司的方式募集资本,具备独立的法人地位,投资者作为股东,常设董事会管理公司,进而管理不动产物业,通过公司治理机制协调资金所有人和管理人的关系,可有效实现资产管理的"内部化"。[8] 契约型 REITs 的运行本质是一种持续运行的类公司实体,主要采用契约型信托的方式募集资金,利用信托财产独立性和信义义

---

〔5〕 参见吕巧玲、陈雷、郭杰群:《中美资产证券化:比较与借鉴》,载《金融市场研究》2018 年第 3 期。

〔6〕 参见胡喆、陈府申主编:《图解资产证券化——法律实务操作要点与难点》,法律出版社 2017 年版,第 54 ~ 64 页。

〔7〕 See The Technical Committee of the IOSCO, *Examination of Governance for Collective Investment Schemes*, Final Report, Part Ⅰ, p. 5 (June 2006).

〔8〕 Capozza D. R., Seguin P. J., *Debt, Agency, and Management Contracts in REITs: The external advisor puzzle*, The Journal of Real Estate Finance and Economics 20(2), 2000, pp. 91 – 116.

务建立资金所有人和管理人的关系,由管理人对 REITs 进行持续管理与运营,使 REITs 成为一个类似于上市公司的商业物业运作平台。[9]

契约型 REITs 在新加坡、我国香港地区和我国台湾地区较为流行,新加坡现在为亚洲第二大 REITs 市场。以新加坡为例,契约型 REITs 以契约型信托为核心展开,由管理人(发起人)、投资者与受托人签订信托合约设立 REITs,REITs 收购并持有标的物业的项目公司股权,从而控制项目公司拥有的底层物业。REITs 资产由受托人持有,信托公司作为受托人发行信托凭证,代表投资者的利益持有资产并聘任、监督管理人;信托资产的管理由发起人设立的基金管理人负责,实际上是由发起人负责具体的资产管理。管理人是一个关联且主动的核心角色,负责 REITs 的投资管理、资金管理及资产管理;受益人则在受托人或管理人认为需要其进行决策的重大事项上进行决策;信托受托人不参与 REITs 运营管理,是一个独立而被动的角色。在这种模式下,信托受托人的角色一分为二,受托人的管理职责分给了 REITs 管理人,二者是对立统一的概念。受托人对信托财产的持有和对信托管理的监督,制衡了管理人因其为发起人关联方角色的利益冲突,又充分发挥了管理人因这一角色而具备的物业熟悉程度与项目管理经验优势,平衡了保护投资者利益和发挥发起人积极性。[10]

2. 我国基础设施 REITs 中的信托关系

目前,我国金融行业实行"分业经营、分业监管"的模式,根据《证券法》等的规定,非信托公司不能经营信托业务,信托公司是银保监会发放牌照的金融机构,不属于证监会监管的机构。[11] 从《证券投资基金法》第 2 条和第 3 条看,我国公募基金属于契约型基金,运作直接依

---

〔9〕 中国证券业协会资产管理业务委员会专题研究小组:《房地产投资信托基金发展路径与税收政策研究》,载《创新与发展:中国证券业 2019 年论文集》,第 598 页。

〔10〕 陈府申:《借鉴新加坡 REITs 经验调动发起人积极性》,载《中国证券报》2020 年 11 月 30 日,第 A02 版。

〔11〕 《信托公司管理办法》第 7 条第 2 款规定:"未经中国银行业监督管理委员会批准,任何单位和个人不得经营信托业务,任何经营单位不得在其名称中使用'信托公司'字样。法律法规另有规定的除外。"在法律法规没有明确规定专项计划为信托属性的背景下,证券公司和基金子公司不能从事营业性信托活动,可能也就并不愿意明确宣称专项计划为信托属性,以避免被认定为未经批准经营信托业务。

据是基金合同和法律规定，未冠以“信托”之名，但契约型基金所引发的法律关系却有着信托法律关系的一般性。[12] 首先，存在信任基础，委托人对受托人存在信任，受托人为了受益人而非自己的利益管理和处分信托财产；其次，信托财产的转移和独立性，信托财产需要委托（转移）给受托人，并且该财产具有高度的独立性，和受托人自己的固有财产区分开来；最后，受托人以自己的名义对受托财产进行管理和处分，并对财产事务的管理享有裁量权。同时，《证券投资基金法》第2条明确规定，公募基金可以适用《信托法》的法律规定。因此，采用公募基金作为发行载体具有较为坚实的信托法律基础。在《证券投资基金法》的强制性规范下，公募基金实质上是以信托法原理为基础，基金份额持有人是委托人和受益人，基金管理人和基金托管人是受托人。

ABS 与公募基金是典型的资产管理业务，受托人通常在资管业务的开展中居于核心地位，这与委托代理关系中以委托人为中心的规范模式明显不同。投资者若对资金的投向及其运用进行过度干预，将严重干扰资管业务的正常开展，投资者借助资管机构的专业知识和经验投资获利的目的也就无从实现。在资产管理业务中，实质反映的都是受托人为受益人的利益或者实现特定目的而持有财产，以受益人利益为一切决策的出发点，不得从事与受益人利益相悖的行为，这与《信托法》中的理念不谋而合。实践中，监管层也不倾向于将资管业务认定为委托关系，[13] 否则会减轻受托方的义务而要求投资者承担过高的调查成本。[14] 例如，《全国法院民商事审判工作会议纪要》（以下简称

〔12〕 参见刘俊海：《投资基金立法中的若干争议问题研究》，载《杭州师范学院学报》2002年第2期。

〔13〕 2016年7月，中国证券投资基金业协会的《〈私募投资基金合同指引〉起草说明》，“契约型基金本身不具备法律实体地位，其与基金管理人的关系为信托法律关系，因此契约型基金无法采用自我管理，且需由基金管理人代其行使相关民事权利。”；2018年11月，证监会相关部门负责人就《证券期货经营机构私募资产管理业务管理办法》及其配套规则（合称《资管细则》）答记者问中指出：《资管细则》依法明确各类私募资管产品均依据信托法律关系设立，明确了资管计划财产独立、资管产品“卖者尽责、买者自负”、落实信托法律关系。

〔14〕 参见季奎明：《历史、议题与展望：中国信托业、信托法四十年》，载蒋锋、卢文道主编：《证券法苑》（第26卷），法律出版社2019年版，第177页。

《九民纪要》)第 88 条第 2 款就为各类资管业务被认定为信托关系提供了司法层面的重要参照。[15] 因此,"信托"理念作为一个普遍性的概念,其原理和法律适用可以涵盖很多领域,某法律关系是否属于信托法律关系,并不随监管职权的划分而改变,《信托法》可以调整一切信托关系,而不管名称中是否有"信托"二字。[16]

二、我国基础设施 REITs 治理机制存在的问题

从产品架构看,我国基础设施 REITs 采用"公募基金 + ABS"的双层 SPV 架构;从基金管理看,基金管理人有受托人和管理人的双重身份,享有较多的管理权限。相较于境外契约型 REITs,我国基础设施 REITs 存在多层信托结构和职权集中的特点,这种治理机制可能会产生一定的问题。

(一)双层 SPV 架构的复杂性和脆弱性

基础设施 REITs 与境外契约型 REITs(如新加坡)比较明显的区别在于多了一层资产支持证券。在基础设施 REITs 的 SPV 架构中,公募基金是主动管理,承担了相当的职责,而基础设施 REITs 中的专项计划不算主动管理,从《指引》第 25 条第 1 款来看,[17] 公募基金的基金管理人与专项计划管理人是实际控制关系或受同一控制人控制。因此,基础设施 REITs 名为双层,实为单层,专项计划只是作为通道,基础设施 REITs 治理机制的设置及权利义务主要在公募基金层面。基础设施 REITs 的双层 SPV 架构增加了交易成本,如较高的通道费可能会侵蚀

---

[15] 《九民纪要》第 88 条第 2 款规定:根据《关于规范金融机构资产管理业务的指导意见》的规定,其他金融机构开展的资产管理业务构成信托关系的,当事人之间的纠纷适用信托法及其他有关规定处理。

[16] 参见赵廉慧:《〈信托法〉是调整资管业务的基本法》,载《当代金融家》2018 年第 11 期。

[17] 《指引》第 25 条第 1 款规定:"基础设施基金成立后,基金管理人应当将 80% 以上基金资产投资于与其存在实际控制关系或受同一控制人控制的管理人设立发行的基础设施资产支持证券全部份额,并通过特殊目的载体获得基础设施项目全部所有权或经营权利,拥有特殊目的载体及基础设施项目完全的控制权和处置权……"

投资回报，而作为通道的专项计划本身又存在能否实现风险隔离的疑问。

SPV 主要有两种形式：一种是特殊目的公司，即 SPC（special purpose corporation）；另一种是特殊目的信托，即 SPT（special purpose trust）。我国资产证券化主要采取 SPT 模式，由信托公司设立信托计划，开展信贷资产证券化业务，以《信托法》为依据，实现信托财产风险隔离的功能；证券公司及基金管理子公司发行专项计划，开展企业资产证券化业务，但在立法和司法实践层面，专项计划的法律定性都较为模糊。〔18〕首先，专项计划在法律上不具有主体地位，其独立性缺乏法律保障，相关协议的签署和履行只能是作为管理人的证券公司或基金子公司。"专项计划"中所有关于"专项计划"独立性的安排都只能视为"专项计划"各参与方的一种基于合同产生的义务或承诺，不具有对抗性，不能对抗当事人以外的第三人。〔19〕其次，证监会制定了一系列专门性的规章来指导企业资产证券化业务，如《证券公司及基金管理公司子公司资产证券化业务管理规定》（以下简称《管理规定》），根据这些规定，〔20〕"专项计划"资产独立于原始权益人、管理人和投资人，内容上能够起到特殊目的信托的作用，但成立"专项计划"所依据的文件仅为证监会的部门规章，不具有法律和法规所具有的效力，其效力层级低于作为法律的《信托法》和《破产法》，当与《破产法》发生冲突时，仍会适用效力优先的原则。最后，我国司法实践对专项计划的独立性缺乏统一

---

〔18〕 参见陈岚、朱维、李烁：《证券公司客户管理责任若干问题的法律思考》，载蒋锋、卢文道主编：《证券法苑》（第 25 卷），法律出版社 2018 年版，第 201 页。

〔19〕 参见林华主编：《中国资产证券化操作手册（上）》（第 2 版），中信出版集团 2016 年版，第 327 页。

〔20〕《证券公司及基金管理公司子公司资产证券化业务管理规定》（〔2014〕49 号）第 5 条规定：因专项计划资产的管理、运用、处分或者其他情形而取得的财产，归入专项计划资产。因处理专项计划事务所支出的费用、对第三人所负债务，以专项计划资产承担。专项计划资产独立于原始权益人、管理人、托管人及其他业务参与人的固有财产。原始权益人、管理人、托管人及其他业务参与人因依法解散、被依法撤销或者宣告破产等原因进行清算的，专项计划资产不属于其清算财产。

认定标准,部分法院判决否定了专项计划的独立性。[21] 美国的一些案例也显示,原始权益人破产时,法院可能判决 SPV 与原始权益人实质合并,以保护原始权益人的债权人的利益。[22] 因此,原始权益人或专项计划管理人的破产风险有可能会危及基础资产的安全,一旦遭遇第三人的诉讼、强制执行或自身发生破产,难免会波及“专项计划”。

(二)公募基金治理中缺乏权力制衡机制

基础设施 REITs 的治理机制主要聚焦于公募基金层面,基金持有人意在通过基金管理人的专业服务谋求更高的投资收益,基金管理人旨在谋求更多的管理费和自身效益的最大化,二者之间不仅存在信息不对称的问题,更有可能因目标不一致而引发利益冲突。尽管基金持有人可以自行监督基金管理人,但往往由于持有人人数众多、持有份额高度分散而难以发挥作用,多数采用“用脚投票”。随着基础设施 REITs 中机构投资者比例的增加,以及原始权益人 20% 以上的战略配售,公募基金的持有人将更热衷于“用手投票”,希望基金管理人能够为投资者利益妥善管理。因此,公募基金治理机制中亟须补充相应的制衡和监督机制,以此平衡持有人和管理人双方的权责利,若仅由基金管理人代表持有人利益行事,将存在较高的道德风险。

在我国公募基金治理机制中,基金持有人大会由基金份额持有人组成,是基金权力机构,具有一定的权限,比如对重大项目收购或出售、

---

〔21〕 湖北省来凤县人民法院在(2018)鄂 2827 执异 27 号的《游光兴、湖北格薪源生物质燃料有限公司买卖合同纠纷执行审查类执行裁定书》中,平安银行账号为 11 × × × 02 的账户户名为来凤县凯迪绿色能源开发有限公司,该账户的权利人是来凤县凯迪绿色能源开发有限公司而非案外人恒泰证券股份有限公司,故本院冻结上述账户内的存款符合法律规定,案外人恒泰证券股份有限公司的异议不能成立。恒泰证券股份有限公司关于前述账户为凯迪电力二期的监管账户,其账户内的资金属于专项计划资产的主张未获得湖北省来凤县人民法院的认可;湖北省来凤县人民法院在(2018)鄂 2827 执异 35 号《庄辉建、湖北格薪源生物质燃料有限公司买卖合同纠纷执行审查类执行裁定书》中,案外人恒泰证券股份有限公司与被执行人来凤县凯迪绿色能源开发有限公司签订的《平银凯迪电力上网收费权资产支持专项计划(二期)基础资产买卖协议》,只对其双方当事人具有约束力,不能对抗善意第三人。恒泰证券股份有限公司关于前述收入为凯迪电力二期的专项计划资产的主张未获得湖北省来凤县人民法院的认可。

〔22〕 参见彭冰:《资产证券化的法律解释》,北京大学出版社 2001 年版,第 104 ~ 128 页。

重大关联交易、更换外部管理机构等事项有事前决策权。基金份额持有人大会虽有一定的议事和决定权,但一般仅针对重大根本性条款的改变,其职权明显少于上市公司股东大会及董事会。[23] 而基金管理人具体负责独立尽职调查、聘请中介机构、进行基金估值评估以及履行基础设施运营管理职责等,具有较多的管理权限。相较于新加坡的受托人与管理人分离的模式,我国将主动管理职责完全赋予基金管理人,尤其是基础设施项目运营管理职责。[24] 问题在于,公募基金的本源在于组合投资,我国基础设施 REITs 中公募基金的当前价值更多体现为一个载体,却兼具了发行载体和资产管理的两项职能。从信托法律关系的角度,公募基金更适合的职能为发行载体及涉及基金的管理,并不适合进行资产管理,比如促进资产组合保值增值,物业改造和买卖环节、物业管理等。[25] 这将产生两个值得关注的问题。

其一,基础设施的控制权及投资主导权交给了公募基金管理人,原始权益人做 REITs 的资本市场平台价值在一定程度上就被削弱了,其发行和配合有效资产优化管理的动力会因此降低。[26] 实际上,原始权益人希望参与基础设施 REITs 的治理,发挥自身在基础设施投资运营管理方面的优势,而不希望简单地将优质基础设施资产出售出去,直接失去对基础设施项目的控制与管理。基础设施 REITs 聚焦于基础设施领域,其相关基础资产具有很强的公共服务属性,在实现投资方的经济

---

〔23〕 由于持有人大会的权限主要来自基金合同,因此其权利的范围、力度与执行力均不如来自公司法和章程授权的股东大会,更不可能拥有股东大会类似财务预决算、经营决策权、重要人事任免权等实体决策权力,参见蔡奕:《完善公募基金份额持有人大会制度的几点思考》,载黄红元、卢文道主编:《证券法规》(第 23 卷),法律出版社 2017 年版,第 357 页。

〔24〕 《指引》第 38 条要求基金管理人应当按照法律法规规定和基金合同约定主动履行基础设施项目运营管理职责。

〔25〕 参见张宇、孙元祺:《中金:中国 REITs 的十大关键问题——短期着眼架构完善,长期关注经营活力》,载微信公众号"中金点睛",https://www.zhitongcaijing.com/content/detail/300501.html,2021 年 1 月 13 日访问。

〔26〕 参见李耀光:《基础设施 REITs:基金管理人欲戴其冠》,载微信公众号"YorkView",https://mp.weixin.qq.com/s? src = 11×tamp = 1610549009&ver = 2826&signature = 76R HayawSEx7P9YEu9k0AGHANABQ87 * 0G - G2j * u3NMzDx6nyCKwIOMALy7v AYr Ot5CqQU4YJdv4N - wMjAI5BkvCcSkDLH - rZ1MBc7u1ff * WFsLwb2BP0cVlTg - Dp nIxA&new = 1,2021 年 1 月 13 日访问。

利益诉求的同时,还需要满足政府及公众等群体对基础设施资产社会效益和环境效益的诉求。

其二,外部管理机构的受托责任不明晰。公募基金管理人短期内无法建立起资产运营管理的专业能力,可能与其他专业机构合作,而在基础设施 REITs 设计的过程中,需要以合理的方式加强原始权益人的参与。《指引》第 39 条规定,[27] 基金管理人可以自己管理或者委托第三方进行管理。监管允许基金管理人外包部分职能,但为了保障投资人利益,并不豁免基金管理人对应的责任。在此情况下,基金管理人与外部的合作是非常关键的。但是,在委托外部管理机构管理基础设施时,基金管理人和外部管理机构的受托责任并不明晰,外部管理机构的法律地位和权利义务内容也不明确,层层委托关系如何认定受托责任有待考量。

三、构建基础设施 REITs 中 SPV 的信托架构

SPV 的法律主体地位是否清晰明确,是决定其能否实现真实出售、风险隔离的关键所在。我国基础设施 REITs 以专项计划为一层 SPV 架构,但专项计划的法律地位模糊,其能否实现风险隔离功能备受争议,在法律上是否可对抗第三人,也存在不确定性。实际上,我国已经通过《信托法》肯定了信托公司作为特殊目的载体的合法性,信托也因此成为目前有法可依的能实现风险隔离的唯一方式,应当考虑构建基础设施 REITs 中 SPV 的信托架构。

(一)服务信托推动信托业回归本源

服务信托的宗旨可概括为“受人之托,忠人之事”,而不是“受人之托,代人理财”。其核心内容是托管运营,信托公司仅提供托管、运营等管理服务,依照信托文件,妥当处理信托事务,而不是价值创造与风

〔27〕 根据《指引》第 39 条的规定,基金管理人可以委托外部管理机构负责部分运营管理职责,但其依法应当承担的责任不因委托而免除,同时应当自行派员负责基础设施项目公司财务管理;根据第 41 条的规定,基金管理人应当对接受委托的外部管理机构进行充分的尽职调查,以保证其履职能力。

险承担。因此,服务信托的目的主要是风险隔离、财产权利规划分配、交易按约执行等,主要考验其服务功能的设计安排能力、执行事务的能力。整个信托结构所追求的是独立、效率、公平、安全等价值,而不再局限于经济价值。在经济结构、社会结构转型发展的中国,服务信托具有极大的社会价值,也隐含巨大的商业价值。

服务信托依托于信托法律关系,并不违背信托原理。实践中,监管机构明确了信托主动、被动管理业务的划分标准。〔28〕学理上可将其分为积极信托和消极信托:积极信托,是指受托人能够积极地管理、运营、处分信托财产的信托;消极信托,是指受托人仅担任名义上或者法律上的财产权人的角色,不负担任何管理或者处分信托财产义务的信托。有部分观点认为,消极信托是无效的,〔29〕其理由是,委托人仅将其财产在名义上移转于受托人,有关信托财产之管理、使用、处分仍由委托人自行为之,这通常是规避法律的行为,除非有确实、正当的原因,不能承认合法性。另有观点认为消极信托并不无效,〔30〕消极信托本身在法律上并不必然是规避法律的行为。我国《信托法》第 11 条规定了信托无效的事由,比如信托目的违反法律、行政法规或者损害社会公共利益,但该条中没有将消极信托作为无效事由予以规定,这就说明我国《信托法》没有否定消极信托。有国家和地区的信托法对消极信托同样持比较宽容的态度,除非确认信托目的有违法事由,一般不会仅因消极信

〔28〕 2017 年,银监会下发《信托业务监管分类试点工作实施方案》。随该文件一并下发到信托公司的《信托业务监管分类说明(试行)》中,监管机构明确了信托主动、被动管理业务的划分标准。《信托业务监管分类说明(试行)》明确,主动管理型信托是指,信托公司具有全部或部分的信托财产运用裁量权,对信托财产进行管理和处分的信托。被动管理型信托是指,信托公司不具有信托财产的运用裁量权,而是根据委托人或是由委托人委托的具有指令权限的人的指令,对信托财产进行管理和处分的信托。

〔29〕 参见谢哲胜:《信托法》,元照出版公司 2014 年版,第 50 页;杨崇森:《信托法原理与实务》,三民书局 2010 年版,第 94 页;王志诚:《信托法》,五南图书出版公司 2006 年第 3 版,第 37 页。

〔30〕 参见吴从周等:《借名登记契约之实务争议探讨》,元照出版公司 2017 年版,第 39 页;赵廉慧:《信托法解释论》,中国法制出版社 2015 年版,第 307 ~ 308 页。

托而否认效力。[31] 在服务信托中,受托人的职责内容弹性很大,最为极端的情形下,确有被列为消极信托的可能。受托人不提供代客理财的服务,一定程度上按照指令行事,但受托人在服务信托中都会承担或多或少的管理职责,不必然是消极信托。即使在消极信托中,只有确认委托人的信托目的违法,才能否定信托的效力。

信托是特殊目的载体的最佳选择,而服务信托是推动信托公司参与基础设施 REITs 的最优路径。从长期看,可构建由信托公司设立 REITs 的单层 SPV 架构,公开发行信托受益凭证,信托公司保有财产实现风险隔离,参考新加坡的受托人和管理人分离的模式,由信托公司委任基金管理人负责基金财产的管理。信托服务不仅是通道和套利,而是向收取服务费用转变。从现有分业经营的监管格局看,该模式存在较大的难度。因此,短期内可由信托公司作为基础设施 REITs 中的专项计划管理人,强调信托公司仅提供服务,以服务信托的理念构建 SPV 架构,具体的 REITs 管理则交由基金管理人负责。

我国的信托业务中习惯由一家信托机构承担受托人和管理人的双重角色,容易产生"刚性兑付"问题,刚性兑付是指信托机构对投资者购买的资管产品承诺保本保收益,在产品到期时,向投资者返还本金并按照事先承诺的预期收益率支付收益,本质上是信托机构对购买产品的投资者所做的隐性担保。信托机构可能因此挪用其他资管产品收益弥补亏损或将部分投资收益据为己有,这无疑加大了投资人的投资风险或减少了投资人应得的投资收益。我国司法实践明令禁止资管机构的刚性兑付行为,[32] 而构建服务信托的法律架构可以一定程度上避免

---

〔31〕 日本《信托法》第 11 条规定:"信托不得以从事诉讼行为为主要目的。"韩国《信托法》第 5 条规定:"(一)信托之目的,不能违反良好的风俗和社会持续。(二)信托在其目的违法或不能成立时,则告无效。……"我国台湾地区"信托法"第 5 条规定:"信托行为,有下列各款情形之一者,无效:一、其目的违反强制或禁止规定者;二、其目的违反公共秩序或善良风俗者;三、以进行诉愿或诉讼为主要目的者;四、以依法不得受让特定财产权之人为该财产权之受益人者。"

〔32〕 《九民纪要》第 92 条规定,信托公司、商业银行等金融机构作为资产管理产品的受托人与受益人订立的含有保证本息固定回报、保证本金不受损失等保底或者刚兑条款的合同,人民法院应当认定该条款无效。受益人请求受托人对其损失承担与其过错相适应的赔偿责任的,人民法院依法予以支持。实践中,保底或者刚兑条款通常不在资产管理产品合同中明确约定,而是以"抽屉协议"或者其他方式约定,不管形式如何,均应认定无效。

该类行为的发生。

(二)构建特定目的信托的 SPV 架构

特定目的信托是以《信托法》为法律基础,根据我国《信托法》第 2 条的规定,信托是指委托人基于对受托人的信任,将其财产权委托给受托人,由受托人按委托人的意愿以自己的名义,为受益人的利益或者特定目的,进行管理或者处分的行为。信托公司作为受托人,是专项计划或信托计划的管理人,从发起机构或原始权益人处获得基础资产,并发行受益凭证,募集资金,持有信托受益证书的人对证券化资产有按份受益的权利。在这种结构下,风险隔离的效力是《信托法》所赋予的,《信托法》第 15 条规定,信托财产与委托人未设立信托的其他财产相区别,第 16 条规定,信托财产与属于受托人所有的财产相区别。因此,以信托形式进行资产转让,可以实现完全的风险隔离,具有最强的风险隔离效力。〔33〕为保证资产的"真实出售"与"风险隔离",应当以信托法律规范构建 SPV,主要有两种路径。

其一,从立法和司法层面将专项计划认定为信托关系,适用信托法律规范。在立法层面,为明确信托关系,较为可行的方法是,将《管理规定》中对于专项计划的规定从部门规章上升至法律层级,使专项计划与信托计划殊途同归。有效力层级较高的法律作为支撑,这样才能使专项计划作为一种特殊的独立主体的理念渐入人心。在过去,企业资产证券化法律结构实际上采用委托代理的法律解释而具有的内在脆弱性,〔34〕而现在的法律解释倾向于将其认定为信托关系。〔35〕在司法实践层面,通过标准化的要件,认可专项计划的法律主体地位和基础资产独立性。实践中已出现不少典型案例,为此提供了重要审判参考,〔36〕主要有以下几点:首先,认可基础资产具有独立性,区别于原始权益人和计划管理人的固有财产;其次,专项计划的交易安排(基础资

〔33〕 同前注〔19〕。

〔34〕 参见沈朝晖:《企业资产证券化法律结构的脆弱性》,载《清华法学》2017 年第 6 期。

〔35〕 《九民纪要》第 88 条进一步明确资产管理业务构成信托关系的,当事人之间的纠纷适用信托法及其他有关规定处理。

〔36〕 安徽省合肥市中级人民法院(2018)皖 01 执异 43 号;广东省广州市中级人民法院在(2019)粤 01 执异 272 号;湖北省武汉市中级人民法院(2019)鄂 01 执异 786 号。

产转让、设置资产服务机构和计划的监管账户等)需完备且真实,能够被法院所理解和认可;最后,不以账户内资金归属界定基础资产的归属,需进一步判断该等资金是否已经特定化为专项计划财产。所以,未来立法和司法实践会更加支持将专项计划认定为信托关系,进而援引《信托法》第 16 条认可专项计划的风险隔离效果。

其二,信托公司作为专项计划管理人加入基础设施 REITs。部分有条件的信托公司,可探索作为专项计划管理人加入交易结构,即交易结构中的专项计划由信托公司设立。信托公司直接作为专项计划管理人加入基础设施 REITs 交易结构,需满足两个条件:一是信托公司应获得资产支持专项计划管理人试点资格,目前仅有中信信托、华能信托 2 家公司获得;[37] 二是应满足公募基金管理人与信托公司存在同一控制关系。以 2 家已获得专项计划管理人试点资格的信托公司中信信托、华能信托为例,其分别属于中信集团、华能集团。中信集团下属公司中信证券控制华夏基金,华能集团下属公司华能资本控制长城基金。尽管短期内符合条件的信托公司数量较少,但可作为信托公司开展基础设施 REITs 业务的长期方向。

实践中,信托公司作为专项计划管理人的模式在类 REITs 中已经有所突破,由华能贵诚信托担任管理人的"华能信托—世茂酒店物业权益型资产支持专项计划"在深圳证券交易所成功发行。[38] 该项目通过"专项计划 + 信托"的双 SPV 模式,专项计划是全国首单由信托公司担任管理人的权益型类 REITs,亦是全国首单双层 SPV 结构由同一主体管理的类 REITs。该产品充分发挥信托的制度优势、功能优势,目标公司股权由华能信托代表投资人利益持有,真正实现了基础资产的"真实出售"和"风险隔离",实现了从主体信用到资产信用的投资逻辑

---

〔37〕 参见百瑞信托:《现行监管框架下,信托公司如何参与公募 REITs 业务?》,载微信公众号"百瑞信托",https://mp. weixin. qq. com/s? src = 11×tamp = 1610548662&ver = 2826&signature = Gucl - 0eK * kZqwGWfZ7pCel * ANkIcOGgSvNZ7jEoA - iosO2U - ERzYkRJ30iPdmTbfmWTq1RSUbmYXXwCBZaD6pJx * eezsnUckdWUKI5fQu * 5fwl * j8tdKyGcaH4i - JKLh&new = 1,2021 年 1 月 13 日访问。

〔38〕 参见胡飞军:《华能信托 + 世茂酒店,首单信托公司担任管理人的权益类 REITs 成功发行》,载《证券时报》,https://finance. sina. com. cn/money/fund/fundzmt/2020 - 09 - 29/doc - iivhuipp7118209. shtml,2021 年 1 月 13 日访问。

转换，其成功发行对于信托公司参与 REITs 试点工作具有重大里程碑意义，有利于提高资产运营效率，降低管理风险。该项目在证券化领域的探索和突破，对信托行业利用制度优势回归本源、发展服务型信托、参与基础设施 REITs 具有良好的借鉴意义。

四、完善基础设施 REITs 中公募基金的治理机制

在公募基金治理层面，基金管理人主导基金的运行并负责项目公司的管理，享有较多的管理权限，缺少来自基金持有人方面的监督机制，基金管理人委托的外部管理机构的受托责任也不明晰。因此，有必要对公募基金治理机制进行权力制衡的制度设计。

（一）管理机构中的独立董事

基金设立的基础是投资人对基金管理人、基金托管人的信任，基金持有人作为受益人不得过多干预基金的日常投资运作与管理，因此基金份额持有人大会仅在重大事项决策上发挥作用，并没有在日常经营管理有太多作用，无法细致的监督管理人的行为，难以制衡管理人并解决利益冲突问题。而基金管理人是基础设施 REITs 中最为重要的主动管理方，享有法定且广泛的职权。尤其是现行规范下，机构投资者的增加和原始权益人的战略配售，其与基金管理人可能属于同一关联集团，而公众投资者因为持有份额小且分散，容易受到大份额持有人的侵害。公司法中保护分散的股东利益的主要信托策略是在董事会中引入“独立董事”，他们拥有特殊的权力并承担特殊的责任。[39] 因此，可以考虑在管理机构中引入“独立董事”，平衡各方权责利。

在我国的基础设施 REITs 现有架构中，代表投资人利益的“独立董事”进入管理机构的管理层，有以下几种可能：其一，公募基金管理人的管理层；其二，在公募基金管理人设立专门的子公司中；其三，在公募基金委托的外部管理机构中。我国公募基金管理人并非为单一 REITs 项目

---

〔39〕 参见［美］莱纳·克拉克曼、［美］亨利·汉斯曼等：《公司法剖析：比较与功能的视角》（第 2 版），罗培新译，法律出版社 2012 年版，第 65 页。

专设的，REITs管理人是作为基金管理人的基金公司，可能会同时管理多个REITs项目，董事会还需要兼顾整个基金公司的治理，因此在公募基金管理人的董事会中加入代表持有人利益的董事并不可取。但是其他主体具有一定的可操作性，在基础资产的运营管理机构中引入相应的监督机制，即在公募基金管理人设立专门的子公司或者委托的外部管理机构中，引入中立第三方的独立董事，切实地履行监督职责。独立董事的名额和职权不宜过多，不应过多干涉经营管理事项，应当以监督功能为主，对发现的利益冲突或其他重大事项负有及时报告和披露的义务。

社会需要受托人对信托财产进行积极的、主动的、专业性的运用，只有这样才能最大限度发挥信托财产的价值，满足财产管理的需要。所以，从信托原理出发，《信托法》赋予受托人积极管理、运用、处分信托财产的权力，赋予其自由裁量权，对受益人的保护手段，从限制受托人权限转化为完善信义义务的规定。

（二）外部管理机构是信托受托人

REITs不仅是资产本身具有价值，实际上是资产加管理，通过管理能够创造效益。根据《指引》规定，基金管理人除了有基金管理职责，还负责基础设施项目日常运营管理，具体职责包括但不限于：及时办理基础设施项目交割，有效归集和管理项目现金流，购买项目保险，办理租赁管理、协议签署、追收欠款、安保消防等。但我国公募基金管理人在股票、债券等标准化资产的投研方面更具优势，对于基础设施项目的运营管理经验相对欠缺。原始权益人对于项目的运营具有独特的优势，可以把原始权益人的人才和基金公司的牌照充分结合，展开深入合作。因此，《指引》允许公募基金管理人设立专门的子公司，或委托外部管理机构负责运营管理职责。外部管理机构一般可选择由原始权益人或其关联方担任，而基金管理人委托外部管理机构管理项目公司时，则存在是委托还是信托的疑问。

信托与委托有明显区别，信托关系下的管理责任实际上一般要远强于委托关系下的管理责任。两者在委托人收益和风险承担方面是一致的，但在行使权利的名义和行使权利的自由度方面存在区别，[40]委

〔40〕 参见吴晓灵：《金融工具法律关系存四大争议》，载《中国银行保险报》2019年11月7日，第005版。

托关系中受托人只能以委托人的名义按照委托人的指令行事，而信托关系中受托人以自己的名义在合同范围内对财产的处置有很大自由裁量权。值得注意的是，如果委托人对自己保留有限的决策权，则该安排仍可归类为信托；如果委托人对财产及其使用保留了如此多的权力，相当于充分控制了受托人的决定和执行情况的，这种关系可能不被描述为“信托”，而是一个“委托代理”。[41] 外部管理机构获取了管理项目公司相应的职权，不仅是与基金管理人之间的委托代理关系，而是与基金持有人的信托关系。基金持有人需要借助外部管理机构的专业知识和经验获利，外部管理机构也需要有行使管理权限的自由裁量权。因此，外部管理机构是信托法律关系中的信托受托人。

由于法律的强制要求，证券投资基金采用了投资人、管理人和托管人的三方结构。托管人在基金治理上被赋予补充管理人信用和制衡管理人滥权的功能，具有独立于管理人的法律地位。[42] 从基础设施 REITs 中公募基金的权力架构看，受托人的权限被一分为三，分为基金管理、资金管理和资产运营管理。以商业银行为主的基金托管人负责资金管理，而基金管理人俨然扮演“受人之托、代客理财”的角色，负有对信托财产积极主动管理的职责，即基金管理和资产运营管理的职责。当基金管理人委托外部管理机构负责项目公司的运营时，资产运营管理的权限和义务就分配给了外部管理机构，从本质上说，这个属于基金托管，只不过不是资金托管，而是资产运营的托管。基金托管人的职责不应局限于基金财产的保管，当然可以包括资产运营的托管，受托人和管理人的多层分权，本质就是实现专业分工的经济目的和分权制衡的理念。所以，外部管理机构具有基金托管人的实质身份，属于信托关系中的受托人，提供资产运营管理的服务。

我国基础设施 REITs 治理的思路，是一种动态博弈的“平衡”。将受托管理财产的外部管理机构认定为信托关系的受托人，赋予外部管理机构一定的权力，可以激发管理人的积极性和发挥其专业能力，为

---

〔41〕 See Tamar Frankel, *Fiduciary Law*, Oxford University Press, Inc., 2011, p. 8.

〔42〕 参见洪艳蓉：《论基金托管人的治理功能与独立责任》，载《中国法学》2019 年第 6 期。

REITs 提供更多的商业动力;外部管理机构受信托法律规范的约束,使可能产生的利益冲突尽可能地化解到最低,有效地保护投资者的利益。因此,为明晰外部管理机构的受托人身份,可以考虑在基金合同或信托合同中明确规定,外部管理机构是基金托管人或信托受托人,为基金持有人利益服务,并对其负有信义义务。

(三)外部管理机构负担的信义义务

在公司中,合同不确定性所带来的风险,都由剩余索取权人一己承担,公司的剩余索取权人是股票投资者,他们几乎得不到明确的承诺。相反,他们获得了投票权和由忠实义务和注意义务构成的信义义务的保护。[43] 在我国基础设施 REITs 公募基金的治理机制中,除了发挥基金持有人大会的决策作用,还应重视对外部管理机构信义义务的规范。信义义务是对合同予以细致规定和进行额外监督的替代解决方案,外部管理机构不仅要遵守合同的约定,还需要遵守法律法规有关信义义务的规定。我国《信托法》中抽象地规定了受托人的信义义务——忠实义务和勤勉义务(善管注意义务)。《证券投资基金法》第 9 条、第 21 条也有类似规定,强调管理人恪尽职守,履行诚实信用、谨慎勤勉的义务,在履行职责时,应当遵循基金份额持有人利益优先的原则。综合而言,信义义务主要分为忠实义务和注意义务。

1. 忠实义务

忠实义务是信义义务的核心要素,受托人必须首先考虑投资者的利益,而不是个人利益的最大化。[44] 具体表现为两条规则:一是“避免利益冲突规则”(no – conflict rule),即受托人应避免其个人利益与受托义务相冲突;二是“不牟利规则”(no – profit rule),即受托人不得利用其受托人地位牟利。我国《信托法》虽然没有直接使用“忠实义务”的概念,但相关规定均体现为受托人应当负有忠实义务。《信托法》第 25 条规定,受托人应当恪尽职守,诚实、信用地为受益人的最大利益处理信托事务。本条实际上规定的是受托人积极的忠实义务。我国《信托

〔43〕 参见[美]弗兰克.伊斯特布鲁克、[美]丹尼尔.费希尔:《公司法的经济结构》(中译本第 2 版),罗培新译,北京大学出版社 2014 年版,第 102 页。

〔44〕 同上,第 103 页。

法》第 26 ~ 28 条对消极的忠实义务作了具体规定，列举了三种被消极的忠实义务所禁止的行为，包括禁止利用信托财产为自己牟利，禁止将信托财产转为固有财产，原则上禁止受托人自我交易。[45]

在传统的理论中，利益冲突交易是被禁止的，受托人必须以受益人的利益为唯一利益，在此目的之下从事一切受托活动，受托人不能将自己放在与受益人利益冲突的位置，但该理念目前已有所突破，法律规制的标准从"唯一利益"走向"最佳利益"。[46] 信义义务的本质是限制受托人从事利益冲突行为，而非全面禁止，若能保证受托目的的实现和受益人之利益不受损害，则并无对受托人施加严苛限制的必要。[47]《信托法》第 28 条也只是原则上禁止受托人自我交易，信托文件另有规定或者经委托人或者受益人同意，并以公平的市场价格进行交易除外。

在基础设施 REITs 中，外部管理机构可能由原始权益人担任，其通过战略配售至少有 20% 以上的基金份额，还可能增加份额达到多数票，从而控制基金份额持有人大会。这样管理人在涉及"自我交易"和"共同交易"的关联交易时，可能存在类似于上市公司中"大股东侵害小股东"的情形的发生。因此，为了防范此类利益冲突行为的发生，外部管理机构对于涉及自身的关联交易，需经持有人大会无利害关系的多数表决通过。同时，参照《指引》中针对基金管理人的分层表决机制，[48] 对重大关联交易实行更高的表决票数，且关联方应当回避表决，

---

〔45〕《信托法》第 26 条规定："受托人除依照本法规定取得报酬外，不得利用信托财产为自己谋取利益。受托人违反前款规定，利用信托财产为自己谋取利益的，所得利益归入信托财产。"第 27 条规定："受托人不得将信托财产转为其固有财产。受托人将信托财产转为其固有财产的，必须恢复该信托财产原状；造成信托财产损失的，应当承担赔偿责任。"第 28 条规定："受托人不得将其固有财产与信托财产进行交易或者将不同委托人的信托财产进行相互交易，但信托文件另有规定或者经委托人或者受益人同意，并以公平的市场价格进行交易的除外。受托人违反前款规定，造成信托财产损失的，应当承担赔偿责任。"

〔46〕See Tamar Frankel, *Fiduciary Law*, Oxford University Press, 2011 pp. 5, 146.

〔47〕参见赵廉慧：《信托法解释论》，中国法制出版社 2015 年版，第 306 页。

〔48〕根据《指引》第 32 条规定，金额超过基金净资产 5% 但低于 20% 的关联交易应经持有人大会 1/2 表决通过，超过 20% 的须经持有人大会 2/3 表决通过。基金份额持有人与表决事项存在关联关系的，应当回避表决，其所持份额不计入有表决权的基金份额总数。

并依法进行信息披露。所以,与基金管理人一样,外部管理机构的关联交易也需要经过持有人大会的表决。在取得无利害关系的持多数表决权的份额持有人同意后,则表明受托人实施的关联交易获得法律和投资者的认可,并不违反信义义务。

2. 注意义务

注意义务要求受托人以谨慎、勤勉的方式履行义务,受托人必须根据其专业知识及所获取之信息选择适当的行为方式,为投资者的利益做出合理的决策。我国《信托法》第 25 条规定,受托人应当遵守信托文件的规定,为受益人的最大利益处理信托事务。受托人管理信托财产,必须恪尽职守,履行诚实、信用、谨慎、有效管理的义务。注意义务是一种"善意管理他人事务时应尽的注意义务",其标准要比"处理自己事务时应有的注意义务"还要高。因此,在判断受托人是否达到注意义务时,必须结合其自身技能、其从事的职业和所在的阶层普遍应达到的标准。

在信托逐渐商业化、公司化的今天,很多主要的法域承认了受托人的经营管理权,使受托人受到类似"经营判断规则"的保护具有一定的合理性。[49] 在"经营判断规则"的逻辑中,为了受托人能真正发挥作用,在符合法律法规且没有利益冲突的前提下,只要外部管理机构出于投资者利益最大化的目的,在充分知情的基础上做出的合理决策,即使该决策最终给管理财产或投资者带来损害,也不能一律让其承担责任。同时,对于某些重要的商业决策,需要赋予外部管理机构召集基金持有人大会的权力和义务,从而发挥基金持有人大会的决策作用,防止外部管理机构违反信义义务的行为发生。

外部管理机构作为信托受托人,负责基础设施项目日常运营管理,在不超过法定或约定的资本性支出范围内,享有自由裁量权。而支出影响利润,项目公司的稳定分红又对投资者至关重要。《指引》第 30 条强制规定了基金管理人的分红义务,[50] 但没有规定利润分配的具体数额,项目公司的利润有可能会被其支出给削减,导致无利润可分或者

---

〔49〕 同前注〔47〕,第 38 页。

〔50〕 《指引》第 30 条第 1 款规定,基础设施基金应当将 90% 以上合并后基金年度可供分配金额以现金形式分配给投资者。基础设施基金的收益分配在符合分配条件的情况下每年不得少于 1 次。

分配过少,无法满足投资者稳定收益的需求。国家发展改革委办公厅在 2020 年 7 月 1 日发布了《关于做好基础设施领域不动产投资信托基金(REITs)试点项目申报工作的通知》,其中对试点项目的基本条件作出规定,要求试点项目预计未来 3 年净现金流分派率原则上不低于 4%。该条虽然对于利润分配的数额有原则性的规定,但"预计"和"原则上"等词语并不具备足够的强制性,依然可能存在特别情形导致无法满足条件,如项目维修改造的资本性支出使项目当期年度可分配利润减少。

根据注意义务,当外部管理机构所做的经营决策严重影响当期的利润分配,导致无利润可分或者利润分配过少,则需要审查外部管理机构的经营判断是否违反了注意义务。笔者认为,在不影响社会效益和环境效益等公共利益的前提下,或可由投资者自行决定是否对基础设施进行维修或改造等措施。比如,当经营决策所耗费的支出使当期净现金流分派率低于 4%,需要应当经参加大会的基金份额持有人所持表决权的 1/2 以上表决通过;若低于 2%,需要应当经参加大会的基金份额持有人所持表决权的 2/3 以上表决通过,且基金份额持有人与表决事项存在关联关系的,应当回避表决,其所持份额不计入有表决权的基金份额总数。

总之,外部管理机构负有的信义义务,是超越合同文本的法定义务,不限于合同的具体约定,不能以合同法思维替代信托法思维。〔51〕尽管当事人可以通过合同事无巨细的约定受托人的义务,但是无法使受托人的义务确定化,法律也只能原则性地规定受托人的义务。受托人该如何管理信托财产会因环境和时间等因素产生变化,受托人职责和义务的履行又与裁量权的行使如影随形,法院在判断裁量权的行使是否恰当的时候并非专家。如何把这些抽象的法律义务转变成可以操作的规则,变成受托人的行为规则,实体法似乎很难胜任这一工作。只能仰仗司法创造性的、可累积的工作,逐渐形成比较清晰的规则,这也是使纸面的法规则变成"活的法"的必经之路。〔52〕

---

〔51〕 参见王涌:《信义义务是私募基金业发展的"牛鼻子"》,载《清华金融评论》2019 年第 3 期。

〔52〕 同前注〔47〕,第 38 页。

结　语

我国基础设施 REITs 采取“公募基金 + ABS”的双 SPV 架构，从本质上看，公募基金和 ABS 都是信托法律关系。作为企业 ABS 的专项计划只是公募基金的通道，这不仅增加了成本，侵蚀投资回报，而且专项计划的法律性质存疑，本身缺乏独立性，可能受原始权益人或专项计划管理人破产风险的波及。在公募基金治理层面，缺乏对管理人的权力制衡机制，基金管理人主导基金的运行并负责项目公司的管理，享有较多的管理权限，缺少来自基金持有人方面的监督机制，基金管理人委托的外部管理机构的受托责任也不明晰。为保护投资者利益，应当以信托原理和《信托法》为基础，从纵向产品架构和横向基金管理两个层面，完善基础设施 REITs 的治理机制。

其一，构建基础设施 REITs 中特殊目的信托的 SPV 架构，以服务信托理念推动信托业回归本源。从长期看，由信托公司设立 REITs 的单层 SPV 架构，并委任基金管理人负责基金管理，简化产品架构，降低成本；从短期看，在立法和司法层面将专项计划认定为信托关系，适用信托法律规范，或可由信托公司作为专项计划管理人加入基础设施 REITs，从而充分发挥信托的制度优势和功能优势，实现信托财产的风险隔离效果。

其二，完善基础设施 REITs 中公募基金的治理机制，明确各主体之间的权利义务。从投资者的角度，在管理机构中引入独立董事制度，强化对管理人的监督；从资产管理人的角度，明确外部管理机构作为信托受托人的法律地位。以信托法原理为基础，完善受托人信义义务的规范，强调外部管理机构对基金持有人负有信托意义上的忠实义务和注意义务。为防止外部管理机构违反信义义务的行为发生，也需要发挥基金持有人大会的决策作用，对涉及关联交易和影响投资者重要利益的决策，交由持有人大会表决。

笔者希望通过信托原理和《信托法》的规范，完善基础设施 REITs 的治理机制，从而明晰各主体之间的权利义务，发挥基金持有人大会的决策作用,督促受托人履行信义义务,使 REITs 回归其信托本质,更好地保护投资者的利益。

（编辑:何昕）

《证券法苑》(2021)
第三十一卷,第 192 ~218 页

我国公募 REITs 产品架构的法律问题研究

——基于日本和美国公募 REITs 的比较*

段　磊**

摘要:2020 年 8 月 7 日,证监会公布《公开募集基础设施证券投资基金指引(试行)》,这标志着我国境内公募 REITs 试点正式拉开帷幕。本文围绕本次试点的公募基础设施 REITs 产品架构,与国际上标准的公募 REITs 产品的异同,以及未来产品架构如何改善展开论述。并结合日本和美国公募 REITs 相关法律制度和实际数据,建议未来拓展公募 REITs 基础资产范围,引进公司型基金进行试点,扩大公募基金的投资范围和进一步优化公募 REITs 的税收政策。

关键词:公募 REITs　产品架构　管理模式

一、问题的提出

房地产投资信托(real estate investment trust,

---

* 本文是上海市哲学社会科学规划青年课题(项目号 2018EFX004)的阶段性研究成果之一。

** 华东师范大学副教授,东京大学法学博士。

REITs)是指从投资者募集资金投资于租赁住宅、办公楼、购物中心等商业地产,并将租赁收益和不动产的增值收益等按比例分配给投资者的集合投资计划。REITs 制度诞生于 1960 年的美国,1971 年被澳大利亚引进,日本于 2001 年 3 月在东京证券交易市场开设了 REITs 发行证券的交易市场,其后,韩国、我国香港地区和台湾地区及新加坡等亚洲国家和地区也设置了 REITs 制度;在欧洲,法国、葡萄牙于 2003 年,德国、英国于 2007 年,意大利于 2008 年,都分别都引进了 REITs 制度。[1]

从 2001 年信托法成立以来,我国就有主张要建立房地产投资信托制度。此后多年,我国的金融监管者以及相关从业者,为了推动公募 REITs 产品的落地,作出了许多有益的尝试。

2014 年 9 月 30 日,中国人民银行和中国银行业监督管理委员会联合发布《关于进一步做好住房金融服务工作的通知》,明确提出支持符合条件的房地产企业在银行间债券市场发行债务融资工具,开展 REITs 试点。自此以来,我国实务中已经尝试并发行了 52 个类 REITs 产品,在功能上与国际上标准的 REITs 具有一定相似性,基础资产覆盖零售商场、写字楼、租赁住房、酒店和仓储物流等领域。[2]

2020 年 4 月 30 日,中国证券监督管理委员会(以下简称证监会)与国家发展改革委联合发布了《关于推进基础设施领域不动产投资信托基金(REITs)试点相关工作的通知》。证监会于同日发布了《公开募集基础设施证券投资基金指引(试行)(征求意见稿)》(以下简称《征求意见稿》),向社会公开征求意见。在广泛吸收各界意见后,证监会于 2020 年 8 月 7 日公布了《公开募集基础设施证券投资基金指引(试行)》(以下简称《指引》),自公布之日起实施。这标志着我国境内公

---

〔1〕 See European Public Real Estate Association, Global REIT Survey 2015 (2015. 8) (http://www. epra. com/media/EPRA_REIT_2015_GLOBAL_1442307110562. pdf). 不動産証券化協会『不動産証券化ハンドブック2015』(不動産証券化協会・2015年)第9章。

〔2〕 参见中国 REITs 论坛:《一图读懂 REITs》,载微信公众号"中国 REITs 论坛",2020 年 4 月 30 日。

募 REITs 试点正式拉开帷幕,主要针对基础设施领域。[3]

值得关注的是,证监会在《指引》中已经构建出了公募基础设施 REITs 的完整产品架构,并对其管理模式、治理机制、发行方式、注册要求、信息披露等内容进行了详细规定。那么:(1)本次试点的公募基础设施 REITs 在产品架构具有哪些特点?(2)我国的公募基础设施 REITs 与国际上标准的公募 REITs 产品相比,究竟还存在哪些不同?(3)如果我国将来要构建国际上标准的公募 REITs,应当对产品架构如何进行改善?本文围绕这三个问题展开论述。重点关注我国 REITs 产品架构有关的法律法规中存在的问题,并对其提出相应的完善建议。

二、我国公募基础设施 REITs 产品架构的特点

(一)我国公募基础设施 REITs 的产品架构

首先,不同于国外 REITs 以商业地产为主流的基础资产,我国的公募 REITs 选择以基础设施作为基础资产。关于基础资产的范围,《征求意见稿》第 2 条曾做出过明确界定,即基础设施包括仓储物流,收费公路、机场港口等交通设施,水电气热等市政设施,产业园区等其他基础设施,不含住宅和商业地产。其主要原因一方面在于基础设施资产收益相对稳定、安全性较强,符合试点阶段的资产要求;另一方面在于基础设施资产所有权人通常为地方政府下属国有企业,其拥有大量的基础设施资产,也面临大量的资金需求。通过基础设施公募 REITs,可为这类资产打通建设、运营、上市的全产业链,为新基建启动提供资金支持。[4]

其次,根据《指引》第 2 条的规定,可以将我国公募基础设施 REITs 的定义总结为:80% 以上基金资产投资于基础设施资产支持证券,通过

---

〔3〕 同前注〔2〕。

〔4〕 参见刘慧、肖帷骁:《千里之行,始于足下——简评〈公开募集基础设施证券投资基金指引(试行)〉(征求意见稿)》,载微信公众号“邦信阳中建中汇”,2020 年 5 月 6 日。

资产支持专项计划和项目公司等特殊目的载体取得基础设施项目完全所有权或经营权利,同时主动运营管理基础设施项目以获取稳定现金流,并将 90% 以上可供分配金额按要求分配给投资者的封闭式基金产品。

由此可见,我国公募基础设施 REITs 采用了"公募基金 + 资产支持专项计划"的产品架构,其产品架构大致如图 1 所示:

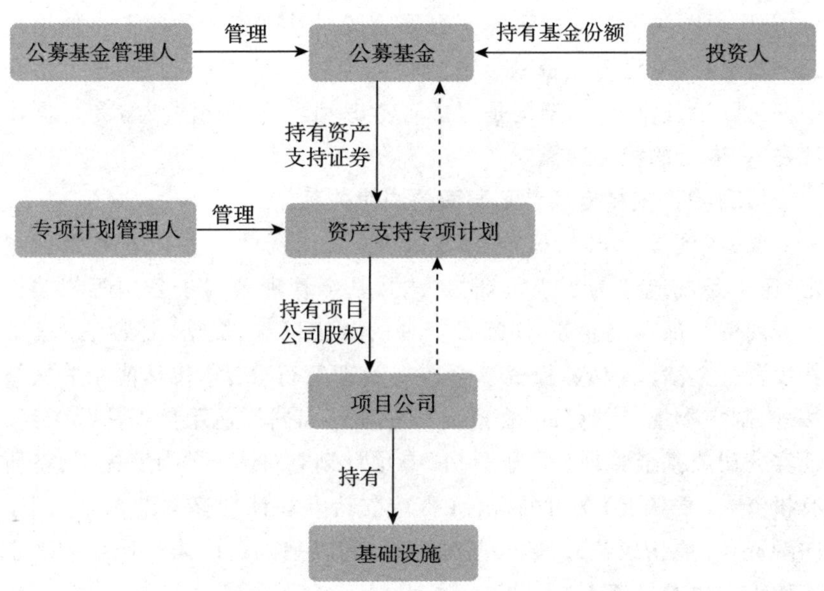

图 1 我国公募基础设施 REITs 的产品架构

资料来源:王天、朱珂瑶:《关于〈公开募集基础设施证券投资基金指引〉(试行)(征求意见稿)的若干法律思考》,载微信公众号"国枫律师事务所",2020 年 5 月 29 日。

(二)公募基金层面的法律关系

《证券投资基金法》第 2 条规定:"在中华人民共和国境内,公开或者非公开募集资金设立证券投资基金,由基金管理人管理,基金托管人托管,为基金份额持有人的利益,进行证券投资活动,适用本法;本法未规定的,适用《中华人民共和国信托法》、《中华人民共和国证券法》和其他有关法律、行政法规的规定。"由此可见,我国公募基金的设立、运营的法律基础为信托法律关系,投资人为委托人(受益人)、基金管理人为受托人。

此外,《证券投资基金法》将基金的投资范围严格限定于证券,在现行法律法规框架下,我国公募基金尚不能直接投资于房动产项目公司的股权,[5]更不能直接投资并持有房地产实体资产。因此,通过“公募基金+资产支持专项计划”的多层级产品架构,由符合规定条件的基金管理公司设立封闭式公募基金,在公开市场发售基金份额募集资金,并通过购买资产支持证券等方式完成对基础资产的收购。如果该公募基金符合《证券投资基金法》和《证券法》等规定,可以申请上市交易。可以说,这一产品架构是立法者考虑到当前的立法成本和可操作性之后,进行的稳妥选择。

(三)资产支持专项计划层面的法律关系

根据《证券公司及基金管理公司子公司资产证券化业务管理规定》第1条规定:“为了规范证券公司、基金管理公司子公司等相关主体开展资产证券化业务,保障投资者的合法权益,根据《证券法》、《证券投资基金法》、《私募投资基金监督管理暂行办法》和其他相关法律法规,制定本规定。”因此,资产支持专项计划同样适用信托法律关系,证券公司或基金管理公司子公司(专项计划管理人)作为受托人,将所有投资人(委托人)交付的资金(资产支持专项计划募集的资金)用于向融资人(原始权益人)购买基础资产,并以基础资产未来产生的现金流作为支付给投资人的回报。

在公募基础设施REITs的产品架构中,公募基金管理人代表相关公募基金登记为上述信托法律关系中的委托人(受益人),资产支持专项计划管理人为上述信托法律关系中的受托人。

(四)公募REITs组织结构的选择

从法律性质来看,REITs(房地产投资信托)应当属于商事信托中的投资信托,可以用信托的组织结构来设立REITs。此次证监会颁布的《指引》也是立足于我国公募基金、资产证券化的法律体系和实践成果,以公募基金为基础,采用了“公募基金+资产支持专项计划”的双

[5] 《证券投资基金法》第72条规定:“基金财产应当用于下列投资:(一)上市交易的股票、债券;(二)国务院证券监督管理机构规定的其他证券及其衍生品种。”

层信托法律关系。

但 REITs 的组织结构只能是“信托”吗？从已经建立起 REITs 制度的各国经验来看，除信托以外，还可以用公司的组织结构来设立 REITs。比如，美国既有信托型 REITs（也称“契约型 REITs”），也有公司型 REITs。美国的公司型 REITs 采用的是股份有限公司（corporation）的组织结构。日本也是如此，既有信托型 REITs，也有公司型 REITs，但不同于美国的是（见表 1），日本公司型 REITs 采用一种被称为“投资法人”的特殊公司。

表 1　美日两国 REITs 制度的建立时间和组织结构

国家	建立时间	组织结构	
美国（US – REITs）	1960 年	信托型	公司型（股份公司）
日本（J – REITs）	2001 年	信托型	公司型（投资法人）

下文以日本 REITs 和美国 REITs 作为比较法研究的对象，重点研究两国公募 REITs 采用的产品架构，除分析两国公募 REITs 相关法律制度的演变和特点之外，也通过分析实际数据，探究两国实务中哪一种产品架构得到更广泛的使用及其内在原因。在此基础之上，分析我国公募 REITs 产品架构的完善方向以及应当解决的法律问题。

三、日本公募 REITs 产品架构的特点

（一）日本公募 REITs 产品架构的基本法律

日本是大陆法系最早制定信托法的国家，长期以来商事信托在实践里得到了广泛应用。日本 REITs 产品架构的基本法律是《投资信托及投资法人法》（以下简称《投信法》）。这部法律的前身为 1951 年制定的《证券投资信托法》，相当于我国的《证券投资基金法》。不过在 1990 年代末期，日本为了建立 REITs 制度对这部法律进行了两次重大修订。首先，在 1998 年将这部法律修改为《证券投资信托及证券投资法人法》，即新设了“投资法人”这一特殊法人形态，亦称公司型基金，但在当时它的

投资对象仅限于证券,还不能投资于房地产。到了2000年,这部法律进行再次修订,同时名称也变更为《投资信托及投资法人法》。具体而言,将投资信托(信托型基金)和投资法人(公司型基金)的投资对象从证券扩展至房地产等其他资产。[6] 这就为日本REITs制度的诞生,打下了坚实的法律基础。

2001年9月10日,“日本ビルファンド投資法人”和“ジャパンリアルエステイト投資法人”这两个公募REITs在东京证券交易所上市交易,标志着日本公募REITs制度的正式起步。截至2020年9月底,东京证券交易所共有62个公募REITs上市交易,总市值达到了1.366兆日元(约8.531万亿元人民币)。[7]

从《投信法》的规定来看,日本既可以设立信托型基金,也可以设立公司型基金,当事人可以根据自己的需求自由选择。但是在实践中还是有一个明显的区分,即投资于证券的一般采用信托型,即证券投资信托;而投资于房地产的一般采用公司型,即房地产投资法人(见表2)。

表2 日本投资基金的组织结构及其投资对象

事业形态/投资对象	证券	房地产
投资信托	●	○
投资法人	○	●

比如,截至2020年9月,在东京证券交易所上市交易的62家公募REITs均采用公司型,即房地产投资法人(见表3)。

〔6〕 本次法律修改的过程和讨论内容可参见:日本金融厅金融审议会第一分会于1999年11月30日公布的报告《集団投資スキームに関するワーキンググループ報告》。

〔7〕 该数据统计来源于日本的不动产证券化协会(https://j-reit.jp/market/04.html)。

表 3　东京证券交易所上市交易的 REITs（部分）

日本ビルファンド投資法人	ジャパンリアルエステイト投資法人	日本都市ファンド投資法人	オリックス不動産投資法人
日本プライムリアルティ投資法人	NTT 都市開発リート投資法人	東急リアル・エステート投資法人	グローバル・ワン不動産投資法人
ユナイテッド・アーバン投資法人	森トラスト総合リート投資法人	フロンティア不動産投資法人	平和不動産リート投資法人
日本ロジスティクスファンド投資法人	福岡リート投資法人	ケネディクス・オフィス投資法人	いちごオフィスリート投資法人
大和証券オフィス投資法人	阪急阪神リート投資法人	大和ハウスリート投資法人	ジャパン・ホテル・リート投資法人
大和証券リビング投資法人	積水ハウス・リート投資法人	伊藤忠アドバンス・ロジスティクス投資法人	日本アコモデーションファンド投資法人
森ヒルズリート投資法人	産業ファンド投資法人	星野リゾート・リート投資法人	イオンリート投資法人
野村不動産マスターファンド投資法人	三井不動産ロジスティクスパーク投資法人	大江戸温泉リート投資法人	三菱地所物流リート投資法人

资料来源：东京证券交易所网站。

（二）日本公募 REITs 产品架构的基本特征

日本《投信法》对公司型 REITs（房地产投资法人）的产品架构的基本特征进行了详细规定，主要包括以下内容：（见图 2）[8]

1. 投资法人具有独立的法人主体资格，是日本 REITs 上市、发行投资证券的主体，也是持有不动产、对外订立合同、承担责任的主体。

2. 投资人总会是投资法人的最高权力机构，决定章程修改、解散、合

〔8〕 新家寛＝上野元編『REITのすべて：新規組成・上場から倒産処理まで』（民事法研究会・2012 年）48－49 頁参照。

并等重大事项,[9]相当于公司的股东大会。

3. 役员会由执行役员和监督役员构成,决定投资法人的一般重要事项,如发行投资证券、债券等。执行役员相当于公司的董事,监督役员相当于公司的独立董事,且监督役员的人数至少要比执行役员多一人。[10]在实务中,监督役员多由律师、注册会计师或者大学教授等外部人员担任。

以上三点是投资法人与一般的股份有限公司的相似之处。两者的不同之处主要体现在外部管理模式上,即投资法人本身不得雇用任何员工,[11]必须将其全部日常经营管理事务委托给外部的第三方。[12]

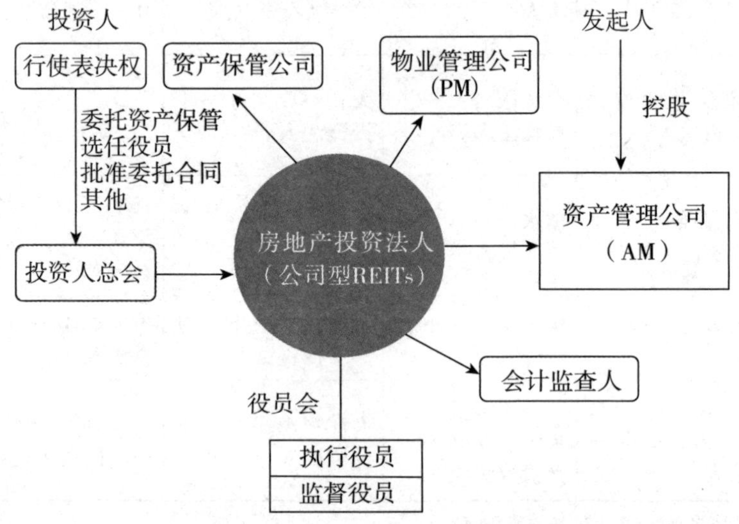

图 2　日本公募 REITs 的产品架构

根据委托事务内容的不同,有以下几类委托对象:

1. 资产管理公司(asset management company, AM):承担投资经营事务,进行房地产的投资决策和对外交涉等,这是最重要的一个委托对象。此外,资产管理公司的母公司是 REITs 的发起人,在 REITs 的设立、

[9] 参见日本《投信法》第 89 条。

[10] 参见日本《投信法》第 95 条第 2 项。

[11] 参见日本《投信法》第 63 条。

[12] 参见日本《投信法》第 117 条、第 198 条、第 208 条。

运营、并购等过程中有着非常重要的作用。但发起人并非《投信法》上的法定机关,也没有严格的定义。[13]

2. 资产保管(托管)公司(asset custoday company,AC):承担房地产的财务、会计管理等事务,实践中在东京证券交易所上市交易的 62 家公募 REITs,其资产保管公司均由日本的三大信托银行来担任。[14]

3. 物业管理公司(property management company,PM):承担房地产的日常运营管理、维护、租赁等事务。值得注意的是,物业管理公司的存在是 REITs 与证券投资信托之间的重要区别。具体而言,证券投资信托在买入某公司的股票之后,无须负责该公司的日常经营管理,只需在合适的时间点卖出股票后即可获得收益;而 REITs 在投资房地产后,如果不对房地产进行经营管理,房地产就可能就荒废,无法产生收益。因此需要对房地产进行运营管理和维护,以此来获得租金收益。投资于商业地产的租金收益,是 REITs 的一大收益来源。可以说,与证券投资信托相比,REITs 的事业性特征更加明显。[15]

(三)日本公募 REITs 的税收要件对产品架构的影响

众所周知,REITs 的一大制度优点是可以节税,即大量减免企业所得税,使 REITs 的投资者能够获得更多的投资回报。比如,公司在获得利润之后,会存在所谓双重征税:对公司征收企业所得税(中国 25%,日本 23.9%),又对投资者征收个人所得税(中国 3% ~45%,日本 5% ~45%)。而 REITs 若满足一定税法上的要件后,可以在一定范围内免征企业所得税。最经常被探讨的税收要件是"90% 以上的分配要件"。除此之外,REITs 还应当满足哪些税收要件?

日本公司型 REITs(房地产投资法人)的税收要件,具体规定在日本的《租税特别措施法》里。这部法律是关于国税特例的专门立法(个人所得税、企业所得税、消费税、继承税等税种的例外规定)。日本在 2000

〔13〕 新家寛=上野元編『REITのすべて:新規組成・上場から倒産処理まで』(民事法研究会・2012 年)41 頁参照。

〔14〕 日本三大信托银行是指三井住友信托银行、三菱 UFJ 信托银行、瑞穗信托银行。该数据由笔者根据东京证券交易所公布的资料整理得出。

〔15〕 不動産証券化協会『不動産証券化ハンドブック2015』(不動産証券化協会・2015 年)166 頁参照。

年修订《投信法》时,同步对这部法律进行了修订,新增第 67 条之 15“有关投资法人课税的特例”,详细规定了日本 REITs 在税法上应当满足的税收要件,主要有以下六个方面内容(见表 4):

表 4　日本 REITs 的税收要件和期间要求

项目	投资人数要件	投资份额分散要件	资产要件	禁止支配要件	分配要件	外部管理要件
J – REITs	50 人以上	1 个投资人不得持有超过 50% 的投资份额	超过 50% 的资产为房地产、房地产租赁权、地上权等	不得持有其他法人 50% 以上的股份。(投资海外房地产时有例外)	将超过 90% 的收益分配给投资者	将资产管理业务委托给资产管理公司,将资产保管业务委托给资产保管公司
期间要求	会计年度结束时	会计年度结束时	会计年度结束时	整个会计年度	会计年度内	整个会计年度

资料来源:笔者根据日本《租税特别措施法》的规定自行整理。

1. 投资人数要件:投资法人的投资人必须有 50 人以上,这是为了保证投资法人具备一定的公众性。

2. 投资份额分散要件:1 个投资人不得持有超过投资法人 50% 的投资份额,也就是说投资法人不得出现持股超过 50% 的控制人。该要件的目的是保证投资法人的投资份额分散性。[16]

3. 资产要件:既然是房地产投资法人,要求其过半数的资产应当是房地产实体资产或者房地产相关资产。

4. 禁止支配要件:投资法人不得持有其他法人 50% 以上的股份,即投资法人不得通过控股其他法人来获利,而主要是通过对商业地产等进行运营管理,以此来获得租金等利润。

5. 分配要件:所谓“90% 以上的分配要件”,即投资法人必须将其全年 90% 以上的收益都分配给投资人,以保证投资人能够获得更多的投资回报。假设,一家投资法人将其全年 95% 的收益分配给了投资人,同时也满足前面的四个税收要件,则就该 95% 的收益免征企业所得税。不过,剩余未分配的 5% 的收益仍然是要征收企业所得税的。

---

〔16〕 稲葉孝史「J – REITの組織再編への影響と留意点」経理情報 1215 号 61 頁参照。

6. 外部管理要件：投资法人应当维持上述外部管理模式，即投资法人必须将其资产管理业务委托给资产管理公司，必须将其资产保管业务委托给资产保管公司。这不仅是《投信法》在产品架构上的要求，也是《租税特别措施法》在税收要件上的要求。

在这六个方面的要件中，除第 5 项分配要件为 REITs 收益分配上的要求，其他五项均涉及 REITs 产品架构的有关内容，详细规定了投资法人在投资人数、投资份额结构、持有资产、投资对象和管理模式上的具体要求。由此可见，日本 REITs 的组织法与税法之间有着密切的联动关系，《租税特别措施法》规定的税收要件也会对日本 REITs 产品架构产生重大影响。

四、美国公募 REITs 产品架构的特点

美国是 REITs 制度的创始国，1960 年美国通过修改《国内税法典》(Internal Revenue Code，IRC) 建立了 REITs 制度，其后经历了 20 世纪 70 年代、80 年代、90 年代和 2000 年以后四个大的发展阶段。截至 2020 年 9 月，在美国的证券交易所上市的公募 REITs 共有 222 家，市值达到了 1.177 万亿美元，仅以市值来计算美国 REITs 市场是全世界最大的，规模占全球市场的 50% 以上〔17〕。

(一) 美国公募 REITs 产品架构的基本法律

美国《国内税法典》并没有直接规定 REITs 的产品架构，而是交由各州的组织法来规定(见表 5)。比如，公司型 REITs 的组织结构由各州的《公司法》规定，信托型 REITs 的组织结构一般由各州的《商业信托法》来规定。

〔17〕 See Nareit: Reitwatch, 2020. 9, p. 1, https://www. reit. com/sites/default/files/reitwatch/RW2009. pdf, visited Oct. 31, 2020.

表5 美国公募 REITs 的组织法(州法)

州名	公司型 REITs(Corporation)	信托型 REITs(Business Trust)
特拉华州	特拉华公司法(Delaware General Corporation Law)	特拉华商业信托法(Delaware Statutory Trust Act)
马里兰州	马里兰公司法(Md. Code Ann., Corps. & Assn's 1 – 7)	马里兰 REITs 法(Md. Code Ann., Corps. & Assn's 8)

注:仅以特拉华州和马里兰州为例说明。

目前,美国上市交易的公募 REITs 一共有 222 家,其中过半数都是以《马里兰公司和社团法》(Maryland Code Corporations and Associations)为准据法而设立的。因此,对于美国公募 REITs 来说,最重要的法律是《马里兰公司法》[18]和《马里兰 REITs 法》。[19] 值得一提的是,《马里兰 REITs 法》是马里兰州于 1963 年为信托型 REITs 而制定的特别法,在此基础上发展出了成熟的组织结构,并于 20 世纪 70 年代扩展至公司型 REITs。这也是马里兰州相对于其他州(特别是特拉华州)能够吸引到如此多的公募 REITs 作为准据法的原因之一。关于《马里兰公司法》与《马里兰 REITs 法》的关系,法律上没有明文规定,但马里兰州法院在《马里兰 REITs 法》及信托合同均未有明确规定的情形下,可以依据《马里兰公司法》作出判决。[20]

(二)美国公募 REITs 产品架构的基本特征

从美国 REITs 的发展历史来看,其在产品架构和管理模式上发生了巨大的转变,主要体现在以下两个方面。

1. 从信托型 REITs 向公司型 REITs 的扩张

美国在 1960 年立法之初仅承认以商业信托(business trust)的形式设立的信托型 REITs。但在 1975 年和 1976 年的税法改革后,开始承认以公司(corporation)形式设立的 REITs。因为,商业信托在当时只是判例法上的概念,没有成文法的规定,因此各州的判决存在一定的差异。

---

[18] 《马里兰公司和社团法》第 1 ~ 7 章。

[19] 《马里兰公司和社团法》第 8 章。

[20] See Stender v. Archstone – Smith Operating Trust, No. 07 – 02503, 2014 U. S. Dist. LEXIS 146242 (D. Colo. Oct. 14, 2014). See also First American v. Shivers, 629 A. 2d 1334 (Md. App. 1993).

而各州的公司法明确规定了公司的法人主体资格、股东的有限责任以及董事的信义义务(fiduciary duty),采用公司型 REITs 更有利于保护投资者的利益。自此以后,公司型 REITs 得到了广泛的应用。但值得注意的是,在这个阶段无论是信托型还是公司型,美国 REITs 都必须采用外部管理的模式,即 REITs 本身不得雇用任何员工,必须将其全部日常经营管理事务委托给外部的第三方。这一情况与现在的日本公募 REITs 的产品架构很相近,但美国公募 REITs 的产品架构在 20 世纪 80 年代又经历了一次大的转变。

2. 从外部管理模式向内部管理模式的扩张

外部管理模式是指,REITs 将资产管理等业务委托给外部第三方,并向其给付报酬的管理方式。美国在 1960 年立法之初仅承认这种管理模式,即使在 1976 年允许设立公司型 REITs 之后,它也必须将其资产管理等业务委托给外部第三方。但到了 1986 年,《国内税法典》再次进行重大修改,允许采用内部管理模式,即 REITs 无须将资产管理等业务委托给他人,而可以由自己进行经营管理。

根据笔者在 2015 年 9 月进行统计的结果,在 210 家上市的美国公募 REITs 中,公司型 REITs 有 167 家,约占总数的 79.5%;而内部管理型 REITs 有 163 家,约占总数的 77.6%。具体数据如表 6 所示:

表 6 美国公募 REITs 的类型、数量及占比(2015 年 9 月)

类型	权益型	抵押型	内部管理型	外部管理型
公司型(167 家)	129 家(77%)	38 家(23%)	127 家(76%)	40 家(24%)
信托型(43 家)	40 家(93%)	3 家(7%)	36 家(84%)	7 家(16%)

经过以上两次转变后,如今被美国公募 REITs 所广泛采用的是"公司型 + 内部管理模式"的产品架构。换言之,仅从产品架构上看,"公司型 + 内部管理模式"的美国公募 REITs 与美国的房地产上市公司之间,其实已经不存在太多区别,[21] 两者的主要区别主要存在于《国内税法

[21] 石田尚己『不動産会社とREITのM&A:国際比較とJ-REIT 版 M&Aルールの提言』(住宅新報社·2010)38-39 頁参照。

典》的税收要件中。

(三)美国公募 REITs 的税收要件对产品架构的影响

从美国 REITs 制度的诞生和发展过程来看,除由各州法律规定 REITs 的产品架构外,联邦法《国内税法典》上规定的税收要件实际上发挥着更加重要的作用。美国 REITs 的税收要件由该法第 856 ~ 860 条进行详细规定。对美国 REITs 而言,如果要获得企业所得税的减免,应当至少满足如下六个方面的税收要件:(1)投资人数要件;(2)投资份额分散要件;(3)资产要件;(4)收入要件;(5)禁止支配要件;(6)分配要件(见表 7)。

表 7 美国 REITs 的税收要件和期间要求

项目	投资人数要件	投资份额分散要件	资产要件	收入要件	禁止支配要件	分配要件
US - REITs	100 人以上	5 个以下的投资人合计不得持有超过 50% 的投资份额	75% 以上的资产为房地产相关资产、现金、现金等价物及国债;除此以外的有价证券不得超过 25%	95% 以上的收入来自房地产相关资产;75% 以上的收入来自除股份、证券以外的房地产相关资产	不得持有其他法人超过 10% 的股份。但可以持有全资子公司进行相关业务	将 90% 以上的收益分配给投资者
期间要求	1 个会计年度中至少 335 日	会计年度的下半年	各季度结束时	会计年度内	整个会计年度	每次分配时(每季度、每半年或每年)

资料来源:笔者根据美国《国内税法典》的规定自行整理。

如表 7 所示,美国 REITs 的税收要件与日本 REITs 的税收要件相比,两者在内容上基本是一致的,但美国 REITs 的税收要件则更加严格。比如:(1)美国 REITs 的投资人数为 100 人以上,而日本 REITs 的投资人数则是 50 人以上;(2)美国 REITs 前 5 位的投资人合计不得持有超过 50% 的投资份额,而日本 REITs 是 1 个投资人不得持有超过 50% 的投资份额;(3)美国 REITs 要求 75% 以上的资产为房地产相关资产、现金、现金等价物及国债等;而日本 REITs 要求超过 50% 资产为房地产、房地产租赁权、地上权等。不过,与日本 REITs 不同的是,美国 REITs 多了一个收入要件,即 95% 以上的全年收入应当来自房地产相关资产,且 75% 以上的收入来自除股权、证券以外的房地产相关资产。美国 REITs 既可以进行外部管理，也可以进行内部管理，因此并没有日本 REITs 那样的外部管理要件。

五、我国公募 REITs 产品架构的完善建议

如前所述，我国公募基础设施 REITs 采用了"公募基金 + 资产支持专项计划"的多层级产品架构，这是在我国现有公募基金、资产证券化的法律监管体系下，以最小的突破幅度，实现了基础设施收益的公募化。这一产品架构的优点在于其便利性以及市场主体的熟悉度，可顺畅衔接市场上多数的类 REITs 项目，参与的各机构对于底层基础资产的构建、装入 SPV、设立资产支持专项计划等环节也比较熟悉。未来，随着公募 REITs 底层基础资产的范围拓宽，市场存量的类 REITs 项目可以通过公募 REITs 实现退出。[22]

但是，考虑到现有主流的类 REITs 产品架构，如在其上端再搭建一层公募基金，公募基础设施 REITs 的结构将可能达到四层之多。例如，2020 年 8 月 29 日，上市公司首创股份发布了《关于公司开展基础设施公募 REITs 申报发行工作的公告》，公告显示：原始权益人首创股份认购私募基金全部初始份额，私募基金受让项目公司股权，设立公募基金认购资产支持专项计划全部份额，资产支持专项计划受让私募基金份额，最终形成公募基金—资产支持专项计划—私募基金—项目公司—基础设施项目[23]的四层结构（见图 3）。

〔22〕 同前注〔4〕。

〔23〕 公告显示，首创股份拟选取以深圳首创水务有限责任公司持有特许经营权的深圳市福永、燕川、公明污水处理厂 BOT 特许经营项目、合肥十五里河首创水务有限责任公司持有特许经营权的合肥市十五里河污水处理厂 PPP 项目为标的资产进行公募基础设施 REITs 的申报发行工作。

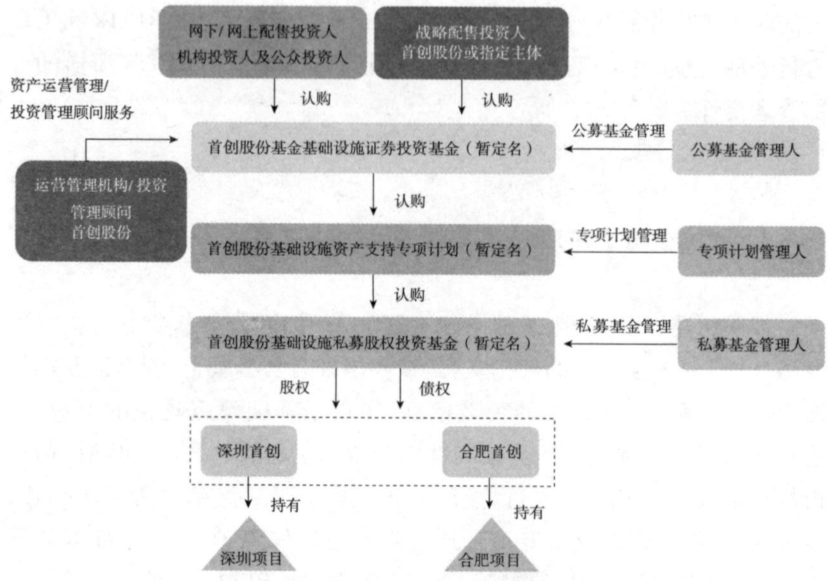

图3 首创股份公募基础设施 REITs 的产品架构

在当前 REITs 未有特殊税务优惠的前提下,每层结构都有其一定的必要性,而每搭建一层结构,都意味着一层成本的增加以及管理和效率的削弱〔24〕。因此,“公募基金+资产支持专项计划”的多层级产品架构是在当前消化存量类 REITs,以及在公募 REITs 试点阶段的过渡之举,但从行业长远发展的角度,去嵌套、简化产品架构的层级、实现公募基金对基础资产的直接控制应该成为今后我国公募 REITs 的发展方向。

尤其是,如果我国将来要构建国际上标准的公募 REITs 制度,那么实现公募 REITs 产品架构的层级精简可能是绕不过去的一步。然而,我国的《证券投资基金法》和《信托法》等相关法律制度尚不完善,对于构建标准公募 REITs 制度还存在诸多法律障碍。因此,本文最后对相关的法律问题进行分析,结合上述日本和美国的公募 REITs 制度的经验,提出相应的完善建议。

---

〔24〕 同前注〔4〕。

(一)我国公募基金投资范围的扩大

首先,受《证券投资基金法》第 2 条规定的限制[25],目前我国基金的投资范围仅限于证券,而不能直接投资并持有房地产实体资产及其相关资产。所以,本次试点的公募基础设施 REITs 产品架构中,公募基金不得不通过资产支持证券或项目公司等特殊目的载体来投资基础设施项目。但公募基金的投资对象其实不应局限于与房地产有关的证券,而应当允许其直接投资于房地产实体资产及其相关资产。因此,如果我国要建立标准的公募 REITs 制度,首先应当考虑将基金的投资范围从证券扩展到房地产等资产。

从前文的分析来看,日本在构建 REITs 制度时正是经历了这一立法修改过程。日本 REITs 制度最早的法律起源可以追溯到 1951 年《证券投资信托法》(相当于我国的《证券投资基金法》)。这是因为证券投资信托在日本的立法较早,实务中发展出了成熟的证券投资信托制度。因此,日本在 20 世纪 90 年代末期构建 REITs 制度之际,立法上受到了证券投资信托制度的很大影响,体现了制度构建的延续性。具体而言,日本在构建 REITs 制度时,分以下两个步骤完成:

第一步,1998 年将《证券投资信托法》修改为《证券投资信托及证券投资法人法》,在投资信托(信托型基金)制度之外,又创设投资法人(公司型基金)制度,但投资范围仍限于证券。这次立法修改的目的是让不太熟悉证券投资信托的投资者能够多一种选择;并且在投资法人的组织结构中,投资者通过投资人大会等制度更容易进行直接监督,便于保护自己的利益。[26]

第二步,2000 年将《证券投资信托及证券投资法人法》又修改为《投资信托及投资法人法》,主要内容正是将投资信托和投资法人的投资范围从证券扩展到了包括不动产在内的各种资产;同时也允许封闭型的投资法人发行债券,这意味着投资法人既可以进行股权融资,也可以进行

[25] 《证券投资基金法》第 2 条规定:“在中华人民共和国境内,公开或者非公开募集资金设立证券投资基金(以下简称基金),由基金管理人管理,基金托管人托管,为基金份额持有人的利益,进行证券投资活动,适用本法……”

[26] 森田章「資産運用手段の多様化」ジュリスト1145 号 7 頁。

债权融资。[27]

完成这两步立法修改后,日本的投资信托和投资法人可以直接投资并持有房地产实体资产及其相关资产。这就为日本构建单一层级的REITs制度确立了法律依据。

与日本的情况相似,我国在2003年就颁布了《证券投资基金法》,对于证券投资基金也已经积累起了丰富的实践和监管经验。在现有的证券投资基金的制度基础之上来构建我国的REITs制度,可以付出相对较少的立法成本,无论是监管者、从业者或者投资者也都能够有效地发挥实践中积累起的经验。因此,日本构建单一层级REITs制度的立法过程,值得我国借鉴和研究。

(二)我国公募REITs组织结构的完善

在解决了公募基金投资范围的问题之后,接下来面临的问题是:在组织结构上,我国应该采用信托型REITs,还是公司型REITs?

1. 日本法和美国法的经验

从日本的经验来看,日本的《投信法》从一开始就既允许设立信托型REITs,也允许设立公司型REITs,当事人可以根据自己的需求自由选择。但是在实践中逐渐形成了一个明显的倾向,例如,当前在东京证券交易所上市交易的62家公募REITs均无一例外地采用了公司型的组织结构。

从美国的经验来看,美国在1960年立法之初仅允许设立信托型REITs,经过了20世纪70年代中期的税法改革后,又允许设立公司型REITs。这两种组织结构经过了40多年的博弈,公司型的组织结构在实践中被美国大多数的公募REITs所采用。例如,截至2015年9月,在美国上市交易的210家公募REITs中,有167家采用公司型(占比约79.5%),有43家采用信托型(占比约21.5%)。另外值得注意的是,美国的信托型REITs也不是一般的信托,而是商业信托。这其实是一种非常接近于公司形态的信托结构。比如,商业信托有独立的法人主体资格,其受益人为有限责任,其受托人负有信义义务。

〔27〕 竹中正明「投資法人の統治機構:株式会社との対比において」法学研究73卷12号139頁。

由此可见，虽然日美两国的立法均允许当事人在两种类型的组织结构中进行选择，但公司型 REITs 在两国的实践中均占据绝对优势地位。其中的原因之一是公司型的组织结构更加符合 REITs 的事业性特征。如前所述，REITs 在投资房地产后，如果不对房地产进行经营管理，房地产就可能就荒废，无法产生收益。因此，需要对房地产进行运营管理和维护，以此来获得租金收益。这是 REITs 不同于证券投资信托的事业性特征。因此，以公司的组织结构来运营更有利于提高经营管理的效率，同时依托公司的治理结构和公司法的经验也更有利于保护投资者。

2. 我国公募 REITs 的完善建议

(1)因此，对于我国公募 REITs 的组织结构，可以参考日本和美国的立法经验，既允许设立信托型 REITs，也允许设立公司型 REITs。法律不进行强制要求，而是由当事人根据自己的需求和实际情况选择合适的组织结构。两种组织结构在实践进行竞争，由市场挑选出符合我国国情的公募 REITs 组织结构。

当然，为了实现这一目的，还需要对《证券投资基金法》进行修订和完善。现行《证券投资基金法》的规定中主要是依据《信托法》建立起来的信托型基金的组织结构，尚缺乏依据《公司法》建立起来的公司型基金的组织结构。因此，今后可以考虑修订《证券投资基金法》，增设公司型基金的组织结构。这里的公司型基金以《公司法》为一般法，由《证券投资基金法》来规定其不同于一般公司的特殊规则，如公司型基金的设立、管理模式、股份转让及利润分配等，使其与 REITs 的日常运营管理相适应。

(2)此外，如果能引进公司型 REITs，还可以回避目前我国信托登记制度不完备这一缺陷。具体而言，我国《信托法》第 10 条规定："设立信托，对于信托财产，有关法律、行政法规规定应当办理登记手续的，应当依法办理信托登记。未依照前款规定办理信托登记的，应当补办登记手续；不补办的，该信托不产生效力。"也就是说，进行信托登记是信托的生效要件。但截至 2020 年 9 月我国尚未建立起相应的信托登记制度，实践中面临着不动产无法进行信托登记的难题。如果采用信托型 REITs，在单一层级的产品架构下，如何对作为信托财产的不动产进行信托登记，是目前所面临的一个法律障碍。如果允许当事人在设立 REITs 之初可以选择公司型 REITs,以公司的名义去投资并持有不动产,可以比较好地回避这一问题。

(三)我国公募 REITs 管理模式的选择

通过立法修改引进公司型 REITs 的组织结构之后,我国构建公募 REITs 制度中还需要解决的问题是,采用内部管理模式还是外部管理模式。

1. 日本法和美国法的经验

从日本的经验来看,即便是公司型 REITs(房地产投资法人),也不允许进行内部管理。因为《投信法》明确规定:投资法人本身不得雇用任何员工,必须将其全部日常经营管理事务委托给外部的第三方。[28] 日本法选择外部管理模式的原因是,立法者仅将投资法人严格定性为吸纳投资者资金进行投资的组织体,不允许其进行内部管理和运营。这也是投资法人(公司型基金)区别于日本《公司法》上的股份有限公司的重要特点。

从美国的经验来看,美国在 1960 年立法之初仅允许采用外部管理模式,直到 1986 年的税法改革后,才引进了内部管理模式。此后,这两种管理模式经过 30 多年的博弈后,内部管理模式在实践中被美国大多数的公募 REITs 所采用。例如,截至 2015 年 9 月,在美国上市交易的 210 家公募 REITs 中,有 163 家采用了内部管理模式(占比约 77.6%),有 47 家采用了外部管理模式(占比约 22.4%)。

2. 我国公募 REITs 的完善建议

管理模式的不同是,日本和美国两国在 REITs 制度上存在的重要区别。其实,两种模式没有绝对的优劣之分,关键是立足于本国的既有制度和实际情况的基础之上进行选择。我国的立法者在对管理模式进行制度设计之际,目前可供参考的因素有三点:

(1)关于投资基金制度,我国与日本相似,都有着长期的证券投资基金的立法和实践经验。因此,如果在成熟的证券投资基金的基础之上来构建标准的公募 REITs 制度,在法律性质上也应延续投资基金的定位,即吸纳投资者资金进行投资的组织体,并非自己经营的组织体。因

[28] 参见日本《投信法》第 63 条、第 117 条、第 198 条、第 208 条。

此,采用外部管理模式是符合这一定位的应有之义。

(2)假设我国一开始就一步到位地引进美国式"公司型+内部管理模式"的 REITs,可能将在实践中遇到一个难点:让投资者在组织结构上难以区分上市的房地产公司与公募 REITs,不利于 REITs 制度的普及和推广。因此,外部管理的模式可能更适合制度创设初期的实际需要。而且,美国一开始也是采用了外部管理模式,经过 20 多年的发展之后,在 1986 年通过税法修改才允许 REITs 进行内部管理。

(3)证监会在本次试点中对我国公募基础设施 REITs 的管理模式问题进行了一定程度的回应,具体体现在《指引》的第 5 条[29]和第 39 条。[30]《指引》似乎将基金管理人定位于"资产管理方+物业管理方"的全能角色,要求基金管理人对基础设施资产进行内部管理,即便其将部分管理事项委托给第三方,基金管理人仍然无法免责。可以说,是一种以内部管理为主,以外部管理为辅的模式。

实际上,我国基金管理人的能力目前集中于对标准化产品(如证券等)的投资和研究能力,但 REITs 的基础资产是房地产这类非标准化产品,我国基金管理人大多还不具备房地产的投资研究和运营管理的能力,基础资产需要由专业的房地产运营管理机构进行管理。在当前的试点阶段,证监会以公募基金为主导构建了公募基础设施 REITs 制度,这一管理模式可以说是权益之计。未来,随着公募 REITs 底层基础资产的范围拓宽,对于不动产的投资研究和运营管理的能力会越来越高。因此,制度上应当允许具有房地产运营管理能力的专业机构(如零售商场

[29] 根据《指引》第 5 条的规定,基金管理人应"设置独立的基础设施基金投资管理部门,配备不少于 3 名具有 5 年以上基础设施项目运营或基础设施项目投资管理经验的主要负责人员,其中至少 2 名具备 5 年以上基础设施项目运营经验""拟任基金管理人或其同一控制下的关联方应当具有不动产研究经验,配备充足的专业研究人员;具有同类产品或业务投资管理或运营专业经验,且同类产品或业务不存在重大未决风险事项"。

[30] 根据《指引》第 39 条的规定,一方面,基金管理人可以设立专门的子公司承担基础设施项目运营管理职责,通过子公司进行管理属于内部管理的方式之一。另一方面,基金管理人也可以委托外部管理机构负责部分运营管理职责,但该等委托不免除基金管理人的责任。具体可以对外委托的职责包括:包括为基础设施项目购买保险、制定落实运营策略、签署执行项目运营相关协议、收取项目租赁运营产生的收益、追缴欠款、执行日常运营服务、实施维修改造等。

运营企业、写字楼运营企业、仓储物流企业、酒店管理企业等)作为发起人来设立和发行公募 REITs 产品。

(四)我国公募 REITs 税收要件的配套改革

根据《指引》,试点的公募基础设施 REITs 将在《证券投资基金法》框架下以封闭式基金的方式展开运作。不同于以往饱受双重征税诟病的“类 REITs”私募架构,现行税法框架下,公募基金以及投资者能够适用比较完整的税收优惠规则。[31] 这是本次试点的公募基础设施 REITs 重要突破之一。

但目前我国税法中还缺少关于公募 REITs 税收要件的整体设计,包括资产重组、收购、持有运营、分配等各个环节所涉及的各种税项。而税收要件的完善是我国构建国际上的标准 REITs 的关键一步。理由如下:首先,如果仅有产品架构,而没有配套的税收要件,投资者可以享受税收优惠政策是有限的。例如,在目前多层级的产品架构下,REITs 投资者的最终回报率其实没有太大优势。其次,REITs 的组织法与税法之间有着密切的联动关系,各国税法规定的税收要件也会对 REITs 产品架构产生重大影响。

1. 日本法和美国法的经验

美国在 1960 年建立 REITs 之初,就是从税收要件上着手的。美国《国内税法典》详细规定了 REITs 的税收要件。此后的发展历程,也基本上是围绕着税收要件来展开,通过修改税法来不断完善 REITs 的组织结构,如通过 1975 年和 1976 年的税法改革,从信托型向公司型进行扩张;通过 1986 年的税法改革,从外部管理型向内部管理型进行扩张。如今,美国公募 REITs 的主流已是“公司型 + 内部管理模式”,仅从产品架构上看,这与上市的房地产公司之间,其实已经不存在太多区别,两者的主要区别主要存在于《国内税法典》的税收要件中。

此外,作为 REITs 领域的后发国家,日本在 2000 年第二次修改法律

〔31〕 例如,证券投资基金从证券市场中取得的收入,暂不征收企业所得税。投资者层面,对投资者从证券投资基金分配中取得的收入,暂不征收企业所得税。对于封闭式基金,个人申购、赎回基金份额取得差价收入,暂不征收个人所得税。对证券投资基金从上市公司分配取得的股息红利所得,扣缴义务人在代扣代缴个人所得税时,减按 50% 计算应纳税所得额。

引进 REITs 之时，就同步设计了产品架构和税收要件。具体而言，是在日本《租税特别措施法》中新增第 67 条之 15“有关投资法人课税的特例”的规定，给予了 REITs 税收优惠政策，以稳定的、较高的回报率吸引了大量投资者。这促成了 REITs 制度在日本的迅速发展，短短 20 年间就有 62 家公募 REITs 在东京证券交易所上市，日本 REITs 市场的规模也达到了全球前三位。

因此，要建立 REITs 制度，有必要借鉴国际上的经验，在完善产品架构的同时，一并设计以下方面的税收要件：(1)投资人数要件；(2)投资份额分散要件；(3)资产要件；(4)收入要件；(5)禁止支配要件；(6)分配要件等。

2.《指引》中公募基础设施 REITs 的税收要件

其实，证监会颁布的《指引》中就已经考虑到了税收要件的内容，并进行了初步规定。例如：

关于投资人数要件，根据《指引》第 24 条第 1 款第 2 项，基金募集期限届满，募集资金规模不足 2 亿元，或投资人少于 1000 人的，基金募集失败。这里对于投资人数不少于 1000 人的要求，可以视为投资人数要件。这一要求虽然远高于日本法(50 人以上)和美国法(100 人以上)，但《指引》的要求仅适用于公募基金，而日本法或美国法的投资人数要件适用于该国的所有 REITs(包括私募 REITs)。

关于投资份额分散要件，与《征求意见稿》对比来看，《指引》修改了两项规则，可以认为是监管者对于投资份额分散要件的关注。一是《指引》第 18 条显著放宽了对原始权益人参与战略配售的要求，具体表现为：不再要求原始权益人单独认购不低于 20% 的基金发售份额，而是允许原始权益人或其同一控制下的关联方合计认购不低于 20% 的发售份额。二是《指引》第 19 条将基金网下发售比例不得低于公开发售数量 80% 的规定修改为不得低于 70%；如低于 70%，则基金募集失败。降低网下发售比例，意味着适度提高了公众投资者网上认购的比例。当然，这两项规则与日本法或美国法的投资份额分散要件相比，还存在较大区别，且仅是基金发售阶段的认购要求，并不包括基金运营阶段的分散要求。

关于资产要件，《指引》第 25 条和第 26 条规定，公募基金成立后，基金管理人应当将80%以上基金资产投资于符合一定条件的基础设施资产支持证券;[32]其余基金资产应当依法投资于利率债,AAA级信用债,或货币市场工具。受《证券投资基金法》的限制,我国的公募基金无法直接投资房地产实体资产,这是在目前"公募基金+资产支持专项计划"的产品架构下,对于公募基金投资比例的具体要求。

关于收入要件,与日本法相同,《指引》并未对公募基金的收入来源作出具体要求。

关于禁止支配要件,《指引》不仅不对公募基金持有其他法人的股份比例设上限要求,还允许公募基金投资基础设施资产支持证券时可以豁免"双十限制"。[33] 该规则与日本法和美国法存在较大的不同,这是因为在"公募基金+资产支持专项计划"的产品架构下,公募基金要通过控制资产支持专项计划和项目公司等特殊目的载体取得基础设施项目完全所有权或经营权利,自然要持有符合一定条件的基础设施资产支持证券的全部份额。但如前所述,日本法和美国法设置禁止支配要件的目的是,确保RETIs不得通过控股其他法人来获利,而主要是通过对商业地产等进行运营管理,以此来获得租金等利润。根据《指引》第26条的要求,除基础设施资产支持证券外,公募基金只能投资于利率债,AAA级信用债,或货币市场工具,不能通过投资其他证券来获得收益,确保了其利润主要来源于运营基础设施项目的收益。从立法目的上来说,两者是一致。

关于分配要件,《指引》第30条规定,公募基金应当将90%以上合并后基金年度可供分配金额以现金形式分配给投资者;公募基金的收益分配在符合分配条件的情况下每年不得少于1次。这既是我国封闭式

〔32〕《指引》第25条规定了"符合一定条件"具体含义,即基金管理人应当将80%以上基金资产投资于与其存在实际控制关系或受同一控制人控制的管理人设立发行的基础设施资产支持证券全部份额,并通过特殊目的载体获得基础设施项目全部所有权或经营权利,拥有特殊目的载体及基础设施项目完全的控制权和处置权。

〔33〕依据《公开募集证券投资基金运作管理办法》第32条第1项和第2项的规定,具体是指以下两项限制:(1)一只基金持有一家公司发行的证券,其市值不得超过基金资产净值的10%;(2)同一基金管理人管理的全部基金持有一家公司发行的证券,不得超过该证券的10%。

基金的收益分配要求,[34]也是国际上的标准 REITs 的分配要件。

由此可见,在目前试点的"公募基金 + 资产支持专项计划"产品架构下,投资份额分散要件、资产要件和禁止支配要件这三个要件,与日本法和美国法的规定还存在较大不同。未来,如果我国能够实现公募 REITs 产品架构的层级精简,可以配套修改以上三个要件,使其符合单一层级公募 REITs 产品的要求。

结语:关于完善路径的思考

综上所述,本文对于我国公募 REITs 产品架构的完善提出四点建议。无论是公募基金投资范围的扩大、公司型 REITs 的引进、管理模式的选择,还是税收要件的配套改革,最终都涉及《证券投资基金法》和税法的修订。不过,《证券投资基金法》和税法的立法层级较高,并且涉及多部门的联动协作,其修订并不可能一蹴而就,还需要实践经验的积累和反思探讨。有鉴于此,本文最后尝试提出一个具体的完善路径,不成熟之处有待批评指正。

1. 在本次公募基础设施 REITs 进行充分试点的基础上,以证监会颁布新的指引的方式,将公募 REITs 的基础资产扩展至基础设施以外的领域,如零售商场、写字楼、租赁住房、酒店和仓储物流等领域。这是各国公募 REITs 投资运营的主要领域。

2. 在合适的时机,证监会制定相应的法规,引进公司型基金进行试点,采用"公司型基金 + 资产支持专项计划"的产品架构运用于公募 REITs 领域。这是考虑到我国《证券投资基金法》第 153 条已为公司型基金的引入留下了一定的空间,[35]可以由证监会以试点的方式引进公司型基金,并制定符合公司型基金特点的配套规则。

3. 待时机成熟后,修改《证券投资基金法》,将公募基金的投资范围

---

〔34〕 参见《公开募集证券投资基金运作管理办法》第 37 条。

〔35〕 《证券投资基金法》第 153 条规定:"公开或者非公开募集资金,以进行证券投资活动为目的设立的公司或者合伙企业,资产由基金管理人或者普通合伙人管理的,其证券投资活动适用本法。"

扩大至房地产等资产,构建单一层级公募REITs产品架构。当事人可以选择采用信托型REITs或者公司型REITs。

4. 配套修改税法,赋予公司型REITs与信托型REITs同等的税收优惠政策,避免双重征税。并且,从整体上设计REITs的税收要件及其税收优惠政策,包括REITs的资产重组、收购、持有运营、分配等各个环节所涉及的各种税项。

(编辑:何昕)

《证券法苑》(2021)
第三十一卷,第219~247页

中国公募REITs的组织形式选择

刘海隆*

摘要:我国正筹划建立中国版的公募REITs,组织形式选择是公募REITs立法的核心问题之一。本文对域外已有REITs的组织形式进行了实证研究,并对国内现有的两种REITs试点产品进行了分析和总结。以此为基础,本文提出了现行法下较为可行的两种REITs组织形式的立法路径—信托基金形式和特殊公司形式,分析了两种立法路径各自的优劣,并提出了完善投资者保护和税收优惠政策的立法建议。

关键词:基础设施REITs　组织形式　类REITs

基础设施领域不动产投资信托基金(REITs)是不动产与资本市场有效结合的产物。它将证券化与集合投资的理念引入不动产投资领域,使广大投资者能够以资本市场为媒介投资于成熟不动产,获得稳定的投资收益。REITs已在全球多个国家和地区获得良好发展,我国也正在筹划建立自己的REITs制度,有关公募REITs立法的试点正在进行之中。

---

* 青岛市建筑设计研究院集团股份有限公司法务部部长。

从最新颁布的《公开募集基础设施证券投资基金指引(试行)》来看,本次试点推出的基础设施公募 REITs 与国际通行的 REITs 还有较大差异,仍有许多问题需要进一步立法完善。考虑到公募 REITs 的组织形式是需要立法完善的重点之一,本文将聚焦于 REITs 的组织形式展开研究,以期为下一步立法提供参考。

一、美国 REITs 组织形式的演进历程

(一)起步阶段:商业信托

商业信托(business trust)是随着商业社会的发展从传统信托领域中脱离出来的一类信托。[1] 它基于商业目的成立,以信托宣言(declaration of trust)[2]为设立依据,其受益权以可流通的受益凭证形式存在,在美国法中是一种与公司、合伙相并列的商事组织形式。[3]

REITs 的理念可追溯到 19 世纪中叶的马萨诸塞州房地产商业信托。[4] 彼时的马州经济发达,但马州法律却禁止公司投资房地产,因此不受房地产投资限制的商业信托在此蓬勃发展。[5] 后来,随着法律解除了公司投资房地产的禁令,[6] 以及 1935 年 Morrissey v. Commissioner 案

---

〔1〕 商业信托源于18世纪的英国,在英属殖民地时期传入美国,并在马萨诸塞州获得了发展壮大,故商业信托在美国也被称为马萨诸塞信托(Massachusetts trust)。See Robert D. M. Flannigan, *Business Trusts—Past and Present*, 6 Est. & Tr. Q. 375, 375 - 380 (1984).

〔2〕 信托宣言,也被称为信托文书(instrument of trust)或信托契约(deed of trust),是信托的纲领性文件,记载着信托目的、受托人权力、受益人权利、信托财产的管理方式等内容。

〔3〕 美国对商业信托最经典的定义出现在1924年Hecht v. Malley一案,联邦最高法院将商业信托定义为"一种商业组织形式,常见于马萨诸塞州……"("[a form] of business organization, common in that State [Massachusetts]...") , See Hecht v. Malley, 265 U. S. 144, 146 (1924).

〔4〕 See Su Han Chan et al., *Real Estate Investment Trusts: Structure, Performance and Investment Opportunities*, Oxford University Press, 2003, p. 15.

〔5〕 See Sheldon A. Jones, Laura M. Moret & James M. Storey, *The Massachusetts Business Trust and Registered Investment Companies*, 13 Del. J. Corp. L. 421, 425 - 427 (1988).

〔6〕 US Massachusetts Acts and Resolves, 1912, Chapter 595, Section 1.

判决商业信托须同公司一样缴纳公司税,[7] 马州房地产商业信托逐渐走向没落。

1960 年,美国国会复兴这一古老的房地产集合投资理念,大量借鉴共同基金的立法,创设了具有税收优惠的 REITs 制度。REITs 的组织形式,则被限定在了商业信托。[8] 美国早期立法之所以将 REITs 的组织形式限定为商业信托,主要原因在于:(1)在立法者脑中,REITs 的蓝本就是早年的马州商业信托;[9](2)立法者担心,如果允许 REITs 采用公司形式,可能会有普通公司滥用 REITs 的税收优惠;[10](3)REITs 立法的推动者主要是早先马州房地产商业信托的经营者,它们已习惯采用商业信托的形式开展业务。[11]

在组织架构方面,以商业信托为载体的早期 REITs 采用了外部管理模式。投资者作为受益人持有 REITs 份额,享受 REITs 的分红收益;受托人作为财产的名义所有人持有 REITs 资产,对 REITs 的投资进行决策;投资顾问负责 REITs 的日常运营管理,并为 REITs 提供投资方案;独立承包人[12]则向房地产承租人提供服务。值得注意的是,REITs 的受托人为自然人,他们组成受托人委员会(board of trustees)审议投资顾问提出的投资方案,对 REITs 的重大事项作出决策。[13]

从实际效果看,以商业信托作为 REITs 的组织形式有一些弊端。由于商业信托在当时的美国并没有得到均衡发展,一些州的法律不承

---

〔7〕 294 U. S. 344 (1935).

〔8〕 1961 年美国《国内税法典》虽未直接写明 REITs 必须采用商业信托组建,但根据当时 856 节(a)对 REITs 的定义,REITs 必须是非法人信托(unincorporated trust)或非法人社团(unincorporated association),且需满足“由一个或多个受托人管理”“受益权由可转让的份额或可转让的受益凭证来代表”“像国内公司一样纳税”三个条件,满足上述条件的只有商业信托。See David G. Epstein, *State Securities Regulation of Real Estate Investment Trusts*, 23 U. Fla. L. Rev. 514, 515 – 516 (1971).

〔9〕 See William B. Dockser, *Real Estate Investment Trusts: An Old Business Form Revitalized*, 17 U. Miami L. Rev. 115, 123 (1962).

〔10〕 参见邢建东、陶然:《美国房地产投资信托制度与运用》,中国法制出版社 2008 年版,第 57 页。

〔11〕 同上。

〔12〕 独立承包人的定义见美国《国内税法典》第 856 节(d)(3)。

〔13〕 See David G. Epstein, supra note 8, p. 518.

认商业信托,一些州的法律不承认受益人的有限责任等,[14]使 REITs 在美国部分州的发展受到了限制。同时,当时商业信托的治理也并不完善。在信托架构下(见图 1),理论上由 REITs 的投资顾问提供投资提案,由受托人负责最终决策,但实际上 REITs 的决策权往往被投资顾问把控,这是因为早期 REITs 对受托人的独立性要求不足,很多受托人同时又担任投资顾问的董事或高管,[15]所以,投资顾问的提案通常是自动通过,受托人根本不会拒绝。[16] 在投资顾问拥有了不受限制的权力下,早期 REITs 的关联交易、同业竞争现象较为突出,为了管理费盲目投资的现象也层出不穷,[17]这也为后来 REITs 行业的危机埋下祸根。

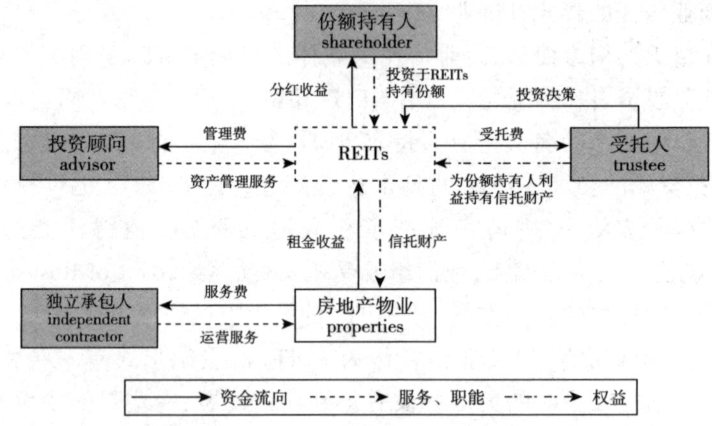

图 1　商业信托形式下美国 REITs 的架构

资料来源:笔者根据相关资料整理。

1973 ~ 1975 年,美国 REITs 行业爆发大危机。这次危机的一大原因就是投资顾问为了获得更多的管理费,盲目向高风险项目发放贷款

---

[14] See James S. Halpern, *Real Estate Investment Trusts and the Tax Reform Act of* 1976, 31 Tax Law, 329, 384 (1978).

[15] See None, *Advisory Succession in Real Estate Investment Trusts*, 1 Duke L. J. 123, 125 (1974).

[16] Id., p. 138.

[17] See William L. II Martin, *Federal Regulation of Real Estate Investment Trusts: A Legislative Proposal*, 127 U. Pa. L. Rev. 316, 322 - 323 (1978).

所致。[18] 危机发生后要求 REITs 改革的呼声日益高涨。在此背景下,1976 年《税改法案》得以出台,对 REITs 制度进行改革。

(二)发展阶段:公司

1976 年《税改法案》是美国 REITs 制度建立后的第一次重大改革,其旨在修改 1960 年立法中的一些不合理的条款,帮助 REITs 行业走出危机,此次改革的重点之一就是对 REITs 的组织形式进行改革。考虑到商业信托在美国部分州的法律中受限,加之《国内税法典》对 REITs 设置了一系列资格条件使 REITs 在发展十几年后并未出现明显滥用税收优惠的事件,1976 年改革增加了公司作为 REITs 的法定组织形式(见图 2)。[19]

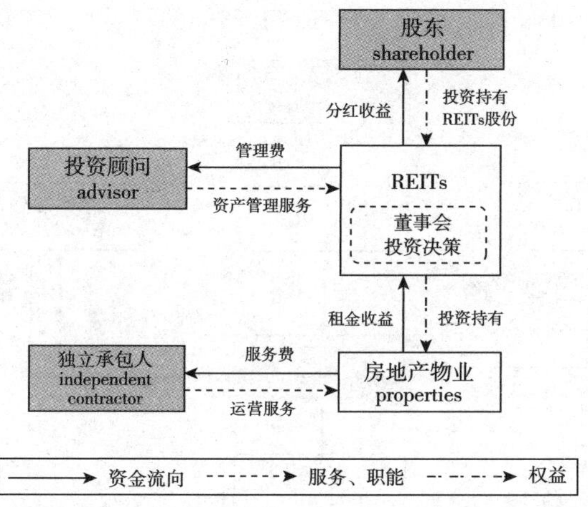

图 2　公司形式下美国 REITs 的架构(外部管理模式)

资料来源:笔者根据相关资料整理。

1976 年改革虽增加了公司作为 REITs 的组织形式,但并未对 REITs 的外部管理模式做修改,REITs 仍只能依靠投资顾问和独立承包人提供管理与服务,利益冲突问题未得到改善,整个 REITs 行业的复苏亦较为缓慢。这也促使立法者对 REITs 制度进行再一次的立法改革。

1986 年《税改法案》是美国 REITs 制度的第二次重大改革。这次改革后允许 REITs 进行自我管理,同时也允许 REITs 直接向承租人提

〔18〕 See Su Han Chan et al. , supra note 4, pp. 18 – 21.

〔19〕 参见邢建东、陶然,前注〔10〕,第 57 页。

供某些常规服务(customary services)[20]而不必再经过独立承包人,[21]有效缓解了原先REITs的利益冲突问题,使REITs的组织架构和经营模式有了重大变化。自此之后,美国REITs逐渐从外部管理转为内部管理,[22]由完全被动的租金收益实体变成了具有一定自主运营能力的实体。这也为20世纪90年代美国REITs行业的爆发奠定了根基。

(三)成熟阶段:公司与有限合伙的组合

20世纪90年代后,美国REITs行业进入爆发式增长,其中很大一部分原因归功于REITs组织形式的创新。1992年,市场创造出具有税收递延优势的伞形合伙REIT(UPREIT),并为法律所认可。[23] 目前,美国市场中大多数REITs都是采用了UPREIT形式的权益型REITs(见图3)。

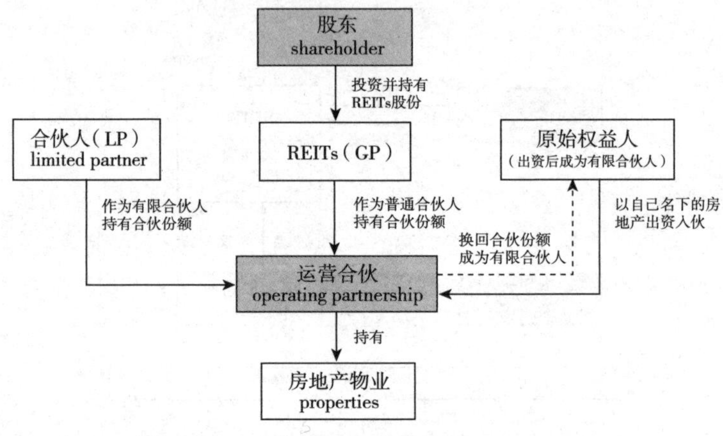

图3 UPREIT的架构

资料来源:Jack H. McCall, *REITs and Securities Laws: A Quick Guide to the Basics*, 13 Prob. & Prop. 17, 23 (1999)。

---

〔20〕 美国将REITs承租人获得的服务分为"常规服务"和"非常规服务"。常规服务是指维持房地产使用所需的必要服务,如供水、供电、垃圾清理等服务;非常规服务是指额外增加承租人便利的服务,如向承租人提供餐饮服务等。

〔21〕 See William B. Brueggeman & Jeffrey D. Fisher, *Real Estate Finance and Investments*, 16*th*, McGraw – Hill Education, 2018, p. 700.

〔22〕 See Brent W. Ambrose & Peter Linneman, *REIT Organizational Structure and Operating Characteristics*, 21 J. Real Estate Res. 141, 155 (2001).

〔23〕 See Russell J. Singer, *Understanding Reits, Upreits, and Down – Reits, and the Tax and Business Decisions Surrounding Them*, 16 Va. Tax Rev. 329, 334 – 336 (1996).

UPREIT 全称“umbrella partnership REIT”,是公司与有限合伙的组合。在 UPREIT 结构中, REITs 自身是一家公司,但并不直接持有房地产,而是通过一家有限合伙(被称为“运营合伙”)间接持有房地产。REITs 担任运营合伙唯一的普通合伙人,其他有限合伙人是房地产的原始权益人,他们将名下的房地产作为出资投资于运营合伙,换回合伙份额成为有限合伙人。运营合伙的有限合伙人可以通过持有的合伙份额享受运营合伙的分红,并且有权在取得合伙份额一段时间后(通常为 1 年以上)将其转换为 REITs 股票或现金,但合伙份额不能公开交易,且对 REITs 公司的决策没有投票权。[24]

UPREIT 相比于普通 REITs 有两点优势:(1)税收优势。对原始权益人来说,将自己名下的房地产转让给运营合伙是一种出资行为,未触发纳税义务,只有将换回的合伙份额出售或转换为 REITs 股票或现金,才会触发纳税义务,因此原始权益人可以通过这种方式实现纳税递延;(2)并购优势。在 UPREIT 中,REITs 作为运营合伙的普通合伙人只需要控制运营合伙发行合伙份额就能换回房地产资产,不需要支付现金,也不会丧失对自身或运营合伙的控制权,大大增强了 REITs 的并购扩张能力。

UPREIT 的两大优势与市场成熟阶段 REITs 积极并购扩张的需求完美契合,因而成为美国 REITs 的主流形式。美国的大型 REITs 如西蒙地产、波士顿地产等均采用了 UPREIT 形式。

(四)小结与启示

从总体上看,美国 REITs 的组织形式经历了从商业信托到公司,再到公司与有限合伙组合的演变过程。早期 REITs 基于历史的惯性,以商业信托为组织形式;随后,由于商业信托的局限性,以及对公司滥用税收优惠担忧的解除,REITs 的组织形式扩大到了公司;随着美国 REITs 发展到成熟阶段,并购活动开始活跃后,具有并购优势的 UPREIT 逐渐成为美国 REITs 的主流形式。

值得关注的是,美国立法者对 REITs 能否采用公司的形式经历了一番认知上的转变。在早期立法者的观念中,公司是一种积极(active)经

〔24〕 参见[美]斯蒂芬妮·克鲁森-凯莉、[美]R. 布拉德·托马斯:《REITs 分析与投资指南》,罗桂连等译,机械工业出版社 2018 年版,第 106 页。

营的实体,与REITs被动(passive)收益的理念不符,不具备税收优惠的正当性,[25]因而不能作为REITs的组织形式;后来,立法者认识到只要严格限定REITs的资格条件,即使REITs采用公司形式也仍能保持被动收益的特征,故转而允许REITs以公司形式组建。这对我国的公募REITs立法有非常重要的启示,我国公募REITs立法采用公司制的最大难点就是现阶段没有税收优惠,而美国的经验告诉我们,只要保证REITs被动收益的本质,REITs可以采用公司形式并获得税收优惠。

从法律移植的角度分析,商业信托形式下的美国REITs在本土化移植的过程中需要结合我国实际情况有所变通与调整。商业信托形式下的美国REITs,其受托人由自然人担任;而在我国,信托业是金融机构控制的牌照业务,受托人都是持有牌照的金融机构。[26] 牌照垄断虽常为人所诟病,但直接放开管制允许自然人担任受托人无疑会对信托业造成过于巨大的影响,带来一系列新问题。

UPREIT也不适合作为法律移植的蓝本。UREIT是美国REITs发展到成熟阶段的产物,其创设目的是让REITs能更容易的并购扩张,需要有发达的市场、成熟的管理人及投资者做支撑,并不适合在REITs立法初期采用。美国1976年改革后出现的外部管理模式的公司型REITs虽可以作为我国公募REITs立法的蓝本,但美国REITs采用该种形式的时间较短,年代也较为久远,资料比较匮乏。因此,总的来看,美国REITs虽然是全球REITs的典范,但其组织形式并不太适合作为我国公募REITs立法的蓝本。

二、其他国家和地区REITs的组织形式

(一)新加坡REITs:单位信托

新加坡于1999年颁布《不动产基金指引》(Property Fund Guidelines),

〔25〕 美国REITs立法之初确立了只有被动收益才能获得税收优惠的理念。See Bradley T. Borden, *Reforming REIT Taxation (or Not)*, 53 Hous. L. Rev. 1, 19 (2015).

〔26〕 参见沈朝晖:《企业资产证券化法律结构的脆弱性》,载《清华法学》2017年第6期。

并于在 2001 年和 2002 年颁布《证券与期货法》(Securities and Futures Act)和《集合投资计划守则》(Code on Collective Investment Schemes),建立起一套完整的 REITs 法律制度。依照新加坡法律的要求,新加坡 REITs 采用单位信托(unit trust)的形式组建。

单位信托源于英国,〔27〕在英联邦国家和地区有着广泛的应用,其主要特征是采用了管理与托管相分离的结构,由管理人管理信托财产,由托管人〔28〕持有信托财产并监督信托财产的运用。这与传统信托受托人集信托财产持有管理于一身的做法有很大的不同,因此也有学者认为,单位信托的管理人接近于传统信托的受托人,托管人则更像是信托的保护人(protector)。〔29〕在实践中,两者通常被视为是信托的共同受托人。

在单位信托形式下的 REITs 中,投资者作为受益人定期获得 REITs 分红;管理人负责对 REITs 的战略运营做管理和决策;托管人为投资者利益持有 REITs 资产,监督 REITs 的运行使其符合法律及信托契约的规定;物业管理人负责为房地产提供基本的物业管理服务。

从组织架构上看(见图 4),新加坡 REITs 与美国早期商业信托 REITs 既有一些相似,又有一些差别。其一,美国商业信托 REITs 中的投资顾问与新加坡 REITs 中的管理人都负责对 REITs 进行投资管理,但投资顾问的投资管理方案要经过受托人批准,而管理人的投资管理方案无须托管人批准。其二,美国商业信托 REITs 的受托人与新加坡 REITs 的托管人都是信托财产的名义所有人,但受托人是自然人,拥有信托财产运用的最终决策权;而托管人是持有牌照的金融机构,其只有监督而无决策职能。其三,美国 REITs 的独立承包商与新加坡 REITs 的物业管理人都向承租人提供服务,但独立承包商可以向承租人提供一切常规和非常规的服务,而物业管理人主要向承租人提供常规服务,不能提供非常规服务。

〔27〕 See Robert D. M. Flannigan, supra note 1, p. 378.

〔28〕 为了与传统信托和美国商业信托中的受托人相区分,本文将单位信托中的 Trustee 称为托管人。

〔29〕 See Tjio Hans, *The Regulation of Unit Trusts and Trustees' Powers to Invest in Them*, 1999 Sing. J. Legal Stud. 148, 162 (1999).

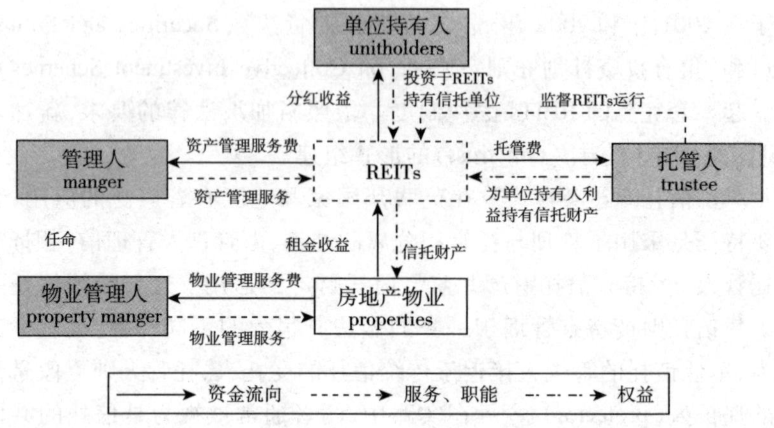

图4　新加坡 REITs 的架构

资料来源:REITAS 网站:https://www.reitas.sg/singapore-reits/s-reit-structure/。

在信托治理方面,新加坡 REITs 相比于美国早期 REITs 有了很多改进。比如,新加坡法律要求 REITs 的托管人与管理人必须相互独立;REITs 的关联交易要进行严格的披露;REITs 必须聘请独立的估值师定期对资产进行估值等。这些措施有效地改善了 REITs 的治理,使新加坡 REITs 成为全球信托型 REITs 的典范。目前,马来西亚、我国香港等地的 REITs 也都是采用了与新加坡 REITs 相类似的单位信托形式及架构。

(二)澳大利亚 REITs:合订证券 REITs

澳大利亚在 1971 年以单位信托的形式建立了其 REITs 制度。早期澳大利亚 REITs 的架构(见图 5)与现在新加坡 REITs 十分相似,但在 1998 年《管理投资法案》(Managed Investments Act)取消分设管理人与托管人,引入单一的责任实体(responsible entity)作为信托受托人后,以合订证券形式组建的 REITs 逐渐成为澳大利亚 REITs 的主流。[30]

合订证券 REITs 虽被归类为信托型 REITs,但其已不只是单纯的信托,而是信托与公司的组合。合订证券 REITs 通常由一个信托加一

〔30〕 截至 2016 年,合订证券 REITs 占全澳 REITs 总市值的 90% 以上。See Australian Government, *Stapled Structures Consultation Paper* (2017), p. 5.

个运营公司组成,由信托持有 REITs 的房地产资产,并将其出租给运营公司,由运营公司租用房地产对外经营获益,并向信托支付租金。合订证券 REITs 的关键之处是将信托和运营公司的权益以 1∶1 的比例绑定在一起,绑定的信托单位和股票不能单独交易,必须同时处理。通过这种方式,投资者持有信托单位时会持有相同比例的运营公司股票,实现了两者利益的捆绑。

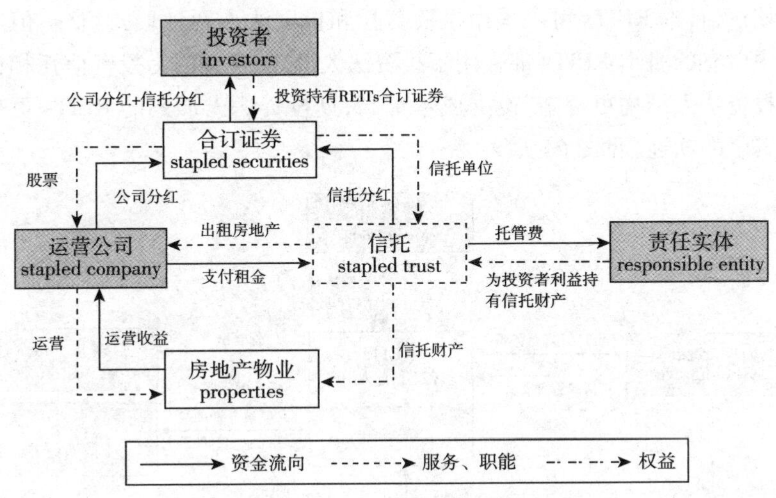

图 5　澳大利亚合订证券 REITs 的结构

在合订证券 REITs 中,信托的受托人由责任实体担任,该责任实体既是信托财产的名义所有人,理论上也拥有信托财产的管理权。但由于合订证券 REITs 在成立时就通过章程和信托契约约定由运营公司租用和经营信托财产,因此,信托财产实际由运营公司管理运营。由于投资者身为运营公司的股东,可以通过股东大会实现参与运营公司的治理和重大决策,因而合订证券 REITs 被归类为内部管理型 REITs。

合订证券 REITs 与普通 REITs 相比有如下优点:(1)经营优势。合订证券 REITs 可以通过运营公司从事普通 REITs 所不能从事的主动经营业务,如提供酒店服务等,绕开了 REITs 被动收益的限制;(2)收益优势。合订证券 REITs 的投资者一方面作为信托受益人,能获得租金分红收益;另一方面,作为运营公司股东,能获得的房地产经营收益,将房地产从出租到经营的收益都收入囊中。但合订证券 REITs 也有其缺点,比如实践中会有一个信托绑定多个公司,或者多个信托绑定多个公司的情形,这使合订证券 REITs 的结构比较复杂,不容易弄清其内部的法律关系。

(三)日本 REITs:投资法人

2000 年,日本修订《证券投资信托及证券投资法人法》,将其适用范围从证券投资扩大到了房地产投资领域,建立了日本的 REITs 制度。根据该法,日本 REITs 可以采用投资信托和投资法人两种形式组建,但实践中所有的日本 REITs 都采用了投资法人形式,这是因为投资信托相比于投资法人结构更复杂,设立成本更高,且投资法人形式的 REITs 更受投资者的欢迎(见图 6)。[31]

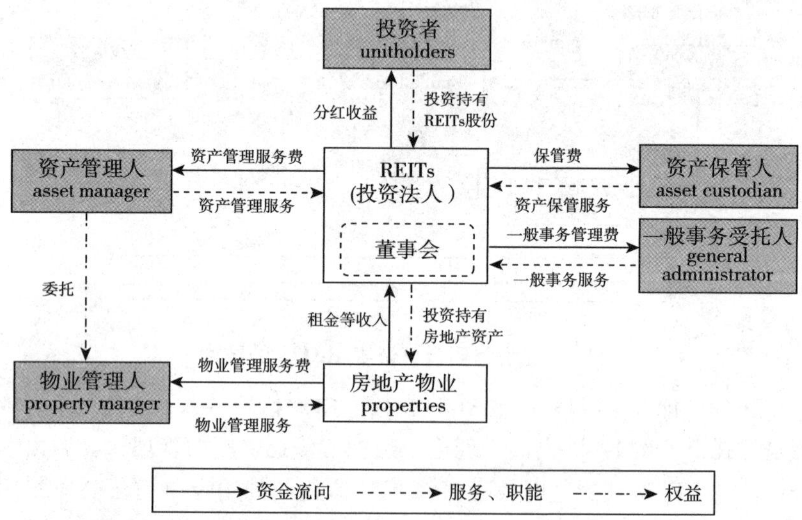

图 6　投资法人形式下日本 REITs 的架构

资料来源:日本 REITs 相关网站,网址:https://j-reit.jp/en/about/;http://www.jpr-reit.co.jp/trim/trim_e/reit.html。

投资法人是对特定资产进行投资、运营的一种特殊公司,其行为能力限于特定资产的投资与运营,不得开展其他经营业务。[32] 由于日本

〔31〕 EPRA, EPRA Global Reit Survey 2019 (2019), p. 320.

〔32〕 参见日本《投资信托及投资法人法》第 2 条第 12 款、第 63 条。

法律限定投资法人只能采取外部管理模式,所以在日本 REITs 中,作为 REITs 实体的投资法人只设有股东大会、董事会,没有自己的雇员。[33] REITs 的运作管理由资产管理人承担;REITs 的资产保管事务由资产保管人承担;REITs 的一般事务,如数据统计、会计记录、内部审计、纳税等,由一般事务受托人负责;REITs 的物业运营、维护等事务则委托给了物业管理人。[34] 其中,REITs 的资产保管人和一般事务受托人可以由同一主体担当,但资产管理人必须独立于资产保管人和一般事务受托人。

由于投资法人最早是为证券投资设计,其在架构上借鉴了日本早先的证券投资信托,[35]将财产管理与保管职能分离,这也导致了投资法人 REITs 与常见的信托型 REITs 在架构有一定相似之处,但两者实际上有很多区别。首先,投资法人 REITs 具有法人资格,是 REITs 资产法律上的所有权人,只不过其财产权利证书由资产保管人保管,而信托型 REITs 名义上的资产所有人是托管人。其次,投资法人 REITs 的监督职能由独立董事履行,而信托型 REITs 的监督职能由外部的托管人履行;再次,投资法人 REITs 遵循公司治理机制,而信托型 REITs 遵循信托治理机制,两者存在很多细节上的差异。

(四)德国 REITs:股份公司

德国于 2007 年通过《REITs 法案》(G – REIT Act),建立了德国 REITs 制度。根据该法案的要求,德国 REITs 以股份公司为载体,名称中必须包含"REIT – 股份公司"(REIT – Aktiengesellschaft 或 REIT – AG)的字样,必须上市且只能发行一种普通股。[36] 从定位上看,德国将 REITs 定义为一种商业目的限于房地产租赁,每年需强制分红,并能享

---

〔33〕 日本投资法人中的股东大会称为投资人大会,董事会称为高级职员会,普通董事称为执行官,独立董事称为监督官,本文为了理解方便,采用股东大会等常用称谓。

〔34〕 参见[日]日本三菱日联信托银行不动产咨询部:《图解日本 REIT》,车阳等译,中信出版集团 2019 年版,第 106 页。

〔35〕 日本投资法人制度的修法过程详见杨东、孙洁:《投资法人制度的导入与投资者保护——以日本法为借鉴》,载《证券市场导报》2010 年 11 月号。

〔36〕 Germany G – REIT Act, Section 5; Section 6.

受税收优惠的特殊上市公司。[37]

德国法律允许 REITs 采用内部管理模式,也允许 REITs 直接提供与房地产相关的必要服务,因此在实践中,德国 REITs 大都采用了自我管理和自我服务的模式。在组织架构上,德国 REITs 与普通的股份公司基本相同,同样设有股东大会、监事会、董事会,只是在股权分散度上德国 REITs 通常更高,这是因为法律规定 REITs 单个股东的持股比例不得超过 10%。[38] 此外,德国 REITs 中的监事会是高于董事会的存在,即由股东大会选举监事会,由监事会任命董事并对董事会进行监督,与我国董事会监事会平行的公司架构有所不同,这主要是由两国公司法的差异造成的。

(五)英国 REITs:封闭式公司

英国依照2006 年《财政法案》(Finance Act 2006)第 103 ~ 145 节,建立了英国的 REITs 制度。按照该法案要求,英国的 REITs 需采用公司的形式组建,且不能是开放式投资公司(open - ended investment companies)和封闭公司(close company)。[39] 英国 REITs 具体分为单一公司 REITs(single - company rEITs)和集团 REITs(group REITs)两种类型。

单一公司 REITs 由单个公司构成。集团 REITs 由一个总公司(principal company),总公司下级的“75% 子公司”(75% subsidiaries),[40] 以及“75% 子公司”所有下级的“75% 子公司”联合组成。所有子公司必须满足“有效 51% 子公司”(effective 51% subsidiaries)的要求,[41] 且不

---

[37] See Tomas Busching, *Germany enters the REIT Universe With A Big Bang*, 6 *J. Ret. Leis. Prop.* 181,182 (2007).

[38] Germany G - REIT Act, Section 11 (4).

[39] UK Finance Act 2006, Section 106. 封闭公司是指股东少于 5 人的公司。英国新成立的 REITs 有前 3 年的宽限期,可以在前 3 年不受封闭公司条款的约束。参见 https://www. gov. uk/hmrc - internal - manuals/guidance - real - estate - investment - trusts/greit02015,2020 年 10 月 20 日访问。

[40] 75% 子公司是指直接或间接持有其普通股股本 75% 以上的公司。See UK Income & Corporation Tax Act, Section 838.

[41] 有效 51% 子公司,是指享有其可分配利润和清算资产权益 50% 以上的公司。See UK Taxation of Chargeable Gains Act, Section 170.

能是保险公司、保险公司子公司和开放式投资公司。[42] REITs 总公司参股的其他公司,如果不满足上述条件,则不纳入集团 REITs 成员范围。整个集团 REITs 被视为一个整体核算,进行 REITs 的资格条件测试。

英国 REITs 与英国普通房地产公司在组织架构上并无太大分别,同样设有股东大会、董事会和经营层(见图 7)。而英国 REITs 的一大特征是,其并不限制 REITs 的经营范围,只要 REITs 满足 75% 以上的总利润及总资产来自房地产租赁业务即可。[43] 剩余的资产和收入可以源于其他任何经营方式,但这部分的收入属于必须缴纳公司税,不能获得税收优惠。REITs 免税与征税业务要通过隔离栏(ring fence)制度分隔核算,两种业务的费用、成本等不能互相折抵。[44]

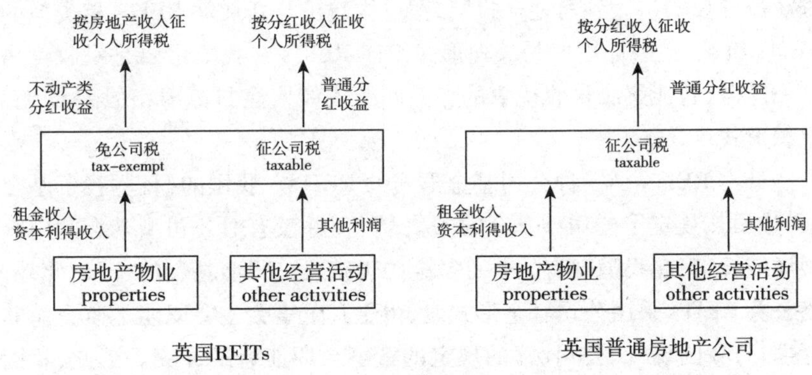

图 7　英国 REITs 与普通房地产公司税收方式对比

资料来源:Ben Eaton, *Treasury Reveals Unclear Rules of Engagement for UK Reits*. 17 Int'l Tax Rev. 33,33 (2006)。

(六)小结与启示

从全球来看,多数国家和地区都是以公司或信托为基础构建本土的 REITs 制度,并在此之上发展出了各式各样的 REITs 组织形式。其中,新加坡 REITs 采用了单位信托形式,这种 REITs 组织形式在亚洲地区广

〔42〕 UK Finance Act 2006, Section 134.

〔43〕 UK Finance Act 2006, Section 108.

〔44〕 关于隔离栏制度,详见英国:https://www. gov. uk/hmrc – internal – manuals/guidance – real – estate – investment – trusts/greit01015,2020 年 10 月 20 日访问。

为流行;澳大利亚 REITs 采用了合订证券形式,是一种信托与公司组合的 REITs 形式;日本 REITs 采用了投资法人形式,是一种外部管理模式的公司型 REITs 形式;德国 REITs 采用了股份公司形式,这种 REITs 组织形式在欧洲大陆有着广泛应用;英国 REITs 采用了封闭式公司的形式,有单一公司 REITs 和集团 REITs 两种类型之分。

1. 境外 REITs 的可借鉴性分析

从法律移植的角度分析,新加坡和德国 REITs 的组织形式对我国的 REITs 立法有较好的可借鉴性,这两种 REITs 组织形式的架构简单清晰,法律移植的难度较小。具体来说,由于我国的《证券投资基金法》在最初立法时就借鉴了单位信托,[45]因此只要修改《基金法》,将其适用范围从证券投资扩大到房地产投资,即可构建出与新加坡 REITs 相类似的 REITs 组织形式;而以股份公司形式组建 REITs 在我国主要是税收优惠这一障碍,若能解决税收优惠的相关问题或能构建与德国相似的 REITs 组织形式。

日本 REITs 是一种公司基金形式的 REITs。我国的《证券投资基金法》中虽然规定了公司型基金的条款,[46]但并没有对公司型基金的内容做详细规定;在我国现有的公募基金中也缺乏公司型基金的实践;此外,当公募 REITs 采用公司基金形式时,由于其董事会主要职能是监督而非管理,与我国现行《公司法》的规定的董事会职能有所冲突。因此,我国的公募 REITs 立法如选择参考日本 REITs 的组织形式。就必须对现行《公司法》《证券投资基金法》等法律作大量修改,这样做的立法成本会较高。故日本 REITs 的组织形式不宜作为我国 REITs 立法的蓝本。

澳大利亚合订证券 REITs 存在税收套利的风险。在合订证券结构下,运营公司可以向信托支付很高的租金来转移收入,减少运营公司的纳税额。正因如此,合订证券 REITs 在其发源地美国及全球大多数国家

---

〔45〕 参见牛文婕、李增智:《关于证券投资基金受托人地位的探讨》,载徐明主编:《证券法苑》(第 3 卷),法律出版社 2010 年版,第 226 页。

〔46〕 《证券投资基金法》第 153 条规定:“公开或者非公开募集资金,以进行证券投资活动为目的设立的公司或者合伙企业,资产由基金管理人或者普通合伙人管理的,其证券投资活动适用本法。”

和地区都遭到禁止和限制。[47] 澳大利亚自身的情况比较特殊，其对本国居民从公司获得的分红不采用双重征税，不存在税收套利问题，所以澳大利亚允许使用合订证券 REITs。[48] 考虑到我国是对公司采用双重征税制度的国家，存在税收套利空间，因此我国的公募 REITs 不宜采用合订证券的形式。

英国 REITs 采用了封闭式公司的形式，其"集团 REITs"和"隔离栏"制度与我国现行税法制度差别较大。集团 REITs 不仅结构复杂，还将总公司及所有子公司视为一个纳税主体整体核算，而隔离栏将一个纳税主体从内部隔离出两套账目单独核算，这与我国现行的税收征管方式有较大差距。如果仅仅为了 REITs 立法而改变税收征管的基本制度，显然制度变革的成本过高。因此，英国 REITs 的组织形式同样不适合作为我国法律移植的蓝本。

2. 境外经验的其他启示

(1)立法初期宜采用一种组织形式

从境外实践来看，大多数国家和地区只允许 REITs 采用一种组织形式。即使是 REITs 制度最成熟的美国，立法之初也只允许 REITs 采用商业信托这一种组织形式，在多年发展后才增加了其他组织形式。考虑到立法成本、潜在的漏洞、后续的监管难度，我国公募 REITs 立法在初期宜采用一种组织形式。

(2)REITs 的基本组织形式应限于公司或信托

从境外实践来看，各国家和地区的 REITs 虽然在具体组织形式上形态各异，但大都可归类到公司或信托这两种基本组织形式之下。究其原因，多数国家和地区将 REITs 定位为公募产品，因此有限责任、资合性、发行总额不受限等特征是其必备要素，而满足上述特征的主要是公司和

---

〔47〕 合订证券 REITs 形式源于 20 世纪 70 年代的美国，由于税收套利的原因在 1984 年遭到限制，此后美国不能再设立新的合订证券 REITs。See Charles E. III. Wern, *The Stapled REIT on Ice: Congress' 1998 Freeze of the Grandfather Exception for Stapled Reits*, 28 Cap. U. L. Rev. 717, 726 – 729 (2000).

〔48〕 澳大利亚公司向本国投资者分红时，已缴纳的公司税可以抵消投资者的个人所得税。See Kevin T. Davis, *Stapled Securities: Australian Anomaly or Adaptable Innovation* (September 16, 2012), p. 6. Available at SSRN: https://ssrn.com/abstract=2166177.

信托。考虑到我国现有的商事组织形式中满足有限责任、资合性、发行总额不受限等特征的只有公司和信托,因此,我国公募 REITs 的基本组织形式应限于公司或信托。

(3)要考虑法系的影响

综观全球,英美法系国家和地区的 REITs 立法多采用信托制,而大陆法系国家和地区的 REITs 立法则多采用公司制(见表 1)。从法系的角度分析,英美法系的国家和地区无论采用公司制还是信托制都不存在太多障碍,因为这些国家和地区的公司法和信托法都比较健全;反观大陆法系的国家和地区,REITs 立法采用信托制会面临一定的障碍,这与大陆法国家和地区的信托法不发达有一定关系,毕竟信托是一项源于英美法的制度,与大陆法系的传统法律观念存在一定的冲突,[49]且大陆法系国家和地区也没有英美法系国家和地区那样的信托判例法基础。以我国台湾地区为例,其在 2003 年 REITs 立法时选择了信托制的路径,但台湾地区 REITs 在这十几年间的发展并不顺利。相关学者在总结原因时,就认为台湾地区信托制度限制了 REITs 的发展,因此应考虑增加公司作为台湾地区 REITs 的组织形式。[50] 我国作为大陆法系国家,在公募 REITs 立法时也应充分考虑基础法系的影响。

表 1　全球 REITs 的分类

类型	国家或地区
信托型	澳大利亚、加拿大、中国香港地区、印度、日本、马来西亚、墨西哥、美国、新加坡、泰国、新西兰、中国台湾地区、迪拜、南非
公司型	比利时、保加利亚、芬兰、法国、德国、希腊、匈牙利、爱尔兰、意大利、立陶宛、卢森堡、荷兰、葡萄牙、韩国、西班牙、土耳其、新西兰、日本、菲律宾、迪拜、南非、以色列、英国、美国
合伙型	立陶宛、美国
基金型	卢森堡、巴西、智利、哥斯达黎加

注:基金型 REITs 在架构上与信托型 REITs 相似,只是因其所在国法律不将其视为信托,而将其视为是投资者、管理人和托管人之间的合同,因此被归类为基金型 REITs。

〔49〕 参见蒋淑丽:《信托与大陆法系物权法理论与体系的冲突与平衡》,载《内蒙古农业大学学报》(社会科学版)2010 年第 4 期。

〔50〕 参见张祯玲等:《台湾不动产投资信托的经营管理机制立法十年的省思》,载台湾《住宅学报》2015 年第 1 期。

三、我国的 REITs 试点实践

（一）类 REITs：双 SPV 架构

2014 年，我国发行了第一单模仿 REITs 的金融产品“中信启航资产专项管理计划”。此后几年，国内又有多单相似的试点产品陆续发行。这些试点产品与域外标准 REITs 的差异较大，因此在业内被称为“类 REITs”。

1. 类 REITs 的架构

类 REITs 主要以资产支持证券（以下简称 ABS）为载体私募发行，[51] 通常由三层架构组成：底层为项目公司，中间层为私募基金、信托计划等特殊目的载体（以下简称 SPV），顶层为 ABS。由于项目公司在类 REITs 中也充当了 SPV 的功能，因此类 REITs 是一种双 SPV 架构的结构化金融产品。

类 REITs 之所以采用双 SPV 架构，主要是出于税收的考虑（见图 8）。由于现行税法下直接交易房地产会产生高额流转税，因此类 REITs 在成立时并不是直接受让房地产，而是受让房地产项目公司的股权间接控制房地产，由此形成了第一层 SPV。同时，为了减少项目公司分红带来的企业所得税支出并保证现金流的稳定，类 REITs 通常会采用股权加债权的方式投资于项目公司，因此就需要借助私募基金、信托计划等 SPV 产生一笔在先债权，由此形成了第二层 SPV。除此之外，类 REITs 采用双 SPV 架构还有工商登记、破产隔离等因素的考虑。

---

〔51〕 类 REITs 也有以公募基金为载体的，如鹏华前海万科 REITs，本文不展开讨论。

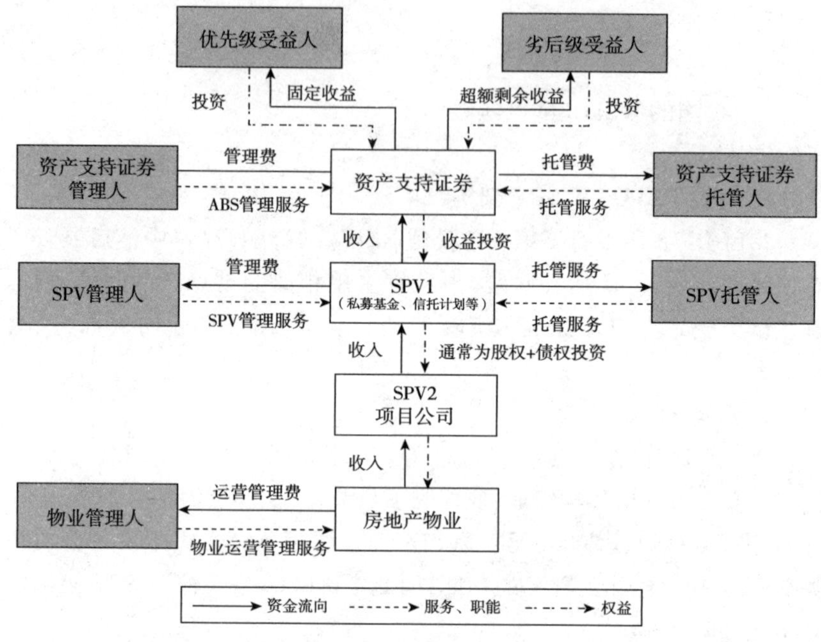

图8　类 REITs 的架构

资料来源:笔者根据类 REITs 说明书整理得出。

2. 类 REITs 的问题

从收益特性上看,类 REITs 与域外标准 REITs 存在明显的差异。类 REITs 通常会采用分级的方式将证券分为优先和劣后两级。优先级证券占证券总额的绝大部分,通常由机构投资者认购,获得票面利率的固定收益;劣后级证券通常由原始权益人认购,获得剩余超额收益。类 REITs 通常会设有赎回期,并会通过业绩补偿等外部增信来保证优先级证券的固定收益,因此对优先级投资者来说,类 REITs 实际上是一种有期限的结构化固定收益产品。而域外标准 REITs 通常不对证券分级,也没有外部增信和赎回期,投资者投资 REITs 获得房地产租金与资产升值的双重收益,收益特性接近于房地产直接投资,是一种权益型投资工具。

除了收益特性与域外 REITs 差异较大外,类 REITs 还存在以下不足:(1)破产隔离瑕疵。类 REITs 以 ABS 为载体,在实践中多数采用了证监会监管下的“企业 ABS”。而“企业 ABS”实质是投资者与管理人之间的一组委托代理合同,在破产隔离方面有瑕疵,尤其是在投资者破产时有被拆解的风险。[52] (2)权责划分不清。类 REITs 采用了三层架构,会有两组管理人和托管人,其不仅在功能上有重叠,在管理出现问题后还会出现无法区分各方责任的可能。(3)内部治理较弱。类 REITs 多层架构下存在多重委托代理关系,原始权益人与类 REITs 之间有关联交易存在,增加了类 REITs 内部治理的难度。(4)经营行为无限制。类 REITs 并没有对项目公司的经营行为做任限制,项目公司理论上可以从事各类经营业务获得收益,包括非房地产业务和高风险业务收益,这与 REITs 依靠被动收益获得稳定现金流的理念有所不符。

总的来看,类 REITs 并不适合作为公募 REITs 立法的模板,而问题的关键就在类 REITs 的载体上。类 REITs 以双 SPV 架构的 ABS 为载体,且其主要载体"企业 ABS"只是投资者与管理人之间的委托代理合同,与域外标准 REITs 所采用的商业信托、单位信托等载体有明显的差异,以之为基础很难搭建出符合国际标准的 REITs 产品。

(二)基础设施公募 REITs:公募基金 + ABS

2020 年 8 月,证监会颁布《公开募集基础设施证券投资基金指引(试行)》(以下简称《指引》),正式开展基础设施领域的公募 REITs 试点工作。从本次《指引》公布的内容来看,基础设施公募 REITs 试点产品(以下简称基础设施 REITs)相比于类 REITs 有了不少改进。

1. 基础设施 REITs 的改进

首先,《指引》要求公募基金要持有 ABS 的全部份额,且不得依赖外部增信。改变了原先类 REITs 固定收益的特性,使基础设施 REITs 更接近于权益型投资工具。其次,《指引》要求基金管理人承担主要运营职责,要求基金管理人与 ABS 管理人为实际控制或同一控制关系,要求公募基金和 ABS 的托管人为同一人。明确了基金管理人的主导的地位和托管的单一主体,与类 REITs 相比权责清晰了许多。再次,《指引》要求公募基金持有项目公司全部股权,并持有基础设施项目的完全所有权或经营权,杜绝了在产品架构中间出现少数股东的情形,减少了潜在的治理风险。最后,基础设施 REITs 以公募基金为主要载体,而公募基金是依照《基金法》设立的信托型载体,能够实现严格的破产隔离。

---

〔52〕 参见沈朝晖,前注〔26〕,第 69 页。

2. 基础设施 REITs 的架构问题

基础设施 REITs 采用了“公募基金 + ABS”的模式,由公募基金、ABS 和项目公司三层架构组成(见图 9)。由于《指引》并没有禁止 ABS 通过 SPV 间接持有项目公司和基础设施权益,因此理论上,基础设施 REITs 还可以在架构中增加 SPV,形成更四层甚至五层架构。这种多层架构给基础设施 REITs 的运行带来一系列问题。

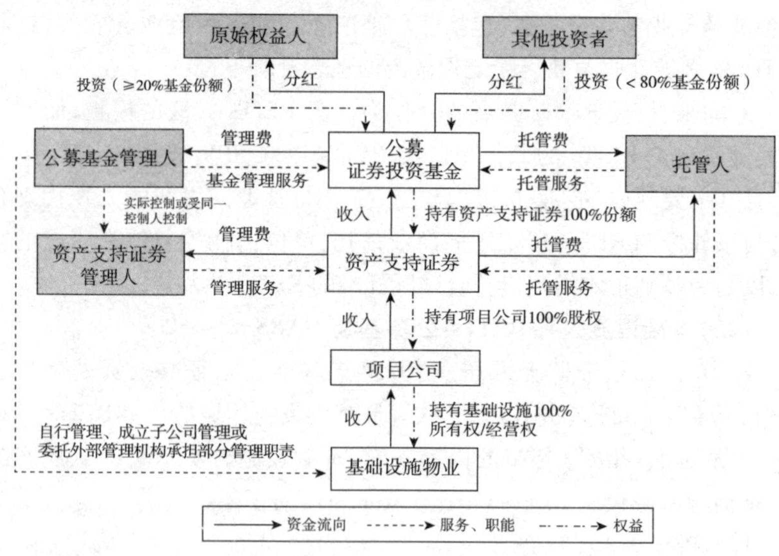

图 9 基础设施 REITs 的架构

资料来源:笔者根据《指引》整理得出。

首先,多层架构会形成多管理人并存的情形。多管理人并存,一方面会造成管理人之间权责划分不清;另一方面会形成多重委托代理关系,加剧代理成本。虽然《指引》规定了基金管理人的管理主导地位,但这种做法并不能从根本上解决问题,因为基金管理人即使获得了属于其他管理人的管理权力,也无法承担对应责任,无法突破商事组织形式法赋予其他管理人的法定义务。[53] 这导致管理人之间的责任很难划分

〔53〕 以项目公司为例,依照《公司法》对董事会、经理职权规定,项目公司的管理职责由其董事、经理承担,他人对项目公司进行管理,只能被视为是董事或经理的代理人,在出现管理不善的情形时责任仍由董事或经理承担。

清楚。

其次,投资者求偿有难度。作为一款公募产品,基础设施 REITs 的多层架构较为复杂,而普通投资者既难以搞清多层架构间的法律关系,也很难分辨每一层的风险。当产品出现问题后,投资者自我救济也有一定的难度。例如在项目公司管理不善造成损失时,由于投资者不是项目公司的股东,不能直接向项目公司的管理者请求赔偿,所以只能通过层层架构代为求偿,但基础设施 REITs 采用了多种载体,每种载体的请求权基础不同,这会让求偿变得复杂。

最后,多层架构增加监管成本。由于多层架构有风险传导效应,一旦某一层载体出现问题会波及整个产品,所以,监管者必须对基础设施 REITs 产品的每一层载体都进行严格审查,防止其发生风险,这无疑会增加监管的工作量和难度。此外,多层架构中的每一层架构都有构建成本,这些成本最终都由投资者负担,会降低投资者的收益。

3. 基础设施 REITs 的其他问题

除了多层架构引发的一系列问题,基础设施 REITs 还存在其他一些问题。

第一,所有权结构。国外立法通常会规定 REITs 持股上限以防止少数人垄断 REITs。例如,美国规定 REITs 任意 5 名投资者合计持有的权益不能超过总权益的 50%;[54] 而本次《指引》只规定基础设施 REITs 由原始权益人认购不低于 20%,却没有规定持股上限,因此,实践中可能出现一股独大的局面,影响基础设施 REITs 的治理。

第二,经营行为限制。境外各国通常会通过详细的限定条件来限制 REITs 的经营行为,以保证 REITs 符合“主要通过投资房地产获得稳定收益”的产品定位。比如,英国要求 REITs75% 以上的资产和 75% 以上的利润来自房地产租赁业务;[55] 新加坡要求 REITs 总资产的 75% 以上为房地产,总收入的 90% 以上为房地产租金和其他合格收入。[56] 而本次《指引》仅规定基础设施 REITs 以获取基础设施项目租金、收费等稳

〔54〕 US I. R. C. , Section 856(a).

〔55〕 UK Finance Act 2006, Section 108.

〔56〕 Singapore Code on Collective Investment Schemes, Appendix 6 7.1(a);7.2.

定现金流为主要目的,并未对基础设施 REITs 的具体经营行为作详细的限定,无法很好地防范基础设施 REITs 从事高风险的经营行为,增加了基础设施 REITs 风险管控的难度。

总体上看,基础设施 REITs 相比于先前的类 REITs 有很多改进,但还有不少问题需要在下一步立法中继续完善。由于公募 REITs 作为一种面向公众发行的产品,安全性是其首要考虑,因此产品的架构清晰,内部法律关系明确,是下一步立法完善的重点。考虑到公募 REITs 的架构很大程度上由其组织形式决定,因此公募 REITs 的组织形式选择变得十分关键。

四、我国公募 REITs 的组织形式选择

基于境外经验和国内 REITs 试点工作的启示,同时考虑我国现有的法律体系及立法成本等多方因素,我国公募 REITs 立法较为可行的组织形式选择有两种:一是借鉴新加坡 REITs,以我国现行的《基金法》为基础,将现行信托型公募基金的投资标的从证券扩大到不动产,创设出外部管理模式的"信托基金形式";二是借鉴德国 REITs,以我国现有的《公司法》为基础设立经营范围限于不动产经营租赁业务的特殊股份公司,创设出可自主选择外部或内部管理模式的"特殊公司形式"。

(一)信托基金形式的优势和不足

公募 REITs 立法选择信托基金形式的优势在于,信托在我国现行税法体系下天然豁免企业所得税;同时,公募 REITs 采用信托基金形式时,在立法和监管方面可以大量借鉴公募证券投资基金的既有法律规定和监管经验;此外,市场各方主体对这种组织形式也比较熟悉。但信托基金形式仍有一些缺点。

第一,法律主体资格问题。我国商事信托在现行法下缺乏法律主体资格,其不能以信托自身的名义签订合同、参加诉讼,[57] 也并非单独的

---

〔57〕《证券投资基金法》第 19 条规定:"公开募集基金的基金管理人应当履行下列职责:……(十一)以基金管理人名义,代表基金份额持有人利益行使诉讼权利或者实施其他法律行为……"

纳税主体,[58]与外部的权利义务主要是以受托人的名义行使。这在一定程度上会增加整个 REITs 制度的交易成本,降低制度的运行效率。

第二,治理问题。REITs 所属不动产投资是区别于传统股票、债券的“另类投资”(alternative investment),这一领域存在着较高程度的信息不对称:不动产是一种非标准化的资产,其出租、交易不存在像证券交易所那样的公开竞价市场,交易的达成依赖买卖双方一对一谈判而非集中竞价。在这种交易模式下,没有公开市场价格参考,委托或信托他人进行不动产投资会面临更高的道德风险,因此,REITs 必须有良好的治理来抵御这种风险。而在我国现行商事信托制度下,投资者虽然在理论上可以通过持有人大会参与信托治理,但持有人大会并非如股东大会一样定期召开,只能通过召集召开,且召集[59]和决议[60]的门槛都很较高,这导致投资者较难通过投资人大会实现对 REITs 的良好治理。

第三,投资者保护问题。信托基金形式下的 REITs 采用管理人加托管人的双受托人结构,两者都对投资者负有受信义务。但我国并不存在专门针对受托人制定的法律来规范和细化受信义务,[61]对受托人谨慎投资义务的规定也比较模糊和抽象,[62]且双受托人架构自身就存在受托人之间的责任分配不清问题。[63] 同时,我国的商事信托制度中也并

〔58〕《关于明确金融　房地产开发　教育辅助服务等增值税政策的通知》(财税〔2016〕140 号)第 4 条规定:“资管产品运营过程中发生的增值税应税行为,以资管产品管理人为增值税纳税人”。

〔59〕依照《证券投资基金法》第 83 条的规定,持有人大会依次由持有人大会日常机构、基金管理人、基金托管人、10% 以上权益的基金份额持有人召集。而对投资者来说,10% 的召集门槛较。

〔60〕依照《证券投资基金法》第 86 条的规定,持有人大会有 1/2 的份额的持有人参加方可召开。普通事项要参加大会的半数以上表决权同意通过;更换基金管理人或者托管人等特殊事项需要 2/3 以上表决权同意通过。

〔61〕英美法系国家和地区多数制定了受托人法案对受托人行为进行规范,如美国的《统一谨慎投资人法》、英国的《2000 年受托人法》、新加坡和我国香港地区的《受托人条例》等。

〔62〕参见姚朝兵:《美国信托法中的谨慎投资人规则研究》,法律出版社 2016 年版,第 227 页。

〔63〕See Suet Fern Lee & Linda Esther Foo, *Real Estate Investment Trusts in Singapore: Recent Legal and Regulatory Developments and the Case for Corporatisation*. 22 SAcLJ 36,54 - 57 (2010).

没有受益人派生诉讼、异议受益人评估权等投资者救济制度,[64]投资者的救济手段比较有限,这些都增大了投资者保护的难度。

总的来看,以信托基金形式组建我国的公募 REITs 具备天然的税收优势,同时还可借鉴证券投资基金的既有经验。但想要让公募 REITs 较好地运行,还需要对信托基金型 REITs 的法律主体资格、受信义务、治理结构、投资者救济等法律进行进一步完善。

(二)特殊公司形式的优势和不足

公募 REITs 立法选择特殊公司形式的优势在于,公司具备完备的法人资格,现行法律对公司治理和投资者保护等方面的规定也比较详细。此外,采用特殊公司形式的 REITs 可以自主选择采用内部还是外部管理模式也是其优势之一。从境外实证研究来看,关于 REITs 管理模式的优劣尚未有定论,美国早期的实证研究表明内部管理型 REITs 的业绩优于外部管理型 REITs,[65]但近年来以全球 REITs 为样本的研究表明两种管理模式在业绩上各有优劣。[66] 因此,在优劣未定的情况下交由市场自主选择管理模式是一种比较好的立法方案。

但以特殊公司形式组建公募 REITs,目前最大的问题在税收。具体来说,在我国现行税法体系下,以公司形式组建 REITs,投资者在获得分红时要负担双重征税,即承担公司层面和个人层面的两重所得税。这与国际通行的 REITs 投资者在获得分红时只需缴纳一重所得税的税收优惠待遇有所差异。[67] 以双重征税制度下 REITs 经营不动产租赁进行简易测算,投资者的净利润率只有 49.8%(见表 2),显著低

---

〔64〕 美国商事信托法中存在这两项制度,如《特拉华州法典》在 3815(h)和 3816 条分别规定了特拉华制定法信托的异议受益人评估权(appraisal rights)制度和受益人派生诉讼(derivative actions)制度。See US 12 DE Code § 3815(h); § 3816 (2019), https://law.justia.com/codes/delaware/2019/title-12/chapter-38/subchapter-i/, 2020 年 10 月 20 日访问。

〔65〕 See Dennis R. Capozza & Paul J. Seguin, *Debt, Agency, and Management Contracts in REITs: The External Advisor Puzzle*, 20 J. Real Estate Financ. Econ. 91, 93 (2000).

〔66〕 See Ernst & Young, Internal vs. External Management Structures (2017), p. 3.

〔67〕 从全球来看,大多数国家和地区会免征 REITs 实体层面的所得税,只对 REITs 分红征收个人所得税;也有少部分国家和地区,如我国香港地区,对 REITs 征收实体层面的所得税,但免征个人所得税。See EPRA, supra note 31. 笔者根据报告整理得出。

于全球 REITs 水平。[68]

表 2 现行税法下公司型 REITs 税负简易测算

序号	项目	税率	计算公式	数额
(1)	租金收入			100
(2)	增值税(简易计算)	5%	(1)×5%	-5
(3)	房地税	12%	(1)×12%	-12
(4)	税前利润		(1)-(2)-(3)	83
(5)	企业所得税	25%	(4)×25%	-20.75
(6)	税后利润		(4)-(5)	62.25
(7)	股息红利所得税	20%	(6)×20%	-12.45
(8)	投资者实际收益		(6)-(7)	49.8

注:本测算未考虑 REITs 经营房地产租赁业务外其他的收入、也未考虑其他支出和资产折旧,同时也没有考虑诸如城镇土地使用税、城市建设税等其他少量税费。

事实上,如果公司型 REITs 没有税收优惠,其相比于经营不动产租赁的普通公司会存在诸多劣势。在经营范围方面,普通公司不仅可以经营房地产租赁业务,也可以经营其他多种业务,而公司型 REITs 往往只能经营房地产租赁相关的业务,在经营范围上存在劣势;在实际负税方面,普通公司在分红时虽然面临双重征税,但其有权选择不分红,且绝大多数公司都会选择不分红,[69]不产生分红环节的个人所得税,实际负税通常只有企业所得税这一重。而公司型 REITs 由于其强制分红的特性,必然要承担实际的双重征税,在实际负税上也存在劣势。因此,公募 REITs 立法如果选择特殊公司形式的立法路径,税收优惠问题应是下一步要解决的核心问题。

---

〔68〕 据测算,全球 REITs 的投资者净利润率多在 60% ~90%,具体包括美国(77.6%)、澳大利亚(88.9%)、英国(88.9%)、法国(54.2%)、德国(78.9%)、日本(62.7%)、新加坡(80.1%)、我国香港地区(88.9%)、我国台湾地区(81.5%),以上数据参见苏建、黄志刚:《房地产投资信托基金税制研究》,中国经济出版社 2014 年版,第 190 页。

〔69〕 依照统计,2019 年沪市上市公司的整体分红比例在创下新高的情况下也只有 32.4%。参见 http://www.sse.com.cn/aboutus/mediacenter/hotandd/c/c_20200505_5095071.shtml,2020 年 10 月 10 日访问。

五、结论与建议

公募 REITs 立法要在我国落地,组织形式的选择和确定是要解决的关键问题。本文通过对域外 REITs 组织形式的考察与研究发现,全球 REITs 的组织形式主要分为公司型和信托型两大类,并在此基础上进一步细分为商业信托、单位信托、投资法人、股份公司等多种具体组织形式,其结构、内部法律关系等方面既有相似之处,也存在不少差异。其中新加坡 REITs 所采用的单位信托形式和德国 REITs 所采用的股份公司形式对我国的公募 REITs 立法有较好的参考借鉴意义。

从我国的 REITs 试点实践来看,无论是类 REITs 和基础设施 REITs,在产品架构上都存在一定的问题,这些问题都需要在将来的 REITs 立法中继续完善。由于 REITs 的产品架构很大程度上由组织形式决定,因此,公募 REITs 的组织形式选择就变得十分关键。结合域外经验、我国现行法律体系以及立法成本等多方因素考虑,信托基金形式和特殊公司形式是目前较为可行的两种公募 REITs 的组织形式,两种组织形式在现行法下有其各自的优缺点,未来的公募 REITs 立法也主要是在两种立法路径之间做选择和取舍。

基于目前基础设施 REITs 采用了信托基金形式的发展路径,建议下一步立法结合上文所述的信托基金形式存在的问题进一步完善配套规则与投资者保护措施。同时,亦可探索公司型 REITs 税收优惠问题的解决方案,寻求以特殊公司形式组建公募 REITs 的可能。目前来看,税收优惠问题可能的解决方案是参考国际经验,对公司型 REITs 的企业所得税予以豁免。考虑到我国有通过财政部、国家税务总局出台单行文件给予特定课税对象一定时期税收优惠的先例,〔70〕如果公募 REITs 立法选择特殊公司形式的立法路径,可以先通过财政部、国家税务总局出台单

〔70〕 例如,财政部和国家税务总局通过《关于实施小微企业普惠性税收减免政策的通知》(财税〔2019〕13 号)一文,给予对月销售额 10 万元以下的增值税小规模纳税人以免征增值税的税收优惠待遇,优惠期限从 2019 年 1 月 1 日至 2021 年 12 月 31 日。

独文件的方式给予公司型 REITs 一定时期的税收优惠试点。待试点结束后,再根据试点情况决定是否继续沿用特殊公司形式的立法路径,是否将公司型 REITs 的税收优惠予以常态化。

(编辑:吴紫君)

《证券法苑》(2021)
第三十一卷,第 248 ~265 页

论公募 REITs 所得税重复征税成因及其消除的制度设想*

徐冬根** 邵 辉***

摘要:公募 REITs 发展过程中,存在对公司所得和个人所得重复征税造成的税收歧视与税收扭曲现象,容易导致 REITs 产品税负较重,严重压缩 REITs 运行的实际盈利空间,可能会抑制投融资者的金融决策,降低投资者参与 REITs 的积极性。消除公募 REITs 所得税重复征税的制度设想可以尝试从以下三个角度入手:一是确立公募 REITs 所得税中的禁止双重征税原则;二是明确实质受益人的纳税义务人与受托人的代缴义务人地位;三是及时制定合理的附条件税收优惠政策。

关键词:REITs 重复征税 实质课税 导管/管道理论

---

* 本文系 2020 年国家社科基金重点项目:“资本市场对外开放的外源性风险及其法律对策研究”(项目批准号:20AFX021)的阶段性研究成果。

** 上海交通大学凯原法学院教授。

*** 上海交通大学凯原法学院博士研究生。

一、公募 REITs 所得税重复征税的消极影响

(一)公募 REITs 自设立伊始面临着较大的税负压力

税收优惠是基础设施领域不动产投资信托基金(real estate investment trust,REITs)发展的重要推动力。2020 年 4 月以来,中国证监会、国家发改委先后发布了多份推进 REITs 试点工作的规章及规范性文件,确立了 REITs"公募基金 + 资产支持证券"的产品结构和以信托模式为主构建的交易结构。

由于我国一直没有在法律层面确定信托所得如何课税的原则与规范,税收理论界对中国目前包括 REITs 在内的金融信托业务各环节收益如何征税的探讨尚不深入,[1]现行税法包括企业所得税和个人所得税在内,也没有针对信托收益的特殊性单独作出专门规定,致使信托税收实践中不断出现纳税主体选择不明确、同一税种重复征税等问题。

目前,公募 REITs 自设立伊始即面临着较大的税负压力。设立阶段因信托财产从委托人向受托人转让,需要缴纳企业所得税、增值税、土地增值税、契税;存续运营阶段与终止阶段信托财产及其收益由受托人向受益人转让,可能面临重复缴纳增值税、企业所得税、个人所得税的税负困境。

(二)公募 REITs 所得税重复征税的负面效应

在我国现有的税收制度环境下,不动产的交易和经营税负较重、流动性较低,以公募 REITs 的底层资产为例,均为不含住宅和商业地产的不动产基础设施,具体包括仓储物流,收费公路、机场港口等交通设施,水电气暖等市政设施,污染治理、信息网络、产业园区等其他基础设施。

公募 REITs 采取了"公募基金 + 资产支持证券"的产品结构和以信托模式为主构建的交易结构,是一个整体结构复杂的金融产品,涉及多个交易主体和不同交易阶段,税负结构、税种类型也相对比较复杂,

---

〔1〕 参见邓子基、唐文倩:《关于我国发展房地产投资信托的税收政策研究》,载《福建论坛》(人文社会科学版)2011 年第 4 期。

很有可能形成重复征税或双重征税(double taxation)。[2] 重复征税或双重征税可能会对REITs的商业活动和投资者决策产生明显的负面外部效应。[3]

推进REITs试点工作的重要目的即在于减少税负压力。REITs作为证券化的不动产产业投资基金和金融市场上资产证券化的重要工具,其整体税负的高低、不同税制的安排均会影响REITs的产品结构设计和交易结构管理,若税收成本过高,必然引起经营成本增加、投资回报减少,压缩REITs运行的实际盈利空间,可能会抑制投融资者的金融决策,降低投资者参与的积极性与REITs投资收益的形成,产生基础设施领域不动产资源配置的效率损失,不利于发挥REITs在盘活存量资产、拓宽社会资本投资渠道、提升直接融资比重、增强资本市场服务实体经济质效等方面的重要作用。

二、公募REITs所得税在不同阶段的重复征税

在我国现行税制下,公募REITs发展将面临税收负担过重和重复课税等严重问题。[4] 目前,税收学界和实务界普遍认为REITs的税收“瓶颈”有两个:一个是在信托设立和终止环节对信托财产的流转征税问题;另一个是信托存续运营和终止阶段的信托所得税重复征税问题。[5] 其中,重复征税是信托发展过程中存在的严重制约,值得特别关注。

REITs一般包含信托设立、信托运营和信托终止三个环节,信托所得重复征税主要发生在运营阶段和终止阶段,具体而言:

---

〔2〕 参见尹音频、王晓慧:《金融产品税收制度优化探析》,载《税务研究》2020年第1期。

〔3〕 参见张捷捷:《双重征税视角下的公司所得税税收偏好探析——以美国公司税法为考察对象》,载《西南民族大学学报》(人文社会科学版)2013年第10期。

〔4〕 参见江苏省苏州工业园区地方税务局课题组:《我国房地产投资信托基金税收政策分析与建议》,载《国际税收》2018年第2期。

〔5〕 参见顾缵琪:《我国房地产信托投资基金发展的税收瓶颈突破》,载《财会月刊》2014年第2期。

（一）公募 REITs 运营阶段的所得税重复征税

公募 REITs 设立之后，随即进入存续运营阶段和收益分配阶段。由于我国现行税法目前基本不考虑金融产品交易结构的各自法律属性，而是遵循“环环课征增值税、人人课征所得税”的规则，对各类金融产品一律进行课税。[6] 导致金融产品运行过程中，只要财产登记人发生变更或者进行不动产交易所得变更登记，一律视为发生转让与所得并统一征税。

公募 REITs 在存续运营阶段，基础设施领域的项目公司取得租金等收入按规定需要缴纳企业所得税，在项目公司缴纳企业所得税之后，将税后利润分配给投资者时，最终 REITs 的个人或机构投资者仍需缴纳个人所得税或企业所得税，存在明显的重复征税问题。[7]

根据公募 REITs 的产品结构，受托人根据信托合同的规定对信托财产进行管理，可能发生不动产投资、出售、出租、流转及投资收益的分配等多种经济行为。[8] 尽管 REITs 项下的产权转移具有明显的资产让渡性质，信托所起的只是中间通道作用，但是根据我国现行税法规定，此时的名义所有权转移仍须进行不动产交易所有权变更登记，与真实交易下的产权转移变更同等纳税。由于 REITs 经常需要高频不动产资产转卖流转，我国现行税法规范显著增加了 REITs 运作的交易税收成本，直接削弱了 REITs 产品的实际盈利能力。[9]

（二）公募 REITs 终止阶段的所得税重复征税

公募 REITs 在终止阶段需要将信托收益分配给受益人，故重复征税主要是指信托收益所得的重复征税，此处的信托收益所得应当理解为信托收益减去必要的成本扣除、正常损耗、资产折旧等之后的净收入。

公募 REITs 一般采取封闭式运作，收益分配比例不低于合并后基金年度可供分配金额的 90%。当信托收益产生之后，因受托人处于信

---

〔6〕 同前注〔2〕。

〔7〕 同前注〔4〕。

〔8〕 参见汪诚、戈岐明：《房地产投资信托基金的税收问题探究》，载《税务研究》2015 年第 7 期。

〔9〕 同前注〔1〕。

托财产理论上名义所有人的法律地位，无论信托是否已经确定了收益的分配或归属对象，信托收益均应由信托或受托人缴纳所得税；在受托人将信托收益转让给受益人之后，受益人由于获得收益也需要就该笔收益再次缴纳所得税，[10] 此时便出现就信托所得同一税源两次课税的重复征税问题，这也是接下来本文将重点讨论的问题。

三、公募 REITs 所得税重复征税的规范成因与理论根源

公募 REITs 所得税重复征税存在规范层面的制度成因与理论层面的矛盾根源。一方面，从规范成因看，公募 REITs 专门性信托所得税立法或特别法条款缺失，信托“双重所有权”与传统“一物一权”产生法律理念冲突，经济性重复征税与人人课征所得税互相矛盾；另一方面，从理论根源看，信托所得税“实体理论”与“管道/导管理论”之争同公司所得税“独立课税制”（古典制）与“合并课税制”之争相互交织，规范互斥与理论混淆最终造成公募 REITs 所得税重复征税似乎成为一个无解的困境。

（一）公募 REITs 所得税重复征税的规范成因

1.专门性信托所得税立法或特别法条款缺失

由于缺乏对信托所得税的专门性法律规定，目前对信托财产及信托所得课税只能选择适用税法中关于一般性经济业务的规定，以致在信托所得征收实践中频发课税主体尚不明确、纳税责任无法划分、征税客体不能界定、纳税环节仍未明晰、适用税率无法达成统一，导致关于信托产品及其收益的纳税条款难以在招募说明书中进行具体的详细说明，[11] 大多数信托产品募集书中只能写明：“暂不纳税，由于有关税法尚未出台，故信托收益暂不缴纳所得税，待税法明确后，按规定执

〔10〕 参见张建棣：《信托收益所得税法律制度研究》，中国政法大学 2002 年博士学位论文。

〔11〕 参见郝琳琳：《信托所得课税困境及其应对》，载《法学论坛》2011 年第 5 期。

行”。[12]

2. 信托双重所有权与传统“一物一权”的法律理念冲突

信托重复征税问题的制度根源在于英美法上信托制度所有权分离的结构设计与大陆法系单一所有权之民法基本法律理念的不兼容，即信托财产与信托财产所有权相分离与税收制度课税要件理论之间的固有矛盾。由于我国继受了大陆法系的民法传统，目前信托税制中存在的诸多问题正是这种不同法系间法律理念和法律文化冲突的客观反映。

英美法上信托的“两权分离”，是指信托财产与信托财产所有权两权分离，这种人为分离实际上分割了信托财产的管理属性与利益属性，为信托财产名义所有权和信托财产实质所有权“双重所有权”的创设提供了规范路径。信托两权分离及双重所有权同民法法系国家传统“一物一权”的所有权概念产生了关于信托实质理解的法律理念冲突。

由于我国《信托法》僵硬移植了英美法系的信托制度，一方面，忽视了事前的法理衔接，事后也没有根据中国法律制度体系妥善解决双重所有权的本土化问题；另一方面，照搬英美法的概念和条文，忽略了背后的法理及时与国际接轨，由此导致中国法上的信托制度徒有其名，已经陷入信托财产所有权归属模糊不清、受益权性质悬而未决、信托登记名存实亡的实践困境，[13]导致我国《信托法》虽颁布多年却仍难以发挥其理想中的提高金融效率初衷。

针对信托“双重所有权”与“一物一权”的理念冲突，有学者尝试从债权视角探索其解决之道，认为把普通法所有权即信托实质所有权转变为大陆法中的单一所有权，把衡平法所有权即信托形式所有权转变为大陆法中的债权，[14]就会发现受益人的地位实际上类似于第三人利益合同中的利益第三人，而依据委托人与受托人之间的委托合同，对于

〔12〕 董芳：《我国信托收益所得税法律制度的完善》，西南财经大学 2007 年博士学位论文。

〔13〕 参见于海涌：《论英美信托财产双重所有权在中国的本土化》，载《现代法学》2010 年第 3 期。

〔14〕 同上。

受托人享有充足债权,而受托人对于信托财产则享有相应的物权性权利。[15] 不过,该路径目前尚处于设想阶段,具体是否可行还有待进一步观察。

3. 经济性重复征税下的人人课征所得税

公司所得税与个人所得税并存,必然会引起股息和红利的经济性重复征税。[16] 在所得税层面,我国税法一直保持着企业所得税与个人所得税并存的格局,容易在利润分配环节产生经济性重复征税,即"同一或不同征税主体对不同纳税人(公司或股东)的同一课税对象(公司利润和股息、红利)分别征收所得税"。[17]

税收征管实践中,经济性重复征税集中体现在股息和信托两大典型领域,最主要的一类是公司企业所得税和投资者权益性投资所得之间的重复征税。[18] 对于公司企业与股东权益之间的双重征税现象,各国普遍采取了否定态度,并积极制定相应措施以避免信托收益所得税中的双重征税问题。[19]

实际上,信托财产的独立性已阻却了所得课税归属规则"私法所有权归属"的适用。[20] 信托是一种获取财产性收益的重要途径,根据税收法定和税收公平等基本原则,无论是信托收益累积所得还是信托财产转让所得均应属于应课征所得税范围。但是,从规范层面看,现行税法关于信托所得存在明显的立法缺失。例如,《个人所得税法》第 2 条列举的 9 项应税所得中并未明确列出信托所得,《企业所得税法》第 6 条规定企业以货币形式和非货币形式从各种来源取得的收入为收入总额,具体包括 9 种形式,也未将信托所得明确列出。

---

〔15〕 参见孙弘儒:《英美法中信托受益人权利性质研究——对信托双重所有权在我国出路的思考》,载《研究生法学》2015 年第 1 期。

〔16〕 参见王逸、姚涛:《OECD 国家消除经济性双重征税的经验及借鉴》,载《涉外税务》2006 年第 6 期。

〔17〕 郑涵:《我国所得税制中经济性重复征税对企业及经济运行的影响》,载《经济纵横》2011 年第 6 期。

〔18〕 参见王玺、陈钰:《我国所得税重复征税问题探讨》,载《商学研究》2018 年第 5 期。

〔19〕 同前注〔10〕。

〔20〕 参见李俊英、吕莎莎:《信托所得课税归属认定的税法困境与应对之策》,载《财经理论研究》2020 年第 1 期。

目前,我国现行税法体系对居民企业之间支付的股息实行免税,对个人收到的股息按持有期长短实行不同程度的减税政策。但是,对含有信托结构的金融产品却实施人人征税规则。[21] 根据人人征税规则,信托受托人与信托受益人均需要对信托收益承担企业所得税或者个人所得税的纳税义务。例如,依据我国税法的相关规定,"除信贷资产支持证券之外,其他信托型 SPV(special purpose vehicle,一般译为特殊目的公司或项目公司)仍需就信托收益缴纳所得税",[22] 最终导致企业资产支持证券等收到多重征税的结果,抑制了金融信托产品的制度活力。

从公募 REITs 的性质与结构来看,由于存续运营期间需要对公司所得和个人所得重复征税,REITs 运营公司或 REITs 取得的房地产租金等收入不仅需要缴纳所得税,而且,在运营公司或 REITs 层面缴纳所得税之外,REITs 在向投资者分配利润收益之后,还需要在 REITs 的个人投资者或者机构投资者层面,再一次缴纳或补足相应的个人所得税或企业所得税,重复征税现象明显。[23]

经济性重复征税违反了税收中性原则(tax neutrality),[24] 干扰和扭曲了公募 REITs 市场机制的正常运行和资源配置,增加了公募 REITs 的税负成本与额外负担。从全球其他国家税收发展轨迹看,绝大部分 OECD 国家都已经放弃古典制,主动将公司所得税与个人所得税相结合,即实行所谓的"所得税一体化",以尽量消除或减缓经济性重复征税,[25] 避免增加企业的税负压力。但是在我国现行税制下,"所得税一体化"设想目前还处于萌芽阶段。

综观各国免除经济性重复征税的经验,主要有两种技术性调整方法:一种是完全消除经济性重复征税的合伙法,另一种是部分消除经济性重复征税的合并免除法。消除经济性重复征税的讨论重点在于部分

---

〔21〕 同前注〔2〕。

〔22〕 同前注〔2〕。

〔23〕 参见俸芳、郝旭东、侯佳佳:《我国房地产投资信托基金(REITs)发展的税收困境及建议》,载《交通财会》2019 年第 4 期。

〔24〕 参见刘大洪、张剑辉:《税收中性与税收调控的经济法思考》,载《中南财经政法大学学报》2002 年第 4 期。

〔25〕 同前注〔16〕。

消除的合并免除法。尽管通过公司所得税统一化的方式即公司与公司股东一体化征税,能够彻底消除公司所得双重征税的制度困境,[26]但是完全消除经济性重复征税的合伙法可能会造成国家财政困难,尚无国家采用。

合并免除法又可以分为公司阶段和股东阶段两种类型,前者包括已付股利扣除法、已付股利抵扣法、双轨税率法,后者包括股利所得免税法、股利所得抵扣法、归集抵免法等。考虑到我国所得税税制的实际,“从近期考虑,在个人所得税实行分类课征制时,可采用股利所得免税法;从远期考虑,在将来个人所得税实行综合课征制时,可改为归集抵免法”。[27]

(二)公募REITs所得税重复征税的理论根源

公募REITs所得税重复征税的理论根源在于信托所得税的理论之争与公司所得税的理论之争相糅合:一是信托所得税的“实体理论”与“管道/导管理论”之争;二是公司所得税的“独立课税制”(古典制)与“合并课税制”之争,两者相互交织增加了公募REITs的理论识别难度。而且,关于信托的本质究竟是独立实体还是财产输送的管道一直存在理论争议。信托法律结构决定了信托财产名义所有权与实质受益权相分离,导致信托课税主体难以认定、信托财产形式转移引发重复课税、信托收益分配不均衡诱发逃税避税等问题。针对错综复杂的信托法律关系,国际上就信托税收问题形成了“实体理论”(entity theory)和“管道/导管理论”(conduit theory)两种理论解释,[28]两者的分歧主要体现在关于信托的性质认定上。

1.信托实体理论与公司独立课税制

实体理论认为信托财产具有独立性,信托财产与信托关系人之间相互独立,故基于独立财产生成的信托是具有独立法律人格的纳税实

〔26〕 See Borden, *Bradley T. Reforming REIT Taxation (or Not)*, Houston Law Review, Vol. 53, No. 1 (Fall 2015), p. 91

〔27〕 马蔡琛:《免除经济性重复征税的方式及对我国的借鉴》,载《山西财经大学学报》2003年第1期。

〔28〕 参见郭宇博:《房地产投资信托税制国际比较及对我国的启示》,载《中国房地产》2019年第6期。

体,需要承担课税义务,受益人从信托产品中获取收益时则无须纳税。在信托实体理论观照下,我国信托财产二元结构导致信托财产所有权深陷委托人、受托人、受益人三方主体间构成的信托法律关系泥淖之中,使信托所得所有权一直处于碎片化的分散状态。《信托法》第 2 条规定,信托是指委托人基于对受托人的信任,将其财产权委托给受托人,由受托人按委托人的意愿以自己的名义,为受益人的利益或者特定目的,进行管理或者处分的行为。该条规定并未明确信托财产所有权的归属,尤其是没有解决信托存续期间的信托财产所有权由何者享有问题。

同时,《信托法》第 14 条关于信托财产的规定产生了中国法上的信托财产二元结构,即受托人因承诺信托而取得的财产是信托财产(原信托财产),受托人因信托财产的管理运用、处分或者其他情形而取得的财产,也归入信托财产(信托收益)。也就是说,中国法上原信托财产与信托收益均为信托财产的组成部分。根据实体理论所坚持的信托财产独立性原则,委托人只对被信托的原信托财产拥有所有权,受托人对原信托财产与信托收益均不享有所有权,受益人只享有信托收益的所有权。据此,信托法律关系的三方主体无一可以拥有信托财产的完整所有权,从而间接影响了信托所得所有权作为统一权利束的完整和集中状态。

信托实体理论与公司独立课税制相对应,使公司所得税存在独立课税制与合并课税制两种基本类型。[29] 实体主义观的公司独立课税制为公司所得税收识别和公司税收理论完善提供了重要理论支持,[30] 不过,公司所得古典课税制下的“双税同行”也是造成公司所得税重复征税的理论根源。独立课税制(又称为古典制)以法人实体说为理论基础,主要为英美法系所接受,其主张公司是具有独立纳税能力的纳税主体。在对公司所得课征公司所得税后,公司剩余收益向股东分配时还须再次征收个人所得税,即向公司所得与公司股东所得双重征税。

〔29〕 同前注〔27〕。

〔30〕 See Winchester, Richard, *A Tax Theory of the Firm*, University of Cincinnati Law Review, 2019, Vol. 88, No. 1976(2019), p. 976.

2. 信托管道/导管理论与公司合并课税制

信托实体理论的实践困境催生了管道/导管理论(又称为实际受益人纳税原则),该理论旨在消除信托税收“形式重于实质”的制度困境。管道/导管理论认为信托财产不具有独立性,信托不具有独立法律人格,主张信托只能视为受托人与受益人之间进行财产利益输送/传送的代持或管道,受托人与受益人之间并未发生真正的财产让渡,故受益人需要承担课税义务。[31] 英美法系前期主要以实体理论为信托税收实践提供学理支持,后期则逐渐接受管道/导管理论并逐步建立起其信托税收法律体系。不过,大陆法系主要依据仍多为管道/导管理论。

目前,信托管道/导管理论在我国关于信托的税收法规和税收规范性文件中有着广泛应用。究其实质,信托管道/导管理论属于贯彻“税收中性”原则的具体落实。通过信托管道/导管理论,受益人投资REITs所承担的税负,一般不会超过受益人亲自从事基础设施领域投资所承担的税负,[32] 从而有效地减轻了受益人的税负成本。

例如,《证券投资基金法》规定基金财产的相关税收由基金份额持有人承担,财政部、国家税务总局《关于信贷资产证券化有关税收政策问题的通知》(财税〔2006〕5号)规定机构投资者的信托收益在信托环节暂不征收企业所得税。[33] 信托管道/导管理论则与公司合并课税制相对应。合并课税制以法人虚拟说为理论基础,主要为大陆法系所接受,其认为公司是法律拟制的虚拟实体,不具有独立纳税能力,只是将公司盈余输送至股东的管道/导管,故只能向公司所得和股东的股息红利课征一次所得税。

---

〔31〕 同前注〔10〕。

〔32〕 参见顾缵琪:《我国房地产信托投资基金发展的税收瓶颈突破》,载《财会月刊》2014年第2期。

〔33〕 财政部、国家税务总局《关于信贷资产证券化有关税收政策问题的通知》(财税〔2006〕5号)第3条第2款规定:“对信托项目收益在取得当年向资产支持证券的机构投资者(以下简称机构投资者)分配的部分,在信托环节暂不征收企业所得税……”第4项规定:“在对信托项目收益暂不征收企业所得税期间,机构投资者从信托项目分配获得的收益,应当在机构投资者环节按照权责发生制的原则确认应税收入,按照企业所得税的政策规定计算缴纳企业所得税。机构投资者买卖信贷资产支持证券获得的差价收入,应当按照企业所得税的政策规定计算缴纳企业所得税,买卖信贷资产支持证券所发生的损失可按企业所得税的政策规定扣除。”

四、公募 REITs 所得税重复征税消除的制度设想

公募 REITs 所得税制度的确立是防止国家税收流失、增加基础设施不动产的流动性、保障信托当事人合法权益的重要手段，必须通过必要的制度设计避免对金融信托所得重复性的双重甚至多重征税，避免信托受托人在获得信托财产收益时缴纳一次所得税，而受益人在接受受托人转移该收益时再一次缴纳所得税，造成金融信托产品因税负成本过重而无法实现预期目的。[34] 所以，在信托税收理论上，如何立足 REITs 金融产品属性，构造与 REITs 交易结构相适应的税负框架，在制度思维上不再局限于英美法系国家所提出的信托导管/管道理论与信托实体理论，而是在主动借鉴两种理论基础上，结合各税种的独特性，跳出信托双重征税的思维窠臼，创设出适用于我国税制特点且符合我国金融发展实际的信托课税模式，[35] 成为破解公募 REITs 所得税重复征税的关键。概言之，无论信托所得税的税收创新被认为是“天使之翼”还是“恶魔之手”，拥有一个更健全、更高效的信托所得税市场及其相应的制度规范体系，始终是各国政府和公司企业梦寐以求的目标。

(一) 确立公募 REITs 所得税中的禁止双重征税原则

双重征税的本质是对经济实质主义的违反和背离。税收和金融都是作为金融资源流动和配置的重要手段而存在，两者关系密切。一般认为，在金融领域中，如果根据金融交易的经济实质进行课税，不会违反税收公平和税收中性，是贯彻税收法定和实质课税的必然要求。[36] 公募 REITs 所得税中禁止双重征税或者避免同一税源重复征税，首先需要明确实质课税原则的指导性地位。而且，税法的发展历史已经证

---

〔34〕 参见朱少平、葛毅主编：《中国信托法——起草资料汇编》，中国检察出版社 2002 年版，第 171 页。

〔35〕 同前注〔20〕。

〔36〕 参见汤洁茵：《原则还是例外：经济实质主义作为金融交易一般课税原则的反思》，载《法学家》2013 年第 3 期。

明,实质性课税原则可以充分运用于税法评价和税收征管的整个环节和各个方面,包括认定纳税主体、判断税收客体、确定税收管辖权的归属等重要问题,是当代税法确定税收构成要件的重要法律原则。[37]

1. 实质课税原则是金融信托发展的制度动力

不过,按照罗马法以来公私法的二元划分来看,税法的公法属性更加鲜明,尽管税收合同主义在当下已经初露头角。仔细观察税法规范实质可以发现,公法属性较强的税法与传统私法事实较为注重意思表示不同,经济性才是税法事实的根本属性,依据征税事实的经济实质客观解释法律事实,才能真正形成税法固有的核心原则,即实质课税原则。[38]

实质课税原则要求,即使应税对象的外观形式具有课税要件事实存在,但通过对其法律关系事实的深层次考察却能够发现实际上并无此课税要件事实存在,则应当认为该应税对象并未满足课税要件。[39]所以,信托所得税应当遵循实质课税原则。金融信托产品长期在我国踟蹰不前的现实也说明,必须将实质课税原则作为税收征管和纳税义务均衡分配的法律评价标准,在此基础上系统构建我国信托所得税的法律制度。[40]

2. 坚持实质课税原则下的信托形式移转不课税

禁止双重征税要坚持实质课税原则下的信托形式移转不课税。信托财产在信托法律关系主体之间反复移转,与信托财产权双重所有权结构相一致,信托财产移转也可以分为形式移转和实质移转两大类。形式移转主要包括信托关系存续中受托人变更和受托人转让信托财产以及信托终止或受益人放弃受益权的情形。不管信托财产经过多少手流转,形式移转的信托财产其取得人始终不是信托经济利益的实际享

〔37〕 参见滕祥志:《实质课税的中立性及其与税收法定原则的关系》,载《国际税收》2015年第10期。

〔38〕 参见闫海:《绳结与利剑:实质课税原则的事实解释功能论》,载《法学家》2013年第3期。

〔39〕 参见[日]金子宏:《日本税法》,战宪斌等译,法律出版社2004年版,第102页。

〔40〕 同前注〔11〕。

有人,[41]故应坚持实质课税的客观主义立场,将“形式移转不课税”确立为实质课税原则的重要内容。

具体到操作层面,通过坚持实质课税原则下的形式移转不课税努力实现,对于 REITs 中用于分红的收入,无论是在项目公司层面还是在投资者层面,都只能征收一次税收,[42]无论这一次税收的性质是企业所得税还是个人所得税,都不能进行二次重复征税,这应当成为公募 REITs 发展过程中信托税收的基本共识。

(二)明确受益人的实质纳税义务人与受托人的代缴义务人地位

公募 REITs 主体间的信托法律关系是适用信托所得税的基本前提。在我国现行税法框架下,与企业所得税和个人所得税相比,信托收益所得税法律的适用不是以信托主体为所得税法律适用范围的客观判断标准,而是以信托关系的实际存在与否作为法律适用标准,[43]这也是产生信托税收法律冲突的制度根源所在。信托实践中,委托人、受托人、投资管理人、受益人等不同参与主体,容易出现因部门利益分割而在信托所得税收方面无法达成有效共识,因为各方主体都想在信托所得税制度漏洞与法律冲突的空隙之间实现自身的利益最大化。

但是,若信托所得税义务在受益人与受托人之间迟迟不能进行清晰分配,那么,不仅会影响受益人通过法律途径可能享有的救济权利,更会进一步导致作为信托关系核心枢纽的受托人权利配置过窄甚至受托人权利处于架空状态,[44]必然难以充分发挥信托机制在公募 REITs 中的金融资源配置功能。信托所得作为税收征收的客体而存在,实际上,确定纳税主体的逻辑即为信托所得的课税归属逻辑。[45]因此,无论是根据信托管道/导管理论还是依据信托实体理论,都需要在 REITs 和实际受益人之间选择一个作为纳税义务人以避免双重征税。

1. 谁才是信托所得适格的纳税义务人?

首先,信托本身是不是适格的信托所得纳税义务人。信托管道/导

---

〔41〕 参见刘继虎:《论形式移转不课税原则》,载《法学家》2008 年第 2 期。

〔42〕 同前注〔4〕。

〔43〕 同前注〔19〕。

〔44〕 同前注〔15〕。

〔45〕 同前注〔20〕。

管理论下,信托作为法律拟制的虚拟主体,虽然拥有自己集中的经营管理组织,但不具有自我积累的增值能力和申报缴纳所得税的行为能力,不能按照实体公司的标准进行纳税。故不能对 REITs 财产所有权形式转让及形式所得课征所得税。而且,公募 REITs 一般通过设置项目公司作为 SPV 作为信托财产持有机构以实现风险隔离。在实质课税原则下,信托受益人通过 SPV 所负担的税负不应当因为 SPV 的实际介入而额外增加,[46]但可以尝试取消公募 REITs 设立环节的所有税收以及受益人在 SPV 层面所额外缴纳的增值税与所得税,避免对名义信托财产的通道过渡行为重复征税。

其次,受托人能否作为信托所得的纳税义务人。受托人因为接受委托人的信托,享有管理处分信托财产的权利,即名义上的信托财产所有权。但是,受托人对信托财产的名义所有权只包含占有、使用和处分权能,因缺失受益权权能而残缺不全。同时,由于信托财产具有独立性,信托财产既独立于委托人未设立信托的其他财产,也独立于受托人所有的固有财产,并且我国《信托法》第 16 条规定信托财产不得归入受托人的固有财产或者成为固有财产的一部分。

故信托收益并非受托人所得,信托人不能成为信托所得税的最终税负承担者。不过,持债权说的观点认为随着信托制度的主要目的逐渐已经发生从财产的持有向财产的投资管理转变,受托人也正朝着真正的信托所有权人的方向不断迈进,[47]因此主张应当尽早确定信托受托人的债权人身份,赋予受托人以物权人地位及相应的信义义务,但是至于最终应如何规定受托人的权利义务配置,债权说并没有形成一个极具理论与实践说服力的制度方案。

2. 信托实际受益人作为信托所得的纳税义务人

受益人是否可以作为信托所得的纳税义务人?根据实质课税原则,所得税“谁受益、谁纳税”,受益人似乎应作为信托所得课税的纳税义务人。不过,在 REITs 税收征管实践中,受益人作为纳税义务人始终面临着无法及时缴纳税款、应缴人数众多以及相关税收数据信息难以

〔46〕 同前注〔2〕。

〔47〕 同前注〔15〕。

被征收单位掌控等税收效率低下的操作困境,[48]尤其是面对信托财产未分配或未确定信托收益实际归属时,更是不具有现实纳税的操作可能性。

与之相比,比较务实的做法是从民法法系中引入所有权分离的理念,也就是通过立法者将信托所有权在本质上予以法律分割,并分别赋予不同的权利主体行使,允许各所有权主体完全充分自主的驾驭作用于同一物上的所有权,只要他们相互之间的权利不发生冲突和不妨碍他人即可完全意思自治。[49]

例如,借鉴所有权收益权能与管理权能相分离的思路,可以将我国法上的信托财产所有权分离为受托人的权利和受益人的权利两种,两者拥有各自的制度重心,但又受到一定的权利约束。具体而言,受托人的权利以管理处分信托财产为核心,受益人的权利则以信托财产的收益为核心,两者都可以根据各自的权利以信托财产"权利人"的身份成为信托收益的所得税纳税主体。[50]

同时,如果能够捕捉到金融信托所得法律归属多样性和多元化的特征,经由将信托实际受益人确认为信托收益的实际所有人路径,依据收益拥有者实际获得收益份额来承担信托税负,或许是一条可行路径,[51]也能够在实现真正意义上的"谁受益、谁负担"的信托所得税义务承担的同时最大限度地避免重复征税。不过,将信托实际受益人作为信托所得的纳税义务人的制度设计,需要始终牢记以下两点注意事项:

第一,实质受益人课税只能在公募 REITs 中作为一般性原则加以运用,而不能将实质受益人课税作为金融信托所得税的普遍性原则。因为,受益人课税原则在一定程度上牺牲了税法的征管效率和信托的制度功能,现有的信托税收困境已经表明受益人课税原则明显滞后于

〔48〕 同前注〔20〕。

〔49〕 陈雪萍:《信托财产双重所有权之观念与继受》,载《中南民族大学学报》(人文社会科学版)2016 年第 4 期。

〔50〕 同前注〔10〕。

〔51〕 肖韵、鲁篱:《金融信托的适用例外:对受益人课税作为信托所得一般课税原则的考察》,载《山东社会科学》2015 年第 6 期。

金融信托的创新发展,[52]让作为交易安全基石并顺应了人类社会全球专业化分工的金融信托演化为部分不法行为人的新型避税工具,不仅没有发挥金融信托以相对低成本克服金融服务中普遍存在的机会主义行为导致的道德风险外溢功能,反而阻碍了金融交易效率的提高。

第二,实质课税原则下的受益人作为信托所得纳税义务人实际上牺牲了税法的形式正义。尽管对税收实质正义的探求在某些特定情况下可以通过个案获得,但是当代税法的精神实质以税收法定为核心,尤其是极为注重税收程序法定,如果肆意脱离税法的形式束缚和背离程序要求,只能在无法预测的随机性和充满偶然的不确定性中损害税法的国民公信力,是不符合税收法定主义的实质要求的。[53]

3. 受托人作为信托所得的代缴义务人

类比个人所得税法上代扣代缴义务人的制度设计,基于受托人对信托财产信息的高度熟悉以及对信托财产权利的占有、使用、管理和处分权利,可以将受托人设置为信托所得税的代扣代缴义务人,即由受托人作为受益人的代缴义务人,实际上处于受益人纳税义务代理人的法律地位。当受托人接受委托人信托财产转移时即开始承担信托所得税代缴义务,在受托人将完税凭证交付给受益人之后代缴义务完成,由受益人持完税凭证自行进行税款抵免和分配减免(distribution deduction)。

需要注意的是,类比个人所得税法将信托受托人设置为代缴义务人只能作为暂时性的应对策略,不能一劳永逸。因为在金融领域中,税法是实现金融资源分配的重要国家宏观调控手段,短期内为了推动金融产品发展,可以以现行税法规范通过相同经济实质进行类推适用和类比概括,但是并不能成为长期弥补因金融创新而产生的税法漏洞的普适性方法,[54]还是需要积极探索符合中国金融信托运行实际的税收规则。

(三)及时制定合理的附条件税收优惠政策

豁免公募 REITs 双重所有权结构下的双重征税和消除 REITs 信托

[52] 前注[51]。

[53] 汤洁茵:《形式与实质之争:税法视域的检讨》,载《中国法学》2018 年第 2 期。

[54] 参见汤洁茵:《原则还是例外:经济实质主义作为金融交易一般课税原则的反思》,载《法学家》2013 年第 3 期。

所得的经济性重复征税，属于专门针对 REITs 信托税收的政策优惠。研究表明，如果政府主动降低 REITs 投资者的税收负担，会明显拉升投资者的投资期望和持久投资信心。[55] 但是需要注意的是，根据税收法定原则，政府的税收优惠和降低税负必须有明确的条件与范围限制。因为无论何种税收，税收优惠从本质上来看，其实是一种"租税特权"，如果违背税法的量能课税和平等课税的基本原则，税收优惠的合法性与正当性将不复存在，税收优惠所承载的特定价值追求必然也无法实现。[56]

我国正在推行的公募 REITs 80% 以上基金资产投资于基础设施资产支持证券，对于盘活基础设施存量资产，拓宽社会资本投资渠道，提高直接融资比重，增强资本市场服务实体经济质效具有重要意义。故在合理范围内给予公募 REITs 一定的税收优惠，尤其是避免信托所得重复征税对于 REITs 市场的繁荣发展十分重要。

目前，基础设施领域的公募 REITs 可以在二级市场上公开交易，具有较强的流动性且面向中小投资者进行融资，考虑到我国资本市场投资者通过投资公募 REITs 获得资本性收益的主要方式仍为分红，因此，建议可以采取类似资本市场当前股票分红的征税措施管理办法，重点采取税率与持股时间长短挂钩的考量方式，注意对长期投资者的分红收益进行一定程度的必要税收减免，以培养长期投资者和机构投资者的持续投资信心。[57]

（编辑：韩励豪）

---

〔55〕 参见汪诚、戈岐明：《房地产投资信托基金的税收问题探究》，载《税务研究》2015 年第 7 期。

〔56〕 参见叶金育、顾德瑞：《税收优惠的规范审查与实施评估——以比例原则为分析工具》，载《现代法学》2013 年第 6 期。

〔57〕 同前注〔55〕。

《证券法苑》(2021)
第三十一卷,第266~283页

REITs 税收激励机制:课税原则与税收优惠

席月民*

摘要: 对REITs征税,需要从经济层面的可税性与法律层面的可税性进行双重审视。有关REITs的税收负担考察,可以从受益人课税原则与受托人课税原则的双向展开,尽力防止产生同一REITs中的重复征税现象。美国经验表明,科学构建我国REITs税收优惠制度,需要研究制定《REITs促进法》,合理设定REITs税收优惠的市场准入条件,并坚持信托导管原理,依税种确立REITs营业机构的税收优惠措施。对投资者而言,则需要依法建立强制分红制度,对REITs投资者的收益予以免税。

关键词: 信托导管原理　受益人课税　受托人课税　REITs税收优惠

2020年上半年,中国版基础设施REITs试点的正式启动,标志着金融市场在贯彻落实党中央、国务院关于深化投融资体制改革、积极稳妥降低企业杠杆率、保持基础设施补短板力度等决策部署方面

* 中国社会科学院法学研究所研究员、中国社会科学院大学法学院教授。

迈出了关键一步。[1] 基础设施 REITs 的推出，代表着 REITs 行业有望在我国重点地区、[2] 重点行业[3]实现率先突破，多年来一直困扰 REITs 行业有效拓展的税收优惠等配套制度安排问题需要尽快提上议事日程。

从理论上看，税收对 REITs 行业的基础性影响既可能表现为扩张性税收政策的激励效应，也可能表现为紧缩性税收政策的抑制效应。完善、合理的 REITs 税制有利于确保 REITs 行业在宽松和公平的环境下稳健发展；不合理的信托税制则可能造成信托业经营困难、风险增大，甚至扭曲社会经济资源的合理配置。[4] 本文聚焦我国 REITs 的税收激励机制研究，从信托导管与税收正义入手，重点围绕 REITs 在经济与法律上的可税性审视以及有关 REITs 的税收负担原则考察，通过深入探讨美国 REITs 发展实践中的税收优惠安排，提出科学构建我国 REITs 税收优惠制度的法律建议。

一、REITs 中的信托导管原理与税收正义

REITs 作为信托的一种类型，其税收理由和标准都源自信托本身的工具性价值和产业性价值，需要在保护国家利益、社会整体利益的基

---

〔1〕 2020 年 4 月 24 日，中国证监会和国家发改委联合发布《关于推进基础设施不动产投资信托基金（REITs）试点相关工作的通知》（证监发〔2020〕40 号），明确了基础设施 REITs 试点的重要意义、基本原则、试点项目要求和试点工作安排，强调按照市场化、法治化原则，充分依托资本市场，积极支持符合国家政策导向的重点区域、重点行业的优质基础设施项目开展 REITs 试点。随后，中国证监会同步就《公开募集基础设施证券投资基金指引（试行）》公开征求意见，2020 年 8 月 6 日正式颁行该指引。

〔2〕 这主要体现在 REITs 将优先支持京津冀、长江经济带、雄安新区、粤港澳大湾区、海南、长江三角洲等重点区域，支持国家级新区、有条件的国家级经济技术开发区。

〔3〕 这方面主要体现在 REITs 将优先支持基础设施补短板行业，包括仓储物流、收费公路等交通设施，水电气热等市政工程，城镇污水垃圾处理、固废危废处理等污染治理项目，同时鼓励信息网络等新型基础设施以及国家战略性新兴产业集群、高科技产业园区、特色产业园区等。

〔4〕 参见李青云：《信托税收政策与制度研究》，中国税务出版社 2006 年版，第 58 ~ 59 页。

础上,充分考虑信托的本质以及信托主体的实际利益。REITs税收激励与惩罚机制的设计,应以促进资源利用的效率为宗旨,但这在一定程度上受制于政府部门以及社会公众对信托的接受态度与自觉应用。对REITs而言,是否对信托的工具性和产业性价值属性形成科学而理性的认识,事关REITs课税中税收正义的真正实现。

在现代法治国家,税收仅当符合宪法价值秩序下的正义要求时,才具有正当化基础。[5] 税收正义由于涵盖平等课税、公平税负以及税收效率等基本价值,因此,仅仅依据国家财政之需要,并不能证明税收的正当性且给出其标准。REITs课税本质上属于财政法问题,而不是信托法问题。它直接涉及国家公权力的行使以及信托主体基本财产权利的保护。正因为如此,REITs课税的正当性把"问题"与"主义"进行了必要链接,并在信托制度体系化的需要中寻求税法的创新与突破,以更好地、更有针对性地破解REITs发展中的涉税机制与制度性障碍。

在信托制度框架下,信托的工具性价值对REITs课税具有突出意义。从国际范围上看,信托税制的设计均采取"实质课税主义",在信托收益课税中正视信托导管原理的运用,并把受益人负担、避免重复征税、扶植公益事业、兼顾公平效率等确定为信托税制的基本原则。根据信托导管原理,受托人取得信托财产时即视为受益人取得了该项财产,因而,受托人管理和运用信托财产时发生应税项目,应视同受益人亲自运用该信托财产时发生的应税项目。受益人纳税义务在应税项目发生时产生,所需税金直接由受托人从信托财产中代扣代缴。[6]

在信托起源地英国的法律传统中,受托人所取得的只是信托财产的名义所有权,其不仅应严格按照普通法的形式要求进行信托财产管理,更应该根据衡平法的良心和正义要求为受益人利益而认真履行其管理职责,如此一来,信托财产不仅被置于普通法规则的约束之下,更被置于衡平法规则的治理之中。税法在面对信托双重所有权理论时,

〔5〕 参见施正文:《论程序法治与税收正义》,载《法学家》2004年第5期。

〔6〕 参见徐孟洲、席月民:《论我国信托税制构建的原则与设计》,载《税务研究》2003年第11期。

需要刺破信托的“面纱”,将焦点锁定在受益人所享有的衡平法所有权上。换言之,受托人并不享有信托财产权的所有权能,对信托财产利益的享有是受益权的主要内容,受益人所获得的信托财产利益才是税法上的课征对象,信托被视为委托人对受益人的一种财产性赠与,这种利益的实现借助了信托财产权的移转与分离设计,目的就是实现委托人的意愿而使受益人获利。因此,只有从总体上考虑信托收益的归属,才能避免重复征税。[7] 或许理解受益人权利性质更为实际的观点是英国 Baker v. Archer Shee 案[8]中的表述,该案表明了普通法中的对物权(right *in rem*)与民法中的物权(real right)是完全不同含义的术语。[9]

二、可税性审视:REITs 在经济与法律层面的可税性分析

税收在各国财政收入中占据至尊地位,这使得现代国家已经成为名副其实的“税收国家”。国家征税通常要考虑两个方面:一方面,是经济上的可能性与可行性,这可称为“经济上的可税性”;另一方面,是法律上的合理性与合法性,这称为“法律上的可税性”。[10] 一直以来,REITs 的交易结构与类型化发展,同样面临来自经济层面可税性与法律层面可税性的双重审视。

(一)经济上的可税性

从经济层面上看,收益性和营利性是确定可否征税的基础性因素。REITs 是依照营业信托原理设计的投资工具,属于“信托 + 不动产租赁”模式的金融产品,实践中,通过 REITs 可以快速实现不动产长期租赁市场的资金回流,缩短不动产租赁市场的开发建设周期,有效解决资产固定性与权益流动性的矛盾,将经营统一性与资金多元化分离,让金融投资者分享不动产租金收益,这对不动产租赁市场开发商、运营商和

---

〔7〕 参见徐孟洲主编:《信托法学》,中国金融出版社 2004 年版,第 171 页。

〔8〕 Baker v. Archer Shee [1927] AC 844, HL.

〔9〕 参见张天民:《失去衡平法的信托——信托观念的扩张与中国〈信托法〉的机遇和挑战》,中信出版社 2004 年版,第 24 页。

〔10〕 参见张守文:《财税法疏议》,北京大学出版社 2005 年版,第 139 页。

众多金融投资者而言,无疑型构了多方共赢局面,进而使 REITs 的利用形成新的信托产业。就 REITs 来说,其经济上的可税性主要体现为不动产的租金收入以及 REITs 产品流通中的营业额、增值额,其市场规模受不动产租赁市场租金收益率影响较大,通常与一国不动产行业的税收体系勾连在一起。

(二)法律上的可税性

税收法定是税法的重要原则之一,它集中体现了现代宪法所确立的民主原则与法治原则,对保障人权、维护国家利益和社会整体利益而言举足轻重,不可或缺。按照该原则,没有法律依据国家不能征税。从法律层面上看,合理性与合法性的要求是对国家或其职能部门的要求,特别是对立法机关与税务机关的要求。对 REITs 而言,法律上的可税性既需要关注其交易结构及其类型化区分的合法性根据,如《信托法》《证券投资基金法》《慈善法》等法律中有关营业信托、资金信托、慈善信托等规定,也需要明确征税所依据的现行有关流转税、所得税、财产税、行为税等方面的具体税法规定。只有同时符合课税要素法定、课税要素明确、课税程序合法,REITs 才具有法律上的可税性。

(三)税收优惠对可税性的影响

受税收政策目标多元化的影响,一国与 REITs 有关的税收优惠政策往往对信托税制本身构成一定的“侵蚀性”,这是因为税收优惠会导致国家牺牲掉部分税收利益,使原本具有可税性的 REITs 增值、REITs 收益、REITs 行为不再具有“实际上的可税性”。正因为如此,从国际范围上看,税收优惠成为各国 REITs 产生发展的重要驱动力。税收优惠体现的是国家对 REITs(实践中又可区分为不同类型 REITs)的差异化税收态度,属于正常课税的例外规定,这些例外主要表现为不同形式的减免退税措施以及其他优惠形式。这里的其他优惠形式,还可以选择税式支出、投资抵免、税前还贷、加速折旧、亏损结转抵补以及延期纳税等。基于法律上的可税性原理,REITs 税收优惠政策的推出,也必须符合税收法定原则,在优惠对象、优惠范围、优惠方式、优惠地域、优惠期限等方面,通过具体的信托税制安排进行合理界定,进而科学引导和有效调节 REITs 投资,尽量减少重复征税。无论是直接优惠还是间接优惠,REITs 税收优惠都在国家与 REITs 主体之间、不同类型的 REITs 业务之间形成税法上利益分配的均衡配置与公平正义。

三、税收负担原则考察:受益人课税与受托人课税

日本学者渡边智之教授认为,所谓理想的信托税制,应该是从各种各样的信托结构中选出能产生最大的税前收益(信托利益和信托报酬的合计额度)的结构,建立起不会阻碍实务利用的中立的税收制度。[11]这种观点表明,REITs 本身的信托结构会因信托财产的不同而产生不同的税前收益,针对信托收益探讨课税方法是信托税制中最根本的问题。如此一来,信托收益的归属便成为问题的焦点,进而也就依此标准确立了相应的纳税义务人。由于 REITs 所产生的信托收益会以信托利益和信托报酬形式在受益人和受托人之间进行分割,因此有关 REITs 的税收负担原则考察,就需要分别从受益人课税与受托人课税双向展开,尽力防止产生同一 REITs 中的重复征税现象。

REITs 的发展与不动产紧密相连,其课税对象与范围在整体构造上与不动产税收负担直接挂钩。有关 REITs 税收优惠制度的定位,就必须借助一国税收结构体系中与不动产有关的流转税、所得税、财产税和行为税等来进行探讨,把 REITs 行业发展所需要的税收优惠设计置于复杂精密的税法体系之下,在穿透性的基于税种的类型化研究中把握 REITs 的税负变化,合理区分 REITs 课税中的信托收益市价基础与信托目的实现基础,形成基于受益人课税原则的受益人所得课税与基于受托人课税原则的受托人营业课税、所得课税、财产课税、行为课税有机统一的复合型 REITs 税收体系。

一方面,从受益人课税上看,如何确保受益人信托利益不被侵害是其中的关键,同时也需要考虑存在共同受益人情况下的税负分配问题。在信托课税中,通常认为信托是给予受益人利益的一项制度,所以由受

〔11〕 参见《日本信托银行年报与信托税制》,姜雪莲等译,中国金融出版社 2018 年版,第 29 页。

益人负担信托税负是适当的。当然这里主要涉及的是个人所得税、企业所得税,在有遗产税和赠与税的国家和地区,还会涉及遗产税和赠与税。有关受益人课税的本质,其实可以理解为是对信托财产“所得”的课税。但问题在于,受益人之间采用何种方式决定税负分配,并不属于税法问题,而是被信托当事人作为私法问题来解决的。正常情况下,都会由受托人根据信托文件载明的收益分配方案来确定。即便受托人无法确定分配方式,也可以参照默认的习惯规则来进行。在受益人连续型信托中,通常会由一定时期内的最后一位受益人承担全部税负。对共同受益人课税,需要尽力避免共同受益人之间的税负转嫁问题。另外,在受益人不存在或未特定期间,则需要考虑受托人课税的替代性方案。

就 REITs 来说,在存在受益权转让的情况下,对于有偿转让和无偿转让受益权则需要作出必要区分,后者应该不发生课税关系。在 REITs 实践中,还需要注意的一点是,信托收益中的信托报酬会不会因受益人课税而被减少,信托报酬的计提究竟应放在受益人课税之前还是之后,针对信托报酬的征税是否会产生重复征税。这样看来,在 REITs 税收优惠制度研究中,深入探讨避免出现双重征税的课税方法是十分必要的,REITs 课税的正当化必须建立在信托导管原理的基础之上,并始终坚持税收中性原则。

另一方面,从受托人课税上看,其纳税义务人则锁定为营业信托的受托人,征税对象主要是信托机构的信托经营行为及其所管理运用的信托财产以及所获得的信托报酬。在 REITs 中,受托人往往是专业的信托机构,其信托业务经营活动会涉及流转税中的增值税及其附加和土地增值税,所得税中的企业所得税,财产税中的房产税、土地使用税和契税,以及行为税中的印花税等税种。采用受托人课税原则,需要结合信托设立、变更与终止的不同阶段进行分析,受托人所负担的信托相关租税源自其信托经营行为及其所获得的信托报酬本身,这主要是因为受益人并不实际参与信托财产的管理、运用和处分,在信托业务的主体归属问题上,受益人的存在并不改变受托人的信托业务独立性。REITs 受托人的信托经营行为是一种纯商业行为,其独特魅力即体现在不动产物业的证券化本身,即便将信托目的设计为发展公益事业,也并不排斥信托报酬的计取。由 REITs 的受托人及其业务所构成的

REITs 行业,以其不动产金融信托的行业性价值作为受托人课税原则的客观基础,因而在汇聚社会资本、盘活不动产物业存量并促进投资的同时开辟出自身的合理税源。

问题在于,REITs 中不动产租赁物一旦发生价值变动,究竟应由出租人还是承租人承担相应损益,这在衡量受托人的营业规模、营业收入以及所管理的信托财产的市值时可能会成为一个问题,进而可能影响到受托人的税负计算。当然,这需要在信托合同中事先进行书面约定,尤其对不动产的租金调整与受益权份额的流通价格作出市场化的风险归属安排。只有这样,才能使受托人课税在复杂的 REITs 市场变化中得到便宜、简单的计算与处理,这也从 REITs 的行业性价值层面进一步说明了其经济上的可税性,并在 REITs 的设立环节、持有环节和退出环节形成差异性的税负结构安排。

REITs 是资本市场的大类资产,在我国现行税制结构下,REITs 设立环节的税负,会因存在受让资产和受让股权两种交易模式而有所不同,受让资产时所涉税种主要是契税和印花税,受让股权时则只有印花税一项;REITs 持有环节的税负,则体现在物业出租和物业持有行为上,物业出租所涉税种有增值税及其附加、印花税,物业持有的税种有房产税、土地使用税和企业所得税等。REITs 退出环节的税负与设立环节的资产转让或者股权转让相联系,在发生资产转让后涉及增值税及其附加、土地增值税、印花税、企业所得税,在发生股权转让时则需要承担企业所得税和印花税。

四、美国经验:美国 REITs 的发展转型及其税收优惠实践

在全球金融体系中,REITs 是不动产金融的重要支柱。作为一种满足特定投资需求的金融信托产品,REITs 自美国诞生到现在已经历经 60 年的发展与全球性扩张。作为 REITs 市场的起源地,也是当今世界 REITs 市场最为发达的国家,美国 REITs 投资经营的不动产物业类型包括酒店、写字楼、公寓楼、仓库、林地、农田、工业园、基础设施、购物中心、健康护理中心、数据中心以及电影院、赌场等。综合全美房地产

投资信托协会(NAREIT)和欧洲公共房地产协会(EPRA)的统计数据,截至2019年6月,全球共有42个国家和地区出台REITs制度,全球公募REITs市场的总市值已经超过2万亿美元。[12]

1960年美国房地产投资信托法案和国内税收法典修订案,为创设传统型REITs提供了重要的法律依据和税收激励措施。REITs的创设,首次将房地产与股票投资的最佳属性结合在了一起,一方面,使物业资产原拥有者能够从个人投资者手中募集更多资金;另一方面,又使个人投资者有机会参与并享受由专业运营团队管理的高价值物业地产的收益。值得一提的是,美国REITs从一开始就高度重视税收工具的调节作用,尤其注意从所得税层面给予REITs相应的税收激励。根据上述法案,REITs只要符合股权结构、资产、收入、分配等方面的条件,[13]就具备享受税收优惠政策的资格,其分配给投资者的收益分红就可以在所得税前予以扣除。当时,传统型REITs只拥有但不经营房地产资产,其通过协议安排聘请专门的房地产企业对所投资资产进行经营管理。利用REITs这种方式,可以使房地产企业节省约合其市值4%的直接税费以及1%~4%的避税费用。[14] 传统型REITs尽管为投资者带来了一定的税收优惠,但其委托第三方经营的特点仍带来一定的局限性。

1976年和1986年的两个税收改革法案(The Tax Reform Acts of 1976 and 1986)则改变了REITs的经营范围和方式,其中前者放宽了REITs组织形式的限制,后者则允许REITs直接经营管理其投资的房地产资产,同时对有限合伙企业向投资者传递亏损能力作出了限制,取消了房地产资产加速折旧的规定和记账方式,引导REITs从被动管理向主动管理转型,进而促使权益型REITs逐渐发展起来。20世纪90年代初,有学者对美国1976年和1986年两次税收改革法案带给REITs

[12] 参见蔡建春等:《中国REITs市场建设》,中信出版社2020年版,第15页。

[13] 这些条件主要有:REITs的证券持有人必须维持在100人以上,最大的5个主要投资者合计持有份额不得超过其发行份额的50%;总资产的75%必须投资于房地产、抵押贷款或其他证券等;由应纳税REITs子公司股票构成的资产不得超过20%;REITs的应税收益除资本利得与确定的非现金应税收益外,至少90%以股利的形式派发给投资者等。

[14] See Joseph Gyourko, Todd Sinai, *The REIT Vehicle: Its Value Today and in the Future*, Journal of Real Estate Research, Vol. 18, 1999(2), pp. 355 – 376.

投资者收益的影响进行了实证研究,发现尽管 1976 年税收改革法案包含许多影响房地产业的变化,其对投资者收益的影响显著为正,1986 年税收改革法案是自 1976 年法案之后唯一一部影响 REITs 的主要税收改革,其通过结构性调整提高了 REITs 运营的灵活性,在保持税收中立中对投资者收益的影响显著为负,但两次税收改革都有效降低了整个市场的系统性风险,相比之下,非 REITs 房地产公司的系统性风险在同一时期都显著增加,两个法案中 REITs 条款所允许的额外的经营灵活性应该是造成这种差异的原因。[15]

1992 年之后,UPREITs 和 DOWNREITs 所带来的 REITs 运行模式创新,使市场上大量的存量资产通过税务递延的方式转化为 REITs。[16] 1997 年的《REITs 简化法案》(The REITs Simplification Act of 1997)和 1999 年的《REITs 现代化法案》(The REITs Modernization Act of 1999),以及 2003 年的《REITs 改进法案》[The REITs Improvement Act (RIA) of 2003]与 2008 年的《REITs 投资多元化和赋权法案》(The REITs Investment Diversification and Empowerment Act of 2008)等,都在强化其中对美国 REITs 和直接房地产市场影响的规定。可以说,与公开市场其他房地产经营公司或私人市场上的直接房地产资产相比,美国税法针对联邦所得税的税收转嫁处理,使 REITs 具有了自身的税收优惠,这在 REITs 的发展与转型中发挥了重要的激励作用。事实上,自 20 世纪 60 年代以来,美国国会始终没有停止采取实质性行动来升级 REITs 的原始操作系统。近年来,有学者通过"全球资金流控制模型"和"传统事件研究模型"的两个经验模型方法,提出并检验了美国每次

---

〔15〕 See Gary C. Sanger, C. F. Sirmans, and Geoffrey K. Turnbull, *The Effects of Tax Reform on Real Estate: Some Empirical Results*, Land Economics, Vol. 66, 1990(4), pp. 409 – 424.

〔16〕 UPREITs 即 Umbrella Partnership REITs 的简称,翻译为伞形合伙类 REITs,DOWNREITs 并非与 UPREITs 相对立,它们都属于 REITs 产品结构上的改革创新。在 UPREITs 结构中,UPREITs 并不直接持有物业资产,而是通过投资成为经营性合伙企业的普通合伙人,由该经营性合伙企业实际持有和管理物业资产。DOWNREITs 结构中并非由单个经营性合伙企业持有全部资产,而是在 REITs 纳入新的物业资产时另设一个或几个经营性合伙企业,使 REITs 成为其普通合伙人,即形成 REITs 项下有多个经营性合伙企业的结构。若把新成立的项目公司作为一个统一的整体看,那么,DOWNREITs 结构仅是 UPREITs 结构的轻微变种。

税制改革后房地产投资信托都获得了比之前更多的超额收益。[17] 上述有关不同时期美国税收改革法案的主要内容及其影响详见表1:

表1 美国税收改革法案的主要规定及其预期影响

法案名称	签署时间	主要规定	预期影响
1976年税收改革法案	1976年10月8日	放宽REITs的组织结构限制: (1)允许REITs对其租户提供常规服务; (2)通过延长使用寿命和不允许加速折旧扣除来减少折旧扣除	会使REITs的既有规定更有效: (1)通过为REITs的潜在资产吸引更多服务客户; (2)为REITs提供相对优势,直接房地产投资失去了部分税收实力
1986年税收改革法案	1986年10月24日		
1997年REITs简化法案	1997年8月5日	(1)允许REITs向租户提供少量(少于总收入的1%)原本不允许的服务; (2)允许REITs保留应税资本收益的税后收益,同时维持单一税制; (3)废除REITs 30%的总收入测试,同时保持对经销商财产销售的100%消费税基本不变	(1)会有助于吸引欣赏辅助服务的优秀客户; (2)为REITs提供有吸引力的资金来源; (3)会消除REITs通过在4年内利用买卖一揽子房地产的机会来获利的障碍
1999年REITs现代化法案	1999年11月17日	(1)允许REITs拥有应纳税子公司并向客户提供辅助服务; (2)将强制性支出要求从收入的95%降低到90%; (3)允许酒店REITs将其酒店出租给应税REITs子公司,并保留与租赁有关的营业利润; (4)允许健康护理中心REITs雇用承包商在6年内运营其设施,而无须为此设施缴纳公司税; (5)其他放宽监管规定	(1)可能使REITs产生更高的收入; (2)会显著增加股东的抵押型REITs的财富,同时略微增加股权型REITs股东的财富; (3)对酒店REITs有利; (4)可以满足健康护理中心REITs的长期需求

〔17〕 Yishuang Xu & Chung Yim Yiu, *The Impacts of Tax Reforms on REITs, An International Empirical Study*, Academic Journal of Economic Studies, Vol. 3, 2017(1), pp. 11 - 22.

续表

法案名称	签署时间	主要规定	预期影响
2003 年 REITs 改进法案	2004 年 10 月 22 日	(1)允许 REITs 提供某些贷款并进行木材销售,以符合 100% 禁止交易税的新安全港要求;(2)使买卖 REITs 的外国股东的待遇与其他美国上市公司的外国股东的待遇一致	(1)放宽 REITs 的债务限制并改变 REITs 的资本结构;(2)会使 REITs 在市场上处于竞争劣势
2008 年 REITs 投资多元化和赋权法案	2008 年 7 月 30 日	(1)允许 REITs 通过其应税 REITs 子公司从事更高水平的创业活动;(2)在 1999 年 REITs 改进法案之后,使健康护理中心 REITs 可以像酒店 REITs 一样进行组合投资	(1)会增加 REITs 的总收入;(2)会对使用设施的健康护理中心 REITs 产生积极影响

注:The table is reproduced from the article by Yishuang Xu and Chung Yim Yiu, *The Impacts of Tax Reforms on REITs, An International Empirical Study*, Academic Journal of Economic Studies, Vol. 3, 2017(1), pp. 11 – 22.

可以说,REITs 在美国经济史上一直表现出色,其行业业绩记录已引起机构投资者、财务顾问和散户投资者的广泛认可,在市场规模、影响力以及市场接受度方面获得长足进步。如今,美国 REITs 拥有大约 3.5 万亿美元的房地产总资产,其中超过 2 万亿美元来自公开上市和非上市 REITs,其余来自私有 REITs,这些资产的经济和投资影响力已经遍及美国各地的数百万美国人。〔18〕总的来看,美国 REITs 的发展与转型离不开其税制改革与税收优惠支持。在 REITs 全球性扩张过程中,中国香港、澳大利亚、加拿大、日本、新加坡、法国、英国等国家和地区大多遵循美国经验〔19〕,在税制设计中几乎均保持了税收中性原则,免除 REITs 的

〔18〕 这些数据来源于全美房地产投资信托协会,美国 Nareit 官网:https://www.reit.com/data-research/data/reits-numbers,2020 年 11 月 11 日访问。

〔19〕 加拿大 REITs 始于 1994 年,被称为共同基金信托(MFTs)。法国和英国是欧洲规模最大的两个 REITs 市场,其市场分别启动于 2003 年和 2007 年。亚太地区上市 REITs 的市场规模占全球市场的 15%,其中,澳大利亚、日本、新加坡和中国香港地区是 4 个最具代表性的市场。从发展历史看,这 4 个国家和地区的 REITs 市场依次始于 1971 年、2001 年、2002 年和 2005 年。

租金收入等一般性收入的所得税,避免投资者入手的现金流被双重征税。换言之,REITs 结构的关键优势是可以避免双重纳税。[20]

五、税收激励建议:科学构建我国 REITs 税收优惠制度的具体措施

REITs 是中国未来不动产金融供给侧改革的重要抓手之一,从今后一段时期看,房地产与基础设施等不动产投资证券化仍将是中国经济增长的重要动能。科学构建我国 REITs 税收优惠制度,有助于推动成熟不动产物业在资本市场的证券化运作,通过合理估值、定价、发行和交易,实现不动产物业在资本市场上的价格发现功能,从而定向引导资源的有效配置。

(一)研究制定《REITs 促进法》,合理设定 REITs 税收优惠的条件

目前看来,单纯依靠现行《信托法》《证券投资基金法》《慈善法》等信托立法是不够的,及时制定一部适合我国当前国情的《REITs 促进法》,对 REITs 行业的系统转型和长远发展而言意义重大。通过专门立法,依法落实党中央和国务院的决策部署,有效化解不动产金融风险;依法明确 REITs 市场的发展目标、发展原则;依法界定 REITs 的市场定位、市场功能、市场规模、市场结构;针对 REITs 市场主体以及 REITs 持有管理的不动产物业类型,科学选择 REITs 产业的促进激励措施等。只有实施依法调控,才能为今后一段时期我国 REITs 市场健康发展确立可持续的预期导向和法律保障。

我国住房市场化改革以来,房地产和基础设施投资一直是经济增长的重要驱动力。突飞猛进的繁荣景象背后是城乡地区和市场结构层面的供需失衡,住房空置率居高不下,重复投资、低效投资比较严重,给实体经济和金融体系带来巨大风险。美国哈佛大学著名经济学家爱德华·格莱泽(Edward Glaeser)和安德鲁·施莱弗(Andrei Shleifer)的研

---

〔20〕 参见[美]拉尔夫·L. 布洛克:《REITs:房地产投资信托基金》,宋光辉、田金华、屈子晖译,机械工业出版社 2015 年版,第 31 页。

究团队曾在2017年发表了一篇关于中国房地产市场的研究报告〔21〕，其分析指出，在中国地级市层面，人均GDP和人均住房面积增长之间存在非常显著的负相关关系，经济发展相对落后的城市2000~2010年人均住房面积增长幅度更大，显示出更加激进的房地产投资，而经济相对发达的城市则在房地产投资方面没那么激进。近年来，我国房地产市场已经从“增量时代”转入“存量时代”，房地产业“去库存”“去杠杆”“降成本”“补短板”压力始终存在，从房地产投资到基础设施投资，我国亟须利用REITs的市场化功能优势，在关键领域和薄弱环节把房地产业价值链的重心从销售环节向运营环节转移，更好发挥有效投资对化解债务风险、优化资源配置的重要作用，培育不动产租赁市场的长效发展机制。前述美国经验表明，REITs行业的长期稳健发展离不开专门立法的促进与税收改革的支持。

我国这些年已经在产业促进法领域积累了一定的立法经验，笔者建议通过专门立法将“合格不动产投资”作为REITs税收优惠的前提条件。在REITs税收优惠制度中，对享受税收优惠的REITs产品规定相应的资产结构，有助于提高市场交易标的质量。这不但需要对底层资产权属提出一定要求，而且需要考虑底层资产的稳定性，如资产运营时间期限以及市场收益率表现等。在此前提下，只有满足REITs中不动产投资比例的最低要求，严格控制其不动产占总资产的最低比例，并对REITs进行房地产开发、短期交易、持有其他公司股票等加以明确限制，并可以区分地区和物业类型等因素，通过具体条文在专门立法中加以规定。

（二）按照现行税制结构，分门别类地确立REITs营业机构的税收优惠措施

我国REITs市场起步较晚，REITs产品的试水始于2009年，十多年来逐步开发了一些具有中国特色的类REITs产品。从类REITs到公募REITs，我国需要借力税制改革来推进REITs市场发展与转型。REITs并非一般意义上的抵押融资或者资产证券化，其通常实行主动管理模

〔21〕 See Edward Glaeser, Wei Huang, Yueran Ma & Andrei Shleifer, *A Real Estate Boom with Chinese Characteristics*, Journal of Economic Perspectives, Vol. 31, 2017 (1), pp. 93–116.

式,以公开募集与上市交易的 REITs 产品为市场建设的标志,同时也会给予私募 REITs 足够的发展空间,因而 REITs 的产品价值事实上高度依附于专业管理人对不动产资产的专业管理与合理投资决策,这为受托人课税原则的确立奠定了事实基础。

过去,我国房地产规模快速扩张,房地产增值收益明显大于租赁收益,导致现在的一些不动产物业价格已经严重透支未来租赁收益。因此,在扎实推进 REITs 市场发展中,我国需要修改《证券投资基金法》,在将 REITs 纳入其适用范围的同时,依法区分权益型 REITs、公司型 REITs、抵押型 REITs 以及混合型 REITs,通过税收优惠措施积极支持和发展权益型 REITs,探索公司型 REITs,严格限制抵押型 REITs,谨防资产原始权益人在 REITs 产品发行中采用次级抵押贷款式的过度包装,依靠弄虚作假、虚增租金收入与资产价值等形式达到巨额套现目的。针对 REITs 产品的税收,仍需要坚持受托人课税原则,将 REITs 营业机构的经营行为纳入现行税制结构框架之下,并在严格规范 REITs 投融资行为、做好底层资产的筛选尽调的同时,分税施策,综合利用减免退税等税收优惠措施,精准引导 REITs 资金投资于不同地区、不同领域、不同类型、不同期限的优质不动产物业,适当控制不同 REITs 的杠杆率。这样做主要目的在于适当控制用 REITs 收入偿付过多利息,避免降低权益型 REITs 份额持有人与债权人之间的利益冲突,进而有效保护 REITs 投资人的投资积极性。

具体来说,REITs 在依法享受我国不动产租赁相关税收优惠待遇的同时,还需要注意以下问题:首先,信托机构从事 REITs 业务因涉及收取信托报酬,故会发生企业所得税义务。但当信托财产在信托关系人之间基于信托关系而发生移转或为其他处分的,基于信托导管原理,不应课征企业所得税。除信托报酬之外,REITs 收益只能以受益人为纳税主体。其次,按照我国现行税收法律法规规定,信托机构在管理和运营 REITs 过程中,当 REITs 涉及销售不动产、不动产租赁服务以及转让土地使用权时,会产生增值税义务。根据信托导管原理,REITs 财产在下列信托关系人之间移转或为其他处分的,应当不适用增值税的销售规定:一是因信托行为成立而在委托人与受托人之间;二是信托关系存续中受托人变更时原受托人与新受托人之间;三是因信托行为不成立、无效、解除、撤销或信托关系消灭时委托人和受托人之间。再次，在 REITs 管理阶段，当信托机构本着信托本旨，将作为信托财产的房地产对外有偿转让并取得超额收入时，则会发生土地增值税义务。为避免重复征税，体现税收公平，REITs 所涉房地产在信托关系人之间移转财产权利时，同样应免征土地增值税。又次，由于 REITs 交易往往涉及不动产，因此在 REITs 设立和管理的环节还有可能发生契税义务。对契税来说，REITs 所涉房地产在信托关系人之间移转财产权利时，同样应予以免征。再者，房产税是对城镇房屋依据房产价格或房产租金向房屋拥有人或使用人征收的一种财产税，既可以从价计征，也可以从租计征，并实行按年征收，分期缴纳。对 REITs 而言，如果底层资产为城镇房屋，则必然涉及房产税责任。为鼓励 REITs 的顺利发展，国家可以规定在 REITs 依法设立后 3 年内暂停征收房产税。另外，REITs 土地使用税的税收优惠，应采取与上述房产税优惠同样的方式。最后，就印花税而言，则会发生在 REITs 交易的各个阶段。因为从 REITs 设立到结束都有可能发生合同、产权转移书据、营业账簿以及权利、许可证照等行为，但按照信托导管原理，如果在 REITs 设立阶段已经缴纳过印花税，则同一 REITs 文件在 REITs 结束时应免征印花税。总之，为有效引导和激励 REITs 市场发展，针对受托人的税收优惠工具选择及其应用还可以更丰富一些。

（三）坚持 REITs 利润强制分配制度，对 REITs 投资者的收益予以免税

不动产资产是对抗通胀的重要资产类别，也是具有配置价值的大类资产。“高房价”时代“买房”具有高门槛、重税负以及低流动性的特点，对个人投资者的收入和财富水平有着很高要求，而 REITs 能够显著降低不动产物业的投资门槛，并增强其流动性，有利于进一步丰富投资者的资产配置，实现不动产资产与金融产品的有机匹配。REITs 主要投资标的是成熟的不动产资产，以不动产物业产生的长期、稳定的租金现金流作为主要收益来源，国外相关立法对 REITs 投资经营产生的租金收益均实行强制分红政策。目前《公开募集基础设施证券投资基金指引（试行）》等 REITs 相关制度规则也规定了收益分配比例不低于合并后基金年度可供分配金额的 90% 的强制分红制度。换言之，REITs 在负债方面表现出一定程度的节制，其可分配利润应高比例地分配给投资者，这为

受益人课税提供了基本的经济依据。

REITs 旨在通过证券市场,将存量不动产产生的大规模、长期、稳定的现金流进行证券化,从而实现资源整合与跨期配置。在 REITs 市场发展中,对个人投资者而言,应确立鼓励长期投资的税收导向。〔22〕 REITs 收益需要坚持税收中性原则,这是与 REITs 相适应的不动产资产证券化的基本要求。REITs 的交易结构安排需要重视对投资人受益权的最终保护,而这种受益权的核心就是让投资者获取不动产物业的资产管理收益。实施强制分红,有助于保障 REITs 投资者利益并降低其投资风险,因此在鼓励长期投资的价值取向中,我国宜坚持 REITs 利润强制分配制度,将其中 90% 以上的净收入强制分配给投资者。在 REITs 所得税方面,税法需坚持受益人课税原则,确保投资者利益获得法律保护,减少 REITs 市场的过度投机行为。对强制分红所产生的收益,应区分机构投资者和个人投资者,对机构投资者采取适当性管理并减征企业所得税,对个人投资者则免征个人所得税,利用免税政策广泛吸引个人投资者对 REITs 进行投资。同时,还应注意吸引外国投资,给予非居民投资者以适当的税收优惠待遇。〔23〕

结　语

从世界范围上看,REITs 行业的快速增长正在为投资者创造新的投资机会,REITs 制度是税收驱动的,具体表现为在 REITs 层面进行所得税免除,在 REITs 市场形成发展过程中实施一定的税收优惠政策。REITs 作为重要的投融资工具,与信托公司的房地产信托业务有着明显差别,房地产信托主要以贷款债权形式为主,资金主要用于房地产开发,与房地产开发周期相匹配,相比之下,REITs 在有效盘活存量不动产、疏通储蓄转化投资通道、化解地方债务风险、降低实体经济杠杆等方面已

〔22〕 参见汪诚、戈岐明:《房地产投资信托基金的税收问题探究》,载《税务研究》2015 年第 7 期。

〔23〕 参见马伟、余菁:《各国(地区)房地产投资信托税收待遇比较及借鉴》,载《国际税收》2016 年第 4 期。

被寄予厚望。只有通过科学合理的税收优惠政策措施,有针对性地引导和促进 REITs 行业的稳健发展,我国才能在全球 REITs 市场的激烈竞争中赢得新的机会,为不动产物业管理市场和资本市场的良性运转注入更多活力。

(编辑:韩励豪)

《证券法苑》(2021)
第三十一卷,第284~298页

公募REITs合并报表相关会计处理:控制的判断及权益与负债的区分*

林勇峰**　白智奇***　夏自李****

摘要:公募REITs试点建设,是资本市场助力实体经济发展的重要举措。明确会计核算标准是保证公募REITs市场长期活跃、有效的重要基础设施。本文结合会计准则、境外实践和申报案例,分析不同会计处理的经济效应与差异化需求,并着重探讨公募REITs会计处理存在的主要难点问题,即原始权益人是否需要合并REITs基金主体,以及在合并报表层面,融资部分应作为负债还是权益进行会计处理。以期为公募REITs试点工作的平稳落地提供参考与帮助。

关键词:公募REITs　合并报表　控制判断　权益工具　金融负债

* 本文仅代表作者个人观点,与所任职机构无关。

** 会计学博士,上海证券交易所员工。

*** 会计学博士,上海证券交易所与复旦大学联合培养博士后。

**** 天职国际会计师事务所员工。

引　言

公募 REITs 建设有利于提升资本市场服务实体经济的能力,促进我国基础设施高质量发展,是近年来我国资本市场改革与创新的焦点话题之一。2020 年 4 月 30 日,证监会、发改委联合发布《关于推进基础设施领域不动产投资信托基金(REITs)试点相关工作的通知》,随后,证监会推出《公开募集基础设施证券投资基金指引(试行)》(以下简称基金指引)等一系列相关规则,标志着我国境内基础设施公募 REITs 正式起步。

相关规则发布后,市场对 REITs 的会计处理问题高度关注。不同的会计处理方式,对拟申报企业财务状况、后续融资能力及盈利能力的影响较大,既关系到企业发行 REITs 的积极性,也影响着规则设计,成为目前公募 REITs 试点工作中的难点问题。鉴于此,本文首先阐述不同会计处理的经济效应和差异化需求,明确公募 REITs 会计核算的技术难点;其次,结合会计准则和实际案例,论述底层资产是否出表的判断因素;再次,分析不出表情况下,融资部分作为少数股东权益处理的可行性,并给出具体的操作思路;最后,提出相关建议,以期为公募 REITs 的规则设计提供助益。

一、不同会计处理方式的经济效应与差异化需求

发行公募 REITs 产品后,不同会计处理方式对原始权益人财务报表的影响存在较大差异,底层资产的权属问题又直接影响着企业对会计处理方式的差异化需求。此部分阐述不同会计处理的经济效应,并分情况讨论企业对会计处理方式的需求。

(一)不同会计处理的经济效应

根据政策导向,此次试点公募 REITs 属于权益类金融工具。原始权益人发行 REITs 意味着将底层资产出售,在资产负债表内终止确认

底层资产。通过上述资产的出表处理,原始权益人可以降低带息负债规模,将资产转让金额作为当期收益列入利润表,公司按自持的 REITs 份额享有投资收益,从而起到增加当年利润,优化财务结构的效用。

但在我国特殊国情下,上述出表处理可能难以满足部分企业的现实诉求,尤其是央企、国企。一方面,央企国企的基础设施资产多为国有资产,资产的出表可能会导致国有资产控制权的流失;另一方面,能够达到 REITs 发行条件的底层资产,多是企业生产经营、获取融资的重要依赖资产,一旦将此类优质资产真实出售,则企业的资产规模、盈利能力和现金流水平都将受到重大影响,很可能挫伤部分企业参与 REITs 的积极性。但是不出表又难以实现优化企业财务结构的作用,两种不同会计处理对应的经济后果如表 1 所示:

表 1　不同会计核算方式的经济后果

“出表”	“不出表”
资产规模减小	资产规模不变
资产负债率下降	资产负债率升高
反映为一项销售	反映为一项融资
仅享有投资收益	享有资产使用收益

(二)不同会计处理的差异化需求

如前所述,底层资产的性质不同导致了原始权益人对 REITs 会计处理方式的差异化需求。

第一,为增加当年利润,优化财务结构,部分企业需要作出表处理。此种会计处理需要实现真实出售,技术难点在于后续的产品架构设计不当,有可能导致原始权益人需要合并 REITs 主体,难以实现出表诉求。

第二,为防止国有资产流失,部分企业不能作出表处理。此时原始权益人需要通过合并公募 REITs 主体的方式,继续拥有底层资产的控制权。此种会计处理方法不会增加原始权益人当期利润,技术难点在于融资部分是否可确认为少数股东权益,若按照现有公募基金的会计处理方式确认为负债,则会导致原始权益人资产负债率升高,与国有企业降杠杆的改革方向有所冲突。

二、底层资产是否出表的判断因素

上述两种不同需求,均涉及底层资产是否出表的判断,尤其在第一种情况下,需要明确满足出表条件的判断因素,以防后续产品架构设计不满足出表条件,导致需合并 REITs 主体。由此,此部分首先论述出表判断的准则解释,其次结合 REITs 申报案例,分析出表判断的关键节点。

(一)准则解释

"出表"涉及对财务报表合并范围的判断,依据《企业会计准则第 33 号——合并财务报表》,合并财务报表的合并范围应当以控制为基础确定。任何投资方无论被投资方属于表决权主体还是非表决权主体(亦称为"结构化主体"或"特殊目的交易主体"),[1]均应评估其是否控制被投资方。控制,是指投资方拥有对被投资方的权力,通过参与被投资方的相关活动而享有可变回报,并且有能力运用对被投资方的权力影响其回报金额。

因此,无论是对于表决权主体还是非表决权主体,当且仅当投资方满足下列所有条件时,投资方可控制被投资方(控制的三要素):(1)拥有对被投资方的权力;(2)通过参与被投资方的相关活动而享有可变回报;(3)有能力运用对被投资方的权力影响其回报金额。原始权益人在发行 REITs 时是否需要"出表",需判断其是否控制公募 REITs,评估是否控制的一般程序如图 1 所示。[2]

---

[1] 表决权主体,一般指通过董事会或类似决策机构获得的表决权,属于实质性权利,能够赋予投资方权力。非表决权主体,一般指通过所设置的决策机构获得表决权,属于保护性权利,或者并未设置相关决策机构,未获得任何形式的表决权,其权力通过合同或其他安排来获得,亦称结构化主体或特殊目的交易主体。

[2] 参见天职国际会计师事务所(特殊普通合伙)专业技术委员会:《会计准则的内在逻辑》,中国财政经济出版社 2016 年版,第 118 页。

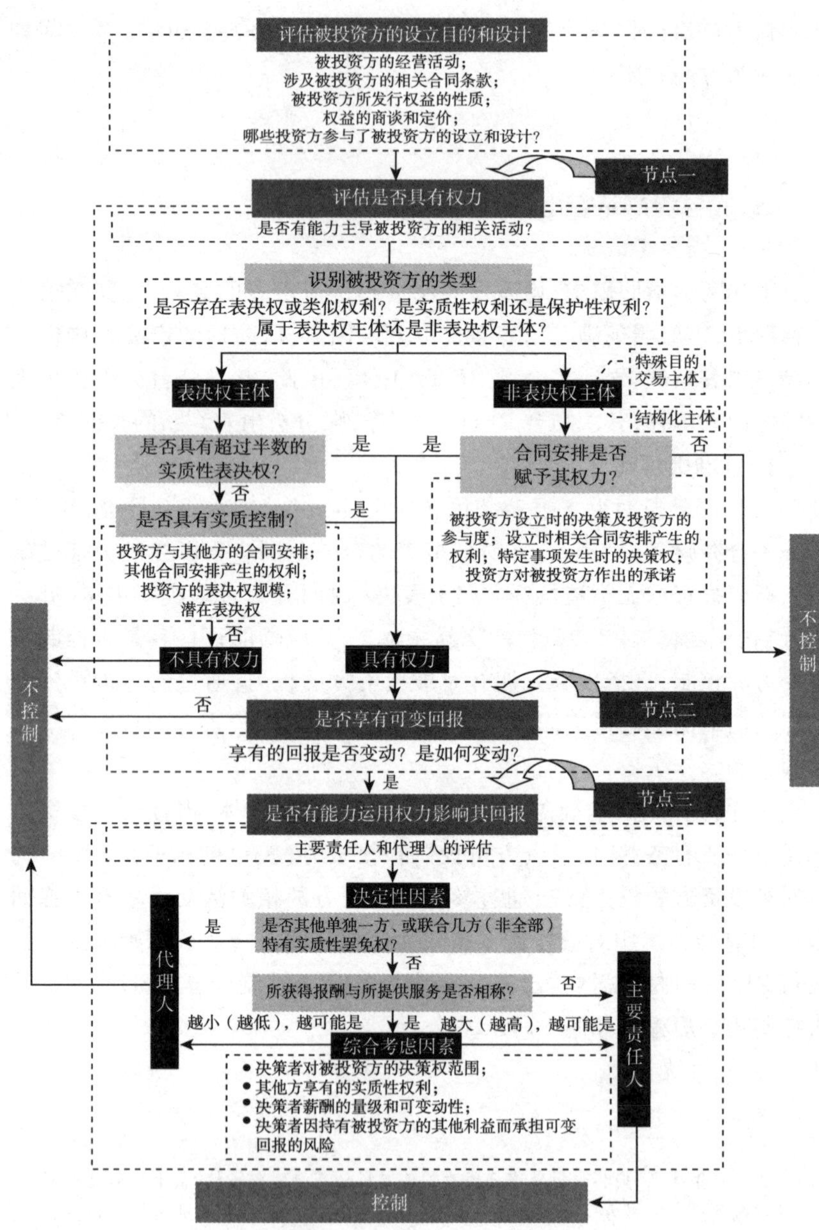

图1　评估控制的一般程序

当评估对被投资方的控制时,投资方应考虑被投资方的目的及设计,以识别哪些是相关活动以及如何对相关活动进行决策,确定谁目前有能力主导这些活动,以及谁从这些活动中获得回报。被投资方可能是一个有限责任公司、股份有限公司、尚未进行公司制改建的国有企业,也可能是一个合伙企业、信托、专项资产管理计划等。在了解被资方的设立目的时,需要考虑包括但不限于以下几方面因素:(1)了解被投资方的经营活动,识别被投资方的哪些活动是相关活动,进而确定哪些投资方对相关活动享有权力;(2)分析涉及被投资方的相关合同条款,了解其相关活动的决策机制;(3)分析被投资方所发行权益的性质,不仅包括其权益的法律形式,还包括其经济实质,以判断适用"表决权模型"还是"非表决权模型";(4)了解被投资方所发行权益等金融工具如何与潜在投资者商谈和定价,以此识别被投资方所产生的风险类型,以及如何向不同的投资者分配这些风险;(5)了解哪些投资方参与了被投资方的设立和设计,分析各投资方在被投资方设立阶段所作出的决策及设立活动的参与程度,可以评估投资方是否具有对被投资方的权力,特别是对于没有直接可见的表决权参考的"非表决权主体"。

通过对上述因素的分析,投资方可以根据前述定义和特征,来区分被投资方属于表决权主体还是非表决权主体,以判断后续评价控制三要素时,适用于"表决权模型"还是"非表决权模型"。值得注意的是,被投资方的设立目的和设计,贯穿判断控制的各个环节,需要循环考虑。后续具体评价过程遵循控制三要素的判断流程,主要在于以下 3 个关键节点:

节点一:评估是否具有权力。权力是指投资方是否享有现时权利使其目前有能力主导被投资方的相关活动,如有,则投资方拥有对被投资方的权力,而无论其是否实际行使该权利。权力应当是一项现时能力,它不需要在当前即已具备或已被积极行使,在相关活动需要决策时能够行使即可。

图 1 显示,判断是否具有权力,需要首先判定被投资方是表决权主体还是非表决权主体。根据《基金指引》,有关 REITs 运营管理权限、设立目标,以及影响整体回报等事项已提前限定,呈现典型的非表决权主

体特征。《基金指引》第32条对于表决机制的规定,[3]也仅是针对特殊交易情况下,保护投资者利益的机制设计。故公募REITs的被投资方属于非表决权主体,出表与否的判断适用于“非表决权主体模型”。需结合图1所示非表决权主体模型适用的四个方面因素,判断投资方是否通过合同安排获得了非表决权主体的权力。

具体而言,需要考虑以下四个方面:(1)投资方在被投资方设立时的参与程度;(2)设立时相关合同安排产生的权利;(3)特定事项发生时的决策权;(4)投资方对被投资方作出的承诺。由于原始权益人作为REITs项目底层资产的持有者,通常在产品设立及设计过程中具有主导权,因此很难在此节点直接判定原始权益人丧失控制权,需要进入节点二以判定原始权益人在发行REITs产品时可否进行“出表”处理。但若原始权益人控制或参与控制REITs基金管理公司,则很有可能需要合并REITs主体。

节点二:评估是否享有可变回报。判断是否控制的第二项基本要素是,投资方是否因参与被投资方的相关活动而享有可变回报。无论是表决权主体还是非表决权主体,可变回报的定义实质上都是一致的,若投资方自被投资方处取得的回报随着被投资方业绩而变动,则投资方享有可变回报。可变回报不是固定的,既可能是正数,也可能是负数,或者有正有负。

此节点的判断流程可概括为定性、后定量两个步骤。第一,定性环节,需要考虑基金持有人之间是否存在分层设置,即其享有的收益与风险敞口是否对等。若存在其他基金份额持有人享有的收益与风险敞口大于原始权益人,如基金对除原始权益人外的其他投资者设有兜底条款,即有可能实现“出表”处理。但根据《基金指引》,REITs项目不存在

---

[3] 《公开募集基础设施证券投资基金指引(试行)》第32条第1~2款规定:“除《证券投资基金法》规定的情形外,发生下列情形的,应当经参加大会的基金份额持有人所持表决权的二分之一以上表决通过:(一)金额超过基金净资产20%且低于基金净资产50%的基础设施项目购入或出售;(二)金额低于基金净资产50%的基础设施基金扩募;(三)基础设施基金成立后发生的金额超过基金净资产5%且低于基金净资产20%的关联交易;(四)除基金合同约定解聘外部管理机构的法定情形外,基金管理人解聘外部管理机构的。除《证券投资基金法》规定的情形外,发生下列情形的,应当经参加大会的基金份额持有人所持表决权的三分之二以上表决通过:(一)对基础设施基金的投资目标、投资策略等作出重大调整;(二)金额占基金净资产50%及以上的基础设施项目购入或出售;(三)金额占基金净资产50%及以上的扩募;(四)基础设施基金成立后发生的金额占基金净资产20%及以上的关联交易。”

分层设置,原始权益人与其他投资者享有同等权利。因此,在定性环节,一般难以直接判定原始权益人是否丧失控制权,需综合考虑其享有可变回报的量级加以判断,故进入定量环节。

第二,定量环节。在基金份额持有人享有的收益与风险敞口同等级情况下,通常以持有份额比例的高低来判断是否实现控制,持有比例高者拥有控制权。因此,若原始权益人在所有基金持有人中,并非持有份额比例最高的一方,即有可能被判定为丧失控制权,实现"出表"处理,否则有可能需要合并 REITs 主体。

节点三:评估是否有能力运用权力影响其回报。也就是说,考虑原始权益人的主导权与所享有的回报二者之间是否具有匹配性。REITs 项目中,因其产品多为铁路、高速公路以及仓储物流等对运营专业性要求较高的底层资产,实务中难免需要原始权益人参与经营决策。那么,此节点的判断关键就在于原始权益人受托经营是主要责任人还是代理人,若为代理人即有可能实现出表处理,存在以下两个判断因素。

第一,决定性因素。需判断是否有单独一方或联合几方(非全部股东)持有实质性罢免权,如有,即可判定为代理人,不具有控制权,很有可能实现出表处理。在 REITs 项目中,最有可能体现为战略投资者一方单独、或少数几方联合持有对原始权益人的实质性罢免权,如有,原始权益人有可能实现出表处理。如不存在上述实质性罢免权,则需进一步考虑投资方所得报酬与提供服务是否相称;若不相称,则表明该决策者并不是代理人。体现在 REITs 项目中,如原始权益人所获取报酬与基金项目行业惯例收益率不相称,则直接判定为主要负责人,拥有控制权,不可实现出表处理。

第二,综合考虑因素。除上述单独一方或联合几方持有实质性罢免权、所获报酬与服务不相称之外,没有其他任何单独要素可以提供结论性的证据,以表明必然存在代理关系,则需要综合考虑如图 1 所示的四个因素加以判断:(1)决策者对被投资方的决策权范围;(2)其他方享有的实质性权利;(3)决策者薪酬的量级和可变动性;(4)决策者因持有被投资方的其他利益而承担可变回报的风险。上述四个因素在实务中通常需要根据具体事实和情况加以分析,但可以明确的是,此处判断的原则为管理人所得回报与实际付出是否匹配,匹配程度越高越有可能是代理人,实现"出表"的可能性越高。需要强调的是,即使原始权益人在上述几个节点满足出表要求,但此处产品架构设计不当,导致被认定为主要责任人,如所获取报酬与基金项目行业惯例收益率不相称,依然会影响其出表处理。

(二)案例解析

基于上述准则分析,进一步结合 X 公司的公募 REITs 申报案例,分析出表判断的关键节点和影响因素。一方面,能否实现出表要判断原始权益人享有的可变回报是否导致其需要合并公募 REITs 主体,如图 2 所示"因素 A";另一方面,需判断原始权益人受托管理运营底层资产的实质是"主要责任人"还是"代理人",如图 2 所示"因素 B"。

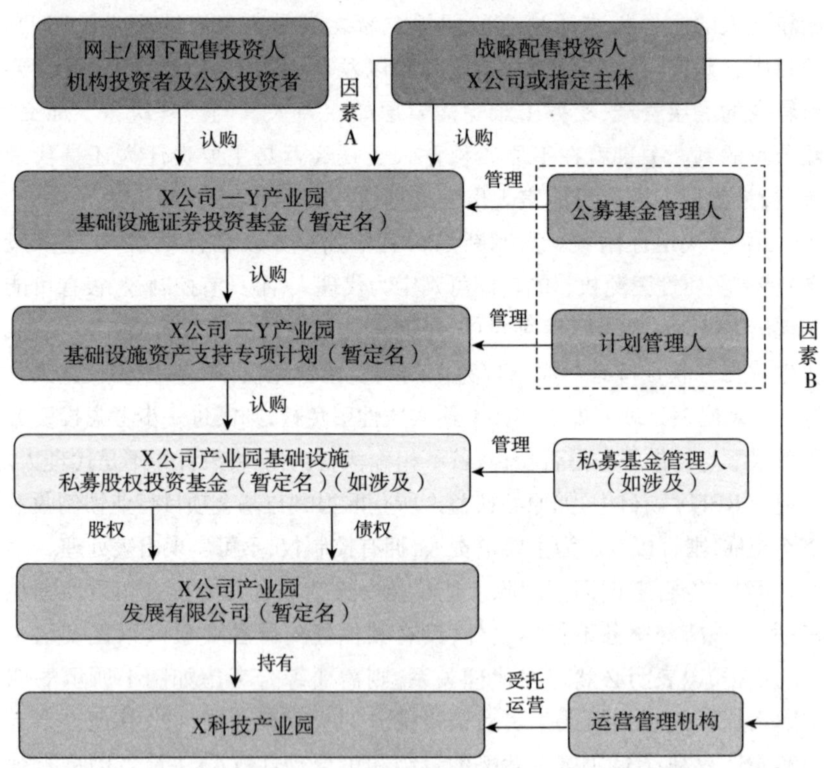

图 2　X 公司的公募 REITs 案例解析

——一是因素 A,原始权益人享有的可变回报是否导致其需要合并公募 REITs 主体。如前所述,X 公司作为底层资产的持有者,一般在产品设立及设计过程中具有主导权,在"评估是否具有权力"的第一节点,很难直接判定原始权益人是否丧失控制权。需要综合考虑其在 REITs 项目中享有可变回报的量级,通常来看,持有基金份额比例越高,享受的可变回报越大。因此,若 X 公司期望作出表处理,应避免成为基金份额持有人中持有份额最大的一方;若需要进行并表处理,则应持有较高份额,如持有比例超过 50%,就很可能拥有公募 REITs 控制权,再次将底层资产并入表内。

二是因素 B,判断是"主要责任人"还是"代理人"。此处判断的准则依据为投资方所得报酬与提供服务是否相称。在上述案例中,X 公司担任底层资产的运营管理方,所获取报酬与基金项目行业惯例收益率越相称,则越可能是代理人,实现出表处理,反之需要并表。

此外,根据 REITs 治理结构,基金份额持有人大会拥有除法定情形外解聘、更换外部管理机构的权利,原始权益人担任运营管理方的权利受到约束。但需基金份额持有人大会表决下的罢免权,并不能直接判定其丧失控制权。然而,图 2 第一层架构设计中,如果持有人大会中,战略投资者或机构投资者一方单独、或少数几方联合持有对 X 公司的实质性罢免权,则 X 公司有可能被判定为代理人,进而实现出表处理。

值得一提的是,根据 REITs 架构要求,图 2 虚线框内公募基金与 ABS 管理人应为同一控制下证券基金公司。在其他案例中,如果原始权益人控制或参与控制发行 REITs 的证券基金公司,则很可能通过 REITs 基金管理公司继续拥有对底层资产的控制权,需作并表处理。

综上,公募 REITs 底层资产是否实现出表,在会计上是一个以控制为基础的流程判断,需要结合产品架构具体分析。目前,相关规则设计对原始权益人出表判断留有一定空间,参考前述几个关键的判断节点,原始权益人可在规则体系内合理设置架构以满足会计处理需求。

三、"不出表"情况下,融资部分作为少数股东权益处理的可行性

"不出表"则意味着原始权益人需要合并公募 REITs 主体,那么,在合并报表层面,技术难点就在于融资部分是否可作为少数股东权益处理,避免确认为一项金融负债,既满足防止国有资产流失的现实诉求,也不违背国企降杠杆的改革思路。此部分,首先,分析公募 REITs 相关规

则对融资部分会计处理的影响;其次,探讨境外会计实践;最后,给出融资部分作为少数股东权益处理的探索路径。

(一)判断依据与准则解释

根据公募 REITs 治理结构和相关规则,原始权益人在合并公募 REITs 主体后,融资部分应作为金融负债还是少数股东权益处理,判断的关键在于"有限寿命主体"和"是否强制分红"两方面,主要难点在于强制分红条款的约束。

一是有限寿命主体。目前对于非 REITs 类公募基金合并报表的会计处理,通常是将公募基金认定为有限寿命主体,在会计上作为"特殊金融工具"处理,融资部分在母公司合并报表上确认为一项负债。但公募 REITs 属于权益型产品,且不存在固定期限,不属于"特殊金融工具",不会因此被确认为金融负债。

二是强制分红。《基金指引》第 30 条明确规定,"基础设施基金应当将 90% 以上合并后基金年度可供分配金额以现金形式分配给投资者。基础设施基金的收益分配在符合分配条件的情况下每年不得少于 1 次"。中国基金业协会进一步在《公开募集基础设施证券投资基金运营操作指引(试行)》(以下简称操作指引)第 16 条,[4] 明确了可供分配

[4] 中国证券投资基金协会《公开募集基础设施证券投资基金运营操作指引(试行)》第 16 条规定:"可供分配金额是在合并净利润基础上进行合理调整后的金额,可包括合并净利润和超出合并净利润的其他返还。基金管理人计算可供分配金额过程中,应当先将合并净利润调整为税息折旧及摊销前利润(EBITDA),并在此基础上综合考虑项目公司持续发展、项目公司偿债能力、经营现金流等因素后确定可供分配金额计算调整项。涉及的相关计算调整项一经确认,不可随意变更,相关计算调整项及变更程序应当在基金招募说明书等文件中进行明确。将净利润调整为税息折旧及摊销前利润(EBITDA)需加回以下调整项:(一)折旧和摊销;(二)利息支出;(三)所得税费用;将税息折旧及摊销前利润调整为可供分配金额可能涉及的调整项包括:(一)当期购买基础设施项目等资本性支出;(二)基础设施项目资产的公允价值变动损益(包括处置当年转回以前年度累计调整的公允价值变动损益);(三)基础设施项目资产减值准备的变动;(四)基础设施项目资产的处置利得或损失;(五)支付的利息及所得税费用;(六)应收和应付项目的变动;(七)未来合理相关支出预留,包括重大资本性支出(如固定资产正常更新、大修、改造等)、未来合理期间内的债务利息、运营费用等;涉及未来合理支出相关预留调整项的,基金管理人应当充分说明理由;基金管理人应当在定期报告中披露合理相关支出预留的使用情况;(八)其他可能的调整项,如基础设施基金发行份额募集的资金、处置基础设施项目资产取得的现金、金融资产相关调整、期初现金余额等。"

金额是在合并净利润基础上进行合理调整后的金额，并对可供分配金额的计算方式和调整项给出规定。

会计上，根据《企业会计准则第37号——金融工具列报》第10条，金融负债与权益工具区分的关键在于，企业是否能无条件地避免以交付现金或其他金融资产来履行一项合同义务，如不能无条件避免支付义务则应确认为一项金融负债。如前所述，《基金指引》和《操作指引》对REITs分红的相关规定类似于强制分红条款，需要考虑企业在上述规定下是否可以无条件避免支付义务。

（二）境外REITs对融资部分的会计处理情况

由于欧美国家REITs产品的架构设计与我国公募REITs差异较大，故以与我国公募REITs产品架构相似的新加坡和我国香港地区进行对比分析。

第一，新加坡REITs将融资部分在合并报表层面作为少数股东权益处理。新加坡REITs分红规则与我国存在差异，未要求每年至少一次分红，而是与美国REITs分红条款相似，将分红政策与税收优惠相挂钩，即基金在遵守90%的分红要求后可免征所得税，否则需足额缴纳相应税收。此条款在会计上不构成强制支付义务，不会被确认为一项负债。可见，由于分红规则设定的不同，新加坡REITs的会计处理方式借鉴意义有限。

第二，我国香港地区REITs将融资部分在合并报表层面作为金融负债处理。香港地区的REITs分红规则要求将不少于90%“经审计的税后收入”予以分配，与我国公募REITs规则相似，属于强制分红条款。以香港地区首支公募基金领展REITs为例，其在上述条款的约束下，将融资部分确认为一项金融负债。综上，对比境外实践，在我国现行规则下，将融资部分确认为少数股东权益存在一定难度。

（三）融资部分作为少数股东权益处理的探索路径

如前所述，《基金指引》第30条的分红规定是目前影响融资部分会计处理的主要条款。通过进一步对比分析优先股和现金分红的相关会计处理方式，我们发现上述条款尚留有一些可供探索的空间，即“可供分配金额”和“符合分配条件”两个方面：

第一，关于可供分配金额。《基金指引》第30条规定的分红基础为

“可供分配金额”,指在合并净利润基础上进行合理调整后的金额,存在主观调整环节,与我国香港地区“经审计的税后收入”为客观金额不同。进一步,根据《操作指引》第16条,分配调整事项又包括“未来合理的相关支出预留,包括重大资本性支出(如固定资产正常更新、大修、改造等)、未来合理期间内的债务利息、运营费用等”。那么,在特定情况下,REITs基金就有可能出于未来经营等相关考虑,将当年度净利润全部预留,而不予分红。由此,可考虑以REITs基金在理论上能够控制可供分配金额为依据,从而认定其能无条件避免支付义务,进而确认为少数股东权益。

第二,关于符合分配条件。《基金指引》第30条规定的分红条款,“符合分配条件的情况下每年不得少于1次”。换言之,如不符合分配条件,基金可不向投资者进行分红,目前相关规则尚未对此处的“分配条件”给出明确定义。那么,一方面,如果“符合分配条件”是指经调整后是否保有可供分配金额,则判断逻辑同上;另一方面,如果在产品协议中,投融资双方可自行约定“分配条件”,那么,原始权益人就有可能通过协议设置而享有是否分红的控制权,从而无条件避免支付义务,有可能作为少数股东权益处理。

四、结论与建议

基础设施公募REITs试点工作对深化金融供给侧结构性改革、丰富资本市场投融资工具具有重要意义,明确会计核算标准是保证REITs市场长期活跃、有效的重要基础设施。本文通过阐述不同会计处理的经济效应和差异化需求、论述底层资产是否出表的判断因素,以及合并报表层面融资部分作为少数股东权益处理的探索思路,最后给出如下结论与建议:

(一)建议从“可供分配金额”和“符合分配条件”两方面,探索将融资部分作为少数股东权益处理的可行性

如前所述,影响上述会计处理的规则,主要是《基金指引》第30条和《操作指引》第16条类似于强制分红条款的设定。但与境外不同,一方

面，我国“可供分配金额”的设定留给基金持有人主观调整环节，REITs基金有可能出于未来经营等相关考虑，将当年度净利润全部预留，而不予分红；另一方面，在“分配条件”未明确限制情况下，原始权益人有可能通过协议设置而享有是否分红的控制权，从而无条件避免支付义务。如此，可基于上述两个条款，探索将融资部分在合并报表层面作为少数股东权益处理的可行性。

（二）建议针对底层资产为经营权资产的公募 REITs 项目，探索售后回租的可行性

对于拥有所有权的底层资产，出于防止国有资产流失的目的，不能将其出表，便面临着是股是债的难题。而部分 REITs 底层资产，原始权益人仅拥有其经营权，那么，针对此类资产如果可容许其在资产出表后再行租回，且并不影响出表判断。则企业既能避免是股是债的难题，还能增加当期利润，亦不会导致其资产规模大幅下降，如此可大幅提升企业参与 REITs 的积极性。

会计技术方面，现行租赁准则下，融资租赁需在负债端确认相应的长期应付款，而经营租赁仅需确认当期损益，有可能达到在不增加杠杆率的同时，既确认资产处置收益，又继续享有资产使用收益的目的。

需要特别注意的是，2021 年起我国将执行新租赁准则，承租人一方不再区分融资租赁与经营租赁，除采用简化处理的短期租赁和低价值租赁之外，对所有权租赁均确认使用权资产和租赁负债。简言之，经营租赁同样需要确认相应负债，会在一定程度上增加原始权益人的资产负债率。此时，可尝试以低于出售价格的方式分期租回项目资产，确认资产处置收益；同时合理设置租赁期限，避免确认较高负债，以满足企业的特定需求。

（三）建议企业会计准则增强对新业务、新产品的包容性，增加弹性化指引

此次公募 REITs 试点工作开展以来，市场各方均在探讨其是股是债，其中一大原因便是现行会计准则仅给出了股和债两种核算口径，非股即债。而我国公募 REITs 的本质非股非债，却由于会计准则的规定而面临会计核算困境。此外，科创板企业出现的部分共性会计问题，现行会计准则亦未能给出明确解释，如研发支出、股份支付以及成本费用区分等。究其根本,现行《企业会计准则》主要基于制造业企业特征编制,而随着科学技术的迅猛发展,现行会计准则的部分规定在如实反映高科技企业财务状况方面表现欠佳。

综上,建议会计准则提升对公募 REITs 新产品、科创企业新模式等新经济体的包容性,针对特殊行业的会计科目与特殊产品的会计处理增加弹性化的指引。

(编辑:韩励豪)

《证券法苑》(2021)
第三十一卷,第299～323页

国际视野下中国企业债券违约的若干法律问题研究

符　望*

摘要:从2014年开始,中国掀起了一波公司债券违约浪潮,这表明无风险的债券市场已经不复存在。全球范围内,债券违约中的法律问题无外乎三个主要方面:一是债券受托管理人的权责;二是违约事件和加速到期的确定;三是集体行动机制。本文重点考察了中国2020年债券违约法律框架的变化,涵盖了法律、法规、司法解释和市场文件等方面;并指出我国在借鉴了英美等发达市场经验的基础上,于上述3个核心问题都取得了进步、提升了与国际标准的兼容性;但对比之下,仍在每个方面都存有需要改进的不足之处。

关键词:债券违约　债券受托管理人　加速到期　集体行动条款

一、中国债券违约与法律框架的升级

债券最初是为了资助战争而发明的,在接下来

* 上海金融法院法官。

的几个世纪中,西方国家如英国对其进行了现代化改造,帮助政府融资用于各项支出。[1] 如今,发行债券已成为为一个国家或企业筹集资金的最重要和最有效的方法之一。我国财政部从 1981 年开始发行债券,债券市场随着改革开放政策的发展也迅速扩大规模。截至 2016 年年底,中国债券市场已成为仅次于美国的第二大债券市场。[2] 本文所指的"企业债券"是一个概括性用语,用于描述具有企业信用的实体发行的债券,不包括政府债券和金融债券。它主要包含以下几种类型的债券:[3] (1)企业债:由国家发展和改革委员会批准并在银行间市场和交易所市场交易,由中央国债登记结算有限责任公司登记结算;(2)公司债:中国证监会监管,仅在交易所债券市场交易;(3)银行间市场各类公司债券,如短期融资券、中期票据、永续债券,定向债务融资工具、资产支持票据,项目收益票据等。这些债券发行与交易由中国人民银行主管的中国银行间市场交易商协会(以下简称"NAFMII")监管,并由上海清算所登记结算。

中国债券市场曾经的低违约率助力了市场的蓬勃发展。在资本市场不断开放的背景下,外国投资者不断涌入我国债券市场。2016 年 2 月,中国人民银行取消了外国机构投资者的配额限制,允许他们在银行间债券市场进行更多投资。[4] 许多国家的负利率也相应使得中国市场更有吸引力。比如,2018 年中国 10 年期国债的收益率为 3.62%,企业债券的平均收益率为 4.78%。[5] 截至 2018 年 3 月,外资在我国境内债券的持有量达到了 13.6 亿元人民币,同比增长超过 60%。[6] 当然,在

---

〔1〕 See Stephen G. Cecchetti and Kermit L Schoenholtz, *Money, Banking, and Financial Markets*, Fifth Edition, McGraw – Hill Education, 2017, p. 134.

〔2〕 See Grace Xing Hu, Jun Pan & Jiang Wang, *Chinese Capital Market: An Empirical Overview* [2017] SSRN Electronic Journal, https://www.ssrn.com/abstract = 3095056, visited June 10, 2020.

〔3〕 See Chi Zhang, *The Segmented Regulatory System of the Bond Markets in China: Current Situation, Causes and Reform*, 15 Capital Markets Law Journal 175(2020).

〔4〕 中国人民银行公告〔2016〕第 3 号。

〔5〕 See James Kynge, *Default Risk Casts Shadow over Foreign Demand for China Bonds*, Financial Times (June 7, 2018), https://www.ft.com/content/3ecb0f98 – 7a12 – 11e8 – 8e67 – 1e1a0846c475, visited June 6, 2020.

〔6〕 同上注。

这个过程中,中国债券市场也受到外国投资者的批评。比如,债券回购业务不发达以及债券期货交易缺乏对手方,导致债券缺乏流动性。[7]不过,有一点是西方发达市场所不具备的,即投资者通常无须担心债券违约,从而享受着无风险回报。但这一不败神话,终于在2014年被打破。此后一波违约潮开始让债券违约处置机制成为投资者和法律界关注的焦点。

(一)债券违约率不断上升引发关注

2014年3月4日,上海超日太阳能科技股份有限公司宣布无法向投资者支付债券利息,宣告我国国内市场首次债券违约。[8]通常情况下,发行人如果出现财务困难,当地政府往往会提供救助,俗称"刚性兑付"。这种做法扭曲了市场机制,并给投资者带来了幻想。但在经济下行和资金紧张的背景下,刚性兑付计划无法再覆盖所有陷入困境的发行人,于是违约率不断上升(见图1)。统计数据显示,绝大多数国内市场债券违约是非国有企业的违约,按发行人的数量计算,占违约的86.7%,按本金计算,占90%。[9]此外,离岸违约也意外出现。国有企业青海省投资集团在香港地区发行了美元债券,但在2009年2月拖欠了1090万美元的利息,这是20年来的首次离岸违约。[10]

---

〔7〕 See Daniela Gabor, *China Should Not Remake Its Bond Markets in US Image*, Financial Times (June 13,2019), https://www.ft.com/content/892aeeb8-8d31-11e9-b8cb-26a9caa9d67b, visited June 6,2020.

〔8〕 See Jamil Anderlini, *China Suffers First Corporate Bond Default*, Financial Times (March 7,2014), https://www.ft.com/content/d4ccd956-a5cb-11e3-9818-00144feab7de, visited June 6,2020.

〔9〕 See Edward White, *Chinese Corporate Bond Defaults Hit Record High, Fitch Says*, Financial Times (Jan. 21,2019), https://www.ft.com/content/0bf4a6e8-1d31-11e9-b126-46fc3ad87c65, visited June 6,2020.

〔10〕 See Don Weinland, *China Local Governments Sound Alarm on Debt Obligations*, Financial Times (Sep. 5,2019), https://www.ft.com/content/5093658a-ced1-11e9-b018-ca4456540ea6, visited June 6,2020.

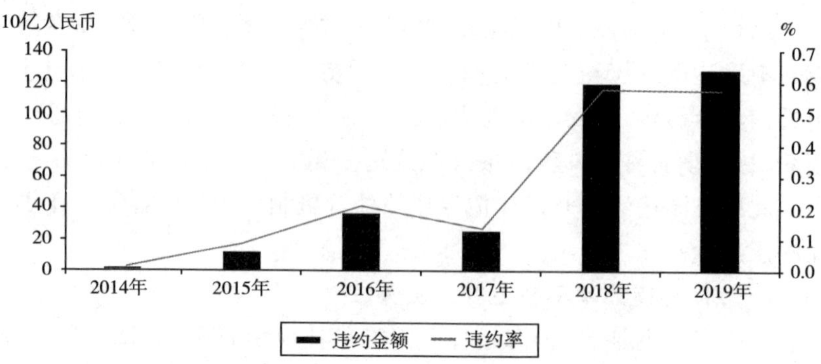

图1　中国债券违约率在2014～2019年逐年攀升(以数额为基数)

资料来源:Umesh Desai, *Record Bond Defaults as China Lifts Credit Allocation*, Asia Times (Jan. 7, 2020), https://asiatimes. com/2020 年/01/record - bond - defaults - as - china - lifts - credit - allocation/, visited June 9, 2020。

笔者认为,从积极的角度来看,债券违约对我国而言实际上是一件好事。与美国债券市场相比,我国的债券违约率仍然很低,比如2018年我国市场风险较高的高收益债券和所有企业债券的违约率分别为0.95%和0.33%,而美国高收益债券的违约率则高于2%。[11]没有违约的市场无法正常运作,因为无风险的环境会造成错觉,让投资者无法有效地对风险定价与投资。违约潮使投资者更加关注两个方面:债券信用评级和违约处置机制。我国评级机构评级相对宽松,因为80%的发行人一直被评为AA或更高等级,高于标普、穆迪等全球性机构的评级。[12]至于违约处置机制的不完善也引发了投资者的报怨,相关报道显示债务回收比率从2016年的46%下降至2020年的13%。[13]

---

〔11〕 McCabe Adam, *Why China's Bond Defaults are Actually a Good Thing*, Financial Times (Dec. 19, 2018), https://www. ft. com/content/da80aa2a - 03a5 - 11e9 - 9d01 - cd4d49afbbe3, visited June 6, 2020.

〔12〕 Hudson Lockett and Yizhen Jia, *China's Bond Market is Opening—But are the Rating Agencies Ready?*, Financial Times (Apr. 4, 2019), https://www. ft. com/content/e6ea3c7c - 55f8 - 11e9 - 91f9 - b6515a54c5b1, visited June 6, 2020.

〔13〕 Sun Yu, *China Bond Investors Battle to Claim Cash after Defaults*' *Financial Times* (Jam, 9, 2020), https://www. ft. com/content/09dda1e4 - 31e8 - 11ea - 9703 - eea0cae3f0de, visited June 9, 2020.

(二)债券违约处置的法律框架升级与实务难题

面对债券违约的浪潮和投资者的批评,2019年,我国修改了法律、法规以及市场文件,针对现有的债券违约法律框架进行了重要升级。搭建新框架的相关法律及文件于2019年年底前后出台,并于2020年生效。为说明这种变化,本文将债券违约法律框架以2020年作为分界点,概括为两个阶段:2020年之前框架和2020年新框架。

1.2020年之前框架

交易所债券市场主要由《证券法》所规范,但2019年该法修订之前,只有一个条款涉及债券违约,即禁止违约发行人发行新债券。中国证监会在其2015年颁布的《公司债券发行与交易管理办法》〔14〕中规定,发行人应当在债券募集说明书(以下简称债券说明书)中约定构成债券违约的情形、违约责任及其承担方式以及公司债券发生违约后的诉讼、仲裁或其他争议解决机制。发行人应当为债券持有人聘请债券受托管理人,并订立债券受托管理协议;在债券存续期限内,由债券受托管理人按照规定或协议的约定维护债券持有人的利益。债券受托管理人由本次发行的承销机构或其他经中国证监会认可的机构担任。同时还规定债券受托管理人负责召集债券持有人会议,在发行人不能偿还债务时可以接受全部或部分债券持有人的委托,以自己名义代表债券持有人提起民事诉讼、参与重组或者破产的法律程序。

银行间债券市场的主要规范性文件是中国人民银行2008年发布的《银行间债券市场非金融企业债务融资工具管理办法》,〔15〕该办法搭建了发行框架,NAFMII则进一步完善了相关规则。比如颁布了《银行间债券市场非金融企业债务融资工具持有人会议规程》(2013年修订)〔16〕(以下简称《2013年会议规程》),旨在明确债券违约后的持有人会议机制,通过会议提出解决方案。

与证监会管辖的交易所市场相比,银行间市场并没有给债券受托管理人留有一席之地。如果发生违约,召集人应召集债券持有人会议

〔14〕 中国证券监督管理委员会令第113号。

〔15〕 中国人民银行令(〔2008〕第1号)。

〔16〕 中国银行间市场交易商协会公告〔2013〕12号。

通过决议以采取进一步行动,如诉讼或重组。实践中,会议召集人通常是债券承销商。《2013 年会议规程》还提出了除债券说明书另有约定之外,会议决议标准为 66% +75%,即会议生效需要 2/3 以上表决权数额持有人出席,决议生效则需要出席会议的持有人所持表决权的 3/4 以上通过。

至于与债券相关的司法诉讼,我国并没有特别的立法,所适用的法律规则与其他商事纠纷并无特别不同,如《民事诉讼法》和《企业破产法》等。这些法律中没有关于债券违约的特定规则,立法机关也并未预料到在 2014 年开始出现的这一波债券违约。

2. 框架陈旧带来的实务难题

债券违约引发了大量案件,不断对 2020 年之前的框架进行检验,从而发现了比较突出的 3 个法律问题。第一个问题是谁应当在债券违约后的程序中起主导作用。这些程序包括持有人会议程序与针对发行人的司法程序。在交易所市场中,出现违约之时,作为债券受托管理人的承销商并不愿意召开债券持有人会议,因为它本身可能成为债券持有人怨气发泄的目标。着急的债券持有人往往指责承销商在债券说明书中存在虚假陈述,以及未预料到发行人的违约。这一利益冲突有时会使得债券受托管理人的架构瘫痪,出现无人负责的局面。即使债券受托管理人希望启动诉讼程序要求发行人承担义务,民事诉讼规则也未明确允许它以自己的名义提起民事诉讼。

在银行间市场中,由于并未设置债券受托管理人,因此债券持有人必须独自提起诉讼。但根据我国的民事诉讼规则,[17] 在未明确约定管辖法院的情况下,"接收货币一方所在地为合同履行地",成为管辖连接点,于是,债券持有人往往在其住所地法院提起诉讼,导致同一笔债券违约的案件散布在我国各地,据测算到 2019 年年底全国法院已受理 400 多起案件。[18] 这些诉讼不仅增加了纠纷解决成本,而且不同法院

〔17〕 参见最高人民法院《关于适用〈中华人民共和国民事诉讼法〉的解释》第 18 条。

〔18〕 See Qinqin Peng, *In Depth: China Responds to Default Wave with New Legal Frameworks*, Caixin (Dec. 30, 2019), https://www.caixinglobal.com/2019-12-30/in-depth-china-responds-to-default-wave-with-new-legal-frameworks-101499147.html, visited June 15, 2020.

针对同一批债券可能作出不同判决。可以说,缺乏一个主导者来代表债券持有人统一行事,造成了债券违约处置的拖延。比如,根据相关统计数据,截至2019年8月底,在300余笔违约债券中,只有53笔被成功处置。[19]

第二个问题是与债券说明书约定的违约事件和加速到期相关。我国债券发行文件中约定的违约事件通常仅限于延迟支付本息和发行人破产。实务中,发行人延迟付款时,由于轮候查封制度的存在,较为心急的单个债券持有人为了抢首轮查封以保护其利益,往往立刻启动诉讼程序并申请冻结发行人资产。这样一来,反而会迫使发行人进入破产程序,降低了债券重组的可能性,使得发行人难以摆脱困境。除此之外,即便没有出现违约事件,有些恐慌的投资者还可能以其他理由主张债券加速到期。比如,援引合同法"预期违约"制度或者主张债券说明书"存在虚假陈述",甚至对一些永续债券也要求加速到期。

第三个问题是债券持有人如何通过协商实现集体行动。《2013年会议规程》在司法程序中也受到质疑,如有的持有人会主张这些会议规程仅仅是合同条款而非法律法规。即便持有人会议通过一项决议,不满意的债券持有人也往往以会议规程系格式条款、未尽到提示说明义务、不公平等理由主张决议无效。除此之外,对于持有人会议召开的法定人数和决议通过条件,也存在不同观点。

3.2020年新框架

上述问题暴露出债券违约处置机制的内在缺陷,也引发了市场的呼声。为此,相应的法律文件陆续出台,逐步形成2020年新框架。对于交易所债券市场,《证券法》于2019年进行了修订,并于2020年3月1日生效。该法律从更高层级上明确了债券受托管理人的地位,其中第92条规定:公开发行公司债券的,发行人应当为债券持有人聘请债券受托管理人,受托管理人应当由本次发行的承销机构或者其他经国务院证券监督管理机构认可的机构担任。债券发行人未能按期兑付债券本息的,债券受托管理人可以接受全部或者部分债券持有人的委托,以自己名义代表债券持有人提起、参加民事诉讼或者清算程序。

---

〔19〕 同前注〔18〕。

对于银行间市场的债券,NAMFII 于 2019 年 12 月发布了《银行间债券市场非金融企业债务融资工具受托管理人业务指引(试行)》(以下简称《管理人业务指引》),并修改了会议规程(以下简称《2019 年会议规程》),两项文件的生效日期均为 2020 年 7 月 1 日〔20〕。

《管理人业务指引》首次将债券受托管理人引入银行间市场,可被指定为债券受托管理人的机构包括"(一)已取得债务融资工具主承销商业务资质的金融机构;(二)持有金融许可证的金融资产管理公司;(三)已取得债务融资工具承销商业务资质的信托公司;(四)具备债务融资工具业务经验,最近 1 年内为债务融资工具注册发行出具过法律意见书的律师事务所",前提是其已在 NAFMII 中备案。发行人必须通过签署受托管理协议来指定债券受托管理人。在获得全部或部分债券持有人授权后,债券受托管理人可以积极参与违约相关事务。

《2019 年会议规程》也带来了一些重大变化。第一,违约债券的承销商是会议的召集人,而债券受托管理人必须出席该会议。第二,决议对参会及未参会的债券持有人产生相同的影响和约束力,无论他们是否出席会议以及如何投票。第三,会议的法定人数和决议条件已修改。除法律法规另有规定或发行文件另有约定之外,出席持有人会议的债务融资工具持有人所持有的表决权数额应超过本期债务融资工具总表决权数额的 50%,会议方可生效。普通的决议应当由持有本期债务融资工具表决权超过总表决权数额 50% 的持有人同意后方可生效;针对特别议案的决议,则需要 90%。特别议案的是导致债券等关键条款(如本金、利息、付款时间表、增信安排等)发生重大变化的议案。

与此同时,2019 年 12 月,最高人民法院在与中国人民银行、中国证监会举行会议专门讨论债券违约问题,随后发布了会议纪要草案以征询公众意见。2020 年 7 月 15 日,最高人民法院正式发布了《全国法院审理债券纠纷案件座谈会纪要》(以下简称《债券纪要》),总共 34 条,涉及债券违约的方方面面。比如,《债券纪要》解决了管辖权问题,明确普通债券违约由发行人住所地人民法院管辖。该纪要也明确承认债券受托管理人的作用,提出债券持有人会议通过的合法决议对所有

〔20〕 中国银行间市场交易商协会公告〔2019〕25 号。

债券持有人具有约束力，并规定了关于加速到期的一些裁判原则。

在笔者看来，通过建立2020年新框架，债券违约的处置机制得到了全面升级，尤其是在三个方面：债券发行架构、违约事件与加速到期、集体行动机制。这较大地弥补了目前市场的缺陷，为投资者注入了信心。在建立新框架的过程中，中国或多或少地借鉴了国际资本市场相关法律。在当前国际资本市场上，最盛行的准据法为普通法。许多国家的债券通常根据英国法律或纽约州法律发行。准据法与发行的交易所所在地关系并不大，大量选择英国法的欧元债券在卢森堡发行上市。[21] 有学者研究了2006～2013年欧元区的主权债券发行，发现在金融危机期间，选择英国法或纽约法而不是发行人的国内法，有助于降低主权债务融资成本。[22] 为此，笔者认为，新框架建立之后，我们仍应进一步研究与对比国外发达市场债券违约处置的普通法规则，以提高中国市场规则的兼容性。

二、债券受托人的思考

债券发行涉及不同的中介机构，如经理行、承销商、受托管理人、财务代理人等，由此形成不同架构。对于普通法国家，债券受托管理人(bond trustee)是其债券市场的主要特征。比如，根据英国法律，发行人通常通过信托契据(trust deed)指定债券受托管理人的权利、义务，明确债券受托管理人服务于债券持有人的利益。对于大陆法国家，由于信托制度不被承认或者不够发达，则转而采用财务代理人(fiscal agent)架构。财务代理人通过签订代理协议担任发行人的代理人，负责向债券持有人支付本息。与债券受托管理人不同，财务代理人不代表债券

〔21〕 See Patrick BG van der Wansem & Lars Jessen and Diego Rivetti, *Issuing International Bonds: A Guidance Note* [2019] MTI Global Practice, http://documents1.worldbank.org/curated/en/491301554821864140/pdf/Issuing - International - Bonds - A - Guidance - Note.pdf, visited Sep. 28, 2020.

〔22〕 See *Foreign - Law Bonds: Can They Reduce Sovereign Borrowing Costs?*, Publications Office, 2018, https://data.europa.eu/doi/10.2866/789348, visited Sep. 28, 2020.

持有人利益,因此在这个架构之下,债券持有人自己必须对违约的发行人采取法律行动。

相比之下,债券受托管理人架构因更加灵活而受到欢迎。在这种信托结构中,受托人管理由债券付款本息及其他收益组成的信托财产,债券持有人则作为受益人,就实务操作角度而言较为便利:对于发行人而言,与代表众多债券持有人的受托管理人打交道将降低交易成本。受托管理人将行使其酌情处置权以应对诸如违约事件或者债券中其他可能触发违约的复杂条款,而不是动辄宣布违约并主张加速到期。如果债券需要担保,受托管理人可以直接将担保权登记于其名下,最大限度地减少了分别登记至债券持有人的麻烦。在发行人违约的情况下,受托管理人将在违约处置法律程序中起主导作用,而债券持有人通常无须采取任何行动,除非受托管理人应当作为而不作为。有学者曾评价:"如果没有受托人,则诉讼权属于债券持有人,债券持有人需要承担多重诉讼的风险,并且不听话的债券持有人会采取不适当的行动。"〔23〕

作为合同安排,受托管理人的权力由《信托契据》明确。例如,《欧洲中期债券信托契据》[Euro Medium Term Note(EMTN) Trust Deed]规定,受托管理人可以"在其酌情决定权下,不另行通知,采取它认为适合的针对发行人的程序和/或其他行动,以督促发行人履行在本债券及契据项下的义务"。〔24〕该信托契据同时明确,该权力仅限于受托管理人行使,债券持有人无权行使。〔25〕受托管理人在行使权力时具有"绝对自由裁量权"(absolute discretion),但受到"谨慎义务"(duty of care)的约束,这要求受托人"表现出谨慎和尽职"以避免"任何过失,违约,违反责任或违反信任"。〔26〕同时,为了制衡受托管理人此种权力,债券

〔23〕 See Andrew Haynes, *Law Relating to International Banking*, Bloomsbury Professional, 2018, p. 128.

〔24〕 See *EMTN Trust Deed* (Practical Law), http://uk. practicallaw. thomsonreuters. com/0 - 201 - 8282? comp = pluk & transitionType = Default & contextData = (sc. Default) & first Page = true & bhcp = 1 & OWSessionId = NA & skipAnonymous = true, visited June 15, 2020, 第 10.1 条。

〔25〕 同上,第 11.2 条。

〔26〕 同前注〔24〕,第 15.1 条和第 15.17 条。

持有人可以通过“特别议案决议”(Extraordinary Resolution),迫使受托管理人对发行人采取法律程序,或罢免受托管理人。[27]

债券受托管理人架构在英国债券市场占主导地位。统计数据显示,2016 年和 2017 年分别有 88% 和 90% 的英国债券发行人使用这种结构。[28] 在其他普通法国家中,这种结构得到了广泛使用,甚至为立法的强制要求。比如在美国,根据 1939 年《信托契据法》(Trust Indenture Act)的要求,在所有 SEC 注册的债券中,必须设置受托管理人。该法律不仅为受托管理人的角色和职责设定了标准,而且还规定了其报酬和补偿机制。除了普通法国家之外,一些欧洲国家甚至伊拉克在主权债务发行中也采用了普通法为准据法,相应也设置了债券受托管理人结构。[29]

(一)中国债券受托管理人与普通法债券受托管理人

债券受托管理人架构提供了一种处理债券违约的便捷方法,受托管理人在违约事务中起主导作用,避免债券持有人直接被拖入一场漫长复杂的司法程序中。我国借鉴了这一制度,在 2020 年新框架中正式将债券受托管理人的概念纳入证券法。但我国债券受托管理人,与普通法国家的债券受托管理人存在许多不同之处。因此,需要进一步辨析。[30]

第一,我国债券受托管理人确实可以代表债券持有人行事。但是,我国债券受托管理人是否属于《信托法》所规定的受托人,其实争议不少。该法第 2 条规定:本法所称信托,是指委托人基于对受托人的信任,将其财产权委托给受托人,由受托人按委托人的意愿以自己的名义,为受益人的利益或者特定目的,进行管理或者处分的行为。

对于中国的信托法,著名的英国金融法学者与律师 Philip Wood 曾

---

〔27〕 同前注〔24〕,第 11.1 条和第 21.2 条。

〔28〕 See ICMA – NAFMII Working Group, *International Practices of Bond Trustee Arrangements*, https://www.icmagroup.org/assets/documents/About – ICMA/APAC/ICMA – NAFMII – WG – International – Practices – of – Bond – Trustee – Arrangements – 031218.pdf, visited March 5th, 2021.

〔29〕 同上。

〔30〕 在中国法律当中,叫“管理人”的还存在其他概念,如“破产管理人”。

评价道:“中国于 2001 年颁布了一部信托法,这可能是过去 25 年世界法律中最重要的法律事件之一。”[31] 在普通法概念下,信托涉及信托财产的转移,由受托人持有资产。但我国信托法在立法时有意淡化了财产所有权转移的特征,因为担心普通百姓会担心失去对财产的控制权,从而抵制立法。[32] 于是立法使用了“委托给”这样模糊的词语而不是“转移给”,容易在实务中造成混乱。市场上涉及有形资产作为信托财产时,更是自行创设出各种“财产收益权”以回避所有权转移的问题以及因此引发的税赋。我国债券在存托清算系统中是直接登记在债券持有人名下的,债券受托管理人并未持有信托财产,如果直接界定为信托法下的管理人会受到较大争议。

第二,我国《信托法》第 11 条明确规定的信托无效情形之一是“专以诉讼或者讨债为目的设立信托”。如果严格解释这一法律条文,则债券受托管理人不应被视为《信托法》规定的受托人,因为该债券受托管理人的主要义务在于代表债券持有人提起司法程序要求发行人或者担保人偿还债券本息,即“诉讼”加“讨债”。

第三,在英国债券受托管理人架构下,并不允许债券持有人直接对发行人提起诉讼,仅有受托管理人具有这种权力。在 Elektrim SA v Vivendi Holdings 1 Corp [2008] *EWCA Civ* 1178 中,债券持有人 Vivendi 在佛罗里达州提起一个法律诉讼中,主张发行人 Elektrim 公司存在欺诈行为,并声称受托管理人 Law Debenture Trust Corporation Plc 违反了其信托义务。发行人则起诉到英国高等法院(England and Wales High Court)申请要求反诉讼禁令,禁止 Vivendi 提起该法律诉讼。英国高等法院同意了发行人的申请并颁布了反诉讼禁令,Elektrim 公司不服提起上诉,但被英国上诉法院(England and Wales Court of Appeal)驳回。在裁判文书中,科林斯法官写道:

“受托管理人制度的目的是确保所有债券持有人都通过受托管理人行事。这确保了债券持有人之间没有竞争,在投资回报中享有平等

〔31〕 Philip Wood, Commercial Notions and Equitable Potions, in Sarah Worthington (ed.), *Commercial Law and Commercial Practice*, Hart, 2003.

〔32〕 参见江平口述,陈夏红整理:《沉浮与枯荣:八十自述》,法律出版社 2010 年版,第 415 页。

的份额。在全部债券持有人受到损失时,如果允许单个债券持有人自主提出索赔,则会引发受托管理人和单个债券持有人的多重诉讼或重复诉讼"。信托契据第10.2条中的"强制履行"(enforce performance of)债券一词并不限于主张特定履行(specific performance),必须至少扩大到对不偿还债券本息所造成损失的各类索赔。该用语应包括任何旨在维护债券持有人权利的主张(不仅是合同诉讼,还包括以欺诈为由的侵权诉讼——笔者注)。[33]

可以说,通过受托管理人主张权利是英国法项下该架构的本质特征。但我国债券受托管理人并没有相应的独立自主权,发生违约时,它必须先获得所有或部分债券持有人的授权,然后再采取任何法律行动。从这个意思上来说,更像是代理律师。

第四,债券受托管理人的任职资格和利益冲突规定有所不同。英国债券市场中,尽管对债券受托管理人没有法定的门槛,但通常的做法是,由获得授权的信托公司来充当受托管理人。此类提供公司信托服务的信托公司必须在英国或欧盟成立,并在英国设有营业地,最低股本为25万英镑,其中超过10万英镑必须以现金支付。[34] 在美国,债券的受托管理人必须是获得美国SEC许可的机构,且资本和盈余不少于150,000美元。更重要的是,为了避免利益冲突,受托管理人不能是债券的承销商,也不得直接或间接地由承销商控制。[35]

在我国2020年新框架中,并没有提到债券受托管理人的资本门槛。但这并不重要,从实务角度看,即使适用英国或美国的同等资本要求,这些候选机构(主承销商、金融资产管理公司、信托公司、律师事务所)很轻松就能越过这个门槛。但我国2020年新框架似乎忽略了利益冲突,直接允许债券承销商成为债券受托管理人的第一层次候选人,在笔者看来这并不妥当。在我国债券市场中,债券发行中的其他功能(如存托和清算)由中央结算公司或上海清算所等法定存管机构执行,债券承销商主要职责之一是准备债券说明书。许多承销商是大型银行

〔33〕 Elektrim SA v. Vivendi Holdings 1 Corp [2008] EWCA Civ 1178, para. 91, 92.

〔34〕 Trustee Act 1925 s. 68, Public Trustee Act 1906, The Public Trustee (Custodian Trustee) Rules 1975.

〔35〕 Trust Indenture Act of 1939, s. 310.

或证券公司。当违约发生时,债券投资者更愿意从这些财大气粗的中介机构中挽回损失,而并不寄过多希望于那些已经陷入困境中的发行人。国际市场亦是如此,持有人往往主张债券说明书中存在虚假陈述甚至欺诈,将承销商诉至法院。例如,在美国 1976 年的 Escott v. BarChris Construction Corporation 案中,地区法官 Mclean 就明确了这种因果关系:

"承销商说,债券说明书是发行人公司的说明书,而不是承销商的说明书。毫无疑问,这是他们习惯地对待它的方式。但是美国证券法没有承认这种区别。如果债券说明书虚假,承销商与发行人同样要负责,因为潜在的投资者在确定是否购买证券时信赖了承销商的声誉。"〔36〕

我国的投资者已经依葫芦画瓢,比如投资者已经将无法偿还的五洋建设债券的承销商德邦证券有限公司于 2019 年 5 月诉至浙江杭州中级人民法院,成为追究债券承销商责任的首例案件。〔37〕 因此,如果忽视这种利益冲突,笔者认为可能会使承销商无法发挥其作为债券受托管理人的作用。

(二)改进我国债券受托管理人的建议

债券受托管理人架构作为普通法债券市场的基石,目的在于代表债券持有人的不同利益,以便实现快速集体行动的目标。但我国债券受托管理人的设计能否实现这一目的还有待观察。由于种种原因,债券受托管理人更像是诉讼代理人,而不像《信托法》中的受托人。前者需要债券持有人的授权才能采取行动,而后者则可以依照信托文件自主享有酌处权。律师事务所作为债券受托管理人的候选机构之一,从另一方面可以印证这一观点。我国引入债券受托管理人,比以往有较大进步,因为管理人要起到主导作用,提升了债券违约后的响应能力,较好地解决了一些程序性问题,但是不足之处在于当债券受托管理人试图处理违约时,缺乏酌处权可能会阻止它采取明智的行动,而利益冲

〔36〕 283 F. Supp. 643 (S. D. N. Y. 1976).

〔37〕 参见朱琳娜:《全国首例公司债券欺诈发行民事赔偿案开庭》,载《上海证券报》2019 年 5 月 16 日。

突可能会阻止它迅速采取行动。此外,受托管理人还可能不得不与那些急于查封资产的"独狼"型债券持有人竞争。

笔者认为,债券市场瞬息万变,法律亦需不断发展升级,这样才能增强投资者的信心。我国已迈出了第一步,放弃了一种不太适应的财务代理人结构,应该考虑更进一步,对《信托法》进行修订,以适应债券市场的需求。毕竟,《信托法》颁布之时,还不存在债券违约。比如,对于信托财产的界定,随着信托的观念慢慢被社会接收,以前的担心已经显得过时,不如及时明确概念。法律也是不断变化以适应市场的,即使在普通法管辖区,也有学者注意到债券信托也与正常的信托有所区别,因为信托财产是间接的(circular)。在新西兰,立法者甚至试图用"监督人"(supervisor)代替"受托人"(trustee)一词,以便将债券受托管理人与其他受托人区分开。[38] 当然,名称是什么并不是最重要的,最重要的是债券受托管理人的权力和职责。因此,我们可以加以改进兼容国际标准,以使我们的市场对外国投资者更加有吸引力。

三、债券违约事件和加速到期之认定

在国际市场上,违约事件是债券文件中预先规定的条件,触发违约时允许债券持有人要求立即全额还款,即违约事件与加速到期挂钩。通常情况下,不支付债券本息以及发行人破产、解散是主要的违约事件。各种债券限制性约定(bond covenants)(包括交叉违约,资本结构变化、信用评级下降等)也经常被加入债券文件当中,违反这些限制性约定也可以触发违约。有学者的研究表明,此类限制性约定与发行人陷入困境的可能性构成线性相关关系。[39]

与贷款协议相比,债券发行中的违约事件没有那么严格,通常允许

---

〔38〕 See Benjamin Liu, *The Contractual Nature of Bond Trusts and Security Trusts*, 8 Journal of Business Law 680 – 697 (2017).

〔39〕 William W. Bratton, *Bond Covenants and Creditor Protection: Economics and Law, Theory and Practice, Substance and Process*, 7 European Business Organization Law Review 39, 22 (2006).

更长的宽限期,并且不会约定重大不利变化条款(material adverse change)。正如 Philip Wood 提到,债券期限较长,债券持有人不得不面对更大的环境变化,而持有人的观点分歧(而不是贷款银行独立决定)将使得豁免非实质性违约或者修改债券重要条款在实务中非常困难。[40] 在国际市场上,这种违约之后的组织、沟通、协调更难,因为持有人位于不同的司法管辖区且使用不同的语言。此外,银行债权人可以视情为陷入困境的发行人提供更多融资以渡过难关,而债券持有人几乎不可能这样做以挽救发行人。在这种情况下,不宜随意宣布债券违约。

(一)债券受托管理人的自由裁量权:以发达市场为例

英国法并没有特别立法规定债券违约时受托管理人的职责和程序要求,其《2000 年受托人法》(Trustee Act 2000)仅规定了受托人审慎义务的一般原则。但市场经过长期发展,已经在债券发行中形成了一些标准性文件和普遍接受的条款。当然,各利益相关方可以在发行时协商修改文件条款,以满足债券的特定要求。值得强调的是,在英国债券受托管理人结构中,只有债券受托管理人才有权主张加速到期,与此同时,债券持有人保有最终控制权。[41]

因此,英国的受托管理人可以酌情行使其权力,决定是否宣布发生违约事件或放弃轻微违约行为。EMTN 信托契据提供了“违约豁免”的标准条款,内容如下:

除非违反债券持有人通过的特别议案决议明确指示,受托人可以在无须取得债券持有人同意的情况下:(a)放弃或授权发行人(或担保人)违反本契据或发行条件的任何行为;或(b)忽略违约事件或潜在的违约事件。[42]

这样的条款使受托管理人可以运用其知识和技能来忽略一些较为轻微的违约行为,避免采取鲁莽行动反而伤害了债券持有人的利益。在 Re Kaupthing Singer and Friedlander Limited (in administration)

---

〔40〕 Philip Wood, *International Loans, Bonds, and Securities Regulation*, Sweet & Maxwell 1995, p. 143.

〔41〕 同上注,第 122 页。

〔42〕 参见前注〔24〕,第 16 条。

［2011］UKSC 48 案件中，英国最高法院确认了受托人加速到期的酌处权。这种酌处权可能会产生不同的结果。比如，在 Bank of New York Mellon v. GV Films Ltd. ［2009］EWHC 3315（Comm.）中，受托管理人所依赖的违约事件是发行人未能支付受托管理人应得的法律费用而不是欠付债券本息，但法院认可这构成实质性影响，故支持受托管理人加速到期的主张。

而在 Concord Trust v. Law Debenture Trust Corp. Plc. 中[43]，情况则有所不同。在该案中，Law Debenture Trust Corp. Plc. 担任一笔由 Elektrim 公司所发行债券的受托管理人，被债券持有人 Concord Trust 起诉。该案基本案情是债券持有人为保护自己的利益，在 Elektrim 公司任命了一名董事会成员，但随后 Elektrim 公司暂停了该成员的职务，受托管理人认为这种暂停严重损害了债券持有人的利益并宣布触发违约。但是，受托人对于是否宣布违约并主张加速到期犹豫不决，因为 Elektrim 的律师威胁说，加速到期可能会被认定无效，而且可能给 Elektrim 造成重大损失，Elektrim 会反过来起诉受托管理人要求赔偿巨额损失。在这种情况下，债券持有人同意承担对因加速到期是否有效而引发纠纷的相关律师费用。但受托管理人觉得不够安全，坚持要求在主张加速到期之前由债券持有人提供额外的豁免（additional indemnity），以涵盖受托人被 Elektrim 公司反诉损害赔偿的风险和赔偿责任。最终债券持有人拒绝提供这样的豁免，并将受托管理人诉至法院。案件最终打到英国上议院（当时英国尚无最高法院，由上议院承担终审职能），上议院首先承认“受托管理人具有采取法律行动的广泛酌处权，包括但不限于启动其认为适当的法律程序”，然后强调，一旦有符合所需数额的债券持有人给出指示（通常是债券总额的 25%——笔者注），受托管理人就有义务主张加速到期。关于额外的豁免，受托管理人似乎过于担心了，这种被反诉而承担巨额赔偿的风险几乎不存在。

相比之下，美国 1939 年《信托契据法》为美国债券市场的受托管

［43］ Concord Trust v. Law Debenture Trust Corp. Plc. ［2005］UKHL 27；［2005］1 WLR 1591.

理人提供了详细的指南。该法规定,受托管理人在发行人违约事件发生前,并无相关义务。发生违约事件后 90 日内,受托管理人应将所有违约情况通知债券持有人。[44] 应当指出的是,该法也明确,如果受托管理人的董事会、执行委员会或信托委员会的董事和/或负责人员真诚地相信不通知债券持有人对持有人更有益,也可以不通知。通知之后,根据该法第 316 条的规定,如果持有特定本金金额的债券持有人给受托管理人发出书面指示,则受托人有义务采取进一步的法律行动比如主张加速到期。此类书面指示可以具体明确"受托人可采取的任何救济措施的时间,方法和地点"。[45] 由此可见,美国法项下的受托管理人有一定程度的酌处权,但这种酌处权比英国法项下的酌处权有所限制。

值得注意的是,美国 1939 年《信托契据法》对债券持有人自己采取的法律行动采取了不同的态度,虽允许债券持有人自行采取行动,但救济措施有所限制。该法规定,债券持有人有权"在相应的到期日或之后"采取法律行动追讨其未得到偿付的本金或利息,除非债券文件中纳入条款限制或拒绝这种权利。[46] 但是其他补救权利如主张加速到期,因涉及未到期的本息,限定只能由受托管理人行使。[47]

(二)我国债券中的违约事件和加速到期

基于长期无风险的市场环境,我国债券市场的标准文件过于简单。举例来说,在 2014 年发行的一笔债券说明书中(发行人为《河南日报》报业集团有限公司,AA 级发行人),[48] 只有 3 个事件被定义为"违约事件":发行人未付本息、解散、破产。交叉违约条款或诸如消极担保条款(negative pledge),限制分红条款(dividend covenant)等其他国际市场上的常用债券约定很少见。此外,违约事件并不与加速到期挂钩,

[44] Trust Indenture Act 1939 s. 315 [77ooo].

[45] 同上注,s. 316 [77ppp](a)(1).

[46] 同上注,s. 316 [77ppp](b).

[47] Kahan Marcel, *Rethinking Corporate Bonds: The Tradeoff between Individual and Collective Rights*, 77 New York University Law Review (2002), https://ssrn. com/abstract = 304062, part I. B. 2.

[48] 参见河南日报报业集团有限公司 2014 年度第一期中期票据募集说明书,载 http://pg. jrj. com. cn/acc/CN _ DISC/BOND _ NT/2014/02/13/Is0000000000008wmel. pdf. ,2020 年 7 月 1 日访问。

几乎在所有的债券说明书中都没有提及加速到期权利，这与英美等发达市场的做法完全不同。因此，在发生违约事件时，债券持有人必须依靠合同法条文及理论而非债券说明书条款来主张加速到期，这样一来，能否加速到期很大程度上取决于法官的判断。在司法实践中，许多法官基于固有的贷款合同审判理念（贷款合同往往明确约定了加速到期条款），倾向于准许加速到期，理由是合同目的无法实现。〔49〕

笔者认为，过分简单的违约事件条款，更适应我国2020年前框架中的财务代理人架构。它限制单个债券持有人随意主张加速到期，也不鼓励债券持有人通过债券限制性约定来干预发行人的内部管理。这样的结果是持有人只能眼睁睁地看着发行人不断陷入困境，并只能在无法还本付息时介入发行人的内部事务。介入方式之一是召开持有人会议对发行人施加压力，但这种会议的决议对发行人不具有约束力。介入方式之二即发起诉讼。但在缺乏债券受托管理人架构的情况下，债券持有人必须自行采取行动。有些持有人会抢先查封资产并寻求加速到期，有些持有人提议谈判对债券重组，还有些持有人则希望坐享其成。

债券持有人的这些不同想法和行动会导致不可预测的结果。在英美等发达市场，受托管理人的酌处权可以使发行人有更长的宽限期来寻找解决方案，在我国则并非如此。发行人通常只能享受不到一周的宽限期（往往以付款网络故障等技术性违约为由），然后就不得不面对着急的债券持有人向法院申请的多个查封裁定。在轮候查封、优先处置的执行制度和申请不畅仍需完善的破产制度下，可以理解债券持有人的行为——要么迅速行动，要么可能一无所获。但是，这些司法诉讼不仅增加了法律成本，还迫使发行人陷入更大困境甚至破产，从而使法庭外重组的可行性大大降低。在破产程序中，债券持有人可能处于更加不利的地位，因为大多数债券在我国发行时并没有提供抵押物或者其他担保措施。

此外，在缺乏债券专门立法的情况下，恐慌的债券持有人还试图以违约事件之外的其他理由主张加速到期，比如发行人信用降级、债券说

---

〔49〕 参见原《合同法》第93条第4项。

明书存在虚假陈述、预期违约等。有些案件中法院会支持这种主张,比如在一起针对中城建永续债主张加速到期的案件中。[50] 但是,永续债券与其他债券有所不同,其名义虽然是债,但筹集的资金往往在会计上作为股票权益(equity)来对待。通过定期支付票息,发行人无须赎回本金,因此永久债券并没有到期日。"永久债券的违约通常仅限于不付款和清算。"[51] 在该案中,债券持有人提起诉讼,援引了预期违约这一合同法原则,其依据是债券发行人没有及时支付其他债券的利息。持有人选择这一理由可以理解,因为该笔债券说明书中未约定交叉违约条款。最后法院判决支持了债券持有人,但学界针对永续债能否加速到期则提出了不同的观点。[52]

(三)债券纪要:改进和缺点

在2020年新框架中,最高人民法院发布的《债券纪要》明确了债券纠纷的管辖法院,减少了管辖权争议,还认可了债券受托管理人的地位,以此来鼓励集体行动。这大大地减少了裁判冲突和降低了法律成本。

虽然鼓励集体行动,但《债券纪要》并未限制单独行动。其中第6条明确规定"在债券持有人会议决议授权受托管理人或者推选代表人代表部分债券持有人主张权利的情况下,其他债券持有人另行单独或者共同提起、参加民事诉讼,或者申请发行人破产重整、破产清算的,人民法院应当依法予以受理"。

关于违约事件与加速到期,第21条则区分不同情形。对于债券持有人关于债券当期利息或者到期本息的主张,法院应当支持,但债券持有人要求发行人提前还本付息(类似加速到期),如果以发生违约事件为由主张,则法院"应当综合考量债券募集文件关于预期违约、交叉违约等的具体约定以及发生事件的具体情形予以判断"。如果以欺诈发

〔50〕 中国城市建设控股集团有限公司与景顺长城基金管理有限公司公司债券交易纠纷案,(2018)沪02民终3136号。

〔51〕 同前注〔43〕,第140页。

〔52〕 参见戴若云:《永续债解除之惑——评首例永续债合同解除案件》,载2019年8月北京大学金融法评论,载https://cj.sina.com.cn/articles/view/6289104432/176dc1e3001900iz75?sudaref,2020年6月23日访问。

行、虚假陈述为由主张，法院“应当综合考量其他证券的欺诈发行、虚假陈述等行为是否足以导致合同目的不能实现等因素，判断是否符合提前解除合同的条件”。[53]

笔者认为，《债券纪要》的颁布，从不同的方面着眼，有助于推进违约债券的重组和处置。但由于刚刚实施，尚无法全面评估其效果，其中与国际实践的不同之处，更是有待进一步观察。首先，我国的债券受托管理人没有前期酌处权，没有事先授权也无法采取行动，因此仅仅能在债券无法还本付息之时才能发挥其专业作用。其次，即便受托管理人想协调重组，但由于《债券纪要》不限制单个债券持有人的独立行动，导致协调困难重重。独狼型债券持有人的诉讼和查封行为极有可能为债券成功重组造成障碍。最后，是否加速到期，《债券纪要》仅仅提供了原则，这涉及法官对合同法的理解和案情的判断，可能引发法律适用不统一的争议。鉴于此，笔者建议重新设计市场标准文件，尤其是投资者保护条款，以适应投资者的各种需求。比如重新定义“违约事件”，将不同的违约事件与加速到期直接挂钩，这样可以通过条款的设置减少法官自由裁量权带来的不确定性。此外，还应允许市场主体在博弈之后在债券说明书中纳入各类债券限制性约定，以允许早期观测和干预发行人内部经营管理，以此推动及时重组，避免更大的损失。

四、集体行动机制和条款设计

当发生违约时，协调众多债券持有人达成重组计划，是非常困难的一件事。菲利普·伍德(Philip Wood)总结他的实务经验评价称：“在实践中，债券条款谈判修改比银行贷款要困难得多，在银行贷款中，只需要咨询几家银行。”[54]

因此，集体行动机制的设计就非常重要，这样才能解决“抵抗债权人”(holdout creditor)问题，否则个别债权人坚持不同意，会让整个重组

〔53〕 参见《全国法院审理债券纠纷案件座谈会纪要》(2020年)第21条。

〔54〕 同前注〔43〕，第120页。

陷入僵局。在主权债务上更是如此,债券持有人语言不通,位于不同的国家,更是难以开展谈判。英国破产法专家奥利瓦雷斯·卡米那(Olivares Caminal)教授指出,这已成为主权债务市场的关键问题,他归纳总结了集体行动条款(collective action clause,CAC)的发展历史之后,提出CAC这一合同约定有助于解决这一问题。[55]目前,CAC发展出各种不同的具体内容,但其基础是债券持有人的会议和相关决议。因此,债券文件中债券持有人会议的程序、法定人数和通过决议条件等,将极大地影响债券重组以及持有人的利益。

(一)发达市场中的集体行动机制

在英国债券市场的历史上,由于法律的严格要求,发行人经常被迫进入清算,而无法获得拯救。套牢债权人可以通过威胁发行人清算来获得优先解决或者更优惠对待。[56]这一问题日趋严重之后,公司债券和主权债券纷纷加入CAC,并得到了法律的认可。[57]债券持有人可以通过特别议案决议,以约束受托人的酌处权。通常依照信托契据,代表75%或以上投票权的持有人可以在持有人会议上通过此类决议。[58]持有人会议必须由两个或两个以上合计拥有或代表50%以上投票权的持有人参加方才有效。特别议案决议可以修改债券期限,减少本金数额或更改债券的其他实质条款,以便于各方谈判和增加重组成功性。它对所有债券持有人均具有约束力,而不论其是否出席会议。

与英国市场灵活的合同安排相比,美国选择了另一种方式。主权债务重组专家李·C. 布赫海特(Lee C Buchheit)总结了美国从1880年至2001年关于该条款的历史发展,其中特别提到了美国证券交易委员会对滥用CAC的关注。在较为极端的案例中,股东通过收购或其他方式控制了违约公司的绝大部分债券以达到CAC表决门槛,然后通过

〔55〕 Rodrigo Olivares - Caminal (ed.), *Debt Restructuring*, Oxford University Press 2011, pp. 381, 434 - 448.

〔56〕 See Lee C Buchheit, G. Mitu Gulati and Ashoka Mody, *Sovereign Bonds and the Collective Will* [2002] SSRN Electronic Journal, http://www.ssrn.com/abstract=346884, visited June 23, 2020.

〔57〕 See Liz Dixon and David Wall, *Collective Action Problems and Collective Action Clauses*, Financial Stability Review 145 (June, 2000).

〔58〕 同前注〔24〕,第1.1条。

决议暂停债券还本付息,但公司分红仍然继续进行。这种滥用的做法相当于颠覆了公司破产时股东与债权人的受偿顺序,导致了美国证券交易委员会的反感。[59] 此后,美国 1939 年《信托契据法》立法时,SEC 强烈提议,立法所允许的 CAC 条款仅应限于"持有不少于 75% 债券本金的持有人可以通过决议……将支付利息期限从到期日延长不超过三年"。也就是说,持有人在集体行动中的让步是非常有限的,仅适用于利息支付而不扩展到本金,且让步有期限限制。除非每个债券持有人单独同意,否则不得减少未偿还的本金金额。[60]

主权债券违约中,CAC 已被广泛用于促进重组,因为国家无法被宣告破产,也很难对违约国采取法律行动或者强制执行措施,导致只能依靠此类条款进行谈判。在 ICMA 2014 年发布的标准 CAC 中,将涉及重组的保留事项(reserved matters)界定为包括但不限于修改付款日期、利率或货币。在单个系列债券中通过保留事项,需要持有未偿本金超过 75% 的主权债券持有人同意。此外,多系列主权债券的违约重组,还设计出一种更为复杂的两肢投票模型。[61]

(二)中国 CAC:进一步接轨国际标准

我国债券违约的浪潮凸显了集体行动机制的关键作用,缺乏这样一个机制,则许多违约发行人会被拖入了破产程序。破产程序需要司法公权力的介入,涉及更多利益相关者,程序更加耗时,而且是终结性的,并不一定符合债券持有人的最大利益。因此,2020 年新框架着眼于完善集体行动机制。

与《2013 年会议规程》相比,《2019 年会议规程》有两个突破。其一,首次区分议案类别和引入了与英国类似的特别议案决议的概念。其二,计算表决权的基础不再限于会议参加者所持有表决权。无论债券持有人是否出席会议,未偿还本金总额的 50% 和 90% 是普通决议和特别议案决议的通过标准。关于会议生效的条件,则由原来代表 66%

---

〔59〕 参见前注〔57〕。

〔60〕 Trust Indenture Act 1939 s. 316 [77ppp].

〔61〕 ICMA, *Collective Action Clauses*, https://www.icmagroup.org/Regulatory - Policy - and - Market - Practice/Primary - Markets/primary - market - topics/collective - action - clauses/, visited June 27, 2020.

表决权的债券持有人出席降低为50%,即降低了召开会议的难度。

与此同时,《债券纪要》进一步解决了会议效力的问题。持有人会议和表决机制作为债券说明书中的合同安排,会受到一些不满意的债券持有人的质疑,理由是格式合同条款未尽到提示说明义务、不公平不合理、会议程序错误等。《债券纪要》强调,除非存在法定无效事由,法院应当认定会议决议合法有效。当然,我国债券市场还不成熟,为防止滥用集体行动机制,个案司法审查是必不可少的。比如,发行人海航集团2020年4月召开了债券持有人会议,随后通过了一项决议,同意其1.63亿美元的债券延缓支付本息。大多数债券持有人仅仅在会议召开前半小时才收到会议通知,故对此发出了强烈抗议,震惊了市场。尽管海航集团后来为延迟通知道歉,但拒绝宣布该决议无效。[62]

笔者认为,尽管2020年新框架中的集体行动机制开始与国际标准接轨,但仍有足够的改进空间。首先,与其他发达市场75%的特别议案决议通过标准相比,我国特别议案决议的90%标准似乎过于严苛。一方面,较高的标准会阻止一些有影响力的发行人比如受地方政府支持的重要企业压迫债券持有人。换句话说,发行人提供的重组方案必须为更多债券持有人所接受。这在一定程度上体现了我国国情。另一方面,持有超过10%投票权的任何人都可以轻易阻止任何重组计划,相当于拥有最终决定权,这使解决发行人的财务困境变得更难。因此,这种90%标准是一把"双刃剑",应根据观察市场实践,然后考虑是否进一步调整。

其次,《债券纪要》采用了美国的方法,允许任何债券持有人对其已到期的款项单独采取法律行动。如果独狼型债券持有人拒绝重组并单独行动,则要么首先让其满意,要么就极有可能把发行人拖入破产程序。根据我国《企业破产法》,通过重整计划草案需要由出席会议的同一表决组的债权人过半数同意,且其所代表的债权额占该组债权总额的2/3以上。[63] 破产程序涉及更多的利益相关者,并且继续耗尽发行

〔62〕 See Zhang Yan and Ryan Woo, *China's HNA Raps Finance Department for Short Notice to Bondholders Reuters* (Apr. 16, 2020).

〔63〕 参见《企业破产法》第84条。

人的资产,与债券重组相比,很可能债券持有人收回的本金更少。这种博弈将会不断发生,市场实践将证明债券持有人的最佳策略是什么。

结 论

本文介绍了近年来我国的公司债券违约情况。这一波违约潮唤醒了投资者,无风险的债券市场已不复存在,必须面对现实。其中,违约处置机制引起了全世界的关注,因为它关系到投资风险和回报至关重要。在我国进一步向外国投资者开放资本市场的新时代,该机制值得关注。本文同时分析了2020年前后我国债券法律框架的变化,集中于三个焦点:债券受托管理人架构,违约事件和加速到期,集体行动机制。在法律框架升级过程中,我国借鉴了发达市场的经验,力求与国际惯例接轨。所有这些改进,将有利于违约债券的处置。但2020年新框架出台比较迅速,能否经受市场考验还有待进一步观察。

在笔者看来,对于立法而言,当我国将源自普通法系的受托管理人架构纳入以大陆法系为基础的法律体系中时,整合起来需要付出更多努力。对于一些无法共存的概念或者制度,则需要对立法比如信托法进行相应的修改;对于监管而言,割裂的债券市场给规则的统一造成了一定的障碍,市场规则不统一将导致规则冲突和监管套利,不利于营商环境;对于司法而言,债券违约案件很大程度上是未开发的处女地,需要法官进一步接受培训,积累经验,然后才能及时向市场提供司法指引;对于市场而言,则需要及时更新相关的格式化市场文件,完善合同条款。这一切,虽然任重道远,需要各方通力合作,但在我国对外开放的积极态度之下,实际目标并不遥远。

(编辑:宋澜)

《证券法苑》(2021)
第三十一卷,第324~344页

论《民法典》颁行对企业资产证券化之影响*

徐英军** 孔小霞***

摘要:企业资产证券化具有以将来债权为交易客体、以债权转让为关键环节、以特殊目的载体为交易架构等私法特征。《民法典》确认了未来应收账款转让的合法性,赋予应收账款等金钱债权转让的自由性,并加强了对应收账款受让人权益的保护,为企业资产证券化提供了法律支撑。除了个别立法技术瑕疵之外,《民法典》关于债权转让的债务人抗辩权规则和转让通知规则遗留了企业资产证券化的法律风险,应收账款转让登记和证券化特殊目的载体制度留白也有待金融专门立法予以增补。

关键词:民法典 债权转让 应收账款 资产证券化

---

* 本文是河南省社科规划项目"合同法演进视野中商事契约群的规范研究"(2019BFX018)的阶段性成果。

** 郑州航空工业管理学院文法学院教授。

*** 河南财经政法大学法学院副教授。

前　言

资产支持证券作为标准化金融产品，为我国资本市场注入了新的活力，成为金融回归本源、服务实体经济的重要抓手，在深化金融供给侧结构性改革和“积极稳妥去杠杆”等方面功不可没。不同于旨在提高金融企业流动性的信贷资产证券化，我国在证券交易所实施的企业资产证券化成为实体经济领域工商企业的重要融资工具，并自 2016 年起占据整个资产证券化市场份额的半壁江山。[1] 就整个企业资产证券化市场来看，民营企业的融资规模约为 2 万亿元，高出国有企业近 1 倍。[2]

然而，我国企业资产证券化从一开始就处于市场主体先试先行、学术研究被动滞后、立法建设滞缓缺位的状态，受到诸多法律风险的困扰。“金融市场不存在于规则之外，而是由规则构成。”[3] 即使市场主体试图逃避监管，他们的活动仍然仰赖于法律确认或证明，缺乏法律确定性无疑是建立有效市场的主要障碍。相较于国际接轨较好、发展成熟的信贷资产证券化，企业资产证券化法律关系更复杂，风险隐患更显著，更需要法律制度的确认与保障。目前，我国企业资产证券化的证券发行与交易环节已有较成熟的法律规则与监管制度，但证券化基础资产的集合与转让环节却一直存在“法律饥渴”问题。法律制度供给不足给这一融资创新模式市场功能的发挥带来诸多不确定性，监管机构也只得在“摸着石头过河”中谨慎试错和不时调整行业政策和监管规

〔1〕 2016 年，企业资产证券化融资额在整个 ABS 市场占比 53.05%，形成与信贷资产证券化均分天下之势，详见阳光证券化基金管理有限公司：《2016 资产证券化市场年报》，载 http://www.01caijing.com/article/13760.htm，2019 年 3 月 15 日访问。2019 年，企业 ABS 发行总规模 11,064.4 亿元，市场占比约 52.4%，详见《2019 年度中国资产证券化市场白皮书》，载中国资产证券化分析网，https://file.01caijing.com/attachment/202001/F679717F36A34D7.pdf，2020 年 5 月 10 日访问。

〔2〕 参见《2019 年度中国资产证券化市场白皮书》，第 22 页，载中国资产证券化分析网，https://file.01caijing.com/attachment/202001/F679717F36A34D7.pdf，2020 年 5 月 10 日访问。

〔3〕 Katharina Pistor, *A Legal Theory of Finance*, Journal of Comparative Economics, Vol. 41, p. 321, 2013.

则。这种状况既不利于市场主体的权益界定和交易规范,也不利于把控基础资产质量、降低证券化市场风险和维护金融秩序与安全。

金融工具创新的实质是通过市场交易实现风险重组与分配,这些交易的法律性质为私法行为,只有厘清企业资产证券化的民事法律关系构造,才能规范其行为、评估其质量和防范其风险,推进法律建构和市场规制。“如果不厘清金融交易的民商法基础而贸然采取激进的监管措施,会扼杀金融交易的活力进而阻却金融市场的创新动力。”〔4〕《民法典》被习近平主席誉为“具有鲜明中国特色、实践特色、时代特色的民法典”,〔5〕新增了一些支持新型业态发展的法律规则。与企业资产证券化有关的主要是“合同编”中细化的合同权利义务转让规则和新增的保理合同规则,〔6〕“物权编”中应收账款质押规则也有可供参考的修订,总体而言是“喜忧皆有、风险犹存”。本文将在提炼企业资产证券化的私法构造特征基础上,梳理和解读《民法典》相关新规则及其立法得失,阐释和论证将来之立法完善与制度建构。

一、企业资产证券化交易特征的私法审思

(一)将来债权成为企业资产证券化的交易客体

1. 企业资产证券化的基础资产多为应收账款

“应收账款”原为金融学、会计学用语,2007 年我国《物权法》首次将其吸纳为法律术语,但未予定义。此次编撰《民法典》吸收《物权法》时仍未明确其含义。目前关于应收账款的最高层次立法定义见于同《物权法》配套实施的部门规章《应收账款质押登记办法》,即“应收账款是指权利人因提供一定的货物、服务或设施而获得的要求义务人付

〔4〕 李安安:《股债融合论:公司法贯通式改革的一个解释框架》,载《环球法律评论》2019 年第 4 期。

〔5〕 习近平:《充分认识颁布实施民法典重大意义,依法更好保障人民合法权益》,载《求是》2020 年第 12 期。

〔6〕 《民法典》合同编分为 3 个分编、29 章、共 526 条,约占整个《民法典》法条总数的 42%,在原《合同法》和多个司法解释基础上做了充实、完善。

款的权利,包括现有的和未来的金钱债权以及产生的收益,但不包括因票据或其他有价证券而产生的付款请求权”。该办法还列举了五种应收账款。之后,2014 年的《商业银行保理业务管理暂行办法》沿用了相同表述。2017 年,中国人民银行修订《应收账款质押登记办法》:一是扩展了应收账款的内涵,增加“依法享有的其他付款请求权”这一兜底性表述;二是调整了对应收账款的分类列举,将销售债权和租金债权合并为第一种,将“提供服务产生的债权”细化为“提供医疗、教育、旅游等服务或劳务产生的债权”列为第二种,将不动产收费权扩充为“能源、交通运输、水利、环境保护、市政工程等基础设施和公用事业项目收益权”作为第三种,将“提供贷款或其他信用活动产生的债权”列为第四种,另外增加“其他以合同为基础的具有金钱给付内容的债权”作为第五种应收账款。可见,中国人民银行对应收账款定义的外延较广,这也符合国际通例。[7] 从法学角度来看,应收账款可以理解为企业在生产经营中基于交易合同产生的各种以金钱给付为内容的现有和将有债权,但已经证券化的金钱债权(如票据、存单等)因有其特殊的权利证成和转让方式等因素被排除在应收账款之外。

尽管实务界往往把企业资产证券化的基础资产(证券化法律关系的客体)分为债权(典型的应收账款)和收益权[主要包括基础建设项目收益权、不动产收益权和信托收(受)益权等],但从法学视角分析,基础建设项目收益权和不动产收益权都是基于特定基础设施被有偿使用的收费权,其法律性质仍是基于合同的债权请求权,其“债权”性质已在相关诉讼中得到司法机关确认。[8] “信托受益权”是《信托法》明

---

〔7〕 国外对应收账款的定义多取广义,指称各种基于合同所产生的付款请求权。譬如,《美国统一商法典》(UCC)第 9 章第 106 条将应收账款定义为因任何出售或出租物品以及提供服务而取得款项的权利,无论权利人是否已履行义务,只要此种权利未以票据或动产契据作为证明。该应收账款概念涵盖“被前第九章视为一般无体财产权的各种偿付请求权”,包括未来应收账款;联合国国际贸易法委员会的《国际贸易应收账款转让公约》(2001 年)也将应收账款视为各种基于合同所产生的金钱债权。

〔8〕 参见上海市高级人民法院对安信信托与昆山纯高案的二审判决书,裁判文书编号:(2013)沪高民五(商)终字第 11 号,载 https://www.itslaw.com/api/judgements/download?judgementId=9d5a5962-6941-4d3b-a5a5-9abe8c728816,2021 年 3 月 10 日访问。此外,证券化实践中有将特许经营权中的收费权分解出来作为基础资产进行证券化,该收费权的法律性质也是合同约定的一种将来应收账款。

确确认的权利类型,内容具有综合性,“信托收益权”仅是“信托受益权”的权利内容之一,二者不能画等号。综上,企业资产证券化基础资产可分为应收账款债权与信托受益权两类,其中,主要是各类应收账款债权。[9]

2. 未来应收账款成为企业资产证券化的交易客体

进一步分析前述各类应收账款,可以根据债权人是否已经履行完对价义务而分为现有应收账款与未来应收账款两类,前者属于现实债权,债务人不享有先履行抗辩权;后者属于将来债权,债务人往往享有先履行抗辩权。未来应收账款又可划分为两种:一是基础交易合同业已存在,债权金额可以确定,但债权人和债务人的义务履行尚均需特定事实发生,如所附条件成就、履约时间届至等,包括场地租金、设备(设施)租金应收款、未到支付期的贸易应收款、BT 项目回购款等;二是尚无营业等基础交易关系或者债权金额未确定,但交易合同的签订和履行具有必然性或者可预期性,这种应收账款被称为纯粹的将来债权,包括路桥隧道通行费应收款、水利电力等基础设施使用收费权、水电气热销售应收款、污水处理费或门票收入应收款等。

目前,开展证券化成为基础资产的应收账款大多属于未来应收账款,证券化操作的实质就是通过这些将来债权的“预先实现”帮助原始权益人融入资金,以应收账款将来产生的现金流回报证券投资者。显然,这些将来债权因其自身特性而存在诸多风险因素:(1)依据民法原理,将来债权仅是一种期待或期待权,具有不确定性,[10]其能否转让、如何转让,存在法律风险;(2)依据会计准则,纯粹未来应收账款的营业尚未发生或债权金额尚未确定,不能计入原始权益人会计报表的“资产”,自然也无“真实销售”或“出表”之说,[11]存在权益风险;

---

〔9〕 2016~2019 年,企业资产证券化市场各资产类型的占比情况是:保理融资约23.5%,融资租赁约 17.05%,商业应收账款约 11.92%,收费收益权约 9.35%,信托受益权为5.8%。详见《2019 年度中国资产证券化市场白皮书》,载中国资产证券化分析网,https://file.01caijing.com/attachment/202001/F679717F36A34D7.pdf,2020 年 5 月 10 日访问。

〔10〕 参见[德]拉伦茨:《德国民法通论》,王晓晔等译,法律出版社 2003 年版,第 294 页。

〔11〕 参见刘燕、楼建波:《重思资产证券化的法律原理》,载《中国金融》2018 年第 21 期。

(3)依据实际操作,未来应收账款证券化以企业的逐笔交易数据而非财务状况为基础,现金流预算难度很大,其实现更高度依赖原始权益人的正常、持续经营,存在现金流风险。我国的首单基础资产使用收费权证券化实质性违约案例,就是受累于我国煤炭行业不景气,运输车辆骤减导致黄河大桥通行费收入锐减所致。[12]。

(二)债权转让是企业资产证券化的关键环节

1.债权转让是企业资产证券化的交易核心

从理论上说,企业资产证券化有基础资产转让与资产支持证券发行两个环节,共同完成把流通性不强的债权资产转换为类货币高流动性证券的融资功能。在债权转让阶段,要进行同类应收账款债权的择选、集合,通过期限错配等技术组合形成基础资产池,并转移所有权给特殊目的载体(SPV)以实现风险隔离,这是企业资产证券化的关键环节。实务操作则往往在达成证券化意向或签署附条件协议后,先发行证券募集资金,再购买债权,并且在资金募集端可能对接公募基金或其他普通资管计划等机构投资者。如果购买资产支持证券的普通资管计划的管理人与证券化"专项资管计划"管理人是同一家金融机构,则形成"一手托两家"的"双重委托(信托)关系",与原始权益人之间属于财产受益权信托,与证券投资人之间属于集合资金信托。[13]

债权转让具有两方面意义。其一,法律意义在于使基础资产归属于受让人,免受转让人其他债务或破产风险的影响,保障基础资产将来所产生的现金流收入和其他附属权益(担保物权或保证债权)用于偿付证券投资人。[14] 在这种"资产信用"融资模式下,融资规模由所转让

---

〔12〕 即2016年"大成西黄河大桥通行费收入收益权专项资产管理计划"的优先A档到期未及时兑付本金。

〔13〕 尽管都被称为"资产管理计划",但资产证券化"专项资管计划"不同于普通资产管理业务的资管计划,二者在商业模式与法律逻辑上存在显著差异,前者是对接融资人的一种财产信托,以SPV来受让债权资产、隔离转让方风险和发行资产支持证券;而后者则是服务于投资人的资金集合方式,属于代客理财或管理资产的资金信托性质。参见前注〔11〕。

〔14〕 我国资产证券化领域的司法案例逐渐增多,涉及证券化基础资产的破产隔离、能否被第三人强制执行等核心法律问题,最高人民法院发布的《全国法院民商事审判工作会议纪要》对资产证券化中增信措施的效力也具有很强的指导意义。

债权资产的价值和收益能力决定,不同于"主体信用"融资取决于借款者的整体信用水平,更适合自身资信水平较低的中小企业,即只要拥有现金流稳定的应收账款债权资产就可以通过证券化融资。其二,债权转让的财务价值主要是优化资产负债表,通过应收账款出表实现"降两金"(应收账款和存货占用资金)、"控负债",需要以公允价值(折现价值)出表,否则,难以摆脱破产法下的撤销权风险、达到"真实销售"效果。

2."债尽其用"是企业资产证券化的法理基础

应收账款债权转让融资乃是"债权用益"的一种体现。在市场配置资源的作用之下,债权尤其是金钱债权被卷入财产化、资本化的洪流,债权一改从前依附于物权交易的"婢女地位","而如女王般君临财产关系"。[15] 金钱债权除了既有的"货币请求权"价值之外,其未来的增值可能和交换价值被发掘出来而成为交换对象,以债权转让为基础的保理、资产证券化等金融创新融资工具被"加工"与"设计"出来,债权的"利用"效能得以充分彰显。"债权用益"的法律实质是授权债权人将契约债权"财产化",可交易的金钱债权可视为财产和合同的混合体,[16]这种混合体在将信用转化为货币过程中成为债权人牟利的经营资本。难怪史尚宽先生感慨,"资本主义的经济发达之结果,更使债权流动资本化"。[17]

"债权用益"在企业资产证券化中不仅体现在债权转让环节,也体现在证券发行与交易环节。证券化过程就是债权权益被记载和表征于标准化证券(资产支持证券)之上,完成民事权利的法律形变,更加快捷、安全地发行和进行二级交易流通。就证券权利属性而言,资产支持证券与债券、优先股等都属于固定收益证券,[18] 持券人可以在特定的

---

〔15〕 [日]于保不二雄:《日本民法债权总论》,庄胜荣译,台北,五南图书出版股份有限公司1998年版,第5页。

〔16〕 See Kim, Jonchul, *Propertization: The Process by Which Financial Corporate Power has Risen and Collapsed*, Review of Capital as Power, Vol. 1, No. 3, pp. 78 – 79, 2018.

〔17〕 参见史尚宽:《债法总论》,中国政法大学出版社2000年版,第6页。

〔18〕 这三种固定收益证券中,债券和优先股是发行人以自身财产"概括地"作为清偿保障的证券,资产支持证券则以特定的"被隔离"的特定资产作为支付证券投资收益的保障。详见龚仰树:《固定收益证券》,上海财经大学出版社2012年版,第6页。

时间主张取得固定的收益(可能是浮动利率),被我国列入符合监管要求的标准化债权类产品。[19]

(三)特殊目的载体是企业资产证券化的特有架构

金融界将企业资产证券化称为典型的"结构化"融资创新,[20]其核心在于设立一个特殊目的机构(SPV),作为受让债权和发行证券的交易载体。新制度经济学中的产权理论认为,特殊目的载体具有三大核心功能——真实出售、风险隔离、税收中性。[21] 其中,风险隔离被认为是证券化交易的关键特征和SPV的核心功能,可以降低资产支持证券投资者的信息成本,投资者不必评估原始权益人(融资人)的潜在负债和盈利能力,只需评估与SPV持有的基础资产相关的风险。这一设立特殊目的载体的交易架构提供了一种足够稳健的安全形式,即禁止原始权益人撤回资产和阻止其债权人对基础资产进行强制执行,保护了证券化存续期间的持续偿付和投资者权益的最终实现。

从各国的资产证券化实践来看,SPV组织形式主要有特殊目的信托(SPT)、特殊目的公司(SPC)及特殊目的合伙(SPP)三种。在我国,受《公司法》对公司的设立条件、经营范围、治理结构等的强制性规定所限,目前难以设立"空壳公司式"SPV;《合伙企业法》关于有限合伙人不得超过50人的规定也增大了投资者成为有限合伙人的难度,加之《证券法》未赋予合伙企业发行证券的特别商事权,有限合伙形式的

---

〔19〕 2020年7月,中国人民银行、银保监会、证监会和外管局联合发布《标准化债权类资产认定规则》,明确了"标"和"非标"的认定规则,"依法公开发行的债券、资产支持证券以及固定收益类公募基金"均属于标准化债权类资产。

〔20〕 何为"结构化"融资,尚无明确定义,本文认为,结构化融资至少包括以下含义:一是存在专司受让资产、发行证券载体职能的特殊目的机构;二是所发行的证券产品存在"优先劣后"的权利安排和风险结构;三是有外部或内部增信的结构设计。美国《结构化金融杂志》曾通过向53位专家撰稿人征集观点,较为全面地总结了人们对结构化融资的多种理解,参见[美]弗兰克·J.法博兹、[美]亨利·A.戴维斯、[英]莫拉德·乔德里:《结构金融导论》,钱峰、沈颖郁译,东北财经大学出版社2011年版,第3~7页。

〔21〕 我国当前资产证券化所发行的证券属于"过手证券",SPV自身无盈利行为,在发行环节中的现金流获得与偿付环节的现金流支付仅仅基于其"通道"地位进行"过手",就应当免征印花税、增值税、企业所得税。

SPV在我国也行不通。[22] 于是,我国SPV只能采取信托形式,银监会监管的信贷资产证券化将SPV明确为信托计划模式,证监会监管的企业资产证券化则采取类信托的"专项资产计划"方式。[23] 从法律外貌来看,专项资管计划与信托计划几乎无异:(1)都是基于合同(或合同群)而设立,约定交易结构和各方的权利义务;(2)都有独立账户用于接受和归集基础资产现金流,并分配给投资人或按照约定支出相关费用;(3)资管计划管理人和信托计划受托人内部都有特定专业人员各司其职,对外代表SPV进行意思表示等法律行为。二者的差异只存在于法律层面,即《信托法》确认了信托计划产生的财产独立性,而专项资管计划却没有被确认为信托性质只是一般委托关系。

企业资产证券化在主体架构、交易标的和行为性质等方面的法律特征,乃是我们探讨私法交易制度建构和金融监管规则完善之基础。

二、《民法典》利于资产证券化的新规则解读

(一)未来应收账款的转让得以合法化

在《民法典》颁布之前,并无法律明定将来债权是否可以转让,但银监会在《商业银行保理业务管理暂行办法》禁止商业银行对未来应收账款开展保理融资业务。[24] 缺乏法律确定性无疑对主要转让未来应收账款为交易基础的企业资产证券化造成阻碍。令人欣喜的是,《民法典》确认了转让未来应收账款的合法性,体现为以下两个条款:

1.《民法典》第440条规定,"现有的以及将有的应收账款"可以出

---

〔22〕 参见徐英军:《应收账款证券化的风险规制:从规范诉求到制度建构》,载《经济法论坛》2018年第1期。

〔23〕 中国证监会的资产证券化业务管规则并未明确阐释计划管理人与专项计划的法律关系属何种性质,但强调"基础财产"独立于受托券商和托管人自有的或其管理的其他财产,似乎是打信托制度的"擦边球"。一般将计划管理人(券商)与专项计划(特殊目的机构)之间视为委托关系,券商受专项计划的委托代为持有基础资产,这难以对抗原始权益人破产风险。

〔24〕《商业银行保理业务管理暂行办法》中的"未来应收账款",是指合同项下卖方义务未履行完毕的预期应收账款。

质。既然未来应收账款可以质押担保,其可转让性就是不言而喻的,毕竟出质之后不能及时偿还主债务的,应收账款将被依法拍卖、变卖或抵偿给债权人。[25]

2.《民法典》新增"保理合同"作为典型合同,其第761条把"应收账款债权人将现有的或者将有的应收账款转让给保理商"作为保理合同的要素内容。应收账款融资主要包括应收账款质押融资与应收账款转让融资两大类,而应收账款的保理与证券化都属于应收账款转让融资方式,二者在受让主体、交易方式、融资期限等方面存在不同。保理交易的应收账款受让方是有资格从事保理业务的商业银行等金融机构,保理人提供资金融通或者应收账款管理、催收、债务人付款担保等金融服务;[26]而企业资产证券化则是将应收账款转让给一个特殊目的载体,再发行证券融资。应收账款的保理与证券化又可以结合到一起,保理商持有的应收账款债权同样可以通过再转让进行证券化融资,即"应收账款保理证券化",[27]其本质上仍是应收账款债权证券化。《民法典》既然认可了保理交易中未来应收账款的转让,当然不能否定企业资产证券化中未来应收账款转让的合法性,没理由厚此薄彼、区别对待。也就是说,虽然规定在"保理合同"中,但不能得出应收账款只能转让给保理商的结论。当然,如果《民法典》把对将来债权得以转让及具体让与规则置于合同编通则部分的"合同的变更和转让"之中,规定

[25] 有学者针对我国《合同法》与《物权法》分别规定债权让与和应收账款质押,制度割裂、多有漏洞的问题,建议在《民法典》编纂时统合债权让与和债权质押规则,包括统一标的范围、统一对外效力与对内效力规则,仅就债权质押的个别特殊事项设置特别规则等。详见李宇:《民法典中债权让与和债权质押规范的统合》,载《法学研究》2019年第1期。

[26] 根据比较法和国际保理实务,保理交易并非国内学者理解的在资金融通、应收账款管理或者催收、应收账款债务人付款担保等"偶素"中"四选一"即可,而是保理人必须提供融资或坏账担保的"二选一"的"常数"服务,否则应收账款转让则无必要,只有应收账款管理或者催收服务是任选的"偶素"。

[27] 我国首个保理应收账款证券化产品是"摩山保理一期资产支持专项计划",于2015年成立并在上海证券交易所挂牌转让,其基础资产是由原始权益人上海摩山商业保理有限公司于专项计划设立日或循环购买日转让给管理人的保理融资债权及其附属担保权益,包括初始基础资产及新增基础资产,初始资产池涉及原始权益人与7个融资人签署的9笔保理合同。

为一般性规范就更具立法科学性了。

市场交易尤其是金融创新推动着各国立法在当事人意思自治与社会资源最优分配的冲突与平衡中不断演进,可转让债权的范围也得以扩大,认可将来债权的转让成为主流,《国际保理公约》和《国际贸易应收账款转让公约》等国际公约均认可未来应收账款的转让。[28] 此次,我国《民法典》"合同编"专章规定了"保理合同"制度(第十六章、共9条),涉及保理合同定义、合同内容与形式、应收账款转让通知、转让后变更与终止的限制、有无追索权的义务主体、重复转让的权利顺位等内容。尽管该章节未明确保理合同规则可适用于其他应收账款转让交易,但根据《民法典》第467条,法律没有明文规定的合同可以参照适用最相类似的典型合同规则,企业资产证券化的应收账款转让交易当可参照适用(准用)保理合同相关规则。并且,开展资产证券化的未来应收账款债权要按特定标准择选并集合起来形成基础资产池,并不苛求所转让的每个基础交易合同都全额实现债权,单笔纯粹的将来债权届时未实际发生或者金额显著减少也不构成债权转让方的违约,若影响证券投资人收益的,将触发专项计划的"权利完善事件"而采取其他增信或补充措施,允许将来债权的转让不构成显著的交易安全隐患。

(二)排除了禁转条款对应收账款转让的约束

基础交易合同中存在的限制或禁止债权转让的约定(禁转条款),一直是企业资产证券化的一个风险因素。依据意思自治原则,法律应当尊重当事人的契约自由,合同中明确约定的禁转条款应当得到尊重和执行,否则可能会增加债务人的履行成本(如应收账款的国际转让带来的汇率问题)。在《民法典》编纂前,我国原则上认可禁转条款的法律约束力,原《合同法》第79条第2项规定,当事人约定不得转让的

---

[28] 《国际保理公约》第5条规定:(1)保理合同关于转让已经产生或将要产生的应收账款的规定,不应由于合同没有详细列明这些应收账款债权的事实而失去其效力,如果在该合同订立时或这些应收账款产生时上述应收账款可以被确定在该合同项下的话;(2)保理合同中关于转让将来产生应收账款的规定可以使这些应收账款在其发生时转让给保理商,而不需要任何新的转让行为。《国际贸易应收账款转让公约》第8条第2款规定,除非另行议定,一项或多项未来应收账款的转让无须逐项办理新的转移手续即可具有效力。

合同权利不得转让。[29] 显然,这种一概认可禁转特约效力的规定对债权转让的"用益"功能造成阻抑,不利于开展企业资产证券化融资。

《民法典》第545条虽然仍将债权人与债务人的禁转约定作为合同权利不得转让的一种情形,但是否定了禁转条款对第三人的绝对效力,并区分转让标的是否为金钱债权而给予第三人不同的保护,即"当事人约定非金钱债权不得转让的,不得对抗善意第三人。当事人约定金钱债权不得转让的,不得对抗第三人"。可见,《民法典》赋予了应收账款等金钱债权转让的自由性,毕竟这一处置债权行为不会对富有金钱给付义务的债务人履行债务增加负担,禁转特约原则上不影响债权让与的效力,只在让与人与债务人之间产生违约与否的法律后果,这反映出国家鼓励金钱债权交易的立法取向,也契合国际立法潮流。[30]《民法典》第550条还明确了债权转让增加的履行费用由让与人负担。

(三)加强了对应收账款受让人的权益保护

1.明确债权从权利的转移不受登记或占有影响。一方面,《民法典》第547条第1款延用原《合同法》第81条,规定除了专属于债权让与人自身的从权利之外,"与债权有关的从权利"随债权转让也归属于受让人。这里,与债权有关的从权利仅限于债权关联性权利,包括担保权、孳息请求权和债务人违约产生的法定和约定损害赔偿请求权等,但不包括解除权、撤销权等与基础交易合同相关联的权利。[31] 另一方面,该条增加一款,明确"受让人取得从权利不应该从权利未办理转移登记手续或者未转移占有而受到影响",这确认了债权转让时从权利的转移具有法定转移的性质而非依据法律行为才转移。这样,即便SPV受让应收账款后未办理抵押权登记、质物占有转移等,仍享有之前设定的担保应收账款实现的抵押、质押、保证等附属权益。但是,未办

---

〔29〕 需要注意的是,我国《票据法》认可禁转背书对第三人的绝对效力,其第34条规定:"背书人在汇票上记载'不得转让'字样,其后手再背书转让的,原背书人对后手的被背书人不承担保证责任。"

〔30〕 国际立法发展的总体趋向是强化金钱债权的可交易性,德国商法、奥地利民法、日本民法先后修法,缓和禁止金钱债权让与特约的效力。

〔31〕 参见朱虎:《债权转让中的受让人地位保障:民法典规则的体系整合》,载《法学家》2020年第4期。

理转移登记或占有仍存在权利行使的风险。譬如,让与人与抵押人恶意注销抵押权登记导致抵押权消灭,或将抵押物转让给第三人,都对SPV行使抵押权造成实际困难。

2. 债权转让通知的撤销须经受让人认可。债权转让通知在到达债务人时产生法律效力,根据《民法典》第546条第2款,除非受让人同意,债权转让的通知不得撤销。在由应收账款转让方负责通知债务人的情况下,该规定显然有利于受让方SPV的权益保护。

3. 债权转让后基础交易的变更与终止对受让人无效。通说认为,债权转让通知债务人后,未经受让人同意,让与人作出不利于受让人的行为对受让人不发生效力,仅在让与人和债务人间有效,《民法典》把这一规则规定于第765条保理合同的应收账款转让交易中。参照此规则,企业资产证券化中应收账款转让生效后(转让通知送达给债务人后),原债权人和债务人无正当理由协商变更或者终止基础交易合同损害受让人权益的,对应收账款受让人不发生效力。

4. 应收账款被虚构的欺诈风险降低。参照《民法典》第763条保理合同有关规则,应收账款债权人与债务人虚构应收账款作为转让标的,应收账款债务人不得以应收账款不存在为由对抗应收账款受让人,但是受让人明知虚构的除外。也就是说,虚构应收账款并不导致转让合同无效,串谋虚构应收账款的债务人仍需按基础交易合同履行清偿义务,可视为"禁反言"原则的体现。虽然这一"认假为真"的外观主义处理规则有利于受让人权益保护,但存在三个疑问:(1)此与《民法典》第146条通谋虚假表示行为无效、第154条恶意串通行为无效两规则相背离,可否视为例外性规定?(2)如果保理商将该债权再次转让,后续受让人是否同样取得债权?这涉及受让人权益的公平保护和保护程度问题。(3)将虚构应收账款视为过错侵权行为追究侵权责任是否更合适?[32]也就是由串谋虚构应收账款的债务人单独或与参与串谋的原债权人共同承担受让人不能得到清偿的金额。

---

〔32〕 参见李宇:《保理合同立法论》,载《法学》2019年第12期。

三、后民法典时代企业资产证券化的法律风险

(一)现有债权转让规则对证券化交易的风险

1. 债务人抗辩权规则的风险隐患

企业资产证券化中 SPV 受让的基础资产就是原始权益人(债权让与人)在基础交易中所取得的应收账款债权,债务人及时、全面履行债务是资产支持证券投资人实现投资收益的前提,若债务人享有合法对抗债权的理由则构成基础资产的法律风险。《民法典》第 548 ~ 549 条基本延续了原《合同法》的规定,赋予债务人对抗债权受让人两项权利,并增加了一个法定抵销事由。[33] 据此,在企业资产证券化中:(1)债务人对原始权益人的抗辩得以对抗受让债权的 SPV;(2)债务人对原始权益人享有的债权可以向受让债权的 SPV 主张抵销。如果债务人提出抵销、部分债务金额不属实、偿付条件未成就等抗辩请求,将导致应收账款债权价值摊薄,[34] 降低基础资产的“质量”。

多数国家的民事立法都规定债权让与人负有权利瑕疵担保责任,应保证其让与的权利真实、有效并且不存在瑕疵,除非受让人明知、应该知道或者双方另有约定。《联合国国际贸易中应收账款转让公约》第 12 条详尽列举了应收账款债权让与人的权利瑕疵担保责任的内容,包括:该债权有效存在(将来债权除外)、让与人有权转让该债权、让与人先前未将该债权转让他人、第三人就该债权不得向受让人主张任何

---

〔33〕《民法典》第 548 条规定:“债务人接到债权转让通知后,债务人对让与人的抗辩,可以向受让人主张。”第 549 条规定:“有下列情形之一的,债务人可以向受让人主张抵销:(一)债务人接到债权转让通知时,债务人对让与人享有债权,并且债务人的债权先于转让的债权到期或者同时到期;(二)债务人的债权与转让的债权是基于同一合同产生。”

〔34〕价值摊薄风险,是指应收账款的回收因非信用事件的影响所导致的回收价值的减少,譬如,贸易应收款的价值摊薄情形主要有:一是因清单错误或者产品质量问题所致,对债务人开具了抵减应收账款的货项通知单;二是对客户在根据发货单进行支付时提供一定的价格折扣;三是对长期客户提供一定数量的折扣;四是对一些市场提供暂时的定价优惠等。

权利、该债权不受债务人任何抗辩或抵销权的影响、非经受让人同意不变更该债权或产生该债权的合同(但变更系出于善意且依其性质受让人不能合理拒绝的除外)。《民法典》保留了原《合同法》关于买卖合同出卖人对标的物权利瑕疵担保的责任规定,未涉及债权让与人的权利瑕疵担保责任。建议在将来修改时增加债权让与人权利瑕疵担保责任的内容,将让与人不得破坏或损害让与债权价值纳入担保范围,可参照德国民法典,明确赋予受让人事后补充请求权、减价权和损害赔偿等请求权,便于受让人寻求救济。

2. 债权转让通知规则的风险隐患

《民法典》第546条第1款规定,"债权人转让债权,未通知债务人的,该转让对债务人不发生效力"。虽然删除了原《合同法》第80条债权人转让债权"应当通知债务人"这一易生歧义的表述,表明债权转让合同的生效采取意思主义而非通知主义,即达成受让债权资产转让合意后合同即生效,除非有特别约定。但是,若不通知债务人则对债务人不发生效力。在企业资产证券化中,作为基础资产的应收账款债权往往数量较多、规模较大,尤其是存在循环购买安排的证券化交易,若一一通知债务人不仅经济成本过高,有一定时间周期,还存在通知不到等现实困难。实务操作中不得不把对债务人的通知行为设计为"权利完善事件",即先不通知债务人,由在资产支持证券发行后的存续期间发生事先约定的触发事由的,再通知特定债务人以完善SPV的受让债权权利。此外,SPV大多仍委托原始权益人担任现金流回收的服务商,债务人仍支付款项到原始权益人名下账户,之后再即时转入由资金监管机构监管的现金流归集账户,最后汇集到专项计划账户中,这样即便未通知债务人也不影响资金归属,在一定程度上降低了法律风险。

不少国家和地区通过资产证券化专门立法有效地解决了证券化中债权让与对债务人通知方式及效力问题。譬如,法国1988年的证券化专门立法(Law No. 88-1201)仅将通知债务人作为对抗要件;意大利2005年《证券化法》规定只需将资产出售通知在官方公报上公布而不必逐一向债务人发送通知;[35]韩国2016年《资产证券化法案》允许在

〔35〕 参见意大利《证券化法》(LD 35/2005)第4条。

满足特定条件的情况下，通过在日报上发布公告完成对债务人的通知[36]；我国台湾地区2002年的"金融资产证券化条例"也允许在转让方仍充当归集现金流的服务商或者基础交易合同约定可以其他方式取代通知的两种情况下，以在指定媒体发布公告方式实现对债务人的通知；[37]在资产证券化发源地，美国《统一商法典》规定仅需将"融资陈述表"向相关政府部门报备案即可。[38] 这些立法不仅降低了证券化操作成本，也大大减少了证券化交易风险，值得借鉴。尽管我国《信贷资产证券化试点管理办法》允许将证券化信托转让信息在全国性媒体上发布公告以完成对债务人的通知，但企业资产证券化尚无这方面规定。

更需注意的是债权转让对担保人的通知问题。《民法典》第696条第1款还规定："债权人转让全部或者部分债权，未通知保证人的，该转让对保证人不发生效力。"并且，最高人民法院《关于适用〈中华人民共和国民法典〉有关担保制度的解释》将该条款扩张适用到第三人提供物的担保（抵押、质押、留置）情形，[39] 成为资产证券化操作不可忽视的法律风险。

3. 保证人禁转约定的风险隐患

市场交易中，除了债务人与债权人可能约定禁止债权转让之外，还存在保证人与债权人之间禁止债权转让的约定，《民法典》第696条第2款基于合同相对性原理，对其效力予以保护，即"债权人未经保证人书面同意转让债权的，保证人对受让人不再承担保证责任。"这显然为资产证券化交易带来操作风险，也是将来我国资产证券化专门立法需要作出特别规定的事项。

（二）应收账款转让登记立法缺位对证券化交易的风险

要保证SPV完整享有证券化债权权益用于偿付证券投资人，还要避免其他第三人（包括可能存在的债权重复受让人、债权上的其他担保权人或者让与人的其他债权人等）就该应收账款债权主张权益。关键在于建立应收账款转让公示制度，借此为债权转让的信息查询提供

---

〔36〕 参见韩国《资产证券化法案》第7条。

〔37〕 参见我国台湾地区"金融资产证券化条例"第5条和第6条。

〔38〕 参见《美国统一商法典》第9章第40条和第402条。

〔39〕 参见该司法解释第20条。

便利,更使 SPV 受让债权具有对抗第三人的效力。以债权重复转让为例,债权的无体性决定了债权让与不同于一般有体物的转让,同一债权被重复让与给两个以上受让人在理论上比有体物转让更容易发生,这一风险在循环证券化交易中更为显著。如果第三人无法通过确切的途径知悉被转让债权的权属信息,受让人也对自己能否对所受让的债权享有完全权益存在疑虑,那就不可能有资产证券化交易的成功实施。

我国《民法典》第 768 条规定了同一应收账款存在多重保理情况下保理商取得应收账款权益的顺位,以解决重复转让导致的权利冲突,即已登记的先于未登记的取得;均已登记的按照登记的先后顺序取得;均未登记的由最先到达债务人的转让通知载明的保理商受偿;既未登记也未通知的按照保理融资款或者服务报酬的比例取得应收账款。该条款还存在以下两个问题值得思考:(1)保理交易之外的其他应收账款转让(如资产证券化中应收账款转让)能否适用该规定?若是肯定回答,法条表述显然难以涵盖;若是否定回答,则造成对保理业务的无理偏惠。同样的应收账款、同以融资为目的,若原始权益人转让给保理商开展保理交易时须经登记,而原始权益人或者保理商转让给特殊目的载体时却无须登记,这在法理逻辑上显然难以自足。(2)其他非应收账款类的债权转让需要登记吗?是否也是登记在先优先取得?若是肯定回答,就有必要增设债权转让登记制度作为债法一般规范规定在合同编总则中;若是否定回答,则其他种类的债权转让对第三人的效力及转让生效时间确定就无法可依。[40] 笔者赞成将多重保理的权益确定规则扩张为债权让与的一般规则,[41] 倡导债权转让登记,提高交易安全。

从比较法角度,可以把各国及地区法律及国际公约对债权重复让

---

〔40〕 有学者认为,《民法典》该规定仍需在两个方向上再作改进:其一是"扩展",将来债权的可让与性既不限于应收账款这一种客体,也不限于保理商这一种主体,而属于债权让与一般规范;其二是"增补",明确将来债权让与效力的发生时点。参见前注〔32〕。

〔41〕 笔者注意到,《民法典(草案)》(一审稿)曾在"合同编"的通则中(第 336 条)规定了债权让与登记制度,即债权重复让与情形下依登记先后决定权利顺序,但正式文本却将该条从合同编通则移至保理合同章,大大限缩了规则适用范围,降低了立法科学性。

与情况下受让人权益顺位的确定规则分为三类:(1)合意在先、权利优先规则,包括德国及继受德国法的国家、我国台湾地区和美国判例法,该规则对债权让与公示的忽视不利于债务人或债务人以外第三人的保护,也不利于债权的市场交易安全;(2)通知在先、权利优先规则,包括法国、意大利、比利时、日本以及英国等,尽管对债务人的让与通知具有一定的客观性,但公示性较弱,债务人以外第三人的合法利益无法得到有效保护;(3)登记在先、权利优先规则,包括美国《统一商法典》和《联合国国际贸易中应收款转让公约》等,将在指定机构的登记作为债权让与的法定公示方式,电子登记簿信息可通过互联网便捷查询,有利于促进交易安全。因此,建议以央行运行的"动产融资统一登记平台"作为应收账款转让登记法定平台,[42]将在该平台做登记公示作为对抗第三人的法定方式,便利于应收账款转让交易。立法形式上,可通过制定《金融商品交易法》或《资产证券化条例》等专门法律、法规确立应收账款转让融资交易中对债务人的通知和登记公示的特殊规则,有别于债权让与一般规则。

(三)证券化特殊目的载体制度留白对证券化交易的风险

特殊目的载体是资产证券化创新融资模式的核心设计,起到真实销售、风险隔离、税收中性等重要功能。在当下中国法制框架下,尽管信托不能被视为转移资产所有权的一种方式,但具有法律赋予的财产独立性和风险隔离作用。而以专项资管计划为依托的企业资产证券化只能认定为委托代理而非信托关系,难以实现破产隔离。为此,本文建议如下:

1. 将证券化专项资管计划纳入信托范畴。如前所述,设立商事信托是我国企业资产证券化 SPV 的首选形式(SPT),具有设立操作便

---

〔42〕 中国人民银行征信中心于2007年建立了基于互联网运行的应收账款质押登记公示系统,同时为保理业务中的应收账款转让提供权利公示服务,2013年后发展成为"动产融资统一登记平台",提供应收账款质押、应收账款转让、租赁、所有权保留、租购、留置权、保证金质押、存货/仓单质押、动产信托、其他动产融资的登记、查询和证明验证等服务,发挥了重要作用。其中的应收账款质押登记得到《物权法》的授权。尽管央行2017年修订《应收账款质押登记办法》时在"附则"中增加了应收账款转让登记参照质押登记办理的条款,解决了具体登记办理问题,仍未明确登记效力。

捷、风险隔离有效等优势。然而,分业监管体制下银监会独掌信托牌照,自然特征与实操程序都与信托无大差异的专项资产计划无奈成为信托的异化形态,存在难以脱离原始权益人破产追索的重大法律隐患,不利于证券投资人权益保护。应打破现有信托从业牌照管理体制,把证券化专项资管计划纳入信托范畴,让其与信托计划都成为资产证券化的信托式 SPV。

2. 健全信托受托人代理 SPV 的行为规范。在现实法制之下,信托式 SPV 难以享有法律人格,只是一个被动的资产载体和资金流转通道,实际由信托受托人代为行使 SPV 职能,成为"影子 SPV",实际掌控和实施基础资产遴选与受让、资产支持证券发行与现金流归集、分配等重要行为,在事实上形成受托人与原始权益人、证券投资人之间的"双重信托关系"。为保护相对弱势的证券投资人的权益,需要以法定内容完善受托人代理 SPV 的行为规范,包括但不限于:(1)确保 SPV 的财产独立于受托人自己的财产与债务风险;(2)健全治理机制,要求受托人内部设置专任董事或者监察员(类似我国台湾地区的信托监察人)对资管计划执行人员行使监督权,外部接受投资者代表(或各类集合资管计划的管理人)的监督;(3)明确受托人对投资人的信义义务和过失损害赔偿责任,其应忠实、勤勉地实施资产池尽调核查、及时披露关联交易、避免自我利益冲突以及妥善管理基础财产等,并承担疏于履责的信义赔偿责任。[43] 2016 年,南方水泥租赁债权证券化项目中途更换服务人事件,充分体现出管理人在资产支持证券存续期间实时跟踪基础资产风险变化并做出必要回应的重要性。[44]

3. 适时赋予 SPV 以民事实体地位。SPV 只是一个被动的资产载体和资金流转通道,还是可以成为拥有独立人格的民事主体,也是特殊目的机构制度设计的核心问题。美国资产证券化专家施瓦茨教授在比

〔43〕 参见徐英军:《契约群:企业资产证券化的风险动因及其法律规制》,载《江汉论坛》2018 年第 11 期。

〔44〕 当时基础资产没出问题,原始债务人(承租人)也没出问题,而是资产服务人租赁公司出现了问题,而且情况超出了交易设计时的风控预料范围,管理人广发证券资产管理(广东)有限公司第一时间识别风险并迅速反应,通过召开投资人大会的形式及时更换了服务人,及时化解了风险。

较资产证券化SPV组织形式时，提出从法律地位、治理和外部作用三个方面考察其组织框架。[45] 公司与信托各有优劣，或许有一天，我国的信托式SPV被法律明确为非法人组织，[46]甚或允许设立专门的特殊目的公司（SPC），有助于信义义务的构建，并建构有别于普通商事主体的特殊行为规则，譬如，经营内容受到严格限定，作为受让基础资产、发行资产支持证券和归集现金流的主体享有权利和承担义务，只能为创建和开展资产证券化为目的实施法律行为，不得实施其他营业活动。从这个角度而言，将"特殊目的载体"称为"无目的的实体"也许更符合证券化工具的真实状态。

总之，企业资产证券化的法律风险，既有《民法典》现有规则造成的风险隐患，也有《民法典》制度留白潜存的不确定性风险。显然，仅靠《民法典》的编纂难以解决民商事交易的全部法律问题，还有赖于商事单行法律或行政法规的不断完善，为金融工具提供基本交易结构和运作规范。

结　语

"债尽其用"的市场创新带来合同债权的"财产化"，推动债法的现代化演进。合同法功能由偏重债权保全到债权利用与保全并重，制度内容对阻碍债权利用的"契约自由"有所限制，价值取向由保护合同当事人的"个体本位"发展到兼顾社会公共利益的"契约正义"。基于"债权用益"原理的企业资产证券化也在合同债权转化为证券财产过程中联通了合同法、证券法和财产法等法域，对法律制度演进产生了广泛、深远的影响。本文先是从私法视角分析和提炼出企业资产证券化交易特征，涉及将来债权、"债尽其用"原理与制度阐析；然后梳理了《民法典》关涉企业资产证券化的新增规则，紧密结合我国企业资产证券化

〔45〕 参见[美]施瓦茨：《金融创新与监管前沿文集》，高凌云等译，上海远东出版社2015年版，第17～28页。

〔46〕 我国《民法典》将民事主体分为自然人、法人和非法人组织，非法人组织是"能够依法以自己的名义从事民事活动的组织"。

实务操作与纠纷案例展开立法利弊分析。

作为基础资产的应收账款自身的风险因素乃是证券化信用风险源头,该“底层风险”在被“打包”和“转让”的过程中并不会消失,而是随证券发行和交易传递至证券市场。〔47〕 在私人性“债权”转换为资本市场具有公允市场价值的金融产品过程中,应收账款债权原有的信用风险得以重新组合与分配,并衍生出交易行为的法律风险、交易主体的道德风险等。这些风险因素可能因某种关联性而累积、演变为证券化交易体系的局部风险,该局部分险又可能引发系统性金融风险。于是,原本由私法调整的私人合同转化为公法参与干预证券发行交易的公共行为,推动证券法、市场主体法和市场监管规则的不断更新。譬如,合同法主体相对、意思自治、特约优先等价值取向和制度规则不得不与信息公开、形式法定、自由流转的证券法价值取向“妥协”和折中,通过来降低交易成本(包括信息成本)和交易风险,促进资金融通和经济发展。

“双峰理论”将金融监管目标划分为交易行为和交易主体审慎性两个方面,“场域划定蕴含了对金融私权的关照和从纵向监管到公私合作治理的转向,这种关照和转向形成了融入监管目标的金融私法构造路径”。〔48〕 金融监管需要建立在金融交易行为的民商法基础之上,走“公私法协同规制”之路。私法既要从市场提炼规则、确认成熟的交易模式,也要制定补充性规范,将必要的强制性法律规范渗入市场交易模型以维护公序公益。《民法典》的编纂为保理、企业资产证券化等应收账款融资交易提供了更加完善的法治环境,这些私法规范仍需在规范市场创新与监管防控风险的公私法持续互动中不断修正完善。

(编辑:赵宇)

〔47〕 同前注〔22〕。

〔48〕 宣頔:《金融私法构造的“双峰架构”与立法表达》,载《江汉论坛》2018 年第 1 期。

《证券法苑》(2021)
第三十一卷,第345~359页

股票与债券市场虚假陈述损失计算逻辑的比较分析*

何　昕**

摘要:“五洋债”一审判决中采用了《全国法院审理债券纠纷案件座谈会纪要》规定的适用于债券市场的虚假陈述损失计算方法。股票与债券市场存在相异性,因此股票与债券虚假陈述的因果关系、损失计算等逻辑皆有所差异。由于《虚假陈述若干规定》适用范围主要为股票,且债券纪要层级较低无法直接作为裁判依据,应细化完善债券虚假陈述损失计算规则,并纳入司法解释当中。

关键词:债券会议纪要　虚假陈述　损失计算

一、问题的提出:“五洋债”案件中的虚假陈述损失计算

作为市场极为关注的违约公募债券,“五洋债”因债券违约引发合同纠纷,因发行人虚假陈述引发侵权纠纷,因发行人资不抵债引发破产案件,即同

---

* 本文仅代表作者个人观点,与所任职机构无关。

** 上海证券交易所员工。

一发行人债券违约引发三种类型纠纷。此类案件即属于《全国法院审理债券纠纷案件座谈会纪要》(以下简称《债券会议纪要》)主要规制和化解风险的重点案件。2020 年 12 月 31 日,杭州市中级人民法院(以下简称杭州中院)公布了"五洋债"虚假陈述责任纠纷案一审判决结果。细观判决书,[1]杭州中院在债券虚假陈述损失计算方面,较好地了解和运用了《债券会议纪要》提出的新理念、新方法,取得了良好的市场效果。

具体而言,"五洋债"一审判决书中明确,针对在一审判决作出前仍然持有债券的投资者,其虚假陈述赔偿金额分为两部分计算。一部分为期内本息,按票面利率计算,并支持了原告主张的为实现债权而支出的律师费等合理费用;另一部分为逾期利息,以未付期内本息为基数,在法院综合了发行人真实信用状态所对应的发行利率后,继续沿用募集说明书载明的票面利率计算。

上述计算方法即为此次《债券会议纪要》基于债券市场自身特点,结合债券品种属性,提出的不同于股票市场虚假陈述损失计算的新思路。《债券会议纪要》虽然不属于司法解释,仅是最高人民法院为帮助各地法院理解及适用法律出台的司法文件,在判决中无法直接援引,但相关规定在很大程度上缓解了多年来债券市场虚假陈述损失计算"无法可依"、复用股票市场计算方式的尴尬处境。并且,"五洋债"一案的应用,使其极具示范效应。

因此,有必要通过对比股票和债券市场的异同,从理论基础、法理逻辑、实践运用等各个方面,对新提出的债券市场虚假陈述损失计算方法进行深入研究,指出其先进性和局限性,为后续提升其规则层级,明确各类债券品种虚假陈述损失计算提供参考。

二、虚假陈述损失计算概述

虚假陈述作为一类特殊的侵权行为,[2]一方面,要遵循普通侵权

---

[1] 详见浙江省杭州市中级人民法院民事判决书(2020)浙01民初1691号。

[2] 参见尤婧、顾文达:《虚假陈述民事赔偿责任中的损失认定与计算规则研究》,载黄红元、卢文道主编:《证券法苑》(第23卷),法律出版社2017年版。

赔偿责任认定的四要件，包括侵权行为、主观过错、损害结果及因果关系；〔3〕另一方面，还应符合证券市场的一些特殊标准，包括投资者"理性人"标准、信息披露"重大性"标准、侵权行为"损失性"标准等。〔4〕

其中，投资赔偿数额确定标准是证券侵权民事赔偿的核心。如何界定损失赔偿范围和规定损失计算方式，体现的是制度设计者的价值取向与立法水平。实际纠纷案件中，再由司法者发挥自由裁量权，结合案件事实适用法律规定，实现价值衡平。一般而言，证券侵权民事赔偿标准包含责任认定、数额确定及责任分配三个要素，〔5〕贯穿于虚假陈述行为发生、侵权责任认定和承担的全部流程。

本文主要讨论损失数额确定，即在已经认定行为人进行了虚假陈述侵权行为的基础上，如何确定被侵权人的损失范围。具体包括计算理论的选择、市场假设、基础损失模型以及因果关系认定等若干方面。虚假陈述损失计算制度的最终目的，就是要在尽量简洁、易操作的前提下，计算出最接近投资者实际损失的数值。一般流程上，先大致计算出投资者的基础损失，明确损失与虚假陈述之间的因果关系，剔除无关因素，最后拟制出投资者因虚假陈述导致的损失数额。

三、股票市场虚假陈述损失计算方法

2003 年 1 月 9 日，最高人民法院发布的《关于审理证券市场因虚假陈述引发的民事赔偿案件的若干规定》（以下简称《虚假陈述若干规定》），以司法解释的形式，明确了证券市场虚假陈述损害赔偿计算方面的诸多重要原则与理论基础。《虚假陈述若干规定》的重大意义不必多言，但其局限性也非常明显，除了仅规定了诱多型虚假陈述之外，其是否可适用于债券市场，也是学界和实务界多年来争议的焦点。

---

〔3〕 参见冯果、张阳：《证券侵权民事赔偿标准确立的内在机理与体系建构》，载蒋锋、卢文道主编：《证券法苑》（第 25 卷），法律出版社 2018 年版。

〔4〕 参见郭锋：《虚假陈述侵权的认定及赔偿》，载《中国法学》2003 年第 2 期。

〔5〕 同前注〔3〕。

(一)判定因果关系

投资者最终获得虚假陈述损害赔偿的数额,很大程度上取决于虚假陈述行为对投资者损失的原因力大小。可以说,因果关系架起了虚假陈述行为与损害结果之间的桥梁。美国《1934 年证券交易法》下的 10b-5 规则,将因果关系划分为“交易上的因果关系”(transaction causation)和“损失上的因果关系”(loss causation)。[6] 交易因果关系是从正向入手,揭示虚假陈述行为与投资者作出投资决策或交易行为之间的联系,是后续产生虚假陈述损失的条件,属于侵权责任成立的定性问题。损失因果关系是从反向入手,合理界定投资者所有损失中与虚假陈述行为有关的部分,剔除无关因素,属于侵权责任承担的定量问题。

1. 交易因果关系的建立——欺诈市场理论

《虚假陈述若干规定》中重要的制度设计与理论基础,是借鉴了美国“信赖推定原则”构建起来的欺诈市场理论(fraud on the market theory)。[7] 该理论推定投资者在进行投资决策时确实相信了虚假陈述,投资者无须举证,由虚假陈述行为人一方承担举证责任。新《证券法》第 85 条、第 163 条,也已将发行人的控股股东、董监高、证券服务机构等主体的虚假陈述责任规定为过错推定责任。

因此,交易因果关系主要体现在投资者对具有“重大性”虚假陈述信息的合理信赖。诱导投资者买入的虚假陈述行为的影响产生自行为实施日,结束于揭露日,而在卖出日或揭露日后一段时间内(基准日前)完成对投资者的影响,从而得以确定投资者的损失。

具体而言,《虚假陈述若干规定》第 18 条、第 19 条通过规定适格的买入卖出区间,来确定投资者财产损失与虚假陈述之间具有因果关系。(1)适格买入区间:在虚假陈述实施日及以后,至揭露日或者更正日之前买入;(2)适格卖出区间:在虚假陈述揭露日或者更正日及以后,因卖出该证券或继续持有该证券而产生亏损。当然,投资者虚假陈述揭

---

〔6〕 参见汤欣:《美国证券法上针对虚假陈述的民事赔偿机制——兼论一般性反欺诈条款制度的确立》,载徐明主编:《证券法苑》(第 2 卷),法律出版社 2010 年版。

〔7〕 参见樊健:《欺诈市场理论在公司债券虚假陈述纠纷中的适用》,载《财经法学》2020 年第 2 期。

露日或更正日之前卖出的股票，以及揭露日或更正日及以后进行的投资，属于自主投资行为，无论亏损或盈利，均属于“买者自负”的范畴。

投资者买入股票后，卖出和继续持有分别对应不同的损失计算公式。(1)投资者在适格区间内买入后卖出的，投资差额损失 =(买入均价 - 卖出均价)×投资者卖出数量。(2)投资者在适格区间内买入后继续持有的，投资差额损失 =(买入均价 - 虚假陈述揭露日或者更正日起至基准日期间每个交易日收盘价均价)×投资者持有数量。即将适格区间的收盘价均价，拟制为投资者的持有成本。另外，投资者最终获得的赔偿，还需要加上佣金、印花税、资金利息等。

2. 损失因果关系的建立

《虚假陈述若干规定》第 19 条第 4 款明确，损失计算需剔除系统风险等其他因素。即虚假陈述行为人如有证据证明，投资者全部或部分损失与其虚假陈述行为无关，由其他因素导致，则行为人仅需承担对应原因力所造成的投资者损失。

对于股票而言，系统性风险一般结合特定期间大盘指数和板块指数的变动情况予以考虑，其中板块指数的变动情况一定程度上与个股的关联性更强，可以重点评估，同时还可以适当参考地域板块指数、概念板块指数等。多地上市的股票则建议参考交易地指数变化情况。〔8〕

另外，目前中证中小投资者服务中心(以下简称中小投服)研发的证券虚假陈述案件投资者损失计算通用软件，已经有明确且清晰的计算方式，〔9〕很大程度上解决了司法实践中损失计算较为复杂的问题。上海等地法院的虚假陈述类案件损失核定工作，也均已开始委托中小投服等第三方专业机构完成，大大提升了损失计算的精细化程度。〔10〕

(二)基础损失模型

《虚假陈述若干规定》确立了我国采用差额损失计算模型。差额

---

〔8〕 参见甘培忠、彭运朋：《论证券虚假陈述民事赔偿中系统风险所致损失数额的认定》，载《甘肃社会科学》2014 年第 1 期。

〔9〕 参见杨宏、唐茂军、傅祥民：《证券虚假陈述案投资者损失计算软件的运行逻辑》，载《投资者》2019 年第 5 辑。

〔10〕 参见黄佩蕾：《2015 - 2019 年上海法院证券虚假陈述责任纠纷案件审判情况通报》，载《上海法学研究》2020 年第 8 卷。

损失,是指投资者所持有的证券于虚假陈述泡沫被挤出后,因二级市场价格差额而产生的利益损失。即发行人虚假陈述(隐瞒坏消息)造成证券价值被高估后,投资者为购买证券而额外支付的款项。[11] 差额损失计算模型以半强式有效市场为适用场景,要求证券市场流动性高,二级市场价格对信息披露的敏感度高。

而美国股票市场采用的是真实价值计算模型。真实价值是指,不存在虚假陈述时,根据公司经营情况、市场供求关系等因素所反映出来的股票的公允价值。虚假陈述被揭露后,股票价格会产生波动,等市场消化完信息后,价格会趋于理性,形成真实价值。真实价值计算模型就是通过计算真实价值与实际交易价格之间的差额来认定损失数额。[12] 而该模型的运用难点在于,证券的“真实价值”受到各方面复杂因素的影响,很难确定准确数额。

四、债券市场虚假陈述损失计算方法

债券市场与股票市场在流动性、价格对信息的敏感度、投资者结构等方面的诸多差异,综合导致了债券市场虚假陈述行为与债券买入卖出的价格差值之间的原因力并不是非常紧密。因此,《债券会议纪要》放弃征求意见稿中完全参照股票市场制定的损失计算方式,提出专门适用于债券市场虚假陈述民事责任追究的裁判思路与分析框架,额外新增基于债券还本付息属性的计算模式,具有其合理性和创新性。

(一)股票市场与债券市场的差异

作为我国公司债券市场第一起因债券虚假陈述引发的民事诉讼,“11 超日债”[13] 案件中,被告曾提出质疑,认为《虚假陈述若干规定》的相关规定并不适用于公司债券。虽然被告提出的其他申辩理由大多不成立,但该观点具有一定的合理性。2003 年发布《虚假陈述若干规定》

---

〔11〕 由于诱多型与诱空型虚假陈述原理类似,全文以诱多型为例进行分析。

〔12〕 参见尤婧、顾文达:《虚假陈述民事赔偿责任中的损失认定与计算规则研究》,载黄红元、卢文道主编:《证券法苑》(第 23 卷),法律出版社 2017 年版。

〔13〕 参见江苏省高级人民法院(2018)苏民终 201 号民事判决书。

时,还未存在公司债券,[14]司法解释在制定时规制的主要对象应该是股票无疑。因此,在《虚假陈述若干规定》采用欺诈市场理论以及差额损失计算模型并不完全适用于债券市场的情况下,《债券会议纪要》基于债券市场的特点,新增了一类计算逻辑与方式。

1. 欺诈市场理论的适用条件:以美国司法实践为例

在负有争议的 Basic v. Levinson 案[15]中,美国联邦最高法院采用了欺诈市场理论,推定投资者天然相信被告的虚假陈述,并以其作为证券的真实情况进行投资决策。该理论的前提是,证券在一个公开、高流动性的市场上进行交易,所有公开且重要的信息都会快速传导至二级市场,并对交易价格产生影响,市场有效且发达。同时,全市场交易数量和规模都能达到一定量级,价格变化具有一定连续性。被告也可以提出反证,证明原告的损失与其虚假陈述之间不存在因果关系,或相关证券交易市场不具备效率性。

结合交易换手率、交易规模、流动性、投资者数量等指标,目前我国股票市场的主板、科创板、创业板均可以视为此类半强式有效市场。[16]而全国中小企业股份转让系统则缺乏较为充分的流动性,股票价格对信息的反应存在滞后、失真等情况,不一定可以直接适用欺诈市场理论。

欺诈市场理论下,市场公开且有效的一个重要判断标准就是证券价格的信息敏感度,即对于发行人发布的重大性信息,二级市场的证券价格是否能够快速作出反映。股票市场中,一般信息发布后一两天内的股价变动即为市场对该信息的消化。因此,《虚假陈述若干规定》采用差额损失计算模型,通过计算适格期间买入卖出价格的差额来拟制为投资者因虚假陈述受到的基础损失,具有其合理性。

2. 债券市场的特殊性

相比而言,债券市场则与公开有效的股票市场存在诸多显著差异。

---

〔14〕 我国第一只公司债券发行于 2007 年。参见李扬、王芳:《中国债券市场:2018》,社会科学文献出版社 2019 年版,第 182 页。

〔15〕 Basic Inc. v. Levinson, 485 U. S. 224 (1988).

〔16〕 有效市场可以分为弱势有效市场、强势有效市场和半强式有效市场。只有在半强式有效市场中,二级市场价格才会对信息披露作出及时且准确的反映。参见前注〔3〕。

(1)投资目的和投资风险方面,债券主要涉及信用风险,投资者主要关注发行人的偿债能力,收益较为确定;股票风险则主要来源于上市公司经营风险,投资者关注公司经营管理情况,收益较难预测。(2)产品种类和发行主体方面,债券市场品种多样,包括公司债、企业债、非金融企业债务融资工具等,且发债主体复杂多元;股票则为标准化产品,发行主体资质审查更加严格。(3)产品价值与定价方面,债券发行利率通常与市场利率水平、发债主体的偿债能力等相关;股票定价则与企业未来盈利能力、行业前景等密切联系。[17] (4)流动性方面,债券市场各品种流动性有所差别,总体而言流动性一般,与股票市场有一定差距。(5)投资者结构方面,两个市场主要投资者对于信息的获取和处理能力也存在较大差距。债券市场类比于批发市场,90%投资者为机构投资者,其大多具有丰富经验,可以组建专业团队获取、分析发行人及产品信息,对发行人资信状况有较为深入的了解;而股票市场类比于零售市场,以散户投资者为主,[18] 对于上市公司各类有效信息的获取渠道十分有限。

上述差别综合导致了债券二级市场的价格对信息披露的敏感度低于股票市场。股票市场中,中国证监会依据《证券法》,对上市公司违规担保、资金占用等违法违规行为予以行政处罚。立案调查公告或行政处罚事先告知书发出后,一般对股价会产生较为明显的影响。而同一事项,如果不影响发行人偿债能力,发行人基本面没有发生太大变化,债券价格则可能并不会大幅波动。例如,上市公司/发行人的实际控制人或董事长被爆出丑闻,或者上市公司被爆出曾存在违规担保,但市场发现时担保已经被解除时,债券二级市场的价格波动可能并不会很大。

3. 债券市场是否适用欺诈市场理论

在美国 Halliburton Co. v. Erica P. John Fund. Inc. 案中,联邦最高法

---

〔17〕 参见黄宁:《债券市场和股票市场的信息披露制度差异原因研究》,载《经济师》2014年第11期。

〔18〕 根据上海证券交易所官网发布的上证统计月报,截至2021年2月,沪市A股共开设个人账户26,989.9516万户,机构账户81.7138万户,个人账户占比超过99%;债券市场暂未有公开账户信息,数据来源上海证券交易所内部报告。

院认为，有效市场的判断不能简单地用是和否来回答，而应该综合考察其效率性。[19] 实际上，我国交易所市场与银行间市场的债券流动性及发行规模有所差异，债券竞价交易与协议交易等交易方式也有所不同，均会影响到对债券市场有效性的判断。一方面，从《债券会议纪要》第22条第1款来看，最高人民法院总体认为，债券市场在一定程度上也属于半强式有效市场，可以采用欺诈市场理论和差额损失计算模型。但另一方面，也可以根据债券市场的特殊性，基于债券还本付息的逻辑，为债券投资者开辟另一条损失计算方式，即对应《债券会议纪要》第22条第2款的规定。

(二)基础损失模型

与股票全部采用差额损失计算模型不完全相同，《债券会议纪要》第22条区分了两种情形，分别对应采用了价格差额和本息之和作为基础损失。

1.第一种情形：买入后卖出

《债券会议纪要》第22条第1款采用了与股票市场计算模型类似的逻辑，以价格差额作为基础损失。投资者虚假陈述行为实施日及之后、揭露日之前在交易市场上买入后，在起诉日(最晚在一审判决作出前)之前已经卖出债券的：基础损失＝买入均价－卖出均价－本金偿付(如有)。而对应损失从卖出日(实际损失确定日)至实际清偿日之间的利息，则根据贷款市场报价利率(LPR)的改革要求，新老划断分别计息。

实践中，债券市场分为净价交易和全价交易。交易所市场中，除ABS和特定债券之外，均为净价交易，净价加上持有期间的利息等于全价。结算时，债券市场为全价结算，结算金额包含利息收益。

例如，一张面值为100元的债券，票面利率为5%，1年期，到期还本付息，发行日为1月1日。即到12月31日时，发行人有义务向届时持有债券的投资者偿付105元。如果虚假行为实施日为1月1日，揭露日为3月1日，则在1月1日至3月1日内买入，3月1日至基准日

〔19〕 See 134 S. Ct. 2398(2014). 转引自樊健：《欺诈市场理论在公司债券虚假陈述纠纷中的适用》，载《财经法学》2020年第2期。

卖出的投资者,符合第22条第1款规定的情形。假设,投资者2月1日买入价格为101元,5月1日卖出价格为51元。如为净价交易,101元、51元则仅包含本金。2月1日至5月1日3个月的利息应按照票面利率计算为1.25元;全价结算时,投资者获得的资金为52.25元。如为全价交易,则101元、51元已包含本金和利息,全价结算时,投资者获得的资金为51元。

投资者持有债券期间的应付利息,可以直接根据票面利率乘以持有时间计算得出,因此,虚假陈述行为仅影响交易本金。由于全价交易买入卖出价格差额中含有利息,因此推断出,《债券会议纪要》中规定的"购买该债券所支付的加权平均价格""卖出该债券的加权平均价格"应为净价。当然卖出后,投资者进行全价结算,最终将获得本金加利息。

按照上例中进行净价交易的情况,投资者的基础损失应为101-51=50元。则50元应在剔除无关因素后,从投资者卖出之日起至实际偿付完毕计算逾期利息,利息标准按照贷款基准利率计算。

当然虚假陈述可能影响的是债券发行阶段,也可能是上市交易后的持续阶段。无论影响的是哪个阶段,针对投资者买入后已经卖出的情形,债券市场与股票市场采用的逻辑类似,均认为虚假陈述的影响在揭露日后,已经体现在买入卖出价格的差额当中。这可能也是《债券会议纪要》对已卖出投资者逾期利息的补偿标准按照LPR确定,没有给予法院自由裁量空间的原因。

2.第二种情形:买入后持有

《债券会议纪要》第22条第2款,是专门针对债券市场设置的损失计算方式,以本金和利息之和作为基础损失。由于股票的"真实价值"非常难以估计,股票市场在欺诈市场理论、股价对信息敏感度高等前提下,选择了用"价格"差额来尽量计算出贴近真实情况的损失数额。而债券的"真实价值"主要与发行人还本付息能力有关,可以直接按照本金和票面利率计算得出。且债券市场中更常见的情况是,债券在到期未能还本付息,出现兑付违约后,虚假陈述行为才被揭露出来。因此,在我国采用损失填平原则的背景下,如投资者在一审判决作出前仍然持有该债券的,有理由认为已到期未偿付的债券本金及利息与虚假陈述行为之间存在一定因果关系，可以将债券未偿付范围[20]作为基础损失。

由于投资者一直持有债券，应以债券到期日为分界点，到期日之前（含）投资者的损失为本金、票面利率、持有期限计算得出的本息和，并由法院酌情判决支持投资者为实现债权产生的合理费用等；到期日之后至实际偿还日，应计算债券到期后的资金占用成本，即逾期利息。

对于逾期利息的赔偿标准，《债券会议纪要》则规定由法院在综合考量虚假陈述因素的基础上，根据虚假陈述被揭露后发行人真实信用状况所对应的发行利率或债券估值决定。这样规定，可能是基于现实中存在的若干情形。其一，法院可能已对部分债券持有人出具生效裁判，基于同案同判的原理，法院在处理其他原告的案件时，需参考此前生效判决的利息计算标准。其二，立法者考虑到，在还本付息的基础上计算损失，可能无法完全补足虚假陈述行为在债券发行阶段为投资者带来的损失。这也是《债券会议纪要》又一亮点之处。例如，发行人在债券发行阶段进行了虚假陈述，导致债券发行利率偏低或债券估值偏高，即发行人给投资者的风险补偿不足。由于此时的票面利率本身偏低，即使按照本金加利息作为基础损失，对投资者的补偿也是不足的。因此，《债券会议纪要》赋予法院一定的自由裁量权，由法院结合实际情况，得出一个合理的逾期利息赔偿标准，实现完整的价值衡平。

“五洋债”一案中，杭州中院较好的领会和贯彻了上述计算逻辑。法院首先按照票面利率及持有期限，计算出投资者未偿付的期内本息和，并酌情确认了每人2000元的律师费。逾期利息方面，法院则沿用了募集说明书中载明的票面利率，即逾期利息补偿标准“15五洋债”为7.48%，“15五洋债02”为7.78%。实际上，较市场平均水平来看，7%以上的利息补偿标准处于较高水平。法院判决继续按照票面利率执行，一方面体现了法院着力保护债券持有人的裁判思路，另一方面可能也考虑到五洋债发行人欺诈发行、虚假陈述行为所导致发行时的票面利率偏低，没有真实反映发行人当时的偿债水平等情况。法院通过裁定一个较高的利息损失标准来计算逾期利息，可以以另一种方式适当

〔20〕 包括债券尚未兑付的本息、违约金、实现债权的合理费用等。

地补偿投资者。

(三)判定因果关系

1.交易因果关系的建立:欺诈市场理论

《债券会议纪要》与《虚假陈述若干规定》在损失因果关系上的逻辑相同,以信赖推定原则为前提,通过规定适格的买入卖出区间,来判断投资者财产损失与虚假陈述之间是否具有因果关系。符合买入卖出或持有适格区间的投资者,可以认定为适格对象。《债券会议纪要》第24条明确规定,除非因债券虚假陈述导致信用风险进一步恶化,否则揭露日之后买入债券的投资者,无法主张损失。

2.重大性判断

虚假陈述以信息披露为载体,立法上明确要求虚假陈述的信息应具有重大性。[21] 股票市场中,信息重大性的判断标准是对股价的影响情况。债券市场的虚假陈述也需要符合重大性的要求,对应到交易价格差额和本息之和两种模型的基础损失,重大性的判断上也应该分而待之。对前者应判断是否对债券交易价格产生较大影响,对后者应判断是否对发行人的偿付能力产生影响。

《债券会议纪要》第22条对"重大性"明确进行了规定,虚假陈述行为是指"债券信息披露文件中就发行人财务业务信息等与其偿付能力相关的重要内容存在虚假记载、误导性陈述或者重大遗漏的"。第27条、29条、31条、33条等与虚假陈述责任承担直接相关的条款,也均以"足以影响投资人对发行人偿债(偿付)能力判断"作为信息"重大性"的判断基准。因此,因果关系方面,需要证明有关发行人偿付能力的重要内容虚假陈述而造成了投资者的投资损失。这一点,在债券市场中介机构的责任认定和划分中,也尤为重要。当然,《债券会议纪要》中"与偿付能力有关"的表述还是较为原则,还需法院在审判实践

〔21〕 最高人民法院《关于审理证券市场因虚假陈述引发的民事赔偿案件的若干规定》第17条规定:"证券市场虚假陈述,是指信息披露义务人违反证券法律规定,在证券发行或者交易过程中,对重大事件作出违背事实真相的虚假记载、误导性陈述,或者在披露信息时发生重大遗漏、不正当披露信息的行为。"最高人民法院《关于当前商事审判工作中的若干具体问题》中规定:"重大性,是指违法行为对投资者决定的可能影响,其主要衡量指标可以通过违法行为对证券交易价格和交易量的影响来判断。"

中结合案情,自由裁量,并逐步达成共识。

3. 损失因果关系的建立

股票市场中,《虚假陈述若干规定》第 30 ~ 33 条规定的损失计算模型,以某一区间股价主要受到虚假陈述行为的影响而产生波动为前提,在损失认定方面已经纳入"原因力"的考量。但债券虚假陈述损失计算模型中的本息之和模型,以还本付息作为损失赔偿责任的上限,是最为宽泛的损失认定,需要尽可能多的剔除无关因素,做到公平、公正。

系统性风险方面,《债券会议纪要》第 24 条简要列举了需要剔除的与虚假陈述无关的变量,如市场无风险利率水平变化(以同期限国债利率为参考)、政策变化等。一般认为,无风险利率水平变化原则上不会独立影响债务人的偿债能力,而宏观政策或产业发展情况,对发行人的影响可能更加复杂。但总体上,此类影响因素产生的作用路线较为清晰,《债券会议纪要》已明确规定,人民法院可以委托信用评级机构等第三方专业机构提供测算。

非系统性风险方面,多数情况下债券违约这一最终结果往往不完全由虚假陈述所涉事实导致。债券持有人的损害后果是由与虚假陈述内容相反的真实情况决定的,而不是虚假陈述行为本身所客观导致。例如,债券发行时募集说明书中未披露公司重大的对外担保事项,但最终在被市场知悉前,该担保责任因其他原因而消灭,发行人作为担保人并未因该项担保影响其偿债能力,则该事项与最终损害结果之间并无因果关系。

五、结论

新《证券法》发布实施以来,证券市场违法违规成本显著提升。随着债券违约纠纷频频发生,债券虚假陈述案件屡见不鲜,《债券会议纪要》从基本原则、诉讼主体资格的认定、管辖与诉讼方式、持有人保护、发行人民事责任、中介机构等其他主体责任和破产管理人责任等 7 个方面,为畅通司法救济渠道,统一各级法院裁判思路,审理债券纠纷,提供了较好的指导。其中,第 22 条明确的债券虚假陈述损失计算方法,立足债券市场特点,结合《虚假陈述若干规定》已经确立下来的基础理论、因果关系构建,探索出一条更加符合债券市场和品种特点的计算方式。根据不同情形,在原本价格差额基础损失模型之外,创新性的增加了以债券本息之和作为基础损失的模型,简化了计算流程,并赋予法院一定的自由裁量空间,使债券持有人可以获得更全面、更完善的司法救济,在"五洋债"案等实践中也已有了较好的体现与运用。

先进性方面,《债券会议纪要》本次并未明确区分公募和私募债券,概因私募债券也已出现虚假陈述纠纷案件。新《证券法》为了保护中小投资者的利益,给予了公募债券持有人过错推定和连带责任的优待,但在基础损失模型、因果关系判定等方面,私募债券持有人寻求损失赔偿的原理与公募债券持有人是相通的。因此,《债券会议纪要》未明确仅适用于公募债券,是便于法院在审理私募债券纠纷案件中同样予以适用。《债券会议纪要》还明确将公司债券、企业债券、非金融企业债务融资工具引发的合同、侵权、破产案件均纳入适用范围,对统一我国债券市场司法裁判尺度有所助益。

局限性方面,《债券会议纪要》第 22 条第 1 款,在参照《虚假陈述若干规定》差额损失计算模型时,缺乏更加详细的规定。针对不同债券品种(如公司债券、非金融企业债务融资工具、企业债券等)、不同交易场所(如交易所市场、银行间债券市场等)、不同交易方式(如竞价交易、协议交易等),债券市场公开且有效的假设是否还能够必然成立,需进一步细化完善判断标准。2007 年 8 月 4 日,最高人民法院印发的《关于进一步加强金融审判工作的若干意见》中提出,要依法充分运用专家证人、专家陪审员制度,提高证券案件审判的专业性和公信力。因此,建议未来可以引入中小投服、信用评级机构、会计师事务所、专业院校等第三方机构,作为专家证人或专家陪审员,对个案中所涉情形是否适用欺诈市场理论,进而采用差额损失计算模型予以说明。

2003 年发布的《虚假陈述若干规定》已不能适应目前资本市场的制度需求。而《债券会议纪要》作为最高人民法院发布的第一部审理债券纠纷案件的系统性司法文件,对于诸多市场关切的难点要点,提出了具有建设性意义的规定。建议在对《债券会议纪要》不断完善的基础上,将类似债券虚假陈述损失计算规则等已经被实践证明产生积极作用的重要规定，吸收至司法解释当中，设置单独章节或条文对债券市场虚假陈述行为进行规制，提升纪要效力层级，以便法院在审理债券纠纷案件中予以援引，减少裁判依据与实践做法之间的中空地带。

（编辑：赵宇）

【证券诉讼制度】

《证券法苑》(2021)
第三十一卷,第360~387页

激励约束视角下的特别代表人诉讼制度

——以新《证券法》为背景

沈　伟* 林大山**

摘要:新《证券法》中规定了特别代表人诉讼制度,投服中心作特别代表人提起诉讼。特别代表人诉讼制度能否有效运转仍有待观察。本文以双重委托代理关系中的激励约束机制为视角,比较美国版集体诉讼与中国特别代表人诉讼制度,指出投服中心、公益律师存在激励不足的现象尤为突出,需要改善投服中心内部的评价考核机制、引入胜诉酬金的方式增加激励。同时,通过发挥机构投资者作用、加强信息披露、提高律师担保成本的方式,加强对投服中心和律师的约束。

关键词:激励约束机制　特别代表人诉讼　首席律师　胜诉酬金

2019年11月8日发布的《全国法院民商事审判工作会议纪要》(以下简称《九民纪要》)规定,人民法院可以选择个案以《民事诉讼法》第54条规定

---

* 上海交通大学法学院教授。

** 上海交通大学法学院硕士研究生。

的代表人诉讼方式进行试点审理。[1] 2019年12月28日,第十三届全国人大常委会第十五次会议表决通过了新修订的《证券法》(以下简称新《证券法》),自2020年3月1日起施行。新《证券法》除规定全面实施注册制之外,另一大重大制度创新就是规定了中国特色的证券集体诉讼制度,规定了普通代表人诉讼和特别代表人诉讼制度。[2] 而后,最高人民法院、证券监督管理委员会、中证中小投资者服务中心发布一系列文件,标志着中国特色证券集体诉讼全面开启,证券民事纠纷解决将迎来一个崭新时代。[3]

特别代表人诉讼与普通代表人诉讼的区别在于:第一,起诉主体不同,普通代表人诉讼是在受损失的投资者之中推举产生代表人起诉,而特别代表人诉讼中,投资者保护机构接受投资者委托作为代表人提起诉讼。第二,普通代表人诉讼是"加入制"的代表人诉讼。特别代表人诉讼是"退出制"的代表人诉讼。特别代表人诉讼中创设了以"默示加入、声明退出"为表征的集体诉讼模式,引入了投资者保护机构作为诉讼代表人,为投资者进行维权,既是制度创新,也是本文的讨论对象。

在特别代表人诉讼制度中,投资者保护机构成为广大受损失的中小投资者的代表人,在投资者、投资者保护机构以及代理律师三者之间形成了双层委托代理关系,[4]这一新《证券法》设计的双层委托代理关系如图1所示:

---

[1] 《全国法院民商事审判工作会议纪要》第80条规定:"在认真总结审判实践经验的基础上,有条件的地方人民法院可以选择个案以《民事诉讼法》第54条规定的代表人诉讼方式进行审理,逐步展开试点工作。"

[2] 《证券法》第95条第1款规定:"投资者提起虚假陈述等证券民事赔偿诉讼时,诉讼标的是同一种类,且当事人一方人数众多的,可以依法推选代表人进行诉讼。"第3款:"投资者保护机构受五十名以上投资者委托,可以作为代表人参加诉讼,并为经证券登记结算机构确认的权利人依照前款规定向人民法院登记,但投资者明确表示不愿意参加该诉讼的除外。"

[3] 2020年7月31日,最高人民法院《关于证券纠纷代表人诉讼若干问题的规定》正式施行。同日,证监会发布《关于做好投资者保护机构参加证券纠纷特别代表人诉讼相关工作的通知》,投服中心发布《中证中小投资者服务中心特别代表人诉讼业务规则(试行)》。

[4] 即证券欺诈中被侵权的投资者与投资者保护机构之间的第一层委托代理关系以及投资者保护机构与代理律师之间的第二层委托代理关系。在这一双层委托代理关系中,投资者保护机构同时具备双重身份:既是第一层委托代理关系中的代理人,又是第二层委托代理关系的委托人。

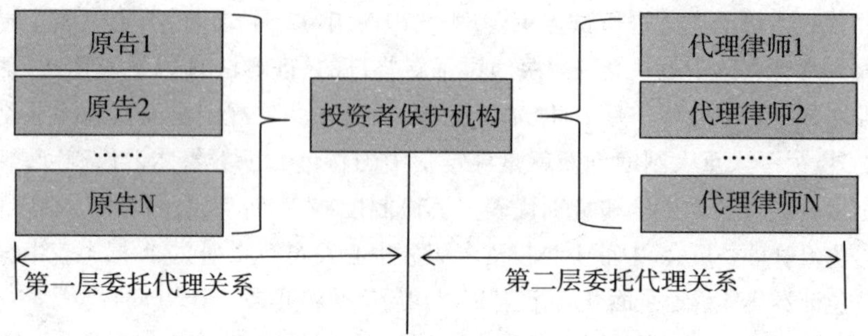

图1　新《证券法》设计的双层委托代理关系

在双层委托代理关系中,不同层次的委托代理关系具有不同的激励和约束机制。中国的特别代表人诉讼制度是否能够有效地激励投资者保护机构和代理律师保护投资者,同时对二者施加约束呢? 本文以双层委托代理制度中的激励约束制度为视角,将美国版集体诉讼制度与中国特别代表人诉讼制度进行比较,在借鉴美国经验的同时,吸收其教训,为完善中国特别代表人诉讼制度提供思路和进路。

一、证券集体诉讼制度的研究基础

证券纠纷诉讼既是证券法研究的重要内容,又是与证券监管部门执法同等重要的私人执行机制。由于公共执行部门的行政资源有限,私人执行机制在某种程度上更为重要,因此也是证券法和证券市场研究的重要方面。

美国学者很早就开始研究集体诉讼中的代理成本问题,主要集中在原告如何加强对律师的监督。韦斯(Weiss)和贝克尔曼(Beckerman)提出,在胜诉酬金制度激励下,对集体诉讼的担忧在代理律师通过主动提起集体诉讼,谋求他们自己的经济利益,而不是他们声称代表的投资者的利益。由于律师对法律以及法律的适用的了解总是优于投资者,并且在参与诉讼有很多私人信息，投资者难以监督。[5] 因此，他们提出“让金钱来监督”，即让证券欺诈中损失最大的投资者（往往是机构投资者）来充当首席原告。[6] 实证研究发现，公共养老基金作为首席原告有更强的谈判能力，能够有效降低律师费，同时监督律师更加努力工作，获得更高的和解金额。[7] 对于律师费的收取，有研究表明律师费与更高的和解金额存在相关性。[8]

在证券集体诉讼领域，有不少学者通过激励机制进行分析和解读。汤欣指出，证券集体诉讼制度的关键在于设计适宜的激励机制，以克服可能出现的原告动力不足的问题，并且这种方式最好以市场化的方式给出。[9] 郭雳列举了美国集体诉讼的种种弊端，提出积极谋求私人诉讼与公共执法的配合，使集团诉讼重新“对抗起来”。[10] 对于投资者保护机构的职权，郭雳指出，监管者在助推投资者保护机构股东积极主义的同时，应当对其所难以触及领域的替代性市场机制保持开放态度。吕成龙认为，投资者保护机构作为代表人参与诉讼的模式可能存在激励不足、独立性不足和诉讼能力不足三大隐忧。[11]

冯根福将委托代理理论运用到公司经理行为的研究中，比较了英美和德日两种模式下公司经理行为的约束机制和激励机制。[12] 邓旭

---

〔5〕 See Geoffrey Miller, *Some Agency Problems in Settlement*, 16 J. Legal Stud. 189 – 214 (1987).

〔6〕 See Elliott J. Weiss & John S. Beckerman, *Let the Money Do the Monitoring: How Institutional Investors Can Reduce Agency Costs in Securities Class Actions*, 104 Yale Law Journal 2053 (1995).

〔7〕 See James D. Cox & Randall S. Thomas, *Does the Plaintiff Matter? An Empirical Analysis of Lead Plaintiffs in Securities Class Actions*, 106 Columbia Law Review 1587 – 1618 (2006).

〔8〕 See Baker, Lynn, A., *Is the Price Right? An Empirical Study of Fee – Setting in Securities Class Actions*, 115 Columbia Law Review 1371 – 1452 (2015).

〔9〕 参见汤欣：《私人诉讼与证券执法》，载《清华法学》2007年第3期。

〔10〕 参见郭雳：《作为积极股东的投资者保护机构——以投服中心为例的分析》，载《法学》2019年第8期。

〔11〕 参见吕成龙：《投保机构在证券民事诉讼中的角色定位》，载《北方法学》2017年第6期。

〔12〕 参见冯根福：《西方国家公司经理行为的约束与激励机制比较研究》，载《当代经济》1998年第6期。

东、欧阳权审视我国国有企业的委托代理关系,指出国有企业委托主体不明确,委托代理链条拉长,缺乏内在的连接机制。同时因为监控制度不严,约束软化导致国有资产流失严重。〔13〕 付强将委托代理理论运用到风险投资中,研究如何加强对被投资企业的激励与进度。〔14〕 在诉讼领域,新《环境保护法》颁布后,较多学者关注环境公益诉讼的激励机制问题。崔丽指出,环境公益诉讼制度落实不理想的深层原因则在于缺乏与其配套与衔接的激励机制。〔15〕 王丽萍认为,原告资格的扩张与激励机制的构建,是突破环境公益诉讼"瓶颈"可供选择的两大举措。〔16〕 陈亮认为原告律师应成为环境公益诉讼的激励对象,而"败诉方负担规则"因同时具备正诉激励、滥诉预防与行为矫正三重功能而成为激励律师的最佳举措。〔17〕 换言之,通过有效的激励可以实现诉权和利益保护。

综合上述国内国外学者对证券集体诉讼中委托代理关系的研究,可以发现国内学者侧重于研究第一层委托代理关系即投资者与诉讼代表人之间的关系,而对诉讼代表人如何激励监督律师勤勉尽责疏于研究。而美国学者对证券集体诉讼的关注在于第二层委托代理关系即诉讼代表人与代理律师之间的关系。这是因为美国是律师主导型的诉讼机制,因此,学者更加关注如何更好加强对律师的约束。而中国的特别代表人诉讼制度是投资者保护机构主导型的诉讼机制,投资者保护机构如何体现投资者利益、为投资者维权,成为学者关注的焦点。

为了更好地了解集体诉讼制度完整的运行机制,本文从投资者与诉讼代表人、诉讼代表人与代理律师之间的委托关系出发,研究两层委托关系中的激励与约束机制,并将美国制度与中国制度进行对比,以美国制度为鉴,提出中国特别代表人诉讼制度的完善建议。

---

〔13〕 参见邓旭东、欧阳权:《委托代理理论与国企激励约束机制的构》,载《企业经济》2004 年第 10 期。

〔14〕 参见付强:《风险投资中的委托代理》,载《当代财经》2003 年第 10 期。

〔15〕 参见崔丽:《新〈环境保护法〉背景下环境公益诉讼激励机制研究》,载《生态经济》2015 年第 5 期。

〔16〕 参见王丽萍:《突破环境公益诉讼启动的瓶颈:适格原告扩张与激励机制构建》,载《法学论坛》2017 年第 1 期。

〔17〕 参见陈亮:《环境公益诉讼激励机制的法律构造》,载《现代法学》2016 年第 4 期。

二、第一层委托代理关系:投资者与诉讼代表人

在普通代表人诉讼中,诉讼代表人由作为原告的广大投资者推举产生,作为代表人为广大受损失的中小投资者争取利益,诉讼代表人既是违法行为的受害人,也是诉讼收益的最终受益人。胜诉后的收益由所有原告共同享受,由于存在“搭便车”的可能性,投资者提起诉讼的积极性大大降低。这便是奥尔森提出的“集体行动的难题”,最终导致所有投资者行动的积极性降低。[18] 在这种情况下,证券集体诉讼潜在原告最理性的选择便是不支付任何成本而坐享其成。由于“三个和尚没水喝”,证券集体诉讼潜在原告的起诉积极性由此降低。为了解决这个委托代理问题,美国逐渐形成了首席原告制度,鼓励机构投资者担任首席原告。中国则采取了投资者保护机构作为诉讼代表人的特别代表人诉讼制度。

(一)美国首席原告制度

美国国会1995年通过了《私人证券诉讼改革法案》(Private Securities Litigation Reform Act),规定了“首席原告”条款(lead plaintiff)。[19] 根据该条款,一旦集体诉讼被提起,主审法院就在全国范围内发出通知,邀请集体投资者成员寻求作为未决诉讼的首席原告的地位。当有相互竞争的申请者时,要追回的损失最大的一方推定为最适格的原告(most adequate plaintiff)。在此之前,首席原告制度是先到先占规则,即先提出申请的原告作为首席原告。因此产生了“奔向法院”(race to the courtroom)的竞争局面。律师争先恐后地联系投资者以便提起案件,而不问案件的证据收集情况如何,产生了大量的扰诉现象,稀释了私人执法机制的效果。[20]

---

〔18〕 参见李激汉:《证券民事赔偿诉讼方式的立法路径探讨》,载《法学》2018年第3期。

〔19〕 7 S. REP. NO. 104 – 198, pp. 10 – 11 (1995), reprinted in 1995 U. S. C. C. A. N. 679, 689 – 692.

〔20〕 See Stephen J. Choi & Robert B. Thompson, *Securities Litigation and Its Lawyers: Changes during the First Decade after the PSLRA*, 106 Colum. L. Rev. 1489, 1530 (2006).

该法案要求任何提起证券欺诈集体诉讼的原告在提出申请后20日内提供有关该诉讼的通知,在一份广泛发行的商业刊物上发出寻求首席原告地位的通知。在公告刊登后90日内,法院必须考虑任何寻求任命为首席原告的动议,并作出任命。

《私人证券诉讼改革法案》颁布并在经历了缓慢的起步之后,机构投资者开始频繁地作为首席原告出现。到2007年,机构投资者作为首席原告出现在所有证券集体诉讼和解协议中的比例约为60%。〔21〕根据实证研究,在首席原告的争夺中,机构投资者一直受到法院的青睐,赢得了绝大多数有争议的首席原告地位。〔22〕

(二)中国特别代表人诉讼制度

1991年《民事诉讼法》规定了人数不确定的代表人诉讼规则。2002年最高人民法院规定了证券虚假陈述民事赔偿纠纷案件的司法审判程序,但该程序在实践中却鲜有使用。《民事诉讼法》中代表人诉讼规则在实际运用过程中,效率低下、可操作性不强。众多当事人的利益取向、学历背景、投资经验等主客观条件不尽相同的情况下,选出代表人十分困难,同时代表人确立程序规定较为简单,不利于有效解决纠纷。同时,根据《关于受理证券市场因虚假陈述引发的民事侵权纠纷案件有关问题的通知》规定,〔23〕投资者对虚假陈述行为人提起民事赔偿诉讼,应当以行政机关(证监会或财政部)的行政处罚决定或者人民法院的刑事裁判文书为前提,事实上确立了证券诉讼的前置程序制度。在2009~2018年十年间,全国证券业相关诉讼案件总量为5576件,证券虚假陈述责任纠纷共278件,占比仅为5.1%。〔24〕证券欺诈纠纷进入诉讼程序并不多,投资者维权难成为证券市场的顽疾。

---

〔21〕 See Laura E. Simmons & Ellen M. Ryan, *Securities Class Action Settlements*: 2007 *Review and Analysis Cornerstone Research* 2008, p. 10.

〔22〕 同前注〔7〕。

〔23〕 《关于受理证券市场因虚假陈述引发的民事侵权纠纷案件有关问题的通知》第2条规定:“人民法院受理的虚假陈述民事赔偿案件,其虚假陈述行为,须经中国证券监督管理委员会及其派出机构调查并作出生效处罚决定。当事人依据查处结果作为提起民事诉讼事实依据的,人民法院方予依法受理。”

〔24〕 参见孙俊:《从诉讼大数据看证券行业这十年》,载《中国航空报》2018年12月20日。

1991年至今,我国颁布的证券诉讼相关法律法规如表1所示。

表1 我国证券诉讼法律法规概览

文件名称	发布时间	发布主体	相关内容
《民事诉讼法》	1991年4月9日	全国人大常委会	规定了人数不确定的代表人诉讼,构建类似集体诉讼规则
《关于受理证券市场因虚假陈述引发的民事侵权纠纷案件有关问题的通知》〔25〕	2002年1月15日	最高人民法院	证券虚假陈述民事赔偿纠纷案件的行政前置程序
《关于审理证券市场因虚假陈述引发的民事侵权纠纷案件有关问的通知》〔26〕	2003年1月9日	最高人民法院	证券虚假陈述民事赔偿纠纷案件具体程序:受理与管辖、诉讼方式、虚假陈述认定、因果关系认定、归责与免责事由等
《证券法》第二次修订	2019年12月29日	全国人大常委会	按照"明示退出""默示加入"的诉讼原则,探索证券集体诉讼制度

在这种情况下,2020年3月1日正式实施的新《证券法》第95条确立了证券代表人诉讼制度,激活了《民事诉讼法》中原有的代表人诉讼规则。2020年3月24日,上海金融法院发布全国首个关于证券纠纷代表人诉讼制度实施的具体规定,即《上海金融法院关于证券纠纷代表人诉讼机制的规定(试行)》(以下简称《代表人诉讼规定》)。2020年4月20日,深圳市中级人民法院发布《关于依法化解群体性证券侵权民事纠纷的程序指引(试行)》。南京市中级人民法院于2020年5月8日正式启用《证券纠纷代表人诉讼程序操作规则》(试行)。这些文件规定了代表人诉讼程序的适用范围、适用标准、纠纷登记、公告发布、代表人选定、调解和立案、案件审理等程序,将新《证券法》的制度落地为可操作的规

〔25〕 法明传〔2001〕43号。

〔26〕 法释〔2003〕2号。

则。在实践中，2020 年 3 月 13 日，杭州市中级人民法院发布《“15 五洋债”“15 五洋 02”债券自然人投资者诉五洋建设集团股份有限公司等人证券虚假陈述责任纠纷系列案件公告》，宣布采取人数不确定的代表人诉讼方式审理该案，通知相关权利人在规定期限内向法院登记。这也是新《证券法》生效后，首例启动的代表人诉讼案。然而，在本案中，投资者保护机构并没有介入，因此是普通代表人诉讼。本案是新《证券法》后第一例代表人诉讼案，却不是第一例特别代表人诉讼案。[27]

虽然实践中还未有个案，我们可以通过上海金融法院发布的《代表人诉讼规定》和《中证中小投资者服务中心特别代表人诉讼业务规则（试行）》，分析其对特别代表人诉讼制度的细化规定。

《代表人诉讼规定》明确规定了投资者保护机构参加诉讼的具体操作规范：第一，明确了投资者保护机构的诉讼职责。[28] 第二，明确投资者保护机构的代表权限。[29] 第三，明确了投资者的退出程序。[30] 第四，明确了一审判决生效后的上诉程序。[31]《中证中小投资者服务中心特别代表人诉讼业务规则（试行）》的核心内容为：一是明晰了投服中心参加特别代表人诉讼的程序，包括内部决策和具体实施两个阶段。二是

---

[27] 参见《法律人士：证券民事赔偿代表人诉讼第一案示范意义大》，载 http://news.10jqka.com.cn/20200315/c618455187.shtml，2020 年 5 月 20 日访问。

[28] 上海金融法院《关于证券纠纷代表人诉讼机制的规定（试行）》第 42 条规定：“本院经审查后发布案件受理公告，投资者保护机构可以依据公告确定的权利登记范围向证券登记结算机构调取权利人名单，并据此向本院申请登记。”

[29] 上海金融法院《关于证券纠纷代表人诉讼机制的规定（试行）》第 44 条规定：“投资者保护机构为全体原告的代表人，有权代表全体原告参加开庭审理，增加、变更或者放弃诉讼请求，与被告进行和解或者达成调解协议，提起或者申请撤回上诉，申请执行等。”

[30] 上海金融法院《关于证券纠纷代表人诉讼机制的规定（试行）》第 45 条规定：“投资者保护机构代表原告与被告达成和解或调解协议的，和解或调解协议内容须经本院审查确认。投资者保护机构应将和解或调解协议以公告方式通知全体原告，公告期间不少于三十日。原告可在公告期间内向投资者保护机构声明退出，和解或调解协议的效力不及于声明退出的原告。”

[31] 上海金融法院《关于证券纠纷代表人诉讼机制的规定（试行）》第 47 条规定：“一审判决后，被告不上诉的，分别情形予以处理：（一）投资者保护机构上诉的，一审判决在明确表示不上诉的原告与被告之间生效；（二）投资者保护机构不上诉的，除明确表示上诉的原告外，一审判决在其他原告与被告之间生效。投资者保护机构应当继续作为代表人参加二审程序。”

明确了投服中心参加特别代表人诉讼的公益属性原则。[32] 三是规定了投服中心参与特别代表人诉讼案件的范围和标准。四是明确了投服中心作为诉讼代表人的权限。

在中国特色集体诉讼制度中,作为特别代表人的投资者保护机构是中证中小投资者服务中心(以下简称投服中心)。美国机构投资者多担任首席原告。在我国,虽然机构投资者有丰富知识,在股市中也占据了一定的份额,但是机构投资者的作用并不大。这主要是因为:

第一,法律法规限制了机构投资者持有股份的上限,使得机构投资者无法长期稳定持有某家上市公司的大量股份,进而参与该公司的经营管理。法律法规对机构投资者在持股数量方面进行限制,目的是分散股票市场风险、稳定股票市场,防止股价大幅波动。例如,《公开募集证券投资基金运作管理办法》中规定,同一个基金管理人管理的所有基金持有同一家证券公司发行的证券,不能超过该证券的10%。[33] 除此之外,法律法规还对社保基金、企业年金持股上限做了规定。

持股比例限制对机构投资者的投资行为产生的影响是,当机构投资者不断加仓,处于持股上限时很难再加仓。此时,他们只能通过购买其他公司股票来最大化自己的收益。因此,机构投资者难以重仓某一个上市公司,参与上市公司经营管理,只能选择股票的高买低卖来获利。

第二,机构投资者的评价指标是每年的业绩,容易导致短期行为。大多数证券投资基金的管理费是按照基金总资产规模的一定比例计提的,而通常基金的净申购是与基金以往的业绩表现正相关的,因此基金业绩排名的相对位置会直接影响到基金的规模是否能够做大。以致基金经理在决定投资行为时,只关注短期的业绩表现,导致基金的投资行为的短期化。这与公司治理中为了避免公司董事会或高管的短视行为

〔32〕 特别代表人诉讼中,关于法院依法向原告收取的诉讼费用,投服中心将依据《中证中小投资者服务中心特别代表人诉讼业务规则(试行)》第29条,作为诉讼代表人向法院依法申请减交或免交等,并向法院主张败诉的被告赔偿诉讼过程中发生的公告费、通知费、律师费等合理费用。

〔33〕 《公开募集证券投资基金运作管理办法》第32条规定:“基金管理人运用基金财产进行证券投资,不得有下列情形:(一)一只基金持有一家公司发行的证券,其市值超过基金资产净值的百分之十;(二)同一基金管理人管理的全部基金持有一家公司发行的证券,超过该证券的百分之十……”

而鼓励和采取更加长期化的公司治理目标背道而驰。

第三,机构投资者易于与大股东合谋,难以监督大股东。机构投资者介于"一股独大"的股东和高度分散的二级市场个人投资者之间。对于机构投资者来说,与其选择对控股股东进行监督,改善公司治理获取公司增长收益,不如与控股股东合作,参与证券欺诈,侵害中小股东利益。机构投资者更可能从与控股股东的合谋中获利,而甚少有保护小股东的激励机制存在。中国市场上较为泛滥的内幕交易、"抢跑交易"和"老鼠仓"行为当中,机构投资者与控股股东的合谋或隐或现。〔34〕

20 世纪 80 年代,美国联邦政府放松监管,进行大量革新,鼓励机构投资者进行投资。〔35〕 1989 年,联邦参议院通过的《过度流动与投机法案》中,鼓励投资者从短期投资转向长期持有,实现"负责任的投资"。〔36〕同时,美国从股东权利的多个方面给予了机构投资者行使股东权利的充分保障。例如,股东提案权,美国法律中规定股东只要持续持有公司 1% 以上股份超过 1 年或者 2000 美元以上有表决权证券即可。〔37〕 中国法律对股东持股要求为 3%,增大了股东提出提案,参与公司治理的难度。〔38〕

(三)激励视角比较

美国的首席律师制度源于韦斯和贝克尔曼教授的提议。〔39〕 两位学者认为,虽然有"搭便车"的问题存在,但是机构投资者在证券欺诈中遭受的损失比原告中的其他人都大,通过集体诉讼能够获得最大的好处,

---

〔34〕 参见王啸:《"一股独大""关联公司系"与修法重心——证券法修改思考笔记(四)》,载财新网,opinion. caixin. com/2014 - 09 - 23/100732062. html,2020 年 5 月 20 日访问。

〔35〕 参见沈伟:《私募投资和商事法契合法律问题研究——规则、监管与困境》,法律出版社 2020 年版,第 85 页。

〔36〕 参见汪忠:《基于机构投资者视角的目标公司治理评价及实证研究》,湖南大学出版社 2012 年版,第 37 ~ 38 页。

〔37〕 Rule 14A - 8(b)(1)(1998).

〔38〕 《公司法》第 102 条第 2 款规定:"单独或者合计持有公司百分之三以上股份的股东,可以在股东大会召开十日前提出临时提案并书面提交董事会;董事会应当在收到提案后二日内通知其他股东,并将该临时提案提交股东大会审议。"

〔39〕 同前注〔6〕。

因此,它们更愿意花时间和成本去提起诉讼、监督律师,主导诉讼活动。因为机构投资者对于集体诉讼结果有最强的利害关系,这将激励它们积极参与集体诉讼。他们设想,在机构投资者的参与下,将出现更高的和解金额与更低的律师费。

已有学者研究表明,衡量首席原告制度改革效果的指标有两个:一个是有没有为原告争取更高的和解金额;另一个是是否加强了对律师的监督,而律师的努力程度由集体诉讼中案卷条目的数量来衡量。

从第一个指标即和解金额来看,在对 1996 ~ 2000 年《私人证券诉讼改革法案》实施后 122 个证券集体诉讼和解案件的一个实证研究中发现,公共养老金作为首席原告与更高的和解有强相关性。〔40〕 但是,该调研不能排除是否是公共养老基金主动选择较高的和解金额案件提起诉讼。在更大样本上,对 1995 ~ 2002 年《私人证券诉讼改革法案》实施后的 260 个证券集体诉讼和解案件的实证研究中,学者们同样发现公共养老基金作为首席原告的出现与更高的和解金额之间存在强烈的相关性。〔41〕 1995 ~ 2004 年 PSLRA 后 501 起案件的样本来研究公共养老基金作为主要原告参与和和解规模之间的关系,发现在排除机构投资者主动选择之外,依然存在相关性。〔42〕

从第二个指标即首席原告对律师的监督上看,研究发现,有公共养老基金首席原告的案件显示出更多的案卷条目,这显示出公共养老基金对律师的有效监督,使律师举出更多的证据、准备更多的案卷条目。〔43〕 在有公共养老基金作为主要原告的案件中,律师的律师费要求和费用奖励较

---

〔40〕 See Stephen J. Choi, Jill E. Fisch and Adam C. Pritchard, *Do Institutions Matter? The Impact of the Lead Plaintiff Provision of the Private Securities Litigation Reform Act*, 83 Wash. U. L. Q. 869 (2005).

〔41〕 同前注〔7〕。

〔42〕 See Michael A. Perino, *Institutional Activism Through Litigation: An Empirical Analysis of Public Pension Fund Participation in Securities Class Actions* (St. John's Legal Studies, Research Paper No. 06 - 0055, 2006), http://papers.ssrn.com/sol3/papers.cfm?abstract_id=938722.

〔43〕 See Michael A. Perino, *Markets and Monitors: The Impact of Competition and Experience on Attorneys' Fees in Securities Class Actions* (St. John's Legal Studies, Research Paper No. 06 - 0034, 2006), http://papers.ssrn.com/sol3/papers.cfm?abstract_id=870577.

低,有两种可能的原因,一个可能的原因是公共养老基金经常提起集体诉讼,积累了丰富的经验,在长期博弈与合作中,律所为了获得公共养老基金选择其作为首席原告,降低了价格。另一个可能的原因是律师相互竞争,联系这些机构投资者,压低了律师费。

从上面两个指标可以看出,机构投资者作为首席原告大量出现,提高了和解价值,增加了案卷条目,降低了律师费用。机构投资者作为首席原告被证明是行之有效的。

最高人民法院发布的《关于证券纠纷代表人诉讼若干问题的规定》,大幅度地降低了投服中心的诉讼成本,〔44〕然而,投服中心作为中国证券诉讼的特别代表人,却缺乏足够的激励机制。投服中心的预算来源于财政拨款,而财政拨款数量有限,并且预算数额每年相对固定,缺少明确的奖励机制。存在的问题包括:

第一,财政预算数额有限、人力有限。从2016年成立到2019年12月底,投服中心共提起支持诉讼案件24件,支持诉讼诉求金额约1.14亿元,获赔总金额约5536.7万元。〔45〕2020年5月8日,江苏省南京中院发布公告,对4家上市公司虚假陈述案采用代表人诉讼审理方式,召集在一定时间内购买上述股票的股民进行登记,据股民索赔代理律师表示,登记股东人数约20万元。〔46〕在投服中心过往的支持诉讼经验中,其面对的都是50~100人的投资者。表2为2016~2019年投服中心已结案的支持诉讼中原告人数。〔47〕

〔44〕 其中第25条指出,投资者可以请求败诉的被告赔偿合理的公告费、通知费、律师费等费用。第39条允许原告一方不预交案件受理费,败诉或者部分败诉时可以申请减交或者免交诉讼费用。第40条允许原告方在提出财产保全申请时不提供担保。

〔45〕 参见《新证券法代表人诉讼制度成司法救济新渠道》,2019年12月30日,载https://baijiahao.baidu.com/s?id=1654333899517366368&wfr=spider&for=pc,2020年5月20日访问。

〔46〕 参见《新证券法代表人诉讼试点第一案》,载http://finance.sina.com.cn/stock/relnews/cn/2020-05-13/doc-iirczymk1299141.shtml,2020年5月20日访问。

〔47〕 参见《支持诉讼》,载http://www.isc.com.cn/html/zcss/index.html,2020年4月3日访问。

表 2　2016～2019 年投服中心已结案的支持诉讼中原告人数

案件	上海绿新案	匹凸匹案	鞍重股份案	康达新材案	安硕信息案	ST 大控案	超华科技案	雅百特案	恒康医疗案	国农科技案	建光电案
原告人数	首批 75 人	14 人	88 人	11 人	14 人	34 人	首批 10 人	首批 28 人	1 人	2 人	1 人

对于投服中心来说，过往支持诉讼面对的投资者是"登记加入制"，每个案件的原告在 100 人以下，人手与预算足以支撑。《证券法》修订之后，投服中心要面对的是"退出制"集体诉讼，每个案件十万级别的投资者。投服中心公益性质的定位和资金源于政府的现状会对其履职产生约束。如果投服中心未来要有效运转，除非在制度和技术层面加以改进，否则很有可能会面临人力、物力的短缺，给财政带来巨大的负担。

第二，财政预算相对固定，缺少奖励制度。固定预算制度相当于一份事前完全合约(complete contract)，提前预估了投服中心下一年接受多少证券诉讼，以及每一个证券诉讼相对应拨款多少资金。这种固定预算制度的直接后果是工作"打折扣"。原因是事前合约一旦规定了未来案件的数量及拨款额度，那么，投服中心全力参与诉讼、和解谈判、监督律师的努力，就会因为财力限制而面临折减。如果投服中心努力代表投资者提起诉讼，获得了更高的和解金额或者赔偿金额，固定预算制度下也不会让投服中心得到更多的拨款，这种制度激励下，投服中心便降低了努力的动机。投服中心的代理活动因其"政治任务"的属性，产生非经济的激励机制。但是，问题是"政治正确"的激励无法通过经济指标有效考核和评定。

将美国首席原告制度与中国特别代表人诉讼制度中的激励机制进行比较，可以得出如下结论：

第一，激励来源不同。机构投资者担任首席原告的激励来源于其在公司中的股份份额，投服中心的激励源于部门内部的考核机制。投服中心并不享有诉讼收益，因此可能降低其提起诉讼的积极性。经济学研究表明，人是其自利的理性最大化者，会对激励作出反应。[48] 这一理性经

〔48〕 参见[美]理查德·A. 波斯纳:《法律的经济分析》，蒋兆康译，中国大百科全书出版社 1997 年版，第 4 页。

济人假设表明,原告仅在其诉讼收益超过其诉讼成本的时候才会提起诉讼。[49]在传统民事诉讼中,原告之所以愿意提起诉讼,是因为他们遭受了可以通过诉讼予以救济的损害,并且其预期损害赔偿金将超过其预期诉讼成本。[50] 与之不同的是,投服中心不能从证券诉讼中获取经济收益,提起证券诉讼是其履行公共治理职责的方式。[51]

第二,首席原告胜诉后能够直接获得的赔偿利益,而投服中心缺乏明确的激励。投服中心有财政经费支持,也有可能从办理的案件中获得来自体制内晋升的激励。但是,投服中心人员经费有限,而且办理的案件数量、质量和晋升机制没有明确地挂钩,其所能享受到的诉讼收益也相对较少,甚至没有任何收益。在没有其他额外激励的情况下,投服中心的起诉积极性自然较低。

(四)约束视角比较

美国的集体诉讼中,对首席原告缺乏约束,出现了以下两大问题:

第一,滥诉严重。2019 年,美国联邦法院共受理集体诉讼 433 起。1999 ~ 2019 年的 20 年间,新增证券集团诉讼案件数量与上市公司数量的比率从 2.94% 增加到 7.94%。这意味着,上市公司面临证券集团诉讼案件的概率比十年前增加了 1 倍以上。2019 年美国证券集团诉讼案件的结案数为 312 件,其中有 2/3 以上的案件被驳回,被告无须向原告作任何赔偿。[52] 美国证券诉讼提起的数量非常多,但是大部分提起的诉讼被驳回,这源于美国私人证券法改革提高了门槛,使得大量案件被驳回。美国的私人证券法改革提高了起诉的标准,更大程度上保护了被起诉上市公司的利益。但是,该项改革没有从源头上(起诉数量)上进

---

〔49〕 See Louis Kaplow, *Private Versus Social Costs in Bringing Suit*, 15(2) Journal of Legal Studies 372 - 373(1986).

〔50〕 See Jill E. Fisch, *Class Action Reform, Qui Tam, and the Role of the Plaintiff*, 60 Law and Contemporary Problems 170(1997).

〔51〕 See Lara Friedlander, *Costs and the Public Interest Litigant*, 40 McGill Law Journal 61 (1995).

〔52〕 参见美国国家经济研究协会经济咨询公司:《关于 2019 年美国证券集团诉讼最新趋势的报告》,载美国国家经济研究协会经济咨询公司网站,https://www.nera.com/publications/archive/2020/recent - trends - in - securities - class - action - litigation—2019 - full - y.html,2020 年 5 月 20 日访问。

行约束,投资者在律师的鼓动下,提起看似成功率不高诉讼,加大了法院的审查压力。

第二,律所“收买”机构投资者现象(pay to play)。律所接近机构投资者,向对公共养老基金有着决定权的官员提供竞选献金。反过来,官员们促使这些公共养老基金获得主原告任命,并任命该律所担任有利可图的首席律师职位。[53] 在道富银行案中,拉巴顿(Labaton)律师付钱给一位名叫沙尔古瓦(Chargois)的中间人,帮助其获得阿肯色州教师养老基金作为机构投资者客户。沙尔古瓦主要工作是安排拉巴顿和养老基金之间的会面,事成之后,拉巴顿律师奖励他支付410万美元,占总和解金额的5.5%。这一金额是其他几家原告律师事务所收到的金额的两倍多。首席律师并没有向法院或原告集体中其他成员披露这笔款项。[54] 在相关的实证研究中,学者发现官员的任命和首席律师的任命呈负相关,即公共养老基金的官员可能会被律所收买,但从统计数字上并不是定论。[55]

《中证中小投资者服务中心特别代表人诉讼业务规则(试行)》第8条规定投服中心可以根据相关部门提议等,按照内部决策程序,自主研究决定是否参加相关案件进行特别代表人诉讼。[56] 第16条明确规定

---

〔53〕 参见美国国家经济研究协会经济咨询公司:《关于2019年美国证券集团诉讼最新趋势的报告》,载美国国家经济研究协会经济咨询公司网站,https://www.nera.com/publications/archive/2020/recent - trends - in - securities - class - action - litigation—2019 - full - y.html,2020年5月20日访问。In re Cendant Corp. Litig.,182 F. R. D. 144,147 - 49 (D. N. J. 1998),rev'd on other grounds,264 F. 3d 201 (3d Cir. 2001).

〔54〕 Special Master's Report and Recommendations, Arkansas Teacher Retirement System v. State Street Bank and Trust Co., No. 1:11 - cv - 10230 (D. Mass. June 28, 2018), p. 219.

〔55〕 See David Webber, *Is 'Pay - to - Play' Driving Public Pension Fund Activism in Securities Class Actions*? An Empirical Study, 90 Boston University Law Review 2031 (2010), https://scholarship.law.bu.edu/faculty_scholarship/497.

〔56〕 《关于做好投资者保护机构参加证券纠纷特别代表人诉讼相关工作的通知》规定:“八、投资者保护机构可以建立专家评估机制,根据国家经济金融形势、资本市场改革发展、具体案件情况、社会舆情、投资者需求以及相关部门提议等,按照内部决策程序,自主研究决定是否参加相关案件进行特别代表人诉讼。”

了投服中心案件选择的标准。[57] 实际上特别代表人诉讼的发动权利掌握在投服中心手中。对此,有学者提出担忧,认为提起中国版的证券集体诉讼,是投保机构的职责,而不是权力,投保机构不能因为困难重重,选择放弃履行该职责。这是公平保护投资者的要求,也是投保机构本身职责的定位。[58] 假如花费各界精力创设的新制度只被用来处理几个容易的案子,那大概也会辜负制度设计的一片苦心。[59]

赋予投服中心选择权,体现了投服中心提起特别代表人诉讼受到的制约监督不足。投服中心在约束制度方面存在以下问题:

第一,投服中心带有监管机构的色彩,不可避免地在选取案件的时候会出现政治倾向。投服中心是直属于中国证监会管理的正局级单位。投服中心可能对某一类案件有更多的偏好,也可能受到政治压力对某些类型的案件选择回避。有学者就提出担忧,会不会出现"奉旨维权"或者"奉旨不维权"的现象?是否会出现类似首次公开募股节奏控制那样的"维权节奏控制"?[60]美国也有不少案例显示出美国证券交易委员会(SEC)尽管拥有很多案件线索,却不对欺诈的上市公司进行调查,被他们声称要监管的公司所"俘获"。[61]

第二,广大受损失的中小投资者无法对投服中心产生良好的约束,投服中心也可能出现怠于行使职权的现象。投服中心作为公共机构,没有和投资者签订权利义务明确的合同,投资者只能寄希望于投服中心尽

---

〔57〕《中证中小投资者服务中心特别代表人诉讼业务规则(试行)》第16条规定:"……符合下列情形的案件,投服中心可以参加特别代表人诉讼:(一)有关机关作出行政处罚或刑事裁判等;(二)案件典型重大、社会影响恶劣、具有示范意义;(三)被告具有一定偿付能力;(四)投服中心认为必要的其他情形。"

〔58〕参见彭冰:《中国版证券集体诉讼的发动》,载微信公众号"北大金融法研究中心",2020年8月1日。

〔59〕参见张巍:《雏形初已现,何时显峥嵘?——中式证券集团诉讼三问》,载微信公众号"比较公司治理",2020年8月1日。

〔60〕参见黄韬:《新〈证券法〉条文背后的看点》,载21世纪经济报道,2020年1月1日,https://m.21jingji.com/article/20200101/herald/dbd16e4a8866e7dd1d8c7cf60b7543e5_zaker.html,2021年3月5日访问。

〔61〕See Gretchen Morgenson, *Following Clues the SEC Didn't*, New York Times, Sunday Business, Feb. 1, 2009. See Dirks v. Securities and Exchange Commission, 463 U. S. 646 (1983).

力行使职权,而难以对投服中心提出有约束力的要求。

将美国首席原告制度与中国特别代表人诉讼制度中的约束机制进行比较,可以得出以下结论:

第一,二者均不存在标准的委托代理关系,因此可能出现约束不力的结果。标准的委托代理关系由委托人与代理人经由自主协商而产生,其权利义务清楚明确。因此,委托人对所形成的委托代理关系及其运行能给自己带来的效用目标有一个非常明确的预期,因此也十分关注代理成本问题,会想尽办法去监督代理人。[62] 美国首席原告制度中,机构投资者作为首席原告来源于法院的认定,不是广大受损失投资者共同委托的结果。特别代表人诉讼中委托代理关系的形成则是法律的拟制,作为委托人的受损失投资者与作为代理人的特别代表人之间并没有以自主协商的方式签订权利义务关系明确的委托代理合同。

第二,美国首席原告制度设计的出发点是让机构投资者"自利的同时利他",缺乏专门的首席原告约束制度。因此,机构投资者虽然是首席原告,但其身上这种对其他投资者的责任感并不强,其他投资者对他的约束权利较弱。机构投资者成为首席原告,源于自己的损失份额最大,因此它为自己争取利益。其他投资者只是"搭便车",分享它努力的收益,难以对其进行监督。中国特别代表人制度设计的出发点是"利他"的公共产品,并且投服中心是公共机构,需要受到较多的来自上级机关及社会公众的来自权力上的、舆论上的监督。因此,在制度设计上,投服中心面临更多的约束。

三、第二层代理:胜诉酬金律师制度与公益律师制度

在诉讼中,当事人须聘请律师提起诉讼,在法庭上提出诉讼主张。[63] 当事人的诉讼请求最终能否实现,在很大程度上取决于代理律

〔62〕 参见陆建新:《双层委托代理:苏南模式运行机制的理论实证分析》,载《学习与探索》1997 年第 2 期。

〔63〕 See Ronald J. Gilson & Robert H. Mnookin, *Disputing through Agents: Cooperation and Conflict between Lawyers in Litigation*, 94 Columbia Law Review 509(1994).

师投入到诉讼中的精力。[64] 律师投入案件中的勤勉尽责程度,则取决于当事人对律师的激励与约束。律师是当事人的诉讼代理人,各方面均受当事人的监督。[65]

(一)美国的胜诉酬金律师制度

《私人证券诉讼改革法案》规定,最适格的原告是"寻求的救济的原告中拥有最大经济利益的申请人"。当机构投资者申请被法院任命为首席原告之前,它通常已经选择了律师事务所作为自己的诉讼代理人,该律所有很大概率作为未来证券诉讼的首席律师。多家机构申请充当首席原告的时候,他们有各自的代理律师,法院从中挑选出首席原告之后,证券诉讼的代理律师团其他成员也将从这些律师中选出。美国证券诉讼的头6个月或1年通常主要是各原告与律师代表之间的争夺控制权的竞争。[66] 美国证券诉讼中,首席律师能够拿走大部分的律师费。在律师团中,首席律师负责确定案件的总体战略,但随后将执行这一战略的必要工作分配给其他几家律师事务所。一般而言,两家律所作为该证券诉讼的首席律师,拿走律师费的65%;两家律所作为执行委员会律师,拿走律师费的30%,一家律所作为联络律师,拿走律师费的5%。[67]

在众多提出申请的律所中,谁能够成为律师团的一员,谁能够担任该证券诉讼的首席律师?特拉华州法院并没有采纳律所代理的原告持有股份份额更大,直接成为首席律师的规则,[68] 而是使用了"Hirt 规则"来考察,这些因素包括诉状的质量以及律师的能力和他们获得起诉索赔

[64] See Bruce L. Hay, *Contingent Fees and Agency Costs*, 25 Journal of Legal Studies 504 (1996).

[65] See Jonathan R. Macey & Geoffrey P. Miller, *The Plaintiffs' Attorney's Role in Class Action and Derivative Litigation: Economic Analysis and Recommendations for Reform*, 58 University of Chicago Law Review 3(1991).

[66] 参见《瑞幸能否甩锅?美证券律师像鲨鱼聚集 四处召集集体诉讼》,2020年4月16日,载 https://baijiahao.baidu.com/s?id=1664084620526376432&wfr=spider&for=pc,2020年5月20日访问。

[67] See Jessica Erickson, *The Market for Leadership in Corporate Litigation*, University of Illinois Law Review 1479 – 1528(2015).

[68] TCW Tech. Ltd. v. Intermedia Commc'ns Inc., No. 18336, 2000 WL 1654504, at *4 (Del. Ch. Oct. 17, 2000).

所需的资源的能力。[69]

(二)中国的证券诉讼公益律师制度

目前我国风险代理制度无法适用于群体性事件中。[70] 中国特别代表人诉讼制度中,投服中心委托公益律师作为诉讼代理人。中国的证券诉讼中,公益律师制度有以下特点:

第一,公益律师人数少、人力资源不足。[71] 面对复杂的证券诉讼,146 名公益律师只是兼职参与,所能投入的时间数量不足。证券诉讼需要的工作量大,来自不同律所的公益律师如何展开协作,沟通是否顺畅依然是个疑问。[72]

第二,投服中心委托公益律师的程序没有明确规定。许多规则仍需要明确:例如公益律师库选拔机制;公益律师通常是律所合伙人,证券欺诈案件发生时,无论是将其委托给一个律师,还是将其委托给多位律师;如果多位律师同时竞争,投服中心委托哪位律师作为公益律师,是否需要律师们展示自己的诉状和准备的证据,或者获得足够多原告的委托;投服中心如何与公益律师对接,是否需要建立报告检查制度,对公益律师履行职责情况进行监督,等等。

(三)激励视角

根据美国经济研究协会经济咨询公司(NERA)的研究报告,在美国最近十年的和解案件中,和解金额在 500 万美元以下的案件中,原告律师酬金与和解金额的比例的中位数为 33.8%;和解金额在 500 万~1000 万美元的案件中,原告律师酬金的占比中位数为 33.3%;和解金额在 1000 万~2500 万美元的案件中,原告律师酬金的占比中位数为 27.6%;

---

〔69〕 Delaware Court of Chancery's 2002 decision in Hirt v. U. S. Timberlands Serv. Co., CIV. A. No. 19575, 2002 WL 1558342 (Del. Ch. July 9, 2002).

〔70〕 《律师服务收费管理办法》第 12 条规定:"禁止刑事诉讼案件、行政诉讼案件、国家赔偿案件以及群体性诉讼案件实行风险代理收费。"

〔71〕 在 3 年的支持诉讼实践中,投服中心形成了公益律师机制,现有公益证券法律服务专业律师 146 名,来自不同的律所。

〔72〕 参见《新证券法代表人诉讼制度成司法救济新渠道》,2019 年 12 月 30 日,载 https://baijiahao.baidu.com/s?id=1654333899517366368&wfr=spider&for=pc,2020 年 5 月 20 日访问。

和解金额在5亿~10亿美元的案件中,原告律师酬金的占比中位数为17.8%。[73]

丰厚的胜诉酬金激励律所积极联系证券欺诈中受害的投资者提起诉讼。然而律师团内部就分工与报酬依然存在一些激励问题:

虽然特拉华州法院确立了集体诉讼首席律师及律师团的选拔规则,但是在实践中,各家律所能够获取的证据大同小异,能力高低难以判定,法院对律所的情况了解并不多,因此法院大多数时候选择将集体诉讼的律师团成员及首席律师交给律所们协商确定,除非律所们无法通过协商得出一致意见。[74] 律所们争取到了首席律师的位子,就相当于在集体诉讼中占据了领导权,因此竞争激烈。在律师团的代理过程中,出现了一些效率低下的情形。例如,执行委员会律师往往是竞争首席律师失败的律所,因此积极性低,在实践中几乎没有从事法律工作。首席律师却要给它20%左右的律师费,以换取对自己的支持。[75] 同时,律师在成为律师团成员之后,就产生了"搭便车"的心理,相互推卸责任,倾向于花少量时间而获得其他律师收集证据、写出法律文书的成果,最终损害了原告的利益。

中国的证券诉讼公益律师制度存在以下激励问题:

第一,制度上的障碍使得在中国提起证券诉讼面临立案难、开庭难、判决难、调解难、执行难的情况。[76] 18位股民诉中核钛白操纵股价民事赔偿案败诉。法院给出的判决理由是,操纵证券市场行为与损害结果之间因果关系的确定以及行为人承担赔偿责任数额的范围、损失的计算方法,现行法律法规、司法解释均无明文规定,不能参照虚假陈述民事赔偿

---

〔73〕 同前注〔52〕。

〔74〕 同前注〔65〕

〔75〕 See, e. g., Oral Argument on Motions for Appointment of Co – Lead Plaintiffs, Co – Lead Counsel, and Liaison Counsel, and the Court's Ruling, p. 46, In re Power – One, Inc. Stockholder Litig., No. 8506 – VCL (Del. Ch. June 4, 2013).

〔76〕 我国法律认定的证券欺诈行为包括虚假陈述、内幕交易和操纵证券市场。目前,最高人民法院只出台了关于审理证券市场因虚假陈述引发的民事赔偿案件的司法解释,内幕交易和操纵证券市场这两类证券欺诈行为的司法解释则迟迟未出台。

规定来处理。[77] 第二,公益律师没有酬劳。上市公司会高薪聘请律师团,利用实体上的虚假陈述、揭露日认定、程序上的管辖权异议来进行抗辩。对于专门的维权律师来说,打一个证券诉讼官司就殊为不易,对公益律师来说,难以想象其能坚持下去。第三,公益律师面临人身安全的威胁。2009 年 4 月,"中国股市维权第一人"上海律师严义明在办公室遭到 3 名歹徒殴打,肩胛骨骨折。[78] 第四,索赔手续烦琐,[79] 审理耗时费精力,时间漫长。[80] 在美国,2001 年 1 月 1 日至 2015 年 12 月 31 日提起的诉讼,大约有 80% 的案件在 4 年之内结案。14% 的案件在 1 年内结案,28% 的案件在 1 ~ 2 年内结案,23% 的案件在 2 ~ 3 年内结案,高达 20% 的案件结案周期超过 4 年。[81] 旷日持久的证券诉讼会让公益律师不堪重负。

两者比较而言,中国证券特别代表人诉讼中公益律师制度缺乏激励机制:

第一,证券诉讼不是简单的民事诉讼案件,而是标的额巨大、难度大、需要耗费律师大量时间精力的诉讼。美国律师提起证券诉讼的激励来源于胜诉酬金的奖励,走到和解环节,便能够得到和解金额 20% ~ 30% 的律师费。中国公益律师提起证券诉讼的激励仅仅源于公益心,不仅得不到报酬奖励,还要花费很多的金钱和时间。公益律师的身份能够帮律师所在律所获得一些好的声誉,或许能起到一定的激励作用,但仍然存在一个问题即好的声誉能否马上转化为经济收入。

第二,更严重的问题是,公益律师在缺乏物质激励的情况下,是否依然能做到勤勉尽责,为代表的中小投资者尽最大努力进行诉讼。即使存在热心公益的证券律师,调查取证、联系原告、案卷整理雇用人手,都需

---

〔77〕 参见郭素凡:《中国资本市场民事维权缘何难》,载《法治周末》,http://finance.sina.com.cn/review/mspl/20120229/095211479276.shtml,2020 年 5 月 20 日访问。

〔78〕 同前注〔77〕。

〔79〕 同前注〔77〕。

〔80〕 张远忠代理的黄光裕内幕交易民事维权案,经过了超过 5 年的等待。该案件中,律师要先等待满足前置条件,等待投资者来维权,再等待立案,还要等待法院关于对方提出的管辖权异议的最终裁定。

〔81〕 参见赖冠能、孙素香:《美国 2019 年证券集团诉讼最新趋势》,载微信公众号"证券金融诉讼实务",2020 年 2 月 10 日。

要花费大量的金钱,公益律师是否有足够的资源和能力对抗上市公司聘请的高薪律师团。

(四)约束视角

美国的胜诉酬金律师制依赖首席原告(主要是机构投资者)对律师进行监督。然而,机构投资者缺乏专业知识,难以对律师进行严格的监督,律师费用高昂,[82]引起了很多人呼吁法院更积极介入审查。[83]

美国证券诉讼中,在提交拟议的和解方案供司法审查时,律师还提交一份裁决申请,注明支付律师费和诉讼费用。在绝大多数案件中,原告律师事务所为了确定其收费要求的合理性,提供了他们的律师处理案件的小时数乘以该地区律师常见的时薪的信息。这种律师费计算方法称为“lodestar”。法院对所要求的百分比费用合理性的“交叉检查”。[84]律师们预测法官对收费请求的反应,并采取行动。当他们请求的律师费可能看起来过多时,他们会包括 lodestar 信息,当他们希望法官批准他们的请求,或者他们认为 lodestar 对他们的诉讼没有帮助时,他们会省略这些信息。[85] 在最近的一个例子中,Labaton Sucharow,LLP 律师事务所在 2016 年对道富银行和信托公司提起的集体诉讼中获得了 3 亿美元的和解。法院判给这些公司大约 7500 万美元的费用。法院下令对费用裁决进行调查。这项调查证实,原告律师重复计算了几名律师的工作时间。律所将处理此案的小时数夸大了 9322 小时,导致将律师费夸大了 400 多万美元。[86]

中国的公益律师制度中,投服中心作为特别代表人能够对公益律师

---

〔82〕 根据美国经济研究协会经济咨询公司(NERA)的研究报告,2018 年证券集体诉讼的和解之于投资者损失的中位数比率为 2.6%。这意味着,在扣除律师费和诉讼费用之后,投资者实际上得到的报偿可能仅是实际损失的一小部分。

〔83〕 参见《瑞幸能否甩锅?美证券律师像鲨鱼聚集 四处召集集体诉讼》,2020 年 4 月 16 日,载 https://baijiahao.baidu.com/s?id=1664084620526376432&wfr=spider&for=pc,2020 年 5 月 20 日访问。

〔84〕 See Third Circuit Task Force, *Court Awarded Attorney Fees*, 108 F. R. D. 237, 243 (1986).

〔85〕 同前注〔8〕。

〔86〕 See *Special Master's Report and Recommendations*, Arkansas Teacher Retirement System v. State Street Bank and Trust Co., No. 1:11-cv-10230 (D. Mass. June 28, 2018), p. 219.

进行怎样的约束没有明确规定。由于公益律师不收费,因此不需要考虑公益律师是否虚报了律师费用。但是投服中心仍然需要监督公益律师是否勤勉尽责。最高人民法院发布《关于证券纠纷代表人诉讼若干问题的规定》第12条将能否“忠实、勤勉地履行维护全体原告利益的职责”作为普通代表人诉讼中代表人资格条件之一。[87] 然而,公益律师忠实、勤勉义务的规定却付之阙如。如果缺乏明确的约束制度,公益律师可能接了案子之后怠于履行职责,损害了投资者的利益。

两者比较来看,未来的约束制度设计出发点不一样:

美国的胜诉酬金律师制度下,律师自然会比较勤勉尽责,投资者要担忧的是其收取的律师费是否合理,是否存在欺骗虚报律师费的情况,这也是首席律师要进行监督的地方。律师费的计算,就要考虑 lodestar 制度中时间计算、每小时费率是否合理,需要首席律师花费大量时间精力去了解专业知识进行谈判。同时律师费的计算也应设计上限。

中国的公益律师制度下,投服中心要监督律师是否真的勤勉尽责,而无须考虑律师费问题。要让公益律师勤勉尽责、又不给律师报酬,投服中心只能要求较低程度的勤勉尽责水平,给投资者带来的也是不利的影响。

四、中国特别代表人制度改进进路

由于激励约束机制的欠缺,可以预见的是,特别代表人制度在具体操作过程中未必达到立法的初始目的,对其进行改进也就成为必然。

(一)对投服中心的改进建议

1. 激励制度设计

第一,投服中心是一个公共机构,其成员的考核晋升机制、薪酬制度需要与提起证券诉讼的数量、和解金额、赔偿金额等挂钩,激励其努力行

[87] 最高人民法院《关于证券纠纷代表人诉讼若干问题的规定》第12条第1款规定:“代表人应当符合以下条件:(一)自愿担任代表人;(二)拥有相当比例的利益诉求份额;(三)本人或者其委托诉讼代理人具备一定的诉讼能力和专业经验;(四)能忠实、勤勉地履行维护全体原告利益的职责。”

使特别代表人职责。

第二,投服中心的预算制度采用弹性预算制。投服中心提起的诉讼数量越多、为投资者争取到的赔偿金额越大,在下一年能够得到更多的预算收入。

2. 约束制度设计

虽然目前个人投资者在A股市场占据主导地位,机构投资者的占比稳步上升,2019年年底机构投资者的占比达到20.6%。[88] 随着机构投资者积极股东主义的成熟,持有最大股份的机构投资者可以成为原告委员会的代表人,为投服中心提供协助和建议,同时也起到监督作用。

对于投服中心发动集体诉讼的选择权,笔者认为,在投服中心发展的初始阶段,人力、物力资源不足,必须把有限的公共财政资源投入到最有效的公共服务中去,可以赋予投服中心对案件适当的选择权。然而,随着投服中心制度不断完善,提起诉讼经验更加丰富,应当限制投服中心挑选案件的权利,让更多的案件经由投服中心起诉,使投服中心起到投资者维权利器的作用。

(二)对公益律师制度的改进建议

1. 激励制度设计

第一,建立普通代表人诉讼律师与特别代表人诉讼律师之间的衔接机制,建议投服中心在普通代表人诉讼的委托律师中选任特别代表人诉讼的代理律师。在目前的制度设计中,律师组织最初发起代表人诉讼的10名投资人,普通代表人诉讼一旦转为特别代表人诉讼,案件由投服中心接管。一旦投服中心介入,普通代表人诉讼转变为特别代表人诉讼,投资人原先聘请的、帮助他们提起普通代表人诉讼的律师就可能要下马,因为现在的规定是特别代表人诉讼要由投服中心的公益律师代理。在这种情况下,只有那些投服中心介入可能性不大的案件,才会有律师愿意出来帮投资人提起最初的诉讼。[89] 律师们担忧提起证券诉讼之后,投服中心的介入,会导致案件代理权被转移给投服中心的公益律师,

---

〔88〕《方星海:中国股市有韧性去承受外部压力,机构投资者将发挥更大作用》,载第一财经网,https://www.yicai.com/news/100478706.html,2020年5月20日访问。

〔89〕参见张巍:《雏形初已现,何时显峥嵘?——中式证券集团诉讼三问》,载微信公众号"比较公司治理",2020年8月1日。

因此,大大降低了律师们提起诉讼的积极性。律师们不愿意“白费功夫”组织投资人提起诉讼。

然而,如果规定投服中心将在普通代表人诉讼中投资者聘请的律师中,选定适格的律师作为特别代表人诉讼中的律师,将有利于激励律师组织投资者提起诉讼。同时,《关于证券纠纷代表人诉讼若干问题的规定》第 25 条指出,投资者可以请求败诉的被告赔偿合理的公告费、通知费、律师费等费用,本条规定为律师进入证券诉讼领域留下了空间。律师费的收取以及特代表人诉讼律师选任机制将激励律师积极为投资者提起诉讼。

第二,适度引入胜诉酬金制度。有学者指出,对于这种具有“小额多数”特征的诉讼不集中代理并采用风险代理收费是很难进行的。[90] 但是目前这种收费方式的合法性不确定,如果该问题能够早日解决,将有利于股东派生诉讼的提起。[91]

笔者认为,应当引入胜诉酬金制度,同时要限制律师的过高收入。可以按照如下方式设计胜诉酬金制度:

第一,证券集体诉讼中的胜诉酬金占赔偿金额的比例应事先确定。投服中心在提出聘请律师事务所担任集体律师时,应向法院披露谈判费用协议的条款。

第二,法院应当介入审查。法院可以采用小时数乘以律师费率的方式进行交叉检验,避免律所要求过高的胜诉酬金。法院在任命代理律师之前应审查协商的费用条款,并应批准这些条款,除非这些条款明显不合理或不是公平谈判的产物。

第三,法院在诉讼结束后再对胜诉酬金进行审查。在诉讼结束时审查代理律师的费用裁决请求时,地区法院应适用先前商定的和批准的条款,除非不可预见的情势变更使这些条款约定的律师费明显过高或不

---

〔90〕 参见黄辉:《中国股东派生诉讼制度:实证研究及完善建议》,载《人大法律评论》编辑委员会编:《人大法律评论》(2014 年卷第 1 辑),法律出版社 2014 年版,第 232 页。

〔91〕 有业界人士提出,10% 左右的胜诉酬金是比较合理、适当的;或者可以参见最高人民法院关于破产管理人报酬的规定,实行律师收费比例累退制。胜诉酬金的比例可由法院进行审查并确认。

公平。

这一制度设计的依据如下:

第一,对律师产生激励。在诉讼开始时,只有在原告和律师之间成立类似于合伙的关系,才能激励律师最大化双方的共同利益。相反,如果在诉讼完结时再确定律师费,追讨的金额是已知的。这加剧了原告和律师之间的冲突,因为一方每多分到一块钱,另一方就会少分到一块钱。此时双方更难达成律师费比例的分配方案。由于集体诉讼要求律师在时间和现金支出方面承担巨大的风险,胜诉酬金约定比例的不确定性可能会使他们倾向于减少努力。律师费用约定的不确定性会使得律师担心自己付出成本过大,不敢冒太大的风险,因此会降低勤勉程度,损害了集体成员的利益。〔92〕

第二,避免事后偏见及法官的随意性。后见之明偏差是人类推理中的一个缺陷,它会导致知道实际结果的人错误估计事前的风险。〔93〕 在计算胜诉酬金时候,律师面对的案件越复杂、风险越大,胜诉酬金比例越高。当胜诉酬金在事后设定时,所有诉讼风险、案件证据事实的结果都是已知的,事后偏差很有可能使法官低估诉讼中可能会面临的风险。〔94〕事前的谈判使证券欺诈集体诉讼中设定律师费的过程更加透明,在现行的市场费率下确定费用,而不是根据个别法官的直觉和偏好。

2. 约束制度设计

第一,加强信息披露。对于代理律师及律所,投服中心在签订风险代理合同时应对其作出评价〔95〕。而且律师事务所应进行适当披露,接受投资者的监督。第二,对律师担保成本。首先,应当建设证券诉讼的律师职业行为规范,将其代理律师的不良行为报告给有权机关并进行处理。其次,建立律师声誉惩戒制度与信用评级制度,惩罚违法违规的律

〔92〕 同前注〔8〕。

〔93〕 See Cass R. Sustein, *Christine Jolls & Richard H. Thaler, A Behavioral Approach to Law and Economics*, 50 Stanford Law Review 1471, 1523 (1998).

〔94〕 See, e. g., Singleton v. Domino's Pizza, LLC, 976 F. Supp. 2d 665, 683 (D. Md. 2013).

〔95〕 例如,律师所接受的专业教育程度、从业年限、获得资格证的情况、以往办的证券诉讼业绩以及律师事务所的规格等外部信息。

师,并鼓励律师维持良好声誉,信用与声誉成为投服中心委托律师时的重要考虑因素。第三,设置律师胜诉酬金收费的比例上限。这可以保证对律师的代理行为有所约束,使投资者能够通过诉讼获得最大的利益,回归股东诉讼制度的本源。

结 语

由于投资者众多,证券集体诉讼具有“搭便车”和集体行动的难题,因此需要设计符合其特征的激励安排,使证券市场的私人执行机制发挥更大的功效。美国作为证券集体诉讼的初创国,也造成了巨大的诉讼成本。我国应通过投服中心内部评价考核机制、胜诉酬金等制度的设计来有效实施特别代表人诉讼制度,在此基础上,建构出符合中国集体诉讼双层委托代理结构特点的激励约束机制,以推动我国方兴未艾的证券集体诉讼的良性运转。

(编辑:邹莹)

《证券法苑》(2021)
第三十一卷,第 388 ~417 页

中国式证券集团诉讼退出制检视与重构*

林少伟**　杜星宇***

摘要:集团诉讼退出制以选择退出权为权利基础,但新《证券法》关于退出制的规定原则性过强、可操作性较弱,最高人民法院的司法解释与此前地方法院出台的诉讼细则略有差异,且所涉条文较少。有必要结合域外经验与我国实践,检视我国集团诉讼退出制相关规范,进而提出完善路径,具体包括肯定二次退出权的适用可能,确定公告期限、退出声明接收方式与法院审查标准,完善集团诉讼通知程序以及建立投保机构信息公示义务的责任机制。

关键词:证券集团诉讼　退出制　二次退出权　制度弊端　诉讼程序

* 本文是"西南政法大学阐释党的十九届四中全会精神理论研究专项(编号:2020XZYB－10)"以及"智能司法研究重庆市 2011 协同创新中心(编号:ZNSF2020Y02)"和"重庆市人工智能＋学科群之智慧司法学科建设"阶段性成果。

** 西南政法大学民商法学院教授。

*** 西南政法大学民商法硕士。

一、问题的提出

2019年新修订的《证券法》第95条第3款首次引入退出制集团诉讼,其不仅回应了实践需求以及学界多年呼吁,[1]也将预期打破代表人诉讼无所适从的尴尬局面并激发出源源不断的司法活力。[2] 中国式证券集团诉讼,是当下全面推行注册制以弱化行政权力并转变为形式审查的事后监管所配套的救济措施,更是避免连锁案件和重复举证所导致的诉讼效益失衡。集团诉讼依据原告确立方式不同分为加入制集团诉讼与退出制集团诉讼,中国式证券集团诉讼则为以"默示加入、明示退出"为原告锁定的退出制集团诉讼,其通过法院的主动干预与投资者沉默的意思表示无限扩大诉讼容量。此种法院审前的单向干预

---

[1] 2019年《证券法》修改前,证券诉讼模式主要为单独诉讼、共同诉讼、代表人诉讼、示范诉讼与支持诉讼。纵观历年法院裁判,证券诉讼前置程序使得诉讼束于枷锁,分拆审理则降低审判效率、浪费司法资源,证券诉讼全面救济模式的缺失致使投资者保护水平停滞不前。鉴于此,学者们认为"中国证券市场要实现跨越式的发展,立法者必须大胆借鉴证券集团诉讼机制或至少吸收其中的部分元素","引入退出制的证券集团诉讼,是我国完善证券市场治理与规范的一个重要的突破口"。参见任自力:《美国证券集团诉讼变革透视》,载《环球法律评论》2007年第3期;章武生:《我国证券集团诉讼的模式选择与制度重构》,载《中国法学》2017年第2期;吴飞:《论我国证券民事诉讼制度的完善——从大庆联谊虚假陈述共同诉讼案谈起》,载北京大学金融法研究中心编:《金融法苑》(第68辑),中国金融出版社2005年版。参见周剑明、广东威华股份有限公司证券虚假陈述责任纠纷案,最高人民法院(2018)最高法民申1402号再审审查与审判监督民事裁定书。参见徐肃益、广东威华股份有限公司证券虚假陈述责任纠纷案,最高人民法院(2018)最高法民申873号再审审查与审判监督民事裁定书。参见李显蓉、广东威华股份有限公司证券虚假陈述责任纠纷案,最高人民法院(2018)最高法民申872号再审审查与审判监督民事裁定书。

[2] 自2019年《证券法》第95条引入证券代表人诉讼后,各地法院陆续开启证券代表人诉讼模式,如2020年3月13日杭州市中级人民法院发布《"15五洋债""15五洋02"债券自然人投资者诉五洋建设集团股份有限公司等人证券虚假陈述责任纠纷系列案件公告》、2020年5月8日南京市中级人民法院发布4则公告,就怡球资源、蓝丰生化、辉丰股份、澄星股份等4家上市公司虚假陈述引发的民事赔偿案件、2020年8月18日上海金融法院受理了一起多名投资者共同申请适用普通代表人诉讼程序的证券虚假陈述责任纠纷案件。

使得集团诉讼虽借助代表人诉讼的躯壳,却又有别于传统的民事代表人诉讼,二者同中有异。“默示加入、明示退出”规则是中国式集团诉讼原告锁定的特点之一,而“明示退出”的诉讼程序则为“默示加入、明示退出”规则予以落实的重要保障。故,本文研究中国式证券集团诉讼退出制,乃聚焦于投资者“明示退出”的制度规范与诉讼程序,仅探讨“明示退出”规则衍生的理论基础与实践操作。

然而,《证券法》第 95 条第 3 款是对集团诉讼退出制的原则性规制,此后,部分地方法院和最高人民法院相继颁发相关规定试图将之细化。先是南京市中级人民法院于 2020 年年初制定了《证券纠纷代表人诉讼程序操作规则》(试行)(以下简称《操作规则(试行)》),随后上海金融法院于 2020 年 3 月 24 日发布《上海金融法院关于证券纠纷代表人诉讼机制的规定(试行)》(以下简称《代表人诉讼规定(试行)》),〔3〕深圳市中级人民法院于 2020 年 4 月 20 日发布《深圳市中级人民法院关于依法化解群体性证券侵权民事纠纷的程序指引(试行)》(以下简称《指引(试行)》),〔4〕三地法院及时出台集团诉讼的操作细则后,最高人民法院于 2020 年 7 月 30 日颁布了《关于证券纠纷代表人诉讼若干问题的规定》(以下简称《代表人诉讼若干问题的规定》)作为证券代表人诉讼的司法解释。〔5〕 2020 年 7 月 31 日,投服中心发布了《中证中小投资者服务中心特别代表人诉讼业务规则(试行)》(以下简称《诉讼业务规则(施行)》)。〔6〕 陆续出台的不同规范文件皆对集团诉讼退出制予以细化,但是,由于退出制仍属我国法律移植的首次尝试,其制度构建与实践经验皆尚待完善,而现行不同规范文件呈现出差异性、简略化的立法状态,进而产生适法秩序、立法真空和衍生问题等制度弊病。

---

〔3〕 参见上海金融法院发布《上海金融法院关于证券纠纷代表人诉讼机制的规定(试行)》,2020 年 3 月 24 日。

〔4〕 参见深圳市中级人民法院发布《深圳市中级人民法院关于依法化解群体性证券侵权民事纠纷的程序指引(试行)》,2020 年 4 月 20 日。

〔5〕 2020 年 7 月 23 日由最高人民法院审判委员会第 1808 次会议通过《关于证券纠纷代表人诉讼若干问题的规定》,2020 年 7 月 30 日公布。

〔6〕 参见中证中小投资者服务中心发布《中证中小投资者服务中心特别代表人诉讼业务规则(试行)》,2020 年 7 月 31 日。

鉴于此，本文以集团诉讼退出制为着手点，借助美国模式与中国情景两条主线检视退出制的历史源流，立足于理论层面解析集团诉讼退出制的权利基础，并通过比较分析现有集团诉讼法律规范文件之异同，从实践层面反思诉讼程序，由此推断其预期适用的程序困境，进一步提出中国式集团诉讼退出制的立法建议，以期完善我国集团诉讼退出制的制度体系。

二、集团诉讼退出制的历史源流拷辩

退出制起源于美国的集团诉讼，其乃为克服法院审前的不公平单向干预而衍生的一种创新型程序规则。美国集团诉讼于强烈的对抗传统、浓厚的律师激励机制、强大的司法创制文化以及联邦制法院背景下产生。〔7〕 无论是作为“闪耀骑士”，还是“作茧自缚的怪物”，〔8〕其凭借“默示加入、明示退出”规则的制度优势而成为世界诸多国家法律移植的最佳范本。〔9〕 不同于美国退出制集团诉讼，我国传统代表人诉讼采“明示加入、默示退出”规则。然而纵观历年裁判，证券代表人诉讼始终难以跳脱“纸面之法”。为突破实践困境，集团诉讼模式或可成为我国证券诉讼厘革的新方向。2019 年中证金融研究院发布的《加快构建证券集团诉讼制度，切实提高资本市场违法违规成本》报告主张，引入集团诉讼主要存在两种路径争议：一种是主张吸收集团诉讼的有益部分以此完善代表人诉讼；另一种则主张另辟蹊径，整体移植美国式集团诉讼。〔10〕 由此可见，美国集团诉讼规则或为我国制度革新提供了良好范本。因此，本文立足于美国模式与中国情景两个视角：一方面，依

---

〔7〕 参见［美］史蒂文·苏本、［美］玛格瑞特·伍：《美国民事诉讼的真谛》，蔡彦敏、徐卉译，法律出版社 2002 年版，第 194 页。

〔8〕 See AR Miler, *Of Frankenstein Monsters and Shining Knights: Myth, Reality, and the "Class Action Problem"*, Harvard Law Review, Vol. 92:664, p. 664 (1979).

〔9〕 例如，加拿大、澳大利亚等国家的集团诉讼是以美国集团诉讼规则为基础而进行制度构建。

〔10〕 参见中证金融研究院：《加快构建证券集团诉讼制度切实提高资本市场违法违规成本》，载《中证政研简报》2019 年第 7 期。

据现代美国集团诉讼的立法演变,探究集团诉讼退出制的产生缘由;另一方面,回溯我国证券诉讼的司法背景,审视中国情景下投资者“明示退出”规则引入的社会缘由。

(一)美国模式:集团诉讼退出制(opt - out rule)的诞生

集团诉讼制度起源于英美衡平法下英国的代表诉讼(representative proceeding),其《民事诉讼规则》(Civil Procedure Rule)第19章第3节与《诉讼指引》(practice direction)对集团诉讼(group litigation)有明确规定。[11] 英国法院依职权或当事人申请签发集团诉讼令(GLO)以开启诉讼模式,[12] 此后,每个集团成员必须发出启动程序,即申请个人索赔表,登记成为集团诉讼的当事人。[13] 早期,美国的集团诉讼即是采用此种选择加入(opt - in)模式,以当事人明确授意才可被纳入诉讼。1938年美国联邦法院出台《联邦民事诉讼规则》(以下简称《规则》)(Federal Rules of Civil Procedure),其中第23条直接明确规定了集团诉讼的适用条件,并将集团诉讼分为3个类别,分别为:(1)“真正的”(true)的集团诉讼,作为最纯正的集团诉讼,法律认为成员间存在连带或者共同的利益纽带(unity of interest)而结合为一起;(2)“混合的”(hybrid)集团诉讼,法律认为成员间利益部分为连带或共同利益,亦存在分别利益,但其都涉及同一份财产并且受到诉讼影响;(3)“虚假的”(spuri - ous)集团诉讼,成员间相互并无关联,仅因利益诉讼取决于共同之法律或事实问题。[14] 《规则》第23条又被称为“强制性”“部分强制性”“允许性”的集团诉讼,[15] 这是因为,其一,“真正的”集团诉讼由于成员间利益的关联性而导致任何成员无权退出诉讼,此乃“强制性”

---

〔11〕 See U. K. CPR pt. 19, http://www. justice. gov. uk/courts/procedure - rules/civil/rules/part19/pd_part19b, visited Dec. 8,2020.

〔12〕 See Practice Direction 19B—Group Litigation, 4 GLO made by court of its own initiative, http://www. justice. gov. uk/courts/procedure - rules/civil/rules/part19/pd_part19b#4. 1, visited Dec. 8,2020.

〔13〕 See Practice Direction 19B—Group Litigation, 6. 1, http://www. justice. gov. uk/courts/procedure - rules/civil/rules/part19/pd_part19b#4. 1, visited Dec. 8,2020.

〔14〕 参见任自力:《证券集团诉讼:国际经验 & 中国道路》,法律出版社2008年版,第16页。

〔15〕 See John E. Kennedy, *Class Actions: The Right to Opt Out*, Arizona Law Review, Vol. 25:3, p. 14 (1983).

的集团诉讼。其二,“混合的”集团诉讼中成员因基础财产而产生关联利益之部分,集团成员无权退出。但是其分别利益之部分,集团成员可间接退出,即使这种权利法律未予明确规定,此为“部分强制性”的集团诉讼。其三,“虚假的”集团诉讼,即集团成员仅在当事人明确表示加入诉讼才获得适格原告资格,并承担诉讼法律效果,因而名为“允许性”的集团诉讼。

然而在美国法院的大量实践判例中,“虚假的”(允许性)的集团诉讼逐渐滋生出不公平的单向干预(one - way intervention)问题,最终导致诉讼双方当事人权利与权益对抗的失衡之象。在 Union Carbide & Carbon Corp. v. Nisfey 案中,[16] 36 名显名矿工代表 350 名隐名矿工提起“虚假的”(允许性)的集团诉讼,要求对被告侵权行为予以损害赔偿。由于隐名矿工审前并未介入诉讼,在被告责任确定之后,法院允许其于 6 个月内出庭并向特定被告人提出索赔。此案为不公平单向干预的典型判例,即如果集团成员在审前并未介入,根据禁止反言理论,原告的败诉与被告的胜诉并不排除他的索赔主张;但是,倘若原告胜诉,法院则允许集团成员介入以利用胜诉之机会。[17] 依据当时盛行的相互性原则(notions of mutuality),集团成员仅在胜诉后才得以单向干预极大地损害了被告的合法权益,使被告受到了严重的不公平对待。故而,为了消除单向干预所固有的不公平性,1966 年美国联邦最高法院对《规则》第 23 条内容进行了重大修改。[18] 《规则》第 23 条确定了集团诉讼的先决条件,在此之后对其进行了类别界定。在集团诉讼的先决条件下,第 23 条(b)款将其分为三类,[19] 其中第三类集团诉讼,通常被视为“损害赔偿集团诉讼”。第 23(c)(2)条赋予集团诉讼成员选择退出(opt - out)的权利,即根据第(b)(3)条提起的任何集团诉讼,法

---

〔16〕 See 300 F. 2d 561 (10th Cir. 1961), cert. dismissed, 371 U. S. 801 (1963).

〔17〕 See John E. Kennedy, *Class Actions: The Right to Opt Out*, Arizona Law Review, Vol. 25:3, p. 15 (1983).

〔18〕 See Benjamin Kaplan, *Continuing Work of the Civil Committee*: 1966 *Amendments of the Federal Rules of Civil Procedure* (1), Harvard Law Review, Vol 81: 356, p. 397 (1967).

〔19〕 See *Federal Rules of Civil Procedure*, Rule 23. Class Actions, https://www.law.cornell.edu/rules/frcp/rule_23, visited Dec. 8, 2020.

院应尽最大可能通知集团成员并履行告知义务,倘若成员在规定期限内提出退出申请,则不受判决的约束。自此,投资者退出制度正式诞生,美国现代集团诉讼终告成型并与其他国家群体性诉讼机制真正区分。[20]

集团诉讼退出制是保障集团成员行动自主的手段之一,[21]保护他们在诉讼边缘免受迫害,[22]并加强他们获得适当代表人的权利。[23]但诚如批评者所言,投资者退出制或可能破坏集团诉讼,阻碍形成对大部分索赔者有价值的解决方案。[24] 尽管如此,美国集团诉讼退出规则在实践判例中激发起无限活力并蓬勃发展,《规则》第23条后经1987年、1998年和2003年等多次修改,至今仍为规范美国集团诉讼的核心程序性条款。[25] 尤其是2003年《规则》修改中,第23(e)(3)条将集团成员退出权延续到和解阶段,即如果集团成员在诉讼初期有权申请退出但未请求退出,除非和解方案给予集团成员各新的一次请求退出权,否则法院可以拒绝批准和解协议。

域外诸多国家的集团诉讼程序深受美国投资者退出制的影响。例如,加拿大的集团诉讼基本效仿美国集团诉讼模式,各省诉讼规则中皆承认集团成员适用选择退出规则。以魁北克省为例,其《集团诉讼法规则》大量沿用美国法,保留了集团成员有权选择是否退出集团诉讼之原则。[26] 又如,澳大利亚的集团诉讼(group preceeding)被认为是

---

[20] 参见杜要忠:《美国证券集团诉讼程序规则及借鉴》,载《证券市场导报》2007年第7期。

[21] See John E. Kennedy, *Class Actions: The Right to Opt Out*, Arizona Law Review, Vol. 25:3, p. 79 (1983).

[22] See Arthur R. Miller & David Crump, *Jurisdiction and Choice of Law in Multistate Class Actions after Phillips Petroleum Co. v. Shutts*, Yale Law Journal, Vol. 96:1, p. 16 (1986).

[23] See John Bronsteen & Owen Fiss, *The Class Action Rule*, Notre Dame Law Review, Vol. 78:1419, p. 1441 (2003).

[24] See Michael A. Perino, *Class Action Chaos? The Theory of the Core and an Analysis of Opt-Out Rights in Mass Tort Class Actions*, Emory Law Journal, Vol. 46:85, p. 143 (1997).

[25] 参见郭雳:《美国证券集团诉讼的制度反思》,载《北大法律评论》2009年第2期。

[26] 参见张卫平:《诉讼构架与程式——民事诉讼的法理分析》,清华大学出版社2000年版,第329页。

“北美以外与美国集团诉讼最为相像的制度”，[27]其对美国的法律制度具有“天生的”亲和力。[28] 澳大利亚集团诉讼采用集团成员选择退出规则，当事人于一定期限内退出后不受法院判决约束。再如，瑞典的《群体诉讼法》规定确定成员身份，应在提起诉讼前由代表人通知符合要求的成员，成员可在法院规定的退出期限内退出。[29] 投资者退出制的应运而生使退出制集团诉讼在世界范围内快速发展，并展现出无穷无尽的诉讼活力。

(二)中国情景：传统“加入制”困局的应对之策

1998年《证券法》涉及民事责任的条款虽达11条之多，但涉诉范畴如立锥之地，具体制度简陋粗疏，较网目不疏仍差之甚远，[30]尤其对内幕交易、操纵市场等不法行为的民事赔偿语焉不详，但又没有明确禁止。以红光案、银广夏案为典型代表，国内证券市场作假行径可谓靡然成风，随之产生的连锁反应使投资者多年心血付诸东流。2001年9月21日最高人民法院发布《关于涉证券民事赔偿案件暂不予受理的通知》则是将投资者彻底推入无边的寒冬，“不予受理”之推辞可谓让人大失所望。[31] 即使早在1996年最高人民法院司法解释中对证券诉讼予以承认及《证券法》民事责任已有规定的情形下，[32]法院已然放弃对

〔27〕 参见范愉：《集团诉讼问题研究》，北京大学出版社2005年版，第128页。

〔28〕 参见张伟和：《澳大利亚的集团诉讼规则》，载《人民法院报》2006年5月12日，第B03版。

〔29〕 参见张伟和：《瑞典的群体诉讼规则》，载《人民法院报》2006年3月3日，第B04版。

〔30〕 譬如，1988年《证券法》对一些直接损害投资者经济利益的行为，如内幕交易、操纵证券交易价格等，证券法在作出禁止性规定的同时，仅在法律责任一章中对论证券民事责任其设置了行政责任和刑事责任，而无民事责任的内容。涉及民事责任的规定，一些内容从立法技术上尚值得进一步推敲，如《证券法》第161条与第202条便反映出立法上的明显疏漏。具体可参见周友苏、罗华兰：《论证券民事责任》，载《中国法学》2000年第4期。

〔31〕 参见《最高人民法院关于涉证券民事赔偿案件暂不予受理的通知》(已废止)，法明传(2001)406号，2001年9月21日发布：“受目前立法及司法条件的局限，尚不具备受理及审理这类案件的条件。经研究，对上述行为引起的民事赔偿案件，暂不予受理。”

〔32〕 参见最高人民法院《关于证券经营机构之间以及证券经营机构与证券交易场所之间因股票发行或者交易引起的争议人民法院能否受理给上海市高级人民法院的复函》，法函〔1996〕180号，1996年12月18日发布。

司法解释的主动权而闭门不见。或许是迫于投资者的压力,或许是出于市场舆论之呼吁,又或许是应对之策应时而生,2002 年 1 月 15 日最高人民法院颁布了《关于受理证券市场因虚假陈述引发的民事侵权纠纷案件有关问题的通知》,肯定虚假陈述民事赔偿范围并设置行政前置程序,明确采用单独诉讼和共同诉讼而不宜适用集团诉讼。紧接着 2003 年最高人民法院《关于审理证券市场因虚假陈述引发的民事赔偿案件的若干规定》的出台,〔33〕证券领域代表人诉讼才得以肯定。不仅如此,法院为构建多元化的诉讼替代机制而创制了证券支持诉讼和示范判决。于证券支持诉讼而言,投服中心作为支持主体,旨在发挥引领、提高、调解、支持机能以及构造投资者保护新格局。〔34〕 2016 年 7 月 25 日投服中心接受了全国 14 名原告的委托,向 P2P 公司、高管及实际控制人提起证券虚假陈述纠纷,此乃我国首例证券支持诉讼,更是一次“破冰”之举。随后,我国于 2018 年先后在上海、北京和杭州法院进行示范判决试点,〔35〕选择其中一宗或者几宗典型案件进行裁决并将裁判结果作为同类案件的处理依据。示范诉讼以司法案例形式明确赔偿责任,示范性于当事人而言为判决的既判力,于法官而言为诉累的减少,于立法者而言为法治的推进。〔36〕

由此可见,我国证券诉讼络续厘革,呈现从嚆矢之初的不予受理,

〔33〕 参见最高人民法院《关于审理证券市场因虚假陈述引发的民事赔偿案件的若干规定》,法释〔2003〕2 号,2003 年 1 月 9 日发布。

〔34〕 参见《投服中心:寻求资本市场中小投资者保护新路径》,载《证券日报》2016 年 12 月 22 日。

〔35〕 2018 年 11 月 30 日,最高人民法院、中国证券监督管理委员会联合印发《关于全面推进证券期货纠纷多元化解机制建设的意见》(法〔2018〕305 号),明确提出要健全诉调对接工作机制,建立示范判决机制。2019 年 1 月,上海金融法院发布《关于证券纠纷示范判决机制》,规定在处理群体性证券纠纷(指诉讼标的为同一种类并且同一方当事人累计人数为 10 人以上的证券纠纷)中,可以根据案件具体情况,从普通共同诉讼案件中分离出单一诉讼形式的示范案件或将若干单一诉讼案件合并为普通共同诉讼形式的示范案件进行审理、先行判决,通过发挥示范案件的引领作用,妥善化解其他平行案件的纠纷解决机制。2019 年 4 月 29 日北京市高级人民法院出台《北京市高级人民法院关于依法公正高效处理群体性证券纠纷的意见(试行)》,2019 年 10 月 25 日,杭州市中级人民法院也出台《杭州市中级人民法院关于证券期货纠纷示范判决机制的指导意见(试行)》。

〔36〕 参见钱玉林:《示范判决的案例指导功能》,载《投资者》2018 年第 4 辑。

逐步转而持包容开放之态,并衍生出代表人诉讼、示范诉讼与支持诉讼,多元化的维权模式意图适应证券大规模侵权。但是诸多证券诉讼仍局限于当事人“明示加入、默示退出”的参与方式,诉讼成本、举证困难、小额投资者居多等众多因素导致证券诉讼长期无法突破投资者理性冷漠与集体行动困境之局。倘若传统民事诉讼的“加入制”规则始终无法破局,那么借鉴域外集团诉讼的“退出制”规则或可为应对之策。2019 年《证券法》第 95 条第 3 款大胆引入退出制集团诉讼,自此“退出制”正式成为民事代表人诉讼原告范围确定的新范式。退出制集团诉讼在补偿投资者损失、提高诉讼效率、威慑违法行为与强化实体法实施中具有独特之处,〔37〕其有利于节约司法成本,避免重复诉讼,将对被告产生强大的威慑效应。〔38〕 其中,“声明退出机制”解决了人数过少问题,聚合投资者诉求以增大总赔偿额,具有规模效应。〔39〕 证券大规模侵权案件涉及原告成千上万,且原告所处地理位置各有不同,覆盖全国诸多地方。集团诉讼以“退出制”规则确定原告范围,将极大简化权利人登记的诉讼程序,降低传统加入制方式下付出的加入与举证成本,进而提高诉讼效率。

三、集团诉讼退出制的权利基础证成

“默示加入、明示退出”规则下滋生了两种新型权利,分别为推定的代表权与明示的选择退出权。在普通的代表人诉讼之下,法律请求的所有权人通常有权自行决定是否在诉讼中主张其请求,而退出制集团诉讼则将大部分缺席集团成员对诉讼主张的控制权转移给诉讼代表

〔37〕 参见汤欣:《论证券集团诉讼的替代性机制——比较法角度的初步考察》,载徐明主编:《证券法苑》(第 4 卷),法律出版社 2011 年版,第 199 页。

〔38〕 参见刁忠:《新〈证券法〉下我国证券集团诉讼的完善路径——对美国集团诉讼的借鉴与反思》,载《法制与社会》2020 年第 8 期。

〔39〕 参见邢会强:《中国版证券集团诉讼制度的特色、优势与运作》,载《证券时报》2020 年 3 月 14 日,第 A07 版。

人,[40]此种转移无须集团成员的明确同意即使得诉讼代表人获得推定的代表权。倘若推定的代表权意图聚焦于那些缺席但是希望提起个人诉讼的集团成员,那么,选择退出权便侧重于那些希望单独诉讼或者不希望自己的法律诉求被主张的集团成员。选择退出权作为退出制的权利基础,本文将剖析其权利的价值取向,审视其存在于民事诉讼程序的正当性基础,立足于理论层面深度解析权利基础,以此有助于对退出制形成宏观而理论的认知。

(一)权利基础:选择退出权的正当性论成

选择退出权是集团诉讼退出制的基本权利基础,是现代集团诉讼的核心内容之一,[41]其是以保护所谓的"庭审日"(day in court)原则下的正当程序为价值取向。[42] 1985 年,美国最高法院在著名的 Phillips Petroleum Co. v. Shutts 案中赋予选择退出权以宪法地位。[43] 本质而言,法院认为集团诉讼的各类正当程序性规则用以充分保护缺席的原告当事人,而选择退出权正是推进了此种正当程序保护。[44] 此后,在美国诸多判例中,法院倾向于认为,在以金钱损害为案由的集团诉讼中,倘若缺乏选择退出程序,则将是对正当程序的违反。[45] 正当程序概念源于 13 世纪英国法律,[46]传统正当程序规则主要围绕个人诉讼展开,如"庭审日"原则保障当事人有权收到法院的通知并且到达法院提出自己的诉求与主张。美国宪法修正案第 5 条与第 14 条皆直接涉及正当程序,通常认为,正当程序是为了维护程序正义与实质正义,因而其成为选择退出权在具体案例中是否适用的宪法依据。在退出制集

---

〔40〕 See Ryan C. Williams, *Due Process, Class Action Opt Outs and the Right not to Sue*, Columbia Law Review, Vol. 115:559, p. 599 (2015).

〔41〕 参见黄江东、施蕾:《中国版证券集团诉讼制度研究——以新〈证券法〉第 95 条第 3 款为分析对象》,载《财经法学》2020 年第 3 期。

〔42〕 同前注〔40〕,第 614 页。

〔43〕 Phillips Petroleum Co. v. Shutts, 472 US 797 (1985).

〔44〕 See Linda S. Mullenix, *No Exit: Mandatory Class Actions in the New Millennium and the Blurring of Categorical Imperatives*, The University of Chicago Legal Forum, Vol. 2003: 177, p. 204 (2003).

〔45〕 Ortiz v. Fibreboard Corp, 527 U. S. 815 (1999); Wal - Mart Stores, Inc. v. Dukes, 131 S. Ct. 2541 (2011).

〔46〕 同前注〔40〕,第 428 页。

团诉讼模式下,基于对被告的威慑效应、诉讼规模经济以及默示加入的意思表示,集团诉讼扩大了代表权的充分性而限缩了个人投资者的自主诉权,这与正当程序所要求的“庭审日”原则相冲突。而选择退出权的创制,无疑缓解了退出制集团诉讼与“庭审日”原则的紧张关系,以此实现了选择退出权的正当程序地位。

除此之外,作为集团诉讼退出制的权利基础与核心要义,选择退出权与集团诉讼的本质息息相关。关于集团诉讼的本质,学界衍生出集合模型(aggregation model)与实体模型(entity model)两种不同的认知形式,由此引发了对选择退出权可取性的激烈交锋。主张实体模型的学者认为,集团成员是类似于公司或者工会的独立法律实体,有着自己独立的法律存在与法律地位。[47] 在此理论框架下,为了达至集团实体的利益最大化,集团利益凌驾于任何个体利益之上而导致个人的自主权与控制权极度被削弱,选择退出权的存在或将导致整个集团的实质利益受到严重损害与潜在破坏。[48] 另有学者进一步认为,仅有强制性集团诉讼才能最大限度地从规模经济中获益,实现最佳威慑效应。[49] 但诚如批评者所言,选择退出权是为使集团成员能够保护自身利益的有用机制。[50] 集团诉讼仅是个体的高度聚合而发挥着合并、聚集诉请的效能,因而个体自治应达至最大化。[51] 退出制集团诉讼是建立在代表人诉讼的基础之上,其中诉讼代表人制度是我国民事诉讼法为适应民事纠纷群体化这一现实而建立的新制度,吸收诉讼代理制度机能而扩大诉讼容量的模式。[52] 同样,集团诉讼的引入目的在于为中小投资者提供低成本的维权渠道,其“聚沙成塔、集腋成裘”的赔偿效应能够

---

〔47〕 See Cf. David L. Shapiro, *Class Actions: The Class as Party and Client*, Notre Dame Law Review, Vol. 73:913,919 (1998).

〔48〕 同上。

〔49〕 See David Rosenberg, *Mandatory - Litigation Class Action: The Only Option for Mass Tort Cases*, Harvard Law Review, Vol. 115:831, p. 840 (2002).

〔50〕 See John C. Coffee, Jr., *Class Action Accountability: Reconciling Exit, Voice, and Loyalty in Representative Litigation*, Columbia Law Review, Vol. 100:370, p. 419 (2000).

〔51〕 同前注〔47〕。

〔52〕 参见张卫平:《诉讼构架与程式——民事诉讼的法理基础》,清华大学出版社2000年版,第363页。

对证券违法犯罪行为形成强大威慑与高压态势。因而,我国集团诉讼初衷旨在维护个人合法权益,并以自身制度优势使之成为投资者有效的私人执行工具。所以,我国的退出制集团诉讼更倾向于集合模型理念,而选择退出权则是建立在此之上的赋予投资者低成本维权与自我权益保护的有效手段。选择退出权作为退出制集团诉讼原告当事人的法定权利,是对"默示加入"推定的意思表示反对与异议,本质上即为当事人排除集团诉讼的意思表示。倘若投资者有效的行使选择退出权,则其将导致投资者与诉讼代表人所建立的推定代表关系消失,投资者亦不再受到集团诉讼裁判的直接影响,而是完全从集团诉讼中分离出来。

(二)选择退出权的诉讼效能

1. 个人诉权自治保障理论

集团诉讼退出制保障了当事人独立诉权下的个人诉讼自治。传统民事诉讼遵循当事人的诉权自由,保障当事人的诉讼自由。退出制集团诉讼是借助当事人默示的意思表示主动干预当事人诉讼,是一种法院的单向干预,打破了传统诉讼之不告不理原则,是对传统民事诉讼个人诉权自主的冲击与挑战。退出制集团诉讼旨在对少额多数投资者予以救济,但集体利益非个体利益之简单加减,由此衍生一理论悖论:以保护个体权益为目的的集团诉讼未必有效实现其初衷,[53]此乃退出制集团诉讼的"阿喀琉斯困境"。当事人适格扩张的程序技术解决了诉讼容量之难题,其代价却为当事人由权利的直接掌控者转变为遥远的观望者。此种投资者的边缘化淡化了投资者诉讼的自主权,而投资者诉讼自主权于集团诉讼的大额投资者而言极为重要。当集团诉讼中投资者损失额处于一定限度内,其自主权要求较弱;反之,则较为强烈。[54] 因此,赋予投资者选择退出权是借助制度化与扩大原告自治的

〔53〕 参见范愉:《集团诉讼问题研究》,北京大学出版社2005年版,第73页。

〔54〕 See Michael A. Perino, *Class Action Chaos? The Theory of the Core and an Analysis of Class Action Chaos?*, Emory Law Journal, Vol. 46:85, p. 143 (1997).

核心价值以维护个人正义,[55]并限制了集团诉讼的排他效应。[56] 集团诉讼退出制是传统的个人主义诉讼理论与现代集团诉讼新的法院角色主动保护理论所产生的哲学分歧的制衡点,通过允许投资者退出来解决单向干预问题。[57]

2. 集团诉讼内部的利益冲突衡平理论

利益冲突是集团诉讼所固有的特征之一,主要表现在被代表人之间、集团律师与当事人之间及当前权利人与未来权利人之间的结构性利益冲突。[58] 投资者因共同利益而自愿加入集团诉讼,基于个人立场及角度不免滋生出集团内部结构性冲突,以致集团的"巴尔干化",[59] 并且利益冲突贯穿于集团诉讼的起诉、诉讼与救济全过程。集团诉讼内部往往基于投资者的风险偏好、个体差异、诉讼动机等多因素而形成固有的利益冲突结构。例如,由于投资者风险偏好的差异,不同投资者对于集团诉讼抱之以不同态度,厌讼者安于现状从而初始便反对集团诉讼的提起;或者,集团诉讼中投资者受损程度不同、对赔偿损失的期望值不一,因而欲借助集团诉讼而获得的最终补偿预期不同;再者,多数投资者提起集团诉讼意图弥补损失与惩戒被告,但并非所有人皆怀此目的,部分投资者并不认为被告行为侵害其合法利益,其缺乏惩戒与赔偿的诉讼动机。由此可见,集团诉讼中总是难免存有利益冲突,而赋予投资者选择退出权则是对利益分裂与集团稳定的有力措施。退出制通过赋予异议投资者退出诉讼的机会,使之避免造成权力分裂,进而实现集团诉讼内部的利益冲突的有效衡平。

---

〔55〕 See Peter Schuck, *Mass Torts: An Institutional Evolutionist Perspective*, Cornell Law Review, Vol. 80:941, p. 964 (1995).

〔56〕 See Samuel Issacharof, *Preclusion, Due Process, and the Right to Opt Out of Class Actions*, Notre Dame Law Review, Vol. 77:1057, p. 1063 (2002).

〔57〕 See John E. Kennedy, *Class Actions: The Right to Opt Out*, Arizona Law Review, Vol. 25:3, p. 27 (1983).

〔58〕 参见张平、陈亮:《集团诉讼中的利益冲突与被代表人利益保护机制研究》,载《暨南学报》(哲学社会科学版)2010 年第 2 期。

〔59〕 See John C. Coffee Jr., *Class Action Accountability: Reconciling Exit, Voice, and Loyalty in Representative Litigation*, Columbia Law Review, Vol. 100:370, p. 370 (2000).

3.投资者实体请求权保障理论

私人执行(private enforcement)是侵权案件中投资者实体请求权保障的重要手段之一,其通过国家强制力与法院强制执行实现请求权对应的实体权利。我国传统证券诉讼的厘革即是为了促使投资者通过证券诉讼来执行实体请求权,但是"加入制"规则下基于理性经济人、投资者分布特点及诉讼收益等因素考量,证券诉讼并未发挥其保障投资者实体请求权的真正价值。我国证券大规模侵权案件中,投资者分布呈现出地域广、基数大、损额小的三大特点。基于理性经济人之视角,当投资者损失额处于一个较低水平,同时加入诉讼需要主动作出意思表示并且进行权利登记时,其诉讼收益无法激励投资者积极地行使实体请求权。倘若将加入制替换为退出制,投资者因沉默的意思表示便会被纳入集团诉讼,仅不愿意被纳入的投资者可以明示表示退出。集团诉讼的退出制无须激励机制以推动投资者行使实体请求权,这将保障绝大部分投资者实体请求权能够有效实施,促进大规模侵权案件中小额投资者实体请求权的充分保障。

四、集团诉讼退出制的诉讼程序刍议

我国《证券法》第95条第3款仅是集团诉讼退出制的原则性框架,而此后出台的《代表人诉讼若干问题的规定》《代表人诉讼规定(试行)》《指引(试行)》《操作规则(试行)》《诉讼业务规则(试行)》这5个规范文件对于退出制的程序细化同中有异。比较研究上述5个规范文件的具体差异,借助同质化规定与异质化差别厘清我国集团诉讼退出制的诉讼程序,以此探究集团诉讼退出制的完善路径。

(一)退出声明的接收主体

投资者选择退出是投资者表示不参与集团诉讼的意思表示,只有以合理的方式向适格的主体作出,其行为才会产生预期的法律效果。适格的退出意思表示接收主体将成为退出声明有效的重要要素之一,而依现行法律规范之不同,接收退出声明的适格主体或为法院、或为投资者保护机构或未明确规定。一方面,最高人民法院《代表人诉讼若干问题的规定》与投服中心《诉讼业务规则(试行)》皆认为,投资者明确表示不愿意参加诉讼的,应当向人民法院声明退出。[60] 另一方面,上海金融法院《代表人诉讼规定(试行)》与深圳市中级人民法院《指引(试行)》则认为,投资者退出权的行使应向投资者保护机构主张。[61] 不同于明确指出投资者退出声明的接收主体,南京市中级人民法院《操作规则》(试行)中则未予以明确,仅为"投资者保护机构按照证券登记结算机构确认的权利人,向人民法院登记诉讼主体,投资者有异议的,应采取明示方式退出"。[62] 投资者作出退出声明的意思表示是否真实、方式是否规范合法、内容是否明确具体等皆需接收意思表示的主体予以识别、判断与行动,其关系到投资者个人的实体权利,更关乎集团诉讼当事人的范围确定,因而明确退出声明的接收主体具有重要的实践意义。

笔者认为,投资者向法院作出退出声明更为适宜,原因如下:第一,法院处于中立地位。由于投资者退出声明直接关系到其实体权利的行使,因而有效接收其意思表示则尤为重要。法院的中立地位将保障其处理当事人诉讼权利之时公平公正,避免因投保机构与当事人的利益冲突或投保机构的利益考量而阻碍投资者退出声明的作出。第二,基于集团诉讼的大规模性与投保机构多重角色考量。集团诉讼的默示加入规则自动容纳了海量投资者,在此基数下,由于私人利益及集团诉讼内部利益冲突等多种原因,难以避免的存在部分投资者欲退出诉讼,此部分投资者可能是小基数抑或是大基数。而我国投保机构目前仅有中证中小投资者服务中心(以下简称投服中心)和中国证券投资者保护基金有限责任公司(以下简称投保基金),根据《证券法》及其他法律法规,投保机构可进行持股行权、派生诉讼、公开征集表决、受委托先行赔付、纠纷调解、证券支持诉讼以及集团诉讼。投保机构的多重角色与人

[60] 参见最高人民法院《关于证券纠纷代表人诉讼若干问题的规定》第34条,《中证中小投资者服务中心特别代表人诉讼业务规则(试行)》第21条、25条、27条。

[61] 参见上海金融法院《关于证券纠纷代表人诉讼机制的规定(试行)》第43条、45条、46条,深圳市中级人民法院《关于依法化解群体性证券侵权民事纠纷的程序指引(试行)》第59条、61条。

[62] 参见《证券纠纷代表人诉讼程序操作规则》(试行)第4项。

力物力的紧张关系导致在不确定投资者退出人数的情况下,由法院进行权利人范围确定更适宜。

(二)投资者退出的阶段

退出制集团诉讼的特质之一乃为"默示加入",其是为解决集体行动困境与投资者冷漠之态而达至"权利实现的间接",并且这种间接性的处理方法具"浓缩功能",可无限扩大"诉讼对争议主体的空间容量"。[63] 而此种超大容量且主动纳入的诉讼模式更倾向于捍卫集团整体利益,并且将其置于投资者个人独立诉权之上。为平衡退出制集团诉讼的"集团利益"至上与投资者个人诉权保障的冲突关系,"明示退出"则赋予投资者退出权以保障独立诉权。退出权的行使将直接影响投资者的实体权利,因而其行使阶段则尤为重要,究竟投资者在何时可以全身而退?纵观5个规范性文件,观点不一,主要有在权利人范围确定阶段、调解或和解阶段这二者择一或兼有等观点。《代表人诉讼若干问题的规定》仅第34条明确投资者可在权利登记公告届满后15日后声明退出,第36条虽提及"诉讼过程中由于声明退出等原因",但并未对调解协议中投资者是否可以明确退出作出具体规定。[64] 而《诉讼业务规则(施行)》与《代表人诉讼规定(试行)》则认为不同意调解方案的投资者,应依法向法院提交退出调解的申请。[65] 《指引(试行)》与《操作规则(试行)》中则未予规定投资者的二次退出权。

不禁发问,二次退出权是否具有合理性?此前已有学者提出投保机构可以与被告进行诉讼和解,但是投资者应享有二次退出的权利,[66] 这与美国《联邦民事诉讼规则》第23条(e)款中法院批准和解协议之前,成员亦可申请退出诉讼不谋而合。美国式集团诉讼中早期存在律师与被告的和解串通,导致原告在诉讼和解中得到微乎其微的

---

〔63〕 参见张卫平:《程序公正实现中的冲突与衡平》,成都出版社1993年版,第165页。

〔64〕 参见最高人民法院《关于证券纠纷代表人诉讼若干问题的规定》第34条、36条。

〔65〕 参见《中证中小投资者服务中心特别代表人诉讼业务规则(试行)》第21条、25条、27条,上海金融法院《关于证券纠纷代表人诉讼机制的规定(试行)》第43条、45条、46条。

〔66〕 参见邢会强:《中国版证券集团诉讼制度的特色、优势与运作》,载《证券时报》2020年3月14日。

赔偿,其借鉴意义在于引入集团诉讼时应避免私人主体主导诉讼而产生滥权行为,同时也应重视诉讼和解可能无法全部满足原告诉求的问题。中国式证券集团诉讼虽以投保机构为主导对象,即使在和解中投保机构基于官方、公益性质会公正行事并尽量争取诉请最大化实现,但是不如意时常八九,而二次退出权的赋予给予投资者更多选择,更尊重其诉讼的意思自治。《证券法》第95条与《代表人诉讼若干问题的规定》并未明确规定投资者的二次退出权,而《代表人诉讼规定(试行)》中则赋予投资者在和解或调解协议公告期间声明退出的权利,实际上支持了投资者二次退出权。二次退出权为保障投资者知情权与合法权益而极具优势。由于第一次退出权行使时位于集团诉讼启动的时点,对于其他投资者而言,关于投保机构的诉讼能力、集团律师的专业水平、证据效力的强弱、赔偿金额的范围等信息完全不知情。而随着集团诉讼的逐渐开展,投资者掌握更多信息后才能更加清楚集团诉讼是否真正代表了他们的利益,进而使其知情权得以保障。和解或调解协议一旦生效,意味着原告即丧失上诉的权利。倘若投保机构未履行忠实义务,与被告进行和解或调解"串通",二次退出权将避免投资者再度成为受害者,该权利也间接对投保机构履行行为起到监督作用。

(三)投资者退出声明作出的有效期限

投资者退出权的有效行使,关键在于其在规定期限以合理方式向适格主体作出退出诉讼的意思表示,因为投资者退出声明的期限规定则成为重要因素之一。《代表人诉讼若干问题的规定》认为"投资者明确表示不愿意参加诉讼的,应当在公告期间届满后十五日内向人民法院声明退出",[67]最高人民法院将退出权的行使置于公告期间届满之后。而《代表人诉讼规定(试行)》与《指引(试行)》则认为投资者应在公告期内明确表示退出。[68] 不同于上述二者皆指明具体退出权行使时间,《诉讼业务规则(试行)》则规定投资者依据法律、行政法规、司法

〔67〕 参见最高人民法院《关于证券纠纷代表人诉讼若干问题的规定》第34条。

〔68〕 参见上海金融法院《关于证券纠纷代表人诉讼机制的规定(试行)》第43条、45条,深圳市中级人民法院《关于依法化解群体性证券侵权民事纠纷的程序指引(试行)》第59条。

解释及本规则规定,依据公告要求的时限和方式申请退出诉讼,[69] 由于我国法律、行政法规未有关于集团诉讼公告时间之规定,仅有最高人民法院的司法解释予以规定,故应认为退出权行使时间应为公告期届满后 15 日内。不禁发问,退出权的行使时间在公告期内或者公告期届满后一定期限内是否存在实质性差别?

笔者认为,公告期内与公告期届满后具有权利保障的实质性区别,而公告期届满后 15 日内为投资者退出声明的作出期限更为恰当。《代表人诉讼若干问题的规定》第 33 条明确提出权利登记公告的内容,除普通代表人诉讼公告事项之外,还涉及投资者保护机构的基本情况、对投资者保护机构的特别授权、投资者声明退出的权利及期间、未声明退出的法律后果等。可见,权利登记公告发挥着披露案件基本信息、给予投资者充分知情权的效能,公告期成为投资者获得案件知情权的法律期限。在这一期限内,倘若投资者保护机构基本情况错误或者予以变更,法院将在公告期及时修改,确保公告期届满时投资者获得同等的知情权。此后再赋予投资者 15 日的选择退出期限,保障投资者思考其权利行使的合理期间。但是,假使仅规定投资者可在公告期内行使权利,倘若有投资者提早便行使退出权,而此后公告信息有所变化,其由于已行使退出权后可能不再关注公告变化,而对其造成不公平。

(四)投资者退出的法律后果

投资者退出集团诉讼将影响判决的扩张效力与诉讼时效两个实体权利。于判决扩张力而言,一方面,在权利人范围期间,5 部法律文件皆认为投资者声明退出,可以另行主张权利。[70] 中国式证券集团诉讼本质上为起诉时人数不确定的代表人诉讼,而集团诉讼的有关规定则作为特殊法优先适用。倘若集团诉讼存有特殊规定,则适用集团诉讼的具体制度;倘若集团诉讼处于立法空白,则回归于普通代表人诉讼。集团诉讼中,当投资者于权利公告阶段明示退出时,法律规范皆一致认

〔69〕 参见《中证中小投资者服务中心特别代表人诉讼业务规则(试行)》第 15 条。

〔70〕 参见最高人民法院《关于证券纠纷代表人诉讼若干问题的规定》第 34 条、上海金融法院《关于证券纠纷代表人诉讼机制的规定(试行)》第 43 条、深圳市中级人民法院《关于依法化解群体性证券侵权民事纠纷的程序指引(试行)》第 61 条。

为退出的投资者可以另行主张权利，但是未曾进一步规定其权利主张的法律效果如何定性。仅有《指引（试行）》第65条规定："明示退出代表人诉讼的权利人在诉讼时效期间因同一事实另行提起诉讼以及本指引第六十条项下的诉讼，依照《民事诉讼法》第五十四条第四款规定，裁定适用已作出并生效的判决、裁定。其中，本院审查认定权利人或者原告请求成立的，适用已经生效判决的裁定中应明确被告的赔偿金额"。《指引（试行）》是对集团诉讼中生效裁判的扩张力限制，契合了普通代表人诉讼判决效力的法理基础，也体现了大规模诉讼中当事人间的公平原则。《民事诉讼法》第54条第4款规定："人民法院作出的判决、裁定，对参加登记的全体权利人发生效力。未参加登记的权利人在诉讼时效期间提起诉讼的，适用该判决、裁定"，因而集团诉讼作为起诉时人数不确定的代表人诉讼，应当适用该条的规定，人民法院作出的有效判决在诉讼时效内对退出的投资者具有判决扩张效力。由此引发一个思考，倘若退出的投资者另行主张权利依旧需要适用原判决、裁定，那么其退出的意义为何？倘若该项制度使退出权已无意义，是否需要针对集团诉讼予以特殊规定？笔者认为，判决的扩张力并非使得退出制毫无意义，退出制所关注的投资者，不仅包括因受损程度深或诉求不同等原因而欲提起单独诉讼的部分投资者，还包括原本便不愿意行使起诉权的部分当事人。针对前者，倘若投资者提起单独诉讼后，经法院审理发现，其基本案件事实与法律关系同集团诉讼成员一致，则判决的扩张力将实现形式和实质平等。倘若经法院审理发现，单独诉讼案件的法律适用不同于集团诉讼案件处理，则选择退出权发挥了真正意义。针对后者，选择退出权也为原本不愿起诉的投资者提供了退出途径。另一方面，在调解协议公告期间，《代表人诉讼规定（试行）》规定原告可在公告期间声明退出，和解或调解协议的效力不及于声明退出的原告。〔71〕于诉讼时效而言，虽然5部法律文件皆未对退出的投资者诉讼时效予以规定，但是笔者认为，投资者一旦退出集团诉讼，诉讼时效应当继续。

---

〔71〕 参见上海金融法院《关于证券纠纷代表人诉讼机制的规定（试行）》第45条。

五、集团诉讼退出制的预期适用困境

依据法律位阶与法律适用原则,中国式证券集团诉讼的程序适用应以《证券法》与《民事诉讼法》为基础,以《代表人诉讼若干问题的规定》为细则指引。《代表人诉讼若干问题的规定》中有关特别代表人诉讼之规定仅 8 个条文,涉及集团诉讼退出制的则少之又少。退出制集团诉讼作为中国民事诉讼领域前所未有的诉讼模式,实践中,由于相关立法尚有诸多立法空白与立法模糊,导致投资者退出环节预期或将面临一些适用困境。

(一)退出方式的缺位导致意思表示认定的缺位

《民法典》第 137 条是关于有相对人的意思表示生效时间的规定。以对话方式作出,相对人知道其内容时生效;以非对话方式作出,到达相对人时生效;以非对话方式作出的采用数据电文形式的意思表示,则区分情形对待。可见,以不同形式作出的意思表示,其生效的认定时间迥然相异。《诉讼业务规则(试行)》第 15 条第 2 款规定,投资者依据法律、行政法规、司法解释及本规则规定,依据公告要求的时限和方式申请退出诉讼。不禁发问,投资者提出退出声明的方式究竟为何?《代表人诉讼若干问题的规定》第 34 条未予具体化声明方式,上海金融法院、深圳市中级人民法院及南京市中级人民法院法律规范采用“明确表示”“明示”等抽象法律用语。鉴于此,我国现行立法文件中并未对投资者提出退出声明之方式予以细化,这将导致诸多问题。第一,投资者退出声明的不规范性可能导致法院认定困难。由于大部分投资者尚未具备专业的法律知识与法律规范书写能力,因而倘若法院对投资者退出方式与声明内容未予规定,投资者的退出声明可能因为意思表示的模糊性、声明内容的不完整性、退出方式的不规范等原因增加法院认定投资者退出声明是否有效的困难度。第二,投资者声明退出方式的缺位易导致法院无法界定投资者是否处于真实意思表示。完整而规范的退出程序将对投资者声明退出提出要求,并要求投资者提供相关材料,法院通过材料以及程序规范对于投资者真实的意思表示予以认定。

(二)无条件选择退出权或将架空退出制集团诉讼

当下我国集团诉讼规则中,并未对投资者选择退出权利加以限制,简言之,投资者拥有的是无条件的选择退出权。无条件的选择退出权可能会架空退出制集团诉讼,原因如下:第一,投资者因享有无条件的选择退出权而可随意退出、提起单独诉讼,基于相同的法律事实,单独诉讼大概率会适用原裁判、判决,由此导致司法资源的无效消耗、浪费,与集团诉讼的集约化、高效率审判初衷相违背。第二,无条件的选择退出权或将影响集团诉讼和解。集团诉讼的和解是双方当事人各退一步达成一致,因而和解金额可能低于诉求金额。倘若赋予投资者无条件选择退出权,则部分投资者可能基于和解低于预期的考量而随意退出,退出的投资者越多,被告意图和解的愿望便越低,因而无条件的选择退出权可能阻碍集团诉讼的顺利和解。第三,无条件的选择退出权将阻碍法院保护一些"从众心理"的投资者。集团诉讼的投资者大多皆非法律专业人士,甚至不清楚诉讼的意义与流程,因而极可能由于从众心理而退出集团诉讼。倘若赋予选择退出权一定限制,则法院可以通过审查投资者退出的理由以保护部分投资者的利益。

(三)粗化的诉讼程序细则衍生的连锁反应

民事诉讼本质上是各环节环环相扣的连锁反应,因而退出制的有效执行依赖于诉讼的其他有关环节,以达到良好的连锁反应效果。退出制以投资者充分的知情权为前提,包括权利登记公告期间、诉讼期间以及和解、调解期间。只有建立在对案件信息有着充分了解的基础上,投资者才能凭借足够的信息判断是否行使选择退出权。集团诉讼通知与案件信息披露是保障退出制执行的前置程序,而退出制又为二者衍生的连锁反应。目前,我国法律、行政法规、司法解释、法院文件等对于集团诉讼通知程序与信息披露程序规定较为笼统、简略,一定程度上影响了投资者选择退出权利的行使。

1. 集团诉讼的通知内容的粗糙

诉讼通知旨在确保原告投资者能够自主行使诉权,保障其未出庭但依法享有的知情权,以此使其获得正当程序。我国《民事诉讼法》中代表人诉讼下对诉讼通知的规定非常粗糙简陋,集团诉讼操作细则的法律文件中诉讼通知义务也较为简略。例如,《代表人诉讼若干问题的规定》第 33 条认为,权利登记公告应包括普通代表人诉讼公告的一般事项、投资者保护机构基本情况、对投资者保护机构的特别授权、投资者声明退出的权利及期间、未声明退出的法律后果等。再如,《指引(试行)》第 62 条规定投保机构对于接受委托参诉、法院登记、管辖权异议、开庭、和解、变更或放弃诉请、宣判、上诉及申请强制执行等重要诉讼事项,应以适当的方式告知全体原告。在保障投资者退出制有效实施的基础上,现有诉讼通知规则呈现两大制度弊病:第一,未予以区分权利人范围确定阶段与调解或和解协议阶段诉讼通知内容的差异化。第二,为保障各阶段投资者选择退出的实施而所为通知义务,现有立法文件并未对通知内容细化以达全方位和充分之要求。“魔鬼存在细节中”,诉讼通知的模糊化可能会变相“剥夺”集团诉讼成员的权益。故此,将诉讼通知具体化,不仅能保障未参加庭审的当事人能对诉讼代表人或集团律师进行有效监督,也能有力捍卫原告方的其他相关权利。

2. 公告时间的期限不明

由于集团诉讼涉及当事人众多,并且遍布全国各地,基于审判成本效益考量,法院通过公告方式进行权利告知。如若公告时间不设下限,则易导致公告时间过短而难以保障投资者的知情权,进而直接影响选择退出权的行使。《代表人诉讼若干问题的规定》中特别代表人诉讼一节未有公告期间的具体规定,而《代表人诉讼规定(试行)》仅有第 45 条规定和解或调解协议以公告方式通知全体原告,公告期间不少于 30 日。可见,现行立法文件中缺乏全国统一的公告期限的界定。

3. 信息公示义务与责任的缺位

投保机构作为诉讼代表人,乃基于其他原告信任的基础上针对某一特定事项承诺代表其行事的人,现有法律规范确也如此规定。但是,就目前的规范文件而言,投保机构的信息公示义务范围并未予以明确,倘若投保机构没有履行此义务,缺乏相应的责任机制予以惩戒。例如,其一,《代表人诉讼若干问题的规定》第 38 条认为,投保机构应当采取必要措施,保障被代表的投资者持续了解案件的进展情况,回应投资者的诉求。“必要措施”究竟为何?投保机构应如何开展“必要措施”以保障投资者知情权?其二,《诉讼业务规则(试行)》第 9 条规定,“对于特别代表人诉讼的接收委托、变更或者放弃诉讼请求、承认对方当事人诉讼请求、调解、审理裁判、上诉及必要的其他事项,投服中心依托信息化技术手段或者公开平台通知、公告投资者,保障被代表的投资者持续了解案件审理的进展情况”。该条明确了投服中心应予告知的范围,并提出告知的方式,但是缺乏告知义务的责任机制。其三,《指引(试行)》第62条认为,“投资者保护机构对于接受委托作为代表人参加诉讼、法院登记、管辖权异议、开庭、和解(或调解)、变更(或放弃)全部(或部分)诉讼请求、宣判、上诉及申请强制执行等重要诉讼事项,应当通过适当形式及时告知代表人诉讼的全体原告”。《指引(试行)》同样明确了告知的内容,但是“适当的形式”并未明确,同时缺乏责任机制。可见,倘若缺乏明确的告知范围、告知方式以及责任机制,那么投保机构的公示义务也只能束之高阁、无从适用。

六、证券集团诉讼退出制的规范完善

(一)增加投资者二次退出规则

约翰·科菲教授曾言,“部分和解协议一旦批准,法院应当给予集团成员一次额外的、推迟的选择退出权”。[72] 2003年美国国会修改《联邦民事诉讼规则》第23条(e)(3)条,认为对于根据23(b)(3)条确认的集团诉讼中的当事人达成的和解协议,法院可以拒绝予以批准,除非该协议为那些在诉讼早期虽有机会却没有选择退出的集团成员提供了再一次退出的机会。集团诉讼和解或调解阶段,投资者所享有的二次退出权具有正当性。首次退出权的行使与否具有仓促性、被迫性,而二次退出权的存在则是有利于投资者在恰当的时间真正行使退出权。[73] 尽管法院在权利登记公告中将案件情况、诉讼请求、被告基本信息、投保机构基本情况、特别授权情况、退出权的行使期间及法律后果等信息全面而充分的披露,但是由于此时仍处于诉讼的初级阶段,投

---

〔72〕 Coffee. J. C. Jr. , *Class Action Accountability: Reconciling Exit, Voice, and Loyalty in Representative Litigation*, Columbia Law Review, Vol. 100:370, p. 377 (2000).

〔73〕 参见张大海、肖建红、罗健豪:《美国集团诉讼二次退出制及对我国的启示》,载《南京师大学报》(社会科学版)2009年第1期。

资者即便在了解上述信息的前提下，无法推断出诉讼的走向、胜诉的概率、参与诉讼可能承担的法律责任等，因而投资者或许无法理性的行使首次退出权。而二次退出权则不同，二次退出权行使阶段处于诉讼后期，此时通过审判过程与投保机构的披露义务，投资者对于投保机构的业务能力、证据效力、赔偿金额计算方式、具体赔偿额、责任承担等涉及实体权利的有效信息已有一定程度的了解，此刻，投资者将更为理性明智地评价与判断集团诉讼是否真正成为其维权利器，诉讼代表人是否真正代表投资者的利益，和解或者调解协议是否公平合理，这在一定程度上提高了投资者对于自己诉讼权利的掌控程度。同时，二次退出权的行使，还将间接成为投资者对于诉讼代表人、集团律师的监督机制，一旦他们以牺牲集团成员利益为代价谋取私利，集团成员则可行使二次退出权予以反击，而二次退出权的使用率也将间接成为评价诉讼代表人、集团律师业务水平的因素之一。

《代表人诉讼若干问题的规定》中并未赋予投资者二次退出权，笔者认为集团诉讼中应赋予投资者二次选择退出的权利。首先，立法应当完善人民法院调解或者和解协议公告的义务。由于投资者首次行使退出权时人民法院进行了权利登记公告，因而投资者二次退出权行使前人民法院也应对和解或调解协议予以公告。其次，二次退出权的行使时间可借鉴《代表人诉讼若干问题的规定》中首次退出权的行使期限，即公告期届满后15日内。最后，声明退出的原告将不受调解协议或者和解协议之约束，但是其可以另行起诉主张权利。故，立法增加规定“人民法院应将和解或者调解协议以公告方式通知全体原告，原告可在公告期届满后15日内向人民法院明示声明退出，和解或调解协议的效力不及于声明退出的原告”。

（二）法院确定公告期限、接收方式与退出声明审查标准

其一，法院确定投资者选择退出前的公告期限应当遵循合理、效率原则，合理即要求公告期限不能过于简短，以至于公告期届满仍有大量投资者未得知集团诉讼的存在，公告期限可以设置时间下限。效率即集团诉讼是投资者低成本维权的有力手段，因而集团诉讼整个历程不宜过于拖沓、冗长，以至于公告期限也不易过长。最高人民法院《关于适用〈中华人民共和国民事诉讼法〉的解释》第79条规定，依照《民事诉讼法》第54条规定受理的案件,人民法院可以发出公告,通知权利人向人民法院登记。公告期间根据案件的具体情况确定,但不得少于30日。根据《代表人诉讼若干问题的规定》第7条,普通代表人诉讼权利登记公告期间为30日,而《代表人诉讼规定(试行)》第8条则认为普通代表人诉讼公告期间视具体情况确定,但不得少于30日。普通代表人诉讼与特别代表人诉讼在权利登记公告中,所辐射的范围广度基本相同,仅是当事人的确定方式不同,因而特别代表人诉讼的公告期间可以30日为下限。同时,基于效率原则的考量,公告期间也不易过长,可设置60日的上限。因而,投资者选择退出前的公告期间可为:"公告期间依据案件的具体情况确定,但不得少于三十日,也不得超过六十日"。

其二,法院可以建立电子信息平台,设置规范的声明退出文件格式、内容,以供投资者填写并提交退出声明。《代表人诉讼若干问题的规定》第8条为投资者的权利登记,其指出权利登记可以依托电子信息平台进行。结合我国法院实践,我国各地法院具备相关的技术手段与信息平台以供投资者进行权利登记,如杭州市中级人民法院所发出的《"15五洋债""15五洋02"债券自然人投资者诉五洋建设集团股份有限公司等人证券虚假陈述责任纠纷系列案件公告》中即表明,权利人登记材料的提交方式:详见"浙江证券期货纠纷智能化解平台"网站通知;南京市中级人民法院就怡球金属再生(中国)股份有限公司等发布的四则公告中,确立了投资者登记地址为南京市中级人民法院诉讼服务中心,网址为http://ssfw.njfy.gov.cn。因此,笔者建议,各地法院可以利用电子信息平台,通知声明退出的投资者按时提交退出声明,并借助该平台设置规范的投资者退出声明。投资者退出声明应包含确认投资者已阅读集团诉讼通知、投资者明确退出的意思表示、审理本案法院的基本信息、提交退出声明的时间、选择退出的理由、投资者姓名和联系方式及居住地等基本信息、投资者身份证正反面上传、电子签名等。格式化的退出声明有利于帮助法院判断退出声明的规范性与有效性,投资者基本信息的填写、身份证上传及电子签名则是对当事人意思表示真实性的证明与证据。

其三,法院应当建立投资者退出理由的审查标准,选择性的同意部分投资者的声明退出。投资者退出权的行使初衷是为了保障不愿起诉或者受损害严重的投资者的诉权自主性,对于小额投资者而言,基于理性经济人和诉讼成本的考量,其退出集团诉讼的概率很小,通常大额投资者退出的可能性更大。但是,倘若退出权不加以任何限制,则很容易导致其得以滥用,从而违背了退出制集团诉讼集约化审判、节约司法资源的初衷。因而,投资者退出声明中需表明其选择退出的理由,而法院则需要行使自由裁量权判断是否允许投资者退出。行使自由裁量权并非随意裁量,而需建立一定的标准。美国法院中,法院通常将考虑以下因素:(1)选择退出的集团成员是否会受到集团成员裁判影响;(2)集团成员实体请求金额大小;(3)集团成员是否基于真实的意思表示;(4)集团成员单独诉讼是不是战略或策略考量;(5)集团成员退出是否影响集团其他成员诉讼;(6)集团成员退出是否严重影响被告利益;(7)集团成员退出是否影响诉讼经济与导致冲突裁判;(8)集团成员是否意图通过个案分割被告财产;(9)集团成员利益是否已被充分代表;(10)集团成员是否有足够证据证明个人权益的特殊性。〔74〕 根据以上要素,笔者认为,法院可以建立以下投资者退出声明审查标准:(1)投资者是否有足够证据证明个体特殊性,倘若单独提起诉讼,法院将不适用集团诉讼判决、裁判;(2)倘若投资者不愿起诉,其不愿起诉理由是否符合一个普通理性自然人的考量;(3)有证据证明诉讼代表人或者律师的行为不具有充分代表性或者严重损害原告当事人的利益;(4)投资者的受损金额与平均损失额的差异程度;(5)投资者退出集团诉讼将不利于后续诉讼的开展;(6)其他投资者声明退出的不合理理由。

(三)完善集团诉讼通知程序

现有法律规范对于法院通知公告内容不够具体、准确,因而笔者建议应对集团诉讼通知内容进一步予以细化。域外退出制集团诉讼发展较早,实践经历促进其诉讼通知规则不断完善。例如,美国作为退出制集团诉讼的典型国家,其《联邦民事诉讼规则》中存在全面而完善的通

〔74〕 See Vince Morabrro, *Class Actions: The Right to Opt Out Under Part IVA of The Federal Court of Australia Act* 1976 (*CTH*), Melbourne University Law Review, Vol. 19:615, p. 643 (1994).

知程序，可供我国借鉴。根据通知的发出阶段、作用和内容不同，美国证券集团诉讼通知可分为集团确认通知与集团和解通知。依《联邦民事诉讼规则》第23(d)(3)条规定，在集团诉讼确认阶段，法院应尽最大可能通知所有集团诉讼成员。集团诉讼通知内容，通常包括如下基本情况：(1)向集团成员说明具体的诉讼当事人、案由、受理法院、受理时间等；(2)任何成员要求不加入集团诉讼的，可以在通知指定的日期以前、按照通知指示的方式提出不加入集团诉讼的书面要求，法院将按他的意志将其排除在集团诉讼之外；(3)未被排除在外的成员，无论判决结果如何，法院对集团诉讼的判决将对其产生拘束力；(4)任何未被排除在集团诉讼之外的成员，都可以通过代理律师出庭。[75]《联邦民事诉讼规则》中并没有对于诉讼和解通知的具体规定，但是在《复杂诉讼指南》中列举了和解通知的具体内容：(1)所提议的和解协议的基本条款；(2)公开说明集团诉讼代表人获得什么特别利益；(3)集团律师费的安排；(4)法院对提议的和解协议举行听证会的时间和地点，对和解协议提出反对意见的办法；如果集团成员可以选择退出和解协议，要具体说明选择退出的办法；(5)对和解金分配和发送程序的说明；(6)在通知文书的显著位置清楚列出集团律师的地址、电话号码和其他联系方式，以及向集团律师询问有关问题的具体方法。[76] 从司法判例经验看，集团诉讼的和解通知大有篇幅渐增、内容越细之趋势，如2001年《Misko论集团诉讼》中，列举了和解通知内容的11个方面，主要涉及和解协议条款、诉讼基本信息、集团律师情况、当事人权利义务、批准协议程序、金额费用等的计算问题。[77]

---

〔75〕 参见任自力：《证券集团诉讼：国际经验&中国道路》，法律出版社2008年版，第149页。

〔76〕 同上，第150页。

〔77〕 2001年版《Misko论集团诉讼》中，列举的和解通知的内容包括如下11个方面：(1)和解协议的条款；(2)诉讼的背景及相关情况；(3)起诉时提出的主张；(4)因和解而放弃的权利；(5)集团诉讼的性质；(6)集团律师的情况；(7)集团成员的权利和义务；(8)批准和解协议程序的细节，包括为最后批准和解协议而举行听证会的时间和地点；(9)集团成员对和解协议提出支持或反对的程序；(10)集团成员有权参加和解协议的听证会；(11)律师费的上限以及律师费是如何计算出来的。参见Misko on Class Actions, p. 35.

因此,我国立法应完善集团诉讼通知与和解、调解协议通知程序。其一,我国《代表人诉讼若干问题的规定》中第33条类似于美国集团诉讼确认通知,其内容也大抵相同,包括案件情况和诉讼请求、被告基本情况、权利人范围、投保机构基本情况、对投保机构的特别授权、投资者声明退出权利及期间、未声明退出的法律后果。结合前面法院建立投资者声明退出的电子平台,因而集团诉讼确认通知中应加入"投资者声明退出方式"这一要素。其二,细化和解或调解协议通知内容。法院的和解或调解协议通知中,应包括和解或调解协议的条款、集团诉讼律师费、法院举行听证会的时间地点、投资者的权利义务、投资者声明退出的权利与方式及期间、未声明退出的法律后果等。

(四)建立投保机构信息公示义务的责任机制

投保机构作为集团诉讼的诉讼代表人,承担着保障被代表的投资者持续了解案件审理进展情况的信义义务,保障被代表的投资者获取充分的信息以有意义的行使选择退出的权利。为保障投保机构信息公示义务的有效开展,建立完善的责任机制以监督投保机构的诉讼工作不可或缺。笔者认为,建立投保机构信息公示义务的责任机制可从以下几个方面开展:第一,将投保机构信息公示义务的履行情况作为其诉讼能力评价的要素之一,最终直接影响其年度业务考核与相关激励机制。第二,建立原告案件信息公示的申请程序。倘若投保机构未予及时公示案件的相关信息,而未公示的信息将直接或间接影响原告当事人实体权利的行使,在此种情况下,原告当事人有权向法院申请,要求投保机构及时履行公告义务。法院收到原告当事人申请后,申请理由合理的,应要求投保机构公示案件相关信息。第三,建立惩罚机制以督促投保机构的信息公示义务履行。法院可以建立相关惩戒机制以督促投保机构履职,通过采取必要的措施以达到警示、激励的作用。

结 语

中国式证券集团诉讼以传统代表人诉讼为躯壳,以投保机构为诉讼代表人,以"默示加入、明示退出"为核心要义。退出制作为中国式证券集团诉讼的一大亮点,其诉讼程序的落实具有重要的实践意义。新《证券法》第95条第3款仍停留于原则性规定,而部分地方法院出台的相关规定以及最高人民法院出台的司法解释亦存在涉及集团诉讼篇幅较少、规定粗疏与可操作性不强等弊端。就实体权利而言,集团诉讼退出制赋予投资者于调解协议或者和解协议的二次退出权不可或缺,二次退出权的出现减少了投资者因权利登记公告阶段掌握信息较少而无法预知参诉及参诉的法律后果的困扰,也为法院审查和解协议的合理性与监督投保机构、诉讼律师诉讼行为提供了良好的参考因素。就诉讼程序而言,完善集团诉讼通知义务与投保机构信息公示的责任机制将推动投资者更好地行使选择退出权,保障前置程序的完备性进而保障退出制的有效实施。故,为完善集团诉讼退出制体系规则,实体权利与诉讼程序两条路径不失为可行之策。

(编辑:宋澜)

《证券法苑》(2021)
第三十一卷,第418~466页

集团诉讼移植为何行之惟艰:对韩国证券集团诉讼的实证分析*

[韩]朴彗辰** 著
王余幸怡*** 王羽婷**** 朴彗辰 译

摘要:韩国是十多年前便在证券法上采用美国式集团诉讼的大陆法系国家之一,但其集团诉讼的法律移植未得到充分利用。从韩国2004年开始施行《证券相关集团诉讼法》的13年中,集团诉讼仅提起了10次。本文着眼于原告律师的角度,通过实证研究解释为何证券集团诉讼在韩国很少被提起,反而以非集团诉讼形式的证券损害赔偿诉讼替之,以填补现有文献中的空白。本文发现,风险规避型的原告律师面对提起证券集团诉讼的高昂费用,仅会对胜诉和获得执行可能性较高的案件提起集团诉讼。

关键词:集团诉讼 证券集团诉讼 法律移植 原告律师

---

* Hai Jin Park, *Class Action Scarcity: An Empirical Analysis of the Securities Class Action in Korea*, European Business Organization Law Review, Vol. 21, 2020. 译文已获得原出版社及作者的授权。感谢黛博拉·汉斯拉、罗伯特·麦肯、柯蒂斯·米霍普特和约瑟夫·格兰德菲斯特几位教授对本文早期版本的珍贵意见。

** 美国加利福尼亚州斯坦福大学法学院法学博士。

*** 华东政法大学法律与金融专业硕士研究生。

**** 华东政法大学民商法专业本科生。

序言

集团诉讼最初起源于美国,[1]已经在国际上广为传播。[2] 然而,并不是所有效仿美国式集团诉讼方式的国家都频繁使用集团诉讼这种工具。[3] 在美国,促成集团诉讼成功的核心因素是共同基金原则、律师的风险代理费、陪审团制度和惩罚性损害赔偿,以及美国反对费用转移的规则。[4] 从美国向本国输入集团诉讼机制的国家可能缺乏美国

---

〔1〕 美国主导了证券集团诉讼机制的发展。See Hensler D., Dombey – Moore B., Giddens E., Gross J. & Moller E., *Class Action Dilemmas: Pursuing Public Goals for Private Gain*, Santa Monica, Rand Corporation, 2000, pp. 11 – 15. 20 世纪 70 年代,广泛的社会力量除了促进私人证券诉讼和私人反托拉斯诉讼的发展外,还加强了对环境损害和反消费者商业行为的保护,这也为增加使用集团诉讼来寻求金钱赔偿铺平了道路。See Miller A. R., *Of Frankenstein Monsters and Shining Knights: Myth, Reality, and the "Class Action Problem"*, Harv. Law Rev., Vol. 92, 1979; Coffee J. C., *Entrepreneurial Litigation: Its Rise, Fall and Future*, Cambridge, Harvard University Press, 2015, pp. 56 – 60.

〔2〕 澳大利亚、加拿大、印度尼西亚、葡萄牙、挪威和以色列拥有近似于美国集团诉讼法的诉讼制度。See Hensler D., *The Globalization of Class Actions: An Overview*, Ann Am Acad Polit Soc Sci, Vol. 622, 2009(解释了针对私人主体的美国式集团诉讼的设计特点:跨实体法的应用、金钱赔偿的可获得性以及退出制的程序)。See also Coffee J. C., *The Globalization of Entrepreneurial Litigation: Law, Culture, and Incentives*, Univ. Pa. Law Rev., Vol. 165, 2017(提及澳大利亚、加拿大和以色列正采用美式集团诉讼)。Hensler D., *The Global Landscape of Collective Litigation*, in: Hensler D., Hodges C. & Tzankova I. (eds.), *Class Actions in Context: How Culture, Economics & Politics Shape Collective Litigation*, Northampton, Edward Elgar Publishing, 2016, pp. 3 – 22(描述了澳大利亚、加拿大、以色列和美国具有类似的集团诉讼程序)。此外,英国在反垄断法上采取了退出制集体诉讼,韩国在证券法上允许退出制集团诉讼。See Coffee (2017). 但是,大多数新程序很少得到适用。See Hensler (2009).

〔3〕 只有那些法律体系与美国类似的国家才相对频繁地使用这一机制。澳大利亚在 1992 ~2009 年,共提起了 245 个集团诉讼案件,加拿大在 2007 ~2011 年提起了 411 个集团诉讼案件;2007 ~2011 年,以色列有 750 个,印度尼西亚也有 20 ~30 个。See Hensler D., *The Future of Mass Litigation: Global Class Actions and Third Party Litigation Funding*, George Wash Law Rev., Vol. 79, 2011.

〔4〕 参见前注〔1〕,Coffee (2015)。

该机制项下现有的部分或全部关键特征,[5]并且对于集团诉讼也有替代性法律救济措施。

集团诉讼法从美国向其他国家的输出是法律移植的一个例子。采纳另一法域的法律,范围从整个法律体系到单条规则,这在历史上绝非新鲜事。[6] 关于法律移植的最初讨论涉及法律移植是否普遍存在或是根本没有发生。[7] 认识到法律会受到社会、文化和政治力量的影响,[8]之后的讨论逐渐从极端立场到有所缓和,并转向如何理解法律移植的"成功"和"失败",[9]以及促成成功法律移植的各种条件:例如,(1)移

---

〔5〕 参见前注〔3〕,Hensler (2011)(指出在大多数法域中,不承认律师的风险代理费、共同基金原则或美国规则);参见前注〔1〕,Coffee (2015)(指出大陆法系国家通常缺乏授权具有开拓精神的律师展开自行调查的证据开示制度)。

〔6〕 See Watson A., *Legal Transplants: An Approach to Comparative Law*, Charlottesville, University Press of Virginia, 1974.

〔7〕 关于法律移植的普遍性,See, e. g., 参见前注〔6〕,Watson (1974)(强调自罗马时代以来法律移植的普遍性)。关于法律移植的不可能,See, e. g., Legrand P., *What "Legal Transplants"?*, in Nelken D., Feest J. (eds.), *Adapting Legal Cultures*, Portland, OR, Hart Publishing, 2001, pp. 55, 58, 59, 61(坚持认为移植是不可能的,因为"规则必然是一种整合的文化形式")。

〔8〕 See, e. g., Foster N. H. D., *Transmigration and Transferability of Commercial Law in A Globalized World*, in Harding A., Örücü E. (eds.), *Comparative Law in the 21st Century*, London, Kluwer Academic, 2002, pp. 58 – 59(总结了早期的争论并解释了极端立场趋同的趋势)。Friedman L. M., *Some Thoughts on the Rule of Law, Legal Culture, and Modernity in Comparative Perspective*, in Institute of Comparative Law in Japan (ed.), *Toward Comparative Law in the 21st Century*, Tokyo, Chuo University Press, 1998, pp. 1075 – 1076(解释了社会力量决定了法律自身的迁移)。Kahn – Freund O., *On Uses and Misuses of Comparative Law*, Modern Law Rev., Vol. 37, 1974(主张政治决定了外国规范与所在国家机制的兼容性)。

〔9〕 See Berkowitz D., Pistor K., Richard J. F., *The Transplant Effect*, Am. J. Comp. Law, Vol. 51, 2003. See Markovitz I., *Exporting Law Reform—But Will It Travel*, Cornell Int. J. Law, Vol. 37, 2004. 然而,很难界定何为法律移植的成功,尤其是其适应过程可能会持续很长时间。

植的动机;〔10〕(2)在现有机制中的"契合度";〔11〕(3)替代性法律的存在;〔12〕(4)初始移植后的适应过程。〔13〕 由于移植法律与其社会、政治环境之间的复杂关系,〔14〕案例研究已成为研究法律移植的重要方法。〔15〕

韩国是十多年前便在证券法上采用美国式集团诉讼的大陆法系国家之一,其集团诉讼是法律移植未得到充分利用的一个很好的例子。韩国《证券相关集团诉讼法》(SCAA)大体上以美国集团诉讼为蓝本,

〔10〕 See, e. g., Miller J. M., *A Typology of Legal Transplants: Using Sociology, Legal History, and Argentine Examples to Explain the Transplant Process*, Am. J. Comp. Law, Vol. 51,2003(根据促成移植的不同因素,提出了法律移植的四种类型:成本节约型、外部命令型、自发型、合法性生成型); See Kanda H., Milhaupt C. J., *Re-examining Legal Transplants: the Director's Fiduciary Duty in Japanese Corporate Law*, Am. J. Comp. Law, Vol. 51,2003(提出了四种类型的法律移植动机:"实际效用"动机、"政治"动机、"象征性"动机和"盲目复制")。

〔11〕 参见前注〔10〕,See, e. g., Kanda and Milhaupt (2003)(输入规则和所在环境之间的"契合度"对法律移植成功与否而言至关重要);参见前注〔9〕,See also Berkowitz et al. (2003)(认为规则在多大程度上适合所在国的制度,是影响移植产生实际影响的可能性的因素之一)。

〔12〕 参见前注〔10〕,See, e. g., Kanda and Milhaupt (2003)(强调替代性法律的可用性对分析"契合度"的中心地位)。

〔13〕 See, e. g., Örücü E., *Law As Transposition*, Int Comp Law Q, Vol. 52,2002(强调移植后"调整"接受国法律行动主体的作用)。See Graziadei M., *Comparative Law as the Study of Transplants and Receptions*, in Reimann M., Zimmerman R. (eds.), *The Oxford Handbook of Comparative Law*, Oxford, Oxford University Press, 2006, pp. 454-455, 461-462(注意到可能导致移植和接受移植变化的不同方式:旧机制采用新的含义,外观熟悉的外国元素以及导致多样性的社会和法律多元化)。

〔14〕 参见前注〔13〕,See, e. g., Graziadei (2006), pp. 471-472, 474(认为以连贯性和合理性为基础的统一理论无法准确描述复杂和多维的法律移植世界)。

〔15〕 See, e. g., Nelken D., *Comparatists and Transferability*, in Lagrand P., Munday R. (eds.), *Comparative Legal Studies: Traditions and Transition*, Cambridge, Cambridge University Press, 2003, p. 459(建议将重点放在考虑到法律及其社会和政治环境的特定实例的"详尽描述"上,而不是寻找一个解释理论作为预测未来的工具)。

于2004年颁布并于2005年生效,[16]目的是有效赔偿中小投资者所遭受的损失,并提高公司治理的透明度。[17] 但是,在过去的13年中,仅提起了10次集团诉讼。[18] 在韩国,以非集团诉讼形式提起的证券损害赔偿诉讼(证券损害赔偿诉讼)则更为频繁。[19]

本文着眼于原告律师的角度,旨在通过实证研究解释为何在韩国很少提起证券相关集团诉讼,反而以证券损害赔偿诉讼替之,以填补现有文献中的空白。[20] 本研究发现了三个主要因素,其综合起来使原告律师更经常地避免提起证券集团诉讼。首先,由于缺乏风险分散措施,证券诉讼的原告律师必须规避风险。它们通常是以小型律所,或者实际上是由单一的从业人员运营的形式存在,并且没有可用的第三方诉讼资金。此外,原告律师之间为分担诉讼风险进行合作,近几十年来在美国已得到发展的这种做法,在韩国还尚未出现。其次,提起证券集团诉讼会将大笔前期投资和转移费用的风险转嫁给原告律师,而在证券损害赔偿诉讼中则由原告承担这些风险。此外,在证券集团诉讼中,不仅由于索赔金额和诉讼的集团规模大,而且由于认证程序的延迟,其成本往往会更大。最后,风险规避型的原告律师在提起证券集团诉讼时要面临高昂的成本,因此只有在更有可能胜诉并获得执行的案件中,才考虑提起证券集团诉讼。韩国没有证据开示制度,作为其替代做法的

---

〔16〕 Hong JA, 집단소송 요건 완화 및 확대방안 (JipDanSoSong YoGeonWanHwa Mit HwakDaeBangAn) [Relaxation of Requirement and Enlargement in Class Action]. Paper presented at 국민의 생명 · 신체 보호 적정화를 위한 민사적 해결방안의 개선 심포지엄 (GukMinUi SaengMyeong, SinChe BoHo JeokJeongHwaReul WiHan MinSaJeok HaeGyeolBangAnUi GaeSeon Symposium) [*Symposium on Improving Civil Approach for Promotion of Proper Protection of Citizen' s Life and Bodily Integrity*], 27 August 2016, Seoul, Korea.

〔17〕 Art. 1 of the SCAA("有效地寻求证券交易过程中产生的集体损失的救济,并最终提高公司的运营透明度")。

〔18〕 The Court of Korea, 증권관련 집단소송 (JeungGwonGwanRyeon JipDanSoSong) [证券相关集团诉讼], 载 http://www.scourt.go.kr/portal/notice/securities/securities.jsp, visited 31 May 2019。最初在韩国提起的证券集团诉讼数量为13起,但其中有3个案件与涉及相同事实但有不同被告的未决案件合并在一起,随后进行了合并审理。参见附录二。

〔19〕 参见下文"研究方法"部分。

〔20〕 参见下文"先前研究"部分。

书证出示令也往往是无效的。在证券诉讼中，由于证据通常掌握在被告手中，原告律师通常诉诸政府调查来从被告方收集证据。然而，包含前期政府调查的案件中，通常为处于破产或破产康复程序的上市公司。因此，只有极少数的案件满足保证胜诉和执行的高门槛，能够吸引到风险规避型的原告律师来提起需要承担重大风险的集团诉讼。

分析韩国原告律师不常提起集团诉讼的原因，具有超越韩国证券法的重要意义。首先，它将为其他考虑采取美国式集团诉讼的国家提供有意义的见解。其次，本文通过案例研究，旨在加深我们对法律移植在所在国成功“扎根”所需条件的理解。在“一、研究结果”的剩余部分，本文将首先，介绍韩国的证券集团诉讼和证券损害赔偿诉讼。其次，本文将总结关于该问题的先前研究并阐明本文的研究问题。最后，本文将解释展开这项研究的方法。本文将在“二、讨论”中阐述在韩国很少使用证券集团诉讼的原因，之后进行讨论和总结。

（一）背景

1. 韩国证券集团诉讼

推动韩国采取美国式集团诉讼的动力来自韩国国内、国外两方面。1996 年，韩国司法部成立了一个特别委员会以起草集团诉讼法案，这是韩国首次就引入集团诉讼作出的一番努力。然而，由于担心集团诉讼可能会遭到滥用，这项法案从未获得通过。〔21〕 在 1997 年东亚经济危机之后，国际复兴开发银行和国际货币基金组织提议以引入集团诉讼作为向韩国提供援助的一个条件，以完善公司治理制度和提高公司管理的透明度。〔22〕 随后，1998 年，一份关于证券法上的集团诉讼法案被提交到韩国国会，但由于商界的强烈反对而陷入僵局。〔23〕 2004 年，韩国律师协会和非政府组织（NGOs）就引入集团诉讼重新展开努力，于是在 2004 年颁布了《证券相关集团诉讼法》，将其适用范围限于与

---

〔21〕 Kwon HJ.，한국에서의 집단소송제도의 도입과정 및 운영현황 （HanGukESeoUiJipDan So SongJeDoUi DoIpGwaJeon Mit UnYeongHyeonHwang） ［*The Introduction Process & Present Application of Class Action in Korea*］，법학논총 （BeobHakNonChong），Vol. 28，2008.

〔22〕 Ibid.

〔23〕 Ibid.

证券有关的损害赔偿。[24]

SCAA 大体上仿照了《美国联邦民事诉讼规则》(FRCP)第 23 条,在证券法上引入了一种“退出制”集团诉讼。[25] 为了响应商界的需求,[26] 该法纳入了规定在 1995 年的《私人证券诉讼改革法》和 1998 年的《证券诉讼统一标准法》中的措施,以减少滥诉。[27]

此外,为防止滥诉,SCAA 比起美国集团诉讼法采取了更为严厉的措施。[28] 首先,美国对于诉由不存在限制,相反,SCAA 只允许就《金融投资服务和资本市场法》(以下简称《资本市场法》)中规定的特定类型的诉由提起集团诉讼。[29] 因此,依《资本市场法》中其他条款提起的

---

〔24〕 Choi JS., 증권집단소송제도의 활성화를 위한 제안(JeungGwonJipDanSoSongJeDoUi HwalSeongHwaReul WiHan JeAn) [*Proposal for the Invigoration of Securities Class Action System*], 법학연구(BupHakYeonGu), Vol. 53, 2014.

〔25〕 Art. 37 of the SCAA(“终审判决对没有发出退出通知的集团成员具有约束力。”)。

〔26〕 Jeong Y. C., *Legal Compliance and Korea's Financial Services Market: A Strategic Approach*, Pacific Rim Law Policy J., Vol. 20, 2011. 由韩国上市公司协会在 2005 年 1 月对董事和经理所作调查显示,对实施 SCAA 的最大担忧是滥诉(68.8%)。Gwon H. J., Lee N. J., 증권집단소송법의 시장반응에 대한 연구(JeungGwonJipDan SoSong BeobUi SiJangBanEungE DaeHan YeonGu) [*Research on Market Response of Class-Action Securities Litigation Act of Korea*], 회계연구(HoeGyeYeonGu), Vol. 13, 2008.

〔27〕 Han S. H., 증권집단소송의 남소방지대책 [*On the Measures to Prevent Abusive Securities Class Actions*], 민사법연구(MinSaBeobYeonGu), Vol. 12, 2004. Korpus S., *Is Korea's Securities Class Action Law Working?* Int. Fin. Law Rev., Vol. 25, 2006.

〔28〕 参见前注〔27〕, Han (2004)。

〔29〕 Kim HJ., *A Study on the Revitalization of Securities Class Action*, HongIkBeobHak, Vol. 10, 2009a. 所列举的诉由包括:(1)在注册说明书或投资招股说明书中就重大声明作出虚假描述或陈述(《资本市场法》第 125 条);(2)在年报、半年报、季报或《资本市场法》第 159(1)条规定的重大事实报告或所附文件(不包括会计审计师编制的审计报告)中就重大事实作出虚假描述或陈述,或遗漏了对其中重大事实的描述或陈述(《资本市场法》第 162 条);(3)内幕交易(《资本市场法》第 175 条);(4)操纵市场价格(《资本市场法》第 177 条);(5)欺诈性交易(《资本市场法》第 179 条);(6)审计师的责任(《资本市场法》第 170 条)。相较 SCAA 的第 3 条,《资本市场法》第 179 条与美国证券交易委员会 10b-5 规则的诉由相当。See Lim J. Y., 자본시장법과 불공정거래(JaBonSiJangBeobGwa BulGongJeongGeoRae) [*Capital Market Act and Unfair Trade*], Seoul, Parkyoungsa, 2014, p. 541.

诉讼[30]不能根据 SCAA 而提起集团诉讼。此外，基于韩国《民法》的规定，因违反《资本市场法》中其他条款的一般侵权诉讼，也不能适用 SCAA。[31] 此外，只有在上市公司发行的证券交易造成损害时，才能依 SCAA 提起集团诉讼。[32]

其次，原告代表（representative plaintiff）或原告律师在 3 年内最多参与 3 次 SCAA 规定的集团诉讼。除非法院认为，考虑到具体情况，他能以公平合理的方式代表集团利益。[33] 对原告代表和原告律师的限制旨在防止职业原告[34]和专事集团诉讼的律师滥用集团诉讼。[35] 然而，美国对律师并无此限制，仅对领头原告（lead plaintiff）在集团诉讼中的担任次数有一个不那么严格的限制，即 3 年内至多 5 次。[36]

最后，SCAA 还规定了所谓的最低规模和最低持股标准，[37]要求集团成员至少为 50 人，并且在提起诉讼之时，至少持有被告公司总流通证券数的 1/10000。[38] 在美国，对于集团成员数量或股份规模都没有特别要求，比如，《美国联邦民事诉讼规则》的 23（a）条的（1）项规定："集团人数众多，以至于所有成员的参与是不切实际的"。[39]

此外，在韩国，对于允许或拒绝集团诉讼的认证决定，都允许"即时上诉"（intermediate appeal），[40]除非就上诉作出终审，否则上诉都将会

---

[30] 例如，《资本市场法》第 48 条规定了因违反与投资有关的解释义务而造成的损害赔偿责任，以及《资本市场法》第 64 条规定了由于违反金融投资公司义务（如适当性义务）而引起的损害赔偿责任。

[31] 根据韩国《民法》提出的一般侵权诉讼和根据《资本市场法》规定的诉由提出的损害赔偿诉讼是共存债权（청구권 경합）（CheongGuGwonGyeongHab），原告可择其一或一并提起诉讼。Lim J. Y.，자본시장법（JaBonSiJangBeob）[*Capital Market Act*]，Seoul，Parkyongsa，2017，p. 152.

[32] Art. 3 of the SCAA.

[33] Art. 11 of the SCAA.

[34] Jang D. J.，Kim G. H.，증권관련집단소송법안의 검토[*The Problems in Securities Class Action Bill*]，민주법학（MinJuBeobHak），Vol. 24，2003.

[35] 参加前注[29]，Kim（2009a）。

[36] 15 USC §78u-4（a）(3)（B）(vi).

[37] Ibid.

[38] Art. 12 of the SCAA.

[39] 参见前注[27]，Korpus（2006）。

[40] Arts. 15 and 17 of the SCAA.

是主要诉讼程序,有时甚至还会诉至韩国最高法院。这就使集团诉讼变为“六审”,即集团认证程序的三审和主要诉讼程序的三审。[41] 美国联邦法规[42]允许在法院许可下针对集团认证提出上诉,但不得在地方法院进行诉讼。[43]

2. 另一种选择:韩国的证券损害赔偿诉讼

集团诉讼作为一种工具,能够使得损失相对较小的分散受害者在不产生大量协调交易成本的情况下寻求损害赔偿。[44] 若无集团诉讼,则此类受害者将很有可能得不到赔偿,因为大多数原告个人没有足够的经济动机来承担诉讼费用。[45] 集团诉讼为大量原告的加入、实现规模经济[46]和克服“搭便车”问题提供了一个有效的机制。[47]

在韩国,除了集团诉讼外,还可以单独或集体提起证券损害赔偿诉讼。集体提起证券损害赔偿诉讼的途径有两种:共同诉讼和指定诉讼。当诉讼中有争议的权利或义务由许多当事人共同承担或源于事实或法

---

〔41〕 Jeon Y. J. , 증권관련집단소송 허가절차 개선방안-허가결정에 대한 즉시항고제도의 개선을 중 심으로 (JeungGwonGwanRyeonJipDanSoSong HeoGaJeolCha GaeSeonBang An – HeoGaGyeolJeongE DaeHan JeukSiHangGoJeDoUi GaeSeonEul JungSimEuRo) [*Ways to Improve Certification Procedure in Securities – related Class Action*: *Focusing on the Reform of An Immediate Appeal to the Certification Decision*], 경제개혁연구 (GyeongJeGaeHyukYeonGu) , Vol. 5, 2016. KCPA(《韩国民事诉讼法》)第 447 条(“即时上诉”将中止裁决的执行)。

〔42〕 参见前注〔41〕,Jeon (2016)。

〔43〕 FRCP Rule 23(f)(规定“除非地方法官或上诉法院有此命令,否则上诉不得在地方法院进行”)。

〔44〕 Coffee J. C. , *Understanding the Plaintiff's Attorney*: *the Implications of Economic Theory for Private Enforcement of Law Through Class and Derivative Actions*, Columbia Law Rev. , Vol. 86, 1986.

〔45〕 Ibid.

〔46〕 参见前注〔1〕,See Miller AR. (1979)(强调允许小额索赔裁决的社会利益)。See also Macey J. R. , Miller G. P. , *The Plaintiff's Attorney's Role in Class Action and Derivative Litigation*: *Economic Analysis and Recommendations for Reform*, Univ. Chic. Law Rev. , Vol. 58, 1991. 当然,集团诉讼并非没有争议。通过促进更多提起集团诉讼是否能造福社会是一个重要问题,但这不在本文讨论范围之内。

〔47〕 Olsen M. , *The Logic of Collective Action*: *Public Goods and the Theory of Groups*, Cambridge, Harvard University Press, 1965, pp. 1 – 2. 参见前注〔44〕, See Coffee (1986)(指出诉讼是“公共物品”的一种形式,会出现经典的“搭便车”问题,因为诉讼的结果可能会惠及那些不必分担诉讼费用的人)。

律上共同的原因时，允许提起共同诉讼。[48] 然而，每个案件之间依然各自独立，共同诉讼中的多个原告的诉讼结果也不一。具有共同利益的多方当事人可以提起共同诉讼，也可以选择提起指定诉讼，由潜在的原告指定一方（"指定方"）来代表他们。[49] 通过合并具有共同问题的相关案件，这些机制也在一定程度上提高了司法效率。[50]

共同诉讼和指定诉讼都要求所有原告或指定人在提起申诉之时明确表示加入诉讼。在这类案件中作出的法院裁决仅约束那些明确"加入"的主体。因此，这些类型的诉讼明显区别于 SCAA 规定的"退出制"类型的集团诉讼，在这种情况下，集团成员无须在开始诉讼时实际知道或积极参与诉讼，即可获得既判力（res judicata）。这导致了获得既判力的受害者人数的不同。特别是在受害者分散、索赔金额较小的案件中，那些缺乏经济和心理动机明确加入（共同诉讼或指定诉讼）或退出（集团诉讼）的主体数量将会众多。因此，退出制的集团诉讼将使更多的受害者受到既判力的约束。

与证券集团诉讼相比，投资者更经常以证券损害赔偿诉讼的形式寻求损害赔偿。[51] 在进行本研究之前，无法获知每年裁决的证券损害诉讼的确切数量，更不用说提起证券损害赔偿诉讼的数量。[52]

（二）先前研究

之前的一些研究[53]为韩国集团诉讼的低使用率提供了解释和预

---

〔48〕 Art. 65 of the KCPA.

〔49〕 Art. 53 of the KCPA.

〔50〕 See Lee S. Y. , *New Civil Procedure Act*, Seoul, Parkyoungsa, 2009, p. 641.

〔51〕 参见下文"研究方法"部分。

〔52〕 Cho S. J. , 자본시장 불공정거래로 인한 손해배상 활성화 (JaBonSiJang BulGongJeong GeoRaeRo InHan SonHaeBaeSang HwalSeongHwa) [*Strengthening Compensation of Damages Caused by Unfair Trade in Capital Market*], 법학논총 (BupHakNonChong), Vol. 29, 2012.

〔53〕 See Choi S. , *The Evidence on Securities Class Actions*, Vanderbilt Law Rev. , Vol. 57, 2004; See Korpus S. , *Is Korea' s Securities Class Action Law Working?*, Int. Fin. Law Rev. , Vol. 25, 2006; See Black B. , Cheffins B. , Klausner M. , *Shareholder Suits and Outside Director Liability: the Case of Korea*, J. Korean Law, Vol. 10, 2011; See Coffee J. C. , *The Globalization of Entrepreneurial Litigation: Law, Culture, and Incentives*, Univ. Pa. Law Rev. , Vol. 165, 2017; See Lee B. J. B. , *Saving the Korean Securities Class Action*, Univ. Pa. J. Int. Law, Vol. 39, 2017.

测。有人认为,韩国资本市场和法律市场的本土情况是造成这种情况的原因。韩国上市公司的市值相对较小,减少了集团诉讼的案源。[54] 在韩国,全球机构投资者持股的跨国公司数量相对较少,因此,建立一个解决跨国投资者诉讼的论坛的需求似乎不那么迫切。[55] 缺乏一个完备的原告律师协会,将增加原告律师的成本并阻碍其风险分散,这反过来又会加剧原告律师的倾向,即将他们的目标仅限于提供更多潜在损害赔偿的大公司。[56] 最后,没有可用的第三方资金也是原告律师不愿提起集团诉讼的原因。[57]

其他人则指出了 SCAA 和 KCPA(《韩国民事诉讼法》)中对集团诉讼的重要程序限制。SCAA 对原告律师代理频率的限制可能会阻碍专业集团诉讼律师的发展,[58] 以及 SCAA 对最低规模和持股的规定可能会使原告无法起诉大公司。[59] 此外,起诉费用基于索赔规模而定,而这就可能成为原告提起大额索赔的一个重要障碍。[60] 另外,费用转移制度在防止滥诉的同时也阻止了有价值的诉讼。[61] 最后,缺乏证据开示和陪审团制度对于原告律师来说也是一大挑战。[62]

然而,这些解释并不完整,理由如下。第一,这些论点缺乏实证数据的支撑。事实上,先前研究所指出的一些障碍可能并不会对原告律师构成如之前预测般严重的挑战。第二,以上研究均未考虑到存在证券损害赔偿诉讼作为替代的存在,以合并计算索赔。由于原告律师更多地以证券损害赔偿诉讼而非证券集团诉讼的形式提起证券案件,因

〔54〕 参见前注〔53〕,Choi (2004)。

〔55〕 参见前注〔53〕,Coffee (2017)。

〔56〕 参见前注〔53〕,Choi (2004)。

〔57〕 参见前注〔53〕,Coffee (2017)。

〔58〕 参见前注〔53〕,Korpus (2006), Black et al. (2011)。

〔59〕 参见前注〔53〕,Korpus (2006),See also Coffee (2017)(指出要求最低规模和股份的有限地位,是限制 SCAA 目的的程序障碍之一)。

〔60〕 参见前注〔53〕,Korpus (2006),See also Coffee (2017)(指出在韩国,前期诉讼费用是基于索赔规模,而这也是限制 SCAA 目的地程序障碍之一);参见前注〔53〕,See Lee (2017)(认为在韩国法律中的起诉费用规定是一个限制使用证券集团诉讼重大障碍)。

〔61〕 参见前注〔53〕,Korpus (2006),Black et al. (2011)。

〔62〕 参见前注〔53〕,Korpus (2006)。

此,将提起证券损害赔偿诉讼与提起证券集团诉讼的动机进行对比,对于理解原告律师的决策至关重要。第三,很少有人分析原告律师面临的不同障碍组合如何实际影响以证券集团诉讼提起的案件的选择。面对一系列复杂的激励和壁垒,原告律师可能只选择某些类型的案件作为证券集团诉讼提起诉讼,从而限制了集团诉讼作用的发挥。

本研究旨在通过首次对韩国为何很少使用证券相关集团诉讼的原因展开实证研究,来填补文献中的空白。本研究:(1)着眼于原告律师的角度;〔63〕(2)考虑到证券损害赔偿诉讼是提起证券集团诉讼之外的一种可能的替代办法。〔64〕 先前研究确定的因素中哪些实际上阻碍了原告律师在韩国提起证券集团诉讼,以及它们如何影响原告律师选择以证券集团诉讼的形式提起的案件,本研究旨在加深对这些问题的理解。如下文所示,实证研究实际上表明,证券集团诉讼中的前期费用高昂,这对于规模太小或太小的案件,都会促使原告律师提起证券损害赔偿诉讼,以替代证券集团诉讼。由于缺乏证据开示制度,证券集团诉讼的潜在案件数量一般限制在那些涉及政府调查的案件,从而削弱了证券集团诉讼补充证券法公共执法的作用。最后,法院解释了最常被提

---

〔63〕 由于与原告律师相比,集团诉讼中的原告通常在诉讼中所占的比例很小,因此,原告律师在集团诉讼中会更像是委托人,而不是代理人那样思考和行动。Coffee J. C., *Understanding the Plaintiff's Attorney: the Implications of Economic Theory for Private Enforcement of Law Through Class and Derivative Actions*, Columbia Law Rev., Vol. 86,1986(提出"实际上的客户通常在诉讼结果中只有名义上的股份关系",而在集团诉讼中,委托人和代理人的正常角色被颠倒了)。See also Alexander J. C., *Do the Merits Matter? A Study of Settlements in Securities Class Actions*, Stanf. Law Rev., Vol. 43,1991("客户因为集体行动问题在集团诉讼中消失,而正是因为此才在最初创设了集团诉讼")。就代理成本问题,See generally, Coffee J. C., *The Regulation of Entrepreneurial Litigation: Balancing Fairness and Efficiency in the Large Class Action*, Univ. Chic. Law Rev., Vol. 54, 1987. 换句话说,原告律师对于是否提起诉讼拥有真正的自由裁量权,从而充当企业家的角色。See Coffee (1986)("一旦原告律师决定提起诉讼,确认并保护一个名义上的客户通常只是一个必要的程序步骤,很少会对经验丰富的专业人士构成实质性障碍。")。See Macey J. R., Miller G. P., *The Plaintiff's Attorney's Role in Class Action and Derivative Litigation: Economic Analysis and Recommendations for Reform*, Univ. Chic. Law Rev., Vol. 58,1991(将集团诉讼律师描述为企业家,他们承担大量的诉讼风险,并对诉讼中的所有重要决定行使几乎全部的控制权,因为他们的客户分散或无组织)。

〔64〕 然而,对于社会而言,更频繁地提起集团诉讼是否可取,这不在本文探讨范围之内。

及的阻碍,SCAA 对原告律师代表的限制和最低规模和股权要求,在某种程度上并没有严重限制原告律师提起证券集团诉讼。

(三)研究方法

为了深入理解阻碍原告律师提起证券集团诉讼的激励机制,我采访了原告律师。为了验证和补充原告律师的主张和意见,我还采访了原告,并对涉及证券集团诉讼和证券损害赔偿诉讼的法院判决进行了内容分析。

首先,我采访了参与证券诉讼(证券损害赔偿诉讼和证券集团诉讼)的原告律师。[65] 用非概率目的抽样法来挑选 2016 年及之前在韩国提起证券集团诉讼的律师,[66] 以及可能在证券损害赔偿诉讼中拥有丰富经验的律师。具体地说,我使用了 2012 年、2014 年和 2016 年在地区法院裁决的涉及证券损害赔偿诉讼的法院判决中代表频率和每个诉讼的原告人数作为参数,来选出具有不同经历的潜在受访者。[67] 在通过电子邮件联系的 21 名律师中,有 13 人同意参加这项研究。考虑到只有极少数多次提起证券诉讼的原告律师,[68] 13 位受访者人数虽然相对较少,但足以代表该领域的不同经历(受访者名单见附录一)。以面对面(9 人)或电话(5 人)的方式进行了 40 ~ 60 分钟的半结构式访谈。[69] 对其中 8 次访谈进行了录音,在 6 次访谈中,用笔记本电脑记录了详细的笔记。

作为一种补充方法,我对 3 名个人原告和 1 名机构原告进行了访谈(受访者名单见附一)。我使用滚雪球采样法来选择这些受访者。通过电话对原告进行了大约 30 分钟的半结构式访谈。

---

〔65〕 由于原告律师中只有少数人具有提起证券诉讼的经验,因此选择访谈作为主要方法。访谈还可以处理诸如收费机制之类的敏感信息,并深入了解原告律师的决策过程。

〔66〕 我主要联系的是每个律师事务所中处理过此类案件的合伙人,因为起诉的决策是由负责案件的主要合伙人作出的。然而,当一个主要合伙人没有作出回应时,我也会联系那些了解案件是如何被接受以及案件是如何进行的律师。

〔67〕 我使用了涉及 2012 年、2014 年和 2016 年所有证券损害赔偿诉讼的法院判决内容分析数据库,以确定与这些标准相关的潜在受访者的分布情况。

〔68〕 参见下文"缺乏证券集团诉讼的经验和信息"部分。

〔69〕 对其中一名亲自接受采访的律师进行了一次后续电话采访。

接着,我对涉及证券集团诉讼和证券损害赔偿诉讼的法院判决进行了内容分析。回顾了截至2016年(含)的每个证券集团诉讼案件的裁决(包括程序和实体上)。就证券损害赔偿诉讼而言,在2012年至2016年研究的地区法院关于证券损害赔偿诉讼的裁决(实体上)中,诉由是违反了《资本市场法》,[70]在2012年、2014年和2016年作出的每项裁决都被用作样本。我使用关键词"자본시장(JaBonSiJang)[资本市场]"在寻求损害赔偿的地区法院裁决中检索相关裁决,然后手动检查裁决内容以排除无关裁决。最后一组样本共有159个裁决:2012年31个,2014年59个,2016年69个。

在全面了解韩国证券损害赔偿诉讼方面,这种方法存在局限性。证券集团诉讼的数量容易追踪,与之不同,[71]证券损害赔偿诉讼的数量很难确定。虽然法院根据特定类别记录民事诉讼的数量,[72]但证券损害赔偿诉讼并没有单独分类或标记。[73]尽管法院的裁决可检索[74]和可获取,[75]但只有检查法院一审裁决的实体内容,尤其是其诉由,才有可能准确地确定该案是否为证券损害赔偿诉讼。出于同样的原因,在证券损害赔偿诉讼中,在法院作出裁决之前达成的和解和撤诉的数

〔70〕 自2004年SCAA颁布以来,有关证券损害赔偿诉讼的实体法发生了巨大变化,规范证券交易的《证券交易法》被《资本市场法》(2009年生效)取代。

〔71〕 提起的证券集团诉讼的有关信息公示在韩国最高法院的网站上。该法第10(1)条规定,法院应当在收到民事起诉状和根据本法第7条提起的诉讼许可申请的10日内公告以下事项:提起证券相关集团诉讼的事实;集团的范围;索赔的目的和诉由的根据;以及,在发出公告后的30日内,意欲成为指定方的集团成员向法院提交的申请声明。

〔72〕 类别包括房地产所有权、贷款、工资、损害赔偿等。

〔73〕 证券损害赔偿诉讼属于"손해배상(기)[SonHaeBaeSang(Gi)][损害赔偿(等)]"类别,不属于其他特殊类型的损害赔偿诉讼会被归于该种诉讼的剩余类型,例如机动车事故、工业事故、医疗事故、环境事故、知识产权、建筑等引起的损害赔偿诉讼。

〔74〕 尽管最高法院的某些裁决和部分下级法院的裁决是可以通过最高法院图书馆网站公开检索和访问的,最高法院的其他裁决和大多数下级法院的裁决只能亲自到最高法院图书馆进行检索。只有检察官、检察官办公室的公职人员、经认证的司法书记员、司法研究训练所的学生、律师、教授和其他符合最高法院第346号规则规定标准的人可以向最高法院图书馆馆长申请批准,获准进入位于最高法院图书馆的检索室。

〔75〕 只有向有关法院申请正式裁决书的副本,才能获得法院裁决。

量也难以确定。因此,对涉及证券损害赔偿诉讼的法院判决的内容分析只能就提起和结案的证券损害赔偿诉讼提供有限了解。[76]

一、研究结果

(一)原告律师的风险规避

在证券损害赔偿诉讼或证券集团诉讼中,原告律师通常会规避风险。因此,即使胜诉,但是费用可能很高,风险代理费收回的可能性很低时,他们往往会避免预先进行大笔投资。既缺乏风险分散措施,又缺乏证券集团诉讼方面的经验,这使原告律师规避风险。原告律师之间合作的做法也尚未发展起来。

1. 小型律所或单一从业者

代表原告的律师事务所或法律顾问处要么规模很小,要么实际上由单一从业者经营。例如,在证券集团诉讼领域占主导地位的律师事务所 Hannuri 只有 11 名律师。大多数原告律师事务所都是小型律师事务所,或者实际上是在独立的会计系统下运作的,即仅作为单一从业者存在。[77] 其他律师也表示,他们一般不会在律所内部分担风险。[78]

原告律师倾向于保持他们的律所或团队在较小的规模或独自从业。[79] 一家小型律师事务所的律师说:"在过去的 17 年间,我们成长得不多。因为我们必须保持较低的日常开支。最重要的是,现金流并不稳定……"[80]一家中等规模的律师事务所的律师说:"原告律师只收取很少的诉讼费,而且获得可观回报的案件也不多……我基本上都是独自展开工作的"。[81]

---

〔76〕 尽管有这些限制,我还是使用了一般损害赔偿诉讼撤诉和解决的统计数据,并采访了原告律师,以了解这一有限的情况。

〔77〕 1 号访谈。

〔78〕 2 号访谈;4 号访谈;5 号访谈;12 号访谈。其他在律所分担风险的原告律师表示他们在小型律所工作(少于 10 名律师)。6 号访谈;8 号访谈。

〔79〕 1 号访谈;2 号访谈;4 号访谈;5 号访谈;12 号访谈。

〔80〕 1 号访谈。

〔81〕 2 号访谈。

因此,缺乏分散风险手段的原告律师往往对损失很在意。此外,第三方资金通常被认为有问题,因此也没有得到使用。[82] 提到这个问题的律师认为第三方资金要么被禁止,要么会带来法律风险。[83]

2. 缺乏证券集团诉讼的经验和信息

原告律师不仅在分散风险方面处于劣势,而且在证券集团诉讼方面也缺乏经验。在提起证券集团诉讼方面有直接经验的律师非常有限,更不用说成功的案例了。从表 1 可以看出,只有 6 家律师事务所有提起证券集团诉讼的经验。Hannuri 是唯一重复多次提起证券集团诉讼的律所。[84]

一些律师表示,他们不熟悉集团诉讼,因此无法提起此类诉讼。[85] 正如一位律师所说,"说实话,我不太了解它们。了解证券集团诉讼的律师并不多,具有提起集团诉讼经验的律师则更少"。[86]

表 1　证券集团诉讼中的原告律师

序号	原告律所	代表次数
1	汉努里(Hannuri)	5
2	郑宇(Jeongyul)	2
3	因斯(INS)	1
4	江津(Geonjin/Yul)	1
5	永津(Youngjin)	1

〔82〕 然而,在《律师法》或其他法律中似乎没有明确规定禁止第三方资金。需要安排第三方资金,以免违反出于委托目的将索赔移交给第三方的禁令。Chung. J. Y., Seo S. J., Kim D. W., *Class Collective Actions in South Korea*: *Overview*, https://uk.practicallaw.thomsonreuters.com/5-617-3110? transitionType=Default&contextData=(sc.Default)&frstPage=true&comp=pluk&bhcp=1, visited 31 May, 2019.

〔83〕 1 号访谈;7 号访谈。

〔84〕 Geonjin 和 Yul 的律师曾在 Hannuri 工作,在 Geonjin 工作的律师回到 Hannuri 后,Hannuri 现在实际上是行业领头的律师事务所。Jeongyul 同时提起两个诉讼,但代表这两个案件的律师不同。提起首例集团诉讼的律师事务所 INS 从未提起其他集团诉讼。

〔85〕 4 号访谈;5 号访谈;6 号访谈。

〔86〕 5 号访谈。

3. 数量少且分离

专事证券损害赔偿诉讼的律师数量似乎相对较少。在150起证券损害赔偿诉讼样本的代表原告的90家律师事务所或法律顾问处(律师事务所)中,[87]大多数(78,86.7%)只参与了样本案例中的一个案子(见表2)。只有12家律师事务所(13.3%)不止一次代表原告。

表2 原告律师在证券损害赔偿诉讼中的代理频率

代理频率(次)	律所数量(家)
1	78
2	3
3	2
4	1
5	1
6	0
7	0
8	2
9	1
10	0
11	0
12	0
13	2

此外,原告律师很少定期共享信息或彼此合作。一位律师说:"没有原告律师的聚会。[88] 好吧,我考虑过组织一个,但是原告律师间竞争激烈,所以很难让所有人聚在一起。"[89]直到最近,律师们才开始偶尔与代表同一类证券损害赔偿诉讼的其他原告律师进行协调,并分担专家费

[87] 有9起案件在没有任何原告律师的情况下进行。

[88] 1号访谈;5号访谈;6号访谈;7号访谈。

[89] 1号访谈。

用。[90] 另一位律师说:“在某些情况下,在诉讼开始后,我们会像同处在一个委员会般互相讨论。最近才开始进行协调。”[91]

(二)成本和费用

为了提起证券集团诉讼,原告律师必须进行大笔的前期投资,因为通常没有诉讼费来支付起诉费用和律师的部分时间和精力,而在集团诉讼的情况下,诉讼费用通常会更高。此外,由于集团诉讼在认证程序上的明显延迟,通常认为,与涉及众多原告的证券损害赔偿诉讼相比,领导集团诉讼需要律师更多的时间和精力。

1. 费用安排:诉讼费和风险代理费

一些律师解释说,与证券损害赔偿诉讼相比,集团诉讼给原告律师带来了更大的负担,因为他们,而非客户,必须支付诉讼费用。[92] 一名律师说:我不愿意提起集团诉讼。首先,在大多数情况下,律师必须承担一切费用,这是一个巨大的负担……[93]

风险代理费安排被认为是促成美国集团诉讼的一个关键因素。[94] 在韩国,允许在民事案件中的风险代理费安排,[95] 并且经常使用。[96] 律师费用由委托人和律师自由决定,[97] 通常包括诉讼费和风险代理费。[98] 类似地,在证券损害赔偿诉讼中,除了风险代理费外,律师通常还会安排一笔诉讼费,以支付向法院提起诉讼的费用和他们的部分时间和精力。相反,在证券集团诉讼中,律师通常不收取诉讼费,而仅安排了

〔90〕 1 号访谈;7 号访谈。

〔91〕 1 号访谈。

〔92〕 2 号访谈;5 号访谈。

〔93〕 5 号访谈。

〔94〕 参见前注〔44〕,Coffee (1986)。

〔95〕 See S. Ct., 2015Da200111, July 23, 2015 (S. Kor.). 但是,由于公共政策原因,刑事案件的风险代理费安排无效。Ibid.

〔96〕 See Kim J. W., *The Ideal and the Reality of the Korean Legal Profession*, Asianpacific Law & Policy J., Vol. 2, 2001.

〔97〕 See Lee G. H., *Attorney Fee Arrangements Really Matter in Terms of Access to Justice in Korea*, in: Reimann M. (ed.), *Cost and Fee Allocation in Civil Procedure: A Comparative Study*, Dordrecht, Springer, 2011, pp. 204 - 205.

〔98〕 Ibid. 立案费通常为 200 万~500 万韩元(约合 2000~5000 美元),并且无论案件的结果如何,均不予退还。Ibid. 风险代理费率可以在当事人和律师之间自由确定,除非其不公平。Ibid., pp. 205 - 206.

风险代理费(见表3)。这是因为,原告代表不愿支付诉讼费,从而代表整个集团承担前期诉讼费用。[99]

在证券集团诉讼中,律师通常只收取风险代理费。在已完成认证程序并公开披露费用协议的5个案件中,风险代理费率在12% ~30%(见表3)。[100] 虽然法院有权根据原告代表或集团成员的请求降低风险代理费的数额,[101]但截至2019年5月31日,法院始终认定预先安排的风险代理费的比率(15% ~23%)是合适的。[102]

表3 证券集团诉讼中的费用协议和费用授予

序号	案号	费用协议		费用授予
		诉讼费	风险代理费	
1	Suwon Dist. Ct. 2009 GaHap 8829	无	20%(一审),25%(二审),30%(三审)	和解金的20%
2	Seoul Central Dist. Ct. 2010 GaHap 1604	无	15%(一审),20%(二审),24%(三审)	和解金的15%
3	Seoul Southern Dist. Ct. 2011 GaHap 19387	无	15%(一审),23%(二审),30%(三审)	—

〔99〕 但是,有一个案件是由1000多名原告代表提起的,原告律师要求他们提交一定数额的费用,以支付原告律师的起诉费。See Seoul Central District Court 2014 GaHap 31627(附录二中的第8行). Lee B. J. B., *Saving the Korean Securities Class Action*, Univ. Pa. J. Int. Law, Vol. 39, 2017. 本案的认证在一审、二审中均被驳回;在被最高法院部分推翻(判决)并发回后,目前正在上诉法院等待判决。See Seoul Central District Court 2014 GaHap 31627(附录三中的第8行)。

〔100〕 作者根据证券集团诉讼公告中收集的数据作出总结。The Court of Korea, 증권관련 집단소송(JeungGwonGwanRyeon JipDanSoSong)[*Securities – related Class Action*], http://www. scourt. go. kr/portal/notice/securities/securities. jsp, visited 31 May 2019. 在此,因为被告对一审判决提出上诉,然后又在上诉一级撤回了上诉,所以适用二审的风险代理费比率。

〔101〕 Art. 44(3) of the SCAA.

〔102〕 The Court of Korea, 증권관련 집단소송 (JeungGwon GwanRyeon JipDanSoSong)[*Securities – related Class Action*], http://www. scourt. go. kr/portal/notice/securities/securities. jsp, visited 31 May 2019.

续表

序号	案号	费用协议		费用授予
		诉讼费	风险代理费	
4	Seoul Central Dist. Ct. 2012 GaHap 17061	无	12%(一审),15%(二审),18%(三审)	赔偿金的15%
5	Seoul Central Dist. Ct. 2013 GaHap 74313	无	20%(一审),25%(二审),30%(三审)	
6	Seoul Southern Dist. Ct. 2013 GaHap 107585	无	23%(一审),27%(二审),30%(三审)	和解金的23%

因此,不收取任何诉讼费而提起证券集团诉讼的律师,必须完全依靠风险代理费,这与证券损害赔偿诉讼不同,后者无论诉讼结果如何,通常都会收取诉讼费。如果集团诉讼败诉,律师将一无所获,并会失去其前期投资。

2. 诉讼费用和费用转移

提起民事诉讼所产生的诉讼费用通常包括起诉费、邮寄费和专家费。对于集团诉讼,将另外产生公告费、通知费等。[103] 一般来说,在民事诉讼中,原告承担诉讼费用,[104]这也是证券损害赔偿诉讼中的典型做法。但是,提起集团诉讼的律师通常承担诉讼费用的负担,因此在提起集团诉讼中给他们带来了相对劣势。

与美国不同,美国只收取固定费率的起诉费,而韩国的起诉费与索赔金额成比例(0.35~0.5%)。[105] 在集团诉讼中,索赔金额往往比在证券损害赔偿诉讼中要大得多,尽管 SCAA 的一项特别条款部分减轻了这

[103] 在集团诉讼中,在分配阶段将额外产生分配费用。然而,分配费用并不一定会增加原告律师的风险,因为这些费用只会在胜诉时产生,并将在扣除诉讼费用和律师费后的追偿中支付。

[104] Son C. W., 집단기획소송의 법적문제-변호사윤리를 중심으로(JipDanGiHeokSoSong Ui BeobJeokMunJe – ByeonHoSaYunRiReul JungShimEuRo) [*Legal Issues of Aggregated Planned Litigations: Focusing on Lawyer's Ethics Issues*], BFL, Vol. 54, 2012.

[105] 就美国起诉费而言,See Hensler D., *The United States of America*, in: Hodges C., Vogenauer S., Tulibacka M. (eds.), *The Costs and Funding of Civil Litigation*, Oxford, Hart, 2010, p. 539。就韩国起诉费而言,参见《民事诉讼印花税法》第2条。

一负担,但起诉费的数额仍将相当大。[106] 此外,在集团诉讼案件中,原告律师必须在认证决定最终确定后的一定时间内预付诉讼费用,[107] 通常为 4000 万 ~6000 万韩元。[108] 证券集团诉讼中,除诉讼费用外,当事人指定的专家费用通常也由原告律师支付,金额从 5000 万到 1 亿韩元不等。

收集集团成员的金融交易信息也会产生巨大潜在成本。原告律师必须请求一个金融交易信息出示令(financial transaction information production order),[109] 才能从金融公司获得有关集团成员金融交易的信息。申请金融交易信息出示令的人应承担金融公司通知法定所有权人的费用。[110] 一位在证券集团诉讼中经验丰富的原告律师指出,早期的集团诉讼成本相对较低,但随着集团诉讼规模的扩大,成本可能会大幅增加:

在早期的案例中,由于集团规模小,可以通过证券公司很容易地识别出集团成员,所以成本并不高。但是,当集团的规模变得更大时,例如,在有 1 万个集团成员的 GS E&C 案中,证券公司识别集团成员的前提是必须获得一个金融交易信息出示令。每个账户的成本是 2000 韩元,所以 1 万人的成本是 2000 万韩元。如果有 5 万人,那么就要花费 1 亿韩元……这是巨大的成本。[111]

此外,在不成功的诉讼中,原告律师很可能要为集团诉讼中的转移费用埋单,因为通常是他们,而不是原告代表承担费用转移的风险。相

[106] 证券集团诉讼的起诉费为通常金额的 1/2,上限为 5000 万韩元。Art. 7(2) of the SCAA.

[107] Art. 16 of the SCAA.

[108] See, e. g. ,2015 年 11 月 16 日作出的 Seoul High Court 2015 Ra 656, 657(合并)判决。所需的预付款包括通知费 1000 万韩元,公告费 2000 万韩元,专家费 500 万韩元,其他费用 500 万韩元。Ibid. 诉讼终结后,未动用的金额应退还给原告律师。

[109] 金融交易信息出示令是澄清请求的一种(Art. 294 of KCPA)。

[110] 《实名金融交易和保密法》的 4(1)1 和 4 -2(1), (4)条。根据法院规定,申请此类出示令的申请人必须预先支付以下款项:"金融公司数量 × 法定所有权人数量 × 2000 韩元。"금융거래정보 · 과세정보제출명령에 관한 예규(GeumYungGeoRaeJeongBo, GwaSeJeongBo JeChulMyeongRyeongE GwanHan YeGyu)[法院关于金融交易信息和税收信息出示令的规定]的 4(1)(2)条。

[111] 1 号访谈。

比之下,在证券损害赔偿诉讼中,通常是原告承担费用转移的责任。根据美式规则(也被称为反对费用转移规则),每一方都要承担自己的费用,这被认为是使原告律师承担起私人检察长角色的关键因素之一。[112] 然而,在美国以外,包括韩国在内[113]的大多数国家都采用了一种英式规则(也被称为费用转移规则),根据该规则,败诉一方承担所有费用,从而抑制了起诉的动机。[114] 在韩国,胜诉一方的一部分法律费用必须由败诉方承担。[115] 在集团诉讼中,转移费用的数额往往高于一般民事诉讼或证券损害赔偿诉讼,因为在证券集团诉讼中的索赔金额往往比在证券损害赔偿诉讼中的索赔金额要高,而且转移费用的金额与索赔金额成比例地增加,并呈递减趋势。[116]

考虑到集团诉讼的利益将被整个集团分享,成为集团诉讼的原告代表只会带来费用转移的风险,而一旦胜诉却没有任何回报。[117] 因此,在证券集团诉讼中,原告律师一般承担转移费用的风险。根据一位从事证券集团诉讼经验丰富的律师所说,如果集团诉讼败诉,原告律师将承担支付转移费用的责任:

在集团诉讼中作为原告代表的风险中,最大的风险是败诉时的转移费用。一旦我们向潜在的原告代表解释这种风险,如果我们自己不承担责任,没有人会自愿承担。作为原告代表是没有报酬的。如果他们(原告)必须承担风险,然后将与其他集团成员一样获得赔偿,那么没人会这样做。[118]

---

〔112〕 参见前注〔44〕,Coffee (1986)。

〔113〕 Art. 98 of the KCPA(“诉讼费用应由败诉方承担”).

〔114〕 参见前注〔2〕,Coffee (2017)。

〔115〕 根据最高法院的规定,支付给律师的费用中只有一部分包含在诉讼费用中。Art. 109(1) of the KCPA.

〔116〕 附录三与《关于在诉讼费用中包含律师费的规定》的第 3 条一致。最高法院第 2116 号规则,2007 年 11 月 28 日修订,2008 年 1 月 1 日生效。

〔117〕 Kim HK, 우리나라 증권관련집단소송의 현황과 개선과제 (WuRiNaRa JeungGwon GwanRyeonJipDanSoSongUi HyeonHwangGwa GaeSeonGwaJe) [*Improving Ways of Securities Class Action Suit in Korea*], 경제법연구(GyeongJeBeobYeonGu), Vol. 11, 2012.

〔118〕 1 号访谈。然而,另一位提起集团诉讼的律师在收费协议中明确表示,任何转移费用都将由原告承担。3 号访谈。

与证券损害赔偿诉讼相比,证券集团诉讼的诉讼费用将会显著增加,因为起诉费和费用转移金额与索赔金额成比例增加,公告费(和通知费)也会随着集团成员人数成比例增加。证券集团诉讼的原告总数和索赔金额,将远远高于证券损害赔偿诉讼。[119]

为了最大限度地降低风险,一些律师在证券集团诉讼之初提出了部分索赔。[120] 例如,在最近的集团诉讼中,索赔金额为 1 亿韩元,而起诉费和邮寄费仅为 20.47 万韩元。[121] 一位具有集团诉讼经验的律师说:“首先,我们提出部分索赔,并在集团认证和具体的损害赔偿金额确定后,我们增加索赔……在其他情况下,律师过早增加了索赔额,并因未能获得认证而陷入困境。”[122] 通过提出最低索赔金额,在获得集团认证、诉讼前景明朗后再提高索赔金额,律师可以有效降低败诉的风险,并负责支付高额的起诉费和对方高额的法律费用。

前期费用的负担限制了律师是否提起集团诉讼的决策。对于规模太小的案件,律师不会提起集团诉讼。一位有提起集团诉讼经验的律师说:考虑到律师需要预先支付费用,案件的规模必须足够大,以使律师能够收取足够的风险代理费。实际上,很难确定赔偿金的具体数额……必须至少为 20 亿 ~ 30 亿韩元,因为承担所有这些风险可能要花费数年。[123]

但是,如果案件规模太大,律师也不会提起集团诉讼。一些在证券诉讼方面具有丰富经验的律师指出,由于诉讼成本高昂且执行不确定,因此将最佳规模作为标准。[124] 一位在证券集团诉讼方面有经验的律师说:集团诉讼涉及大量费用。所以我们必须选择一个没有太大风险的案件。当然,胜诉的可能性一定很高,但是如果案件太大,集团规模太大,

---

[119] 证券损害赔偿诉讼中的索赔金额最高为证券集团诉讼的 10% 或更少,证券损害赔偿诉讼中的原告人数约为证券集团诉讼的 1% ~6%。1 号访谈;2 号访谈。

[120] 部分索赔可以在诉讼开始时提出,之后可以增加。

[121] The Court of Korea, 나의 사건검색 (NaUi SaGeonGeomSaek) [*Search My Case*], http://www.scourt.go.kr/portal/information/events/search/search.jsp, visited 31 May 2019.

[122] 1 号访谈。

[123] 3 号访谈。

[124] 1 号访谈;2 号访谈。

我们就会变得很犹豫。现在我们在大宇造船(Daewoo Shipbuilding)案中代表原告,虽然我们可以提起集团诉讼,但是我们没有。受害者将达数十万人。如果我们代表成千上万的人提起诉讼,代价将是巨大的。但大宇造船公司是否有能力支付判决费用尚不确定。审计公司也是如此。因此,我们不能就这个案子提起集团诉讼。[125]

在提起集团诉讼时,风险规避型的原告律师通常要面对高昂的前期费用而不会收到任何诉讼费。这限制了原告律师对集团成员人数太少或太多的案件提起集团诉讼,并鼓励他们以证券损害赔偿诉讼的形式提起诉讼,从而他们可以收取诉讼费,以弥补风险。

3. 机会成本:集团诉讼中的延迟与证券损害赔偿诉讼中协调成本

除诉讼费用外,律师还要花费自己的时间和精力,也就是机会成本,来领导诉讼。一些律师表示,领导集团诉讼要比领导证券损害赔偿诉讼花费更多的时间和精力。[126] 一位律师说:"(较之证券损害赔偿诉讼),集团诉讼需要花费更多的精力。(比如说),认证程序和分发程序。集团诉讼的报酬可能更高,但是需要付出更多精力。"[127] 具体来说,许多律师指出了由于认证程序造成的延迟。[128]

在已最终确定认证决定的8起证券集团诉讼中,认证程序平均耗时43.6个月(见表4)。如果我们排除第一个案件,它只花了9个月的时间认证和解,没有上诉,其他3个案件平均花了70个月的时间达成和解或最终判决。然而,在证券损害赔偿诉讼的样本中,一审诉讼的平均期限为19.5个月,而那些获得上诉法院裁决的案件在二审又多花了11.5个月的时间。[129]

---

〔125〕 1号访谈。他以证券损害赔偿诉讼的形式提起诉讼,代表了800~900名原告。

〔126〕 2号访谈;5号访谈。

〔127〕 2号访谈。

〔128〕 2号访谈;4号访谈;5号访谈;7号访谈;8号访谈。为一家中型律师事务所工作的一名律师表示,认证程序的拖延加剧了与企业客户之间的利益冲突,这使中型律所更难提起证券集团诉讼。7号访谈。

〔129〕 这远远超过了2012~2016年一般民事诉讼的平均期限,后者的初审平均持续时间为4~5个月,二审的平均持续时间约为7~8个月。The Court of Korea ,Judicial Yearbook (Statistics), https://www. scourt. go. kr/portal/justicesta/JusticestaList Action. work? gubun =10, visited 31 May 2019.

表4　诉讼期限

案号	认证程序(月)	主要诉讼程序(月)
Suwon 2009 GaHap 8829	9	3
Seoul Central 2010 GaHap 1604	74	11
Seoul Southern 2011 GaHap 19387	61	未决
Seoul Central 2012 GaHap 17061	50	14
Seoul Central 2013 GaHap 74313	32	未决
Seoul Southern 2013 GaHap 107585	58	4
Seoul Central 2014 GaHap 30150	30	认证被否认
Seoul Western 2016 GaHap 30418	35	认证被否认

认证程序延迟的原因之一是,法院总体上尚不熟悉集团诉讼,而且认证阶段的法律争议尚未得到解决。有提起集团诉讼经验的律师表示,“法院对(集团诉讼)并不熟悉,也没有对它们进行充分研究。法官经常被改组。他们几个月都没有回应,尤其是在证券集团诉讼中。有时,法院在没有提供任何理由的情况下拒绝认证。许多争议尚未解决”。[130]

一个更结构性的原因是,对认证或拒绝认证的决定的即时上诉在决定最终确定之前将一直是主要程序。[131] 在最终确定认证程序的8起证券集团诉讼案件中,有五起案件的认证决定一直上诉到最高法院,其中两起曾两次上诉到最高法院(见附录三)。正如一位律师所描述的,“对认证决定可以上诉,如果一直上诉到三审法院,那么诉讼就会变成六审”。[132]

证券集团诉讼的认证阶段存在潜在的延迟,管理涉及众多原告的证券损害赔偿诉讼也将是一项繁重的工作,但不如在证券集团诉讼中那样繁重。一位在处理涉及众多原告的证券损害赔偿诉讼和集团诉讼中有经验的律师说:涉及众多原告的共同诉讼比集团诉讼更简单。尽管原告人数众多,但问题是相同的,无论如何,都必须在集团诉讼中计算损害赔

〔130〕 3号访谈。

〔131〕 参见上文“韩国证券集团诉讼”部分。

〔132〕 8号访谈。

偿金。处理涉及众多原告的诉讼没有太大区别。召集大量原告可能会有一定的限制,但是一旦原告存在,就不难提出诉讼。[133]

当然,处理一个有众多原告的诉讼并非易事,在沟通、并从每个原告那里获得同意或信息方面存在困难。[134] 一些律师指出,在诉讼过程中,需要花费时间和精力来更新和收集客户的同意。[135] 一些律师还提到,在涉及大量原告的诉讼中难以处理客户的投诉或要求解释的请求。[136]

不过,经验丰富的律师已找到方法,利用电脑程序和经验丰富的工作人员,并在收费协议中加入特别条款,以最大限度地减少管理多方诉讼的负担。一些经验丰富的律师还在其收费协议中加入了特殊条款,以减轻诉讼过程中获得每位原告同意的负担,规定律师将从所有原告的利益出发决定是否和解,或以 2/3 的多数作出决定,并假定默示同意。[137] 一位在代表证券损害赔偿诉讼方面拥有丰富经验的律师表示,在处理一个有大量原告的案件和一个涉及少数原告的案件时,所遇到的困难没有太大区别:

在处理一个有众多原告的案件时没有太大区别。没有必要由多个律所来承接一个案件。由于我们在原告律师方面拥有丰富的经验,我们拥有一个计算机程序来组织和计算事物,以及拥有在这些事物方面具有长期经验并熟练的必要人员。如果提起诉讼,无须告诉他们,他们知道该怎么做,并且他们会事先准备……我们宁愿选择有更多的原告。[138]

因此,规避风险的原告律师会避免提起证券集团诉讼,因为这种诉讼可能会带来承担巨额诉讼费用的风险,而且由于认证程序的延误,需要更多的时间和精力。相反,这些律师更愿意提起证券损害赔偿诉讼,这样他们就可以获得诉讼费,并以熟悉的方式处理案件,而不会带来重

〔133〕 1 号访谈。

〔134〕 更实质性的是,一些律师指出在处理涉及不同原告的不同事实的案件中存在困难。例如,解释义务的违反。4 号访谈;5 号访谈;11 号访谈。然而,对于那些个体事实很重要的案件,即使集团诉讼得到认证,在集团诉讼中收集个体事实的信息与在证券损害赔偿诉讼中收集个体事实的信息同样必要。

〔135〕 7 号访谈;11 号访谈;12 号访谈。

〔136〕 3 号访谈;7 号访谈;9 号访谈。

〔137〕 1 号访谈;17 号访谈。

〔138〕 2 号访谈。

大风险。

(三)胜诉和判决执行的不确定性

风险规避型的律师在提起证券集团诉讼时面临高额成本,因此会寻求胜诉和执行判决的可能性更高的案件。由于在证券损害赔偿诉讼或证券集团诉讼中很少发生和解,原告律师必须打赢官司并获得执行,以收回他们的风险代理费。当律师们考虑到更高的胜诉概率和执行判决的可能性时,潜在案件的数量就会大大减少。律师们便会依赖政府调查来证明违法行为,而在涉及政府调查的案件中,发行证券的公司往往已经资不抵债。

1.较低的和解率

证券损害赔偿诉讼案件只有很少的情况下会出现和解。〔139〕 大多数提到这一问题的律师都表示自己在考虑是否提起诉讼时往往不考虑存在和解的可能性,因为和解仅发生在非常特殊的情况下。〔140〕

很难确定证券损害赔偿诉讼案件在地区法院的和解率,因为此类案件在提交阶段没有单独分类或标注。〔141〕 即使在一审法院作出裁决之后,此类案件也常持续到上诉判决作出为止。根据诉讼样本,一审法院判决的案件(共159起)中有67.3%(107起)的案件由原告、被告或双方提出上诉。〔142〕 此外,在证券损害赔偿诉讼上诉案件样本的和解率仅有9.5%(107起有10起)。〔143〕

证券集团诉讼案件也不常出现和解。在作出最终认证决定的六起诉讼证券集团诉讼案件中,只有第一起案件在提交后3年内达成了和解(见附录二)。第一起案件的原告律师提出法院曾经建议双方进行和

〔139〕 1号访谈;2号访谈;3号访谈;5号访谈;8号访谈;12号访谈。

〔140〕 1号访谈;3号访谈;6号访谈;8号访谈;12号访谈。证券损害赔偿诉讼在特殊情况下可以达成和解,比如原告是被告非常重要的客户,再如其他法院判决过事实情形相似的案件。1号访谈;5号访谈;8号访谈;12号访谈。

〔141〕 参见上文"研究方法"部分。

〔142〕 该数据远高于2012~2016年裁定的一般民事案件(3,349,516起)的上诉率,即7.8%(261,243起)。此外在2012~2016年裁定的证券损害赔偿赔偿诉讼与一般民事案件样本中,前者的法官三人合议庭上诉率(71.1%,128起中有91起)也远高于后者(43.4%,170,260起中有73,845起)。

〔143〕 该数据低于上诉级别的一般民事案件的和解率,即21.6%(277,837起中有60,140起)。

解，同时有传闻说被告公司同意和解的原因是需要尽快结束诉讼、以继续与其最大买家的交易。[144] 尽管如此，其他集团诉讼案件并没有此类达成早期和解的情况，第二起和第三起案件分别耗费了 85 个月和 61 个月才达成和解（见表 4）。第二起案件中的一名原告律师指出，"只有在[一项案情相似的证券损害赔偿诉讼]作出判决后，集团诉讼案件才会达成和解[……]。如果什么都没有发生，那么结果就是未知的"。[145]

至于什么因素导致了证券损害赔偿诉讼和集团诉讼案件的低和解率，受访者提出的原因各有不同：证据开示制度的缺位、[146] 证券法尚未解决的法律问题、[147] 被告对设置先例的担忧、[148] 会计师事务所对支付损害赔偿金的抗拒，[149] 以及（根据有限责任原则的适用）赔偿金减少的可能性。[150] 但是，没有一位律师提到董监事及高级管理人员责任保险（D&O 保险）影响了韩国证券诉讼的和解率。[151]

美国大部分经过审前动议的证券集团诉讼案件都达成了和解，[152] 但与之相反的是，韩国的大多数证券诉讼案件都由法官最终判决。美国和韩国证券诉讼案件和解率之间的差异是由什么原因导致的？一般而言，原告律师和韩国法院都倾向于尽早解决案件。原告律师按比例收取律师费，他们倾向于尽早结束案件，也减少在耗费前期成本和精力后仍

---

[144] 6 号访谈。

[145] 1 号访谈。

[146] 1 号访谈。

[147] 3 号访谈。

[148] 5 号访谈。

[149] 2 号访谈。

[150] 2 号访谈。

[151] 当被问到为什么韩国的 D&O 保险没有促进这类案件尽早和解时，一名律师解释道，因为 D&O 保险规定的条款比较严格、赔偿范围比较难确定，甚至故意或过错的违规行为都很容易构成除外条款。1 号访谈。

[152] 1997～2016 年在美国提起的证券集团诉讼有 50% 和解，43% 被驳回，6% 截至 2018 年 1 月 12 日仍在继续。总体而言，只有不到 1% 的案件被作出判决。Cornerstone Research, Securites Class Action Filings – 2017 Year in Review, https://securities.stanford.edu/research – reports/1996 – 2017/Cornerstone – Research – Securities – Class – Action – Filings – 2017 – YIR. pdf, visited 31 May 2019.

然败诉的风险。考虑到较大的工作量,[153] 韩国法官也更倾向于尽早结案、以从他们的清单中删除。因此,导致美韩和解率之间差异的原因似乎与被告的动机有关。

首先,韩国没有关于证据开示制度和陪审团制度的规定,而且民事诉讼中一般不出现惩罚性赔偿,所以韩国法官的判决不会被认为是很难获取或不可预测的。由于民事诉讼中原告向相对人收集证据的手段有限,被告往往不期望在事实调查阶段就背负大量的法律费用,或者承担过去典型政府调查没有发现的不法行为被揭露的风险。无论是证券损害赔偿诉讼、还是集团诉讼中,索赔超过 2 亿韩元的案件都由法官三人合议庭裁决,而且主审法官必须有 15 年以上的经验。[154] 与美国陪审团的裁决相比,被告往往认为有经验的韩国法官的判决更具有可预测性。此外,被告可能期望通过有限责任原则和过失相抵制度,使自己承担的赔偿责任低于实际的损害赔偿金,这样甚至无须和解来降低其赔偿责任。

其次,在韩国,被告公司往往很难获得 D& O 保险的赔偿。在美国,能否取得 D& O 保险赔偿一般被认为证券集团诉讼和解中“最重要的因素”。[155] 涉及被告责任、知情或故意的判决会导致被告无法获得 D& O 保险赔偿,从而在根本上改变判决或和解的清偿主体,所以往往会避免作出这样的判决。[156] 由于担心失去资金来源,各方主体都会争取早期和解,包括原告律师、个人被告和被个人被告优先受偿权(直接或间接)影响的被告公司。[157] 可能因为韩国的诉讼风险较低,韩国的 D&O 保险

---

〔153〕 与美国、德国和日本的法官相比,韩国法官的工作量往往更重。截至 2012 年,韩国每名法官平均处理 593 起案件,这项数字超过美国联邦法院的 416 起、德国的 210 起和日本的 353 起。

〔154〕 Art. 2 of 민사소송 및 가사소송의 사물관할에 관한 규칙 (MinSaSoSong Mit GaSaSo SongUi SaMulGwanHalE GwanHan GyuChik) [*the Rule on Jurisdiction in Civil Litigation and Family Litigation*].

〔155〕 参见前注〔63〕, Alexander (1991), p. 550。

〔156〕 Ibid., pp. 550 - 555(“这两个重要的救济来源都可用于资助和解,但不是用于支付判决”)。

〔157〕 Ibid.

相比之下并没有美国普遍。[158] 此外，韩国保单包括的风险范围也小于美国的标准保单。[159] 即使被告持有D&O保险，当责任源于董监高及高级管理人员的故意欺诈或犯罪行为时，也可以适用除外条款。[160] 由于韩国的证券诉讼通常会进行刑事调查或行政调查，因此，仅在民事诉讼方面达成和解，并不能使被告免于被发现实施过故意欺诈或犯罪行为。[161] 而且公司不会提供赔偿，[162] 因此，无论是达成早期和解还是等待最终判决，皆由被告自己承担费用。

最后，由于早期和解在韩国并不常见，往往是倾向于最大化每小时费用的被告律师更容易说服被告将诉讼维持至最终判决。[163]

---

〔158〕 Baker T., Grifth SJ., How the Merits Matter: Directors' and Officers' Insurance and Securites Settlements, Univ Pa Law Rev, Vol. 157, 2009. ("几乎所有的美国上市公司都会购买D&O保险，而且绝大多数证券索赔都在被告公司的D&O保险范围内或略高于其范围"). 购买D&O保险的公司数量从2006年的462家增加到2011年的496家，但之后2012年减少到464家。Korean Insurance Development Institute, 보험통계연보 (BoHeomTongGyeYeonBo) [*Yearbook of Insurance Statistics*], https://www.insis.or.kr/insis/InsisMain.html#c?06?, visited 31 May 2019. 韩国数量增长缓慢的原因在于，韩国证券损害赔偿诉讼或证券集团诉讼的威胁并不大，因为后者数量很少。

〔159〕 参见前注〔53〕, Black et al. (2011)(描述了韩国的D&O保险政策有巨大漏洞)。关于D&O保单在低诉讼风险国家提供低保护作用的描述，See generally, Huskins P. C., *The Mismatch Between Litigation Intensity and D&O Protection in Cross - border Securities Law Enforcement*, J Corp Law Stud, Vol. 9, 2009.

〔160〕 D&O保单中通常会将被保险人的"의도적인 사기 및 범죄행위"(UiDoJeokIn SaGi Mit BeomJeoiHaengWi) [intentional fraud or criminal acts] 列为除外事项，而无须对此作出判决。Chubb, 임원보상책임보험 (ImWonBoSangChaekImBoHeom) [*Directors' and Ofcers' Liability Insurance*], https://www.chubb.com/kr - kr/business/directors - ofcers - liability - insurance.aspx, visited 31 May 2019.

〔161〕 《资本市场法》不仅规定了私人行为，而且还针对违反该法主要规定的行为，规定了行政制裁(Arts. 428 - 429)和刑事制裁(Arts. 443 - 446)。

〔162〕 Kim K. S., 임원배상책임보험의 담보범위에 관한 연구 (ImWonBaeSangChaekImBoHeomUi DamBoBeomWiE GwanHan YeonGu) [*Research on Directorial Liability and the Scope Covered D&O Insurance*], 금융법연구 (GeumYungBeobYeonGu), Vol. 6, 2009(指出韩国商法典中不存在关于董事责任的补偿)。然而，法院是否会认可证券集团诉讼中采取补偿做法，仍有待观察。参见前注〔53〕, Black et al. (2011)(提出虽然法院尚未解决证券案件中关于律师费或损害赔偿的可得性问题，但一旦证券集团诉讼开始流行就可能批准)。

〔163〕 此外，对于决定在韩国对民事诉讼进行和解的董事，他们需要承担被指控"违反职业信托"的特殊风险。Art. 356 of the Criminal Act of Korea.

在不期望出现早期和解的情况下,证券诉讼中的原告律师需要代表己方利益实际取得胜诉,并且顺利地执行判决,以获得风险代理费。这一考虑会影响律师们对案件的选择,尤其是对于没有任何启动费用的证券集团诉讼。因此,原告律师倾向于仅对很有可能胜诉的案件提起诉讼。

2. 收集证据困难

许多律师指出在证券损害赔偿诉讼中很难为原告收集证据,因为证据通常掌握在被告手中。[164] 正如一位律师所说:

(证券损害赔偿诉讼的)一项特征是很难获得原告的帮助。民事诉讼案件中,原告持有证据,所以这类案件是有可能获得原告帮助的。但是,证券损害赔偿诉讼案件中的原告只是被动的受害者,很难向他们取得帮助。[165]

一些律师将收集证据困难,归因于证据开示制度的缺位。[166] 由于韩国不存在审前披露制度,原告经常使用其他收集证据的方法从被告或第三方处收集证据,包括文件提交令(document production order)、[167] 文件转移令(document transfer order,)、[168] 和澄清要求(clarification request)。[169] 然而,许多律师主张文件提交令没有效力,[170] 因为即使有文件提交令,被告仍不提交所要求的文件,而且法院也没有对不遵守要求的被告加以合理制裁。一名律师指出:[171]

[文件提交令]存在巨大的无效问题。尽管签发了文件提交令,被告不提交任何文件时也没有进一步[迫使其遵守]的程序。当对方不提供任何文件时,法院也完全不予制裁。[172]

由于法院不愿对不遵守规定的当事方实施制裁,文件提交令被视作

---

〔164〕 2 号访谈;5 号访谈;8 号访谈;11 号访谈。

〔165〕 2 号访谈。

〔166〕 3 号访谈;4 号访谈;5 号访谈。

〔167〕 Art. 343 of the KCPA.

〔168〕 Art. 352 of the KCPA.

〔169〕 Art. 294 of the KCPA.

〔170〕 2 号访谈;3 号访谈;4 号访谈;5 号访谈。

〔171〕 2 号访谈;3 号访谈;5 号访谈。

〔172〕 2 号访谈。

没有效力。[173] 法院应当确认相对方对文件内容的指控是真实的,这是对违反文件提交令一方唯一可能的制裁。[174] 然而,这项规定往往只能起到有限的效果。韩国最高法院的观点是,法院可以确认相对方关于文件存在和其内容的申辩是真实的,但不得将本应由该文件证明的事实视为已被证明的事实。[175]

由于文件提交令无法起到效力,通过民事诉讼从被告处获取证据并不容易,因此律师们取而代之依靠政府调查[176]收集证据。对此一位律师表示,目前很难找到一项与刑事调查或FSS调查没有联系的案件。[177]

在证券损害赔偿诉讼的案件样本中,87起案件(54.7%)经过了相关的政府调查,[178]然而,72起案件(45.3%)中未经任何相关的政府调查。未经政府调查的案件最常引用《资本市场法》第48条(51.4%,72起中有37起)和《资本市场法》第64条(15.3%,72起中有11起),这两条规定都涉及客户可能发现的违反金融投资公司义务的行为(如解释

---

〔173〕 参见前注〔50〕,Lee (2009); See Han CS., 민사소송절차에서의 정보 및 증거공개와 수집제도-문서목록제출명령을 중심으로 (MinSaSoSongJeolChaESeoUi JeongBo Mit JeungGeoGongGaeWa SuJipJeDo – MunSeoMok – RokJeChulMyeongRyeongEul Jung SimEuRo) [Access to documents and other information in *Civil Disputes in Korea*: *Focused on the Order to Disclose the Categories and Lists of Documents*]. 민사소송 (MinSaSoSong), Vol. 12, 2008.

〔174〕 Arts. 349 and 350 of the KCPA.

〔175〕 Supreme Court of Korea 94 Da 395667 judgment, rendered on March 10, 1995; Supreme Court of Korea 2006 Da 9446 judgment, rendered on Sept. 21, 2007.

〔176〕 在韩国,由金融服务委员会(FSC)的政策制定机构监管所有金融服务。参见前注〔26〕,Jeong (2011)。金融监管服务局(FSS)是FSC下设的执行机构,主要负责强制执行。Arts. 24 – 50 of the Financial Services Commission Act. 证券和期货事务监察委员会(SFC)有权根据《资本市场法》,对某些违规行为实施行政制裁。Art. 439 of the Capital Markets Act. SFC监管不公平交易,包括内幕交易、百分之五佣金规则、大股东报告、短期暴利、未能定期披露文件、虚假申请上市登记报告和价格操纵。Arts. 172 – 174, 176, 178, 180, 427 of the Capital Markets Act. 因此,FSC、SFC和FSS通常负责调查和裁定市场不当行为。FSE对于严重的违法行为,会通过检察官提交刑事诉状以提起指控。参见前注〔26〕,Jeong (2011)。

〔177〕 2号访谈。

〔178〕 在经过政府调查的87起案件中,80起中当事人提起刑事诉讼,34起中当事人受到FSS的制裁,7起中当事人受到FSC的制裁,11起中当事人在判决作出之前就受到SFC的制裁(一起案件可能须经过多种类型的政府调查,每种政府调查的案件数量总和,超过经过政府调查的案件总数)。

义务或适当性义务)(见表5)。然而在其他诉因对应的案件中(《资本市场法》第125条、第162条、第170条、第175条、第177条、第179条在SCCA中被列为证券集团诉讼的诉因),未经政府调查的案件确实很少。

表5　诉因与案件是否经政府调查的关系

引用《资本市场法》诉因	经政府调查案件数量(起)	未经政府调查案件数量(起)
第48条	41	37
第64条	15	11
第125条	26	6
第162条	22	6
第170条	26	1
第175条	1	1
第177条	6	1
第179条	32	4
N/A	7	23

与未经政府调查的案件相比,经政府调查的案件是否更具说服力、更少被驳回?在证券损害赔偿诉讼的案件样本中,未经政府调查的案件被驳回的概率(72起中有50起)比经政府调查的案件(87起中有21起)更高(*Chi square*: 32.7212, $p < .00001$, 见表6)。

表6　被驳回率与案件是否经政府调查的关系

结果	经政府调查的案件数量(起)	未经政府调查案件数量(起)
驳回	21	50
裁决(全部或部分)	66	22

控制诉因一致时,可使用Logistic回归模型[179]以预估原告人数、原

---

〔179〕 逻辑回归是指因变量为二元的回归。

告律师经验水平、案件是否由专门裁判委员会判决、以及政府调查对案件被驳回的影响。因变量是案件是否被驳回(1 代表被驳回,0 代表未被驳回),自变量是原告人数的四分位数、[180] 原告律师经验的四分位数、[181] 专门的裁判委员会(1 代表案件是由专门裁判委员会判决,0 代表不是)、[182] 和政府调查(1 代表经政府调查,0 代表未经政府调查)。之所以确定这些自变量,是因为它们在统计学方面与因变量有显著相关性(参见附录四)。之所以列入控制变量,是因为如果不统一诉因,案件引用的不同诉因就会混淆结果,即《资本市场法》第 48 条、第 64 条、第 125 条、第 162 条、第 170 条、第 175 条或第 177 条或第 179 条(合并)[183] 第 183 条、和 N/A(none of the above)。

在未经政府调查的条件下运行模式 1 时,[184] 没有一项自变量能在统计学意义上解释常规水平(5%)的被驳回率(参见附录五)。然而,在经政府调查的条件下进行回归时(模型 2),只有“政府调查”能在统计学意义上解释 1% 的被驳回率($p = .001$),而且与被驳回率呈负相关关系。模型 2 中政府调查的边际效应是.35,代表经过政府调查的案件被驳回的可能性比未经调查的案件低 35%。“原告律师经验”与两种模型中被驳回率之间呈负相关关系,其在模型 1($p = .050$)中接近有统计学意义,但在模型 2($p = .254$)中远未达到统计学意义。在经过政府调查的条件下,有经验的律师即使不能断定自己比经验较少的律师更有可能胜诉,他们也更倾向于选择经过政府调查的案件。因此在控制其他可能影响被驳回率的条件时,“政府调查”与证券损害赔偿诉讼的胜诉息息相关。

---

〔180〕 由于原告人数的分布较为偏离,故使用原告人数的四分位数,以满足 Logistic 回归模型的假设。

〔181〕 由于原告律师经验的分布(对应的是证券损害赔偿诉讼案件样本中由原告律师起诉的案件数量,包括且截至起诉阶段)较为偏离,故使用原告律师经验的四分位数。

〔182〕 首尔中央地区法院有四个专门的法官三人合议庭,负责与公司相关的案件;首尔南方地方法院有一个专门的法官三人合议庭,负责与证券相关的案件。在 159 起案件样本中,85 起(53.5%)由专门小组处理。

〔183〕《资本市场法》第 175 条、第 177 条和第 179 条都属于不公平交易监管这一章,故在此作合并处理。

〔184〕 由于“政府调查”与“原告律师经验”间相关性较高,笔者希望分别观察仅包括“原告律师经验”的模式结果(模式 1),以及同时包括两者的模式结果(模式 2)(参见附录五)。

这一结果似乎肯定了选择经过政府调查的案件,对增加胜诉可能性有重要意义。

证券集团诉讼中收集证据也比较困难,尽管SCAA中存在几项关于证据收集的规定,[185]但律师们认为这些规定对收集证据没有帮助。[186]一位律师说:"SCAA关于证据收集的规定没有任何实际意义,KCPA对文件提交令的规定也并不能提供任何有利因素。"[187]至于为什么这些规定不能减轻在集团诉讼中收集证据的负担,一位律师提出:

1996年法案中存在一部分很有意义的规定[……],但由于企业界反对,这些规定在立法过程中被删除了。所以只有无意义的规定得以留下,这些规定已列于KCPA,都可以通过法院的酌处权实现。[188]

在10起集团诉讼案件中,有9起[189]案件(9起,90%)曾进行过政府调查。

为了减少与胜诉不确定性相关的风险,一些律师会先提起证券损害赔偿诉讼,并在更确定自己可以胜诉时再提起证券集团诉讼。[190] 一位律师说:

我在提出证券损害赔偿诉讼之后再提起证券集团诉讼,这种做法其实很常见。在诉讼过程中,你可以通过获取犯罪记录减少胜诉的不确定性。除非你已经完成了对案件的分析而且对此有信心,否则很难在一开始就提起证券集团诉讼。我在观察了证券损害赔偿诉讼的进展、并得到受害者线上团体的同意后,才提起了集团诉讼。[191]

然而,这种办法只在有限的时间段内具有可行性。SCAA中列举的每一项诉由都存在对应时效,具体为从知道侵权行为之日起1~2年不等。[192]

---

[185] Arts. 30-33 of the SCAA.

[186] 1号访谈;2号访谈。

[187] 1号访谈。

[188] 1号访谈。

[189] 关于所涉案件的细节描述,see infra Sect. 3。

[190] 1号访谈;3号访谈。

[191] 3号访谈。

[192] Arts. 127, 162(5), 175(2), 177(2), 179(2) of the SCAA, Art. 17(9) of the Act on External Audit on Stock Companies.

3. 判决执行的不确定性

一旦考虑到强制执行的可能性，就会实际减少可诉对象的数量。[193] 一位律师阐述，“当证明难度比较低时，被告常常没有偿付能力(judgement - proof)；当被告有偿付能力时，证明难度就会比较高。”[194] 另一位律师提道，“对案件进行犯罪调查时，被告中往往不会有财力雄厚的人［……］进行犯罪或监管调查当然是很有帮助的，但有利可图的案件通常不会进行这些调查”。[195]

在证券损害赔偿诉讼的案件样本中，52.2% 的案件（159 起有 83 起）中发行公司会进入破产程序[196]或重整程序。[197] 与未经政府调查的案件（30.6%，72 起中有 22 起）相比，明显更多经过政府调查的案件（70.1%，87 起中有 61 起）中发行公司会面临破产或重整程序（*Chi square*：21.7492，p < .00001，见表 7）。

表 7　证券损害赔偿案件样本中发行公司进入破产或重组程序的概率

选项	经政府调查的案件数量(起)	未经政府调查案件数量(起)
进入破产或和解程序	58	25
未进入破产或和解程序	25	51

这一结论肯定了律师的描述，即被告的偿付能力与是否经过政府调查之间存在某种关联。

这种现象可能有多种解释，一位律师解释“财力深厚的被告很少会使自己陷入困境”。[198] 另一种解释是，如果案件所涉公司进入或即将进入破产或重整程序中的一项，案件就更有可能会进行政府调查。

相比证券损害赔偿诉讼案件，集团诉讼案件的索赔金额很有可能会

〔193〕 2 号访谈；12 号访谈。
〔194〕 2 号访谈。
〔195〕 1 号访谈。
〔196〕 韩国的破产程序，可对应《美国破产法》第四章。
〔197〕 韩国的和解程序，可对应《美国破产法》第十一章。
〔198〕 2 号访谈。

增加约十倍,[199]这导致原告律师更难找到有足够偿付能力的被告。

4. SCAA 中的限制性规定

SCAA 关于诉因的限制性规定(第 3 条),似乎减少了可作为集团诉讼案件起诉的案件数量。在 159 起证券损害赔偿诉讼案件样本中,只有 81 起(50.9%)包含 SCAA 中所列举的诉因。

除关于诉因的规定之外,SCAA 中的其他限制性规定并没有像过去文献预测的一样成问题。[200] 一位有证券集团诉讼经验的律师说:

在形成先例之前,[限制性规定]看起来是巨大的制约,但法院在解释关于代理频率的限制性规定的例外条款时,采用的解释是相当宽泛的。对于规模和股权的最低要求,法院解释说最低限度只适用于所涉投资产品和整个集团规模。无论如何,从 SCCA 生效到先例产生之前不确定性都是存在的,但由于这种不确定性已经减少,所以已不再是一项大问题。[201]

事实上,法院已经解释过了关于原告律师代理频率和规模股权最低限度的限制性规定,并通过降低原告律师须满足的要求减轻了他们的负担。

例如,首尔高等法院裁定,如果某原告律师在近 3 年内担任了 3 起证券集团诉讼案件的原告律师,而且能够公平、适当地代表集团成员的利益,那么就可以担任原告顾问律师一职。[202] 之后,法院考虑到 Hannuri 在证券诉讼方面的经验,允许其为原告代理。[203] 此外法院裁定,考虑到规定最低股份要求的目的是防止集团诉讼被滥用,最低限度的股份须由受不公平交易(而非发行的证券总数)影响的证券数量决定。[204]

---

[199] 1 号访谈;2 号访谈。

[200] See supra nn. 58 – 59 and the accompanying text.

[201] 1 号访谈。

[202] Seoul High Court decision 2015 Ra 619, rendered on Jan. 29, 2016.

[203] Ibid.

[204] Ibid.

二、讨论

本研究是首次对原告律师不愿在韩国提起证券集团诉讼、反而以证券损害赔偿替之的原因进行实证研究。本研究发现了3个主要因素，综合起来使原告律师更经常地避免提起证券集团诉讼。首先，由于缺乏风险分散措施，证券诉讼的原告律师必须规避风险。它们通常是以小型律所，或者实际上是由单一的从业人员运营的形式存在，并且没有可用的第三方诉讼资金。此外，原告律师之间为分担诉讼风险进行合作，近几十年来在美国已得到发展的这种做法，在韩国还尚未出现。其次，提起证券集团诉讼会将大笔前期投资和转移费用的风险转嫁给原告律师，而在证券损害赔偿诉讼中则由原告承担这些风险。此外，在证券集团诉讼中，不仅由于索赔金额和诉讼的集团规模大，而且由于认证程序的延迟，其成本往往会更大。最后，风险规避型的原告律师在提起证券集团诉讼时要面临高昂的成本，因此只有在更有可能胜诉并获得执行的案件中，才考虑提起证券集团诉讼。韩国没有证据开示制度，而作为其替代做法的书证出示令往往是无效的。在证券诉讼中，由于证据通常掌握在被告手中，原告律师通常诉诸政府调查来从被告方收集证据。然而，包含前期政府调查的案件中，通常为处于破产或破产康复程序的上市公司。因此，只有极少数的案件满足保证胜诉和执行的高门槛，能够吸引到风险规避型的原告律师来提起需要承担重大风险的集团诉讼。

（一）未来可能的发展

韩国与集团诉讼相关的法律是否会一直处于停滞状态？一定程度上不会。对于上涉证券集团诉讼中的障碍，部分障碍会随法律主体适应而顺理成章地在一定程度上被克服，然而，另一些障碍很可能会维持原状，除非出台降低障碍的立法。

原告律师可能会找到更多减少风险的方式。为了分担风险和分享经验，原告律师之间可能会更频繁地合作。实际上，最近的证券损害赔偿诉讼案件中也出现了原告律师相互配合的情形。就像美国第23条规则修订几十年后原告律师间的“特设公司”才出现一样,[205]韩国的原告律师也可能在逐渐发现有效分担彼此间风险的方式。

与证券损害赔偿诉讼相比,较高的前期费用是风险规避型原告律师提起集团诉讼的重要障碍,但随着时间推移,提起证券集团诉讼的风险可能会逐渐降低。首先在证券集团诉讼中,原告律师可能会设法克服前期费用较高的风险。一些有经验的原告律师在一开始仅提出部分索赔,随后在后续诉讼中逐渐增加索赔金额,从而有效地减少了与起诉费用和诉讼成本转嫁(fee – shifting)相关的风险。其次随着时间推移,有关程序问题的先例逐渐积累,认证程序拖延可能会在一定程度上减少。事实上,从提出申请、到作出认证决定的时间已经在逐渐减少。[206]

收集证据困难主要是由于证据开示制度的缺位,除非法律进行必要的修正,将很难被克服。在例外情况下,原告律师无须依赖前置政府调查、仅通过集团诉讼程序,即可寻求证明对《资本市场法》的违反。在 GS Engineering & Construction Corp. 的收益受到冲击后,Hannuri 通过分析会计文件将其评估为欺诈,并请求 FSS 进行特别检查。然而,FSS 决定不进行调查。Hannuri 放弃了原来的计划,即通过 FSS 特别检查收集证据和招募更多受害者、以提起证券损害赔偿诉讼。相反,该公司随后决定提起集团诉讼并支付所有费用,邀请少数确定的原告作为代表原告。一位有证券集团诉讼经验的律师说,集团诉讼中收集证据有轻微的优势:

我的观点是,法院某种程度上意识到了[集团诉讼中的]受害者,可以说这是一项轻微的优势。在 GS E&C 案件中,我们为了广泛地收集证据,提交了一份要求制作文件清单的请愿书(petition for the production of a list of documents),但被告没有进行合作,所以我们提出了申请一份范围广泛的文件提交令,要求提供被告公司和审计公司之间的所有往来电子邮件,法院也批准了。法院发布了广泛而全面的文件提交令,虽然被告没有遵守但我们处于优势,因为他们违反了法院的指令。依此,当涉及集团诉讼中证据收集时,法院某种程度上[对原告]更宽容,从而使我

---

[205] 参见前注[44],See Coffee (1986)。

[206] 参见表 4。

们能够了解真相。[207]

这种态度的改变似乎并非 SCAA 中有利条款所导致的结果，而是源自须处理整个集团权利的压力。有律师解释：

事实上，人们非常重视和认真对待集团诉讼，即使法官也不能轻易驳回集团诉讼案件。处理涉及数十名或一整个集团受害者的案件的压力差异很大，因此法院往往会审慎地处理[后一项]案件。[208]

这一案件表明，集团诉讼作为一种私力执行机制（private enforcement），可能可以填补《资本市场法》的公力执行（public enforcement）。具体而言，即通过企业家式律师（entrepreneurial lawyer）查明可能违反《资本市场法》的情况，并在没有政府调查的情况下提起集团诉讼。然而在现行制度下，此类证券集团诉讼案件的数量不太可能增加，因为它们只能由非常有经验的原告律师提起，这在很大程度上取决于法官在批准证据收集申请时是否积极地行使其酌处权。因此，如果不对法律进行实质性修改，现有趋势很有可能继续延续，即原告律师仅选择经过政府调查的案件、证明证券集团诉讼中有违反《资本市场法》的情形。

（二）韩国的教训

从韩国经验中学习的教训可以阐明有助于成功法律移植的条件，对考虑引入美国式集团诉讼制度的国家也是有价值的，这些国家往往希望能比韩国更频繁地使用该制度。首先，在起草法律时，应仔细考虑其在现有体系内的适用。当外国制度被移植到与起源国差异较大的其他现存体系中时，其适用频率可能会下降，也可能会被改造成其他制度。美国集团诉讼的胜诉关键因素中，陪审团制度、惩罚性赔偿和诉讼成本转嫁规则在韩国尚不存在。[209] 引入集团诉讼制度的国家，几乎都缺乏一些美国具有的特征。[210] 例如，即使证据开示制度对原告律师调查事实非常重要，并使其得以起私人检察长（private attorney general）的作用，但

---

[207] 1号访谈。

[208] 1号访谈。

[209] 参见前注[1]，Coffee（2015）。

[210] 参见前注[3]，Hensler（2011）（指出在大多数法域中，不承认律师的风险代理费、共同基金原则或美国规则）。

美国以外的许多国家都没有规定该制度。[211] 当原告律师缺乏能有效从被告收集证据的工具时,往往会依靠政府调查收集证据,同时政府调查能减少可作为证券集团诉讼起诉的案件数量,限制集团诉讼补充公力执行的功能。

其次,在立法过程中,应仔细评估现存的替代制度以及原告律师使用该制度的动机,并与其使用新的集团诉讼制度的动机进行比较。在原告律师使用引入的集团诉讼制度时,他们对成本和费用的考虑可能会造成相对不利的影响,如不同的费用结构、高昂的前期费用、费用转嫁的风险和认证程序的延误。如果原告律师认为现存替代制度比集团诉讼制度更适合运用,那么后者也不会被频繁使用。

最后,如果移植的法律只能通过实施该机制的法律行为者实现其效力,那么在判断移植成败之前应允许有足够的适应时间。[212] 只有在存在风险中立且有经验的原告律师的情况下,集团诉讼制度才能恰当地发挥作用。不同的是,美国拥有一个复杂的原告律师协会,它主要通过代理集团诉讼案件在几十年内发展起来。但是,其他国家的原告律师尚不能像企业家式律师一样发挥作用,他们需要积累时间和经验才能建立更紧密的相互联系、降低对风险的回避心理。法律行为者需要一定时间适应新制度,法院亦须积累先例以便确保集团诉讼程序的运行,保险公司亦须满足潜在被告的需要,帮助其面对增加的诉讼风险并提供更有力的保护。

结　论

就其他国家考虑选择采取美国式集团诉讼,本文亦对欲达成该法律移植成功的条件提供了见解。然而,这项研究也指出了须进行进一步实证研究的问题。例如,韩国证券法中公力执行和私力执行为何有不同的

---

〔211〕 参见前注〔1〕,Coffee (2015)。

〔212〕 很难界定何为成功或失败的法律移植的成功。See Graziadei M. ,*Legal Transplants and the Frontiers of Legal knowledge*, Theor Inq Law,Vol. 10,2009(指出成功或失败是由不同形式和不同角度得出的)关于理解移植为一项不断发展的过程。Ibid.

目标，以及韩国的D&O保险为何无法像美国的D&O保险一样促进早期和解。通过解答这些问题，也可以阐明对其他法律行为者态度的理解，使我们更准确地预测可能的SCAA改革的影响。与此同时，这项研究有助于为考虑采取集团诉讼制度的其他国家的决策者提供指导，并促进阐明成功的法律移植所需条件。

附录一：受访者名单〔213〕

序号	类型	案件中地位	相关经验	采访日期
1	原告律师	小型律所合伙人	集团诉讼/损害赔偿诉讼	2017年12月19日 2018年2月19日
2	原告律师	小型律所合伙人	损害赔偿诉讼	2017年12月22日
3	原告律师	中型律所合伙人	集团诉讼/损害赔偿诉讼	2017年12月18日
4	原告律师	小型律所合伙人	损害赔偿诉讼	2017年12月18日
5	原告律师	中型律所合伙人	损害赔偿诉讼	2017年12月19日
6	原告律师	小型律所资深律师	集团诉讼	2017年12月20日
7	原告律师	大型律所律师	损害赔偿诉讼	2017年12月21日
8	原告律师	小型律所合伙人	损害赔偿诉讼	2017年12月22日
9	原告律师	大型律所律师	损害赔偿诉讼	2017年12月19日
10	原告律师	大型律所合伙人	损害赔偿诉讼	2018年2月20日
11	原告律师	小型律所合伙人	损害赔偿诉讼	2017年12月20日
12	原告律师	小型律所合伙人	损害赔偿诉讼	2017年12月20日
13	原告律师	小型律所合伙人	损害赔偿诉讼	2018年3月5日
14	机构原告	机构原告的内部顾问	损害赔偿诉讼	2018年1月5日
15	原告	原告代表	集团诉讼	2018年1月4日
16	原告	原告	损害赔偿诉讼	2018年1月7日 2018年1月8日
17	原告	原告	损害赔偿诉讼	2018年1月4日

〔213〕 小型，最多30名律师；中型，30~100名律师；大型，100名以上律师。

附录二:集团诉讼案件概览[214]

序号	法院及案号	归档日期	原告	原告律所	被告	状态
1	水原地方法院 2009GaHap 8829	2009 年 4 月 13 日	Yoon Bae Park, Seoul Investment Club Co., Ltd.	INS	Jinsung TEC Co., Ltd., Young – Jin Ma, Woo – Seok Yoon[215]	和解（2010 年 4 月 30 日）
2 – 1	首尔中央法院 2010GaHap 1604	2010 年 1 月 7 日	Il – Nam Yang, Young – Mi Choi	Hannuri	加拿大皇家银行	和解（2017 年 2 月 15 日）
3	首尔南地方法院 2011GaHap 19387	2011 年 10 月 13 日	Jae Hyung Lee 等	Hannuri	DB Financial Investment Co., Ltd., Receiver of Ssimotek, Young – Gu Park[216]	认证（2016 年 11 月 29 日），未决(三审)
2 – 2	首尔南地方法院 2011GaHap 23003	2011 年 11 月 15 日	Il – Nam Yang, Young – Mi Choi	Hannuri	韩华证券股份有限公司	移送[217],认证被否认[218]

[214] The Court of Korea (2019b).

[215] Young – Jin Ma 的案件于 2009 年 8 月 21 日被自动驳回，Woo – Seok Yoon 的案件于 2010 年 1 月 18 日被自动驳回。

[216] Young – Gu Park 的案件于 2012 年 3 月 8 日被自动驳回。

[217] 本案被移送至首尔中央法院，并与首尔中央法院 2010 GaHap 1604 号案件合并为 2012 GaHap 509676 号案件。

[218] 本案(Seoul Central District Court 2012 KaGi 2082)的认证程序，与首尔中央法院 2010 GaHap 1604 号(Seoul Central District Court 2010 KaGi 9474)案件的认证程序合并。然而，当事人没有对韩华证券股份有限公司认证被否认的结论提起上诉，只对加拿大皇家银行[Seoul Central District Court Decision No. 2010 KaGi 9474, 2012 KaGi 2082(合并),2012.05.01 作出]认证被否认的结论提起上诉。加拿大皇家银行的案件最终于 2016 年 3 月 28 日被认证和最终判决(Seoul Central District Court Decision No. 2015 Ma 2056, 2057,2016 年 3 月 28 日作出)。

续表

序号	法院及案号	归档日期	原告	原告律所	被告	状态
4	首尔中央法院 2012GaHap 17061	2012 年 3 月 2 日	Sun – Deok Kim 等	Hannuri	德意志银行，韩国投资证券有限责任公司[219]	原告胜诉（2019 年 7 月 7 日最终确认）
6 – 1	首尔南地方法院 2013GaHap 107585	2013 年 11 月 25 日	Ji – Un Kim	Geonjin/Yul	Cheol Jang	和解（2019 年 1 月 21 日）
6 – 2	首尔西地方法院 2013GaHap 35856	2013 年 11 月 26 日	Ji – Un Kim	Hwan – Bong Byun	Wang – Don Yoo	移送合并[220]
6 – 3	水原地方法院 2013GaHap 26404	2013 年 11 月 26 日	Ji – Un Kim	Hwan – Bong Byun	Gene Matrix Co.，Ltd.	移送合并[221]
7	首尔中央法院 2014GaHap 30150	2014 年 1 月 10 日	Jong – Gu Gang 等	Jeongyul	元大证券公司等	认证被否认（2016 年 12 月 27 日最终确认）

[219] 韩国投资证券有限责任公司的案件于 2012 年 5 月 16 日被自动驳回。

[220] 本案被移送至首尔西地方法院，并与首尔西地方法院 2013 GaHap 107585 号案件合并为 2014 GaHap 100086 号案件。

[221] 本案被移送至首尔西地方法院，并与首尔西地方法院 2013 GaHap 107585 号案件合并为 2014 GaHap 100093 号案件。

续表

序号	法院及案号	归档日期	原告	原告律所	被告	状态
8	首尔中央法院 2014GaHap 31627	2014 年 1 月 13 日	Won – Il Seo 等	Jeongyul	元大证券公司，Dongyang Co.，Ltd. 等[222]	认证程序未决（三审）
9	首尔中央法院 2015GaHap 9047	2015 年 3 月 27 日	Hui – Dong Kim 等	Youngjin	STX Ofshore & Shipbuilding Co.，Ltd.， Samjong KPMG Accounting Corp. 等	认证程序未决（一审）
10	首尔西地方法院 2016GaHap 30418	2016 年 1 月 19 日	Jun – Sik Lee	Hannuri	Samil PwC	认证被否认（2018 年 12 月 4 日最终确认）

[222] 元大证券公司的案件于 2015 年 9 月被自动驳回。

附录三：证券损害赔偿诉讼中的认证程序[223]

序号	法院及案号	归档日期	认证程序编号	结果
1	水原地方法院 2009 GaHap 8829	2009 年 4 月 13 日	Suwon Dist. Ct. 2009 KaGi 1048	认证 （2010 年 1 月 21 日）
2	首尔中央法院 2010 GaHap 1604	2010 年 1 月 7 日	Seoul Central Dist. Ct. 2010 KaGi 9474, 2012 KaGi 2082	否认 （2012 年 5 月 1 日）
			Seoul High Ct. 2012 Ra 764, 765	维持 （2013 年 5 月 31 日）
			S. Ct. 2013 Ma 1052, 1053	撤销并发回重审 （2015 年 4 月 9 日）
			Seoul High Ct. , 2015 Ra 656, 657	认证 （2015 年 11 月 16 日）
			S. Ct. 2015 Ma 2056, 2057	维持 （2016 年 3 月 28 日）
3	首尔南地方法院 2011 GaHap 19387	2011 年 10 月 13 日	Seoul Southern Dist. Ct. 2011 KaGi 2010	认证 （2013 年 9 月 27 日）
			Seoul High Ct. 2013 Ra 20093	维持 （2015 年 2 月 6 日）

[223] 由作者利用证券集团诉讼公告栏数据和韩国法院网页的案件搜索页面总结而成。The Court of Korea（2019a）；The Court of Korea（2019b）.

续表

序号	法院及案号	归档日期	认证程序编号	结果
			S. Ct. 2015 Ma 4027	维持 （2016 年 11 月 4 日）
4	首尔中央法院 2012 GaHap 17061	2012 年 3 月 2 日	Seoul Central Dist. Ct. 2012 KaGi 1273	否认 （2013 年 9 月 3 日）
			Seoul High Ct. 2013 Ra 1426	维持 （2014 年 1 月 13 日）
			S. Ct. 2014 Ma 188	撤销并发回重审 （2015 年 4 月 9 日）
			Seoul High Ct. 2015 Ra 619	认证 （2016 年 1 月 29 日）
			S. Ct. 2016 Ma 251	维持 （2016 年 5 月 27 日）
5	首尔中央法院 2013 GaHap 74313	2013 年 10 月 8 日	Seoul Central. Dist. Ct. 2013 KaGi 6824	认证 （2015 年 2 月 12 日）
			Seoul High Ct. 2015 Ra 539	维持 （2016 年 1 月 29 日）
			S. Ct. 2016 Ma 253	维持 （2016 年 6 月 10 日）
6	首尔南地方法院 2013 GaHap 107585	2013 年 11 月 25 日	Seoul Southern Dist. Ct. 2013 KaGi 2787，2014 KaGi 10064，10065	认证（2018 年 8 月 22 日） （最终确认 2018 年 9 月 7 日）

续表

序号	法院及案号	归档日期	认证程序编号	结果
7	首尔中央法院 2014 GaHap 30150	2014 年 1 月 10 日	Seoul Central Dist. Ct. 2014 KaGi 3443	否认 （2018 年 1 月 5 日）
			Seoul High Ct. 2018 Ra 20099	维持 （2016 年 9 月 5 日）
			S. Ct. 2016 Ma 5789	维持 （2016 年 12 月 27 日）
8	首尔中央法院 2014 GaHap 31627	2014 年 1 月 13 日	Seoul Central Dist. Ct. 2014 KaGi 3556	否认 （2016 年 9 月 29 日）
			Seoul High Ct. 2016 Ra 21279	维持 （2017 年 8 月 4 日）
			S. Ct. 2017 Ma 5883	部分发回重审 （2015 年 7 月 5 日）
			Seoul High Ct. 2018 Ra 21027	未决
9	首尔中央法院 2015 GaHap 9047	2015 年 3 月 27 日	Seoul Central Dist. Ct. 2015 KaGi 1755	未决
10	首尔西地方法院 2016 GaHap 30418	2016 年 1 月 19 日	Seoul Western Dist. Ct. 2016 KaGi 44	否认 （2018 年 11 月 20 日） （最终确认 2018 年 12 月 4 日）

附录四：相关表

相关项目	被驳回率	原告人数	经验	专门裁判委员会	第 48 条	第 64 条	第 125 条	第 162 条	第 170 条	第 175 ~ 179 条	N/A	政府调查
被驳回率	1.0000											
原告人数四分位数	-0.2460*	1.0000										
	0.0018											
原告律师经验四分位数	-0.3553*	0.3934*	1.0000									
	0.0000	0.0000										
专门裁判委员会	-0.1764*	0.2429*	0.1914*	1.0000								
	0.0261	0.0020	0.0157									
第 48 条	-0.0969	-0.0817	0.0955	0.0328	1.0000							
	0.2242	0.3062	0.2312	0.6811								
第 64 条	-0.1235	0.0040	0.1549	0.1398	0.2805*	1.0000						
	0.1210	0.9599	0.0512	0.0788	0.0003							
第 125 条	-0.2616*	0.3106*	0.3096*	0.2797*	0.0095	0.2870*	1.0000					
	0.0009	0.0001	0.0001	0.0004	0.9057	0.0002						

续表

相关项目	被驳回率	原告人数	经验	专门裁判委员会	第 48 条	第 64 条	第 125 条	第 162 条	第 170 条	第 175 ~ 179 条	N/A	政府调查
第 162 条	-0.1828	0.2481	0.0376	0.1334	-0.3216*	-0.0705	-0.0262	1.0000				
	0.0211	0.0016	0.6380	0.0935	0.0000	0.3774	0.7434					
第 170 条	-0.1367	0.2685*	0.2670*	0.1533	-0.1758*	0.0718	0.1908*	0.4066*	1.0000			
	0.0858	0.0006	0.0007	0.0536	0.0267	0.3686	0.0160	0.0000				
第 175 条、第 177 条、第 179 条	-0.3062*	0.1748*	0.3883*	0.1216	0.1716*	0.0641	0.1513	-0.0333	-0.0632	1.0000		
	0.0001	0.0276	0.0000	0.1266	0.0306	0.4219	0.0569	0.6768	0.4289			
N/A	0.2459*	-0.2924*	-0.2562*	-0.1301	-0.4732*	-0.2132*	-0.2421*	-0.2230*	-0.2181*	-0.2749*		
	0.0018	0.0002	0.0011	0.1021	0.0000	0.0070	0.0021	0.0047	0.0057	0.0005		
政府调查	-0.4536*	0.3696*	0.4795*	0.1644*	-0.0424	0.0264	0.2676*	0.2216*	0.3778*	0.3718*	-0.3040*	1.0000
	0.0000	0.0000	0.0000	1.0000	0.0384	0.5953	0.7409	0.0007	0.0050	0.0000	0.0000	0.0001

注:相关行的第二行是 p 的值。* $p < .05$。

附录五:证券损害诉讼案件样本中与被驳回率相关的因素

相关项目	模型 1		模型 2	
	系数	系数	Coeffcient	p 值
原告人数四分位数	-0.08	0.658	-0.013	0.947
原告律师经验四分位数	-0.339	0.050	-0.21	0.254
专门裁判委员会	-0.13	0.737	-0.178	0.659
第 48 条	-0.873	0.138	-1.009	0.104
第 64 条	-0.143	0.804	-0.324	0.591
第 125 条	-1.224	0.058	-1.125	0.091
第 162 条	-1.523*	0.025	-1.464*	0.029
第 170 条	-0.133	0.841	0.413	0.549
第 175 条、第 177 条、第 179 条	-1.250*	0.023	-0.842	0.153
N/A	-0.468	0.516	-0.649	0.388
政府调查			-1.499**	0.001
常量	1.942**	0.006	2.277**	0.002
Pseudo R^2	0.1903		0.2412	
N	159		159	

注:* $p<.05$;** $p<.01$。

(编辑:宋澜)

《证券法苑》(2021)
第三十一卷,第469~506页

合并异议诉讼的转变趋势*

[美]马修·D. 凯恩** [美]吉尔·菲斯***
[美]史蒂芬·大卫多夫·所罗门****
[美]兰道尔·S. 托马斯***** 著
冯 岳****** 译 袁 康******* 校

摘要:2015年,特拉华州就合并异议诉讼相关法律进行了多处修改。这些修改确实提高了门槛,使得原告对并购提出异议并获得胜诉变得更难,同时原告律师收取薪酬奖励亦难度增加。这些变化

---

* Matthew D. Cain, Jill Fisch, Steven Davidoff Solomon & Randall S. Thomas, *The Shifting Tides of Merger Litigation*, Vanderbilt Law Review, Vol. 71, 2018, p. 603. 感谢作者授权翻译。

** 美国证券交易委员会经济与风险分析处金融经济学家。因政策原因,美国证券交易委员会对任何雇员的出版物或言论不负有任何责任。本文仅代表上述作者观点,并非必然反映委员会或者与委员会其他雇员的观点。作者于此感谢萨曼莎·维加(Samantha Vega)对研究提供的帮助。

*** 宾夕法尼亚大学法学院法学教授;加州大学伯克利分校法学院客座教授。

**** 加州大学伯克利分校法学院教授。

***** 范德堡大学法学院教授,约翰·S. 贝斯利二世法律与商业委员会主席。

****** 中国人民大学法学院硕士研究生。

******* 武汉大学法学院副教授。

起初减少了合并异议诉讼的数量而增加了被驳回案件的数量,并降低了律师薪酬奖励费用。原被告律师通过改变其起诉模式而对法律修改作出了回应。采取包括费用调整规则等在内的方法限制合并异议诉讼是幼稚的,并且可能造成限制有益诉讼的巨大风险。

关键词:合并异议诉讼　公司并购　公司法竞争　市场回应

导　论

近年来,超过96%的公开并购案都引起了股东诉讼,[1]其中不少并购引起的诉讼涉及多个管辖法院。[2] 如此之高的诉讼率随即招致大量批评,并被认为大部分合并异议诉讼均是无益徒劳的。[3] 批评者还指出,股东在合并异议诉讼结束后通常没有获得实质性利益,却向原告的主要代理律师支付了大笔诉讼费用。[4]

---

〔1〕 私人诉讼为解决公众公司并购相关的价格、公正或披露争议的主要机制。美国证券交易委员会的执法行动通常仅限于特定的交易环境,如反向并购,即使在这种情况下,也只针对披露问题。例如,参见 Paul Rodel,*A Look at Market Trends*;参见 verse Mergers,LAW 360 (Mar. 21,2017),https://www. law360. com/articles/904096/a - look - at - market - trends - in - reverse - mergers [https://perma. cc/E7Y2 - WHE5],其描述了在2011年的几个反向并购案例中美国证券交易委员会的执法行动。

〔2〕 Matthew D. Cain & Steven Davidoff Solomon,*Takeover Litigation in* 2014 (Feb. 20,2015)(此为未发表手稿,原件存档于作者处),https://ssrn. com/abstract = 2567902 [https://perma. cc/GP7L - Q53Y].

〔3〕 See Gregory A. Markel & Gillian G. Burns,*Assessing a Judicial Solution to Abusive Merger Litigation*,LAW 360 (Nov. 19,2015),https://www. law 360. com/articles/728061/assessing - a - judicial - solution - to - abusive - merger - litigation [https://perma. cc/YG87 - JB2A].其观察到"几乎每次公开并购后都会提起诉讼,多数情况下很少考虑索赔的优点"。

〔4〕 See Jill E. Fisch, Sean J. Griffith & Steven Davidoff Solomon, *Confronting the Peppercorn Settlement in Merger Litigation*:*An Empirical Analysis and a Proposal for Reform*,93 Tex. L. Rev. 557,559 (2015). But see Phillip R. Sumpter,*Adjusting Attorneys' Fee Awards*:*The Delaware Court of Chancery's Answer to Incentivizing Meritorious Disclosure - Only Settlements*,15 U. Pa. J. Bus. L. 669,674 (2013).其强调合并诉讼中披露和解的价值。

2015年夏秋，特拉华州法院被迫对这些批评作出回应。在一些判决中法官公开对所谓披露式合并异议和解的价值提出质疑，认为此类和解对原告的唯一用处是向其提供收购方额外的信息披露。[5] 法院尤其批评了额外披露缺乏重要性以及当事方所谈判之过于广泛的公示。[6] 上述司法举措一直延续至2016年1月特拉华衡平法院对Trulia公司案的判决。该案判决特拉华法院不再支持未给股东带来实质利益的合并异议诉讼协议。[7] 法院特别否决了案件所提出的披露式合并异议和解。该协议会提供额外非实质披露，并予以更广泛的公示和更高昂额律师费用。[8] 与此同时，特拉华州法院通过在这些案件中采用更多的司法审查标准，显著限制了原告赢得收购索赔的实质性能力。[9] 在Corwin诉KKR Financial Holdings LLC案中，特拉华最高法院认为商业判断规则是在并购不存在整体公平性问题且经被完全通知到位的、非强迫的大多数无利害关系的股东批准时，经合理的交易后而产生损害赔偿诉讼的审查标准。[10] 衡平法院将在Corwin案中的观点延续至Volcano案等一系列强制要约收购的案件中。[11] 两案的净效果是大幅限制了并购交易后损害赔偿诉讼的可能性，仅在目标公司未能在股东批准交易之

---

〔5〕 eg.,Transcript of Settlement Hearing and Rulings of the Court, pp. 74 – 75, See Aruba Networks Stockholder Litig., No. 10765 – VCL (Del. Ch. Oct. 9, 2015); Transcript of Settlement and Hearings of the Court, p. 14, See Riverbed Tech., Inc. Stockholders Litig., No. 10484 – VCG (Del. Ch. Sept. 17, 2015); Settlement Hearing and Request for Attorneys' Fees and the Court's Rulings, pp. 45 – 46, Acevedo v. Aeroflex Holding Corp., No. 9730 – VCL (Del. Ch. July 8, 2015).

〔6〕 参见前注〔4〕,Fisch et al., pp. 591 – 592. 其描绘了越来越多对披露和解的司法批评。

〔7〕 Trulia, 129 A. 3d 884, 899 (Del. Ch. 2016). 该案法院发现，因为原告在和解中获得的补充披露并非决定性的，他们"没有给股东带来任何有实际意义的利益"; Transcript of Settlement Hearing and Rulings of the Court, pp. 37, 40, Assad v. World Energy Sols., Inc., No. 10324 – CB (Del. Ch. Aug. 20, 2015). 其称"从我提出的一些问题以及最近的一些听证会中应该很清楚得知……法院对非货币协议有很多担忧，"并且"会对此类协议的给予和获得进行更仔细对研究"。

〔8〕 参见Trulia公司案，129 A. 3d, p. 907。

〔9〕 See Steven Davidoff Solomon & Randall S. Thomas, *The Rise and Fall of Delaware's Takeover Standards*, *in The Corporate Contract in Changing Times: Is the Law Keeping Up?* University of Chichago Press, 2019, p. 29.

〔10〕 Corwin v. KKR Fin. Holdings LLC, 125 A. 3d 304, 305 – 306 (Del. 2015).

〔11〕 See Volcano Corp. Stockholder Litig., 143 A. 3d 727, 750 (Del. Ch. 2016).

前披露所谓的不当行为的情况下,法院才会允许损害赔偿继续进行。[12]

这些判决使并购案件更加难以成功胜诉,通过对涉及特拉华州公司的并购提出异议来降低原告追回损害的可能性,且降低了原告律师在特拉华法院提起诉讼并获得高额薪酬的可能性。

特拉华州立法机关也对多司法管辖权并存诉讼的增加做出了回应。2015 年,立法机关通过了对特拉华州普通公司法的修订案,明确授权发行人可通过公司内部规定选择管辖法院,[13] 这将使特拉华州公司能够停止在多个州提起与并购相关的诉讼。[14] 发行人在立法回应之前和之后广泛采用这些内部规定,这使特拉华州法院有理由预测对合并异议诉讼的任何打击不会简单导致这些案件移出特拉华州。这也为 Trulia 公司案及其他案件的判决奠定了基础。[15] 本文探讨了这些立法司法发展对合并异议诉讼变化的动态影响。我们特别关注的是披露式合并诉讼和解和多司法管辖权诉讼的相关现象。我们假设,正如许多评论家早已认识到的那样,原告及其律师会对诉讼激励措施作出回应,具体而言,在没有追回金钱损失的情况下增加成功索赔的难度,以及降低原告律师获得费用奖励的可能性将促使原告的律师在缺少协议管辖条款的情况下

---

〔12〕 特拉华州最高法院于近年首次适用尊重商业判断规则审查控制股东的并购,使此种情况下股东诉讼变得更加困难。Kahn v. M& F Worldwide Corp. ,88A. 3d 635,644 (Del. 2014).

〔13〕 Del. Code. Ann. tit. 8, § § 102(b)(4),109(b) (West 2017). 立法批准了特拉华州衡平法院在 Boilermakers Local 154 Retirement Fund v. Chevron Corp,73 A. 3d 934 (Del. Ch. 2013),该案中的判决,认为董事会通过的协议管辖条款有效。

〔14〕 在立法之前,公司已经尝试遵循协议管辖条款。See Joseph Grundfest, *The History and Evolution of Intra - Corporate Forum Selection Clauses: An Empirical Analysis*, 37 DEL. J. Corp. L. 333,337 (2012). 在 Boilermakers 案中,特拉华州最高法院维持了上述法规的外观有效性,并且该行为在 2015 年立法中得以批准。73 A. 3d, p. 934. 然而值得注意的是,该法案禁止特拉华州公司将特拉华州法院排除于可选择管辖法院名单之外。See Jill E. Fisch, *The New Governance and the Challenge of Litigation Bylaws*, 81 *Brook. L. Rev.* 1637,1640 (2016). 其阐释和分析了特拉华州司法适用范围。

〔15〕 See Lawrence A. Hamermesh, *How Long Do We Have to Play the "Great Game?,"* 100 Iowa L. Rev. Bulletin 31,37 (2015). 其认为协议管辖条款可能会极大减少法院合并诉讼的适用。

在特拉华州以外的州提起合并异议诉讼。[16] 我们还希望原告律师能够找到其他方式来提起与并购相关的诉讼,以便继续收取律师费。

途径之一是在联邦法院提起合并异议诉讼。协议管辖法规禁止在特拉华州以外的州法院进行合并异议诉讼,但它们并未阻止原告以违反 Rule 14a - 9 规则即联邦禁止代理欺诈规则提起的联邦诉讼。[17]

另一种选择是原告律师与被告公司之间的协商。即使在采用协议管辖条款的公司,董事会也可以放弃该内部规则的适用,并允许在非特拉华州法院被起诉。这使公司能够根据 Trulia 公司案判决在特拉华州的禁止条款上协商和解方案。亦如,当原告提起诉讼导致了被告披露程度的提升,原被告双方能够在模拟的基础上就披露式合并诉讼案件达成和解,这时被告也可以自愿向原告律师支付败诉律师费(以披露式合并诉讼和解方式结案后原告律师收取的补偿费用。——译者注)。

在 Trulia 公司案判决之后的首批并购案例中,我们研究了这些反应的发生率。本文中的实证分析检验了 2003 年至 2017 年 10 月完成的超过 1 亿美元交易额的合并异议诉讼的案件数据库。[18] 我们发现合并异议诉讼整体在最初呈减少趋势,但随着原告律师逐渐适应新政策,诉讼量再次反弹。2013 年,已完成交易中有 96% 的交易至少有过一起诉讼。该数字在 2016 年下降至 73% ,但在 2017 年却上升至 85% 。

另外,正如我们所预测的那样,至少在短期内原告企图通过在其他州提起诉讼来避免特拉华州法律调整所带来的影响。特拉华州衡平法院接收的起诉案件已大幅度减少。在 2016 年完成的交易中,只有 34% 的案件于特拉华州法院起诉,而其余的案件有 61% 于其他州法院起诉,余下 39% 的案件在联邦法院起诉。而在 2017 年的前 10 个月该趋势更甚,只有 9% 的案件起诉于特拉华州法院,而联邦法院该数据为

---

[16] See Mattew D. Cain, Steven Davidoff Solomon, *A Great Game*: *The Dynamics of State Competition and Litigation*, 100 Iowa Law Review, 165, 166(2015).

[17] 17 C. F. R. § 240. 14a - 9 (2017).

[18] 我们将分析研究的范围限缩在大额交易中,正如许多类似的研究亦是如此,因为大额交易更有可能激起原告律师的兴趣。See Elliott J. Weiss & Lawrence J. White, File Early, *Then Free Ride*: *How Delaware Law* (*Mis*) *Shapes Shareholder Class Actions*, 57 Vand. L. Rev. 1797, 1823 n. 87 (2004). 此亦应用了类似方法。

87%。[19] 后者数据代表了起诉联邦法院的案件占比的显著增加。这似乎是受到原告律师试图避免协议管辖条款的影响。

我们还观察到案件结果的差异。2016 年,43% 的交易诉讼已经解决,而该数据在 2014 年为 63%。在特拉华州,2016 年只有 6% 的案件结案,为过去十年来最低。我们未发现任何证据表明这些结案的质量与前几年的质量大不相同。此外我们还注意到其诉讼驳回率大幅增加,特别是在 2017 年诉讼驳回率飙升至 89%。最后,我们发现越来越多的诉讼驳回与败诉律师费(mootness fee)相结合的形式。2016 年,22% 的案例以这种方式得到解决。而截至 2017 年,这一比率已飙升至 75% 创历史新高。[20] 原告律师费也有所下降。2014 年即 Trulia 公司案前一年,律师费中位数为 50 万美元,而这个数据在 2017 年仅为 28 万美元。

关于原告律师与被告公司串通证据我们所知甚少。在我们的样本中,似乎没有任何案例的被告忽略协议管辖条款,而均在其他地区法院协商和解方案以避免 Trulia 公司案的影响。然而,在 5 起案件中,尽管发行人有一个协议管辖条款,且要求在特拉华州进行诉讼,案件最终还是在其他州起诉并以驳回诉讼和向原告律师支付败诉律师费的方式解决的。

我们的样本代表了对并购法发展的第一批诉讼回应。因此,我们的调查结果必然仍显粗浅。尽管如此,我们的结果记录了评论员经常预测的内容:诉讼实践会应对法律的变化。并且在短期内,如果特拉华州法律变得更加严格,原告律师将寻求其他形式的诉权实现。

考虑到我们研究的时间框架,我们无法评估特拉华州法律变化的长期后果。具体而言,联邦法院和其他州法院在多大程度上遵守 Trulia 公司案判决和特拉华州并购法的其他部分仍不清楚。我们注意到至少有

---

〔19〕 正由于众多法庭中各式案件的存在,该比率并未达到 100%。

〔20〕 虽然费率有所降低,但在过去一年中衡平法院仍然批准了该项费用。参见 Xoom Corp. Stockholder Litig 案,No. 11263 – VCG (Del. Ch. Aug. 4, 2016)(将 275,00 美元的未决费用请求调低至 50,000 美元的较小费额);参见 Receptos, Inc. Stockholder Litig 案中,将败诉律师费从 35 万美元降至 1 万美元,并称:从中获取的教训是,律师无权仅因当事人提起诉讼而要求支付假定的所需时间和费用。并且在后 Trulia 公司案规则之下,除非在特拉华州法律标准下仍存在某些决定性的补充信息,原告亦不应期望因后续补充披露而再主张约 30 万美元费用补偿。

一个联邦法院明确遵循了 Trulia 公司案判决并且拒绝确认仅披露实合并诉讼和解生效。〔21〕此外，联邦法律包含各种针对无意义诉讼的保障措施，这可能会阻碍将联邦法院诉讼作为替代的企图。〔22〕因此，似乎将诉讼案件转移到联邦法院是更好的选择，因为这可以让联邦法院负责审理这些案件。

泛而言之，我们的结果突出了股东诉讼对法律和诉讼地选择变化的反应。原告和被告的律师在寻求转移诉讼地并提出替代形式的股东诉讼时，会采取行动和相应的对抗措施。例如，特拉华州处理诉讼的障碍，似乎导致更多人申请根据特拉华州股份购买规则寻求救济。

我们还使用Ⅰ型错误和Ⅱ型错误的框架检验了特拉华州在减少无益诉讼方面做得不够的观点。如果特拉华州以其法律不利于原告从而减少无意义诉讼（减少Ⅰ型错误），那么将有可能会妨碍那些存在管理层不当行为的有价值诉讼的提起，导致Ⅱ型错误的发生。为降低日益攀升的诉讼而采取的极端行动，如费用转化规则，将不可避免地有价值案件的流失为代价换取减少无意义案件的后果。〔23〕

我们重新审视特拉华州与其他州之间的公司法竞争，以分析全新且更具限制性的规则将对其有何影响。我们发现其他州可能会通过为原告律师提供更具吸引力的环境来寻求更多诉讼案件。而对于特拉华州而言，与流失诉讼案件相比，更大的风险是在于其努力采取诉讼改革却失去了公司吸引的青睐。〔24〕我们还认为，一些特拉华州公司法的利益相关者，特别是特拉华州的律师，可能会反对过于严格的股东诉讼标准。对这些监管变化的适应性在特拉华州的均衡抉择中不断彷徨纠结。

最后，我们建议谨慎应对这种变动情况。合并异议诉讼的动态本质表明这种模式既回应现实而其本身又处在变动之中。更好地选择似乎

---

〔21〕 Walgreen Co. Stockholder Litig，832 F. 3d 718，725 (7th Cir. 2016).

〔22〕 参见前注〔4〕，Fisch，et al. 。

〔23〕 See Albert H. Choi, Fee – Shifting and Shareholder Litigation (Va. Law & Econ., Research Paper No. 2016 – 15，2017)，https://ssrn. com/abstract = 2840947. [https://perma. cc/Y8FX – NCEV] (modeling this trade – off).

〔24〕 一直以来，均有学者持续关注诉讼当事人可能通过在特拉华州以外的法院提起诉讼来规避特拉华州判决结果的可能影响。See John Armour，*Bernard Black* & Brian Cheffins，Is Delaware Losing Its Cases?，9 J. Empirical Legal Stud. 605，606 (2012).

是等待并确定协议管辖条款和联邦法院对这些问题的回应所产生的全部效果。本文第一部分将讨论包括"Trulia 公司案"在内,合并异议诉讼的问题以及最新的发展;第二部分是我们的实证分析;第三部分是我们分析结果的释义;最后部分是结论。

一、合并异议诉讼的最新发展

近年来,许多观点均认为合并异议诉讼应该从根本上被破除。〔25〕而事实上,几乎所有交易都受到合并诉讼的冲击——超过 1 亿美元的交易中的此类冲击率徘徊在 94% ~96% 。〔26〕 此外,大多数大型并购都是在不同法院提起的多项诉讼中遭受冲击。〔27〕2013 年,每次并购的平均诉讼数量超过 7 起。〔28〕 诉讼由许多不同的原告律师事务所提起,然后通过案件控制和薪酬费率相互竞争。〔29〕

提起并购异议有几个法律依据。〔30〕 大多数合并异议诉讼包括违反信义义务的索赔,包括指控董事会未能遵守 Revlon 案所确认的股东价

〔25〕 See Marc Wolinsky & Ben Schireson, *Deal Litigation Run Amok*: *Diagnosis and Prescriptions*,47 Rev. Sec. & Commodities Reg. 1,1 (2014).

〔26〕 参见前注〔4〕,Fisch et al. ;参见 Trulia, Inc. Stockholder Litig 案,129 A. 3d 884,907 (Del. Ch. 2016),其指出了合并异议诉讼的高发生率。

〔27〕 参见前注〔4〕,Fisch,et al. 。

〔28〕 Matthew D. Cain & Steven Davidoff Solomon, *Takeover Litigation in* 2013, pp. 1 - 2 (Ohio State Pub. Law, Working Paper No. 236, 2014), https://ssrn.com/abstract = 2377001 [https://perma.cc/MCJ3 - C2AW].

〔29〕 See Minor Myers, *Fixing Multi - Forum Shareholder Litigation*,2014 U. Ill. L. Rev. 467, 469. 其解释称律师"时常在多个诉讼法院提出相同的主张,然后相互比较在与被告和解时原告所处地位"。当集体诉讼律师能够以低成本解决案件争议时,其为了获取律师酬金亦可能会选择作出反向诉讼让步,,该项一直被认为是集体诉讼中的一种风险,并非并购案例所特有。See Rhonda Wasserman, *Dueling Class Actions*,80 B. U. L. Rev. 461,473 (2000). 其主要剖析反向诉讼让步的问题。

〔30〕 原告同样有权对并购提出异议,并根据特拉华州评估法规对其股份的公允价值以寻求司法裁定。See Del. Code Ann. tit. 8, § 262 (West 2017).

值最大化之义务。[31] 这些索赔通常基于并购文件未能充分披露的主张。[32] 原告还可以通过根据1934年《证券交易法》第14(a)条提交代理欺诈索赔来挑战并购中的披露。[33] 最后,如果并购涉及控股股东,管理层收购或其他利益冲突,被告可能会被指控违反忠实义务。[34]

虽然并购案件频频受到诉讼异议,但许多情况下,这种诉讼对原告方的好处是有限的。可以肯定的是,一些合并异议诉讼确认了严重的不当行为,并产生了大额资产追回。[35] 此外,一些诉讼导致并购条款发生变化,如减少单方中止协议费用。[36] 这些判决对单个案例产生影响,因为它们宣布了指导参与者未来交易的行为标准。在没有生效司法意见的情况下,这些诉讼也以调解的方式影响交易的条件。[37]

然而,绝大多数的合并异议诉讼都是通过诉讼和解来解决的,即目标公司同意在代理陈述中进行额外的披露且不反对原告律师提出的薪酬要求。[38] 和解还包括公示所有可能的与并购相关的索赔,从而使并

---

〔31〕 Revlon, Inc. v. MacAndrews & Forbes Holdings, Inc., 506 A. 2d 173, 182 - 183 (Del. 1986).

〔32〕 参见前注〔4〕, Fisch et al., p. 564。

〔33〕 15 U. S. C. § 78n(a) (2012).

〔34〕 Kahn v. M& F Worldwide Corp., 88 A. 3d 635, 644 - 645 (Del. 2014). 其阐释冻结并购的背景下控制股东的忠诚义务违反。

〔35〕 Dole Food Co. Stockholder Litig., No. 9079 - VCL, 2015 Del. Ch. LEXIS 223, at * 83 (Aug. 27, 2015), 其当事人因违反忠诚义务而需承担1.48亿美元的责任; Activision Blizzard, Inc. Stockholder Litig., 124 A. 3d 1025, 1030 (Del. Ch. 2015). 该案批准了价值2.75亿美元的合并协议。Rural/Metro Corp. Stockholders Litig., 102 A. 3d 205, 224 (Del. Ch. 2014). 该案否决了财务顾问提出的7600万美元建议。Joel Edan Friedlander, *Vindicating the Duty of Loyalty: Using Data Points of Successful Stockholder Litigation as A Tool for Reform*, 72 Bus. Law. 623, 626 (2017). 其确定股东诉讼成功的数值点,并论称这些数值点应为股东诉讼改革的讨论提供信息。

〔36〕 这些被称为修正和解,并被视为优于未披露和解,因为其存在相应实质性的改变。参见前注〔4〕, Fisch et al., p. 576. 其所称由于修正案应改善合并条款或达成最终协议所用程序的质量,修正案的解决方案中应增加股东投票以支持合并。

〔37〕 参见前注〔35〕, Friedlander, p. 626. 其阐释了 J. L. Schiffman & Co., Inc. Profit Sharing Tr. v. Standard Indus., Inc., No. 11267, 1993 WL 271441 (Del. Ch. July 19, 1993) 案中法院试图记录无人反对的股东诉讼协议对原告的价值。

〔38〕 See Matthew D. Cain & Steven Davidoff Solomon, *Takeover Litigation in* 2015, p. 5 (Jan. 14, 2016), http://ssrn. com/abstract = 2715890 [https://perma. cc/C9N2 - 67MS]. 其中记录除通过披露式合并诉讼和解以外方式解决的有限数量的案件。

购免遭进一步的攻击。虽然从理论上讲,纠正披露可以为原告提供价值,但它们通常并非如此。〔39〕

相关的发展是特拉华州评估诉讼量的增加。〔40〕 虽然声称违反信义义务的集体诉讼是传统主要的诉讼策略,〔41〕在过去几年中,评估诉讼的频率和规模都有了显著增长。〔42〕 有评论认为,这种趋势部分原因是评估法规要求法院以法定利率确定利息,而该法定比率近年来大大超过了市场利率。〔43〕 以相对较低的风险收取法定收益的机会使得一些人将评估诉讼定性为"评估套利",并警告这种做法会对并购活动产生不利影响。〔44〕 合并异议诉讼量的增加促使特拉华州立法机关在 2016 年对评估法规进行了两次重大修改。首先,立法机关将评估诉讼限制在涉及最低 100 万美元集体股权或公司已发行股票的 1% 的案件范围内。其次,法规允许发行人在案件争议解决之前通过向原告提出部分或全部并购对价来降低法定利率。〔45〕

评估修正案遭到了批评,但这仍不够。〔46〕 此外,他们似乎没有采取

---

〔39〕 Walgreen Co. Stockholder Litig. ,832 F. 3d 718,724 (7th Cir. 2016). 本案所说明的那些为集体律师鼓呼酬劳而对集体诉讼人毫无益处的集体诉讼,其实质敲诈恶劣无益。

〔40〕 See Charles R. Korsmo & Minor Myers, *Appraisal Arbitrage and the Future of Public Company M&A*,92 Wash. U. L. Rev. 1551,1553 (2015). 其所称 2004 ~ 2013 年评估诉讼量增加了 10 倍。

〔41〕 See Craig Boyd, Appraisal *Arbitrage: Closing the Floodgates on Hedge Funds and Activist Shareholders*,65 Kan. L. Rev. 497,502 (2016). 在过去十年中,评估索赔在特拉华州法院的出现次数有限,而特拉华州在此领域的立法改革则微不足道。

〔42〕 参见前注〔40〕,Korsmo & Myers,pp. 1572 – 1574。

〔43〕 See Wei Jiang,Tao Li,Danqing Mei & Randall Thomas,*Appraisal: Shareholder Remedy or Litigation Arbitrage*?,59 J. L. & Econ. 697,721 (2016). 其发现证据显示评估权激增,部分原因是申索利息过高。

〔44〕 参见前注〔41〕,Boyd,p. 522. 另见前注〔43〕,Jiang et al. ,p. 698. 其记录评估使用情况的增长,强调其作为公司治理救济途径的重要性。

〔45〕 同前注〔41〕。

〔46〕 See Stanley Onyeador, *Note*, *The Chancery Bank of Delaware: Appraisal Arbitrageurs Expose Need to Further Reform Defective Appraisal Statute*, 70 Vand. L. Rev. 339 (2017). 另见前注〔43〕,Jiang et al. ,p. 700. 其认为法定变更应注重减少评估诉讼问题。Michael Greene,*M&A Deal Price Challenges Spiking in Delaware*,*BLOOMBERG: BNA* (Jan. 13, 2017), https://www. bna. com/ma – deal – price – n73014449766/ [https://perma. cc/7PNQ – ZTPA].

任何措施阻止特拉华州合并评估权案件的爆发。[47] 例如,在2015年,针对33项交易有51项评估诉讼请求,较之于2016年,针对48项交易有77项评估诉讼请求。受挑战的交易和诉讼请求的数量在2015年和2016年都是创纪录的。

特拉华州法院认识到合并异议诉讼存在的问题,并且在过去几年,开始采取措施缩小合并异议诉讼中董事责任的实质范围,以减少原告律师提起诉讼挑战的动机。[48] 关于董事责任实质范围的最新发展是特拉华州最高法院在2015年Corwin v. KKR案中所作出的判决。[49] 该案中特拉华最高法院认为,当不符合整体公平审查标准的并购在被充分通知且经未受强迫的多数无利害关系股东批准时,商业判断规则是审查交易损害的最适合的标准。法院明确指出,在"Revlon公司诉Unocal公司案"等案件中提高审查标准只适用于禁令救济行动,其"并非为设计时即考虑到结算后损失索赔的工具"。[50] Corwin案的作用即是在第三方并购中当事方提出损害赔偿要求时,向法院提供简化的基础以驳回诉请。[51]

---

〔47〕 参见上注Michael Greene。

〔48〕 特拉华州最高法院此前曾认为,在某些情况下,可以适用豁免商业判决规则而非更严格的整体公平标准,以应对冻结合并的诉讼挑战,例如控股股东获得剩余少数股权的合并。在MFW案中,法院认为,商业判决规则是适当的审查标准,合并的条件是从一个独立的,有充分授权的特别委员会的批准开始,该委员会履行其注意义务,以及大多数小微股东非强制性及被告知情况下的投票。See Kahn v. M& F Worldwide Corp., 88 A. 3d 635, 644 (Del. 2014). 法院在Leal v. Meeks (See Cornerstone Therapeutics, Inc.), 115 A. 3d 1173, 1180 (Del. 2015)中亦持有相应观点,该案认为在无基本审查标准的情况下,原告必须对被告董事提出非免责指控,以免诉讼请求被驳回。在C& J Energy Services v. City of Miami General Employees' & Sanitation Employees' Retirement Trust, 107 A. 3d 1049, 1071 (Del. 2014)案中,董事会可以在未经市场核查的情况下,以满足其Revlon职责要求。

〔49〕 Corwin v. KKR Fin. Holdings LLC, 125 A. 3d 304, 305 – 306 (Del. 2015).

〔50〕 Corwin v. KKR Fin. Holdings LLC, 125 A. 3d 312 (Del. 2015).

〔51〕 随后的判决再确认了"Corwin"规则并将其应用于通过要约收购完成的并购案中。See Singh v. Attenborough, 137 A. 3d 151, 151 – 152 (Del. 2016). 该案解释称"当由于投票而援引审查的商业判决规则标准时,诉讼结果通常是驳回";See Volcano Corp. Stockholder Litig., 143 A. 3d 727, 743 (Del. Ch. 2016). 该案其解释称,在"Corwin"规则的政策考虑因素没有为区分股东投票和要约收购提供任何依据;See Zale Corp. Stockholders Litig., No. 9388 – VCP, 2015 Del. Ch. LEXIS 274, at ∗8 (Oct. 29, 2015). 其认为"在大多数无利害关系的股东在完全通知到位的投票中批准并购之后,根据BJR发现违反注意义务的标准是严重疏忽"。

与此同时,一些判决明确质疑了批准并购案件的披露式合并诉讼和解的做法。该判决注意到了纠正披露所提供的有限价值、和解所产生的广泛释放,以及没有一个对抗过程来测试结算条款的充分性。[52]这些担忧在2016年1月布查德(Bouchard)法官裁定的"Trulia公司案"案中达到顶峰。[53] Trulia公司案特别关注司法批准的适当法律标准,该法律标准仅适用于对并购提起诉讼的披露协议。而布查德法官指出,法院以往的做法是批准"仅边际价值"的披露协议,并在这种情况下授予原告律师费用,这是"推动交易诉讼披露协议之动态"的一个组成部分。[54] 于是,法院宣布更加警惕地分析此类披露式合并诉讼和解的合理性。[55] 法院解释称:除非补充披露明确涉及明显的重大失实陈述或遗漏,否则从业者应预料披露和解可能会在未来继续受到不利影响,并且若记录显示关于销售过程的索赔已被充分调查,拟议公示的主要任务仅限于披露索赔和信义义务。[56] 本案中,布查德法官认识到,原告可以通过多种方式回应这些学理的发展。如果诉讼涉及明显的重大披露缺陷,一种选择是在并购结束前寻求禁令救济。[57] 虽然特拉华州法院一直不愿意提供禁令,因为这会妨碍股东参与经济利益交易,[58]但一个仅限于纠正性披露的禁令其实并不会引起这种担忧。[59]

另一种选择是法院无理由驳回案件,而被告自愿同意向律师支付议

---

〔52〕 Aruba Networks, Inc. Stockholder Litig., No. 10765 - VCL (Del. Ch. Oct. 9, 2015), Riverbed Tech., Inc. Stockholders Litig., No. 10484 - VCG, 2015 Del. Ch. LEXIS 241 (Sept. 17, 2015).

〔53〕 See Trulia, Inc. Stockholder Litig., 129 A. 3d 884 (Del. Ch. 2016).

〔54〕 同上,第891页、第894页。

〔55〕 同上,第898页。

〔56〕 同上。

〔57〕 同前注〔56〕,第896页。

〔58〕 Delphi Fin. Grp. S'holder Litig., No. 7144 - VCG, 2012 Del. Ch. LEXIS 45, at *7, *66 - 73 (Mar. 6, 2012). 该案因为所涉合并交易较之于市场价格仍存大笔溢价,故而尽管原告在某些索赔的主张上很可能成功,但其依然拒绝交易。

〔59〕 Pure Res., Inc. S'holders Litig., 808 A. 2d 421, 452 - 53 (Del. Ch. 2002). "虽然我承认这个法院犹豫是否拒绝股东接受要约收购的机会是正确的,但我认为强制披露的必要性更胜于禁令的风险……"

价。[60] 目前尚不清楚什么程度下的败诉律师费与“纯粹材料”相公平适配。[61] 在“后 Trulia 公司案”的观点中，格拉斯考克(Glasscock)法官在这个问题上苦苦挣扎，并最终支持向原告的律师支付 5 万美元的败诉律师费，理由是即使披露的只是“有用”(的信息)，也可以证明费用是合理的，因为驳回诉讼不会对股东产生约束或导致信息大面积的公示。[62]

第三种选择是 Trulia 公司案没有讨论的，即律师通过在另一个司法管辖区提起诉讼来规避适用最近的特拉华州判决。[63] 如前文所述，原告已经常常在特拉华州或联邦法院以外的州法院提起诉讼来挑战并购。

我们尚不清楚其他法院将在多大程度上遵循这些特拉华州案件的判决。

如果原告在特拉华州以外的地方对特拉华州董事提起信义义务索赔，那么特拉华州的实体法，如在 Corwin 案中，其应该管辖上述索赔案件。[64] 另外，在非对抗性背景下所提出的诉讼和解提议与律师费用请求可能会被非特拉华州法院以拒绝和解提议的方式加以规劝，其理由是该案件可能会依据 Corwin 案规则而予以判决驳回。同样，其他州的法

〔60〕 参见 Trulia 公司案，129 A. 3d，p. 897。

〔61〕 一份报告发现，“已然寻求败诉律师费的原告律师其所面临的结果通常是错综复杂且消极否定的”。Keenan Lynch & Edward Micheletti, *Key Developments in Delaware Corporation Law in* 2016, Jdsupra (Feb. 3, 2017), http://www. jdsupra. com/legalnews/key – developments – in – delaware – 43114/ [https://perma. cc/VQX4 – 24WK]. 其称：“如果真实会批准的话，法院也只可能会批准 5 万美元亦或 10 万美元。”

〔62〕 Xoom Corp. Stockholder Litig. , No. 11263 – VCG, 2016 Del. Ch. LEXIS 117, at ∗10, ∗15 (Aug. 4, 2016).

〔63〕 参见前注〔24〕, Armour et al. , p. 607. 其提供统计数据显示，涉及特拉华州公司的案件越来越多地在特拉华州以外的法院提起诉讼。See Ted Mirvis, *Anywhere but Chancery: Ted Mirvis Sounds an Alarm and Suggests Some Solutions*, M&A J. , May 2007, p. 17. 其报告统计数据表明，现今在特拉华州以外法院提起诉讼的可能性已然为之前的 2 倍。

〔64〕 Crown Castle Int'l Corp. , 247 S. W. 3d 349, 352 – 353 (Tex. App. 2008)，其认为特拉华州实体公司法，包括特拉华州法院认为具有实质性的诉状要求，适用于在特拉华州注册成立的公司。See Quinn v. Knight, No. 3:16 – cv – 610, 2016 U. S. Dist. LEXIS 151346, at ∗10 (E. D. Va. Nov. 1, 2016). 引用自一桩涉及弗吉尼亚公司的案件中引用 Corwin v. KKR Fin. Holdings LLC, 125 A. 3d 304 (Del. 2015)案判决。

院可能也不愿意根据 Trulia 公司案判决来评估和解条款的合理性。[65]

实际上,纽约州法院最近拒绝将 Trulia 公司案判决应用于特拉华州公司案中,而是设立一个标准,能更容易批准披露式合并诉讼和解。[66] 在"Gordon 诉 Verizon Communications 公司"案中,[67] 纽约上诉法院拒绝遵循 Trulia 公司案判决,而是采用自己的标准来批准一项所提和解协议,以挑战 Verizon 公司 2013 年收购 Vodafone 持有的 Verizon Wireless 公司 45% 的股份(价值 1300 亿美元)其和解需要额外披露,并同意支付 200 万美元的律师费。虽然初等法院认为额外披露是"不必要的盈余",并且拒绝给予所要求的费用,但上诉法院对此予以改判。[68] 尽管 Verizon Wireless 是一家特拉华州的公司,但法院还是采用了自己的测试而非遵循 Trulia 公司案判决,其审查了拟议的和解是否符合"股东"、集团以及"公司"的最佳利益。[69] 法院认定,虽然披露为公司提供了"一些……微不足道"的利益,但该协议规避了"必须承担额外的法律费用和审判费用"。[70] 法院还考虑诉到讼所涉及的时间和人力,以及所需向律师支付全部 200 万美元的费用。[71]

同样,内华达州的一位律师写道,内华达州允许这些案件通过传统

---

〔65〕 参见前注〔29〕,Myers,p. 471,其称其他州法院可能"竞相在解释特拉华州法律时提供最有利于股东的解释,或者为诉讼提供最具吸引力的诉讼程序"。

〔66〕 Gordon v. Verizon Commc'ns, Inc., 148 A. D. 3d 146, 161 - 62, 164 (N. Y. App. Div. 2017)(批准 200 万美元的披露协议并在考虑这些协议时颁布多因素测试)。在 Gordon 案判决之前,纽约的一些审判法院拒绝批准披露式合并诉讼和解。Allied Healthcare S'holder Litig., No. 652188/2011, 2015 WL 6499467, at *3 (N. Y. Sup. Ct. Oct. 23, 2015); City Trading Fund v. Nye, No. 651668/2014, 2015 WL 93894, at *19 (N. Y. Sup. Ct. Jan. 7, 2015).

〔67〕 148 A. D. 3d, pp. 149, 161 - 162.

〔68〕 Gordon v. Verizon Commc'ns, Inc., No. 653084/13, 2014 WL 7250212, at *7 (N. Y. Sup. Ct. Dec. 19, 2014), rev'd, 148 A. D. 3d 146 (N. Y. App. Div. 2017).

〔69〕 Gordon, 148 A. D. 3d, p. 159.

〔70〕 同上,第 159 ~ 161 页。

〔71〕 目前尚不清 Gordon 案判决将多大范围内被采用。最近一起纽约的案件中,City Trading Fund v. Nye, No. 651668/2014, 2018 WL 792283 (N. Y. Sup. Ct. Feb. 8, 2018),纽约初等法院将 Gordon 案的"一些福利"标准解释为等同于特拉华州的败诉律师费标准,并拒绝批准一项协议,该协议包括"支付律师费以换取毫无价值的补充披露"。

的披露式合并诉讼和解的方式得以解决。同时他们会使用公示和薪酬奖励的方式,以及通过批准一系列判决,让发行人有机会"迅速而有效地"解决恶意股东诉讼。而在至少一个案例中,发行人支付了大量的律师费。〔72〕其他法院是否会遵循这些判决尚不清楚。事实上,甚至在Trulia公司案之前,得克萨斯州已经采取了另一种方法,从而避免使用披露式合并诉讼和解。〔73〕

联邦法院的波斯纳(Posner)法官在处理第七巡回法庭"Walgreen公司与股东诉讼案"中明确支持了Trulia公司案判决。〔74〕尽管特拉华州法律并未规定联邦代理欺诈索赔的实质内容,但此类索赔的范围主要集中在披露而非实质公平上,因此比传统的合并异议诉讼更为有限。〔75〕此外,联邦证券法亦包含一系列保障措施,可以提前驳回无效索赔。〔76〕

越来越多地区采用协议管辖规定,而判定原告是否有能力通过在特拉华州以外的法院起诉来规避特拉华州诉讼案的判决也将成为一个日趋复杂的影响因素。〔77〕依据协议管辖条款,公司能够指定股东起诉的司法管辖区;对于特拉华州公司而言,该管辖区通常是特拉华州。〔78〕作为史上协议管辖条款倡导第一人,拉斯特(Laster)法官在2010年建议批

---

〔72〕 See Jeffrey S. Rugg, *Strike Suit Certainty Remains the Status Quo in Nevada*, LAW 360 (Aug. 11, 2015), http://www.law360.com/articles/689917/strike-suit-certainty-remains-the-status-quo-in-nevada https://perma.cc/VA3Q-3MAV.

〔73〕 得克萨斯州法律禁止法院在原告方没有获得财产追偿的情况下授予律师费。参见前注〔4〕,Fisch等。尽管该条款被用于解决消费者集体诉讼中的息票协议问题,但得克萨斯州上诉法院将其适用于合并异议诉讼。Kazman v. Frontier Oil Corp., 398 S.W.3d 377, 387 (Tex. App. 2013).

〔74〕 832 F.3d 718, 725 (7th Cir. 2016).

〔75〕 Santa Fe Indus., Inc. v. Green, 430 U.S. 462, 477-478 (1977) (坚持认为"交易条款的公平性至多是联邦法规的切入点")。

〔76〕 参见前注〔4〕,Fisch et al., p. 613. 其阐述相应程序保障措施,包括提高辩护标准和中止披露。

〔77〕 一些发行人还通过采用费用转移条款来回应对过度诉讼的担忧,这些条款将给支付公司律师费用的义务强加于败诉原告身上。虽然特拉华州最高法院在ATP Tour, Inc. v. Deutscher Tennis Bund, 91 A.3d 554, 557 (Del. 2014)案中维持了费用转移章程的有效性,特拉华州立法机关随后修改了法规,禁止费用转移条款和章程条款。Del. Code Ann. tit. 8, §§ 102(f), 109(b) (West 2017).

〔78〕 2015年的立法要求特拉华州公司的协议管辖条款指定一个特拉华州诉讼法院,但该指定不一定是排他性的。§§ 102(f), 109(b).

准协议管辖条款。[79] 多年来,这些条款的有效性值得怀疑。[80]然而,在2013年"Boilermakers Local 154 Retirement Fund 诉 Chevron 公司案"中,Strine 法官认可了协议管辖条款的有效性。[81] 特拉华州立法机关也随后批准了他的判决,并明确授权特拉华州公司采用协议管辖法规及其条款。[82]

截至2014年8月,共有746家美国上市公司采用了协议管辖条款。[83] 从理论上讲,这些条款应该防止原告通过在另一个司法管辖区起诉来规避最近特拉华州并购案件判决的影响。然而,典型的协议管辖条款并非强制性的,董事会有权放弃其适用。[84]因此,如果董事会同意申请适用协议管辖条款,他们甚至可以对遵循协议管辖条款的发行人提起诉讼并在特拉华州以外的地方解决诉讼。

这些发展对特拉华州合并异议诉讼有何初步影响? 由于法官和诉讼当事人正在研究新的法律环境的影响,这种发展显然仍在进行中。正如一位评论员指出的那样,"股东原告是否会试验新的诉讼战略并重新调整战略,或者2016年的趋势是否会导致交易诉讼实践的永久性变化还有待观察"。[85] 虽然评估长期影响还为时尚早,但我们在下一部分中提供了一些初步统计数据。

---

〔79〕 Revlon, Inc. S'holders Litig., 990 A. 2d 940, 960 (Del. Ch. 2010). "如果董事会和股东认为某个特定的诉讼法院能为解决争端提供一个有效的,促进价值的诉讼地,那么公司可以自由回应章程条款,为内在实体纠纷选择排他的诉讼法院。"

〔80〕 See Roberta Romano & Sarath Sanga, *The Private Ordering Solution to Multiforum Shareholder Litigation* 10 (Eur. Corp. Governance Inst., Law Working Paper No. 295/2015, 2015), http://ssrn.com/abstract=2624951 [https://perma.cc/MVD3-9489].

〔81〕 73 A. 3d 934 (Del. Ch. 2013).

〔82〕 § § 102(f), 109(b).

〔83〕 参见前注〔80〕, Romano & Sanga, p. 2.

〔84〕 See Paul J. Collins & Michael J. Kahn, *Deal Litigation After "Trulia"*, Del. Bus. Ct. Insider (Apr. 27, 2016), http://www.gibsondunn.com/publications/Documents/Collins-Kahn-Deal-Litigation-After-Trulia-DBCI-4-27-16.pdf [https://perma.cc/V55Z-ZY9U]. 其观察到"至少有些公司正在放弃申请协议管辖条款以获得与和解相关的确定性"。

〔85〕 参见前注〔61〕, Lynch & Micheletti。

二、数据和实证分析

（一）数据库

我们的样本包含 Fact Set Merger Metrics 数据库中的所有交易，[86]并于 2003～2017 年公布，符合以下标准：（1）目标公司是在纽约证券交易所、美国证券交易或纳斯达克（NASDAQ）所公开交易的美国公司；（2）交易规模不低于 1 亿美元；（3）每股报价不低于 5 美元；（4）并购协议已通过向美国证券交易委员会（SEC）提交的文件签署并公开披露；（5）该交易已于 2017 年 10 月 20 日完成。上述规则囊括了 2101 笔具备相关特征交易。

然后，我们以人工审查并购代理声明和向 SEC 提交的要约收购文件的方式，确定其是否针对交易提起诉讼。我们记录了与并购相关的所有集体诉讼，发现诉讼涉及 1355 笔交易，即 64% 的样本。对于诉讼结果、律师费和结算条款，我们审查了公开档案并获得实际的法院档案。法院档案直接来自法院，LexisNexis 文件和服务数据库或 Bloomberg Law 的公开档案，也可以人工审查。[87]

（二）实证分析

我们首先在图 1 中列出了 2003～2017 年调查样本每年完成的交易与联营公司诉讼总数。[88] 该样本包括无论目标公司并购地所在，只要其总价值超过 1 亿美元的所有并购。

---

〔86〕 获得更多数据库信息科参见 Bifurcated Termination Fees and Common Termination Events, FACTSET MERGERS（Sept. 3, 2014），https://www. mergermetrics. com [http://perma. cc/7U34－82CR]。

〔87〕 这里的数据收集部分来自共同作者中的两位为先前研究所编制的数据库。参见前注[16]，Cain & Davidoff Solomon, p. 487. 其声明法院文件为直接来自法院及 LexisNexis 文件和服务数据库和 Bloomberg Law 的公开文件，并予以自身核查。

〔88〕 图 1 按完成日期记录交易。2014 年宣布并于 2015 年完成的交易将在图 1 中标记为 2015 年交易；其余的表遵循相同的惯例。2017 年的数字是年化数字。

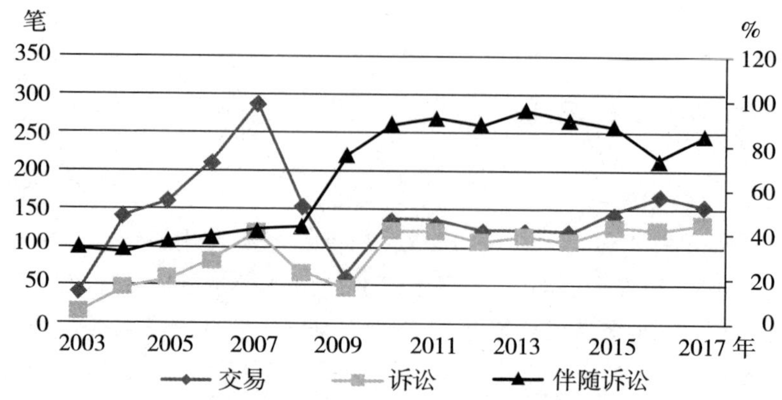

图 1　交易完成当年的诉讼率

图 1 还列出了每年导致诉讼的已完成交易的百分比。我们样本中已完成交易的数量在 2007 年达到了 287 笔的高点,在 2009 年降至 58 笔。2015 年和 2016 年中,已完成交易的数量分别为 142 笔和 166 笔。此数据从 2010 年到 2014 年略有上升,在此期间完成的交易数量从 117 笔到 134 笔不等。在我们的样本期间,诉讼率大幅波动。从 2003 年到 2008 年,诉讼挑战的范围从已完成交易的 33%(2004 年)到已完成交易的 43%(2008 年)。2009 年的诉讼率急剧上升至已完成交易的 76%。2010 年,90% 的已完成交易引发了诉讼,而且这种态势持续上升。

诉讼率于 2013 年达到顶峰,达到惊人的 96%。2015 年,诉讼率为 89%,但由于特拉华州法院开始打击披露式合并诉讼和解,2015 年上半年宣布的诉讼率为 92%,下半年为 85%。2016 年,诉讼率降至 73%,低于 2009 年的比率,并在 2017 年前十个月小幅上升至 85%。总体诉讼率上升伴随多管辖区诉讼的急剧上升。表 1 列出了样本在特拉华州,其他州和联邦法院诉讼案件的百分比。最后一栏报告了在多个管辖区诉讼的案件的百分比。

表 1　交易完成年度诉讼情况

年份	交易量（笔）	诉讼率（%）	在特拉华州法院起诉（%）	在其他州法院起诉（%）	在联邦法院起诉（%）	同时在多个管辖区法院起诉（%）
2003	41	34	7	100	7	7
2004	140	33	43	78	0	33
2005	159	37	39	66	7	14
2006	210	39	21	82	12	17
2007	287	42	28	86	13	35
2008	152	43	23	92	21	31
2009	58	76	34	98	20	50
2010	134	90	56	88	26	53
2011	130	92	51	88	39	63
2012	118	90	56	88	34	69
2013	120	96	52	83	32	61
2014	117	91	55	73	15	41
2015	142	89	60	51	20	31
2016	166	73	34	61	39	33
2017	127	85	9	18	87	22
合计	2101	64	41	74	28	42

注：各年百分比总和大于 100% 是由于多管辖区诉讼。

特拉华州、其他州及联邦法院的诉讼率之和不为 100%。这是因为单笔交易既可以向特拉华州法院提起诉讼，也可以向另一个州法院或联邦法院提起诉讼。然而，这些数字却表明特拉华州的诉讼量大幅波动。特别值得注意的是，特拉华州的诉讼量在 2016 年下降了近 50%，并在 2017 年十月前降到了 10% 以下。2006 年，已完成的交易中有 21% 在特拉华州提起诉讼，而 82% 的此类交易在其他州提起诉讼，12% 的交易在联邦法院提起诉讼。2006 年至 2008 年特拉华州起诉量下降导致一些人断言，原告律师正在向特拉华州以外的州法院提起诉讼以寻求更好的结果,而特拉华州“正在失去其诉讼案件”。[89] 随着诉讼率自2009年开始上升,越来越多的案件转移回到了特拉华州。

特拉华州的诉讼量在2015年达到顶峰,当时60%的已完成交易在特拉华州起诉,而其他州诉讼率为51%。[90]

2016~2017年诉讼量显示了Trulia公司案之后的即刻效果。除了2016年特拉华州的诉讼量降为2015年的一半之外,其他州的诉讼量从51%增加到61%。诉讼中最显著的变化是在联邦法院,诉讼量从2015年的20%增加到2017年的87%,这是我们样本库中联邦法院诉讼的最高百分比。如果这种趋势继续下去,合并异议诉讼似乎可能会成为联邦法院的主要诉讼。

在表2中,我们通过检查我们样本库的诉讼协议来进一步探讨Trulia公司案及其一系列判决的影响。第一列代表了我们找到案件结果数据(已解决或被驳回)的诉讼交易总数。

表2 交易完成年度的诉讼结果

年份	起诉案件量(起)*	已解决案件比例(%)	被驳回案件比例(%)	被驳回的协议量	败诉律师费比例(%)**	披露式合并诉讼和解的比例(%)
2003	11	55	45	0	0	83
2004	44	66	34	0	0	41
2005	56	54	46	1	0	63
2006	78	71	29	0	0	58
2007	109	68	32	0	0	68
2008	65	69	31	0	0	82
2009	41	73	27	0	0	90

〔89〕 参见前注〔24〕,Armour et al.。其发现在1994~2010年,特拉华州法院在诉讼中失去了“市场份额”。

〔90〕 我们样本中并非所有公司都是在特拉华州注册成立或总部设在特拉华州,因此特拉华州的诉讼数量永远不会达到100%。相反,在特拉华州注册成立的或总部设在特拉华州的目标数量占样本的65%,因此,2015年的诉讼率接近特拉华州的最高诉讼率。

续表

年份	起诉案件量（起）*	已解决案件比例（%）	被驳回案件比例（%）	被驳回的协议量	败诉律师费比例（%）**	披露式合并诉讼和解的比例（%）
2010	111	82	18	0	0	78
2011	110	80	20	0	0	69
2012	100	78	22	1	1	85
2013	109	77	23	1	0	76
2014	104	63	38	2	3	74
2015	117	45	55	2	14	85
2017	91	11	89	0	75	90

注：* 所有可以获得的已解决或已驳回的诉讼案件总数。

** 被驳回诉讼案件组中所有案件所占百分比。

协议数据滞后于诉讼，因为诉讼可能有几年的时间消耗。特别是，通常在初始申请后几年当事人才获得提供金钱赔偿的审判或和解。因此，这些结果在我们最近的交易结果中未能被充分体现。尽管如此，Trulia 公司案的判决，以及其他影响解决披露式合并诉讼和解案件能力的判决，两种判决所产生的效果是显而易见的。在 2017 年所有案件中，案件驳回率已大幅上升至惊人的 89%。

败诉律师费的上涨也在表 2 中有所体现。2014 年，基本没有案件的诉讼结果导致需要支付败诉律师费，但在 Trulia 公司案之后，这些案件变得更加重要。2015 年此类案件占了总案件数的 14%。这个数据在 2017 年上涨至 75%。

2015 年和 2016 年中支付了败诉律师费的案件，在很大程度上可以解释为向原告律师支付费用，这些律师放弃了在 Trulia 公司案之前已经生效了的谈判协议。然而，在 2016 年年底和 2017 年，大量案件支付了败诉律师费并且案件被驳回。因此，这似乎是原告的适应性诉讼策略。[91]

〔91〕 See Richard L. Renck, *Court of Chancery Critically Reviewing "Mootness" Fee Applications*, Lexology (Aug. 10, 2016), https://www.lexology.com/library/detail.aspx?g=29b6aab8-a7ab-498f-9eb7-22e5f2f2a162 [https://perma.cc/U46V-Z4V9]. 其为描述最近评估败诉律师费申请的判决。

与表2相关的最终发展是修订协议的减少,这是一项改变协议条款的协议。[92] 2016年只有2%的修订协议,相比之下,2013年完成交易的协议比例为24%。可能的情况是,与货币协议一样,涉及修订并购条款的协议是滞后的。并且在未来几年之前,这些协议不会为在2015~2017年完成的交易而显现。尽管这看似不太可能,因为有争议的交易已经完成(许多案件已被驳回)。我们向一些著名并购律师询问了这一发展的原因。他们一致地将这种减少归因于交易律师起草协议能力的提升,以及前几年缺乏极端条款。这些条款证明了此协议的合理性。然而此协议是一种我们无法用目前的数据进行测试的解释。值得注意的是,一些人预测各方似乎并未试图通过从披露式合并诉讼和解转变为修订协议的方式规避Trulia公司案的影响。如果特拉华州法院限制其批准披露式合并诉讼和解的意愿,人们预测的这种趋势可能会变成现实。[93]

在表3中,我们研究了Trulia公司案对合并异议诉讼中律师费的影响。

表3 依据交易完成年度和诉讼结果(以千为单位)所支付的律师费中位数

年份	非零费诉讼数	所有非零费(美元)	无披露协议(美元)	披露式合并诉讼和解(美元)	败诉律师费(美元)
2003	4	425	450	499*	N/A
2004	25	785	1050	350	N/A
2005	30	400	588	395	N/A
2006	52	505	1118	435	N/A
2007	68	643	2925	525	N/A
2008	41	500	893	485	N/A
2009	29	575	3050	575	N/A
2010	89	600	1375	531	N/A
2011	78	600	1750	500	N/A

〔92〕 参见前注〔4〕,Fisch et al.,p.576.其为阐述修正协议。

〔93〕 同上,第610页。其为讨论可能性。

续表

年份	非零费诉讼数	所有非零费（美元）	无披露协议（美元）	披露式合并诉讼和解（美元）	败诉律师费（美元）
2012	73	500	1940	450	4000 **
2013	57	490	2400	450	N/A
2014	49	500	900	435	450
2015	54	373	825	400	200
2016	20	263	N/A	320	238
2017	11	280	N/A	300	265

注：* 2003 年仅披露费用高于无披露协议费。
** 在 2012 年 Ancestry. com 案支付了 400 万美元败诉律师费。

表 3 的展示了交易完成年所有协议中律师费的中位数。同样，由于对价协议的滞后性，近年来的数字较低。但是，披露式合并诉讼和解中的律师费中位数从 2009 年的 57.5 万美元下降到 2017 年的 30 万美元。数字的下降可能归因于法官认为仅限披露协议在 Trulia 公司案及其之后案件中为股东提供的价值较低。

表 3 的最后一栏显示了败诉律师费。2012 年完成的交易所产生的 400 万美元费用是一个异常值，反映出 Ancestry. com 案中的一个大协议。[94]

但在 2016 年和 2017 年，败诉律师费的中位数分别为 23.8 万美元和 26.5 万美元。这些数字低于披露式合并诉讼和解的中位数。其是否足以维持该领域的诉讼实践也值得怀疑。

表 4 进一步分析了 Trulia 公司案的变化如何影响特拉华州的诉讼。

---

〔94〕 Ancestry. com S' holder Litig. , No. 7988 - CS, 2012 Del. Ch. LEXIS 294 (Nov. 27, 2012) 案并非一个典型的诉讼案件；它涉及一个不请求/不要舍弃的停顿，并且是挑战这种和解协议的首个判决之一。因此，费用相应地更高并且是异常值。See Brian M. Lutz & Jefferson E. Bell, *Chancery Court Provide Guidance on "Don't Ask, Don't Waive" Standstill Provisions*, Del. Bus. Ct. Insider (Jan. 16, 2013), http://www.gibsondunn.com/publications/Documents/LutzBell - ChanceryCourt ProvidesGuidance.pdf [https://perma.cc/R8W3 - 54VB]. 其描述早期案例评估不请求/不舍弃条款的适当性。

Trulia 公司案的后果反映在第一栏中,该栏目记录了在特拉华州解决的交易诉讼率,这种交易诉讼中的目标公司在特拉华州完成的并购,并正在或未来可能在特拉华州提起诉讼。在 2016 年这一数字从 2014 年的 55% 和 2015 年的 41% 降至 10% 。这一趋势表明原告律师正在规避特拉华州的协议和决定性诉讼。

表 4 还展示了多年来总体律师费的变化。

表 4 中的调查结果与 Cain 和 Davidoff 此前的论文一致。论文发现总体而言,特拉华州的律师费较高,并且驳回案件数多于其他州,高律师费可能是为了弥补高驳回率。[95] 这在表 4 中得以体现,因为 2012 ~ 2015 年仅披露案费用的中位数从 44 万美元下降至 31.5 万美元。2016 年和 2017 年的数据不完整,因为此类协议与费用奖励之间的时间滞后而缺乏观察。

表 5 更详细地探讨了联邦法院作为特拉华州替代诉讼地的用途。

表 4　交易完成年特拉华州案件量与律师费

年份	在特拉华州起诉并购案件比例(%)	平均值	中位数	仅披露案件律师费中位数(千美元)
2003	0	N/A	N/A	N/A
2004	44	1724	725	331
2005	52	602	400	353
2006	16	410	330	328
2007	43	2698	530	415
2008	28	1040	850	750
2009	48	1627	550	500
2010	49	1739	710	525
2011	58	3098	600	400
2012	41	1797	475	440

〔95〕 参见前注〔16〕,Cain & Davidoff Solomon, p. 469。

续表

年份	在特拉华州起诉并购案件比例(%)	平均值	中位数	仅披露案件律师费中位数(千美元)
2013	46	3165	450	414
2014	55	749	473	330
2015	41	1337	350	315
2016	10	N/A	N/A	N/A
2017	N/A	N/A	N/A	N/A

表5 交易完成年度递交联邦法院的案件比例

年份	联邦法院解决数量(件)	在联邦法院解决的案件所占比(%)	联邦法院中支付败诉律师费的比例(%)	未披露的解决案件占比(%)
2003	0	0	N/A	N/A
2004	0	0	N/A	N/A
2005	2	6	N/A	50
2006	3	6	N/A	0
2007	0	0	N/A	N/A
2008	0	0	N/A	N/A
2009	0	0	N/A	N/A
2010	3	3	N/A	33
2011	1	1	N/A	100
2012	6	8	N/A	33
2013	6	8	N/A	17
2014	5	8	0	20
2015	10	18	0	0
2016	14	32	71	0
2017	4	44	100	0
总计	54	7	90	13

表5显示了在联邦法院解决的案件量大幅上升。在未报告的数字中,我们还注意到2015年有25起联邦诉讼,而2016年有47起。如果2017年前十个月的趋势持续整年,2017年有望看到113起联邦诉讼。伴随着这种趋势,表5显示了联邦法院所有已解决案件的百分比上涨显著。2009年在联邦法院解决的案件占所有解决案件的0%。相比之下,2017年,这个数据涨至44%。

表5还列出了诉讼案件转向联邦法院的主要驱动因素是败诉律师费的增加。2017年,所有支付败诉律师费的案件都是由联邦法院受理的。2015~2017年中联邦法院解决的案件均未提交保密协议,这意味着所有这些额外的联邦协议均为披露协议。这些统计数据并不令人惊讶;向联邦法院提起诉讼一般必须声称当事方违反披露,且该行为是管辖权的基础。拒绝披露申请的联邦法院亦无须干涉州法律所规定的就违反信义义务诉请的管辖权。因此,我们预计联邦法院的诉讼主要集中在披露问题上。本文作者中二人在另一篇文章中指出,这种关注是适当的,因为联邦法律已经制定了一个专门的判例来解决披露索赔。[96] 联邦法院在这方面的专业知识表明他们能够熟练解决此类案件。

问题在于联邦法院是否会比特拉华州法院更容易接受披露索赔、披露式合并诉讼和解和败诉律师费。至少有两个联邦法院采用了Trulia公司案的判决。[97] 如果其他联邦法院遵循这些判决,我们预计联邦法院的受案率将会下降。[98]

通过表5,我们初步探讨原告律师和被告故意串通,在特拉华州以外的地方解决诉讼的可能性。所谓串通,是指签署了特拉华州协议管辖条款的发行人在另一州法院起诉,并且董事会放弃或以其他方式未能援引协议管辖条款转而解决案件的情况。为探索这种可能性,我们审查了

---

〔96〕 参见前注〔4〕,Fisch et al.,pp. 596-598。

〔97〕 Walgreen Co. Stockholder Litig. 832 F. 3d 718,725 (7th Cir. 2016);Bushansky v. Remy Int'l, Inc.,262 F. Supp. 3d 742,752-753 (S. D. Ind. 2017). 其中拒绝超过40万美元律师费的请求,并采用Trulia公司案标准;参见前注〔73〕及其相关原文。

〔98〕 随本文面世,我们亦在收集其他联邦法院文件和决议的相关数据。由已有早期结果表明,诉由消失而被驳回的案件数量大幅增加,并导致需要向原告律师支付败诉律师费。笔者打算记录且分析这这一结果,并在随后的行文中讨论其含义。

2016 年 2 月已宣布完成的交易诉讼。59.32% 的案件中发行人(n = 35)遵循协议管辖条款并将特拉华州选为诉讼地。

11.9% 的案件中发行人(n = 7)遵循协议管辖条款,该条款指定了一个特拉华州以外的司法管辖区。在这些案件中,有 4 个案件在协议管辖条款未规定的诉讼法院中得到解决,但所有 4 个案件都涉及协议管辖条款允许的联邦法院诉讼。值得注意的是,在任何情况下,特拉华州协议管辖条款都企图达成州法院协议。

然而,我们注意到,在 2016 年这段时间内涉及在特拉华州以外针对签署了特拉华州协议管辖条款的发行人提起的诉讼的五起案件,都向原告律师支付了败诉律师费。支付败诉律师费并不直接规避 Trulia 判决;事实上,特拉华州法官已批准在 Trulia 公司案件后的案件中支付败诉律师费。此外,5 个案例不算趋势,但表 5 还显示,2016 年,所有支付败诉律师费的案件中有 71% 是向联邦法院提起的诉讼。这一数字在 2017 年上升至 100%。因此,这些案例表明,需要继续审查特拉华州以外的诉讼,以确定这种做法在多大程度上为原告律师在弱并购案件中收取费用提供了可行方法。

在表 6 中,我们查看了总部设在特拉华州或在特拉华州注册成立的公司在 2015 年、2016 年和 2017 年提起的诉讼数量。

表 6　诉讼案件平均数(2015 ~ 2017 年)

单位:件

项目	仅起诉于特拉华州法院	起诉于特法院 + 联邦法院	起诉于特法院 + 联邦法院 + 其他州法院	起诉于特法院 + 其他州法院	起诉于联邦法院	起诉于其他州法院	总计
2015	3.7	4.5	9.8	4.9	3.0	3.0	4.3
[N]	47	6	4	16	1	7	83
2016	2.4	5.0	6.0	3.9	2.3	2.3	2.7
[N]	25	5	2	9	13	18	82
2017	2.7	3.3	7.0	N/A	2.5	1.3	2.7
[N]	3	6	1	0	55	3	71

注:按诉讼地和交易完成年度分析的平均诉讼数量。样本仅包括在特拉华州注册成立(或总部设在特拉华州,但不是两者)的公司。

起诉的数量是很好指标,衡量了原告律师是否相信他们有能力提起有足够胜诉率的案件以保证收取合理的费用,无论是基于案情还是通过协议。从历史上看,起诉数量也是衡量律师事务所对合并异议诉讼的兴趣之标准诉讼数量在2011年达到顶峰,平均每起涉及一家特拉华州公司的诉讼数为5.8起。表6显示了原告律师诉讼率的变化,以及他们对合并异议诉讼胜诉前景的信念。所有司法管辖区的每笔交易诉讼总体平均数量从2015年的4.3降至2017年的2.7。仅特拉华州的诉讼量从平均3.7起诉讼下降到每件交易的2.7诉讼。与此同时,在涉及特拉华州和联邦法院的多管辖区诉讼中,2016年这一数字从4.5起增加到5.0起。这种上升趋势进一步反映了在其他表格中向联邦法院起诉的转变,并且可能归因于原告律师认为他们更有可能在这些司法管辖区内获得批准的披露式合并诉讼和解。协议管辖条款似乎也限制了诉讼。

最终,我们的研究结果揭示了Trulia公司案后合并异议诉讼实践的重大转变:诉讼更少了,特别是在特拉华州。当事方选择向联邦法院而不是特拉华州法院提起诉讼,以规避协议管辖条款和Trulia公司案判决。具有败诉律师费的案件比例大幅上升,但律师费用的总量却在减少。一般来说,案件的驳回率似乎也更高。总之,Trulia公司案判决和特拉华州法律最近的变化给合并异议诉讼行业带来了巨大的变革浪潮。

三、调查结果的启示

(一)诉讼实践对法律的变化有所回应

代表股东诉讼由两个重要特征决定:(1)股东的起诉权基于多种实质性法律规则来源;(2)代表诉讼不可避免地涉及代表投资者群体的自我指定代理人。[99] 这些力量相互作用的一个结果是,不同诉讼法院对这些案件的重要性随着时间的推移而变化,不同形式的股东诉讼的相对

---

〔99〕 See Randall S. Thomas & Robert B. Thompson, *A Theory of Representative Shareholder Suits and Its Application to Multijurisdictional Litigation*, 106 Nw. U. L. Rev. 1753, 1755 (2012).

强度也是动态的。[100]

如果维护投资者权利的一条途径关闭,原告律师事务所的企业代理人将寻求其他人,而被告律师将以自己的方式应对这些变化。[101]

1. 交易诉讼移至其他司法管辖区

我们的结果表明,正如预期的那样,原告律师会对影响交易诉讼的诉讼激励作出回应。当特拉华州修改法律以降低并购案件成功的可能性时,原告律师的反应是减少在特拉华州提起交易案件诉讼。当特拉华州法律在这些案件中减少了预期的律师费用的规模时,原告律师的回应是再次减少在特拉华州提起交易案件诉讼。至少在短期内,减少特拉华州法院诉讼数量的努力取得了成功,这些趋势在特拉华州尤为明显,2016 年和 2017 年的起诉率和结算率都有所下降。

特拉华州的变化也产生了一些溢出效应。多法院诉讼的一个实际回应是,特拉华州公司采用协议管辖的方法,选择特拉华州作为恰当的诉讼法院。公司被激励作出这种选择以限制诉讼,并且这样做的比例似乎很高。协议管辖条款引导了将有可能在其他地方起诉的案件,转而在特拉华州法院提起诉讼。他们还劝阻原告律师不要在特拉华州以外地区提起诉讼,因为原告律师不想就协议管辖条款的有效性提起代价高昂且通常毫无结果的诉讼。

通过继续采用和使用这些协议管辖条款,原告避免规避 Trulia 公司案判决的能力可能会受到更多限制。Trulia 公司案判决与广泛采用协议管辖条款相结合,这很可能会使特拉华州法院和联邦法院成为选择合并异议诉讼法院时的两个选项。

Trulia 公司案判决的实质性影响也不仅限于特拉华州。特拉华州以外的一些法院正在更密切地关注披露式合并诉讼和解并驳回了更多的此类协议。因此,整体合并异议诉讼水平在下降,而且原告在这些案件中的胜诉率似乎也在下降。

---

〔100〕 See Hillary A. Sale & Robert B. Thompson, *Market Intermediation, Publicness, and Securities Class Actions*, 93 Wash. U. L. Rev. 487 (2015). 其为讨论证券欺诈诉讼的演变以执行州法律信托原则。

〔101〕 参见前注〔16〕, Cain & Davidoff Solomon, pp. 487 – 496, 其依据实践经历,以记录原告律师改变法律标准的行为和反应。

原告律师事务所正在适应这一新现实。可能曾经这些公司在特拉华州起诉的大量合并异议诉讼已经转向在联邦法院起诉或更小程度上在其他州法院起诉。[102]

在联邦法院,这些案件则被视为应适用 Rule 14a-9 披露规则。对于没有遵循协议管辖法规的公司,原告可以在目标公司总部所在州的州法院提起交易诉讼。

由于原告调整了他们的策略,被告亦需如此。被告律师寻求驳回交易诉讼的情况已很普遍,被驳回案件的数量急剧增加。迄今为止最令人担忧的发展事态是联邦法院案件量的急剧增加,这些案件正在作为逾期案件被提起诉讼。[103] 虽然这些案件在没有释放的情况下被驳回,这反映出他们很可能是滋扰诉讼,但他们似乎正在支付逾期解决费用,从而激励原告律师继续提起诉讼。这些案件似乎表明,原告律师可能会通过寻求低成本付款来"抽身"以提取租金。因此,联邦法院需要对支付败诉律师费作出更周密的回应。[104]

如果特拉华州试图减少交易诉讼的数量,那么,这些关于参与其中的律师的调整可能会使特拉华州的任务变得更加困难。例如,如果要从长远证明特拉华州以外的法院是更容易接受的诉讼法院,或因他们不受特拉华州对并购义务范围的限制,或因他们更自由地批准协议和费用奖励,那么特拉华州减少合并异议诉讼数量的能力将受到限制。

然而,协议管辖条款的全部效果仍不明确。尽管采用协议管辖条款的发行人数量不断增加,但迄今为止,许多公司尚未遵循此条款。此外,即使那些遵循协议管辖条款的发行人也可以放弃其诉讼,以按照特拉华州法院不允许的条款达成和解。我们在样本中找不到这种行为的证据。事实上,在一些具体情况下,公司已成功申请驳回基于此条款的诉讼。[105] 尽管如此,否认这种可能性还为时过早。

---

〔102〕 参见前注〔66〕~〔73〕、〔76〕与相关附随原文。

〔103〕 参见前注〔97〕及其相关附随原文。

〔104〕 我们计划在随后的文章中提供有关增加逾期协议的详细信息,并概述联邦法院潜在可能的回应。

〔105〕 参见 Petit-Frere v. Office Depot, Inc., No. 502015, 2015 WL 10521805 (Fla. Cir. Ct. May 15, 2015)案,其支持特拉华州公司的法院选择细则的制定。

2. 原告将资源转移成其他形式的诉讼

如果交易诉讼的难度加大,我们预计会看到原告律师将更多资源转换为其他形式的股东诉讼。[106] 许多提起交易诉讼的原告律师事务所也是提起衍生诉讼和联邦证券集体诉讼的主要参与者。从原告的角度来看,没有理由认为公司的不当行为将会消失,因此投资者将继续寻求法律途径来纠正它。如果交易诉讼不再是解决不法行为的可行方法,那么这些公司将寻求其他形式的股东诉讼。

股东及其律师寻求可行的法律方案替代传统合并异议诉讼的愿望,合理解释了为何2016年特拉华州评估诉讼量大幅增加。发生这种增长的背景是最近的立法修改了被告律师事务所推动的评估法规。[107] 这些改革取消了索赔总额低于100万美元的案件,并且还使被告可以选择将并购代价分配给索赔人,以削减预判应计利息。在这两种情况下,改革的成功论点是使用评估法规削减罢工诉讼。[108]

虽然这些改革消除了导致早期评估案件量激增的一些潜在动力,但最新的诉讼统计数据表明,评估诉讼的新趋势是由其他因素驱动的。最可能的解释是,在Corwin案、Volcano案和Trulia公司案之后,早几年被提起作为交易挑战的诉讼案例已不再可行,因此原告律师如今选择将其作为评估行为提起诉讼。

然而,特拉华州的新发展可能会导致起诉模式的这种转变戛然而止。在最近的几个案例中,特拉华州法院认定经评估认定的并购的价格

---

〔106〕 参见前注〔99〕,Thomas & Thompson,p. 1756。

〔107〕 此前一轮改革措施即律师事务所适应新诉讼模式的另一个例子。参见前注〔43〕,Jiang et al.,p. 698。20世纪中叶,一小部分对冲基金开始利用特拉华州的评估法规,提起了越来越多的寻求损害赔偿的诉讼。随着诉讼量的攀升,其也出现了一些迹象,表明其中一些,特别是较小额诉讼,似乎是恶意股东诉讼。同上。华尔街7家律师事务所随后请求特拉华州立法机关修改评估法规,以消除较小的案件,并降低迟延利率等。最终,特拉华州立法机关确实作出了一些但并非全部要求的变更。同上。

〔108〕 评估修正案第262款,Lowenstein Sandler(Mar. 6,2015),https://www.lowenstein.com/files/upload/DGCL%20262%20Proposal%203-6-15%20Explanatory%20Paper.pdf [https://perma.cc/RYE6-2PGQ]。

其应为公允价值。[109] 在最近的 DFC 全球公司诉 Muirfield Value Partners,LP 案中,特拉华州最高法院作出如是判决。[110] DFC Global court 拒绝采用这样一种假设,即在涉及强有力的市场检查和公平的销售过程的情况下,其交易价格是公允价值的最佳证成,并得出结论认为采用这种推定应该是一项立法决定。[111] 尽管如此,法院强调了交易价格在法院确定公允价值时的重要性。[112] DFC Global 的决定,正与近期一项公司股票评估价格甚至不及交易价格一半的评估案例不谋而合,[113] 其可能显现了特拉华州法院降低对原告及其律师的评估诉讼的吸引力的保守趋势。未来评估案件是传统信义义务索赔中诉讼程序问题的替代方案,但这些决定将减少未来评估案件的数量。

我们的分析表明,特拉华州最高法院应该更加谨慎,而不是在评估诉讼时采用支持或反对交易价格的广泛推定。除非并且直到传统合并异议诉讼的范围有机会对 Trulia 公司案、Corwin 案以及采用协议管辖法规做出回应,并达到新的均衡,否则我们无法确定法律中的这些变化将如何影响诉讼实践。同样重要的是,削减太多在股东对公司渎职行为的潜在补救措施,可能会导致管理层的不法行为不被发现。换言之,广泛的评估补救措施可能是保护股东利益的必要附加保障。我们在下一章中将更充分地阐述这一论点。

(二)错误类型Ⅰ与错误类型Ⅱ

特拉华州法院和立法机关一直在积极开展活动,以消除无意义的股东诉讼——这无疑是协议管辖法规、Trulia 公司案(攻击披露式合并诉

---

〔109〕 Merion Capital L. P. v. Lender Processing Servs. ,No. 9320 – VCL,2016 Del. Ch. Lexis 189,at ∗89 (Dec. 16,2016). 其给予"交易价格以 100% 权重",其中交易价格为"公司销售过程中产生能由可靠依据证明的公允价值";Huff Fund Inv. P' ship v. CKx, INC. ,No. 6844 – VCG,2013 Del. Ch. LEXIS 262,at ∗49 (Oct. 31,2013),aff' d,2015 Del. LEXIS 77 (Feb. 12,2015),发现"销售价格是最相关的估值范例"。

〔110〕 DFC Glob. Corp. v. Muirfield Value Partners, L. P. , No. 518, 2016, 2017 Del. LEXIS 324, at ∗43 – 44 (Aug. 1,2017).

〔111〕 同上。

〔112〕 参见前注〔48〕,"公平市场价值的基本经济概念仍然是我们法定公允价值概念的核心"。

〔113〕 ACP Master, Ltd. v. Sprint Corp. ,Nos. 8508 – VCL,9042 – VCL,2017 Del. Ch. LEXIS 125,at ∗2 – 3 (July 21,2017).

讼和解)和2016年特拉华州评估法规立法修正案(取消小股东评估诉讼)背后的驱动力。虽然很少(如果有的话)评论员认为恶意股东诉讼有价值,但关闭所有法院大门的危险在于不公正将不被发现和不受惩罚。换句话说,通过所辖法律范围来摆脱不良案件的代价是往往同时会失去旧规则带来的优质案例。〔114〕

公司法评论员将此称为Ⅰ型错误(积极错误)和Ⅱ型错误(消极错误)之间的权衡。〔115〕 在证券欺诈集体诉讼案件的背景下,这一假设已经适用于"私人证券诉讼改革法案"(PSLRA)的通过,该法案旨在解决恶意股东诉讼案件。〔116〕 在这种情况下,PSLRA被认为有两个影响:它通过减少无意义诉讼率来降低Ⅰ型错误,但这样做会由于禁止非滋扰诉讼来增加Ⅱ型错误。〔117〕 一项实证研究证实,这种权衡是在PSLRA实施后发生的。〔118〕

这些权衡也将发生,因为特拉华州通过旨在消除恶意股东诉讼的立法和司法干预措施以减少交易诉讼。当然,这将会带来更少的不良诉讼(Ⅰ型错误将减少)——这从我们在前文提及的数据中可以明显看出。不会被发现,但同样肯定会发生的是,Ⅱ型错误会增加。换言之,这将导致更少对公司违法者作出实质性判决的案件将被提起诉讼并成功起诉。

我们将失去多少优质案件,失去他们的影响又是什么?仅在2015年,一位评论员就发现特拉华州衡平法院确认了违反信义义务诉讼的六个主要协议,诉讼标的额范围在70美元~2.75亿美元。〔119〕

---

〔114〕 See Stephen J. Choi, *Do the Merits Matter Less After the Private Securities Litigation Reform Act?*, 23 J. L. Econ. & Org. 598 (2007). 其发现证据证明,由《私人证券诉讼改革法案》为先前可能提起的有价值诉讼,所引起的诉讼障碍妨碍了先前可能提起的有价值诉讼。

〔115〕 Lynn A. Stout, *Type I Error, Type II Error, and the Private Securities Litigation Reform* Act, 38 Ariz. L. Rev. 711, 711 (1996).

〔116〕 同上;参见前注〔114〕, Choi, p. 603。

〔117〕 参见前注〔114〕, Choi, p. 603。

〔118〕 参见前注〔114〕, Choi, pp. 622-623。

〔119〕 参见前注〔35〕, Friedlander, pp. 624-625。

总体而言，这些案件导致公司股东一年的回收金额超过 9 亿美元。〔120〕 对公司不端行为进行司法制裁还可获得其他好处。例如，它们为法院提供了制定交易途径规则的机会，〔121〕并为法官提供论坛向公司董事讲述不法行为的危险性。〔122〕 更一般地说，由于交易是在潜在诉讼的阴影下进行谈判的，因此诉讼补救措施的可用性或许会影响未来并购的价格和程序。〔123〕

这些权衡凸显了在进一步削减股东挑战公司董事并购行为的能力之前仔细评估特拉华州诉讼改革工作的成本和收益的必要性，因为担心我们会无意中切断股东为监控而作出的有价值的努力。诉讼模式将发生变化，它们需要一段时间使其对公司行为的影响变得明显。我们的数据所显示的戏剧性变化将在适当的时候稳定下来，如果需要做更多（或更少）的话，此时这种变化将变得明显。

例如，一些评论员最近呼吁在股东诉讼中立即建立“败诉者支付”制度，认为交易诉讼模式的发展过于缓慢，需要采取更多措施来制止无意义的诉讼。〔124〕 他们声称，交易诉讼仍然是公司参与公司交易的一个重大问题，因为协议管辖法规和 Trulia 公司案的影响有限。他们确定“如果 Trulia 公司案未能消除社会上的不利诉讼问题，特拉华州应重新

〔120〕 其他年份也出现了类似的协议。例如，在 2012 年，特拉华州最高法院在一起衍生诉讼中确认了 12.63 亿美元的判决，该诉讼争讼事项为南秘鲁铜业公司收购对其子公司的收购行为。See Ams. Mining Corp. v. Theriault, 51 A. 3d 1213, 1218 – 1219 (Del. 2012).

〔121〕 参见前注〔9〕，Davidoff Solomon & Thomas, p. 10。

〔122〕 See Edward B. Rock, *Saints and Sinners: How Does Delaware Corporate Law Work?*, 44 UCLA L. REV. 1009, 1016 (1997).

〔123〕 See Albert H. Choi & Eric L. Talley, *Appraising the "Merger Price" Appraisal Rule* (Va. Law & Econ., Research Paper No. 2017 – 01, 2017), https://ssrn.com/abstract=2888420 [https://perma.cc/WM4B-MWXS]. 其认为评估救济的范围会影响并购中的协商交易价格。

〔124〕 William B. Chandler III & Anthony A. Rickey, The Trouble with Trulia: Re-evaluating the Case for Fee-Shifting Bylaws as a Solution to the Overlitigation of Corporate Claims 1 – 2 (Apr. 4, 2017)，其为未发表的手稿，资料来源：https://papers.ssrn.com/sol3/papers.cfm? abstract_id=2946477 [https://perma.cc/X2NE-JMHW]。

考虑其禁止转移费用的法规”。[125]

实质上,这些评论员所要求的是在Ⅰ型错误和Ⅱ型错误之间取得极端权衡。即使Trulia公司案在阻止披露式合并诉讼和解方面100%有效,它也不会消除Ⅰ型错误,因为除了披露变更之外,协议还包括其他要素。“消除”第一类错误只能通过消除所有形式的股东代表诉讼来实现,这很可能是允许转移费用法规的结果。然而,正如我们刚才所讨论的那样,消除所有形式的代表诉讼也会消除有价值的案件,这些案件会给受损股东提供赔偿并阻止未来的不恰当管理行为。[126]

(三)特拉华州的(再)衡平法案

交易诉讼中的这些变化,或者更广泛地说股东起诉以行使其权利的能力,对于特拉华州与其他州在公司诉讼和更广泛的公司法规方面的竞争这一历史悠久的辩论具有进一步的影响。Cary和Winter对于特拉华州法律究竟是引领一场积极向上的竞争还是一场消极退步的竞争意见不一,而争论的焦点是公司法是否能使股东获利。[127] 许多公司法学者在这场辩论中有所建树,尽管这些评论员对竞争的不同方面存在许多分歧,但似乎普遍认为截至目前特拉华州在竞争中已取得胜利。[128]

合并异议诉讼的转变可能会再次激起本次竞争的浪花。多管辖区交易诉讼的暴发是促进特拉华州立法机关采取行动验证协议管辖法规的因素之一。这些法规旨在将其他州法院的案件转移到特拉华州衡平

---

〔125〕 同上;also see Sean J. Griffith, *Private Ordering Post - Trulia: Why No Pay Provisions Can Fix the Deal Tax and Forum Selection Provisions Can't*, in The Corporate Contract In Changing Times (Steven Davidoff Solomon & Randall S. Thomas eds., forthcoming 2018), https://ssrn.com/abstract=2855950 [https://perma.cc/5TF6 - FPST],其提议章程或条款中禁止“公司为指定的诉讼结果支付律师费”。

〔126〕 类似地,若特拉华州法院完全不接受了评估诉讼,那么将导致依据法规指引的优质案件趋于更少,即更严重的Ⅱ型错误。上述案件的发现亦有助于揭示欺诈和违反信义义务等行为,这也解释了在评估领域,完全不接受了评估诉讼对阻止不当行为所产生的次生负面影响。因此,特拉华州法院已允许原告在特定情情形下可采取上述两种行为。Cede & Co. v. Technicolor, Inc., 542 A. 2d 1182, 1184 - 85 (Del. 1988).

〔127〕 See Jill E. Fisch, *The Peculiar Role of the Delaware Courts in the Competition for Corporate Charters*, 68 U. Cin. L. Rev. 1061, 1064 - 65 (2000). 其对著名的Cary - Winter辩论进行了总结。

〔128〕 See Roberta Romano, The Genius of American Corporate Law (1993).

法院。

然而,特拉华州的法律对交易案件越来越严,因此原告将其他司法管辖区视为更安全的“避风港”。早些时候输给特拉华州的州现在可能成为股东的首选诉讼地。[129] 原告律师事务所数量众多,同时原告又可以选择诉讼法院,这意味着诉讼可能会迁移,而特拉华州的法规可能没有止赎或完全效果。[130] 其他司法管辖区可能不采纳或者规避特拉华州的法规,特别是当它们被视为程序性质时。例如,纽约的一家法院甚至制定了另一种法律原则,以评估仅披露诉讼中的协议。[131]

公司法竞争中的其他利益相关方从这些转变中获益或利益受损。[132] 首先由玛西(Macey)和米勒(Miller)教授说明特拉华州的律师是本次竞争的主要参与者。这些律师可能会担心特拉华州法律过于偏袒被告方关于股东诉讼的观点,并担心由此会造成企业倒闭、移民,或公司诉讼。虽然许多特拉华州的律师,即使是原告方律师,也支持减少特拉华州以外的无意义诉讼(因此支持协议管辖法规),但当特拉华州立法机关要进行相关立法时,他们更不愿意支持费用转移的法规。

在“调整最大限度地减少公司违法行为时股东利益”和“避免交易诉讼中恶意股东诉讼时公司管理层的利益”二者之间取得平衡,以及解决与特拉华公司法企业其他股东利益的冲突时,特拉华州如履薄冰。这在对于上述法律发展的诉讼趋势的响应中,得以凸显。如果特拉华州法律在此领域对任何一当事方都过于有利,那么,它将受到对立一方的反抗。在制定公司法规则和执法时,特拉华州必须考虑所有这些利益,否

---

〔129〕 作为理论问题,许多论文中均预测会发生这种情况。参见前注〔24〕,Armour et al., p. 640. “越来越多的大型并购和杠杆收购交易,选择规避特拉华州作为诉讼地”。参见前注〔46〕,Cain & Davidoff Solomon, pp. 499 – 500. “某些有兴趣吸引商业诉讼的州看到案件转到其他司法管辖区时,通过奖励更高的律师费和更有利的结果来回应这种‘选购’诉讼管辖地的现象”。

〔130〕 See C. N. V. Krishnan, *Steven Davidoff Solomon & Randall S. Thomas*, *Who are the Top Law Firms? Assessing the Value of Plaintiffs' Law Firms in Merger Litigation*, 18 Am. L. & Econ. Rev. 122, 143 (2016).

〔131〕 Gordon v. Verizon Commc'ns, Inc., 148 A. D. 3d 146, 156 – 64 (N. Y. App. Div. 2017). 其提出一项增强的七部分测试,以考虑提出的协议是否值得批准。

〔132〕 See Jonathan R. Macey & Geoffrey P. Miller, *Toward an Interest Group Theory of Corporate Law*, 65 Tex. L. Rev. 469, 522 – 523 (1987).

则可能会失去其吸引公司法规的主导地位。

我们在本文中并未建议特拉华州法律过于严格——事实上，合并异议诉讼的统计数据表明，最近的变化相当温和。至少到目前为止，诉讼量仍足以对并购程序进行约束。然而，该分析有助于强化这样一个事实，即对特拉华州公司法的变化进行最终检查，才能使公司们选择在特拉华州成立变得可取。

结　论

随着包括 Trulia 公司案判决在内特拉华州关于合并异议诉讼法律的重大发展，我们研究了合并异议诉讼的变化。我们发现，Trulia 公司案及其嗣后案件极大程度扰乱了合并异议诉讼。短期影响包括联邦诉讼量的增加，特拉华州诉讼和结算减少以及预期费的增加。此外，虽然合并异议诉讼的总量有所下降，但仍然很高。

至少在短期内，诉讼率持续居高不下的一个原因是，原告律师试图通过在其他地方提出诉讼来规避特拉华州法律的限制。我们的实证结果表明，原告律师在诉讼地转移方面的反应积极，而且所提出的索赔类型也发生了变化。我们还看到被告公司正在采用迅速转变的策略。相关律师的回应表明，特拉华州不能完全自由地调整合并异议诉讼生态系统。特拉华州法院和立法机关必须考虑到这种反应。

然而，这些以市场为基础的回应是否能使律师规避特拉华州法律的影响仍不清楚。协议管辖条款可能有效地限制了机会主义原告将案件提交其他州法院的能力。联邦法院可以在解决诉讼案件同时，处理对 Trulia 公司案判决所表现出的类似怀疑态度的披露索赔。尽管目前案件量急剧上升，但是，败诉律师费可能无法提供足够的财务回报以保证长期有小额诉讼案件。此外，斩断股东管理不端行为的所有途径，也极有可能减少或许会暴露不良行为的有效案件量。

因此，我们认为特拉华州法院和立法机关应推迟进一步的诉讼改革。相反，在最近的变化的全部影响已被纳入并购生态系统并且联邦法院可以解决败诉律师费上涨之前，法院与立法机关需谨慎行事。直至那时,特拉华州才可以确定其诉讼制度是否在保护股东价值和限制诉讼滥用之间取得恰当的平衡。

(编辑:胡睿超)

【金融司法案例评注】

《证券法苑》(2021)
第三十一卷,第 507 ~522 页

涉“维好协议”之我国香港特别行政区法院判决在内地申请认可和执行的认定标准

——时和基金申请认可和执行我国香港特别行政区法院民事判决案

崔　婕* 　刘凌钒**

摘要:我国香港特别行政区高等法院原讼法庭就涉“维好协议”案件作出缺席判决,业已生效,华信集团未在合理期限内向香港特别行政区法院寻求司法救济,案涉判决属于具有执行力的终审判决;认可和执行该类判决的审查标准限于程序事项,上海金融法院对案件的审查范围并不包含案涉“维好协议”在内地的法律性质及效力认定等实体法问题;审查认定执行香港特别行政区法院判决是否违反内地社会公共利益,需从严把握。

关键词:维好协议　离岸债券　认可和执行　社会公共利益

* 上海金融法院法官。

** 上海金融法院法官助理。

【案情】

申请人:时和全球投资基金 SPC-时和价值投资基金 SP

被申请人:上海华信国际集团有限公司

哲源国际有限公司(以下简称哲源公司)系上海华信国际集团有限公司(以下简称华信集团)设立于英属维京群岛的间接全资子公司,哲源公司已批准按照债券条款和条件发行债券。时和全球投资基金 SPC-时和价值投资基金 SP(以下简称时和基金)购买了哲源公司发行的债券,华信集团向时和基金出具《维好协议》。协议约定,本协议及本协议所含规定及公司依据本协议采取的行动,不得视为依据任何辖区法律偿还或履行发行人任何种类债务或责任的证明,或者公司担保或公司具有法律约束力的义务,即该协议并非担保。华信集团另承诺将采取措施使哲源公司维持合并净值及流动性,如果华信集团未能履行该协议规定的义务,应当向债券持有人支付等同于公司全面履行相关义务时应付金额的违约赔偿金,债券持有人有权提出索赔。协议约定适用英国法律,我国香港特别行政区法院对解决该协议产生的任何争议拥有专属管辖权。

2018 年 7 月 24 日,时和基金主张华信集团违反维好协议的相关约定,诉至我国香港特别行政区法院。法院审理过程中,华信集团未应诉,我国香港特别行政区高等法院原讼法庭于 2018 年 8 月 24 日作出 HCA 1712/2018 号终审判决,判令华信集团向时和基金支付债券本金、利息及特定费用。2019 年 3 月 20 日,我国香港特别行政区高等法院的司法常务官邝卓红发出证明书,该判决能够在我国香港特别行政区强制执行。后时和基金向我国香港特别行政区高等法院申请执行,但未从华信集团处获得任何受偿。2019 年 5 月 5 日,时和基金向上海金融法院申请认可和执行我国香港特别行政区高等法院的判决。2020 年 10 月 30 日,上海金融法院作出(2019)沪 74 认港 1 号民事裁定:认可和执行香港特别行政区高等法院原讼法庭 HCA 1712/2018 号民事判决书。裁定作出后,申请人时和基金与被申请人华信集团均未提起复议。

【审判】

上海金融法院经审理认为,本案系申请认可和执行我国香港特别行政区法院民商事判决案件,申请人时和基金与被申请人华信集团之间约定就"维好协议"项下的纠纷由香港特别行政区法院专属管辖,该纠纷属于最高人民法院《关于内地与香港特别行政区法院相互认可和执行当事人协议管辖的民商事案件判决的安排》(以下简称《安排》)规定的民商事案件,本案应根据《安排》进行审查。第一,根据我国香港特别行政区高等法院出具的证明书,案涉判决系须支付款项的具有执行力的判决,业已生效。华信集团知晓该判决后在合理期间内未向我国香港特别行政区法院寻求任何司法救济,案涉判决属于具有执行力的终审判决。第二,认可和执行该类判决的审查标准限于程序事项,本案审查范围并不包含案涉"维好协议"在内地的法律性质及效力认定等实体法问题。第三,根据"维好协议"之约定,我国香港特别行政区法院对解决该协议产生的任何争议拥有专属管辖权。我国香港特别行政区法院已将诉状等诉讼材料合法送达至华信集团,华信集团虽主张其未获合法传唤、时和基金以欺诈方式取得案涉判决,但均未能提供证据予以证明,华信集团的抗辩缺乏依据。第四,审查认定执行我国香港特别行政区法院判决是否违反内地社会公共利益,对"社会公共利益"应作严格解释。涉案维好协议系平等主体之间民事法律关系,我国香港特别行政区高等法院就维好协议所涉纠纷作出的裁判效力限于双方当事人之间,并不涉及内地全体社会成员或者社会不特定多数人的利益;该缺席判决的作出,经过了向华信集团委任送达代理人的合法送达和传唤,符合原审法院地法,原审缺席判决并未剥夺缺席当事人出庭答辩的诉讼权利,并未违反正当程序保障;案涉"维好协议"约定适用的准据法系英国法律,并非我国内地法律,认定执行原审缺席判决是否违反内地社会公共利益,不能以内地法律关于"维好协议"性质及效力进行判断。在本案中认可和执行涉案我国香港特别行政区判决的结果,并不存在导致违反内地法律基本原则、危害公共安全、违反善良风俗等危及内地社会公共利益的情形。

【评析】

本案系全国首例涉境内公司针对境外关联公司发债出具“维好协议”(Keepwell Deed,又称维好契据)之我国香港特别行政区法院生效判决在内地法院申请认可和执行的案件,因涉及“维好协议”对境内公司的执行问题,受到离岸债券市场的较大关注。我国香港特别行政区高等法院原讼法庭就时和基金要求华信集团承担“维好协议”项下的违约责任作出缺席判决。上海金融法院根据《安排》之规定,对涉案香港特别行政区原讼法庭的判决进行审查,就相关问题的认定对同类案件具有一定参考价值。

(一)“维好协议”产生之背景

跨境融资交易中,境内公司对外发债多采取间接发债形式,即通过其在境外(通常为维尔京群岛、开曼群岛、百慕大群岛等)设立的特殊目的子公司(SPV)作为发债主体在境外发债。

境内公司通过境外特殊目的子公司发债,由于该子公司本身没有具有价值的资产,需要境内公司提供增信支持。境内公司提供增信支持最直接的方式为“内保外贷”(见图1),即担保人注册地在境内、债务人和债权人注册地均在境外的跨境担保。该种方式受到我国外汇管理规范的约束,在此背景下,境内公司往往通过签订“维好协议”(见图2),以此为子公司或者被其控制的公司发债提供增信,这样可以避免触发“内保外贷”的监管要求,因此实务中成为较为流行的替代方式。

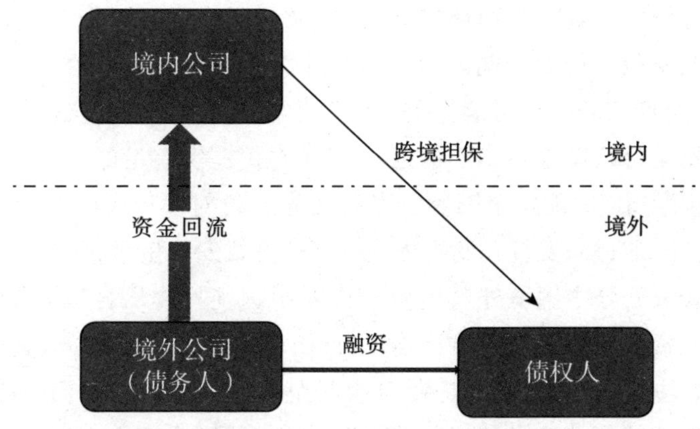

图 1　内保外贷的交易模式

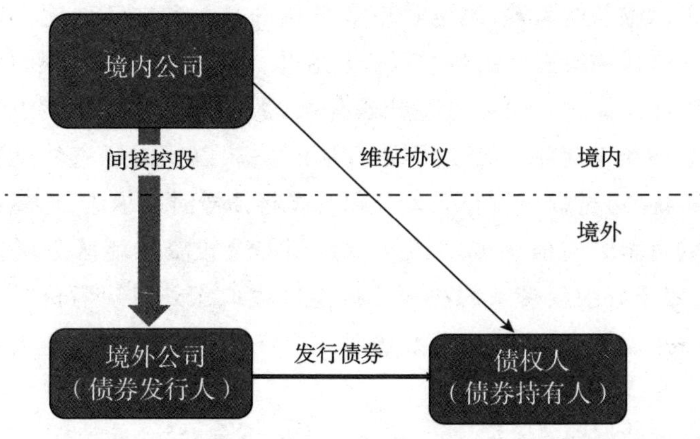

图 2　维好协议的交易模式

"维好协议"通常由境内公司与境外债权持有人签订，主要内容约定境内公司为境外关联公司（发债人）提供支持，保证境外关联公司维持足够的流动性资金。以本案为例，该协议中实质条款的具体内容为"维持合并净值及流动性。华信集团向债券持有人承诺，其将促使：（a）发行人随时保持至少 1 美元的合并净值；（b）发行人获取足够的流动性，以确保发行人及时按照债券中载明的条件及契约书中所列规定支付相关费用；（c）发行人保持偿债能力，按照注册地法律或相关会计准则持续经营。如果（A）华信集团在任何时候认定发行人的流动性不足以履行债券中载明的到期付款义务,或者华信集团被告知或意识到(或者,与华信集团处于同等地位的有理性人员应当知道的)发行人将要(或者合理判断下很可能)无法履行债券中载明的付款义务,华信集团将在相关付款义务到期之前通过下列方式提供充足的资金,使得发行人在债券到期时能够全面履行付款义务:(a)对发行人已发行股本进行注资;(b)通过向发行人发放贷款或其他方式安排资金;(c)利用中国境内现金或处分中国境外其他资产或在中国境外作出合理安排,将现金、资产、资产对价或收益转让给发行人;(d)其他可行的办法。"

维好协议的推出,主要是针对中国企业海外发行债券而又不愿意提供担保的情形。澳大利亚《金融评论》刊登了《中国企业债券持有人将了解一个承诺的价值几何》,[1]文章提道:"中国快速增长的美元债券市场正面临新的考验,因为投资者依赖的是一种在其他地方很少见的信用承诺保护措施—维好协议。这在中国离岸债务中出现的比例非常高。维好协议的承诺究竟意味着什么,需要进一步了解。中国的发行人大约在5年前就开始使用维好协议结构,以此缓解海外投资者对风险的担忧,通过提供发行人母公司在发行债券时的承诺,提高债券在市场上的竞争力与信用度。"该文章专门提及投资人能区分增信形式的不同,对维好协议带来的法律不确定性收取额外风险溢价。相对于境内直接担保债券,在采用维好协议架构发行的债券中,发行人需要支付额外利息30~50个基点。

据彭博社汇编的数据显示,尚未清偿的订有维好协议的中国企业离岸债券约有1201亿美元,占所有中国企业海外债券总额的15%。[2] 另一家财经媒体Debtwire(债务连线)统计的数据表明,迄今约有19%的中国高收益债券订有维好协议。2020年至今,订有维好协议的中国企

[1] Narae Kim and Lianting Tu, *China Bondholders Set To Learn How Much A Promise is Worth*, https://www.afr.com/markets/debt-markets/china-bondholders-set-to-learn-how-much-a-promise-is-worth-20180604-h10yfq, visited Dec. 15, 2020.

[2] Bloomberg News, *What "Keepwell" Means in Case of China Bond Defaults*, https://www.bloomberg.com/news/articles/2020-05-14/how-a-keepwell-clause-protects-china-bonds-or-not-quicktake, visited Dec. 15, 2020.

业离岸高收益债券占总量的18.8%,而整个2019年为7.2%,2018年为13.7%。该媒体还制作图表(见图3)列明了中国企业海外发行债券时采用的不同增信措施情况。[3]

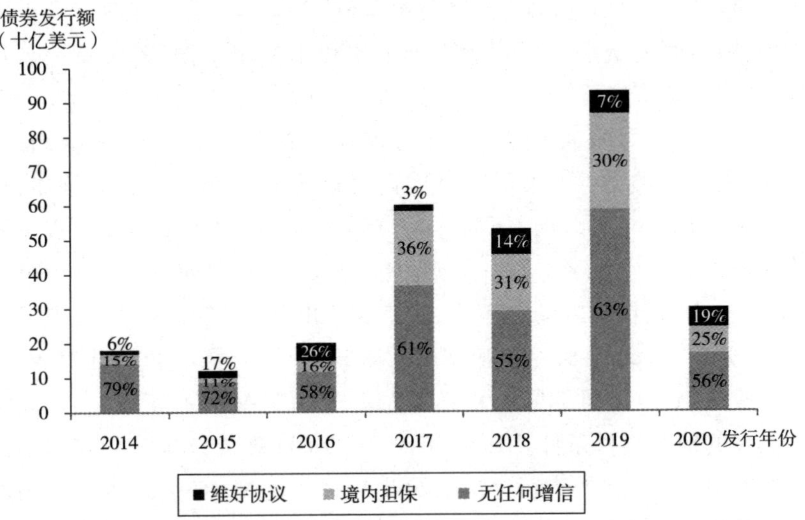

图3 中国企业海外发行债券时采用的不同增信措施情况

注:纵轴为债券发行额,单位:十亿美元;横轴为发行年份。不同灰度依次表示"维好协议""境内担保""无任何增信"。

关于维好协议的性质和效力尚存争议,我国现行法律也无明确规定。首先需要说明的是,本案中所称的"维好协议",实为一种"契据"(deed),契据是普通法系特有的一种法律文书,大陆法并没有与之对应的概念。契据不像合同,不需要当事人支付对价,主要有三个作用:(1)使某项权益、权利或财产的转让生效;(2)创设在某些人之间有约束力的义务;或(3)确认某些行为的发生,而这些行为导致了某项权益、权利或财产的转让。其本质就是一种符合特定格式要件的书面法

[3] See Jason Huang - Jones, *APAC Chart of the Week: Keepwells back 19% of Chinese HY Bonds YTD while PKFouders, CEFC Bring Structure on Foucus*, https://events.debtwire.com/apchart - of - the - week - keepwells - back - 19 - of - chinese - hy - bonds - ytd - while - pkfounder - cefc - bring - structure - on - focus, visited Dec. 15, 2020.

律文件。在普通法的实践中,契据必须符合一定的形式要求,比如要求书面形式,需注明是"作为契据签署、盖印和交付"(signed, sealed and delivered as a deed)。另外,在不同的普通法司法辖区,契据的签署要求有所不同。比如,根据《香港公司条例》,若一个公司有两名及以上董事,则需两名董事或任一董事加公司秘书签署契据,若仅有一名董事,则需该董事签署。[4]

在国外的司法实践中,维好协议通常被认为是安慰函(comfort letter)的一种类型,[5]但需依具体内容确定其法律约束力。例如,在Kleinwort Benson Ltd.(以下简称KB)诉Malaysia Mining Corp.(以下简称MMC)案[6]中,KB为一家英国银行,其在为MMC的全资子公司MMC Metal提供贷款的过程中,由MMC出具了"安慰函",其中承诺"在子公司Metal足额兑付对KB的债务前,母公司不会降低对Metal的持股比例;母公司将尽最大努力确保子公司Metal的正常运营,以满足最终的债务偿付条件。"1985年MMC Metal破产,KB公司随即书面通知MMC履行代偿责任。法院对此判决认定MMC公司的出具的安慰函具有法律约束力,并要求MMC代为偿还子公司欠款,理由主要在于"安慰函构成了合同所需的要件,具有法律约束力;MMC在合同中承诺将采取积极行动以帮助子公司履行债务;安慰函中的表述是为了影响KB银行是否放贷的最终决定",需特别指出的是,本案中MMC公司所签署的安慰函不含有免责条款(disclaimer of liability),这也为法庭判决提供了重要依据。

在本案审结之后,2021年1月最高人民法院出台了《关于适用〈中华人民共和国民法典〉有关担保制度的解释》,对维好协议等类似条款作出明确,根据第36条的规定,第三人向债权人提供差额补足、流动性支持等类似承诺文件作为增信措施,可以按照不同的意思表示,按照保证、债的加入归类并处理,无法归入上述情形,则法院可以按照承诺文

---

[4] 参见《香港公司条例》第128条。

[5] See William L. Harvey, *Financial Keep - Well Agreements: When Comfort Becomes Discomfort*, Banking Law Journal 115, No. 10 (November/December 1998): 1061 - 1076.

[6] Kleinwort Benson Ltd. v. Malaysia Mining Corp. [1989] 1 All ER 78.

件判决第三人履行约定的义务。因此,维好协议的条款用语,将会决定其法律责任。当然,这是国内法的规定,不影响其他司法辖区根据各自实体法对条款作出相应认定。

(二)关于我国香港特别行政区法院判决的原告与本案申请执行的主体

本案所涉债券及相关维好协议,涉及的主体属于多个司法管辖区,较为复杂。具体而言,哲源公司系华信集团设立于英属维京群岛的间接全资子公司,时和基金购买哲源公司在国际市场上发行的欧元债券,为提供增信,华信集团向时和基金出具维好协议。其三方法律关系如图4所示:

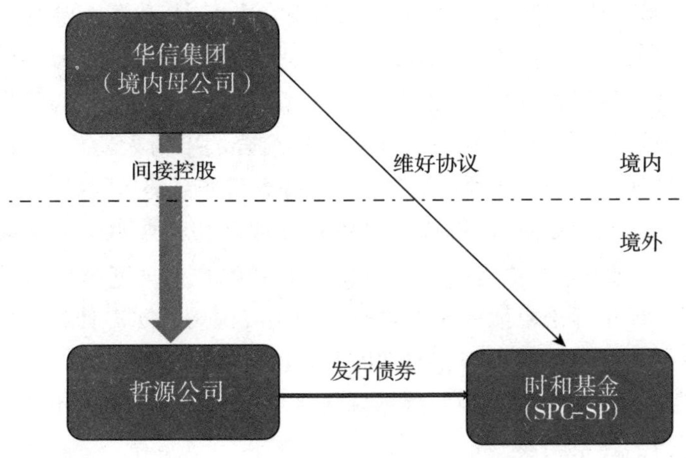

图4 案涉维好协议三方法律关系

由于债券无法按期偿还,债券持有人即本案申请人作为原告向香港特别行政区法院提起诉讼,并获得判决。本案的申请人时和基金SPC-时和基金SP,该主体是某个基金下设的份额,并非中国法项下常见的诉讼主体,对于该主体的诉讼主体资格亦产生了争议。笔者认为,一个诉讼主体是否合法,应根据其设立地的法律予以判断。根据Cayman Islands Companies Law(开曼群岛公司法)之规定,SPC(segregated portfolio company,SPC)系注册为独立投资组合公司的豁免公司,[7]其

〔7〕 Pursuant to section 216(2) of the Cayman Islands Companies Law.

拥有根据其公司章程中所规定的限制开展从事任何目标或目的的完全能力。SPC 系独立的法律主体,其可以设立任意数量的独立投资组合(segregated portfolio,SP),但 SP 本身并不具有独立法律主体地位,〔8〕且 SP 之间的资产及债务在法律上与 SPC 的资产及债务,以及任何其他 SP 的资产及债务相互分离。〔9〕 此为开曼群岛公司法之隔离原则。

为达到 SPC 风险隔离之效果,SPC 在代表某一 SP 行事或签署文件时,应明确其系以该 SP 的名义行事或签署文件。〔10〕 SP 的概念在其他国家或地区也存在,并且越来越广泛被接受。

从我国香港特别行政区及英国等国的司法实践看,对于涉及 SPC 下设 SP 的商事纠纷,在诉讼主体列明时会具名是 SPC 下设的哪个 SP,以"SPC,SP"或"SPC for SP"等形式出现。本案中,我国香港特别行政区法院在诉讼中认可了这一诉讼主体,因此,在申请人向上海金融法院申请认可与执行这一判决时,上海金融法院亦应认可开曼群岛公司法中独立投资组合公司与其下设独立投资组合的申请人地位。另外,在我国的商业信托、〔11〕证券投资基金〔12〕等投资产品的运行模式中,亦有类似隔离原则之要求,也形成了投资产品或者信托专户单独结算的做法,但在诉讼中尚无法将某一投资组合或者账户单独列明成为诉讼主体,因此,该种诉讼主体列明方式对于解决我国当前涉资管类纠纷案件资产管理人系代表哪一资管产品提起诉讼具有借鉴价值。

(三)未在合理期限内就缺席判决寻求救济的,符合《安排》所称具有执行力的终审判决

区别于普通法系国家,我国任何实体判决的作出原则上都必须经过庭审程序,即使被告自诉讼伊始从未出现,法院亦会根据原告举证进行实体审理后方判决其诉请是否支持。与此相对,普通法系诉讼程序的审前程序与庭审程序严格区分,法院可以在审前程序中,因被告未在规定的期间内积极应诉,即直接根据原告的申请作出判决被告败诉的

〔8〕 Pursuant to section 216(2) of the Cayman Islands Companies Law.

〔9〕 Pursuant to section 216(1) of the Cayman Islands Companies Law.

〔10〕 Pursuant to section 218(1) of the Cayman Islands Companies Law.

〔11〕 参见《信托法》第 15 条、第 16 条。

〔12〕 参见《证券投资基金法》第 5 条。

缺席判决(default judgment,普通法系多译为不应诉判决)。

《英国民事诉讼规则》规定,在被告未提供送达确认书或答辩意见时,法院可以未经开庭审理径行作出缺席判决。[13] 《美国联邦地区法院民事诉讼规则》规定,以下两种情形可以缺席判决:(1)由书记员(clerk)作出。如果原告对被告提出请求的金额是确定的,或者是通过计算可以确定的,同时,被告并非未成年人或无行为能力时,书记官应当根据原告的请求和有关负债额的宣誓陈述书,对被告应承担的数额和诉讼费用等事项进行登记,作出缺席判决。(2)由法官作出。对于不属于应由书记员(clerk)作出缺席判决范围的其他案件,法官可以根据当事人的申请作出缺席判决。[14] 综上,根据英美两国民事诉讼规则对缺席判决的规定,被告须在审前程序中作出答辩;否则,将会受到不利的缺席判决,从而提前结束诉讼程序。

对于缺席判决,英、美两国均设置以异议程序作为救济方式。虽然缺席判决系生效判决,在特定情况下仍有可能被撤销。在英国,缺席判决的救济分为撤销或变更判决两种形式,其中撤销判决又分为必须撤销与裁量性撤销两类。必须撤销的判决严格限于法院错误判决的情形,裁量性撤销或变更判决以被告申请为前提,且须满足被告有成功抗辩原告诉讼请求的现实前景或法院认为存在其他允许被告答辩的充分理由的条件。[15] 在美国,存在符合《美国联邦地区法院民事诉讼规则》第60(B)条规定的六种情形[16]之一,可以撤销生效判决。

本案系针对缺席判决申请认可与执行,被申请人提出,尽管双方在交易中约定了送达地址,但因其地址变更原因,其未知晓诉讼的发生。由于送达上的瑕疵,故上海金融法院不应认可与执行这一缺席判决。笔者认为,本案系一国之内不同法域之间开展的区际司法协助,不同于国际司法协助。前者目的在于实现两地民商事案件判决的异地"流通",后者则要坚持尊重国际礼让、维护当事人合法权益与保障内国法律秩序并重的原则。也正因如此,《安排》中明确规定,是否经合法传

[13] Pursuant to 12.1 of the Civil Procedure Rules.

[14] Pursuant to rule 55 of Federal Rules of Civil Procedure.

[15] 袁琳:《民事缺席审判制度研究》,载《西部法学评论》2015年第1期。

[16] Pursuant to rule 60(b) of Federal Rules of Civil Procedure.

唤及是否获得答辩机会的审查依据是原审法院地法,而且未作任何保留或例外性规定。故本案无须考虑是否低于我国法律规定的合法传唤的最低标准、是否与我国民事诉讼送达程序的基本原则相冲突等问题,应当根据法院地法对缺席一方是否经合法传唤或者是否获得法律规定的答辩进行审查。本案中,我国香港特别行政区高等法院原讼法庭对华信集团的传唤程序及在华信集团不答辩的情况下予以缺席判决,符合我国香港特别行政区《高等法院规则》的规定,华信集团未在合理期限内对缺席判决提出异议,属于我国香港特别行政区法院之具有执行力的终审判决予以明确。

(四)关于执行涉案判决是否违反内地社会公共利益

华信集团主张,虽然涉案"维好协议"约定该协议并非担保,但该项义务的内容和本质符合担保责任的构成要件,时和基金在我国香港特别行政区高等法院提起诉讼,并获得直接支持其诉请的缺席判决,再要求内地法院认可与执行的行为,实质上是为了规避担保法及内地金融监管体系,直接违反内地法律规定,执行涉案判决违反内地社会公共利益。对此,需要结合我国外汇管理规定的变化、社会公共利益的内涵等综合分析。

1. 我国外汇管理规范的变迁

我国对于外债以及外汇的管理经历了一个严格到宽松的过程。2000 年最高人民法院《关于适用〈中华人民共和国担保法〉若干问题的解释》第 6 条规定:"有下列情形之一的,对外担保合同无效:(一)未经国家有关主管部门批准或者登记对外担保的……"因此,如果没有经过监管部门批准或者登记而提供的对外担保在我国担保法下担保合同无效。该司法解释将审批登记与合同效力挂勾。

但此后随着改革开放程度的深入,外债管理有所变化。国家外汇管理局于 2014 年制定了《跨境担保外汇管理规定》及其操作指引(汇发〔2014〕29 号文)(以下简称 29 号文),根据该文的规定,内保外贷和外保内贷实行登记管理,而其他形式的跨境担保,当事人可自行签订担保合同,无须登记或备案。对于跨境担保合同效力的问题,根据 29 号文第 29 条的规定,核准、登记、备案均不再作为跨境担保合同的生效要件,即未按规定核准、登记、备案的跨境担保的合同也是有效的。该文件最重要的影响是规定了事后监管的管理手段，取消了所有的事前审批，以登记为主要的管理手段。同时，除了内保外贷和外保内贷之外的其他跨境担保都不需要再进行外汇登记。2017年1月26日，国家外汇管理局又发布《关于进一步推进外汇管理改革　完善真实合规性审核的通知》(汇发〔2017〕3号)，债务人可通过向境内进行放贷、股权投资等方式将担保项下资金直接或间接调回境内使用。该文发布之后，以“内保外贷”形式提供增信的，其项下资金回流限制有所放松。但《跨境担保外汇管理规定》中的若干限制仍然存在，如不得通过证券投资的方式将“内保外贷”项下的资金回流境内；“内保外贷”项下担保责任为境外债务人债券发行项下还款义务时，境外债务人应由境内机构直接或间接持股，境外债权发行收入应用于与境内机构存在股权关联的境外投资项目。

外汇管理制度事关一国国际收支平衡，与经济发展水平密切相关，从管理政策的变化可见监管部门更趋开放的心态。因此，根据现行外汇管理规定，以“维好协议”形式提供增信，并非直接与合同效力挂钩，最多是资金用途、主体关系存在一定的监管要求。

2. 社会公共利益的界定

社会公共利益、公共政策或公共秩序，是区际或国际判决认可与执行中的一项重要制度。《安排》第9条第2款规定：“内地人民法院认为在内地执行香港特别行政区法院判决违反内地社会公共利益，或者香港特别行政区法院认为在香港特别行政区执行内地人民法院判决违反香港特别行政区公共政策的，不予认可和执行。”所谓社会公共利益，法理上通常是指属于社会全体成员的利益。公共利益范畴的核心内容就是其公共性，其基本内涵是指在特定社会历史条件下，从私人利益中抽象出来能够满足共同体全体或大多数社会成员的公共需要，经由公共程序并以政府为主导所实现的公共价值。〔17〕

各国法律对于社会公共利益、公共政策或公共秩序的界定各不相同。法国法律规定，公共政策系指本国的社会安全。瑞典仲裁法规定，

〔17〕　参见江必新主编：《新民事诉讼法理解适用与实务指南》，法律出版社2015年版，第226页。

承认或执行外国仲裁裁决不得违反瑞典法律的基本准则。美国第二巡回法院在帕森及怀特、摩尔海外公司诉通用造纸公司一案中指出,尽管法院对违反公共秩序的外国裁决可以不予执行,但公共秩序不得仅根据本国政策或本国的政治利益来判断,只有在承认执行该裁决会违反本国最基本的道德和正义观念时,才能拒绝承认和执行。[18] 由此可见,尽管各国对公共秩序的内涵表述各不相同,但普遍认为公共秩序系指与某一国根本利益密切相关的基本法律准则。

我国法律和司法解释尚未对社会公共利益、公共政策或公共秩序的适用标准作出规定或解释。《民事诉讼法》第 282 条规定:"人民法院对申请或者请求承认和执行的外国法院作出的发生法律效力的判决、裁定,依照中华人民共和国缔结或者参加的国际条约,或者按照互惠原则进行审查后,认为不违反中华人民共和国法律的基本原则或者国家主权、安全、社会公共利益的,裁定承认其效力,需要执行的,发出执行令,依照本法的有关规定执行。违反中华人民共和国法律的基本原则或者国家主权、安全、社会公共利益的,不予承认和执行。"最高人民法院在针对涉外民商事仲裁裁决的承认与执行的复函中对公共政策作出如下认定,关于公共政策问题,应仅限于承认仲裁裁决的结果将违反我国的基本法律制度、损害我国根本社会利益情形;[19] 只有在承认和执行外国商事仲裁裁决将导致违反我国基本法律原则、侵犯我国国家主权、危害国家及社会公共安全、违反善良风俗等危及我国根本社会公共利益的情形。[20]

需要特别强调的是,我国法律的一般性强制规定不应作为公共政策适用的事由。本案涉及我国的外汇管理政策,因此被申请人以此提出了抗辩。根据前文分析,外汇管理政策不再影响合同效力,但笔者认为,即便外汇管理政策作出了强制性规定,也不表明我国法律中所有的强制性规定均属于适用公共政策的范围。如果强制性规定代表着整个社会基本价值观和基本法律原则,才应认定为公共政策并加以审查。

---

〔18〕 参见唐德华、孙秀君主编:《仲裁法及配套规定新释新解》,人民法院出版社 2002 年版,第 697 页。

〔19〕 参见万鄂湘主编:《涉外商事海事审判指导》,人民法院出版社 2010 年版,第 122 页。

〔20〕 同上,第 116 页。

对此，最高人民法院关于 ED& F 曼氏（香港）有限公司申请承认和执行伦敦糖业协会仲裁裁决案的复函[最高人民法院（2003）民四他字第 3 号复函]中指出，违反有关外债批准及登记的法律规定的行为，并不违反我国的公共政策。在另一起最高人民法院关于不予承认与执行瑞典斯德哥尔摩商会仲裁院仲裁裁决案的请示复函[最高人民法院（2001）民四他字第 12 号复函]中指出，违反相关法律规定，未经批准擅自从事境外期货交易的行为，不属于违反我国的公共政策的情形。对于一些备案方面的规定，最高人民法院关于申请人天瑞酒店投资有限公司与被申请人杭州易居酒店管理有限公司申请承认仲裁裁决案的复函[最高人民法院（2010）民四他字第 18 号复函]中指出，违反外资准入的备案制度的行为并不违反我国公共政策。

综合以上因素，如果认可和执行外国或者我国港、澳、台地区法院裁决，违反我国宪法基本原则、损害我国主权和安全、违反我国缔约或参加的国际条约所承担的义务或违反国际上公认的国际法原则、违反我国基本法律的基本原则、违反我国刑法规定的，才可以认定属于社会公共利益或公共政策范围。涉案维好协议系平等主体之间民事法律关系，香港特别行政区高等法院就维好协议所涉纠纷作出的裁判效力限于双方当事人之间，对其效力的认可和执行并不会涉及内地全体社会成员或者社会不特定多数人的利益。

3. 结论

由于本案系认可与执行我国香港特别行政区法院判决案，审理过程中，华信集团并未证明认可和执行涉案香港特别行政区判决的结果，存在违反内地法律基本原则、危害公共安全、违反善良风俗等危及内地社会公共利益的情形，华信集团认为涉案香港特别行政区判决违反内地担保法及外汇管理的相关规定，亦于法无据。因此，认可和执行本案所涉香港特别行政区判决之结果难谓对当前我国社会公共利益之违反。

本案裁决之后，除了国际财经媒体纷纷报道之外，也受到国际法律界的关注。Hogan Lovells 国际律师事务所撰写了案例分析《维持良好（keepwell）和繁荣——上海法院确认香港判决，确认美国债券持有人的主张》，提道：“上海金融法院的判决将对所有涉及维好协议的债券市场交易产生重大影响,不过需要注意的是,每个案件都要看自身的事实和维好协议中的措辞,因此不能一概而论,要具体情况具体分析。”该分析称:“该判决为那些投资于数十亿美元跨境债券市场的投资者带来了期待已久的指引。该案例分析目前已收录于 Lexology 数据库。”〔21〕英国一线知名律师事务所 Linklater(年利达)发布此案的案例分析,标题为《中国法院认可了与维好协议有关的香港法院缺席判决》,强调中国内地法院这一裁判结果意义重大。因为中国企业离岸债券发行中常常被用作增信的维好协议,存在众所周知的风险。违反维好协议通常不会引起直接债务索赔,而只会引起违约损害赔偿的索赔。此外,维好协议的有效性此前从未在中国法院接受过检验,中国法院将如何处理根据维好协议提出的索赔,一直存在不确定性。〔22〕美国 Akin Gump Strauss Hauer & Feld LLP 律师事务所也发布了案例分析《中国维好协议支持债券的持有人离法律确定性更近了一步?》,强调上海金融法院的判决值得仔细研究——这一进展表示中国法院在认可维好协议效力方面迈开重要一步。该案例分析认为,上海金融法院的裁判是一个受得欢迎的进展。维好协议架构下的中国企业离岸债券持有人,拥有了更多的谈判筹码。

(编辑:何昕)

〔21〕 Hogan Lovells, Keep Well and Prosper – Shanghai Court Validates Hong Kong Decision Affirming U. S. Bondholders Claims, https://www. lexology. com/library/detail. aspx? g = 46ccdf9f – 0626 – 403d – 94f9 – 9bacb26a3280, visited Dec. 15, 2020.

〔22〕 See Linklaters, PRC Court Confirms Recognition of A Hong Kong Default Judgment in Relation to A Bond Keepwell Deed, https://www. linklaters. com/en/knowledge/publications/alerts – newsletters – and – guides/2020/november/26/prc – court – confirms – recognition – of – a – hong – kong – default – judgment – in – relation – to – a – bond – keepwell – deed12, visited Dec. 15, 2020.

《证券法苑》(2021)
第三十一卷,第 523 ~536 页

代位抑或穿越
——间接持股者行使股东知情权之路径分析

李非易*

摘要:股东知情权属于股东的固有权利,原则上行使主体应当限于股东。当股东是有限合伙企业时,有限合伙人可援引《合伙企业法》第 68 条第 2 款第 7 项的规定,以自己名义提起诉讼。囿于我国尚无股东知情权穿越的相关制度,有限合伙人只能基于代位的路径,行使原属于合伙企业的权利。当股东是公司时,我国目前的法律规定则阻却了公司的股东提起上述股东知情权诉讼,这有待于将来建立完善的知情权穿越制度来解决这一困境。

关键词:股权投资　间接持股　有限合伙人　代位　知情权穿越

在一级市场,普通的个人投资者通常不会直接持有投资目标公司的股权,而是通过一定的平台架构间接持股,从而获取相应投资收益。有限合伙企业和公司是我国两种最为常见的投资架构平台选择,其中,有限合伙企业作为一种兼具灵活性和要

---

* 上海市第二中级人民法院商事审判庭商事速裁团队负责人、审判员。

式性的企业组织形态,是股权投资者、目标企业、基金管理人都颇为青睐的持股平台形式。在投资市场中,无论是私募基金或是资管公司,常常以有限合伙企业为主要持股载体构建投资交易架构。然而,实际投资人作为有限合伙人,当身为执行事务人的普通合伙人怠于履行基于管理协议以及合伙协议的管理义务时,投资者的预期投资利益难以得到及时保障。公司因为具有独立人格以及股东有限责任的天然制度优势也成为投资者选择持股平台时的热门,然而,与有限合伙企业类似的是,身为投资者的公司股东亦会面临基于公司法所规定的股权与经营权相分离的基本原则而无法及时维护投资权益的困境。于此情形下,投资者如何有效地向实际的投资目标公司行使知情权是当前股权投资领域的症结所在。

由于股东知情权是专属于股东的法定权利,知情权诉讼在实践中通常是由股东提起。当公司股东是有限合伙企业时,作为股东的合伙企业及其执行事务合伙人怠于行使股东知情权,以致该合伙企业的有限合伙人无从了解其通过合伙企业间接投资的目标公司经营情况和盈利情况。当持股平台的组织形式为公司时,持股公司的董事会和高管亦会出现违反其应尽的勤勉义务的情形从而造成投资者无法实现其所期的投资利益。此时,有限合伙人或是持股公司的股东虽然本身并非目标公司的直接持股者,但其可否基于自身或其投资所直接依托的企业组织形态的利益考量,以自身作为原告直接向目标公司提起股东知情权诉讼,事关广大投资者的根本利益。本文从案例出发,首先试从法理和实践角度对有限合伙人行使股东知情权的路径进行探讨,再将视角拓展至包括有限合伙人、持股平台公司股东等形式的间接持股投资人,对我国当下知情权行使的相关制度的局限性予以阐释,并借鉴商事高度发达的美、日、英现行公司法中关于保障母公司股东之于子公司行使股东知情权的制度规范,对破冰我国当前制度提出建议,以期为股权投资市场主体、监管方、司法机关提供思路,为股权投资市场的国际化、规范化、现代化略尽绵薄。

一、问题的提出——以一则生效案例为引

本案系股东知情权纠纷,争议的焦点就在于:合伙企业的有限合伙人是否有权直接向合伙企业投资的公司提起股东知情权之诉。

原告:杜某兴、张某兵、陆某楠、上海准兴投资有限责任公司。

被告:上海星珏投资管理有限公司。

第三人:芜湖星衡股权投资中心(有限合伙)。

2012年3月29日,第三人成立,执行事务合伙人为一家股权投资基金管理公司,系普通合伙人,四原告作为有限合伙人向第三人投入了资金。2012年5月25日,被告公司成立,第三人持有被告21.69%的股权。故四原告作为实际投资人,通过第三人这一平台间接持有被告股权。2019年,四原告出于对投资情况的疑虑,以第三人及其执行事务合伙人怠于行权为由,径直向上海市静安区人民法院起诉请求:被告向四原告直接提供会计账簿和会计凭证等经营材料供查阅、复制。

静安法院裁定驳回了原告方的起诉,理由是:四原告不具备被告公司股东的身份,系主体不适格。四原告称第三人系被告公司股东,四原告系第三人的有限合伙人,因第三人及其执行事务合伙人怠于行使权利而提起本案诉讼。静安法院对此认为,合伙企业因对外投资而取得的股东权利,既是财产权也是身份权,法律并未规定四原告所称情形可突破《公司法》及其相关司法解释对于股东知情权行使主体的资格要求。

原告方不服,向上海市第二中级人民法院提起上诉称:作为有限合伙人,目前第三人的执行事务合伙人怠于履行职责,导致第三人的权益受损,有限合伙人作为利益攸关的实际投资人,可以起诉,向目标公司即被告行使知情权。故请求二审法院撤销一审裁定,指令一审法院审理本案。

二审法院认为,根据《合伙企业法》第68条的规定,有限合伙人不执行合伙事务,不得对外代表有限合伙企业,同时又规定有限合伙人的下列行为不视为执行合伙事务,其中包括在执行事务合伙人怠于行使

权利时,有限合伙人督促其行使权利或者为了本企业的利益以自己的名义提起诉讼的行为。该条赋予有限合伙人在执行事务合伙人怠于行使权利时,有限合伙人为了企业的利益以自己的名义提起诉讼的权利。四原告在提起本案诉讼前在已知范围内尽到了督促义务,第三人也未在本案诉讼中知悉有限合伙人的要求后表示愿意行使股东知情权。因此,在执行事务合伙人怠于行使权利的情况下,有限合伙人以自己名义提起知情权诉讼既未违反上述的法律规定,也有利于合伙企业权利的行使及利益的保护。因此四原告提起本案诉讼的主体资格适格。遂裁定:撤销一审裁定,指令一审法院审理本案。[1]

在上述案件中,核心争议焦点即为:有限合伙人能否以自己为原告,向合伙企业所持股的公司提起股东知情权诉讼。如果不能,则其应如何维护自己的合法权益?如果可以,则其主张权利的基础是什么?是基于代位行使原属于合伙企业之权利,还是行使其自身权利,效力得以穿越合伙企业而径直作用于目标公司?

二、有限合伙人行权的实际需求和法理基础

股东知情权,是指公司股东了解公司信息的权利。[2] 中外各国小股东的维权实践表明,知情权是股东行使一系列权利的前提和基础。[3] 只有在知情的基础上,股东才能有效地参与公司重大问题的决策,监督董事会和管理层,必要时通过诉讼来维护自己的利益。[4] 股东知情权亦是一项法律赋予专属于股东的、不得以公司意思加以限制和剥夺的固有权利。[5] 故通常情况下,股东知情权的权利主体当然是

---

〔1〕 一审:上海市静安区人民法院(2019)沪0106民初32419号(2019年8月22日);二审:上海市第二中级人民法院(2019)沪02民终9725号(2019年11月7日)。

〔2〕 参见施天涛:《公司法论》(第3版),法律出版社2014年版,第264页。

〔3〕 参见刘俊海:《公司法学》(第2版),北京大学出版社2013年版,第173页。

〔4〕 参见朱锦清:《公司法学》(修订本),清华大学出版社2019年版,第375页。

〔5〕 参见李建伟:《"实质性剥夺"股东知情权的公司意思效力研究——〈公司法解释四〉第9条的法教义学分析及展开》,载《中外法学》2018年第5期。

股东。[6] 有限合伙人越过合伙企业直接向目标公司提起股东知情权诉讼,似乎对《公司法》及司法解释对股东知情权之于股东的专属性进行了突破(见图1)。因此,有必要结合法理和实践的不同角度,厘清有限合伙人直接主张合伙企业之股东知情权是否具备合理性与必要性,并明确该诉求是否具有足够的法理基础。

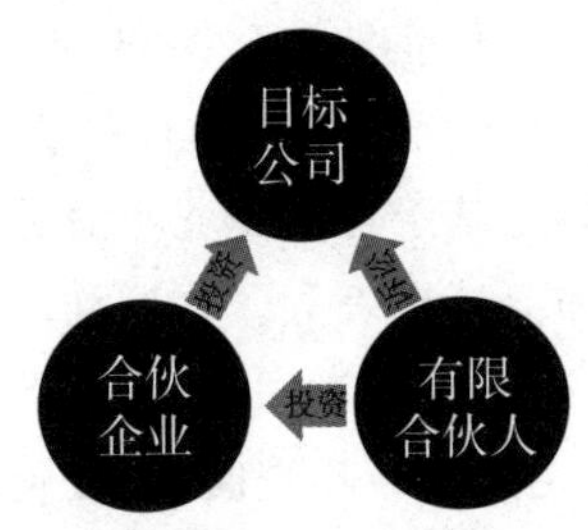

图1　有限合伙人行使合伙企业股东知情权关系结构

(一)有限合伙人行使合伙企业股东知情权的必要性

有限合伙企业虽然与有限责任公司颇为类似,在部分国家(如德国、日本)被称为"两合公司",[7]但两者毕竟有本质差别,我国并无关于"两合公司"的明确立法,不同于我国公司治理立法体系中对股东权益的密切关注和深度保护,囿于立法的简洁,有限合伙人的权益保障问题也是一直困扰司法实践的难点。我国商事实践中,基于纳税与合规需求之考量,大量存在由有限合伙企业作为持股平台和投资人权益集散中心的情况——投资人作为有限合伙人,其真实的投资目的往往是合伙企业入股的目标公司而非合伙企业本身,因此很多时候,合伙企业的经营行为就是入股目标公司。有限合伙人在向合伙企业完成资金注入后,一方面失去了对资金的控制权,另一方面却无法获得类似于公司股东的完整制度保护。更为不利的是,合伙企业的执行事务合伙人或真实运营人往往是普通合伙人或其他隐藏更深的实际控制人。很多有限合伙人在对合伙企业经营情况和自身资金安全产生疑虑之后,发现

[6] 同前注[2]。

[7] 同前注[3],第436页。

其难以对真实投资标的有效地行使知情权,遑论进一步维护自身合法权益。在目前的投资实务中,大量的合伙企业往往与目标公司签有回购条款或业绩补偿条款等具有对赌性质的条款,故投资人的收益空间和资金安全往往与目标公司的经营情况直接挂钩,然而由于信息的不对称,目标公司的经营情况通常不为有限合伙人所掌握,故其难以知晓其投资权益情况。虽然《合伙企业法》第 68 条第 2 款第 4 项和第 5 项赋予了有限合伙人查阅合伙企业财务会计报告、会计账簿等资料的权利,但由于这些材料只能是基于合伙企业本身运营的材料,如合伙企业的会计账簿、会计凭证和会计报表等。在这样的知情权保障背景下,有限合伙人除了能看到合伙企业的对外投资凭证等基本材料外,对于投资标的公司的细节资料无法进一步查阅,其投资权益保障亦无从谈起。因此,有限合伙人直接向目标公司行使股东知情权的需求有其合理性和必要性。

(二)有限合伙人行使股东知情权的法理基础

检索现有的裁判文书,司法实践中不乏允许有限合伙人在执行事务合伙人怠于行使权利时以自己的名义提起诉讼的裁判。[8] 关于法律依据和主张路径容后详叙,然该结论的法理基础在于两点:其一,根据现行的《合伙企业法》关于有限合伙企业的普通合伙人和执行事务人的赋权规定,普通合伙人和执行事务人是有限合伙企业事务的直接掌控者,如果法律不赋予有限合伙人一定深度的关于企业事务的知情权,权利的天平可能会失衡,从而导致合伙企业失去其人合性的基本特质。如果合伙企业已经由独立市场主体退化为目的单一的持股平台和权益集散中心,那么其本身的独立性就已经有所欠缺,更何况合伙企业并非法律规制更为严谨的有限公司,其形骸化程度可想而知。若此时不能赋予合伙企业的权益所有人一种行之有效的维权路径,将严重动摇合伙企业的两合属性和制度根基。其二,如果目标公司与作为股东的合伙两者之间形成了类似于母子公司这样的紧密关联关系,子公司即目标公司的独立人格就被严重削弱,子公司甚至可能会沦为母公司

〔8〕 参见上海市第二中级人民法院(2019)沪 02 民终 9725 号民事裁定书、(2019)沪 02 民终 9730 号民事裁定书。

的工具。在此种情况下,若能不给予合伙企业的有限合伙人对目标公司相关决议材料、会计账簿等财务资料的知情权,则该有限合伙人将无法知悉并制止损害其权益的行为,或在损害行为已然发生时无力维权。〔9〕

三、现有立法背景下的代位主张路径证成

尽管有限合伙人直接向目标公司行使股东知情权的客观需求和法理依据均已具备,然而市场主体在发起商事诉讼的过程中必须遵循现行法律规范。因此,在判断有限合伙人直接向目标公司主张股东知情权的可行性时,还须综合考察《公司法》及相关司法解释确立的股东知情权制度与《合伙企业法》确立的有限合伙人代位诉讼制度。

(一)《公司法》视角下知情权之权利来源主体的刚性限制

我国《公司法》第 33 条明确规定了股东对公司会计账簿等经营材料享有知情权。但如果仅援引该法律条文,股东知情权诉讼的提起主体将毫无争议的被限定在具有股东身份的商事主体中。最高人民法院《关于适用〈中华人民共和国公司法〉若干问题的规定(四)》(以下简称《公司法解释(四)》)第 7 条第 2 款将诉讼的提起主体有条件地扩张为"前股东",〔10〕故根据现有公司法立法现状,股东知情权诉讼的发起方均应当为或曾为公司股东。基于此逻辑背景,有观点认为有限合伙人的行权请求无法突破法律和司法解释所规定的股东知情权行使主体资格要求,即有限合伙人无权提起本案诉讼,进而应驳回其起诉。〔11〕但应当注意的是,有限合伙人提起知情权诉讼的依据并非仅仅是《公司法》第 33 条,由于目标公司的股东并非有限公司或个人,而是有限合

〔9〕 参见王建文:《论我国股东知情权穿越的制度构造》,载《立法科学》(西北政法大学学报)2019 年第 4 期。

〔10〕 《公司法解释(四)》第 7 条第 2 款规定:公司有证据证明前款规定的原告在起诉时不具有公司股东资格的,人民法院应当驳回起诉,但原告有初步证据证明在持股期间其合法权益受到损害,请求依法查阅或者复制其持股期间的公司特定文件材料的除外。

〔11〕 前文所引之案例中的一审法院即持此观点。

伙企业,故还需结合《合伙企业法》中的相关规定予以综合考量。

(二)《合伙企业法》第68条与股东知情权制度的衔接

《合伙企业法》第68条第2款第7项赋予了有限合伙人在特定情况下可以为了企业利益直接以自己名义起诉的权利。[12] 国外立法例也有类似规定,如美国《统一有限合伙法》第3条第3款就明确规定,有限合伙人为有限合伙的利益而提起代理诉讼,不构成参与对企业的控制。那么,《合伙企业法》的前述规定可否与《公司法》第33条相衔接,则成为有限合伙人能否径直向合伙企业投资的公司提起股东知情权诉讼之关键。

从文义理解,《合伙企业法》第68条第2款第7项表述为"为了企业利益直接以自己名义起诉",但并未限定是何种类型的诉讼,法无禁止即可为,故宜推定该条文能够涵盖该合伙企业本可提起的一切诉讼,当然亦包括知情权之诉。

有观点认为,《公司法解释(四)》第7条第2款已经旗帜鲜明地将知情权诉讼的发起方限定为股东或前股东,则应当排斥此外一切身份的原告。笔者对此难以认同,《公司法》及相关司法解释关于知情权权利来源的刚性规定,针对的是实体法意义上的权利来源而非程序法意义上的诉讼主体。股东知情权的权利主体是股东,并不当然意味着实际诉讼中的原告就必须只能是股东。从立法目的考量,该条款一方面重申了《公司法》即已经明确的股东知情权和股东身份之间的紧密关联;另一方面则更是为了解决股东转让股权前后、股权名实不一致情况下知情权保障问题。[13] 仔细研读该款具体表述可知,该条文的适用条件在是被告举证否认原告股东身份的前提下,即表明:该条文的应用场景是知情权诉讼两造对原告是否具有股东权利来源存有争议,则被告可援引该条文以对抗原告的诉请。仅从该条文的表述就得出只有股东

---

〔12〕《合伙企业法》第68条规定:"有限合伙人不执行合伙事务,不得对外代表有限合伙企业。有限合伙人的下列行为,不视为执行合伙事务:……(七)执行事务合伙人怠于行使权利时,督促其行使权利或者为了本企业的利益以自己的名义提起诉讼……"

〔13〕参见杜万华主编:《最高人民法院公司法司法解释(四)理解与适用》,人民法院出版社2017年版,第171~172页。

才可以提起知情权之诉,过于绝对,似是而非。例如,公司辩称,股东存在冒名、借名、已转让等情况,则应当以前述规定予以审查和判断。而在本文所探讨的基本场景下,有限合伙人的起诉是基于《合伙企业法》所赋予的代位起诉权,行使的是本就属于合伙企业的知情权,而无论是公司还是有限合伙人,对于合伙企业的股东身份是不持异议的。因此,《公司法解释(四)》第7条第2款之规定不足以阻却本案中原告的诉权成立。换言之,《合伙企业法》第68条第2款第7项所赋予有限合伙人在特定情况下的代位诉权,是可以和股东知情权制度有效衔接的,两者之间并不存在难以克服的排异现象和法律冲突。

综上,有限合伙人在合伙企业或执行事务合伙人未积极行权的情况下,可代位合伙企业向目标公司提起股东知情权之诉。但应当指出的是,就本质而言,有限合伙人行使的股东知情权仍是属于合伙企业的权利,其仅仅是在合伙企业怠于行权的情况下代位提起的诉讼,这并不意味着有限合伙人对目标公司享有知情权。

四、代位主张路径的缺憾与知情权穿越制度的构建

在前文探讨背景下,股东为有限合伙企业,那么如果我们将视角放宽,将该合伙企业的法人类型替换为有限公司,前文述及的结论能否依然成立?结论并不乐观,《合伙企业法》第68条第7项与股东知情制度的成功衔接,并不能简单推及有限公司作为股东的情况中,这也是代位主张股东知情权路径之于间接持股者的重大缺憾。

(一)当前立法中股东代位诉讼和股东知情权诉讼的衔接障碍

股东直接向其所投资公司的子公司主张股东知情权,最大的障碍就是现行法律规定之间的衔接障碍。根据现有法律,公司股东只能根据《公司法》第151条第3款之规定,以股东代位诉讼为依托,寻求直接以自己的名义向目标公司提起知情权诉讼。[14] 然而该法律条文设置

---

〔14〕《公司法》第151条第3款规定:"他人侵犯公司合法权益,给公司造成损失的,本条第一款规定的股东可以依照前两款的规定向人民法院提起诉讼。"

了“他人侵犯公司合法权益,给公司造成损失的”这一先决条件,隐隐将股东派生诉讼限定在了侵权或合同纠纷项下的赔偿之诉,从而将《公司法》第33条所规定的知情权诉讼排除在外。这与《合伙企业法》第68条第2款第7项的宽泛授权性规定大相径庭。更重要的是,《公司法》所规定的股东代位诉讼,须以公司利益受到侵害为前提,〔15〕而大量的股东是出于对侵害可能的预判和防范而提起知情权诉讼,现实中并无侵害公司利益的事实存在。实践中另有部分股东对公司享有债权,依据原《合同法》第73条之规定,试图以债权人代位权诉讼为抓手,寻求直接向目标公司行使知情权。〔16〕然而债权人代位权的客体,必须是能够构成债务人责任财产的权利。〔17〕股东知情权显然不在此列。

(二)股东代位诉讼与知情权诉讼制度不兼容的法理逻辑

同样的适用场景,合伙企业替换为有限公司后,何以得出截然相反的结论,是立法者无意疏忽还是另有考量,值得进一步探讨。

考察我国立法对公司与有限合伙企业两种企业组织形态的不同定位,会发现正是两种企业组织形态的不同价值取向导致了投资者寻求代位主张知情权时的迥异结果。有限责任公司制度的创设根基即在于:资方以完成出资和不轻易干涉公司经营为代价,获取对外部债务仅需承担有限责任的制度保护。因此,在《公司法》及相关司法解释的立法目的解释语境下,法院必须在案件处理过程中平衡好股东知情权和公司利益的保护两者关系。既要保护股东知情权,又要防止权利行使过滥;对公司而言,既要防止侵害股东知情权,又要防止商业秘密泄露,影响公司利益,避免在司法中走极端的现象出现。〔18〕因此,在法律并无明确授权,也没有公司章程等自治性文件支持的情况下,尚不宜将股东知情权的主张对象无限扩张至子公司甚至孙公司之中。

---

〔15〕 同前注〔2〕,第451页。

〔16〕 原《合同法》第73条第1款规定:因债务人怠于行使其到期债权,对债权人造成损害的,债权人可以向人民法院请求以自己的名义代位行使债务人的债权,但该债权专属于债务人自身的除外。

〔17〕 韩世远:《合同法总论》(第4版),法律出版社2018年版,第442页。

〔18〕 同前注〔13〕,第193页。

相较于有限公司,合伙企业具有更强的人合性,对于有限合伙人而言,尽管与公司股东同样受到有限责任制度的护佑,但作为代价:有限合伙制度使出资较少的普通合伙人能够独揽合伙企业的经营管理大权,从而实现以小博大的资本放大功能。[19] 现行法律对合伙企业的执行事务合伙人或实际控制人的规制、对有限合伙人的权益保障均较为薄弱,与《公司法》及相关司法解释的完备规范不可同日而语。因此,作为对冲,《合伙企业法》第 68 条第 2 款第 7 项赋予有限合伙人的代位起诉权采用了宽泛的文义表述,并未将该种诉权限定在某种特定权利或诉讼形式之中。有限合伙人也得以通过对该法律条文而代位主张合伙企业之股东知情权。

(三)域外的解决路径:股东知情权穿越制度

尽管股东对公司的子公司行使知情权存在法律衔接上的障碍,也确有其背后的法理依据,但仍有进一步探讨的余地。前文已对有限合伙企业中有限合伙人直接向目标公司行使知情权的客观需求和法理依据作出了论述,但从现行法律规范来看,有限合伙人的行权尚有赖于借助代位制度,其行使的权利本身仍属于合伙企业,有限合伙人自身并不能享有对目标公司的知情权,不能不说是一种缺憾:若合伙企业替换为公司,则公司股东之股东就不能以代位权的路径来主张知情权,这将严重困扰通过平台公司间接持股目标公司的投资者。有学者提出,可以通过建立股东知情权的穿越制度来彻底解决间接投资者的知情权保障问题:即在特定情形下,目标公司股东的股东——无论目标公司的股东是公司还是合伙企业——都可以对目标公司行使知情权。[20] 笔者认为,该观点诚值赞同,事实上,股东知情权穿越制度的构造在域外已经有了较为完备的规定。

公司治理制度高度发达的美国和日本已有关于股东知情权穿越制度的完善规定。美国早在 20 世纪初便用案例法确认了在企业集团化时母公司的股东权利可以穿越作用于子公司。[21] 之后多州通过成文

---

〔19〕 同前注〔3〕,第 437 页。

〔20〕 同前注〔9〕。

〔21〕 Anderson v. Abbott,321 U. S. 349 (1944).

法确定了母公司股东穿越行使股东知情权,以最先成文化的特拉华州为例,《特拉华州普通公司法》第 220 条从行使条件、从属公司的认定、拒绝事由、查阅内容和程序方面进行了详尽的规定,特别强调了关于“实际控制”的认定问题。从判例来看,美国法院通常会结合股东的持股份额、董事高管的人员架构、母子公司之间的控制协议等案件事实进行实质性审查,只有在“实际控制”关系成立的情况下,方得对母公司之股东知情权穿越请求予以准许。而《日本商法典》第 293 条之 8 和《日本公司法典》第 433 条也有类似规定,例如母公司的股东必须证明正当目的的存在即查询的目的是保护自己身为股东的利益譬如调查经营层的不法行为,从而避免母公司的股东滥用知情权穿越窃取子公司的商业秘密从而损害子公司的利益。较之美国的规定,日本的知情权穿越行使还须经过法院批准,从而导致在日本,母公司的股东在经过法院许可之后方可直接向子公司行使知情权穿越查阅相关资料,〔22〕然而在美国,控制公司的股东只能向制作了合并财务报表的控制公司请求行使知情权而无法越过控制公司直接向从属公司行使该权利。〔23〕除此之外,日本的股东知情权穿越只能是母公司的股东请求于子公司,〔24〕而美国穿越的范围要较之更为宽泛,只要是认定满足实际控制,两公司之间可以嵌套多层公司。〔25〕

英国的公司法因其是建立在以股东为中心的法理基础之上,从而对于控股公司的股东对子公司的知情权通过信息披露制度和公司调查制度建立起一套更为全面而充分的保护制度。不同于我国将信息披露制度写在《证券法》中,《英国 2006 年公司法》第 386(1)条、415(1)条和 475 条规定,所有类型公司的董事会每年必须为公司股东准备公司的年度财务会计报表、董事报告和审计报告。会计报表应集中反映出母公司以及子公司在过去一年中的运营情况、盈利及亏损情况以及重要活动。报表的内容会细化到需要表明公司运营安排的性质、目的以

〔22〕《日本公司法典》(2005 年),第 433 条第 3 款、第 4 款。

〔23〕《特拉华州普通公司法》第 220 条第(b)款第 2 项。

〔24〕《日本公司法典》(2005 年),第 433 条第 3 款。

〔25〕《特拉华州普通公司法》第 220 条第(b)款第 2 项 b。

及会对公司造成的在金融方面的影响。[26] 当公司董事会呈递给股东的文件中出现信息错误或者欺诈等不真实信息，公司股东可以通过两条途径维护自己的知情权权益。在本文所研究的情境下，母公司股东可以通过向法院申请法院令责令母公司股东会重新呈递真实的文件并对于过错承担相应的损害赔偿责任。[27] 此外，知情权被侵害的母公司股东还可以通过向国务大臣申请公司调查程序来维护自身权利。[28]

（四）国内实践中关于股东知情权的探索和趋势

域外的法律从制度上根本规定了母公司的股东拥有对子公司的知情权，对权利救济亦作了规定。我国的法律虽没有在明文上对于母公司股东知情权进行相应的保护。但事实上，司法实践对该问题的探索早已有之，已经有生效判决有条件地赋予了母公司股东可对子公司财务资料行使知情权，尽管该案中股东知情权的穿越行使具备章程的授权，且终审法院谨慎地将子公司范围限定于全资子公司。[29] 即使法院结合该案例的特殊性即母公司的股东仅有五人，股东行使对子公司的知情权不会对公司的运营造成重大的影响，但却一定程度上肯定了实践中可以突破公司法对于股东知情权主体的限制，从而保护母公司股东对于子公司公司事务的知情权。

在我国私募基金领域对于投资者的知情权保护通过行业自律的模式进行了类似于英国法中对于母公司股东的知情权保护体系的探索。中国证券投资基金业协会于 2016 年发布了《私募投资基金信息披露管理办法》，其中详细规定了基金的信息披露义务人在基金运行的各阶段应该向投资者披露的信息内容，第 9 条第 10 项中“影响投资者合法权益的其他重大信息”和第 17 条第 3 项中“基金投资运作情况”都反映了若私募基金所持子公司的股份若发生变动，基金投资者应收到相

〔26〕《英国 2006 年公司法》（Companies Act 2006）第 399 条、404 条、405 条、410A（2）条、415（2）条、416 条。

〔27〕《英国 2006 年公司法》（Companies Act 2006）第 456～459 条、463 条。

〔28〕《英国 2006 年公司法》（Companies Act 2006）第 1035 条。

〔29〕该案为上海市第二中级人民法院 Crown Canopy Holdings SRL 与上海和丰中林林业股份有限公司股东知情权纠纷案，参见上海市第二中级人民法院（2013）沪二中民四（商）终字第 S1264 号民事判决书。

关投资情况的信息披露。虽然此办法在对私募基金投资者知情保护从制度上进行了创新,但却因为缺乏性质上的强制性以及配套的相关司法救济体系而在当下不能够充分而系统地保障投资者的知情权。

结　语

囿于我国目前缺乏股东知情权穿越制度的相关立法,多数间接持股人还不能直接穿越行使股东知情权,以至于这些投资者只能寻求有限合伙人代位制度、股东代位制度、债权人代位制度等权利代位机制与股东知情权诉讼进行嫁接,实际效果并不理想。有限合伙人或许可以通过代位诉讼的方式,勉力行使权利,但当持股平台为公司形态时,投资人的维权立刻陷入困境。与此同时,社会仍在不断进步,商业市场的发展更是日新月异,随着社会经济和交易环境的不断发展变化,母子公司架构、集团公司模式、VIE 股权架构等市场主体组织形态早已大量涌现,间接投资人维护自身知情权的现实需求日渐紧迫。对于此类问题,域外经验尤其是美国特拉华州关于股东知情权穿越制度的相关立法可堪借鉴。笔者建议,应在未来探索、建立和完善适应于我国实践情况的股东知情权穿越制度,允许间接持股者在必要情形下,在合理范围内向目标公司直接行使股东知情权,而不论中间持股平台是合伙企业、公司还是何种其他形式。也只有这样,才能更好地应对股权投资市场中广大投资人关于维护自身投资权益的迫切需求,从而营造更为法治透明的投资环境,鼓励积极投资、保障投资安全。这也是当下构建和不断优化我国法治化、国际化营商环境的应有之义。

(编辑:赵宇)

征稿启事

《证券法苑》是上海证券交易所主办、面向国内外公开连续出版的法学学术著作，并已被中国社会科学评价中心收录为中文社会科学引文索引数据库(CSSCI)来源出版物。《证券法苑》致力于繁荣资本市场法治研究，弘扬资本市场法治理念，推动资本市场法治建设，促进资本市场健康稳定发展。

《证券法苑》坚持学术性与实践性并重、现实性和前瞻性兼顾，紧紧围绕我国资本市场的改革发展，密切关注资本市场法治动态，集中研究资本市场立法、监管执法和司法等法治活动，深入剖析资本市场法律制度和法律关系，积极探讨资本市场法治建设中的重点、难点、热点问题。

《证券法苑》设置“理论前沿”“专题研究”“名家论坛”“热点追踪”“制度研究”“市场监管”“域外法制”“法学随笔”“案例评析”等栏目，每卷根据实际情况略有不同。

2017 年起，《证券法苑》计划每季度出版一卷、视稿件质量全年出版 3 ~ 4 卷，诚邀各界惠赐稿件。现就征稿相关事项说明如下：

一、征稿范围

《证券法苑》选题范围包括：证券法、公司法、金融法等的法理研究，资本市场法治发展动态研究，资本市场监管的法律研究，资本市场创新的法律研究，资本市场典型法律案例研究，境外资本市场法律制度研究等。

参考选题如下(可不受此限)：

1. 新《证券法》实施：我国新《证券法》实施的重大理论问题研究，《证券法》具体制度的实证研究，证券衍生品种、财资产管理产品、场外市场监管制度的完善，资本市场法律体系的构建与完善，境外资本市场法制动态及其对我国证券法制体系的借鉴意义。

2.《公司法》修订：优化营商环境背景下我国《公司法》修订的思路

与建议,上市公司控股股东、实际控制人等“关键少数”的规制路径,公司治理结构的职权与设置,非上市公众公司监管制度,股份发行与转让制度的改革方向,公司集团化趋势下的法律应对策略。

3. 设立科创板试点注册制改革相关制度:各国(地区)证券发行注册制的比较研究,试点注册制的制度创新与实践评估,科创板上市公司监管的制度实践、法律问题与对策,科创板试点注册制司法保障的法律问题分析。

4. 信息披露制度:信息披露制度的完善方向,如何提高信息披露制度的有效性,如何界定信息披露的“重大性”,信息披露法律责任分配,自愿性信息披露制度的逻辑与建构。

5. 证券交易制度:多层次市场上市、交易、登记结算、转板制度的构建,错误交易撤销制度,交易技术发展(ATS、ECN、程序化交易、高频交易、暗池交易等)对传统证券交易制度的挑战与监管对策。

6. 证券监管执法:近年来境外资本市场监管体系与制度的发展变化,我国证券执法机制的完善,我国金融监管协调机制的完善,资本市场监管转型的配套制度建设。

7. 投资者保护:网络环境下的投资者保护,投资者适当性制度研究,新型证券违法行为研究,证券市场侵权民事责任与民事诉讼制度的完善,投资者保护基金制度的完善,证券市场多元化纠纷解决机制的完善。

8. 资本市场对外开放:红筹企业境内发行上市法律问题研究,证券法律冲突与法律适用,跨境监管协作机制的构建。

9. 资本市场创新法律制度:私募基金的法律规制,可交债的制度设计,市场创新对现有法律制度的冲击与立法完善。

10. 金融监管法律制度:金融业综合经营的法律问题,金融统合监管立法,全球金融监管法律制度的发展演变与最新动态,互联网金融的监管对策,金融消费者保护。

二、投稿要求

1. 论文应当立论科学、论据充足、论证严密、层次清晰、语言流畅,尤其欢迎贴近市场脉搏、具有学术深度和实践应用价值的文章。稿件篇幅以一万字左右为宜,特别优秀稿件不受此限。

2. 投稿请发送至以下电子邮箱：zqfy@ sse. com. cn（建议投稿后电话确认）。所有投稿应符合国家著作权规定、公认学术规范和本书“编辑体例”要求（详见上交所官方网站 http://www. sse. com. cn/“关于”栏目或《证券法苑》图书）。

3. 本书实行匿名审稿制度，作者投稿时请一律将作者简介（姓名、出生年月、工作单位、学位、职称、研究成果等）、通讯方式（地址、邮编、电话、电子信箱等）以及本文是否为何种课题成果等内容，另页单独注明，正文中不要出现任何个人信息。

4.《证券法苑》编辑部保留对来稿进行文字性和技术性修改的权利。《证券法苑》所载文章，均不代表上海证券交易所观点，文责由作者自负。除作者特别说明外，其文章均为其个人观点，与其所在单位、职务无关。

5. 向《证券法苑》投稿即视为授权本书将稿件纳入《中国学术期刊网络出版总库》及 CNKI 系列数据库、“北大法宝”（北大法律信息网）期刊数据库、万方数据库以及本书确定的其他学术资源数据库，本书支付给作者的稿酬已包含上述数据库著作权使用费。如有异议，请在来稿时注明，本书将做适当处理。

6. 凡投给本书的稿件，请勿一稿多投。自投稿之日起 3 个月未接到本书用稿通知的，作者可以自行处理。稿件编辑过程中如拟被他刊采用的，请作者及时告知相关决定，以免重复出版。

7. 联系人：

姜沅伯　电话：021－68602370；

宋　澜　电话：021－68602679。

编辑体例

一、标题：宋体小三号字，居中。如有关于本篇文章的说明，注脚注，用上标（＊）。

二、作者：宋体小四号字，居中，并用上标星号（＊）作为介绍作者脚注的标志，在脚注中注明作者姓名、工作单位、职务、职称（为便于联系，另请作者向《证券法苑》联系邮箱提供通信地址、邮政编码、固定及移动电话、电子邮箱，本书对此予以保密）。如有两名作者，第二名作者用两枚上标星号（＊＊），依此类推。

三、中文摘要、关键词：楷体 GB2312 小四号字，摘要 200 字以内、关键词 3～5 个。

四、英文标题、摘要、关键词："Times New Roman"字体，标题小三号字居中，摘要与关键词小四号字。

五、正文：宋体小四号字，首行缩进，行距 18 磅。区分标题和要点，标题层级依次为"一、……""（一）……""1. ……""（1）……"，要点层级依次为"1. ……""（1）……""①……"，一段之内的要点列举使用"（1）……"一级标题采用四号宋体加粗；二级标题采用黑体小四号字不加粗；三级标题宋体小四号字，不加粗。引用具体法律文件应加书名号，如《证券法》《上市公司收购管理办法》。法条序号（第×条、第×款、第×项）、时间（世纪、年代、年月日等）、数量金额等用阿拉伯数字，但直接引用原文的从原文。

六、注释：采用脚注，全文连续注码，注码放标点之后，注码符号为"1、2、3、……"非引用原文者，注释前加"参见"；引用资料非原始出处者，注明"转引自"；数个注释引自同一资料者，可合并同注某。宋体小五号字。

注释示例如下：

1. 著作类

（独著作品）史尚宽：《民法总论》，中国政法大学出版社 2000 年版,第19页、第22页。

(合著作品)崔建远、韩世远:《债权保障法律制度研究》,清华大学出版社2004年版,第10页。

(多人合著作品)蔡守秋等:《可持续发展与环境资源法制建设》,中国法制出版社2003年版,第214~216页。

(编辑作品)张文显主编:《法理学》,法律出版社2004年版,第65~67页。

2. 论文类

(期刊)俞荣根、刘霜:《立法助理制度述论》,载《法学杂志》2007年第2期。

(论文集)尹田:《论动产善意取得的理论基础及相关问题》,载梁慧星主编:《民商法论丛》(第29卷),法律出版社2004年版。

(学位论文)刘晓华:《私法上的信赖保护原则研究》,山东大学2013年博士学位论文。

3. 译作类

[英]亚当·斯密:《国富论》,唐日松等译,华夏出版社2005年版,第224页。

4. 报纸类

李希慧等:《"轻轻重重"应成为一项长期的刑事政策》,载《检察日报》2005年5月26日。

5. 古籍类

《明太祖实录》卷二十六。

6. 辞书类

《牛津法律大辞典》,光明日报出版社1988年版,第68页。

7. 网络类

梁慧星:《关于中国物权法的起草》,载北大法律信息网:http://article.chinalawinfo.com/article/user/article_display.asp?ArticleID=29283,2009年8月8日访问。

8. 判决书类

最高人民法院:上海大智慧股份有限公司与冯志雄证券虚假陈述责任纠纷二审民事判决书,案号:(2018)沪民终28号,2018年9月17日。

9. 外文类

从该文种注释惯例。英文注释体例如下:

著作类:

Harold U. Faulkner, *American Economic History*, New York, Harper & Brothers Publishers, 1960, pp. 23 – 25.

论文类:

Gavin Goh & Andreas R. Iiegler, *Retrospective Remedies in the WTO after Automotive Leather*, Journal of International Economic Law, Vol. 6, 2003.

网络类:

Impact Exchange, *Impact Exchange Board Listing Guide: A Board of the Stock Exchange of Mauritius*, https://iixglobal.com/wp-content/uploads/2017/04/Impact_Exchange_Listing_Guide-2017-1.pdf, visited May 4, 2017.